中華現代學術名著叢書

先秦諸子繫年

錢穆 著

商務印書館

圖書在版編目(CIP)數據

先秦諸子繫年/錢穆著. —北京:商務印書館,2015
(2023.12 重印)
(中華現代學術名著叢書)
ISBN 978-7-100-11655-8

Ⅰ.①先… Ⅱ.①錢… Ⅲ.①哲學家—人物研究—中國—先秦時代 Ⅳ.①B220.5

中國版本圖書館 CIP 數據核字(2015)第 243199 號

本書據商務印書館二〇〇一年版影印

中華現代學術名著叢書
先秦諸子繫年
錢 穆 著

商 務 印 書 館 出 版
(北京王府井大街 36 號 郵政編碼 100710)
商 務 印 書 館 發 行
北京通州皇家印刷廠印刷
ISBN 978-7-100-11655-8

2015 年 12 月第 1 版 開本 880×1240 1/32
2023 年 12 月北京第 4 次印刷 印張 26 插頁 2
定價:95.00 圓

錢 穆

(1895—1990)

出版説明

百年前，張之洞嘗勸學曰：『世運之明晦，人才之盛衰，其表在政，其裏在學。』是時，國勢頽危，列强環伺，傳統頻遭質疑，西學新知亟亟而入。一時間，中西學并立，文史哲分家，經濟、政治、社會等新學科勃興，令國人亂花迷眼。然而，淆亂之中，自有元氣淋漓之象。中華現代學術之轉型正是完成於這一混沌時期，於切磋琢磨、交鋒碰撞中不斷前行，涌現了一大批學術名家與經典之作。而學術與思想之新變，亦帶動了社會各領域的全面轉型，爲中華復興奠定了堅實基礎。

時至今日，中華現代學術已走過百餘年，其間百家林立、論辯蜂起，沉浮消長瞬息萬變，情勢之複雜自不待言。温故而知新，述往事而思來者。『中華現代學術名著叢書』之編纂，其意正在於此，冀辨章學術，考鏡源流，收納各學科學派名家名作，以展現中華傳統文化之新變，探求中華現代學術之根基。

『中華現代學術名著叢書』收録上自晚清下至二十世紀八十年代末中國大陸及港澳臺地區、海外華人學者的原創學術名著（包括外文著作），以人文社會科學爲主體兼及其他，涵蓋文學、歷史、哲學、政治、經濟、法律和社會學等衆多學科。

出版『中華現代學術名著叢書』，爲本館一大夙願。自一八九七年始創起，本館以『昌明教育，開啓民智』爲己任，有幸首刊了中華現代學術史上諸多開山之著、扛鼎之作；於中華現代學術之建立與變遷而言，既爲參與者，也是見證者。作爲對前人出版成績與文化理念的承續，本館傾力謀劃，經學界通人擘畫，并得國家出版基金支持，終以此叢書呈現於讀者面前。唯望無論多少年，皆能傲立於書架，并希冀其能與『漢譯世界學術名著叢書』共相輝映。如此宏願，難免汲深綆短之憂，誠盼專家學者和廣大讀者共襄助之。

商務印書館編輯部

二〇一〇年十二月

凡例

一，『中華現代學術名著叢書』收錄晚清以迄二十世紀八十年代末，爲中華學人所著，成就斐然、澤被學林之學術著作。入選著作以名著爲主，酌量選錄名篇合集。

二，入選著作内容、編次一仍其舊，唯各書卷首冠以作者照片、手迹等。卷末附作者學術年表和題解文章，誠邀專家學者撰寫而成，意在介紹作者學術成就，著作成書背景、學術價值及版本流變等情况。

三，入選著作率以原刊或作者修訂、校閲本爲底本，參校他本，正其訛誤。前人引書，時有省略更改，倘不失原意，則不以原書文字改動引文；如確需校改，則出脚注説明版本依據，以『編者注』或『校者注』形式説明。

四，作者自有其文字風格，各時代均有其語言習慣，故不按現行用法、寫法及表現手法改動原文；原書專名（人名、地名、術語）及譯名與今不統一者，亦不作改動。如確係作者筆誤、排印舛誤、數據計算與外文拼寫錯誤等，則予徑改。

五，原書爲直（橫）排繁體者，除個別特殊情況，均改作橫排簡體。其中原書無標點或僅有簡單斷句者，一律改爲新式標點，專名號從略。

六，除特殊情況外，原書篇後注移作脚注，雙行夾注改爲單行夾注。文獻著錄則從其原貌，稍加統一。

七，原書因年代久遠而字迹模糊或紙頁殘缺者，據所缺字數用『□』表示；字數難以確定者，則用『（下缺）』表示。

先秦諸子繫年

新版增定本識語……一九

自序……二一

先秦諸子繫年考辨　目次

卷一

一　孔子生年考……一

二　孔子爲委吏乘田考……二

三　孟懿子南宮敬叔學禮孔子考　附南宮敬叔南容非一人辨……三

四 孔子與南宮敬叔適周問禮老子辨……五
五 孔子適齊考……一〇
〔附〕 晏嬰卒年考……一一
六 孔子自齊返魯考……一二
七 孫武辨……一四
八 陽虎名字考……一五
九 孔子五十學易辨……一七
一〇 公山弗擾以費畔召孔子考……一九
一一 鄧析考……二一
一二 孔子仕魯考……二三
一三 孔子相夾谷墮三都考……二五
一四 孔子行攝相事誅魯大夫亂政者少正卯辨……二九
一五 孔子去魯適衛考……三一
一六 蘧瑗史鰌考……三二

一七 孔子畏匡乃過蒲一事之誤傳與陽虎無涉辨……三五
一八 越句踐元年考……四一
一九 孔子去衛適陳在魯哀公二年衛靈公卒歲非魯定公卒歲辨……四二
二〇 孔子去衛適陳在衛靈公卒後非卒前辨……四八
二一 孔子過宋考……五〇
二二 孔子在陳絕糧考……五三
二三 孔子至蔡乃負函之蔡非州來之蔡辨……五五
〔附〕 楚昭王興師迎孔子辨……五六
二四 孔子自楚反衛考……五六
二五 孔子自衛反魯考……五九
二六 孔鯉顏回卒年考……六〇
〔附〕 項櫜考……六二
二七 宰我死齊考……六四
二八 孔子卒年考……六八

二九　孔子弟子通考……七〇
三〇　孔門傳經辨……九六

卷二

三一　墨子生卒考……一〇三
三二　墨翟非姓墨墨爲刑徒之稱考……一〇五
〔附〕孟子墨子摩頂放踵利天下爲之解……一一一
〔附〕莊子儒緩墨翟釋義……一一三
三三　趙簡子卒年考……一一五
三四　計然乃范蠡著書篇名非人名辨……一一九
〔附〕鴟夷子皮及陶朱公非范蠡化名辨……一二四
三五　曾子居武城有越寇考……一二六
〔附〕越徙琅邪考……一二八
三六　晉出公以下世系年數考……一三二

三七　魏文侯爲魏桓子之子非孫其元年爲周貞定王二十三年非周威烈王二年辨……一四二
三八　子夏居西河教授爲魏文侯師考……一四四
三九　子夏居西河在東方河濟之間不在西土龍門汾州辨……一四五
四〇　魏文侯禮賢考……一四九
四一　公輸般自魯遊楚考……一五八
四二　墨子止楚攻宋考……一五九
四三　三晉始侯考……一六三
四四　宋信子罕之計而囚墨翟考……一六八
四五　宋昭公末年在周威烈王四年非二十二年辨……一六九
四六　魏文侯二十五年乃子擊生非子罃生魏徙大梁乃惠成王九年非三十一年辨……一七〇
四七　魯繆公元爲周威烈王十一年非十九年亦非十七年辨……一七八
四八　魯繆公禮賢考……一七九
四九　越滅郯乃晉烈公三年非四年六年辨　附越滅滕考……一八四
五〇　吳起仕魯考……一八五

五一　田莊子卒年考……一八七
五二　田齊爲十二世非十世辨……一八八
五三　吳起爲魏將拔秦五城考……一八九
五四　魏文滅中山考……一九〇
〔附〕　中山武公初立考……一九二
五五　寧越考……一九四
五六　田和始立在齊宣公五十一年非四十五年辨……一九五
五七　墨子遊齊考……一九七
五八　子思生卒考　附顏般　王慎　長息……一九九
五九　列禦寇考　附南郭子綦……二〇三
六〇　魏武侯元年乃周安王六年非十六年辨……二〇六
六一　墨子遊楚魯陽考……二〇七
六二　墨子弟子通考……二〇九
六三　孟子生年考……二一五

六四 田和始立爲侯考……二一七
六五 齊康公二十一年乃田侯剡立非桓公午立辨……二一八
六六 吳起去魏相楚考……二一九
六七 吳起傳左氏春秋考 附鐸椒考……二二一
六八 孟勝考 附徐弱 田襄子 腹䵍……二二五
六九 宋辟公乃桓侯辟兵其元年當周安王二十二年非周烈王四年在位四十一年非三年辨……二二六
七〇 田桓公在位十八年非六年其弒君自立在魏武侯二十一年非二十二年辨……二二八
七一 韓哀侯懿侯昭侯三世名謚年數考……二三一
七二 老子雜辨……二三三

卷三

七三 商鞅考 附甘龍 杜摯……二六三
七四 齊威王在位三十八年非三十六年辨……二六七
七五 稷下通考……二六八

七六　孟子不列稷下考……二七二
七七　申不害考……二七五
七八　魏圍邯鄲考……二七八
七九　季梁考　附季眞……二八三
八〇　楊朱考……二八四
八一　子莫考……二八七
八二　白圭考　附趙武靈胡服考……二九〇
八三　逢澤之會乃梁惠王非秦孝公在梁惠王二十七年非周顯王二十七年辨……二九三
八四　齊魏戰馬陵在梁惠王二十八年非周顯王二十八年辨……二九八
〔附〕　毛氏本索隱異文校……三〇〇
八五　田忌鄒忌孫臏考　附司馬穰苴……三〇二
八六　梁惠王二十八年乃齊威王稱王之年非齊威王卒年辨……三〇七
八七　屈原生卒考……三〇八
八八　莊周生卒考……三一二

八九　子華子考……三一四
九〇　尸佼考　附公羊女子及北宮子沈子……三一五
九一　宋君偃元年乃周顯王三十一年非四十一年乃幼年嗣位非弑兄自立辨……三一八
九二　齊魏會徐州相王乃魏惠王後元元年非魏襄王元年乃齊威王二十四年非齊宣王九年辨……三二〇
九三　惠施仕魏考……三二六
九四　匡章考　附周最……三二七
九五　蘇秦考……三三〇
〔附〕蘇代蘇厲考……三四一
〔附〕鬼谷子辨……三五七
九六　楚威王與齊威王同時考……三五九
九七　齊因燕文王喪伐取十城乃威王非宣王辨……三六二
九八　孟子在齊威王時先已遊齊考……三六三
九九　宋偃稱王爲周顯王四十一年非愼靚王三年辨……三六七

〔附〕宋王偃卽徐偃王說……三六八
〔附〕社亡鼎淪解……三七二
〔附〕戰國時宋都彭城證……三七四
一〇〇　秦始稱王考……三八〇
一〇一　韓始稱王考……三八一
一〇二　韓宣惠王卽韓威侯考……三八二
〔附〕韓舉乃趙將非韓將辨……三八四
一〇三　荀卿年十五之齊考……三八六
一〇四　齊魏韓會平阿及齊魏會甄考……三八八
一〇五　五國相王考……三九〇
一〇六　魯平公元年爲周顯王四十七年非周赧王元年卒在赧王十二年非十九年辨……三九三
一〇七　惠施去魏考……三九四
〔附〕張儀初入秦考……三九五
一〇八　惠施自楚至宋考……三九六

一〇九 靖郭君相齊威宣王與湣王不同時辨……三九七
一一〇 孟子至宋過薛過鄒考……三九九
一一一 孟子遊滕考……四〇二
一一二 魯平公欲見孟子考……四〇四
一一三 許行考 附索盧參……四〇八
一一四 田鳩考 附腹䵍 唐姑果 謝子……四〇九
一一五 孟子遊梁考……四一一
一一六 惠施返魏考……四一三
〔附〕南方倚人黃繚考……四一四
一一七 孟子自梁返齊考……四一五
一一八 淳于髡考……四一七
〔附〕辨越絕書吳越春秋記越年……四一九
〔附〕淳于髡爲人家奴考……四二一
一一九 魏襄王魏哀王乃襄哀王一君兩謚考……四二三

一二〇 齊伐燕乃宣王六年非湣王十年辨……四二四
〔附〕 燕昭王乃公子職非太子平辨……四二六
一二一 屈原於懷王十六年前被讒見絀十八年使齊非即放逐辨……四二八
一二二 孟子去齊考……四三一
一二三 宋鈃考……四三四
一二四 尹文考……四三八
一二五 惠施卒年考……四四一
一二六 張儀卒乃魏哀王九年非十年辨……四四一
一二七 屈原居漢北爲三閭大夫考……四四三
〔附〕 戰國時洞庭在江北不在江南辨……四四九
〔附〕 屈原沉湘在江北不在江南辨……四五三
〔附〕 楚雖三戶亡秦必楚解……四五五

卷 四

一二八　齊湣王在位十八年非四十年其元年爲周赧王十五年非周顯王四十六年辨……四五七
一二九　魏襄王十九年會薛侯於釜邱考　附馮驩……四六〇
〔附〕　孟嘗去齊相魏考……四六三
一三〇　宋元王兒說考……四六五
〔附〕　唐鞅田不禮考……四六七
一三一　楚頃襄王又稱莊王考……四六九
一三二　春申君乃頃襄王弟不以游士致顯辨……四七〇
一三三　平原君爲相考……四七三
一三四　王氏古本竹書紀年輯校補正……四七四
一三五　宋康王滅滕考……四八九
一三六　荀卿自齊適楚考……四九〇
一三七　愼到考……四九二
一三八　接子考……四九五
一三九　田駢考　附彭蒙　王斶……四九六

一四〇　春申君封荀卿爲蘭陵令辨……四九八
一四一　公孫龍說燕昭王偃兵考……五〇二
一四二　公孫龍說趙惠文王偃兵考……五〇三
一四三　荀卿齊襄王時爲稷下祭酒考……五〇五
一四四　鄒衍考　附鄒奭……五〇七
〔附〕　鄒衍著書考……五〇九
一四五　莊子見趙惠文王論劍乃莊辛非莊周辨……五一二
一四六　魏牟考……五一四
〔附〕　論詹何環淵年世　附召滑……五一八
一四七　虞卿著書考……五一九
〔附〕　國語采及鐸氏虞氏鈔撮考……五二一
一四八　孔穿與公孫龍辨於平原君所考　附子思以下孔裔生卒年表……五二六
一四九　荀卿赴秦見昭王應侯考……五二九
一五〇　陳仲考……五三〇

一五一　荀卿至趙見趙孝成王議兵考……五三二
一五二　鄒衍與公孫龍辨於平原君家考　附綦毋子　毛公　桓團……五三三
一五三　魯滅在楚考烈王七年非八年非十四年辨……五三四
〔附〕　武內義雄六國年表訂誤論魯譜之誤辨……五三六
一五四　再論魯譜歧點……五四三
一五五　魯仲連考……五四五
一五六　李斯韓非考……五五〇
一五七　龐煖劇辛考……五五四
〔附〕　龐煖卽臨武君考……五五六
一五八　鶡冠子辨……五五八
一五九　呂不韋著書考……五六〇
一六〇　孔叢子載孔子順事跡辨……五六四
一六一　春申君見殺考……五六六
一六二　尉繚辨……五七〇

一六三　諸子攟逸……五七一

先秦諸子繫年通表　目次

例言……五八九
通表第一……五九三
相當於考辨第一卷
通表第二……六〇五
相當於考辨第二卷
通表第三……六二三
相當於考辨第三卷
通表第四……六三九
相當於考辨第四卷

附表第一 …… 六五五
列國世次年數異同表
附表第二 …… 六八三
戰國初中晚三期列國國勢盛衰轉移表
附表第三 …… 六八九
諸子生卒年世先後一覽表
附諸子生卒年世約數 …… 六九三
跋 …… 六九九
考辨索引 …… 一
書名人名索引 …… 二五
錢穆先生學術年表 …… 郭齊勇 四五
錢穆與《先秦諸子繫年》 …… 陳　勇 五四

新版增定本識語

本書初版付印，在民國二十四年之冬。未兩載，中日戰事起，余自北平避難南下，遵海繞道香港，北至長沙，移住南嶽。又經衡陽入廣西，經桂林柳州南寧，出鎭南關，借道越南，去昆明，輾轉蒙自宜良。又離滇經港，變姓名，省親蘇滬，閉門奉養一歲。又脫身自香港航空飛重慶，卜居成都，先後及六年。並以其間至樂山，至貴州遵義。戰事平息，重返蘇滬，又去昆明。歸居無錫太湖之濱。不及三年，重避戰亂，隻身來香港。先後迄今，計二十有一載矣。奔竄流亡，飢餓窮窘，而此書每攜行篋中。偶有所覩記，可以補訂原書缺失者，輒以蠅頭細字，寫列書眉。積久得兩百五十條左右。約計首卷得五十條，二卷八十條，三卷七十五條，四卷四十五條。其篇幅較大者，爲補入蘇代蘇厲考一篇，又補晏嬰卒年考，項槖考，鴟夷子皮及陶朱公非范蠡化名辨，南郭子綦考凡四篇。改定越徙瑯琊考一篇。其他皆零文短札，散入各篇。計有增訂改動者，卷一有考辨三，四，五，七，一一，一二，一三，一四，一五，一六，二〇，二一，二七，二八，二九，三〇，共十六篇。卷二有三一，三二，三四，三五，三九，四〇，四一，四二，四三，四四，四五，四六，四七，五〇，五三，五四，五八，五九，六〇，六二，六三，六六，六七，六九，七二，共二十五篇。卷三有七三，八〇，八二，八三，八五，八七，八八，九〇，九二，九四，九五，九六，九九，一〇三，一〇五，一〇八，一一八，一一九，一二〇，一二一，一二二，一二三，一二四，一二六，一二七，亦共二十五篇。卷四有一二八，一二九，一三〇，一三一，一三二，一三四，一三九，一四〇，一四四，一四五，一四六，一四七，一五〇，一五二，一五六，一五九，一六一，一六三，共十八篇。考辨四卷凡一百六十三篇，而增損所及，計共八十四篇，已逾其半。然計其字數，則僅三萬餘言，占原書分量十之一。而於原書結論大體，則殊無改變，蓋僅止於添列例證，補增細節而已。

自來香港，獲交英國友人林仰山教授。日軍陷大陸，彼適僑寓山東，任教齊魯大學，入集中營，披誦是書不輟。在港，主持港大東方文化研究院。談次，知余積年有增訂稿。而此書在大陸已絕版，海外亦少流布。乃商由哈佛燕京社斥資爲鑄新版。二十年來叢碎所得，遂獲匯入原書，勒爲定本。爰述緣起，兼誌謝意，並備詳增訂篇目，以告讀者。書末並增附本書引用書目索引一種，便尋檢焉。

一九五六年四月八日錢穆識於香港九龍之新亞書院

自序

余草諸子繫年，始自民國十二年秋。積四五載，得考辨百六十篇，垂三十萬言。一篇之成，或歷旬月，或經寒暑。少者三四易，多者十餘易，而後稿定。自以創闢之言，非有十分之見，則不敢輕於示人也。藏之篋笥者又有年，雖時有增訂，而見聞之陋，亦無以大勝乎其前。茲當刊布，因加序說，粗見凡例。

蓋昔人考論諸子年世，率不免於三病。各治一家，未能通貫，一也。詳其著顯，略其晦沉，二也。依據史籍，不加細勘，三也。惟其各治一家，未能通貫，故治墨者不能通於孟，治孟者不能通於荀。自爲起訖，差若可據，比而觀之，乖戾自見。余之此書，上溯孔子生年，下逮李斯卒歲。前後二百年，排比聯絡，一以貫之。如常山之蛇，擊其首則尾應，擊其尾則首應，擊其中則首尾皆應。以諸子之年證成一子，一子有錯，諸子皆搖。用力較勤，所得較實。此差勝於昔人者一也。惟其詳於著顯，略於晦沉，故於孔墨孟荀則考論不厭其密，於其他諸子則推求每嫌其疏。不悟疏者不實，則實者皆虛。余之此書，一反其弊。凡先秦學人，無不一一詳考。若魏文之諸賢，稷下之學士，一時風會之所聚，與夫隱淪假托，其名姓在若存若亡之間者，無不爲之緝逸證墜，辨僞發覆。參伍錯綜，曲暢旁達，而後其生平出處師友淵源學術流變之跡，無不粲然條貫，秩然就緒。著眼較廣，用智較眞。此差勝於昔人者二也。而其精力所注，尤在最後一事。前人爲諸子論年，每多依據史記六國表，而即以諸子年世事實繫之。如據魏世家六國表魏文稱侯之年推子夏年壽，據宋世家及六國表宋偃稱王之年定孟子遊宋，是也。然史記實多錯誤，未可盡據。余之此書，於先秦列國世系，多所考核。別爲通表，明其先後。前史之誤，頗有糾正。而後諸子年世，亦若網在綱，條貫秩如矣。尋源探本，自無踵誤襲繆之弊。此差勝於昔人者三也。

太史公序六國表，曰：「秦既得意，燒天下詩書，諸侯史記尤甚，爲其有所刺譏也。其後詩書復見，而史記獨藏周室，以故滅。獨有秦記，又不載日月，其文略不具，然亦有可頗采者。余因秦記，踵春秋之後，起周元王，表六國時事。」此史公自著其爲六國表之所本也。秦記既略，又自孝公以前，僻在雍州，不與中國諸侯之會盟，中國諸侯以夷翟遇之，故其時秦記載諸侯事當尤忽。今六國表自秦孝公以前最疏脫不具者以此。幸其時諸侯史記，猶得有遺留後世者，厥爲魏冢紀年。晉太康時，汲縣人發古冢，得竹書七十五車，中有紀年十三篇。自杜預諸儒，皆定其爲魏襄王時魏國之史記。然今世所行，復非原書之眞。而唐司馬貞爲史記索隱，時采其文以著異同，可資比準。惟貞自謂：「紀年之書，多是譌謬，聊記異耳。」又曰：「辭卽難憑，時參異說。」因亦未能悉心參校，以救史記之失，良可惜也。

原昔人多不信紀年者亦有故。一則魏冢原書，久逸於兩宋之際。今本爲後人蒐輯，多有改亂，舛誤缺略，而目全非。學者不深辨，遂謂汲冢紀年不可信，一也。再則其書言三代事，多與相傳儒家舊說違異。如益爲啟誅，太甲殺伊尹之類。儒者斥其荒誕，遂不依引，二也。又謂其書記春秋時事，如魯隱公及邾莊公盟於姑蔑，晉獻公會虞師伐虢，滅下陽，周襄王會諸侯於河陽，明係春秋後人，約左傳之文，倣往例而爲之，與身爲國史承告據實書者不同。因遂忽視，三也。夫紀年乃戰國魏史，其於春秋前事，容采他書以成。至言戰國事，則端可信據。如魏世家索隱引紀年曰：「二十九年五月，齊田肹伐我東鄙。九月，秦衛鞅伐我西鄙。十月，邯鄲伐我北鄙。王攻衛鞅，我師敗績。」此非當時史官據實書事之例乎？至益爲啟誅，太甲殺伊尹，則戰國雜說，其與儒家異者多矣，紀年亦本當時傳說書之，孰信孰否，今且未能遽斷，要足爲考古者備一說，不當姝姝於一先生之言而深斥之也。自清以來三百年，學者治其書，不下十數家。至於最近，海寧王國維本嘉定朱右曾書，爲古本輯校，又爲今本疏證，然後紀年之眞僞，始劃然明判。而猶惜其考證未詳，古本紀年可信之價值，終亦未爲大顯於世也。

史記載春秋後事最疎失者，在三家分晉，田氏篡齊之際。其記諸國世系錯誤最甚者，爲田齊魏宋三國。莊子曰：「田成子弑齊君，而十二世有齊國」，鬼谷子亦云然。今史記自成子至王建之滅，祇十代。紀年則多悼子及侯剡兩世，凡十二代，與莊子鬼谷說合。又齊伐燕，據孟子及國策爲宣王，非湣王。而史記於齊系前缺兩世，威宣之年誤移而上，遂以伐燕爲湣王，與孟子國策皆背。昔人譜孟子者，於宣湣年世，爭不能決。若依紀年增悼子及侯剡，排比而下，威宣之年，均當移後，乃與孟子國策冥符。此紀年勝史記，明證一也。史記梁惠王三十六年卒，子襄王立，十六年卒，並惠襄爲五十二年。魏齊會徐州相王，在襄王元年。是惠王在世未稱王，孟子書何乃預稱惠王爲王？又史記梁予秦河西地，在襄王五年，盡入上郡於秦，在襄王七年，楚敗魏襄陵，在襄王十二年，皆惠王身後事。而惠王告孟子，乃云「西喪地於秦七百里，南辱於楚」，何能預知而預言之？若依紀年，惠王三十六年改元，後元十六年而卒，則魏齊會徐州相王，正惠王改元稱王之年也。然後孟子書皆可通。又與呂覽諸書所載盡合。此紀年勝史記，明證二也。史記魏文侯三十八年，魏武侯十六年，而紀年文侯五十年，武侯二十六年，相錯二十二年。昔人疑子夏爲文侯師，已踰百歲。今依紀年，則文侯元當移前二十二年，子夏之年初無可疑。而李克吳起之徒，其年輩行事，皆可確指。此紀年勝史記，明證三也。史記魏惠王三十一年，徙都大梁，而紀年在惠成王九年。閻若璩本此論紀年不可信。然細覈之，惠王十八年，魏圍邯鄲，齊師救趙，直走大梁，三十年魏伐韓，齊田忌救韓，亦直走大梁。又秦孝公十年，卽魏惠王十九年，衛鞅圍魏安邑降之。此皆魏都自惠王九年已自安邑徙大梁之證。據紀年則史記之說皆可通。專據史記，則自相乖違，不得其解。此紀年勝史記，明證四也。三家分晉，田氏篡齊，爲春秋至戰國一大變。其後魏齊會徐州相王，秦亦稱王，宋亦稱王，趙燕中山韓魏五國又相約稱王，爲戰國中局一大變。史記於此，年事多誤，未能條貫。今據紀年，證以先秦他書，爲之發明，而當時情實，猶可推見。此紀年勝史記，明證五也。其他不勝縷舉。要之紀年乃魏史，魏在戰國初年，爲東方霸主，握中國樞紐，其載秦孝公前東方史實，自當遠勝史記六國表。徒以存十一於千百，不明不備，不爲學者所重。霾塞千年，未覩豁闢之期。余粗爲比論，而積古疑晦，頗資發蒙，則其書之非不信可知也。

史記之誤不一端，而有可以類比件附，以例說之者。如誤以一王改元之年爲後王之元年，一也。梁襄王元年，實梁惠王稱王改元之年。魏文侯元年，實魏文稱侯之年。宋王偃元年，亦宋偃稱王之元年。齊威王卒年，實齊威稱王之年。此其例一也。有一王兩謚，而誤分以爲兩人者。如梁襄哀王一人兩謚，史記誤分爲襄王哀王。趙烈侯又謚武侯，史亦分爲兩侯。楚頃襄王又稱莊王，史公不知，遂誤以莊嶠爲春秋時莊王之苗裔。此其例二也。有一君之年，誤移而之於他君者。如魏文伐秦，在周威烈王十七年，史誤以爲卽魏文之十七年。齊宣王五年，與騶忌田忌謀救韓伐燕，史誤以爲齊桓公五年。逢澤之會，在梁惠王二十七年，史誤以爲周顯王之二十七年。齊魏戰馬陵，本梁惠王二十八年，史誤以爲乃周顯王之二十八年。又如齊康公二十一年，乃田侯剡立，史誤以爲桓公午立。皆其例，三也。亦有一君之事，誤移而之於他君者。如梁惠王會諸侯於逢澤，史誤以爲秦孝公。宋剔成逐桓侯自立，史誤以爲宋王偃逐剔成自立。此其例，四也。有誤於一君之年，而未誤其並世之時者。如魏文滅中山，史稱在文侯十七年，實誤。而繫之周威烈王十八年癸酉，則不誤。齊魏相王於徐州，史以爲齊宣王梁襄王，皆誤。而繫之周顯王二十五年丁亥，實不誤。又如齊封田嬰於薛，應在威王時，史表在湣王三年，誤。而繫之周顯王四十八年庚子，較紀年僅後一年，亦不爲誤。此由史公自據秦紀，於周秦之年卽得之，於東方諸侯世次，則略而未能盡明，此誤其年未誤其世之例，五也。有其事本不誤，以誤於彼而遂若其誤於此者。如楚世家簡王八年，魏文侯韓武子趙桓子始列爲諸侯，與年表周本紀魏韓趙世家均不合。且既稱韓武子趙桓子，其非稱侯，顯矣。即其自語亦不合。今據紀年，魏文移前二十二年，是歲實魏文始侯之年，則楚世家此語雖誤，而實有其不誤者在也。又如魏世家魏武侯九年，使吳起伐齊至靈邱，而年表是時，楚悼王已死三年。吳起與楚悼王同死，豈能重爲魏將？據紀年，魏武年代移前，則魏武九年，吳起尚在魏。魏世家此語固非誤。此由史公博採傳記，未加考定，雖有錯互，而轉得證成史實之眞。其誤在彼而不在此之例，六也。亦有似有據而實無據者。如年表魏文侯十八年，受經子夏，特以前年滅中山，有子擊下車避田子方事，遂連類書其事於此。春申君列傳春申君爲相八年，以荀卿爲蘭陵令，特以蘭陵魯地，是年楚取魯，故姑推以爲說。本無確據，而後人輕信，轉滋惑誤，其例七也。有史本有據，而輕率致誤者。如左傳昭公七年，記及孟釐子卒，史遂誤爲釐子卒在是年。孔子世家因云孔子年十七，孟釐子卒。戰國雜說有淳于髡說齊威王以隱，威王感悟，國乃大治，威行三十六年，史公採之，因謂威王在位三十六年。其實威王前後三十九年，威行三十六年者，除其不飛不鳴之三年言之也。此史自有據，而輕率致誤之例，八也。亦有史本無據，而勉強爲說以致誤者。如魏文侯本魏桓子之子，史記移文侯之年於後，遂謂文侯乃桓子孫，然亦不能說桓子子爲何人。年表文侯二十五年，太子罃生，本爲太子擊生。史公既誤移魏文滅中山之年在前，因疑子擊不應轉生在後，率改子擊爲子罃。不悟罃在文侯時不得稱太子。又田齊世家齊桓公五年，聽鄒忌田臣思謀，起兵擊燕。田臣思卽田忌也。此本齊宣王事，史公既誤以伐燕歸之湣王，桓宣字相近，乃以意移此於桓公。遂至鄒忌田忌皆已預列桓公之朝，史公亦無以自解。此皆勉強彌縫，而不能自掩其誤之例，九也。亦有史公博採，所據異本，未能論定以歸一是者。如上舉楚世家簡王八年三晉始列爲諸侯，與年表周本紀魏韓趙世家定在楚聲王五年者不同，秦紀與秦始皇本紀列秦諸君年數不同之類，皆史公各據異本，自造矛盾之誤之例，十也。亦有史本不誤，由後人率改妄竄以致誤者。如孔子世家及十二諸侯年表載孔子往返衛宋陳蔡各節，及魯世家六國表載魯哀公以下諸君年數，牴牾顯見，尤難理說。此必後人竄易致誤之例，又一也。復有史本非誤，由後人誤讀妄說以致誤者。如史記孔子世家載孟僖子死在孔子十七年下，水經注因謂孔子十七適周之類，是也。斯二者，與前舉十例誤不同科。而要之凡史之誤，必有其所以誤。尋其所以誤者，而後其爲誤之證益顯。而其所以誤之故，亦每每有例可括。粗舉數端，不能盡備。讀吾書者，循此意而求之，可自得也。

且不僅於史記之多誤也。今所資以相比勘而知史記之誤者，有索隱諸家所引紀年，而諸家之文正亦多誤。讀史者愛其文，往往忽其事。史雖多誤而莫辨。注文樸率，尤嬾循省。遂有傳鈔失眞而致誤者。如魏文侯初立在晉敬公六年，而晉世家索隱引紀年誤爲十八年，十八實六字之譌，此以形近而誤也。齊宣公四十五年田莊子卒，而田齊世家索隱引紀年誤爲十五年，脫一四字，此以脫落而誤也。秦本紀集解徐廣曰：「汲冢紀年云：魏哀王二十四年，改宜陽曰河雍，改向曰高平。」考紀年終今王二十年，今王卽哀王，烏得有哀王之二十四年？按之趙世家徐廣所引，知係四年之誤。蘇秦傳正義引竹書紀年：「梁惠王二十年，齊閔王築防以爲長城。」今考紀年梁惠王十三年，當齊桓公十八年，後威王始見。豈得梁惠王二十年，遽有齊閔王？校以水經汶水注，則無湣王字。此皆以增衍而誤也。周本紀集解：「裴駰案，汲冢紀年自武王滅殷，以至幽王，凡二百五十七年。」而按魯世家，考公以下至孝公十四年，宣王崩，幽王立，凡二百一十六年，無魯公伯禽年。三統曆成王元年，命伯禽侯魯，伯禽卽位四十六年。上加周公攝政七年，武王克商後六年，凡五十九年。並下二百一十六年，統爲二百七十五年。此作二百五十七，是七十五爲五十七，以顚倒而誤也。如此，則紀年與魯世家年數本符。今僞紀年云：「武王滅殷後二十四年，定鼎洛邑，至幽王二百五十七年。」果如其說，自成王定鼎起算，裴駰何得云自武王滅殷乎？此條辨說，據朱右曾汲冢紀年存眞。又有竄易妄改以增誤者。韓威侯與韓宣王爲一人。今韓世家索隱引紀年鄭昭侯薨以下一節，支離錯亂，全不可解，此經後人改易而誤也。孔子世家索隱云：「按系家湣公十六年孔子適陳，十三年亦在陳。」既云十六年適陳，不得十三年先在。若十三年在陳，適陳不待十六年。索隱語先後顚倒，乖誤可知。蓋索隱本云孔子以陳湣公十年適陳，而經後人妄竄一六字。此經後人竄亂而誤也。又田敬仲世家：「明年復會甄，魏惠王卒。」索隱曰：「按紀年：梁惠王乃是齊湣王爲東帝，秦昭王爲西帝時。此時梁惠王改元稱一年，未卒也。而系家及其後卽爲魏襄王之年，又以此文當齊宣王時，實所不能詳考。」今按索隱此條，梁惠王乃是云云，惠王下當脫一卒字。惟據紀年終今王二十年，其時乃周赧王十六年，秦昭襄八年，齊湣王始二年。年表齊秦爲東西帝，尚在其後十一年。時惠王已死三十七年。且紀年亦不及載齊秦爲東西帝事。索隱何從按紀年謂惠王卒乃是齊湣王爲東帝，秦昭王爲西帝時乎？此必有誤，而特不知其所以誤。後人專據此等處，疑索隱所引全不可信。不知此已爲後人竄亂，定非索隱之眞也。朱氏存眞王氏輯校此條均未錄。又諸家之文，短澀簡質，雖列異同，未加剖辨。後人間或依信，引爲論據，復有失其義解而誤者。如王國維古本竹書輯校采錄索隱甚備，雖論校未密，然已多失原解。如魏世家索隱引紀年：「惠王二十八年，與齊田盼戰馬陵。又上二年，魏敗韓桂陵。十八年，趙又敗韓馬陵。」此以二年十八年皆在二十八年前，故云上。上卽前也。而王氏以爲上二年，乃卽二十八年之前二年，因謂卽二十六年，是誤解索隱原文也。又索隱引紀年亦自有例。如晉世家索隱引紀年，自出公以下諸公年數，皆列其與史異者以相勘。則其不著幽公敬公烈公，正見其年數之同於史。梁氏志疑不明此例，又誤混於今本僞紀年，遂致錯淆。又索隱引紀年列國國君年數，自魏君外，或據其始立之年數之。古者君主以翌年改元，紀年魏史，惟魏君著年數，他國僅記君立，索隱循其立年數之，則與史記以改元計者相差一歲。後人不明此例，比論亦遂多歧。至其君卒歲，若以改元計，與始立計，亦每有一歲之差。此均由未得其例而致誤者。亦有索隱本無其例，而後人爲之曲說，如王氏古本竹書輯校謂索隱引紀年皆改夏正爲周正，而細覈實無之。此又致誤之一端也。

史文既多誤，首有賴於諸家之注，而注文復多誤，其事又可舉一例以爲說者。史公記六國時事，多本秦紀。固已苦其不載日月，文略不具矣。然其於秦事，固宜信也。乃自宣公以上，史皆失其名，不能詳。索隱按世本古史，考得繆公名任好，以爲之補。其他可以想矣。今史文任好字，又係後人據索隱增入。而其記秦列君年數尤多歧。秦始皇本紀後序列秦之先君立年及葬處，索隱謂其：「皆當據秦記爲說。」又云：「其與正史小有不同，然亦未能定其是非。蓋史公亦自不能決，故取異說備列之也。」文云：「秦自襄公至二世，六百一十歲。」正義云：「秦本紀自襄公至二世，五百七十六年矣，年表自襄公至二世，五百六十一年，三說並不同，未知孰是。」又秦本紀索隱引始皇本紀云：「秦自襄公至二世，凡六百一十七歲。」然則言秦年者，自襄公至二世，已有四說：

一、秦始皇本紀原文，六百一十歲。

二、正義計秦本紀年數，五百七十六歲。

三、正義計年表，五百六十一歲。

四、索隱引秦始皇本紀，六百一十七歲。

今爲細覈，史記記秦襄公以下列君年數，本有三歧：

一、秦始皇本紀，實得五百七十二歲。

二、秦本紀，實得五百七十七歲。

三、年表，則爲五百七十一歲。

合之以上四條，凡得七說之異。梁氏史記志疑云：「案年表自襄公元年至二世三年，實五百七十一歲。秦本紀原文實誤，索隱正義所說年數亦誤。此記是秦史官所錄，史公采以作史記者，何以誤端疊見？蓋篆隸遞變，簡素屢更，傳寫乖譌，非秦記之舊矣。」此史文多誤之一例也。惟以余論之，其多誤之故，實有不僅梁氏所謂「篆隸遞變，簡素屢更，傳寫乖譌」而已者。請仍據秦始皇本紀爲說。紀云：「九年乙酉，王冠。」

集解徐廣曰：「年二十二。」

正義：「按年二十一也。」

史記載始皇年極明備，可以無歧，然集解正義爲說又自不同。且觀其相爲校正，決非傳寫之乖譌也。殿本考證杭世駿釋之云：「徐廣云二十二者，以踰年改元計也。正義云二十一者，以當年改元計也。徐廣以是年爲二十二，故三十七年崩時，注云年五十。如正義之說，則崩年止四十九。六國表周赧王五十九年，秦昭王五十一年，徐廣曰乙巳，則始皇生年，當是壬寅。十三歲時，當是甲寅。項羽本紀注徐廣曰：項王以始皇十五年乙巳歲生，則始皇元年當是乙卯。此處自當以踰年改元計，作二十二歲爲是。但秦本紀云：獻公立二十四年卒，子孝公立。徐廣曰：獻公元年丁酉，孝公元年庚申，則獻之末卽孝之初，又不拘踰年改元之說矣。」今按：杭氏此辨，分別集解正義得失甚是。蓋其所以爲計者不同，而遂致相差，其事初非關於傳寫之乖譌也。而其論獻公年則又有說者。考秦始皇本紀：「獻公享國二十三年」，而秦本紀云：「獻公立二十四年卒」，兩說自不同。杭氏謂獻之末卽孝之初，不拘踰年改元之例，其實非也。不踰年而改元，古人自有其事。然大率前君被弒，後君以篡逆得國，不自居於承前君之統緒，則往往卽以前君見殺之年，改稱篡立者之元年，不復踰年而改元。此在春秋時不多見，而戰國屢有之。若孝公則非篡立，獻公亦非被弒，何爲亦當年改元哉？據秦紀，獻公前承出子，出子二年，庶長改迎獻公於河西而立之，殺出子及其母，沈諸淵。其事亦見不韋春秋當賞篇。出子，春秋作小主，庶長改，春秋作菌改。蓋獻公實弒君自立，故未踰年而改元。出子之末，卽獻公之初。元丙申，卒己未，得二十四年。今年表於出公二年後始列獻公元年，則爲元丁酉，當得二十三年。始皇本紀與年表同，徐廣亦本年表爲說。杭氏不能詳辨，誤以徐廣本年表之說，推論秦紀二十四年之文，遂誤爲孝公不踰年而改元也。

余又考秦始皇本紀載秦列君年數，與秦本紀異者凡五人：

一、悼公	秦始皇本紀十五年	秦本紀十四年	年表同秦紀
二、靈公	秦始皇本紀十年	秦本紀十三年	年表同始皇本紀
三、簡公	秦始皇本紀十五年	秦本紀十六年	年表同始皇本紀
四、獻公	秦始皇本紀二十三年	秦本紀二十四年	年表同始皇本紀
五、莊襄王	秦始皇本紀三年	秦本紀四年	年表同始皇本紀

而年表與秦始皇本紀同者，自靈公以下凡四人。其事皆可本前例以爲說。

一　靈公

秦始皇本紀「肅靈公享國十年」，索隱云：「紀年及系本無肅字。句立十年，讀表同。句紀十二年。句」然今秦紀作靈公十三年，三說相歧。余考秦紀靈公前懷公爲諸臣所圍，自殺。靈公承之，蓋亦不踰年而改元，故前後共得十一年。年表則於懷公四年見殺之明年，再書靈公元年，故爲十年。今秦紀作十三年，索隱引秦紀作十二年，皆爲十一年之字訛。

二 簡公

秦始皇本紀「簡公享國十五年」，年表同。秦本紀簡公十六年。余考簡公前承靈公，靈公卒，子獻公不得立，簡公乃靈公季父，爲懷公之子。靈公既承懷公之弑而自立，不踰年而改元。今簡公亦篡獻公之統，上溯其父懷公之緒，則亦不俟踰年而改元矣。年表始皇紀作十五年，仍依踰年改元之常例計之也。秦紀作十六年，本當時不踰年而改元之變例計之也。

三 獻公

已具前論。惟秦始皇本紀「獻公享國二十三年」下，索隱云：「系本稱元獻公。立二十二年，表同。紀二十四年。」今按：索隱此條，文義頗晦，而有誤字。其句讀當如前引肅靈公之例。

肅靈公　索隱：「紀年及系本無肅字。句立十年，讀表同。句紀十二年。句」

獻公　索隱：「系本稱元獻公。句立二十二年，讀表同。句紀二十四年。句」

均謂秦始皇本紀立十年，立二十二年，與年表相同，而與秦紀則異也。至引系本及紀年，僅舉其無肅字有元字之異，並不與下文立十年立二十二年語相涉。句讀之例既明，知獻公條索隱立二十二年，實立二十三年之誤。以今年表明作二十三年，秦始皇本紀亦明作二十三年也。否則不辨句讀，不訂譌字，將又疑世本別有獻公二十三年一說矣。

四　莊襄王

秦始皇本紀「莊襄王享國三年」，年表亦同。秦本紀莊襄王得四年。余考秦紀莊襄王承孝文王後。孝文王除喪，十月己亥卽位，三日辛丑卒，子莊襄王立。秦以十月爲歲首，孝文王蓋以去年卽位，以今年歲首除喪稱元，前後三日而卒。莊襄王處此變例，雖非弒君自立之比，而卽以是年稱元，不復以先王三日之位，而虛一年之號，亦自在情理之中。秦本紀據當時變禮實況計之，故爲四年。始皇紀及年表依常例，仍定孝文王在位一年，則莊襄王自祇三年也。孝文之事，閻若璩尚書古文疏證亦復論及，其言曰：「秦本紀昭襄王四十二年，先書十月宣太后薨，繼書九月穰侯出之陶。四十八年，先書十月韓獻垣雍，繼書正月兵罷。似已用十月爲歲首。秦自昭襄以後，莊襄以前，既首十月，則孝文王之事，有可得而論者。秦本紀：五十六年秋，昭襄王卒，子孝文王立，尊唐八子爲唐太后，而合葬於先王。韓王衰絰來弔祠，諸侯皆使將相來視喪事。孝文王元年，赦罪人，修先王功臣，褒厚親戚，弛苑囿。孝文王除喪，十月己亥卽位，三日辛丑卒。子莊襄王立。蓋昭襄王五十六年庚戌秋，去孝文王元年辛亥冬月僅二三月，此二三月竣喪葬之事，明年新君改元，方大施恩禮，至秋期年之喪畢然後書孝文王除喪，猶勝既葬而除者多矣，猶爲近古。然其失禮處，亦不可不知。秦既用建亥月爲歲首，孝文王元年，應有十月，今於除喪後又書十月，分明是孝文王已踰二年矣。豈享國一年者乎？故予以莊襄王元年壬子，原孝文王之二年。但秦之臣子，以孝文甫卽位三日，不仍之爲二年，遂改爲莊襄之元。觀書子莊襄王立下無事，可知。崩年改元，厥由於此。一年二君，固已非終始之義。況又革先君餘年，以爲己之元年乎？失禮莫大焉！惜千載讀史者，俱未推究及此。余特摘出，以正通鑑孝文王元年書十月己亥卽位三日薨之誤。」今按閻氏此辨，精矣而未盡也。其謂秦自昭襄以下，莊襄以前，既首十月，則誠然矣。而定孝文在位已踰兩年，則又失之。孝文亦既葬而除喪耳。昭襄王以庚戌之秋卒，二三月間，竣喪葬之事，孝文以歲首十月正改元之位，三日而薨，前後不踰五月。若以歲首正月計，則尚在昭襄三十六年庚戌，烏得有二年之久？徒以孝文之立，年已五十有三，非孺子君比。又親莊襄之父，雖不幸卽位三日而死，而秦之君臣，不忍沒其先君在位之年。又孝文固已踰年而改元，又不當上侵昭襄畢世之歲。故以孝文繼體嗣位之數月，仍屬之於昭襄之三十六年，而所謂孝文在位一年者，其實則自踰年改元，僅得三日之數。其子莊襄王若仍以踰年改元，則爲壬子。而辛亥一歲，實亦莊襄享國之日。戰國季世，何嘗有所謂三年之喪？更亦何嘗有所謂三年喪畢而正踐祚之位之禮？三月而喪畢，踰年而改元，此其常耳。至於秦者，尤不當以東方儒生所唱古禮律之。正惟孝文在位不出五月，故史乃無事可紀，特曰「赦罪人，修先王功臣，褒厚親戚，弛苑囿」，爲循例虛美之詞。而莊襄王享國之期，實有四年。今年表既上割其元以爲孝文之歲，故秦紀莊襄四年事，年表僅得三年。蒙驁擊趙榆次新城狼孟得三十七城，紀在三年，表在二年。王齮擊上黨，初置太原郡，及五國攻秦，紀在四年，表在三年。而蒙驁攻趙，定太原，紀在二年，表則無之。依上例推校，此當書於莊襄之元年。而蒙驁取成皐，呂不韋取東周，紀在元年，表亦同在元年者，其實應上移孝文元年格中，乃始符耳。今閻氏又下奪莊襄之年，以上予孝文，則於秦始皇本紀及年表與秦本紀異同，皆無以通其說，此乃其考覈之未盡也。又按：秦本紀：「昭襄王四十二年十月宣太后薨。九月，穰侯出之陶。」乃秦人已以十月爲歲首之證，既如上述。而「四十八年十月，韓獻垣雍，秦軍伐趙武安，正月兵罷，復守上黨。其十月，五大夫陵攻趙邯鄲。」張文虎謂：「自此年以後，復用夏正，故書其十月云云，遂不以爲歲首。」今按張說誤。此年先書十月，卒又書十月，以白起傳校之，秦使王陵攻邯鄲，乃九月，則秦紀此年「其十月」實「其九月」之譌文也。又「四十九年正月，益發卒佐陵。其十月將軍張唐攻魏。五十年十月，武安君白起有罪，爲士伍，遷陰密，十二月，武安君白起有罪死。」張文虎謂：「此年先書正月，後書其十月，文甚明白，爲秦改復夏正之證。」然再校之白起傳：「四十九年正月，陵攻邯鄲少利，秦益發兵佐陵，又使王齕代陵將。八九月圍邯鄲不能拔，彊起武安君，武安君稱病篤。於是免武安君爲士伍，還之陰密。」自正月以下歷八九月而武安君以罪免，適爲五十年之十月，則其時秦仍以十月爲歲首甚明。正月後八九月，即九月，及明年之首十月也。白起傳又云：「居三月，諸侯攻秦軍急，秦王乃使人遣白起，不得留咸陽中，又使使者賜之劍，自裁。」十月罪免，居三月賜死，正合本紀十二月武安君有罪死之文。而起傳又云：以秦昭王五十年「十一月」死，知是「十二月」字譌。據此推之，秦紀「四十九年其十月將軍張唐攻魏」一語必亦字誤，而張氏遽謂秦以其年復用夏正，是亦考之未詳也。

綜上四君，秦本紀、秦始皇本紀及年表所記年數之差，皆可以不踰年而改元之一例爲說。而史文及注，亦頗有譌字。至悼公一君，年表秦紀皆作十四年，而秦始皇本紀作十五年，與下四例不符。下四例皆年表與秦始皇本紀同，與秦本紀異，此例獨反之，知不可以一例論矣。亦無說以處，則當爲始皇本紀之字譌也。

凡上所論，足證史公博采，所據異本，未經論定，以歸一是，遂若相矛盾，而其實史固不誤。後來注家，未能爲之發明，又間以傳鈔之誤，紛亂乃不可理。梁氏志疑僅以「篆隸遞變，簡素屢更，傳寫乖譌」之一事說之，固未當於情實也。

又按秦本紀「始皇帝五十一年而崩」，杭世駿考證云：「始皇十三年而立，立三十七年而崩，當得四十九年。」夫杭氏既辨集解正義得失，而云當以踰年改元計者爲是，則始皇十三年而立，踰年十四歲改稱元年，至三十七年固得五十年，非四十九年也。同屬一人之考證，又考證同一之事，先後一卷書之隔耳，乃其是非相乖已如此。然則史文記載年數之多誤，又不盡於傳寫之乖誤，與夫所以爲計之不同，而人之不能盡其心，以輕心掉之，忽而多誤，又其一因矣。輾轉之忽，誤乃益滋。如亡羊於歧途，歧之中又有其歧焉，而乃至於不反。此又後人考年之一難也。

古人云：「失之毫釐，差以千里。」此言夫毫釐之不可忽也。又云：「寸寸而量之，至丈必差，銖銖而較之，至兩必失。」此言夫銖寸之不可泥也。考年之事，將爲毫釐之不可忽乎？抑將爲寸寸之不可較乎？曰：善用之則皆是也，不善用之則皆非也。夫古人之年，運而往矣。後之論者，曰孔子生於魯襄公二十一年某月某日。曰非也，孔子生襄公二十二年某月某日。其爭歷二千年而不可解。甲曰孔子年七十二，乙曰孔子年七十三，其爭歷二千年不能決。此何爲者？故謂孔子年七十二與七十三，必有一失，否則俱失之，不能俱得也。然而今人之智力，無以大踰乎昔之人，則孔子之年，終不可定，將以後息者爲勝。謂生魯襄公二十二年可也，謂生魯襄公二十一年亦無不可也。孔子或壽七十二，或壽七十三，孔子則既死矣，一歲之壽，於孔子何與？於後世亦何與？於考孔子之年者又無與也。何者？自一歲之爭以外，他無可以異同也。此丈量既得，不必較之以寸之説也。非固不可較，不能較而必爲之較焉，非闕疑之道，又且自陷於愚誣之嫌也。史公曰：「墨子與孔子同時，或曰在其後。」同時之與在其後，相差則既遠矣。其傳老子曰：「蓋老子百有六十餘歲，或言二百餘歲。」百六十之與二百，相異則既甚矣。今之學者，爲古人考年，率好爲辜較之辭，曰某生至早在某歲，某卒至晚在某年。然而有不可者。以某生至早之歲，上承某卒至晚之年，父子祖孫可以爲友矣。今易其辭，曰某生至晚在某歲，某卒至早在某年，以某卒至早之年，下接某生至晚之歲，則友可以爲父子祖孫矣。此又毫釐之辨之不可以不謹也。其實非毫釐也。考年者不精審熟察，不能確據史實，約略以推之，強古人以就我，則宜其有千里之差矣。

或曰：古人之年，運而往矣，九原不可作，則凡所以考古人之生卒行事者，將惟書册是徵。而先秦古籍，傳者亦尠矣。記事莫備於史記。史記既多誤，而所載尤以諸子爲略，名姓不一見者多有之，詳者惟孔老孟荀，然而孔子世家之緟紕而疊繆，與夫老子之儻恍而難憑，孟荀之闊略而不備，則旣盡人疑之矣。子將較毫釐，衡銖寸，重定古人之年，則何藉以考於古？又何術以信於後耶？曰：此難矣，而實非難也。無方術以處之則難，有方術以處之則易。君不知夫樹木之有年輪乎？橫截一樹，而數其輪，可以得其年，不必尋其樹之始植者而證之也。此毫釐可謹之說也。又不知夫地層之有化石乎？推而論之，可以識萬紀以前之地史，不必有文字之記載也。此丈石可量之說也。自孔子以往迄於秦，雖史文茫昧，地層之化石，樹木之年輪，尚多有之。有可以得其生卒之年壽者，有可以推其交游出處之情節者。片言隻字，冥心眇慮，曲證旁推，卽地層之化石也，卽樹木之年輪也。曰：何以信？曰：信於四達而無悟，一貫而可通。

夫人之用心，患其思慮之不精，又患其考證之不廣。先秦遺文，六國之際，於今可考者，可以縷指而計之，程年以盡之。考證之不廣，非難也。然後謹記其異同，推排其得失，次其先後，定其從違，必有當者，可以確指，則用心之不精，又非患也。然而自古迄今，六國之年既多誤，諸子事蹟尤不備。塵晦而不彰，霾翳而莫明，猶有待於今日之推尋者，則何歟？曰：此非古人之知不及此，亦其時則不至此也。古人不知考年之可重，則亦無恠於其用心之不精，求證之不廣矣。夫史記之誤易見，捨史記而求是則難尋。紀年之佚文，散見於集解索隱諸家之注，以及水經注諸書者，其與史記異同，一一可按。然碎文單辭，知其異於史者，無以定其是。而史之異於紀年者，亦無以定其非。今六國表及諸世家，記事明備，一按可得。紀年遺佚散亂，荒晦難尋。學者既不以考年爲重，好易惡難，習常疑恠，則亦誰爲考覈詳定其是非者耶？夫判兩家之異同，貴乎參伍以爲驗。求定紀年史記之得失，不得不參伍以驗之於諸子。而昔人治史，往往不信諸子。掩目捕雀，宜其無得。是用心之不精，考證之不廣，所以爲論年之難，而其端在夫不知論年考世之重。此乃時緣之未至，非聰明智力之不逮也。

且有非考年之事，而爲考年之所待以成者二端焉：曰搢逸，曰辨僞。夫事之不詳，何論其年？故考年者必先尋實事。實事有證，而其年自定，此易知之說也。爲諸子考年者，當先定六國表，而後有所依據，固也。其次莫大於爲諸子搢逸。何言乎爲諸子搢逸也？史記惟孔子有世家，孔子弟子及老莊申韓孫吳孟荀有列傳，其他則闕。墨子則曰「宋之大夫，善守禦，爲節用，或曰並孔子時，或曰在其後」，得二十許字。許行陳仲惠施魏牟之徒無其名者不可勝計。其略既如此，而略之中復有其不可信者焉。然而其旁見於他書者，雖片鱗一爪，可以推尋而得其大體者至多也。昔人治史，率不信諸子。夫諸子托古，其言黄帝羲農，則信可疑矣。至於管仲晏嬰相問答，莊周魯哀相唯諾，寓言無實，亦有然者。至其述當世之事，記近古之變，目所覩，身所歷，無意於托古，無取於寓言。率口而出，隨心而道，片言隻語，轉多可珍。故吳起有涇水之戰，此韓非劉向之文也，而史記無其事。余拾其墜，以定吳起仕魏之年。公孫龍有空雒之對，此不韋春秋之說也，而戰國無其地。余訂其譌，以證公孫來趙之歲。荀卿之見燕噲，韓非言之。兒說之事宋王，呂覽記之。余循之爲推，可以説名家之傳，可以次孟荀之世。考莊列魏牟公孫龍，發中山之秘史。據荀韓楚莊王莊蹻，定巴滇之逸乘。其他如以呂覽許犯證孟子許行之師承，采韓非田仲補孟子陳仲之論議。推季梁以定楊朱之生卒，傳匡章以闡孟軻之遊踪，本呂覽白圭惠施應對，定兩人在梁之先後，據鹽鐵論論儒，證稷下諸賢之聚散。即以諸子之書，還考諸子之事。爲之羅往跡，推年歲，參伍以求，錯綜以觀，萬縷千緒，絲絲入扣，朗若列眉，斠可尋指。夫而後滯者決而散者綜，紛者理而闇者覩。先秦學人往事，猶可考見，無病乎史文之逸失也。

何言乎爲諸子辨僞也？夫諸子往跡之事，雖散見於諸子之書，然而多有其誤者焉，又多有其僞者焉。僞誤之不辨，而撏撦諸子之遺聞佚記以騁博而馳説，是治亂絲而益棼也。蓋嘗論之：有僞其人者，有僞其世者，有僞其年者，有僞其事者，有僞其地者，有僞其書者，有僞其説者，有僞之於多方者。僞之途不一端，非一一而辨之，則不足以考其年。將一一而辨之，則辨僞之事無竟，而考年之書不可作。此固考年之事之所待以成也。何言乎僞其人？吴有孫武子，僞其人也。何言乎僞其世？尉繚見梁惠王，僞其世也。何言乎僞其年？孟子遊梁，當惠王之三十五年，此僞其年也。何言乎僞其事？孔子與南宫敬叔適周問禮於老子，此僞其事也。何言乎僞其地？孔子畏匡，公孫龍對空雒，此僞其地也。何言乎僞其書？列禦寇有列子，子思有中庸，此僞其書也。何言乎僞其説？孔子老而繫易，孔門六經有傳統，此僞其説也。何言乎僞之於多方？凡僞其人者，必僞其事焉，僞其時焉，僞其書焉，僞其説焉，而後可以掩其人之僞。僞其事，僞其時，僞其書，僞其説者，亦然。非僞之於多方，則其僞不立。諸子之僞不勝辨，其不能盡著於篇者，將别爲書以發之，此不能備也。

夫言有定於此而後可以見於彼者，亦有定於彼，而後可以見於此者，此相與爲功，有待而成之説也。爲諸子考年者，有待於擿逸，爲諸子擿逸者，又有待於辨僞。然而辨僞擿逸之功，亦有待於考年焉。夫必易繫決非孔子作，而後孔子無繫易之年之辨可定。夫必孔子無繫易之年，而後無商瞿傳易之人之辨可定。夫必無商瞿傳易之人，而後孔門無六經傳統之説之辨可定。反而言之，以六經傳統之可疑，而疑及於商瞿之傳易。以商瞿傳易之可疑，而疑及於孔子之繫易焉。其事如循環之無端也。夫孔子繫易之年，與夫商瞿之年，以及夫經師先後授受之年，則信可疑矣。然則商瞿梁鱣年長無子之逸記可以滅，繫辭十傳之爲僞書可以定。此又考年之功之有裨於摺逸辨僞者也。

且摺逸辨僞考年之相待以有成，其事有不盡於此者。蓋事有非逸，而無異於已逸。語有不僞，而有甚於本僞。則以考年之未精，遂相率以俱謌。及其既謌，遂轉以爲考年之障者有之矣。請據孟子以爲說。夫孟子七篇，盡人所誦，歷二千年，至精至熟也。其事則非逸也。其語亦非僞也。考孟子之年者，非不之及也。然而爲孟子考年者，類以史記繩孟子，而不知史年之有誤。卽有本孟子疑史年者，亦不能定史年之眞是也。然後孟書之非逸者，無異於逸。孟書之不僞者，轉致於僞。人異其說，而皆無當於是焉。余以紀年校史記，知齊梁世系之誤，重定齊威宣梁惠襄之先後。而後知孟子初遊齊，當齊威王時，遊梁，見惠王襄王，返齊，見宣王。以此求之，則匡章不孝，孟子與遊之事，情節復顯。余又以史記魯世家與六國表互覈，知魯表之誤，而世家之可信，重定魯平之元。以此求之，然後樂克進辭，臧倉沮見之事，理勢乃符。凡此皆學人之所研慮，先儒之所極論，縱横反覆，紛紜莫定，一朝發難，雲破天朗。其事則同，而所以說其事者不同。此非搪逸也，而有似於搪逸。非辨僞也，而有類乎辨僞。蓋亦與考年之功相待以有成者也。

且夫後世之積譌襲非，有足爲考年繫世之障者，又豈僅於時君世系之錯亂，諸子往迹之晦沉而已耶？蓋自劉班著錄，判爲九流，平章學術，分別淵源，其說相沿，亦幾二千載於茲矣。習非成是，積信爲主，則亦莫之疑而難以辨也。曰百家原於道，則老聃之年無以破。曰申韓本於老，則吳起李克之統無以立。不知農之原於墨，則我許行卽許犯之說不足信。不知法之導於儒，則我商鞅本魏學，李韓乃荀術之論不能成。非破碎陳說，融會以求，則我魏文西河齊威宣稷下諸賢之考皆無以通其意。吾嘗沉沉以思，昧昧以求，潛精於諸子之故籍，遊神於百家之散記，而深疑夫舊說之有誤，而習見之不可以爲定也。積疑有年，一朝開豁，而後知先秦學術，惟儒墨兩派。墨啟於儒，儒原於故史。其他諸家，皆從儒墨生。要而言之，法原於儒，而道啟於墨。農家爲墨道作介，陰陽爲儒道通囿。名家乃墨之支裔，小說又名之別派。而諸家之學，交互融洽，又莫不有其旁通，有其曲達。分家而尋，不如別世而觀。尋宗爲說，不如分區爲論。反覆顚倒，縱橫雜出，皆有以通其源流，得其旨趣，萬變紛紜而不失其宗。然後反以求之先秦之史實，並世學者師友交游之淵源，與夫帝王賢豪號召羅致之盛衰與替，而風會之變，潮流之趨，如合符節，如對契印。證之實者有以融之虛，丈而量者重以寸而比，乃然後自信吾說而確乎其不自惑也。夫爲辨有破有積，此非能積立，破人有餘，立己不足，此非能破之勝也。夫爲學有積有統，積說多端，整統未建，此非能積之優也。余之此書，定列國之世系，考諸子之生卒，事有甚碎，辨有甚僻，蓋考據之幽微，爲學者之畏途，有使人讀而生厭，不終卷而廢者。然而陳說未破，則己旨不立，積緒無多，則整統不富，傍徨瞻顧，雖曰未能，竊有志於是焉。

嘗試論之，晚周先秦之際，三家分晉，田氏篡齊，爲一變。徐州相王，五國繼之，爲再變。齊秦分帝，逮乎一統，爲三變。此言夫其世局也。學術之盛衰，不能不歸於時君世主之提抑。魏文西河爲一起，轉而之於齊威宣稷下爲再起，散而之於秦趙，平原養賢，不韋招客爲三起。此言夫其學風也。書分四卷，首卷盡於孔門，相宰之祿，懸爲士志，故史之記，流爲儒業，則先秦學術之萌茁期也。次卷當三家分晉，田氏篡齊，起墨子、終吳起。儒墨已分，九流未判，養士之風初開，游談之習日起，魏文一朝主其樞紐，此先秦學術之醞釀期也。三卷起商君入秦，迄屈子沉湘。大梁之霸燄方熄，海濱之文運踵起。學者盛於齊魏，祿勢握於游仕。於是有白圭惠施之相業，有湻于田駢之優遊，有孟軻宋鈃之歷駕，有張儀犀首之縱横，有許陳之抗節，有莊周之高隱，風發雲湧，得時而駕，乃先秦學術之磅礴也。四卷始春申平原，迄不韋韓李。稷下既散，公子養客，時君之祿，入於卿相之手，中原之化，遍於遠裔之邦。趙秦崛起，楚燕扶翼。然而爛漫之餘，漸歸老謝，紛披已甚，主於斬伐。荀卿爲之倡，韓非爲之應。在野有老聃之書，在朝有李斯之政。而鄒衍之頡頏，呂韋之收攬，皆有汗漫兼容之勢，森羅並蓄之象，然猶不敵夫老荀非斯之嚴殺而肅殺。此亦時運之爲之，則先秦學術之歸宿期也。四卷之書，因事名題，因題成篇，自爲起訖，各明一意。遂若破人多，而立己少，積緒繁，而統綜絀。此則體勢所限，有不獲已。至於發揮引伸，極論學術，將有俟於通論，非此之得詳矣。

且著書成學，不徒有其外緣，而又不能不自止於限極焉。吾書之成，其爲之緣者則既論之矣。至於其限極，亦有可得而略陳者。蓋首卷考訂孔子行事，前賢論者已詳，折衷取捨，擇善而從，其爲己說者最尠。至於次卷，墨子吳起之世，史文荒失。於此不理，則荆棘未斬，取途無從。而欲加闢治，又徒手空指，利斧難覓。蓽路藍縷，艱苦惟倍。凡所論列，雖已疎闊，而史料既滅，文獻不足，則亦無以爲增。至於三卷，如理亂絲，異說紛呈，諸端並列，條貫則難，尋證則富。四卷諸篇，以當時諸子著書，往跡頗詳，親歷轉略。秦廷焚坑，學術中絕。而汲冢紀年亦盡於魏襄王，以下惟有史記，無可互勘。如春申不韋之死，荀卿之老，鄒衍之遊，皆有可疑，無以詳說。其他亦幽晦。較之墨翟吳起之世則顯，較之惠施孟軻之世則略。此亦史料所限，無可爲力者也。若夫見聞之未周，思慮之未詳，智慧之所不至，功力之所未盡，進而教之，期乎方聞君子。

先秦諸子繫年考辨

卷一

一 孔子生年考

孔子生年，聚訟二千年矣。春秋公羊穀梁二傳，皆謂魯襄公二十一年孔子生，司馬遷史記，謂襄公二十二年孔子生。依前說者，賈逵左氏解詁。服虔左氏傳解誼。邊韶老子銘。何休公羊解詁。楊士勛穀梁疏。王欽若册府元龜。劉恕通鑑外紀。胡安國春秋傳。洪興祖闕里系譜。黃震黃氏日鈔。馬端臨文獻通考。宋濂宋學士集。胡廣四書大全。王圻續文獻通考。崔述洙泗考信錄。錢曾讀書敏求記。江永鄉黨圖考，孔子年譜，及羣經補義。李鍇尚史。孔繼汾闕里文獻考。錢大昕養新錄，及三史拾遺。李惇羣經識小。孫志祖讀書脞錄。蔡孔炘孔子年譜。狄子奇孔子編年。諸人。依後說者，杜預左傳注。陸德明左氏音義。蘇轍古史。劉安世元城語錄。袁樞通鑑紀事本末。孔傳東家雜記。鄭樵通志。朱熹論語序說。呂祖謙大事記。葉大慶考古質疑。羅泌路史餘論。孔元措祖庭廣記。金履祥通鑑前編。薛應旂四書人物考。鄧元錫函史。彭大翼山堂肆考。夏洪基孔子年譜。呂元善聖門志。黃宗羲南雷文約。萬斯大禮記偶箋。馬驌繹史孔子年譜。閻若璩困學紀聞箋，潛邱劄記。齊召南帝王表。梁玉繩古今人表考，史記志疑。陳宏謀四書考輯要。鄭環孔子世家考。孔成蓉鏡經義駢枝。孔廣牧先聖生卒年月考。諸人。詳見孔廣牧先聖生卒年月考。韓非有言：「鄭人有相與爭年者，一人曰，吾與堯同年，其一人曰，吾與黃帝之兄同年，訟此而不決，以後息者爲勝耳。」外儲說左上。若孔子生年，殆亦將以後息者爲勝。余茲姑取後說，近人俞樾劉師培從前說，最近崔適史記探源從後說。至於詳考確論，不徒不可能，抑且無所用。今謂孔子生前一年或後一年，此僅屬孔子私人之年壽，與世運之升降，史跡之轉換，人物之進退，學術之流變，無足重輕如毫髮。而後人於此，月之日之，考論不厭其詳。而他學者，如老莊，如楊墨，則人之有無，世之先後，年之夭壽，茫不加察，晦淪終古，是烏足當知人論世之實哉？今所考論，一以確有援據而有關大體者爲斷。至於細節，則略勿致辨，以避勞而且拙之譏。

二　孔子爲委吏乘田考

孟子曰：「孔子嘗爲委吏矣，曰會計當而已矣；嘗爲乘田矣，曰牛羊茁壯長而已矣。」史記孔子世家作：「嘗爲季氏史，料量平，嘗爲司職吏，畜息蕃。」司職者，毛大可四書改錯云：「周禮牛人有職人，主芻豢者。職通作樴，杙也，所以繫牛。又名乘田者，以公牛芻豢，皆甸田中事也。」古乘與甸通。季氏史，索隱云：「有本作委吏。」趙岐曰：「委吏，主委積倉庫之吏。」崔述洙泗考信錄云：「委季吏史四字相似故誤，後人又妄加氏字耳。」闕里志年譜云：二十歲爲委吏，二十一歲爲乘田吏，殊無明據。大抵在郯子來魯之先，否則不能自通於國君也。」今按：舊說定孔子始仕年二十者，由索隱引家語孔子年十九娶於宋之亓官氏，一歲而生伯魚。伯魚之生，魯昭公以鯉魚賜。始仕通贄，君賜及之，故疑在是年。若以非此則不能自通於國君爲說，而賜魚之說非虛，則崔意與舊說，其可信之程度正相類耳。左傳昭公十七年郯子來，時孔子年二十七。孔子仕定在此前，則似可信。

三　孟懿子南宮敬叔學禮孔子考　附　南宮敬叔南容非一人辨

世家：「孔子年十七，孟釐子卒，懿子及南宮敬叔往學禮焉。」崔述云：「春秋傳此文在昭公七年，按今史記魯楚兩世家及年表，並誤在昭公八年。由襄公二十二年遞推之，則孔子至是當年十七。然孟僖子之卒，實在昭公二十四年。傳但因七年孟僖子至自楚，病不能相禮，而終言其事。世家以爲本年之事，誤矣。懿子敬叔生於昭公之十一年，杜注云：似雙生。「當七年時，二子固猶未生，安得有學禮之事？闕里志年譜亦載此事於十七歲，則作年譜者，但採史記諸子之文，綴輯成書，而初非有所傳也明矣。學者乃以年譜爲據，何其不思之甚也？」梁玉繩史記志疑亦云：「此是史公疎處。索隱古史竝糾其誤。」今按：是年孔子實三十四歲也。又考左傳昭公二十年，「衛齊豹殺孟縶，宗魯死之。琴張將往弔，仲尼曰：齊豹之盜，而孟縶之賊，女何弔焉？」時孔子年三十，琴張蓋已從遊。孔子自稱三十而立，其收徒設教，或者亦始於是時耶？

又按王世懋曰：「史記孔子弟子傳，南宮适字子容，而述論語兩條以實之，初未言孟僖子之子，孟懿子之兄也。而索隱注遽云：是孟僖子之子仲孫閱，論語注遽云：謚敬叔，孟懿子之兄。适見家語，一名縚，已有二名，左傳必屬說與何忌於夫子，索隱又云仲孫閱，是又二名，豈有一人而四名者乎？孔子在魯，族姓頗微，敬叔公族元士，從孔子時定已娶矣，孔子豈得以兄子妻之。禮記，敬叔載寶而朝，孔子曰：喪不如速貧之爲愈也。若而人，豈能抑權力而伸有德，謹言語而不廢於有道之邦耶？」閻百詩曰：「南容名适，一名縚，與敬叔名說，載寶而朝者，當是二人。」

四　孔子與南宮敬叔適周問禮老子辨

閻若璩四書釋地續云：「孔子世家載適周問禮於老子，在昭公之二十年，而孔子年三十。莊子云：孔子年五十一，南見老聃，是爲定公九年。水經注云：孔子年十七適周，是爲昭公七年。索隱謂：孟僖子卒，南宮敬叔始事孔子，實敬叔言於魯君，而得適周，則又爲昭公之二十四年。是四說者宜何從？余曰：其昭公二十四年乎？蓋曾子問孔子曰：昔者吾從老聃助葬於巷黨，及堩，日有食之。惟昭公二十四年夏五月乙未朔，日有食之，恰入食限，此卽孔子從老聃問禮時也。他若昭二十年，定九年，皆不日食。昭七年，雖日食，亦恰入食限，而敬叔尙未從孔子遊，何由適周？」馮景解春集駁之曰：「春秋昭公世凡七日食，不止二十四年。且二十四年二月，僖子卒，五月日食，則此時僖子甫葬，敬叔方在虞祭卒哭之時，焉能與孔子適周？」毛奇齡毛氏經問十二駁閻說同。梁氏志疑云：「敬叔生於昭十一年。當昭七年，孔子年十七時，不但敬叔未從遊，且未生也。若昭二十四年，孔子三十四時，不但僖子方卒，敬叔未能出門從師。且生才十四歲，恐亦未見於君，未能至周。而明年昭公卽孫於齊，安所得魯君請之？此皆當缺疑之事。必欲求其年，則莊子五十一之說，庶幾近之。」今按：孔子適周問禮於老聃，其事不見於論語孟子。史記所載蓋襲自莊子。而莊子寓言十九，固不可信。後人必信爲眞者，徒以有曾子問從老聃助葬日食諸語爲之旁證故也。然其事若斷爲在定公之九年，其年既無日食，則曾子問所載爲虛。而孔子適周之事，益見其不足信矣。閻氏所舉四說，云史記載適周在昭公之二十年者。史記特敍孔子適周事於昭七年後，二十年前，含混其辭，未嘗實指爲在昭二十年也。此自是閻說之誤。水經注昭公二十四年之說，既具如諸家之駁。且索隱但解僖子之死與使其子學禮在二十四年，亦何嘗謂二十四年適周問禮。此皆由誤讀古書而來。毛氏經問辨此頗詳。至莊子五十一之說，則又與禮記相舛。何說而必以莊子之寓言十九者爲可信？鄭環孔子世家考謂：「定公九年，孔子爲中都宰，無籍敬叔之請車，而亦無暇適周矣。」是五十一之說，又難憑也。即諸說之自相矛盾，亦足見其事之非信史矣。孔廣森經學卮言又定孔子適周在定公之三年，其說曰：「子在周時，家語有劉文公論聖人之語。定公四年，文公卽卒。元二兩年，未沒昭公之喪，訪樂萇宏，又非攸宜。前後推校，則適周其在定之三年歟？」然家語爲王肅僞書，其言非可徵信。則定公三年之說，亦復非也。林春溥孔子世家補訂亦疑劉文公以定四年卒，則適周當在定二三年。然又以與莊子衝突，疑孔叢僞託非實。良以孔叢家語，其可信之價値，尤在莊子下也。

且孔子適周見老聃問禮一事，又不徒其年歲之無考而已也。汪中老子考異曾列舉三疑，謂：「老子言行，今見於曾子問者凡四，是孔子之所從學者可信也。夫助葬而遇日食，然且以見星爲嫌，止柩以聽變，其謹於禮也如是。至其書，則曰禮者忠信之薄而亂之首也。下殤之葬，稱引周召史佚，其尊信前哲也如是。而其書，則曰聖人不死，大盜不止。彼此乖違甚矣。故鄭玄注謂古壽考之稱，黃東發日鈔亦疑之，而皆無以輔其說。其疑一也。本傳云：老子楚苦縣厲鄉曲仁里人也。又云：周守藏室之史也。按周室既東，辛有入晉（左傳昭二十年。）司馬適秦，（太史公自序。）史角在魯。（呂氏春秋當染篇。）王官之族，或流播於四方。列國之產，惟晉悼嘗仕於周，其他固無聞焉。況楚之於周，聲教中阻，又非魯鄭之比。且古之典籍舊聞，惟在瞽史，其人並世官宿業，羈旅無所置其身。其疑二也。本傳又云：老子隱君子也。身爲王官，不可謂隱。其疑三也。」今按：汪氏疑楚人隱者不爲周史，是也。顧余謂戴記出於晚世，其語亦何可信？論語孔子言禮，皆關君臣名分，國政大體，絕不拘牽小節。曾子亦云：「俎豆之事，則有司存」。與曾子問所記四事皆不類。則不徒史傳可疑，即戴記亦虛造。蓋出後世小儒，轉襲孔子問禮老聃之語而假托其事。汪氏必謂孔子之所從學可信，亦非也。（論語述而篇竊比於我老彭，包注：「老彭，殷大夫，好述古事。」集註本之。王弼則云：「老，老聃，彭，彭祖。」何義門曰：「老聃之生在彭後，不應反居其上。」翟晴江曰：「大戴禮孔子云，昔商老彭及仲傀，政之教大夫，官之教士，技之教庶人，此最足明聖人竊比之意。孫奕讀彭爲旁，旁側也，謂欲自比於老子之側，蓋謙也。强生異端，穿鑿無理。」崔東壁亦云：「論語不載老子。」（互見考辨第七二）。推此言之，則戴記之不可信益顯。）

抑余猶有辨者：莊子云：「孔子南之沛，見老聃」，則固非適周。後人混而論之，亦非也。南榮趎見老子，亦南行七日七夜而至。則莊子書中之老子，固一南方之隱者。惟天道篇謂「孔子西藏書於周室，見老聃，繙十二經以說」，此則漢人之語。何者？藏書乃秦人焚書以後乃有此想。姚鼐云：「謂聖人知有秦火而預藏之，所謂藏之名山。」十二經乃六經六緯，皆非戰國時所有。則明非莊子時書。莊子書中捨此固不見老聃居周爲守藏室之史也。且本篇又云老聃免而歸居，則孔子雖欲西至周，而仍見老聃於沛耳。寓言篇云：「陽子居南之沛，老聃西遊於秦，邀於郊，至於梁而遇老子」，此已言老聃適秦。然謂逕自沛往，非以周史官隱也。養生主云：「老聃死，秦佚弔之」，則亦未嘗謂其出關而隱，莫知所終矣。史公老子傳雖本莊子，已遠非莊子原書之本相。此必史公旁採他書，混爲一談，竊恐老子爲周守藏史之說或猶出莊子之後也。凡言孔子師老聃，似皆出莊子後。墨子所染與呂覽當染大體相襲。然呂覽有孔子學於老聃語，墨子所染無之。疑所染較先出，故尚未知有孔子師老聃。荀子韓非則亦屢言及老聃矣。

又按春秋左氏傳序正義引沈氏云：「嚴氏春秋引家語觀周篇云：『孔子將修春秋，與左邱明乘，如周，觀書於周史，歸而修春秋之經，邱明爲之傳，共相表裏。』」所引與今家語觀周篇文不同。臧琳經義雜記謂此乃眞家語文。劉逢祿左氏春秋考證辨之云：「嚴彭祖公羊經師，妄語，何也？或章帝令賈逵自選嚴顏高才生二十人，敎以左氏，祿利之途使然。」賈逵亦在王肅僞造家語前。劉氏必謂此說尚出肅後，則無證。是漢時家語自有此說。然則初本謂孔子適周，乃爲修春秋而觀書，與左邱明偕。其信否且勿論，而一事兩傳，遂謂孔子與南宮敬叔往見老子也。此猶如莊周本謂孔子問道於老聃，而後人又以爲問禮矣。韓詩外傳三說苑敬愼皆謂孔子適周，於太廟見欹器，而荀子宥坐及淮南子均謂在魯桓公之廟。足徵傳說遞變，初不謂其適周者，寖假而遂以爲適周。初不謂其見老子，寖假亦遂以爲見老子也。

史記十二諸侯年表序：「孔子明王道，干七十餘君，莫能用，故西觀周室，論史記舊聞，興於魯而次春秋。」此亦謂孔子如周爲修春秋，然未言在何年。林春溥孔子世家補訂乃謂：「春秋哀公十四年五月庚申朔，日有食之，蓋孔子是年復適周。曾子問從老聃助葬，應在此時。」不悟魯哀十四年，西狩獲麟，乃孔子春秋絕筆之歲，未必孔子是年始有志作春秋，乃往觀書於周室。且是年六月，陳恆弒其君，孔子三日齋而請伐齊。時孔子已年老，豈四月五月至周，六月返魯，爲此道路之僕僕耶？（春秋說：「哀十四年春，西狩獲麟，得端門之命，作春秋。使子夏等十四人求周史記，得百二十國寶書，九月經立。」此謂孔子使子夏等求得百二十國寶書，乃至成春秋，先後不逾六月，說固難信。然亦不謂孔子身至周。）且縱謂孔子適周，彼其時已德尊道成，豈猶瑣瑣問日食小節於老聃。林氏強爲比附，何也？

世家又云：「南宮敬叔言於魯君，請與孔子適周，魯君與之一車兩馬一豎子。」崔述云：「敬叔豈無車馬豎子者，而必待魯君之與之？」今按說苑雜言篇：「孔子曰：自季孫之賜我千鍾而友益親，自南宮敬叔之乘我車也而道加行。」此亦傳說，（敬叔少孔子二十餘歲，未必前卒，孔子何乃稱其謚？此即可疑。）而較近理。蓋孔門弟子多出微賤，惟敬叔最爲貴族。故有乘我車而道加行之說。及其傳而益遠，遂謂敬叔請於君，與之車馬而適周矣。凡此皆足以見孔子適周見老子之爲傳說，非信史。

故孔子見老聃問禮，不徒其年難定，抑且其地無據，其人無徵，其事不信。至其書五千言，亦斷非春秋時書，此當別詳，茲不具。

五 孔子適齊考

左傳昭公二十五年，公伐季氏，不克，奔齊，魯亂。世家繫孔子適齊於是年亂後，是也。時孔子年三十五。世家又記昭公二十年，齊景公與晏嬰適魯，與孔子問答。齊世家云：「獵魯郊，因入魯，與晏嬰俱問魯禮。」年表亦同。江永鄉黨圖考辨之云：「左傳昭二十年，齊侯疥，遂店，期而不瘳。十二月，疾瘳，而田沛。何嘗有適魯之事？豈齊侯來而春秋不書乎？」崔述洙泗考信錄亦同此說。梁玉繩史記志疑謂爲六國時人僞造，史公妄取入史，而所以爲此說者，因是年齊侯田於沛也。今按：世家載孔子秦繆之對，以王霸分說，誠爲戰國時人語。春秋時無言王天下者。江氏諸人之辨良是。殆以孔子奔齊，臆想其預與景公晏子相識，遂誤會於田沛之事而爲此說耳。章太炎春秋左傳讀卷四云：「知獵後入魯問禮者，案下文云，齊侯至自田，傳采拾列國之史而成，凡行於國內，史不書至，惟入魯故書至。傳卽承舊史而書之可知也。觀虞人之對，歷陳田禮，蓋景公感此而問禮矣。史公說當得之鈔撮虞氏春秋等書。」今按：謂傳采拾列國之史，甯有記虞人之對，而略其入魯問禮之理？若曰行國內不書至，僖四年晉獻公田，六日，公至，定亦出國者耶？章說殊牽强。左傳自有虞人陳田禮，及仲尼曰守道不如守官之語，故後人誤以爲景公入魯問禮遇孔子矣。世家又稱孔子適齊，爲高昭子家臣，欲以通乎景公。志疑引景吏部曰：「欲通齊景，不恥家臣，孔子而如是乎？且據史所說，孔子三十歲時，景公與晏嬰適魯，既有秦繆之對，而景公悅矣，至此又何必自辱爲家臣以求通也？」今按：孔子先見景公，自不必爲家臣以求通，史說矛盾固矣。然梁氏既疑魯昭二十年景公未嘗入魯，又引此以駁孔子爲家臣，則亦進退失據。崔述亦疑孔子無爲家臣事。然孔子弟子爲家臣者多矣，孔子不之禁，則孔子不恥爲家臣也。且委吏乘田，獨非家臣乎？此等俱難詳考，不得輒以「孔子而如是乎」之說爲定。（如晏子沮孔子，其語本墨子非儒，固不足信。參閱孫詒讓墨子閒詁）。然必謂晏子必不沮孔子，則同一無據，猶如謂孔子必不爲家臣也。

〔附〕晏嬰卒年考

史記齊世家景公四十八年，晏子卒。今按：左傳記晏子言行，止於魯昭二十六年，即齊景之三十二年也。晏子春秋外篇第八，晏子沒十有七年，景公飲諸大夫酒，其文又見於劉向之說苑。其說若可信，景公五十八年薨，晏子沒，至遲當在景公四十二年前。晏子曾歷事靈莊景三公，莊公被弒，晏子立於崔氏之門外，人謂崔子必殺之，崔子曰：民之望也，舍之得民。古人四十強而仕，其時晏子名德已高，當近四十，則其壽殆踰八十，故有相景公老而辭邑之說也。左襄十七年晏桓子卒，晏嬰麤縗斬，苴絰帶杖菅屨，食粥，居倚廬，寢苫枕草，其老曰非大夫之禮也。曰：唯卿爲大夫。是其時晏子已居大夫之位。自此下距崔杼弑君尚又八年，其時晏子當已過三十。以此推之，孔子適齊，晏子年逾七十矣。齊侯田於沛之年，晏子亦當六十五六，而孔子正三十耳，此亦可證是年景公晏子適魯與孔子問答之不可信。至晏子言行，大率見於左傳者最爲得實，今傳晏子春秋有明襲左氏者，亦有襲取之孟子者，如吾欲觀於轉附朝舞之一章是也。其書晚出，多不可據。如謂仲尼之齊，見景公而不見晏子，子貢曰云云，不知子貢是時尚未及孔門。又有晏子使魯，仲尼使子貢往觀，不知子貢之從孔子，晏子則已卒矣。至曰臣聞仲尼居處惰倦，廉隅不正，則季次原憲侍，氣鬱而疾，志意不通，則仲由卜商侍，德不盛，行不厚，則顏回騫雍侍，更不足辨。又謂仲尼相魯，景公患之，晏子對以勿憂，則孔子相夾谷，晏子已先卒矣。若謂晏子卽以是年卒，何以左傳於魯昭二十六以後，歷十六年之久，更不載晏子一言一事乎？證以晏子春秋沒十七年之明文，其爲不可信明矣。至後人謂晏子春秋出於墨家，觀其多載孔門事，知亦非是矣。

六　孔子自齊返魯考

孔子居齊年數，世家不詳。後人或謂七年，或謂一年。七年之說，歷聘紀年主之，狄子奇孔子編年辨之，云：「歷聘紀年蓋誤讀史記世家而云然。世家云：孔子遂行，反乎魯。孔子年四十二，魯昭公卒於乾侯。年四十二句，與下句連讀，非謂反魯時四十二歲也。」一年之說，江永鄉黨圖考主之，狄子奇和之。江氏之說曰：「昭二十七年，吳季札聘上國，反於齊，子死嬴博間，而夫子往觀葬，蓋自魯往觀，嬴博間近魯境也。然則在齊不過一年耳。」林春溥孔門師弟年表後說亦云：「嬴博在泰安縣境，距齊都遠，於曲阜爲近。夫子觀葬，蓋亦自齊歸魯，途中偶遇，未必特爲此行。則歸魯當在是年春可知。」又曰：「孔子於齊，接淅遂行，豈遲至八年之久？」此一年之說也。崔述則謂：「孔子歸魯，以理度之，當在定公既立之後。或至彼時去齊，或先去齊而復暫棲他國，迨定公立而後返魯，均未可知。」然考之世家云：「齊大夫欲害孔子，景公曰：吾老矣，弗能用也，孔子遂行，反乎魯。」則孔子之去齊，並不以定公立而欲歸魯也。亦不見去齊後有暫棲他國之事。且其時孔子未仕於魯，亦不必定公立而後可歸。崔氏之說，純出推想，未足信，今既他無可考，姑依江氏說。

七　孫武辨

史記孫吳列傳有孫武爲吳將兵。漢書藝文志有吳孫子兵法八十二篇，而本傳則稱十三篇。然其人與書，蓋皆出後人僞托。葉水心習學記言辨之云：「自周之盛，至春秋，凡將兵者，必預聞國政，未有特將於外者。六國時此制始改。吳雖蠻夷，而孫武爲大將，乃不爲命卿，而左氏無傳焉，可乎？故凡謂穰苴孫武者，皆辨士妄相標指，非事實。又書論將能而君不御，春秋時固無中御之患，戰國始有，而未甚。又云智將務食於敵，城濮之勝，晉入楚師，三日穀，邲之役，楚亦穀晉三日，然未有敵以爲食者。」全謝山鮚埼亭集又申其說云：「吳楚交兵，吳本勝，而用兵實無勝算。左氏內外傳紀吳事頗詳，絕不及孫武。即越絕諸書，出於漢世，亦不甚及孫子。水心疑吳原未嘗有此人，而其事其書，皆縱橫家之所僞爲者，可以補七略之遺，破千古之惑。至若十三篇之言，自然出於知兵者之手。」姚姬傳惜抱軒集讀孫子亦有發明，云：「春秋大國用兵，不過數百乘，未有興師十萬者也。況在闔廬乎？田齊三晉，既立爲侯，臣乃稱君曰主。主在春秋時，大夫稱也。是書所言，皆戰國事耳。其用兵法，乃秦人以虜使民法也。」章實齋與孫淵如觀察論學十規，亦謂：「孫子書言興師十萬，出征千里，日費千金，不得操事者七十萬家。春秋用兵，未有至十萬者。且闔閭用兵，前後得失，亦與孫武書大相刺謬。」余讀孫子五校，首之以道，而後天地，此必自莊周後乃知有此。其曰：「鬬眾如鬬寡，形名是也」，形名之語，亦起戰國中晚。則孫子十三篇，洵非春秋時書。其人則自齊之孫臏而誤，詳考辨第八十五。

八　陽虎名字考

論語：「陽貨欲見孔子」，注：「陽貨，陽虎也，季氏家臣。」邢疏：「蓋名虎字貨。」孟子滕文公篇：「陽虎曰：爲富不仁矣，爲仁不富矣。」趙注：「陽虎，魯季氏家臣也。」又曰：「陽貨欲見孔子，而惡無禮，大夫有賜於士，不得受於其家，則往拜其門。」趙注：「陽貨，魯大夫也，孔子士也。」宋翔鳳論語說義云：「按趙意似以陽虎陽貨爲兩人。虎既因季孫，專魯政，則升爲公臣，豈肯尚作季氏臣？故孟子有大夫士之說。注但望文生義，未必以爲兩人也。」崔述洙泗考信錄則謂「虎乃季氏家臣，雖專政，未嘗爲大夫，孟子豈得稱虎曰大夫，孔子豈得遂以大夫之禮尊虎？」因疑陽貨陽虎之固非一人焉。今按：趙注「陽貨魯大夫也，孔子士也」，大夫有賜於士云云之意，故不稱季氏家臣，而變文曰大夫，並不以爲兩人。至家臣稱大夫，亦多其證。左昭七年，孟僖子將死，召其大夫曰云云，卽家臣稱大夫也。閻氏四書釋地又續專明禮大夫有賜於士云云之意，

毛氏四書賸言論此頗詳。宋崔之說皆非。

宋氏又以陽虎謂卽楊朱，其說尤怪。引鹽鐵論廣地篇：「楊子曰：爲富不仁，爲仁不富」，因謂：「西漢人稱陽虎爲楊子，陽楊古字通用，疑陽虎卽楊朱。韓非外儲說左下篇曰：陽虎議曰：主賢明悉心以事之，不肖則飾姦以試之。逐於魯，疑於齊，走而之趙，趙簡主迎而相之。左右曰：虎善竊人國政，何故相也？簡主曰：陽虎務取之，我務守之，遂執術而御之。陽虎不敢爲非，以善事簡主。興主之強，幾至於霸。又曰：陽虎去齊走趙，簡主問曰：吾聞子善樹人。虎曰：臣居魯，樹三人，皆爲令尹。及虎抵罪於魯，皆搜索於虎也。臣居齊，薦三人，一人得近王，一人爲縣令，一人爲候吏。及臣得罪，近王者不見臣，縣令者迎臣執縛，候吏者追臣至境上，不及而止。虎不善樹人。虎善取，不善樹人，卽孟子楊子取爲我之說也。言務取以爲己，若樹人則且爲己害。孟子韓非之所言，正是一家之說。仁者治人，其言爲富不仁，爲仁不富，富者務取，爲己者不爲仁，亦取爲我之說也。」宋氏之論如此，可謂荒誕不經之尤矣。務取之云者，卽善竊人國之謂，與楊朱爲我，風馬牛不相及。不善樹人者，韓非下文明明自言之，曰：「夫樹柤梨橘柚

者，食之則甘，樹枳棘者成而刺人，故君子愼所樹。」陽虎亦自悔其樹人之不善耳，豈謂凡樹人皆且爲己害哉？爲富之與爲我，其間相去，尤不可以道里計。宋氏比而同之，甚矣其不知學也！乃謂：「子居合言爲朱。虞書化居，化通貨，疑子居爲陽貨字。其爲虎，或爲貨，或爲朱，蓋變姓名如范蠡。」比附雖巧，彌縫雖密，要不足與議學術流變之大體矣。又以列子楊朱篇記楊朱言孔子受屈於季氏，見逐於陽虎，因謂：「虎在春秋時，蒙惡聲，故爲楊氏學者，諱言爲一人，故有此語」，此尤強說。宋氏敢爲奇論，無所忌憚，雖時有所得，而妄誕者特甚。其解述而一節，強附於老子，殆亦陽虎楊朱之類。要之不識學術之大體，而徒比附考論於小節，則尠有不失。宋氏特其顯者也。

九　孔子五十學易辨

論語「子曰：加我數年，五十以學易，可以無大過矣。」此條解者，從來不一。易乾鑿度云：「孔子占易，得旅，息志停讀，五十，究作十翼。」田藝蘅留青日札云：「此言五十，卽乾鑿度之五十也。」是謂孔子以五十之年學易也。世家云：「孔子晚而喜易，序彖，繫象，說卦，文言。讀易，韋編三絕，曰：假我數年，若是，我於易則彬彬矣。」或云：「古五字如七，孔子晚而好易，故有是語」，是謂孔子以七十之年學易也。俞樾續論語駢枝云：「此當以加我數年爲一句，五十爲一句，以學易爲一句。五十二字，承加我數年而言，言或五或十也。」是亦取世家晚而喜易之說，而略變之也。今按：惠棟論語古義云：「魯論易爲亦，君子愛日以學，及時而成。五十而學，斯爲晚矣。然秉燭之明，尚可寡過，此聖人之謙辭也。」陳鱣論語古義云：「五十以學者，卽蘧伯玉行年五十而知四十九年之非意也。亦可以無大過矣者，卽欲寡其過意也。」毛奇齡論語稽求篇云：「古者四十強仕，五十服官政，六十則不親學矣。」通觀諸說，魯論爲是。又正義曰：「此章孔子言其學易年也。加我數年，方至五十，謂四十七時也。」林春溥曰：「正義以爲四十七時語，嘗疑其無據，及讀史記，孔子四十七歲以陽虎叛不仕，退修詩書禮樂，弟子彌衆，乃知斯語之非妄。」林說見開卷偶得卷六。今按，孔子以五十一出宰中都，說詳後。其前皆不仕。正義四十七時語，蓋爲近是。惟古者無六經之目，易不與詩書禮樂同科，孔子實未嘗傳易，今十傳皆不出孔子。世家亦但言孔子四十七不仕而修詩書禮樂，並不及易。而正義謂言其學易之年，明爲誤矣。世家又謂：「孔子晚而喜易，序易傳」，蓋皆不足信。

一〇　公山弗擾以費畔召孔子考

論語「公山弗擾以費畔召，子欲往」，此事疑者眾。趙翼陔餘叢考崔述洙泗考信錄辨之尤力。大意謂：「公山弗擾卽左傳公山不狃，據左傳，不狃以費畔，在定公十二年。是時孔子方爲司寇，主墮費之議。弗擾不肯墮，至率費人以襲魯，豈有弗擾欲召孔子而孔子欲赴之理？」此據左傳謂弗擾以費畔在定公十二年也。然僞孔注論語謂：「弗擾爲季氏宰，與陽虎共執季桓子而召孔子」，陽虎執季桓公在定公五年，此以弗擾召孔子亦在定公五年也。朱子集注，毛奇齡四書賸言篇從之。世家云：「定公九年，陽虎不勝，奔於齊。是時孔子年五十，按定公九年，孔子已年五十一，此誤。公山不狃以費畔季氏，使人召孔子」，是謂其事在定公之九年也。江永鄉黨圖考從之。狄子奇孔子編年引鄭氏環曰：「不狃之召，當在定八年多陽虎入讙陽關以叛之時。史記繫之九年陽虎奔齊之後，非是。」狄氏又云：「世家雖繫之九年，然云此時孔子年五十，仍指八年言」，則又謂其事在八年也。蘇氏古史載論語以費畔，亦在八年。三說孰當且勿論，而趙崔專據十二年一說以疑論語，可知其未是。

趙氏又云：「左傳定公五年，季桓子行野，公山不狃爲費宰，出勞之。桓子敬之，而家臣仲梁懷弗敬。不狃乃嗾陽虎，虎逐之。是時不狃僅怒懷，而未怨季氏也。定公八年，季寤公鉏極公山不狃皆不得志於季氏，叔孫輒無寵於叔孫氏，叔仲志又不得志於魯，故五人因陽虎，欲去三桓，將享桓子於蒲圃而殺之。桓子以計入於孟氏，孟氏之宰公斂處父率兵敗陽虎，陽虎遂逃於讙陽關以叛，季寤亦逃而出。是時不狃雖有異志，然但陰構陽虎發難，而己實坐觀成敗於旁。故事發之後，陽虎季寤皆逃，而不狃安然無恙，蓋反形未露也。」此敍不狃事甚晰。而曰：「不狃在未叛以前召孔子，容或有之，然不得謂以費叛召」，則又泥於論語以費畔召之語，而未得其解者。夫論語謂以費畔召者，此著其實耳。在當時不狃之召孔子，決不以叛亂爲辭也。特以孔子有名德，爲世所重，欲借以收人心。陽貨亦曾欲見孔子而勸之仕矣。是時不狃雖有不臣之實，而未著變叛之形，故孔子欲往而復止。蓋雖季氏未及討，而固不得謂論語於此不應下一畔字。毛大可云：「畔是謀逆，非稱兵」，此說極析。崔氏又云：「使費果以九年叛，魯何得不以兵討之？」是皆泥文拘字之害也。惟江永鄉黨圖考云：「不狃與陽虎共謀去三桓，故論語以謂畔，其實未嘗據邑興兵也。」斯爲得之。若論語其爲東周之語，或出孔子一時戲言，或由後人記者潤飾，尤不足深辨。要之不狃可以召孔子，而孔子實未往，其事當在定公八九年之間，則斯足矣。鄭環定不狃召在定八年多，以九年春孔子爲中都宰也。至其後子路主墮費，而季孫從之者，正由當時亦自知弗擾之有叛志，而憚于力征，因借墮都之名，以收削權之實，而弗擾遂終出於一叛也。翟灝四書考異，沈維城論語古注集箋，謂公山不狃以費畔，而季氏召孔子，則並句讀而失之。考古者不一本情實，而先以爲古人必若是必不若彼，宜其愈出而愈謬也。

一一　鄧析考

呂氏春秋離謂篇：「鄭國多相縣以書者，子產令無縣書，鄧析致之。子產令無致書，鄧析倚之。令無窮，則鄧析應之亦無窮。」又曰：「子產治鄭，鄧析務難之。與民之有獄者約，大獄一衣，小獄襦袴，民之獻衣襦袴而學訟者不可勝數。以非爲是，以是爲非，是非無度，而可與不可日變。所欲勝，因勝。所欲罪，因罪。鄭國大亂，民口讙嘩。子產患之，於是殺鄧析而戮之。民心乃服，是非乃定，法律乃行。」列子力命篇亦云：「鄧析操兩可之說，設無窮之辭。當子產執政，作竹刑，鄭國用之，數難子產之治。子產執而戮之，俄而誅之。」荀子宥坐篇云：「子產誅鄧析，史付。」皆謂子產殺鄧析。據左傳昭公二十年，子產卒，定公九年，駟歂殺鄧析而用其竹刑。前後相去二十一年，是鄧析及與子產同時，而非子產所殺。杜預注左傳謂：「鄧析鄭大夫，欲改鄭所鑄舊制，不受君命，而私造刑法，書之於竹簡，故云竹刑。」正義：「昭六年，子產鑄刑書於鼎。今鄧析別造竹刑，明是改鄭所鑄舊制。若用君命遣造，則是國家法制，鄧析不得獨專其名。駟歂用其刑書，則其法可取，殺之不爲作此書也。」今按：左傳子產鑄刑書，叔向諫曰：「民知爭端矣。錐刀之末，將盡爭之。亂獄滋豐，賄賂並行。終子之世，鄭其敗乎！」今鄧析之所爲，即是叔向之所料。是駟歂之誅鄧析，正爲其教訟亂制。然必子產刑書疏闊，故鄧析得變易是非，操兩可，設無窮，以取勝。亦必其竹刑較子產刑書爲密，故駟歂雖誅其人，又不得不捨舊制而用其書也。（俞正燮癸巳存稿有鄧析子跋，云：列子楊朱篇，子產以兄朝弟穆爲慮，密造鄧析而謀之，鄧析使誘以禮義之尊，朝穆鄙之，鄧析曰：子產與眞人朝穆居而不知也。疑子產所殺，當是鄭國有此人，鄧析收得其書，列其事指與刑鼎相難者，別條爲竹刑，即荀子所謂好治怪說者。子產卒後二十年，駟歂以他罪殺之。初子產所殺者，人不得其名，以其術盡鄧析所輯書中，遂以書名其人耳。此亦臆測，聊備異見。）時晉亦有刑鼎，（在魯昭二十九年，後鄭鑄刑書二十三年，前鄭用竹刑十二年。）仲尼曰：「鼎在民矣，何以尊貴！」蓋自刑之有律，而後賤民之賞罰，得不全視夫貴族之喜怒，而有所徵以爭。鄧析之竹刑，殆即其所以教民爲爭之具，而當時之貴者，乃不得不轉竊其所以爲爭者以爲治也。此亦當時世變之一大關鍵也。其後不百年，魏文侯用李克，著法經，下傳吳起商鞅，然後貴族庶民一統於法。而昔者「禮不下庶人，刑不上大夫」之制，始不可復。然鞅起皆以身殉。今鄧析，其爲人賢否不可知，其竹刑之詳亦不可考。要之與鞅起異行同趣，亦當時貴族平民勢力消長中一才士也。

漢藝文志名家有鄧析二篇，劉向敍：「臣所儲中鄧析書四篇，臣敍書一篇，凡中外書五篇，以相校除復重，爲五篇，其論無厚者言之異同，與公孫龍同類。」今按韓非子云：「堅白無厚之詞章，而憲令之法息。」淮南子亦云：「鄧析巧辯而亂法。」則鄧析書乃戰國晚世桓團辨者之徒所僞托。鄧析實僅有竹刑，未嘗別自著書也。荀子不苟篇：「山淵平，天地比，齊秦襲，入乎耳，出乎口，鉤有須，卵有毛，是說之難持者也，而惠施鄧析能之。」非十二子篇云：「不法先王，不是禮義，而好治怪說，玩琦辭，甚察而不惠，辯而無用，是惠施鄧析也。」此證鄧析之說起於晚世之辨者。云惠施鄧析，猶如云陳仲史鰌，大禹墨翟，神農許行，黃帝老子。其一人爲並世所實有，別一人則托古以爲影射。孟子言必稱堯舜，亦其例也。今傳鄧析書云：「天於人無厚也，君於民無厚也」，則更非堅白無厚之謂。墨經上：「厚，有所大也」，說云：「厚惟無所大。」莊子天下篇云：「惠施曰：無厚不可積也，其大千里。」有厚無厚，自與堅白同異，同爲當時名家辨說主題。後有妄人，並無厚之語而不識，乃妄襲老氏天地不仁之意冒爲之，則今傳鄧析子，復非戰國晚世之眞也。

一二　孔子仕魯考

世家：「昭公以孔子爲中都宰，一年，四方皆則之，由中都宰爲司空，由司空爲大司寇。」

馬驌繹史云：「諸侯三卿，曰司徒司馬司空，魯則三桓世爲之。其司寇不在三卿之數，臧孫嘗爲之矣。侯國司寇，亦不稱大。由司空爲司寇，是由卿而大夫，進退無據。左傳昭公葬墓道南，孔子之爲司寇也，溝而合之墓。世家云司空時事，亦誤。孔子爲司空非實。」梁氏志疑釋之曰：「春秋之世，侯國多不遵三卿之制，魯三家之外，有東門氏，臧氏，子叔氏，宣成時同在卿列，則亦儼然六卿矣。臧宣叔武仲皆以世卿而爲司寇，此豈猶是小司寇之職乎？史云大司寇者，別於小司寇之下大夫也。若司空卿則孟孫世居之，孔子必是小司空。吳英曰：魯司寇爲上大夫爲卿，論語與上大夫言，專指三桓之爲三卿也。與下大夫言，卽魯司寇以下也。孔子官爵，春秋傳孟子皆稱司寇，世家之所謂大司寇，不當以古制論。魯語臧文仲言於莊公，曰：國有饑饉，卿出告糴，古之制也，辰也備卿，請如齊。然則魯司寇在古制爲下大夫，而在當時則固爲上大夫，同爲卿也。西河經問曰：夫子爲魯君所命，歷有明據，韓詩外傳，孔子爲魯司寇，其命辭曰：宋公之子弗甫何孫孔某，命爾爲司寇。此是命卿辭，非命大夫辭也。此說是矣。春秋書卿之例，最著者莫如書卒，續經哀十六年夏四月己丑孔某卒，則哀公於孔子既卒之後，猶以卿禮待之。哀十一年傳曰：子爲國老，待子而行。哀公誄孔子亦曰：不憖遺一老。若下大夫致仕，安得稱國老一老乎？魯司寇爲卿而非下大夫可知。閻潛邱謂孔子爲司寇，實上大夫而非卿，毋乃繆歟？」今按檀弓有夫子制於中都之語，是孔子爲中都宰之證。其爲司空，他書無徵，蓋不久即升爲司寇也。崔述云：「世家有爲中都宰及司空事，皆在定公九年後。家語有事無年。年譜則云：四十七歲定公以爲中都宰，四十八歲遷司空。按：年譜所云四十七歲者，爲定公之五年。是年自六月以前，權在平子，六月以後，權在陽虎，定公安能自用孔子？孔子安能自行其意？魯之亂莫甚於陽虎時，孔子於此時猶爲宰與司空，亦何時不可以仕？而論語乃有或人不爲政之問？陽虎威制魯君三卿，多行不義，孔子身爲卿貳，終不肯去，及桓子受女樂，乃不脫冕而行，不幾輕重顛倒乎？春秋陽虎以八年戰敗，孔子以十年相定公會於夾谷，爲司寇當在虎敗之後，夾谷之前。」江永亦云：「定五年丙申，季平子卒，桓子立。楊虎將以璠璵歛平子，仲梁懷弗與，見左傳。而家語云：孔子初爲中都宰，聞之，歷階而救焉。年譜遂敍宰中都於孔子四十七歲。是時陽貨方張，豈夫子仕時？且陽貨途中之語，又何謂耶？」因定宰中都在定公九年。其說殆是。

一三 孔子相夾谷墮三都考

孔子爲魯司寇，其政績之大者，凡二。對外爲相夾谷，對內爲墮三都。夾谷之會，在定公十年。全祖望經史問答論之曰：「夾谷之相，正孔子爲卿之證。春秋時所重莫如相，凡相其君而行者，非卿不出。魯十二公之中，自僖而下，其相君者皆三家，皆卿也。魯之卿非公族不得任。而是時以陽虎諸人之亂，孔子遂由庶姓當國，夾谷之會，三家拱手以聽，孔子儼然得充其使，是破格而用之者也。」江氏鄉黨圖考云：「夾谷事以左氏爲信，穀梁史記家語皆有斬侏儒事，後儒僞造也。」梁氏志疑云：「夾谷之會，左穀述之各異，史合采二傳又不同。蓋其事當世樂道之，後人侈論之，故其言殊。家語但竊二傳史記以成文。」崔氏考信錄辨此事尤詳密，要不外據左氏以駁穀梁史記，以見傳說之遞衍而遞失其眞也。惟宋葉夢得春秋讞則並左氏而不信，謂其先陽貨請齊師，齊不乘陽貨之亂，假之以求得志，何忽以一犂彌之言，遽求刼我而幸於倉卒乎？且雖謂孔子無勇，魯之兵尚彊，縱得魯侯，安能即求魯？傳又謂孔子以公退，曰士兵之。齊既方以強暴相凌，亦豈孔子能以一言而兵之？又謂孔子求反汶陽之田，蓋爲下書齊人來歸鄆讙龜陰之田故耳。今經不書盟，而傳以爲盟，可見其妄。蓋自陽貨敗，魯始用孔子，齊人知之，遂求與我平而歸其侵地。公羊曰：孔子行乎季孫，三月不違，齊人爲是來歸鄆讙龜陰之田，此言爲近實。凡左氏穀梁所載，皆不足據。左氏讞卷九。

墮都之事，在定公十二年，世家誤在十三年。志疑論之云：「考左傳侯犯以郈叛，公山不狃以費叛，郈費之墮，叔季自墮之。郈費不叛，則二氏方欲資爲保鄣，卽欲墮之，其將能乎？觀圍成弗克可見已。乃左傳述此事，一若墮郈及費，皆出孔子仲由之謀。左氏作之，公羊附之，史公信之，而三言成實，豈情也哉？家語襲左傳史記之文，謂孔子墮三都之城，並墮成邑，誤甚。宋章如愚山堂考索有三家墮都辨，以爲其謀非出孔子。滹南集五經辨惑云：三山林少穎，近代名儒也。其於兵萊人，墮三都等，皆排之而不取，可謂卓識。」今按：梁氏此論，可謂似而實非也。考古者貴能尋實證。實證之不足，乃揆之以情勢，度之以事理，而會之於虛。孔子之墮三都，左氏言之，公羊又言之，史記又言之，三家之言，如出一轍。其爲信史也，有實證矣。卽捨是而揆之以情勢，度之以事理，孔子非不能唱墮都之議者，季叔非決不能聽孔子之說者。夫謂郈費，叔季自墮之，固也。然而圍成弗克，又誰實主之耶？今詳考事實，孔子墮都之議，實自郈費之叛而發。八年，陽虎作亂，費宰公山不狃隱贊之。九年，伐陽關，陽虎出奔齊，季氏猶未顯討不狃也。十年，侯犯以郈叛，亂既定，孔子乃唱墮都之議。公羊載其言曰：「家不藏甲，邑無百雉之城。」且論語亦言：「陪臣執國命，三世希不失。」此自是孔子平昔君君臣臣正名復禮之主張。孔子既以相夾谷見信，乘此時而言之於季孫。季孫懲於陽虎之叛，憾於不狃之詐，而聽之。叔孫亦自鑒於侯犯之事而先墮郈，季孫遂繼之墮費。而不狃自餒於往日之助陽虎，乃先叛以逃罪。獨成宰公斂處父能臣也，始終忠於孟孫，於陽虎之亂有力焉，故孟氏信之。而惏於孔子復禮之論，又二子皆先墮，乃僞不知而隱抗命。此皆事理之甚著，情勢之極顯者。故謂孔子鑒於魯之內亂而相機進言，可也。謂季孫叔孫亦鑒於私門之變，而遂信孔子之言以自墮其都，亦可也。公羊注「二大夫宰吏數叛，患之，以問孔子。孔子曰：陪臣執國命，采長數叛者，坐邑有城池之固，家有甲兵之藏故也。季孫悅其言而墮之。」此注爲得當時情實矣。吳英曰：左氏謂仲由爲季氏宰，將墮三都，疏云：當是仲由自立此謀，是也。孔子時爲司寇，國有墮都之事，則必孔子以爲是可知也。公羊以爲計出於孔子，然墮郈墮費，實出叔季兩家自患其都爲叛夫之藪，孟孫亦與及焉，故皆有從墮之議。子路與之果決，孔子不過在其位謀其政，以爲合於古者邑無百雉之制而可墮也。故復古卽所以靖亂，而非孔子創謀以爲必不可緩之急務也。今按吳氏此辨，蓋亦以三都不果墮，而爲孔子作解脫也。今尊孔子者，不詳考情實，昧於因利乘勢見可而動之理，若孔子憑空發此一段墮都大議論，叔季二氏，皆感化於聖德，而孔子仲由，遂能不藉實力，不湊機會，自有神妙作用，墮此二都，固屬遠於情理。而矯其謬者，因謂墮都之議，絕與孔子無涉，乃不惜蔑棄實證，視同市虎，則豈不兩失之哉？此如夾谷之會，世家謂齊懼，歸魯侵地而謝罪，其說若未免過侈。而矯誣者因遂並排其事而不取，亦不得謂識之卓者也。卽如崔述考信錄所辨，一若齊之歸地，與孔子之相，固可無涉，而全不足以爲孔子功者，是亦矯枉過甚之說也。方夾谷之會，魯爲齊下，而既會之後，齊人歸地。雖齊不爲懼魯之用孔子而與魯會，而齊之歸地，要不可謂非孔子折衝壇坫之功。見於左傳者，如魯叔孫豹鄭子產宋向戌，卽如孔子弟子子貢，皆以弱小知禮，而抗強敵，以自樹其國體。應對朝聘，文采斐亹，照映一世。雖後世誦者，猶有餘慕。孔子相夾谷，夫亦猶之。卽謂不足以盡孔子之能事，豈得抑而沒之，謂與孔子無涉乎？故左氏所記，縱如葉夢得氏之疑而不信，要之會夾谷而孔子相，必有一段外交情節，則無從而疑者。崔氏之論，未得爲適當之見也。魏禧曰：夾谷既會，齊侯謂其臣曰，夫人率其君古人之道，一二三子獨率我入夷狄之俗，使寡人得罪於魯侯，如之何：晏子曰：小人之謝過也以文，君子之謝過也以質，君已知過，則謝之以質。景公於是歸魯田。可知此會孔子有平仲爲內主。卽因梁邱據，亦當由平仲得之，不得草草看過，謂聖人開口半言，齊人遽服也。此亦可備一解。然若左氏所記根本不可信，則魏氏之言亦僅爲一種猜測爾。考古論世者，就事論事，不以己意抑揚乎其間，庶乎得古人之情實矣。又按姚際恆春秋通論世無傳本，余曾見其鈔本之殘者，亦論此事。大旨與後來志疑之說同。謂「春秋孔子所修，論語孔子所作，此等事當參觀始得。論語云：公山弗擾以費叛召，子欲往，則孔子之不罪弗擾可知矣。蓋弗擾叛季氏，非叛魯也。墮費之議，實由於叔孫季孫，非孔子與子路之爲此謀也。弗擾以費叛，而孔子欲往，孔子豈反謀墮費，使季氏得除叛臣而即安乎？故郈叛而叔孫仲孫墮郈，費叛而仲孫墮費，皆率師以往，憤疾家臣之叛己而欲自墮之也。其墮之之意，則將以爲家臣無所恃以復叛而我以安。惟孟氏之邑則異是。其宰不叛也，故孟氏不欲墮。但二氏以己邑既墮，亦欲墮孟氏之邑，乃强公使圍之，此公之圍也。孟氏使其臣拒之，而成卒不得墮。」又謂「墮費之於魯，無利而有害。三都者，固不特三家之保障，而實亦魯之保障也。使聖賢于魯得位行道，自必有正本澄源之計，次弟設施，豈在于紛紛毀裂其城池，以吾君相漫然嘗試于叛人哉？」今按姚氏此論，其誤亦與前後諸家同，而爲辨較深刻。然當知孔子欲赴弗擾之召，其意非在助弗擾以去季孫也。若謂定公圍成，乃定公之圍。而孔子在當時，似并不贊三都之墮者。則彼之所謂正本澄源之計，又將若何而爲設施哉？虛辨無實，不足翻前古之成案也。又按葉夢得春秋獻，亦辨此事，蓋自來疑此事之最早者。葉氏謂孔子欲正三家，必有其道矣，何致使仲由爲之，此亦虛辨無實也。

一四　孔子行攝相事誅魯大夫亂政者少正卯辨

世家：「孔子行攝相事，誅魯大夫亂政者少正卯。」攝相者，江永云：「攝相乃是相禮，如夾谷相會，論語趨進翼如，賓退復命是也。若魯相自是三卿，執政自是季氏。孔子是時但言之而從，公羊所謂行乎季孫三月不違者耳，未嘗攝魯相也。」余觀荀子宥坐云：「孔子爲魯攝相。」晏子春秋云：「孔子聖相。」則戰國晚世，已有誤以孔子爲魯相者。史記特承其誤。崔氏考信錄梁氏志疑皆有辨。

誅少正卯，語本荀子，崔梁亦辨之。余謂國策趙威后問齊使，「於陵仲子尚存乎，何爲至今不殺乎」，此爲始有誅士之意。齊負郭之民有狐咺者正議，閔王斮之檀衢，呂覽貴直篇作狐援，古今人表作狐爰。乃有誅士之行。下至荀卿，乃益盛唱誅士之論。其宥坐篇所載湯誅尹諧以下七事，周公誅管叔爲不類，子產誅鄧析爲誤傳，此外則爲虛造。蓋猶非荀卿之言，而出於其徒韓非李斯輩之手。韓非書外儲說右上。亦載太公誅華士狂矞，其所舉罪狀，爲「不臣天子，不友諸侯，畊食掘飲，無求於人」，是卽趙威后之所欲誅於仲子者也。宥坐之言少正卯曰：「心達而險，行僻而堅，信僞而辨，記醜而博，順非而澤」，而非十二子篇亦云：「行僻而堅，飾非而好，玩姦而澤，言辯而逆，古之大禁」，則知少正卯卽十二子之化身矣。荀卿先倡非十二子之論於前，其徒乃造爲孔子誅少正卯之事於後，戰國事如此例者甚多。至於李斯得志，乃有焚坑之禍。崔梁辨此事甚盡，顧未及於此，故爲引伸之。家語亦載此事，繼以子貢進曰云云。余考子貢從遊尚在後，（參讀考辨第二十九）則家語言復誤。又荀子稱：「少正卯魯之聞人，聚徒成羣，小人之傑雄」，殆猶僅爲一在野之學士。然觀其氏少正，則又非在野之士也。至史記始以爲大夫亂政者。崔述曰：「春秋之時，誅一大夫非易事，況以大夫而誅大夫乎？孔子得君不及子產遠甚，子產猶不能誅公孫黑，況孔子耶。」專據史記爲辨，亦未是。尹文子聖人篇亦載孔子誅少正卯事，宋鈃尹文接萬物以別宥爲始，當無取於誅殺。蓋尹文在荀卿前，而書語出荀卿後矣。至首辨其事者，當爲朱子。其言曰：「少正卯之事，論語所不載，子思孟子所不言，雖以左氏亦不道也。獨荀況言之，是必齊魯諸儒，憤聖人失職，故爲此說，以誇其權耳。」稍次葉適習學記言亦辨之，亦以爲出荀氏之傳。

又按左傳駟歂殺鄧析而用其竹刑，正值魯定公九年，孔子爲司寇之歲。豈少正卯乃由鄧析誤傳歟？

一五　孔子去魯適衞考

孔子去魯，世家在定公十四年，魯世家在十二年，衞世家在靈公三十八年，則當魯定公十三年。十二諸侯年表魯定公十二年孔子行，衞靈公三十八年孔子來。江永鄉黨圖考謂去魯實在十三年春，魯郊常在春，故經不書，當以衞世家爲正。今考世家又謂孔子去魯，凡十四年而反乎魯，孔子反魯在哀公十一年，則去魯正定公之十三年也。且魯世家書孔子去於十二年毀三桓城孟子不肯墮成之後，左傳圍成不克在冬十二月，知孔子去在十三年之春矣。臧庸拜經日記謂：「魯郊在周正首月，實夏正十一月，孔子於魯定公冬十一月郊後去魯，至十二月公圍成弗克，孔子已去魯矣。使十一月不去魯，十二月圍成有弗克乎？」不悟春秋固用周正，其說疏陋，殊無足辨。又世家載齊人歸女樂，崔述疑之，謂：「孟子但言不用，從而祭，膰肉不至，未嘗言歸女樂。且其事不書於春秋經，又不見於傳，惟論語微子篇有之，疑出戰國策士僞撰。」翟灝四書考異謂：「語孟俱不專於記事，各見一邊，理無嫌也。」余謂孔子去魯，亦不載於春秋，何論於歸女樂？且韓非書內儲說下。亦載其事，其與史記所敘，雖誠有類戰國策士口謟者，然孔子在當時，主復古禮以折私家之奢僭，故內則權臣抗其政，外則敵國忌其事，讒間交作，決非一端，女樂之事，何必無之耶？林春溥孔門師弟年表後說謂：「武叔之毀仲尼，桓子之受女樂，亦當由墮都之故。蓋始患家臣之强而墮之，繼聞處父之言而疑之，物必先腐而後蟲入焉。使桓子不疑孔子，豈女樂所能間？」劉光蕡烟霞草堂文集卷一孔子周遊列國說則謂：「孔子周遊，爲避禍，非爲行道。陳氏於齊，猶季氏之於魯。孔子用於季氏，抑私家，强公室，齊魯近而相親，魯治，齊必效之，陳之謀篡齊急，故忌孔子之用魯，爲女樂以饋之，所以間孔子。孔子用於魯，實季氏主之，故孟子見行可之仕，不曰魯定公，而曰季桓子。用女樂以餌季氏，與爲密謀，謂孔子利魯不利季氏。季氏欲殺孔子，公不敢違。郊不致膰，卽食不設著之意。以孔子去之速，知季氏必欲殺孔子，而聖人已見其機也。孔子在外，屢發思歸之歎。其出也，師已送之，曰：夫子爲罪也。當時不罪夫子，師已何爲辨其無罪？而夫子亦曰：彼婦之口，可以出走，彼婦之謁，可以死敗。則出走爲避死明矣。故其歸也，必待冉有用於季氏，季氏召之而後敢歸也。旣信孔子而用之，不信去之可矣，曷爲必欲殺之？曰：所謂交不終兮怨長也。且不殺孔子，無以對叔孟，更無以挾定公，三月之間使兩易其政也。謂女樂之饋出自陳氏。以昭公之出，陳氏援季，簡公之弒，三家庇陳知之也。」今按兩家所論，雖非的證，而頗得當時情事，抑劉辨深刻矣。又王荆公行述謂古之人僕僕然其身以求行道於世而曰吾以學孔子，惑矣。孔子始食於魯，魯亂而適齊，齊大夫欲害己則反而食於魯，魯受女樂不朝者三日。義不可留則烏乎之。曰衞靈公之遇賢者，庶乎其猶有禮；於是之衞，衞不可與處，於是不暇擇而之曹，以適宋鄭鄭陳蔡。其志猶去衞而之曹也。老矣，遂歸於魯以卒。孔子之行如此，烏在其求行道也。孔子曰：沽之哉，沽之哉，我待價者也。僕僕然勞其身以求行道於世，是沽也。王氏此論，頗若與劉說爲近。然時人固曰知其不可而爲之。孔子亦曰。天下有道，丘不與易。斯二義者，合而觀之其可也。

一六　蘧瑗史鰌考

襄公十四年衞獻公之出，蘧伯玉始見於左傳，時必名德已重，故孫甯思引以共事。最少亦當三十。後八年孔子生。世家哀公二年，孔子至衞，主蘧伯玉家，上距孫甯逐君，六十有七年，伯玉當在九齡外。全祖望經史問答本此，疑近關再出非伯玉事。崔述洙泗考信錄則力辨孔子再至衞主伯玉家之說爲妄。謂：「伯玉已先卒，論語使人寡過之答，當在魯昭世。」今按二說皆無據，殊未有以見其必然者。考呂氏春秋召類篇：趙簡子將襲衞，使史默往覿焉，曰：蘧伯玉爲相，史鰌佐焉，孔子爲客，子貢使令於君前，甚聽。簡子按兵而不動。淮南主術訓亦云：「蘧伯玉爲相，子貢往觀之，曰：何以治國？曰：以弗治治之。」此兩事皆當在定哀世。毛奇齡論語稽求篇引蔡邕釋誨云：「蘧瑗保生」，則伯玉固長年。若及靈公卒歲，伯玉僅亦望百之齡，豈遽不可信？其人既老壽，又以弗治治國，蓋道家之先聲也。

「蘧伯玉行年六十而六十化，未嘗不始於是之，而卒詘之以非也。未知今所謂是之非五十九非也。」此語見莊子則陽篇。謂昔日之所謂是者，或今日之所謂非，又今日以爲是者，或乃昔日之所謂非。不存成見，故曰化。此本非論語寡過意。淮南原道訓：「蘧伯玉年五十而知四十九年非」，此則誤襲莊子。不惟誤其年，抑且誤其義。莊子非謂伯玉自見己非，特謂伯玉不固執己是耳。朱子又錯憶淮南語爲莊子語，引此二條，混而同之，以注論語之寡過。於是莊子書中之伯玉，逍遙時順者，一變而爲南宋道學家之伯玉，日惟以內訟己過爲能事，若拘拘然不獲一日之安矣。夫若是則烏能化？故論語之「欲寡其過而未能」，乃使人之謙辭，亦君子之虛心。至於莊子乘化，是非俱泯，則爲隱几夢蝶之流。而淮南知非，是投老生悔，少壯全非也。此固孰爲得伯玉之眞乎？此層毛氏四書改錯亦有辨。乃崔氏重蹈朱子之誤，亦以淮南語歸莊子，因以證伯玉之非高壽，其言曰：「莊子曰：蘧伯玉行年五十而知四十九年之非，行年六十而六十化，莊子之言，固不足取信，然使伯玉固有期頤之壽，莊子必不僅以五十六十言之。」豈不疎哉？寓言篇亦云：「孔子行年六十而六十化」乃又以伯玉爲仲尼。且孔子年踰七十，何亦僅以六十言？以此知崔說之疏。

史魚，孔子稱其直，其事跡屢見於諸子之傳記。據左傳定十三年，公叔文子與史鰌語，則二人乃同僚。襄公二十九年，季札至衛，已與蘧瑗史鰌公叔發相交。時孔子僅八歲，史鰌當已在強仕之年矣。其後四十八年，孔子至衛，得交蘧瑗史鰌，則鰌亦壽者也。崔適史記探源謂公叔文子卒於定十三年，此由誤讀左傳，非也。又謂季札歷聘之文，非當時語。以觀樂與適晉說趙文子韓宣子魏獻子云云，良非當時信史矣。然謂季札至衛交蘧瑗史鰌公叔發爲不可信，則與疑孔子至衛不及交伯玉史魚相類，皆無證以見其必然也。說苑記衛靈公問史鰌以子路子貢，是鰌固至今尚在。惟大戴禮韓詩外傳有史魚尸諫蘧伯玉事，則史魚死在伯玉前。要之兩人皆及春秋之晚世，而史鰌之名，尤盛於伯玉。莊子胠篋篇云：「削曾史之行，鉗楊墨之口。」荀子非十二子篇以史鰌陳仲並列。不苟篇云：「田仲史鰌不如盜。」意史鰌在戰國世，必負盛譽，故莊荀之言有此。戰國學者，好爲托古。有托之遠者，如墨翟言大禹，孟子言堯舜，許行言神農之類是也。有托之近者，如法家有管子，名家有鄧析，兵家有孫武，道家有老子，墨家有晏子之類是也。此外如太子晉萇宏師曠尾生高介之推之儔，爲後世稱道者，何可勝數？而春秋晚世諸賢爲尤盛，史魚亦其一矣。年往事湮，信否莫辨。亦惟以考古之當愼，與闕疑之不可免，而置之可也。

一七　孔子畏匡乃過蒲一事之誤傳與陽虎無涉辨

世家：「孔子適衛。居頃之，或譖孔子，孔子恐獲罪焉，居十月，去衛，過匡。匡人拘孔子。孔子去匡，卽過蒲。月餘，反乎衛。」又曰：「孔子去陳過蒲，會公叔氏以蒲畔，蒲人止孔子。弟子有公良孺者，以私車五乘從，鬬甚疾。蒲人懼，出孔子東門。孔子遂適衛。」今按：世家文字，前後多錯。如兩敍過蒲，實爲一事，非有去陳復過蒲也。孔廣森經學卮言亦主錯簡之說，惟其排比推論，亦多誤，玆不詳辨。考之左傳，定公十四年春，衛侯逐公叔戍與其黨，故趙陽奔宋，戍來奔。世家公叔氏畔，殆指此。孔子以定公十三年春去魯適衛，居十月而去，過匡過蒲，適遭公叔氏之畔，核其年月，正復相當。集解徐廣曰：「長垣縣有匡城，蒲鄉」，正義：「括地志故蒲城在滑州匡城縣北十五里，匡城本漢長垣縣。」是匡蒲近在一處。去匡過蒲，稽其地位，亦復相接。然何以於同時同地，連罹兩厄，而論語惟及匡事，絕不言蒲難？以余考之，匡蒲之難，蓋本一事。今世家所載孔子畏匡事，蓋出後世誤傳，不足信也。

世家之言曰：「孔子過匡，顏剋爲僕，以其策指之曰：昔吾入此，由彼缺也。匡人聞之，以爲魯之陽虎。陽虎嘗暴匡人，匡人於是遂止孔子。孔子狀類陽虎，拘焉。五日，使從者爲甯武子臣於衞，然後得去。」崔述辨之曰：「孔子在魯爲司寇，居衞見禮於其君。其去也，道路之人，當悉知之。不得因刻一言，而遂誤以爲虎。況拘之五日，亦當出一言以相詰，乃竟不知其非陽虎，豈人情耶？匡人欲殺孔子，斯殺之矣。如不欲殺，斯釋之矣。拘之五日，欲奚爲者？而甯武子之卒，至是已百餘年。（武子仕衞，在僖文之世，成二年，武子之子相，將兵侵齊，其時武子非老卽死，自此下至孔子來衞，尚九十餘年。）甯氏之亡，亦數十年。（甯氏亡在襄二十七年。）從者將欲爲誰臣乎？此其爲說至陋，皆必無之事，而世咸信之，其亦異矣！」

且論語記匡事凡有兩章。一則曰：「子畏於匡，曰：文王既沒，文不在茲乎？天之將喪斯文也，後死者不得與於斯文也。天之未喪斯文也，匡人其如予何？」推其文義，與史記所載畏匡事絕不類。夫使匡人誤以孔子爲陽虎而拘之，則一言而解耳，亦非可以爲匡人罪也，孔子何以言之如此？其又一章曰：「子畏於匡，顏淵後，子曰：吾以女爲死矣！曰：子在，回何敢死！」此亦與史記載畏匡事不類。崔述辨之曰：「匡人果拘孔子五日而免之，則顏淵當同拘而同免。匡人果圍孔子，曲三終而解去，（此家語說。）則顏淵當同圍而同解。何以論語云顏淵後乎？」又史記仲尼弟子列傳無顏刻，但有顏高。王應麟困學紀聞六謂卽顏刻，惠棟九經古義王引之春秋名字解詁並主此說。解詁云：「高乃亭之譌。（亭隸作克）亭刻同聲，古字通用，論語憲問篇克伐怨欲，馬注克好勝人也，意與驕相似，故字子驕。」然左傳高㸷陽州，在定公八年，何以十四年尚能御孔子過匡？全謝山經史問答云：「厚齋先生考古最覈，獨以顏剋卽顏高，稍不審。顏高少孔子五十歲，見於家語，然則生於定公八年。陽州之役，蓋別是一顏高也。獨是史記家語之年，亦多不可信者。若以少孔子五十歲計，過匡之歲，定公之十四年也，顏高亦止七歲，凡此皆無從審正。惟不問其生年，但以其死定八年㸷陽州，而何以十四年尚能御孔子過匡，是則厚齋之疏也。」余謂全氏若疑及史記畏匡之非信史，則不爲此辨矣。仲尼弟子傳正義云：「孔子在衞，南子招夫子爲次乘過市，顏高爲御。」志疑云：「王肅妄以刻之爲僕過匡，撮合於在衞爲次乘之僕，張守節誤據之。」則知史記敍孔子畏匡事，不必爲信史也。善乎王鏊之言曰：「匡人遭陽虎之暴，識虎必眞，不應以貌似而誤圍夫子。夫子亦必明言非虎，不應託言斯文以自免。其曰子畏，恐有他說。」

則論語之所謂子畏於匡者其事果何如乎？曰：以今考之，殆卽世家過蒲之事也。所謂爲甯武子家臣者，徐堅初學記引左傳注云：「蒲甯殖邑也。」此注今無考，或當是賈服舊注。春秋大事表亦云：「甯殖以蒲出獻公，甯氏誅，繼受蒲者爲公叔氏。」余疑孔子過蒲，公叔氏方畔，止孔子，不可，強盟而出之。後人誤以公叔氏爲甯氏，蓋以其同爲蒲邑之主也。於是孔子以要盟於公叔氏而得脫者，遂謂其使從者爲甯武子家臣也。然則以甯武子一人之誤傳，不益足以證明畏匡過蒲之爲一事耶？

余又考春秋名匡邑者非一地。顧棟高春秋大事表云：「文元年衞孔達侵鄭，取綿訾及匡。杜

注：匡在潁川新汲縣東北。今陳州扶溝縣西有匡城。定六年侵鄭取匡，此鄭國之匡也。在今開封府洧川縣東南。僖十五年諸侯盟於牡邱，遂次於匡。杜注：匡在陳留長垣縣西南。論語子畏於匡即此。史記孔子自匡至蒲，今俱在直隸大名府長垣縣境。」如顧氏說，則孔子畏匡，與陽虎暴匡，並非一地。然顧氏特據杜注分說。江永春秋地名考實則謂：「文元年之匡，亦在長垣，不在扶溝。」梁玉繩史記志疑則謂：「杜注陳留長垣縣西南，與潁川新汲縣東北，二縣相近，疑匡是一地而分屬。」按之地圖，梁說頗疏，未可信。周柄中四書典故辨正云：「鄭之匡，在今開封府洧川縣東北，去蒲甚遠，距陳已近，孔子何得又過蒲返衛？蒲爲今大名府長垣縣治，衛之匡在縣西南十五里。左氏文八年，晉使解揚歸匡戚之田於衛。杜注：匡本衛邑，中屬鄭，今晉令鄭還衛。以此推之，知匡既還衛，後又屬鄭。定六年所取鄭地，實衛地也。」毛奇齡四書改錯云：「左氏定六年，公侵鄭取匡，時陽虎實帥師，令皆由虎出，故虎得暴匡。」由此說之，則定六年魯人取匡，亦在長垣。陽虎之所暴，卽孔子之所過也。然則孔子過匡，自招公叔氏之要盟，而特以其邑乃往者陽虎之所暴，故遂誤傳而爲匡人以孔子爲陽虎而見圍耶？

畏匡之事，論語以下，又見於莊子秋水篇。其文曰：「孔子遊於匡，宋人圍之數匝，而弦歌不輟。無幾何，將甲者進辭曰：以爲陽虎也。故圍之，今非也，請辭而退。」莊子書本寓言無據，此記畏匡事尤多誤。以畏匡與微服過宋相混，因謂宋人圍之，一誤也。又牽涉於陽虎，不知陽虎與宋人無涉，二誤也。然亦僅謂匡人誤以爲陽虎，非謂孔子貌似陽虎也。至史記乃有顏剋爲僕，孔子狀類陽虎之說。夫孟子但謂游夏子張以有若似聖人，而弟子列傳亦竟謂有子狀似孔子，則何貌似孔子者之多？至韓詩外傳又別生匡簡子之名，益下而益詳，要之與論語之言不符。今匡簡子亦無考，余疑乃涉趙簡子而誤也。

世家云：「孔子不用於衛，將西見趙簡子，聞竇鳴犢舜華之死，而返。」此事崔述亦辨之曰：「趙鞅弱王室，侮諸侯，而叛其君。春秋大夫罪，未有大於鞅者。孔子何取，而欲見之？晉大夫見於傳者多矣，卽趙氏家臣董安于尹鐸郵無恤之倫，皆得以才見於傳。竇鳴犢舜華果賢大夫，傳記何爲悉遺之？且鞅，衛之仇讎，孔子無故去衛而往見其讎，不遂而復反乎衛，亦何異於朝秦暮楚者？則其事之爲無據，必矣。」余考蒲，春秋時在河南，地與晉鄰。左傳昭公二十五年，衛侯輒出奔，將適蒲，拳彌曰：晉無信，不可。杜注：「蒲近晉邑。」世家亦言：「蒲，衛之所以待晉楚也。」孔子實至蒲而返衛，此後世所由有孔子將至晉，臨河不濟之說也。趙簡子殺竇鳴犢舜華，其傳說亦應與簡子欲殺陽虎有關。

世家又云：「孔子行，佛肸爲中牟宰，趙簡子攻范中行，伐中牟。佛肸畔，使人召孔子，孔子欲往。」論語正義：「中牟爲范中行邑，佛肸是范中行之臣，於時爲中牟宰，而趙簡子伐之，故佛肸卽據中牟以畔。左哀五年傳，夏，趙鞅伐衛，范氏之故也，遂圍中牟。此卽簡子伐中牟之事。然則佛肸之召孔子，當在哀五年無疑。」今按：哀五年孔子在陳，詳考辨第十八。何有佛肸遠召孔子，而孔子欲往之事？此亦虛也。索隱云：「此中牟當在河北，非鄭之中牟。」正義：「蕩陰縣西有牟山，中牟蓋在其山之側。今河南彰德府湯陰縣西有中牟城，在牟山下，正當衛走邯鄲之道。」據此中牟正在晉衛邊境，與匡蒲亦近。而考左傳定十三年秋七月，范氏中行氏伐趙氏之宮，趙鞅奔晉陽。至冬十一月，晉荀寅士吉射奔朝歌。趙氏與范中行氏之爭始此。孔子以魯定十三年春去魯至衛，居十月而至匡蒲，正值其時，故或謂佛肸以中牟畔召，或謂孔子欲見趙簡子，皆其時也。佛肸畔在魯哀五年，而此云佛肸以中牟畔者，如公山不狃畔在魯定公十二年，其召孔子在八年，而論語稱以費畔召，情事正相類。故余定佛肸召與孔子欲見趙簡子，亦爲一事兩傳，或併兩無其事。其傳說之源，則自孔子過匡蒲而起。而孔子過匡蒲，則其時當魯定公十三年冬，或十四年之春也。今世家既分敍四事，又散列前後，遂使後之讀者，茫不見其眞際。崔氏之辨，有見其誤，未見其所以誤。崔述又以過蒲爲自陳返衛時，以蒲在衛南，佛肸之畔在趙襄子時，匡在衛西，考覈均未精愜。而一概抹殺，以爲謬悠之談，全無根極，亦不足以發明其底裏矣。

一八 越句踐元年考

國語越語下：「越王句踐即位三年，而欲伐吳。」韋昭注：「句踐三年，魯哀公之元年。」杜預春秋世族譜：「越王元年，魯定公之十四年也。」（左傳宣公十八年正義引。）今按：史記越世家：「句踐元年，吳王闔廬聞允常死，乃興師伐越。」索隱曰：「事在左傳定公十四年。」然則允常即以是年卒，句踐即以是年立，韋注即以句踐立年爲元年也。（通鑑外紀目錄，皇王大紀，通鑑前編，皆以周敬王二十三年允常卒，特據句踐元推前一歲言之，初非別有據，不知古人庸可即其立年稱元年也。）越世家又云：「句踐與范蠡入宦於吳，三年而吳人遣之。」韋注：「句踐以魯哀元年棲會稽，吳與之平而去之。句踐改修國政，然後卑事夫差，在吳三年而吳人遣之，此則魯哀五年也。」吳越春秋（第八）云：「越王句踐臣吳，至歸越，句踐七年。」注：「國語當魯哀公五年，是爲句踐七年，正與此合。此書於句踐五年書入吳事，至是歸國首尾三年也。」越世家索隱引紀年：「晉出公十年十一月，於粵子句踐卒」，則爲句踐之三十二年。

又按左傳哀二十年越圍吳，二十二年滅吳，爲句踐二十四年，蓋亦首尾三年。故越語曰：「居軍三年，吳師自潰。」越世家云：「留圍之三年，吳師敗。」均與左傳合。吳越春秋繫之句踐二十一年，蓋誤以魯哀二十年越圍吳爲句踐之二十年，又云「圍吳守一年」，故遂爲句踐二十一年也。越句踐棲會稽，至其圍吳，適廿年。故曰「十年生聚，十年教訓。」

又左傳哀公二十四年公如越，二十七年又如越，而卒。吳越春秋繫哀公奔越事於句踐之二十四年，是又誤以魯哀年爲句踐年也。其事遂前後相差五年。下又云：「二十七年冬，句踐卒」，例推亦當隔五年，則仍是三十二年卒矣。今吳越春秋又於二十六年書哀公來奔，與二十四年語大同小異，疑是後人見其誤而妄增入之者。又敍越起瑯琊觀臺於句踐之二十五年，考今本紀年越徙瑯琊在晉出公七年，卽魯哀公卒歲。而翌年越在瑯琊大起觀臺，亦適合。此亦可證二十六年哀公來奔一條，實後人別自增入也。然則吳越春秋一書，雖淺妄多誤，固亦可據以推說其致誤之由來，與其未誤之眞相矣。

一九　孔子去衞適陳在魯哀公二年衞靈公卒歲非魯定公卒歲辨

世家記孔子去衞適陳最淩雜，崔述辨之曰：「世家孔子於衞靈公時，凡四去衞而再適陳，其二皆未出境而返。其初適陳，以定公之卒歲，乃定公十五年，適宋，遭司馬之難，至陳，主司城貞子，蓋本之孟子。其再適陳，以靈公卒之春，乃魯哀公二年，而誤以爲三年，因靈公問陳而遂行，蓋本之論語。按論孟所記，乃一時事。論語記其去衛之故，孟子敍其道路所經，與在陳所主，非再去也。世家誤分爲二，其謬一也。論語云：子在陳曰：歸歟！歸歟！吾黨之小子狂簡。孟子云：孔子在陳，曰：盍歸乎來！吾黨之士狂簡。此亦一時之語，而所傳異辭，史家亦分以爲二，遂謂孔子凡兩發嘆，一屬之初至，一屬之再至，其謬二也。（此條索隱繹史均辨之。）過匡之役，未出境也，無故而反。臨河之役，無故而去，亦未出境而復反。去就苟然，僕僕道途而不憚其煩，其謬三也。且世家以定十四年適衛，而年表已於是年至陳。世家以定十五年遭宋桓魋之難，而年表乃在哀之三年。世家以哀六年再反衛，而年表乃在十年。世家自陳反衛自衛復至陳之事，年表皆無之。即其所自爲說，已自改之，而學者反皆遵之，甚不可解也。」崔辨如此，足以破千古之迷矣。又云：「孔子去衛之年，雖無可考，然衛靈以哀二年夏卒，則孔子去，非定之末即哀之初，所謂魯定公卒之年去衛者近是。」則立說猶疏，未見所以爲去取之故。以余考之，孔子去衛，當在衛靈卒歲，請舉十證以明之。

年表宋景公二十五年，孔子過宋，桓魋惡之，宋世家亦同。孔子以前歲去衛，今年過宋，前後適合。若於魯定公卒歲已去衛，何緣至是始過宋乎？此一證也。（志疑謂過宋在景公二十二年，臧庸拜經文集上錢曉徵書謂在二十三年，皆據孔子在魯定卒歲去衛爲說，故改易過宋之年以就之耳，其實非也。左傳：「哀公三年夏五月辛卯，司鐸火。火踰公宮，桓僖災。孔子在陳聞火，曰：其桓僖乎。」是孔子哀三年夏在陳。蓋以是年過宋而至陳，年亦適合，二也。其後孔子以魯哀六年自陳避兵適蔡，卽自蔡返衛，詳考辨二三及二四。在陳不出三年。若自魯定公卒歲去衛，則至魯哀六年返衛，在陳將踰五年。孔子自言之，曰：「從我於陳蔡者，皆不及門也。」鄭玄云：「不及仕進之門。」故孟子亦云：「君子之厄於陳蔡之間，無上下之交也。」則孔子之在陳蔡，不比其在魯衛，何以留滯如此之久。此不可信，三也。孔子至衛，衛靈公祿之如魯，其敬事孔子至矣，孔子又稱衛之多賢。若以定公卒歲卽去，則去衛何其速，留陳何其久。不可信，四也。且世家云：「孔子去衛適曹，是歲魯定公卒，孔子去曹適宋。」去衛適曹，去曹適宋，文本一貫，何以中間橫揷是歲魯定公卒一語？此不似史記原文。可疑，五也。余謂後人妄添此句，正緣妄據孟子未有終三年淹一語而然。自定公十三年孔子至衛，至十五年恰及三年，故謂孔子於是年去衛矣。又世家云：「孔子遂行，復如陳。夏，衛靈公卒。六月，趙鞅內太子蒯聵於戚。冬，蔡遷於州來。是歲，魯哀公三年，而孔子年六十矣。齊助衛圍戚。夏，魯桓釐廟燔。秋，季桓子病。」史記探源云：「案春秋蔡遷於州來以上，皆在哀公二年，齊助衛圍戚以下，乃在三年。此文是歲以上有闕文，本不謂一年之事。故上文已言多，下文復云夏秋也。」志疑云：「是歲當作明歲。」以下文是歲也孔子年六十三而魯哀公六年也之例，知其非是。崔述云：「乃魯哀公二年而誤以爲三年，」尤失之。余謂上文孔子去衞適曹，去曹適宋，遂至陳，主司城貞子家一節，正當在此。以後人妄疑孔子於魯定卒歲先已去衞適陳，移之於前，又妄爲增竄，遂使今世家文理緟沓，先後僢舛，不可依據，六也。年表孔子來陳，在陳湣公六年，尚在魯定公卒前一年，其誤不待辨。然其所以誤，則亦有可得而言者。世家云：「孔子居陳三歲，會晉楚爭彊，更伐陳，及吳侵陳，陳常被寇，於是孔子去陳。」自魯哀三年孔子至陳，居三歲爲哀公之六年，吳侵陳而孔子去，避兵適蔡，見葉公，年數正合。後人不知適蔡即適楚見葉公，又誤謂孔子去陳至蔡，去蔡至葉，遂因孔子居陳三年，而誤演爲孔子居蔡三年。因誤謂孔子自陳避兵，在魯哀公元年之役，遂移年表孔子來陳於湣公之六年。以其年至魯哀元年吳伐陳，前後亦適及三年也。然與世家居三歲之文已不符。且孔子於魯定公十三年至衞，十四年即來陳，尤不合。並與世家以魯定公卒歲去衞之說相乖。使子長自爲之，不應僢違如是。明出後人移易，痕跡鑿鑿，七也。陳世家：「湣公六年，孔子適陳，吳王夫差伐陳，取三邑而去。十三年，吳復來伐陳，時孔子在陳。」按吳伐陳，一在湣公八年，一在十三年，有年表可證。何嘗有六年伐陳取三邑之事？此後人妄據年表改世家，謂孔子來陳，應在湣公六年，而八年吳伐陳之事，亦因誤在六年也。志疑云：「六年當作七年」，不悟吳伐陳尚在八年，此決非一二字之誤。是同有後人改易之跡，八也。且年表之經後人妄加改易，猶有不止於是者。世家：「孔子自楚反乎衛，是歲，孔子年六十三，而魯哀公六年也。」今年表孔子自陳來衛在衛出公八年，當魯哀公十年，與世家相差四年。此何以誤？曰：亦誤於妄增孔子居蔡之三年耳。蓋孔子居於陳三年，被兵亂，而至蔡，見葉公，即以是年返衛，則爲魯哀公六年。後人不知至蔡即至葉，遂謂孔子去陳先至蔡，又三年而後至葉。於是自哀公六年至蔡，又三年而後返衛，則爲魯哀公之十年也。然則孔子來陳，今年表已移前四年，而孔子返衛，今年表又移後四年。故索隱疑孔子在陳凡經八年，何其久。（語見陳世家。）而據年表，則孔子在陳乃有十二年。此決非史記本來之誤，而其妄爲移易以致誤者，又決非出於一人之手，又可得而微論者，九也。又考今年表，有孔子至陳去陳之年，無孔子至蔡去蔡之年，蓋孔子適陳，年表所固有，而後人從爲移易。孔子適蔡，年表所本無，而後人亦未爲增入也。然蔡世家則有之，云：「蔡昭侯二十六年，孔子如蔡，楚昭王伐蔡，蔡恐，告急於吳，吳因遷蔡於州來。」是孔子適蔡，尙在蔡未遷州來之前。然則其居蔡三年，又將隨蔡而遷乎？其謬抑又甚矣！茲考其致誤之原，亦有可得而指者。孔子世家云：「孔子至陳，歲餘，吳王夫差伐陳，取三邑而去，趙鞅伐朝歌。楚圍蔡，蔡遷於吳。」後人據此，誤謂孔子是時避兵亂，自陳至蔡，則在蔡未遷州來之前也。此又史記所載孔子行跡，多經後人妄竄，其謬誤之尤易見者，十也。而余謂孔子以魯哀三年至陳，其論證猶不止此。孔子世家索隱云：「按系家湣公十六年，孔子適陳，十三年亦在陳。」既云十六年適陳，則十三年何得先在？既云十三年在陳，則適陳不能後至十六年，其語舛誤可知。按今年表及陳世家謂孔子以湣公六年適陳，而實誤前四年。余考孔子以魯哀三年適陳，當陳湣公之十年。索隱引系家正謂湣公十年適陳，十三年亦在陳。後人既疑孔子適陳在湣公六年，妄爲移易年表及陳世家文，又於此索隱注下妄竄六字，而舊引十字未滅，遂兩存而成湣公十六年適陳也。此辨索隱之誤，而足爲孔子以魯哀三年至陳之證者，十一也。

余讀史記孔子世家最蕪雜無條理。其他若年表，若魯衛陳蔡諸世家，凡及孔子，幾於無事不牴牾，無語不舛違。誠如崔氏之譏，所謂自爲說而自改之者。史遷雖疏，不當滅裂乃爾。蓋出後人之移易增竄者多矣。考其所以有移易增竄者，則不出兩誤：一則誤於孟子未有終三年淹之說，一則誤於不知自陳至蔡之卽爲至葉也。於是乃有四去衛再適陳之說，復有居陳三歲居蔡三歲之說。崔氏既力辨之，而未能指陳其癥結之所在。又不能詳定孔子自衛適陳及在陳絕糧之年。於孔子在陳蔡一段，其模糊影響猶如故。而爬梳抉剔，未嘗不足以得其誤中之是。余故詳爲辨正，而孔子南遊行跡，乃如天日之朗。蓋發其陰翳於二千載之下，而與人以共見。苟有精思明辨之士，必曉然有見於吾說之非誣，而弗怪以爲鑿空之妄說也。

二〇　孔子去衛適陳在衛靈公卒後非卒前辯

余既考定孔子去衛在靈公之卒歲，而猶有說者，余疑孔子之去，未必在靈公卒前，而應在靈公之卒後也。何以言之？凡言孔子去衛在靈公卒前者，以論語「衛靈公問陳，孔子明日遂行」爲據。然此事與左傳答孔文子語大相類，而彼尤詳備。崔述曰：「此本一事而傳聞者異也。以理度之，靈公問陳之失小，孔文子問攻太叔之失大。彼可勿行，而此則當去，彼可因所問而導之以禮，此則但當以不對拒之。竊疑左傳爲得其實。」是論語此章，固已不可信。世家據論語而增之，曰：「明日與孔子語，見蜚鴻，仰視之，色不在孔子，孔子行。」是謂孔子並不以靈公之問陳行，而靈公乃以孔子之一對而遽衰其禮貌也。其去理益遠。其他世家載孔子去衛之故，又曰：「靈公與夫人同車，使孔子爲次乘，招搖市過之，孔子醜之，去衛。」此事亦本論語子見南子章而增益之。子見南子一事，昔人自孔注以下，率多疑者。次乘過市，尤爲難信。必謂孔子於靈公卒前去衛，實無的據。太史公報任少卿書，亦謂衛靈公與雍渠同載，孔子適陳。文選注引家語，孔子居衛月餘，靈公與夫人同車出，令宦者雍渠參乘，使孔子爲次乘，遊過市，孔子恥之，於是去衛過曹。此言適陳，未詳。今按過曹適陳，實一串事。惟謂居衛日餘卽去，決不可信。若果如此之決，亦不當屢去而屢返矣。故知家語與世家，實同一不可信也。孟子曰：「孔子於衛靈公，際可之仕也。」

孔子至衛，已當靈公三十八年，至靈公卒，先後五年。衛多賢臣，靈公亦好賢，於孔子未必遽失禮。故余疑孔子之去，乃在靈公之卒後也。

年表衛靈公卒後一歲，孔子過宋，是年夏，即至陳。靈公卒在前年夏，若孔子在夏前行，何以淹滯衛曹之境，有一年之久？謂孔子以靈公卒後去，則時日適合。又論語有冉有子貢問爲衛君乎一章，崔述曰：「論語爲衛君章，冉有子貢問答之辭皆似在衛之時，有所諱而不敢深言者。」又曰：「此章所稱衛君，先儒皆以爲出公輒，玩其辭意，良然。此章問答，當在孔子返衛之初。」余則謂此章在孔子去衛之前也。春秋哀二年夏，衛靈公卒，六月乙酉，晉趙鞅納衛太子於戚，子父相抵之形已成。時孔子猶未去衛，二子之間如此，最切情事。論語集解引鄭玄曰：「衛君謂輒，衛靈公逐太子蒯聵，公薨而立孫輒，後晉趙鞅納蒯聵於戚，衛石曼姑帥師圍之，故問其意助輒否乎。」石曼姑圍戚在哀公二年春，時孔子方過宋適陳，鄭氏未能詳定孔子去衛之年，而漫述蒯聵輒相抗之事，故援引石曼姑圍戚以明以子拒父之實。實則當晉師納蒯聵而衛不之迎，已顯有敵抗之跡，二子之問，寧必俟衛人圍戚以後？然鄭氏此注，猶不以此章問答爲孔子返衛後事。史記孔子世家於孔子返衛後僅記子路問衛君待子爲政一節，似亦不以此章爲同時語。至蘇子由古史乃以此段問答謂在魯哀六年孔子返衛之後，而崔述承之。不悟以子拒父，自是當時驚人一大事，且孔子與諸弟子在衛已久，於其事尤應關切。雖已去衛，而師弟子之間，豈有不相與問答討論以定其事理之是非。而謂遠在出公四五年後，孔子重返衛，乃始見詢及之耶？此皆誤於以孔子在衛靈卒前已去衛，故於論語此章，不得不繫之於孔子返衛之後。今定孔子於靈公卒後始去，而此章問答，正在臨去之前，若較舊說爲遠勝。又按：朱子語類「夫子爲衛君乎，若只言以子拒父，自不須疑而問。今冉有疑夫子爲衛君者，以常法言之，則輒亦義所當立者也。以輒當立，故疑夫子助之。方實問輒之逃，當在靈公薨而夫人欲立之時，曰：然」，是亦見此章問答當在靈公初薨，輒初立時矣。惜爲舊說纏縛，未能明白辨析耳。又張文虪螺江日記王崧樂山集皆不信夷齊讓國事，對此章特創別解，然定爲靈公初薨時問答，仍無害。則孔子之去衛，當在此年六月後也。又按：論語儀封人請見，閻氏釋地云：「孔子時，衛都濮陽，爲今大名府開州。儀邑城在今開封府蘭陽縣西北二十里，乃衛西南境，距其國都五百餘里。不知孔子先至國而後至儀邑，或由儀至國都，皆不可知。要爲第一次適衞無疑。何則？封人曰：二三子何患於喪？喪失位去國。天將以夫子爲木鐸，使周流四方，以行其教，天生夫子，豈爲魯國已乎？其語與情踪正合。」余謂儀邑既遠在衞西南境，孔子自魯適衞，何須迂迴而過其地？此殆孔子去衞適陳時事，封人所說亦可通，不必定指去魯言也。閻氏既詳考其地域，而猶曲爲之說者何哉？林春溥孔門師弟年表後說亦主此事在去衞適陳時。周柄中四書典故辨正謂「儀乃浚儀，今祥符，非儀封，乃去衞適陳要道。」其辨已是。惟說木鐸仍引閻氏爲去魯適衞時，自相牴牾。

二一　孔子過宋考

世家：「孔子去衞，過曹，適宋，又適鄭，遂至陳。」臧庸拜經日記云：「二適字，皆過字之誤，宜據年表校正。」今按：過曹事他無所見。過宋之事，論孟皆有之。論語：「子曰：天生德於予，桓魋其如予何！」孟子：「孔子不悅於魯衞，遭宋桓司馬將要而殺之，微服而過宋。」皆是也。而其詳見在世家，云：「孔子適宋，與弟子習禮大樹下，宋司馬桓魋欲殺孔子，拔其樹。」莊子所謂伐檀於宋，蓋與史合。而崔述疑之，謂畏匡過宋實似一事。其言曰：「定公六年傳云：伐鄭取匡，往不假道於衞，是匡在鄭東也。及還，陽虎使季孟自南門入，是匡在衞南也。魯雖取匡，勢不能有。杜氏疑爲歸之於晉，莊子與荀子皆以匡爲宋邑。按荀子當係說苑之誤。鄭東衞南，則去宋爲近，去晉爲遠。晉之滅偪陽也，以予宋，魯取匡之時，宋方事晉，匡歸在宋，理或然也。此事既與過宋之事相類，又與其時相同。若匡又宋地，則似畏匡過宋，實本一事者。吾惡知非魋聞孔子適陳，將出於匡，故使匡人要之，而後人誤分之爲二事也？子罕篇云：天之未喪斯文也，匡人其如予何？述而篇亦云：天生德於予，桓魋其如予何？二章語意正同。亦似一時一事之言，而記者各記所聞，是以其詞小異。未必孔子生平，每遇患難，即爲是言也。然則畏匡之與過宋，絕似一事，恐不得分以爲二。」崔氏此辨，其先蓋起於疑畏匡之事之無實，因以爲或即桓魋之所使。然子畏之匡在蒲，鄰於晉遠於宋，與桓魋無涉。且畏匡據世家在魯定公十四年，過宋據年表及宋世家在魯哀二年，亦不得謂一時事。至莊子謂孔子遊匡，宋人圍之者，誤以桓魋之事牽涉畏匡，古書如此誤者甚多，不得即以爲據也。陸德明音義引司馬曰，宋當作衞，匡衞邑也，衞人誤圍孔子以爲陽虎，此即不據莊文，亦不以畏匡即由桓魋。論語絕糧章孔注「之宋，遭匡人之難。」檀弓疏畏匡，亦引微服過宋，自屬昔人筆誤，並不以畏匡由桓魋也。左傳文十一年，有承筐，方輿紀要在歸德府睢州西三十里，孔子自衞適陳，或當過此，不必繞道走扶溝之匡。扶溝之匡，前人亦無以爲宋邑者。又以其如予何二章語意之同，遂謂似出一事，尤屬輕斷。今定孔子畏匡過蒲爲一事兩傳，而桓魋之難，則別爲一事，庶於論孟史記均可通。而孔子以貌似陽虎而見拘之說，要爲不足信，此則崔氏疑之而得者也。

世家又謂孔子過宋之後適鄭，則復不足信。崔述云：「鄭在宋西，陳在宋南，自宋適陳，必不由鄭」，是也。世家云：「孔子適鄭，與弟子相失，獨立東郭門，鄭人或謂子貢曰：東門有人，其狀云云。」崔氏力辨，以謂此乃齊東野人之語。余考韓詩外傳謂孔子出衞東門，逆姑布子卿，即其事，而文詞小異。據外傳，亦孔子並未至鄭之一證。鄭世家又云：「聲公五年，子產卒。孔子嘗過鄭，與子產如兄弟云。及聞子產死，孔子爲泣曰：古之遺愛也。兄事子產。」王若虛滹南集辨惑論之曰：「既云如兄弟，何必復言兄事？兼已死之後及此，其次第亦不應爾。」臧庸拜經日記云：「子產卒在聲公五年，則魯定公十四年也。孔子過鄭在聲公七年，若據世家，應在九年，臧爲改易，未是。說見考辨第十八。況世家過鄭之說，實未可據，說詳下。則魯哀公元年也。安得有過鄭與子產如兄弟事？且左傳昭公二十年，鄭子產有疾，謂子太叔曰：我死，子必爲政，唯有德者能以寬服民，其次莫如猛。疾數月而卒。仲尼聞之出涕，曰：古之遺愛也。然則子產之卒，實在魯昭二十年，鄭定公之八年，去孔子過鄭二十九年，時孔子年甫過三十，是過鄭而交子產，實史公之牴牾也，宜據左氏傳正之。世家言孔子過鄭，其肩類子產，本舉古人以擬之。」余謂史記及孔子事，多後人妄羼之筆。如此文理滅裂，顯非史遷本眞。蓋後人自據世家及左傳妄造耳。然妄者亦有其所以妄，誤者亦有其所以誤。明乎其所以妄所以誤者，而其不妄不誤者自見。今試問子產之卒，何以誤在聲公之五年乎？曰妄者誤以是年爲孔子過鄭之年，因書子產之卒於是年。曰：年表孔子過宋在鄭聲公九年，何以過鄭又誤在五年？曰：此據孔子過匡而誤。孔子過匡本在長垣，爲衛邑，而誤者以爲在扶溝，爲鄭邑。因以孔子之過匡爲過鄭。遂誤謂孔子適鄭都，因有獨立郭東門與弟子相失之事。因又有交子產之說。而孔子畏匡，則在魯哀十四年，即鄭聲公五年。遂誤謂孔子是年過鄭，又誤爲子產以是年卒也。故鄭世家因孔子世家而誤，年表又因鄭世家而誤。然可以因其誤而證孔子畏匡實在至衞十月之後，與微服過宋非一事，又可知孔子過鄭之不可信。故孔子自衞至陳，過宋則有據，過鄭則無實。

二二　孔子在陳絶糧考

論語：「在陳絶糧，從者病莫能興。」又曰：「從我於陳蔡者，皆不及門也。」康成以爲：「言弟子之從我而厄於陳蔡者，皆不及仕進之門，而失其所。」孟子亦曰：「君子之厄於陳蔡之間，無上下之交也。」今按厄於陳蔡之間，卽在陳絶糧也。何以言之？孔注絶糧章，「孔子去衞如曹。曹不容，又之宋，遭匡人之難。又之陳，會吳伐陳，陳亂，故乏食。」此言孔子之厄於陳，以被兵亂而乏食也。世家：「孔子遷於蔡之歲，吳伐陳，楚救陳，軍於城父。聞孔子在陳蔡之間，使人聘孔子。孔子將往拜禮，陳蔡之大夫謀曰：孔子賢者，所刺譏，皆中諸侯之疾。孔子用於楚，則陳蔡用事大夫危矣。乃相與發徒役，圍孔子於野，不得行，絶糧。孔子講誦弦歌不衰，於是使子貢至楚，楚昭王興師迎孔子。」此亦言孔子之厄在吳伐陳之歲。而謂絶糧乃由受兵圍，則不足信。自朱子已辨之。全祖望經史問答中論尤析，其言曰：「當時楚正與陳睦，而蔡則已全屬吳，遷於州來，與陳遠。是所謂如蔡者，非新遷之蔡，乃故蔡。孔子欲如楚，故入其地也。蔡已非國，安得有大夫乎？且陳事楚，蔡事吳，則仇國矣。安得二國之大夫合謀乎？且哀公六年，吳志在滅陳，楚昭至誓死以救之，陳之仗楚何如，而敢圍其所用之人乎？是時楚昭在陳，何必使子貢如楚？而楚果迎孔子，信宿可至，孔子何以終不得一見楚昭？而其所迎之兵，中道而聞子西之沮，又竟棄孔子而去，則皆情理之所必無者。乃知陳蔡大夫兵圍之說，乃史記之妄也。然安國被兵絕糧之說則是，而以謂自宋適陳，卽遭此厄，則先於哀公二年，是又誤矣。按全氏此處，據世家孔子再適陳之說，故云然。若單就孔注言，未見其必爲哀之二年也。蓋哀公元年吳亦伐陳，故安國因之而誤也。總之當厄應在六年，史記之時之可信者也。絕糧則以陳之被兵，孔注之事之可信者也。參伍求之，而其不可信者，置之可矣。」全氏此論極明覈。蓋言厄於陳蔡之間者，爲其時之自陳如蔡也。言在陳絕糧者，爲其行之猶未出境也。崔述亦辨此事，顧未能考定其年歲，因謂孔子往來陳蔡間，原無定居，其厄亦非一日之事，則亦誤。梁氏志疑「孔子厄於陳蔡，孟子以謂無上下之交，必去之惟恐不及。乃自定十五年至哀六年，徘徊陳蔡，一至再至，毋乃非危邦不入亂邦不居之義。未識當時情事若何，參考無由，深所難曉。」今按，梁氏此條，凡有二誤：謂孔子自定公十五年卽至陳，誤於世家再適陳之說，一也。又不知厄於陳蔡乃被兵亂，亦同崔氏之誤，二也。故乃有深所難曉之歎。今定孔子自哀二年後至陳，歷三，四，五，三年，所謂主司城貞子爲陳侯周臣者，卽其時事。至六年吳伐陳，避兵至蔡，在途絕糧，則所謂無上下之交之際也。

一二三　孔子至蔡乃負函之蔡非州來之蔡考

世家記孔子自陳遷蔡，又自蔡如葉。崔述辨之曰：「左傳哀公二年，蔡遷於州來。（今安徽壽州。）四年，葉公諸梁致蔡於負函。（今河南信陽。）十六年，楚白公作亂。葉公自蔡入楚，攻白公，白公死，葉公兼攝令尹司馬。國寧，乃老於葉。則是孔子在陳之時，葉公在蔡，不在葉也。蔡既遷於州來，去陳益遠，來往當由楚境，孔子未必遠涉其地。而論語孟子春秋傳中，亦無孔子與蔡之君大夫相與周旋問答之事。則是孔子所謂從我於陳蔡者，乃負函之蔡，非州來之蔡也。葉公本楚卿貳，與聞國政，不當居外。以新得蔡地，故使鎮之。而孔子適在陳蔡之間，因得相與周旋。及其請老，乃歸於葉。史記但見論語孟子中有孔子在蔡之文，遂誤以爲州來之蔡。又因葉公有問政，問孔子於子路之語，遂別出自蔡如葉之文以合之。而不知其誤以一事爲兩事也。」江永鄉黨圖考亦謂：「孔子自陳如蔡，就葉公耳，與蔡國無涉。」所論與崔略同。惟依年譜謂孔子至蔡爲哀公四年事，並謂絕糧卽在其時，則誤。沈維城論語古注集箋辨之，謂，「不如史記敍此於吳伐陳，楚救陳，軍於城父之後」，說良是。（論語正義引劉台拱經傳小記云：「爾雅淮南有州黎丘，注，今在壽春縣。案鹽鐵論（論儒篇）孔子能方不能圓，故飢於黎丘。哀公二年，蔡遷於州來，四年，孔子自陳適蔡。三歲，吳伐陳，楚救陳，軍於城父，使人聘孔子。於是絕糧陳蔡之間。鹽鐵論所謂黎丘，蓋卽州黎之丘也。（古讀來如黎，故州黎卽州來。）」劉氏此說，引鹽鐵論證史記，謂孔子適蔡，乃新遷之蔡，然鹽鐵論後於史記，則此非有力之論證。

〔附〕　楚昭王興師迎孔子辨

世家楚昭王興師迎孔子，前人歷辨其誣，已略見如上考。金履祥曰：「孔子至葉，卽是至楚。」梁氏志疑亦謂：「孔子未嘗至楚，但至葉。」朱子語錄云：「昭王之招，無此事，鄒魯間陋儒尊孔子之意如此。」崔述又論之云：「蔡，楚境也。之蔡卽至楚也。既相傳有至楚之事，故疑以爲昭王之聘之。既聘之而卒於不用，故又疑以爲子西之沮之。吾惡知其非因臆度之故，遂坿會而爲之說乎？」今按：崔氏此論極是。此其傳說之遞衍，有似於孔子之至齊。以孔子之至齊也，而疑以爲景公已在魯先見孔子而善之。以孔子之卒不用於齊也，故又疑爲晏子之沮而已之。凡其因臆度而遂坿會以爲說者，率如此類，亦可推例以求也。

二四　孔子自楚反衛考

世家：「孔子自楚反衛，是歲孔子年六十三，而魯哀公六年也。其明年，吳與魯會繒，太宰嚭召季康子，康子使子貢往。」論語有冉有子貢問夫子爲衛君乎一章，崔述論之曰：「春秋傳哀公七年，季康子使子貢辭吳。十一年，冉求爲季氏宰，及齊師戰於郎。則是孔子至衛之後，二子自衛先歸魯也。或者二子知夫子之不爲而遂去耶？然則此章問答，當在孔子反衛之初，哀公六七年間。」其說不足據，已詳前考。（考辨第十九。）年表，孔子自陳來衛，在哀公十年。衛世家孔子自陳入衛在出公八年。二說相同，而與世家哀公六年之說異。或謂孔子若以哀六年來衛，則至十一年歸魯，與孟子所稱「未嘗有所終三年淹者」不符，而取年表哀十年之說。然此亦不足憑。何者？孔子以魯哀六年離陳適蔡，若至十年始反衛，亦復與孟子「未嘗三年淹」之說不符也。且孔子自定公十三年春去魯，至哀公十一年而歸，前後十四年，而所仕惟衛陳兩國，所過惟曹宋鄭蔡。自非如史記四去衛再適陳之說，終不免於一地有三年之淹矣。然則孟子之所謂「未嘗有所終三年淹」者，特如孔席不暇煖，與干七十二君之類，未可據以爲信史也。（臧庸拜經日記專主孟子未有終三年淹一語，編排孔子行跡，大抵前人論孔子年世，爲此一語誤者不少。）

惲敬大雲山房集仲子廟立石文論此事云：「世家魯哀公六年，孔子自楚反衛，此去楚之年也。年表哀公八年，孔子至衛，此至衛之年也，其時當出公之六年。」此說尤誤。豈惲氏誤憶年表衛出公八年爲魯哀之八年，遂又誤推以爲衛出之六年耶？且孔子此行，乃係耑返衛地。若如惲說，世家哀公六年去楚，年表哀公十年至衛，何須在途四年？此終不足信矣。

然則孔子反衛果以何時乎？曰：孔子以魯哀六年自陳避兵適蔡見葉公，即以是年返衛，則固當依世家也。否則孔子至蔡見葉公，而留滯楚境有四年之久。否則既見葉公，復返陳，而再留有四年之久。否則自蔡返衛，而在途有四年之久。否則孔子以魯哀六年自陳至蔡之說不足信，而孔子之行歷益不可考，而仍無以全孔子於魯哀十年至衛之說。否則孔子固不以魯哀十年返衛，而仍當取魯哀六年之說也。孟子曰：「孔子於季桓子，見行可之仕也。於衛靈公，際可之仕也。於衛孝公，公養之仕也。」史記衛無孝公，朱子謂即出公輒。計孔子仕出公前後四年，較在陳仕湣公爲久。

又按：孔子世家集解引徐廣曰：「年表哀公十年孔子自衛至陳。」索隱云：「按左氏及此文，孔子是時在衛歸魯，不見有在陳之文。在陳當哀公之初，蓋年表誤爾。」據此則今表哀公十年孔子自陳來一語，已非徐廣司馬貞所見之舊，殆後人見其誤而改之矣。

二五　孔子自衛反魯考

世家：「冉有爲季氏將師，與齊戰於郎，克之。季康子乃以幣迎孔子，孔子歸魯。孔子之去魯，凡十四歲而反乎魯。」集解徐廣曰：「此哀公十一年也。」索隱云：「前文孔子以定公十四年去魯，計至此十三年。」今按：孔子去魯，在定公十三年。詳考辨第十五。則去魯實十四年也。孔叢詰墨篇謂：「魯哀公十五年，孔子自衛反魯，居五年矣」，亦以孔子在魯哀十一年返。狄子奇編年又謂孔子於定公十四年，哀公六年，均曾返魯，則其語殊不足信。言孔子於定十四年反魯者，以定十五年有子貢觀朝禮，哀元年有吳使至魯問骨節，兩事。子貢觀朝禮，蓋自衛往觀，反衛與孔子言之。詳考辨第二十九。骨節之對，其語荒誕，未可取證。崔述考信錄有詳辨。至孔子西見趙簡子，臨河而反，息乎陬鄉云云，其爲傳說，已辨於前。考辨第十七。其不得爲孔子反魯之證者抑明矣。言哀六年孔子反魯者，狄氏之言曰：「孟子云：未嘗有所終三年淹，是孔子於歷聘諸國，皆無連居三年之處。今云六年自楚如衛，十一年乃自衛反魯，今按此說實是。則在衛不止三年。云六年在陳，十年乃自陳入衛，則在陳亦不止三年。云六年在楚，十年乃自楚反衛，則在楚亦不止三年。皆與孟子不合。」狄氏必欲強合於孟子，故爲此彌縫之説。不知孟子之言，容亦有不足信也。又曰：「左傳哀七年，子貢即仕魯，亦孔子自衛反魯切證」，則不必孔子反而後子貢得仕矣。

二六　孔鯉顔回卒年考

世家：「伯魚年五十，先孔子死。」家語：「孔子二十歲生伯魚。」家語未必可信，姑據以爲説，則伯魚之卒，孔子年當六十九也。史不書顔子卒年，今家語作三十一。索隱及文選辨命論注引家語並作三十二。家語又謂回少孔子三十歲。而據論語先進篇伯魚先回卒，許愼王肅因謂論語乃設事之辭。此固甚謬。四書釋地又續謂回少孔子三十七歲，卒於哀公十二年，方合三十二年之數。志疑依之。論語稽求篇以家語作三十一回死爲是，少三十是四十之誤，回死與子路同時。經史問答從之。李鍇尚史云：「顔子少孔子三十歲，享年四十有一」，四史發伏鄉黨圖考四書考異等同之。今按：毛氏云：「考顔淵之死，公羊傳及史記世家所載年月，則實在哀公十四年春狩獲麟之際。夫子是時已泣麟矣，而顔淵子路同時俱死，因連呼喪予祝予，而有道窮之嘆。則顔淵之死，在夫子七十一歲，非六十一歲。在哀公十四年，非四年。據家語推算，顔子當死於孔子六十一歲，哀公之四年也。少孔子三十歲，原是四十之誤。」其辨最析。可證顏子卒年，斷在子路卒前一年。而三四字誤，尤爲屢見不鮮之例。惟少三十可以爲少四十之誤，則壽三十一又何弗可爲壽四十一之誤耶？論語哀公問好學，孔子對以顏回，曰：「不幸短命死矣。」尚書洪範六極，一曰凶短折，孔安國曰：「短未六十，折未三十也。」孔傳雖僞，自是古訓。臧庸拜經日記亦謂五十以下而卒，亦可謂之早。惟定顏子年四十，較李說少一年，則爲無據。且顏子之在孔門，最推高足。畏匡之歲，孔子年五十七八，顏子從而後，孔子疑其已死，顏子曰：「子在，回何敢死？」師弟子之情感既深。若顏子少孔子四十歲，則其時年僅十七八，尚在童齡，而從學更在其前，或竟從魯隨行。則孔子五十五歲去魯，顏子十五即從也。此雖非必不可有之事，而似以少三十爲尤近情理。則顏子卒年，後二說之所同，而其年壽，則以第三說爲尤當也。

三國吳志孫登傳登年三十三卒，臨終上疏曰：「周晉顏回，有上智之才，而尚夭折，況臣年過其壽。」列子力命篇曰：「顏淵之才，不出衆人之下，而壽四八。」兩說皆與索隱及選注引家語顏回三十二卒之說合。然列子出張湛，在王肅後，四八之說，正襲家語。孫登之卒，在赤烏四年，當魏正始二年。肅自黃初中出仕，至是垂二十年，或其時僞家語已出，故孫登據以爲說。且家語自襲史記，史記顏淵少孔子三十歲，至二十九歲髮盡白，早死。而家語云：「顏淵少孔子三十歲，二十九歲而髮白，三十一歲早死。」較史記多三十一歲四字。沈濤論語孔注辨僞云：「家語係王肅僞撰，全是剽竊史記，當是今本史記脫此四字耳。」則肅前史記固有三十一歲早死之語，王肅不知其爲譌文，故既襲取以入家語，而又爲之註曰：「此書久遠，年數錯誤，未可詳校。顏淵死時，孔子年六十一，此謂顏回先伯魚死。而論語云顏回死後伯魚，或爲設辭之詞。」依此注詳之，王肅自據史記誤文可知。故許慎先有以鯉也死爲假言之說。許既先王，其據史記，尤爲明白。則吳志與列子卽非襲之家語，亦必本於史記。而史記既云少孔子三十歲，又云三十一歲早卒，兩說相合，必有一誤，尤爲顯見。後人徒據吳志列子謂家語三十二歲死之語實不誤，而所誤必在少孔子三十歲一語，實思辨之未精也。

〔附〕　項橐考

秦策甘羅曰：「項橐七歲爲孔子師」，淮南子修務訓，劉向新序，王充論衡實知篇皆同。隸釋漢童子逢盛碑：「才亞后橐」，后項雙聲，卽項橐也。顏氏家訓以項橐與顏回同爲短折，弘明集亦云：「顏項夙夭。」董仲舒對策：「臣聞良玉不瑑，資質潤美，不待刻瑑，此亡異於達巷黨人，不學而自知也。」顏師古注引孟康曰：「人，項橐也。」史記甘羅傳引國策：「夫項橐，生七歲而爲孔子師」，索隱本夫作大。譚：「尊其道德，故曰大項橐。」杜臺卿玉燭寶典四引清潔法行經云：「幼而敏悟，大項是也。」又引關尹內傳云：「大項顏淵，非無小舛，俱曰聖童。」史記甘羅云：「大項橐七歲，爲孔子師。」劉師培左菴外集，達巷黨人考云：「漢儒以項橐釋達巷黨人者，以大項卽達巷轉音，據杜氏所引，是史記故本作大不作夫。漢書董傳亦作大巷，今作達巷，乃後儒所更。孟注大項橐，今本易大爲人，尤爲乖舛。蓋橐爲其名，達巷則以地爲氏，言有轉歧，則爲大項。陶弘景眞靈位業圖第三左位有大項，注云名橐。是大項爲氏，六朝學者均知之。新序云秦項橐，秦乃泰訛，泰大古通。俞正燮項橐考，以爲秦人，弗足據。」今按論語子罕篇：「達巷黨人曰：『大哉孔子，博學而無所成名。』子聞之，謂門弟子曰：『吾何執，執御乎，執射乎，吾執御矣。』」史記孔子世家引此作達巷黨人童子，皇甫謐高士傳亦云：「達巷黨人，姓項名橐。」是漢儒相傳，殆均以達巷黨人卽項橐也。而論語云云，世家引以列於孔子之卒前。此雖不足泥據，然此所言，必在孔子有盛名，門弟子盛進之後，而言者其人亦決非一弱冠之童子，則卽論語本文細參之可知。殆古人實有項橐，卽達巷橐，又云大項橐，其人聰慧不壽如顏回，或年輩亦與顏回相上下，而未及於孔子之門，而孔子必有所稱賞之，於是後人遂有項橐七歲爲孔子師之說，而嵇康高士傳乃云：「大項橐與孔子俱學於老子。」又天中記引圖經云：「橐，魯人，十歲而亡，時人尸而祝之，號小兒神。」則更出後代傳言，無可爲信矣。

二七　宰我死齊考

史記孔子弟子列傳：「宰予與田常作亂，以夷其族，孔子恥之。」索隱曰：「左傳闞止字子我，爲陳恆所殺，字與宰予相涉，因誤。」兩蘇氏志林，古史，孔平仲談苑，洪容齋隨筆，王氏困學紀聞十一引楊龜山說，孫奕示兒編諸書，均依索隱。及清儒閻若璩四書釋地又續趙翼陔餘叢考，亦不信宰予死難事。梁玉繩史記志疑謂：「考韓子難言，呂覽愼勢，淮南人間，說苑正諫、指武，鹽鐵論殊路、頌賢諸書，均載宰予死事。李斯上秦二世書與諸子所稱合。」全祖望經史問答云：「宰我爲簡公死，非爲陳恆死，不過才未足以定亂。」宋于庭過庭錄謂：「宰我卽齊闞止字子我也。宰我之先，蓋嘗食采於闞，故仕於齊爲闞止。宰我本魯人，簡公在魯，故事之而有寵。及卽位，而使爲政，爲陳成子所憚，有正色立朝之概。子我與簡公，有與爲存亡之道。則其人固賢者之流，宰氏庶幾當此。史記田齊世家以闞止謂監止，以子我爲監止之宗人，皆紀載淩雜，以致一人分爲二三也。」此則信宰予死難事者。史記齊世家，成子將殺大陸子方，田逆請而免，田豹與之車，勿受，曰：逆爲予請，豹與予車，余有私焉。事子我而有私於其讎，何以見魯衛之士。服虔曰：子方將欲奔魯衛。予謂此亦子我即宰我之旁證也。孔門諸徒盛於魯衛，故子方如是云云耳。余每疑宰我子貢同列言語之科，而宰我居先，孟子稱其智足以知聖人，其在孔門，明爲高第弟子矣。而論語載子我多不美之辭，如晝寢及三年之喪兩章尤甚。諸弟子中，獨寫宰我最無情采。論語本成於齊魯諸儒，其書出於戰國時，田氏已得志，而魯亦爲田齊弱。豈田氏之於宰我，固有深恨。而朝政之威，足以變白黑。則魏之何晏，唐之王叔文，固自不免爲小人之傑。而宰我之於孔門，乃亦負此重寃。則甚矣知人論世之非易，而良史之不多得也！史記謂孔子恥之，豈不宜哉？論語哀公問社於宰我，宰我有使民戰栗之對。宋蘇轍古史考云：哀公將欲去三桓，不敢正言，以古者戮人於社，故託社以問。宰我知其意，亦以隱答之。蓋欲哀公伸威。夫子見事勢不可妄動，故疊辭以折之。清儒方觀旭論語偶記亦曰：哀公欲去三桓張公室，問社於宰我，宰我對以使民戰栗，蓋勸之斷也。劉寳楠論語正義則曰：此時哀公與三桓有惡。觀左傳記公出遜之前，遊於陵坂，遇武伯，呼余及死乎，至於三問，是其杌隉不安，欲去三桓之心，已非一日。此社主之問與宰我之對，君臣密語，隱衷可想。又云夫子所云既往不咎，疑指平子言。平子不臣，致使昭公出亡。哀公當時必援平子往事以爲禍本，而欲聲罪致討。夫子止之，蓋知哀公之無能爲，而不可輕於擧事也。今按據此，宰我在魯，已主去三桓，其仕齊而主去陳氏，殆無足怪。韓非說林下，宰予不擧六卿，書不著，此明指宰予實當時一政治人物，特以官位未至六卿，故文不詳其事耳。若宰我僅屬孔門弟子，未嘗從政，如顏閔之儔，韓非何以作此語？又弟子列傳於顏回子路之儔皆著其年，雖或不足盡信，亦自有傳述，獨宰我無年可考。見當時孔門於宰我之疏。慮宰我與回賜年相上下，既久於從政，及其死，無門人弟子爲之道譽，而多權貴讎毁之辭，故致然爾。容齋隨筆據孟子所載三子論孔子賢於堯舜語，以爲當在孔子身後。閻若璩四書釋地又續極稱之，謂其妙在虛會。全謝山經史答問云：「爲弟子稱頌其師，必當在身後，是野人之言。宰我雖未知長於子貢與否，然孔子歿後，並無宰我出處踪跡，則先死又何疑？」容齋又云：「子路之死，孔子曰：由也死矣。又曰：天祝予。哭於中庭，使人覆醢。其悲之如是。不應宰我遇禍，略無一言。」以此疑死齊之妄。則又不悟記載之容有闕也。又大戴禮五帝德稱宰我問，言五帝德，乃在齊騶衍諸人後，疑亦齊人，而託之宰我。

崔述洙泗考信錄，亦不主宰我闞止爲一人，其辨曰：「闞我自名止，宰我自名予。闞我在齊事簡公，宰我在魯事孔子，烏得遂以謂一人？魯哀公之五年，齊景公卒，公子陽生來奔。六年，陳僖子召陽生，闞止先待諸外。公子曰：事未可知，反與壬也處！是時宰我方從孔子於陳蔡之間，由陳反衛，安得分身在魯，而與簡公共處？」今按：崔說甚辨，而實有可論。其謂宰我從孔子在陳蔡之間，當據論語先進「從我於陳蔡者皆不及門也」兩章。然皇本以四科十人別爲一章，不與從陳蔡章相合。則前人固未必以十人謂卽從孔子於陳蔡也。參讀考辨第二十九。且十人中，冉求，明於哀公三年爲季康子所召。又三年而後及陳蔡之難，時冉求正仕魯。至哀十一年，爲季氏帥師戰清，見於左傳。則此一人顯然不從陳蔡者。毛氏論語稽求篇說，又引史記弟子列傳，受業身通者七十有七人，下接德行政事云云，及鹽鐵論云：七十子有名列于孔子之門，皆諸侯卿相之才，可南面者數人。政事冉有季路，言語宰我子貢，亦以此節爲七十子有名之人，不屬陳蔡時言。古注集箋及正義均同此說，參讀考辨第十九。閻若璩四書釋地云：「孔子厄於陳蔡，年六十三，時子游年十八，子夏年十九耳，而既以文學名。」此亦誤合從我於陳蔡章而言。不知乃孔子返魯而後游夏從遊也。尤侗艮齋雜說引陳善辨曰：「陳蔡從者，豈止十人？患難之時，何必分列四科？」其言允矣。當時從遊弟子，據孔子世家有顏淵，子貢，子路。弟子列傳有子張，已不可信。參讀考辨第二十九。呂氏春秋慎大篇有宰予，則益謬。其文曰：「孔子窮於陳蔡之間，七日不嘗食，藜羹不糝，宰予憊矣，孔子弦歌於室，顏回擇菜於外，子路子貢相與言。」按之論語，在陳絕糧，從者病莫能興，何緣獨宰予一人憊？此其無理尤顯。無亦以晝寢者有朽木之喻，故遂以憊病歸之一身耶？（論語比考讖曰：「邑名朝歌，顏淵不舍，七十弟子揜目，宰予獨顧，由蹷墮車。」其輕誣宰予，亦與呂覽一例。）蓋呂氏此文，襲自莊子讓王曰：「孔子窮於陳蔡之間，七日不火食，藜羹不糝，顏色甚憊，而弦歌於室。顏回擇菜，子路子貢相與言。」固無宰予。而情事遠勝矣。使崔氏據此而證左傳之闞止，決不能爲論語之宰我，則亦疏闊之論也。崔氏又謂：「史記宰我與田常作亂之說，即本之李斯，謂與田常相爭，而措辭不審，遂若黨於陳恆然者，非與李斯爲二說也。」誠如其言，則孔子恥之一語，又作何解？

弟子列傳又謂：「宰予利口辨辭，孔子曰：『吾以言取人，失之宰予。』」夫宰我子貢，同在言語之科。孟子亦曰：「宰我子貢善爲說辭。」此乃行人之職，才長專對，使於四方，不辱君命，非泛言利口也。（宋翔鳳論語發微謂善爲說辭，乃以微言垂教，非爲行人使四方之謂。强以公羊家言說書，尤爲無理。）子貢常相魯衛，（如孔子粗夾谷之相。）其文辭多見於左傳。後人又爲虛造存魯亂齊亡吳强晉霸越之事。（此見列傳，前人辨者已多。）雖非信史，然假托者尚猶知子貢之善言語，爲聘使之辭令也。今宰我在齊八年，見信於其君，而有言語之才，嫻於辭令。豈不有接遇賓客，應對諸侯，嘉言美語，足以傳世？而遺聞軼事，曾無存者。徒見稱爲利口，一若與子貢之善言異其類。而曰「以言取人，失之宰予」，若以爲言行不相顧之小人。不知宰我之善言語，乃指政事應對，非指其私人之利口也。子貢曰：「惡居下流，眾惡歸焉。」司馬遷傳仲尼弟子，亦謂：

「學者多稱七十之徒，譽或過實，毁或損眞。」若宰我之與子貢，一則增美，一則加醜。甚矣是非傳說之不可憑也！

二八　孔子卒年考

春秋：「哀公十六年夏四月己丑，孔丘卒。」傳文亦同，史記世家亦同，自來無異說。杜預注左傳，始謂：「四月十八乙丑，無己丑。己丑五月十二日。日月必有誤。」長曆說同。孔傳東家雜記又謂：「當哀公十六年夏四月乙丑日，先聖薨，先儒以爲己丑者誤。」此殆卽據杜氏傳疑之說爲斷，非別有確本也。至吳程以大衍曆推定四月己丑乃十一日，杜氏謂是月無己丑實誤。江永成蓉鏡諸人，遞衍其說，以相證明。至孔廣牧先聖生卒年月日考依之，而其說乃定。陳玉澍卜子年譜據易林睽之恆云：「孟己乙丑哀呼尼父」，謂焦氏當西漢世所見左氏續經正是乙丑，與元凱之說合。然何以今春秋經傳及史記盡作己丑，陳氏亦不能爲之說。數日之差，於知人論世無預，姑存勿論可也。自魯襄公二十二年至此，孔子年七十三也。若孔子生於魯襄公二十一年，則至是當得七十四。左傳襄三十一年疏有云：「公羊傳於二十一年下云，十有一月庚子孔子生。穀梁傳於二十一年十月之下云，庚子孔子生。二十一年，賈逵注經云：此言仲尼生。哀十六年夏四月己丑卒，七十三年。」賈氏旣主孔子生魯襄二十一年，而亦云年七十三，豈不有誤？錢大昕十駕齋養新錄特爲之說云：「自襄二十一年至哀公十六年，實七十四算，而賈云七十三者，古人以周歲始增年也。史記謂生於襄公二十二年，年七十三，則相距之歲計之。」狄子奇云：「周歲增年之說，似未可泥。魯襄公生於成公十六年，至九年爲十二歲，是不以周歲增年也。絳縣老人生於魯文公十一年，至襄公三十年，計當七十四歲，而師曠止云七十三年，是以周歲增年也。」今按狄氏之說，其論魯襄之不以周歲增年，則至確矣。至於絳縣之老人，師曠曰：「魯叔仲惠伯會郤成子於承匡之歲也，七十三年矣。」此謂是歲距前七十三年，非謂老人七十三歲，則不得引以爲古人周歲增年之例。（及門王生玉哲，謂師曠與絳縣老人皆晉人，當計晉年，絳縣老人生於魯文公十一年，卽晉靈公五年，師曠云七十三年，實據晉年夏正說之。此事在魯襄公三十年二月，阮氏校勘記據石經，宋本淳熙本，明翻岳本，足利本，皆作二，孔氏正義誤作三，晉用夏正，以建寅月爲歲首，則是時尚爲晉平公十四年之十二月，亦足破周歲增年之說。）今再以賈逵之言爲證。春秋昭二十四年，仲孫貜卒，服虔引賈逵云：「是歲孟僖子卒，屬其子使事仲尼，仲尼時年三十五。」（亦見左氏襄三十五年疏。）今若以周歲增年計，自魯襄二十一年，至此僅得三十四，而賈氏謂三十五，則賈氏亦自以相距之歲計之，非周歲增年也。今在史記以前，既不得古人周歲增年之實例，（顧氏日知錄謂今人以歲初之日而增年，古人以歲盡之日而後增之，史記倉公傳，臣意年盡三年，年三十九歲也。今按倉公語質，仍是開歲始增年，故曰盡三年，年三十九歲。顧氏說似誤。然要之見時人亦不以周歲始增年。）則錢氏之論，自屬彌縫之見，非足信矣。竊疑賈逵當時本亦以相距之歲計之，特以公穀載孔子生，而左氏無之，故據公穀爲說。而云孔子年七十三，則本之史記世家年數，曾未細覈。不然，何以既從周歲增年之算於前，而又取相距之歲爲計於後？此決不可通矣。又按左氏昭二十年疏：「服虔云：孔子是時四十一。」今自襄公二十一年起，以相距之歲計之，至此得三十一，知今本四字乃三字之誤。四十一又四十之誤，據阮氏校勘記正。則服虔亦自以相距之歲計，何說於賈逵之獨以周歲增年計耶？狄氏又謂：「孔子之以周歲增年，正有明據。孔子世家索隱云：孔子以魯襄二十一年生，至哀十六年爲七十三，若襄公二十二年生，則孔子年七十二。是以周歲增年也。」然索隱之說，遠在賈後，安知其不誤據賈算，而持此辨？又烏從據索隱而逆定賈氏之以周歲而增年？又烏從據賈氏而逆定古人之以周歲而增年哉？周歲增年之說，要爲錢氏彌縫之論，恐未足信守，以釋前人之誤也。

二九　孔子弟子通考

世家云：「孔子以詩書禮樂教，弟子蓋三千焉，身通六藝者七十有二人。」弟子列傳：「受業身通者七十有七人。」今按：孟子云「七十子」，呂氏春秋遇合篇「達徒七十人」，韓非五蠹「服役者七十人」，大戴禮衛將軍文子「受教者七十有餘人」。淮南要略「孔子述周公之訓，以教七十子」，漢書藝文志序，楚元王傳，「七十子喪而大義乖」。則孔子門人，固僅有七十之數。烏得三千哉？淮南泰族訓云：「孔子弟子七十，養徒三千人。」越絕書亦同。養徒與弟子有辨，史記遂謂孔子弟子三千人矣。然孔子亦豈得有三千養徒者？此淮南據晚世四公子養客爲例，深不足信。主術訓又云：「孔丘墨翟，慕義從風而爲之服役者，不過數十人。」則近是矣。七十言其成數，七二七七，則自可無辨。

世家又云：「孔子不仕，退而脩詩書禮樂，弟子彌眾，至自遠方，莫不受業。」今按崔述云：「孔子弟子，魯人爲多，其次則衛齊宋，皆鄰國也。」則至自遠方之說，亦不如後人所想像。今分別舉其著者列之如次。

顏回，魯人。見列傳。

崔述云：「顏氏之著名於魯者多矣。春秋傳有顏高顏羽顏息，呂覽亦有顏闔，則顏子爲魯人信也。」又林春溥曰：「仲尼弟子傳顏氏居其八，顏路顏回顏幸顏高顏祖顏之僕顏噲顏何皆魯人。顏之推云：仲尼母族。」開卷偶得卷六。

閔損，魯人。集解引鄭玄曰，弟子目錄云。

冉耕，魯人。集解引鄭玄。

冉求，魯人。集解引鄭玄。

仲由，卞人。列傳。

宰予，魯人。集解引鄭玄。

端木賜，衛人。列傳。

崔述云：「艾陵之役，吳子賜叔孫甲，衛賜進曰云云，則子貢爲衛人亦無疑。」

言偃，吳人。列傳。或說魯人。索隱引家語。

崔述云：「吳之去魯，遠矣。若涉數千里而北學於中國，此不可多得之事。傳記所記子游言行多矣，何以皆無一言及之？且孔子沒後，有子曾子子夏子張與子游相問答之言甚多。悼公之弔有若也，子游擯。武叔之母之死也，子游在魯。而魯之縣子公叔戍亦皆與子游遊。子游之非吳人審矣。其子言思，亦仍居魯，則固世爲魯人矣。」

卜商，溫國人。集解引鄭玄。或說衛人，集解引家語。或說魏人。孔穎達檀弓疏。

陳玉澍卜子年譜云：「禮記檀弓正義引仲尼弟子列傳：子夏姓卜名商，魏人也。復云：子夏魏人也，在西河之上。然則唐本史記有魏人也三字，而今本脫之。」顧成章論語發疑云：「左隱十一年傳，王取鄔劉蔿刊之田于鄭，而與鄭人蘇忿生之田溫原絺樊隰郕攢茅向盟州陘隤懷。僖十年經，狄滅溫，蘇子奔衛。成十一年傳，晉郤至與周爭鄇田，王命劉康公單襄公訟諸晉。郤至曰：溫吾故也，故不敢失。劉子單子曰：昔周克商，使諸侯撫封，蘇忿生以溫爲司寇，與檀伯達封於河。蘇氏即狄，又不能於狄而奔衞。襄王勞文公而賜之溫。狐氏陽氏先處之，而後及子。若治其故，則王官之邑也。子安得之？晉侯使郤至勿敢爭。此勿爭者鄇田，非溫邑也。後郤至滅，魏氏盛，溫邑諒歸魏氏。至三家分晉，溫仍屬魏。溯其初則本是蘇子之故國也。鄭云溫國卜商，孔云魏人，孔穎達檀弓疏，又唐贈魏侯，宋封魏公。兩說正協。禮記檀弓云：退而老於西河之上，非歸其本國之詞乎？家語卜商衞人，字子夏，嘗返衞，見讀史志者。云晉師伐秦，三豕渡河，子夏曰：非也，己亥耳。讀史志者問諸晉史，果曰：己亥。於是衞以子夏爲聖。孔子卒後，教於西河之上。魏文侯師事之，而諮國政焉。由此觀之，返衞是返魏之誤也。呂氏春秋曰：「子夏之晉過衞」過與返其義大相異。返，歸國之詞。過，越國之詞。晉師伐秦，魏之前事也。讀史志者，讀國之舊史也。若云衞之讀史者，亦談何容易，以三豕二字，歷千里之遙，問諸晉史哉？況衞以子夏爲聖，父母之邦，既尊且信如此，子夏亦何怨於衞，而反設教於魏哉？是以知魏之誤作衞，正不待辨而明也。且家語一書，本王子雍所改以難鄭者。今溫國之說，出於鄭氏，或亦王子雍改家語爲衞人以難之耳。」今按：董氏春秋繁露兪序已稱衞子夏，則子夏爲衞人，早有其說，不待王肅家語。惟顧說返衞乃返魏之誤，則殊是。又子夏爲莒父宰，閻氏釋地謂「莒父屬魯西鄙，子夏爲宰邑，去其家密邇。」

顓孫師，陳人。列傳，集解引鄭玄云陽城人。

崔述云：「子張乃顓孫之後，顓孫於莊二十二年自齊奔魯，歷閔僖文宣成襄昭定至哀公凡十世。子張之非陳人，明矣。蓋因其先世出自陳，而傳之者遂誤以爲陳人耳。若子張爲陳人，孔子亦將爲宋人乎？子張之子申祥，亦仍居魯。」今按：呂氏春秋尊師篇：「子張，魯之鄙家也。」子張果魯人。檀弓「申祥之哭言思」，鄭注「說者云言思子游之子，申祥妻之昆弟。」閻若璩四書釋地又續因謂：「是陳之顓孫氏，與吳之言氏，遠爲婚姻。」不知其實皆魯人也。

曾參，南武城人。列傳。

崔述云：「南武城者，魯南境之邑，吳越至魯之衝，卽子游爲宰之地也。孟子書載曾子居武城，有越寇，而曾子去。孟子曰：曾子師也，父兄也，則曾子非武城人明甚。司馬氏蓋見孟子書中有居武城之文，而遂誤以爲武城人耳。」今按曾子果武城人，未必不可避寇而去。雷學淇亦以曾子之去，證武城非祖宗邱墓之鄉，其說實迂。孟子稱曾子師也，父兄也，亦未必見其卽非武城之人。崔氏乃謂非武城人明甚，殊嫌速斷不足信。武城在費縣。秦策：「曾子處費，新序作處鄭，誤。費人有與曾子同名族者。」梁氏志疑引西京雜記云：「昔魯有兩曾參，南曾參殺人，見捕，人以告北曾參母。」云云，卽與秦策同述一事。梁氏據之，謂：「曾子爲北武城人。南武城爲魯邊邑，在今費縣西南。魯之北有東武城，故云北武城也。」余意西京雜記乃晚出僞書，未可盡據。卽謂遺聞軼事，不無採擷。南北之辨，未必非同居一城，而指其城南城北言之。何必強說以居北武城，而謂北曾參哉？列傳明云曾參南武城人，澹臺滅明云武城人，並無北武城之說。日知錄謂：「子羽曾子同一武城，子羽傳次曾子，省文。」其說甚是。大戴禮記衞將軍文子篇注：「曾子南武城人，澹臺滅明東武城人。」疑誤。水經注引京相璠曰：「今泰山南武城縣有澹臺子羽冢，縣人也。」則子羽實南武城人。哀公八年，吳伐魯，從武城。傳云：「王犯常爲之宰，澹臺子羽之父好焉。」是子羽爲近吳之南武城人，確有明證。故子游之所宰，曾子之所居，卽子羽之邑，爲近吳之武城，亦曰南武城。史記所載，本甚明白。今必曰曾子非南武城人，而別尋一地以說之，皆非也。周柄中四書典故辨正，亦謂「曾子所居，卽費縣之武城，非有二地。史記云南武城者，因清河有東武城，在魯之北，故加南以別之，據漢人之稱耳。」此說得之。雷學淇介菴經說以在南者曰武城，近吳，在東者曰南武城，近費而隣齊。與諸家以子羽邑近費者不同，其說疑誤。復有以曾子武城在嘉祥者，顧氏日知錄，兪氏癸巳類稿均辨之，孫志祖讀書脞錄復據大戴禮記注駁顧說，亦誤。參讀考辨第三五。

澹臺滅明，武城人。列傳。

宓不齊，魯人。集解引孔安國。

原憲，魯人。集解引鄭玄。

公治長，齊人。列傳。或說魯人。索隱引家語。

錢坫論語後錄：「公治長史記以爲齊人，家語以爲魯人，范寧杜預以爲魯公族。案公治襄公時有其人，疑以字爲氏。」崔述云：「公父歜，公父之後也，則公治長亦當爲公治之後。襄公之自楚歸也，季孫使公治問，則公治魯大夫也。然則長亦非齊人矣。」

南宮括，魯人。集解引孔安國。

公晳哀，齊人。集解引家語。

淮南汜論訓：「季襄陳仲子立節抗行，不入洿君之朝，不食亂世之食，遂餓而死。」高誘注：「季襄，魯人，孔子弟子。」王念孫曰：「孔子弟子無季襄，襄當爲哀字之誤也。史記仲尼弟子傳云：公晳哀字季次，此言季哀，卽季次也。故高注云然。按金顎求古錄禮說九，孔子弟子考「古人名字，皆相應，哀必有次，故名哀字次。」」弟子傳載孔子之言曰：天下無行，多爲家臣，仕於都，唯季次未嘗仕。游俠傳云：季次原憲，懷獨行君子之德，義不苟合當世，終身空室蓬戶，褐衣疏食，不厭。與此說略同。」據此，則季次一說乃魯人。季次事不見於論語，列傳惟季次未嘗仕，稱其字，亦後人筆。又按先秦古籍，頗亦有以原憲鮑焦並舉者。韓詩外傳卷一鮑焦衣弊膚見，挈畚持蔬，遇子貢於道，則鮑焦亦正與原憲季次同時也。鮑焦立槁於洛水之上，其制行亦復與原憲季次相類，惟不列儒籍，後世故少稱述，特附箸於此焉。又有申徒狄抱石投河，韓詩外傳記其語，謂吳殺子胥，陳殺泄冶，則申徒亦戰國初年人，與原憲鮑焦相似，或猶稍後也。（文選鄒陽獄中上書，李善注，引服虔曰：申徒殷之末世人，恐難信據。）又韓非八說：鮑焦華角，天下之所賢也，鮑焦立枯，華角赴河。華角不知又何人。先秦諸子，僅見名字，不可詳考者，其數實多，此尤學者所當知也。

曾蒧，曾子父。

顏無繇，顏子父。

商瞿，魯人。列傳。

高柴，衞人。集解引鄭玄。或說齊人。正義引家語。

按：自來註家俱以子羔爲齊敬仲高傒之後，與正義引家語正合。鄭說或未確。惟王應麟亦謂是衞人，後居魯。檀弓上下疏兩引史云鄭人，今本無此說。

漆雕開，魯人。集解引鄭玄。或說蔡人。正義引家語。

司馬耕，宋人。集解引孔安國。

樊須，齊人。集解引鄭玄。或說魯人。正義引家語。

按：左傳哀十一年，齊伐魯，冉有以樊遲爲車右，遲先魯師踰溝，遂敗齊人。初，季孫疑其年弱。若遲是齊人，不應自伐宗國。季孫之疑，亦不專以年弱爲說。則遲定魯人也。

有若，魯人。集解引鄭玄，正義引家語。

公西華，魯人。集解引鄭玄。

巫馬施，魯人。集解引鄭玄。家語作陳人。據墨子耕柱，巫馬子謂子墨子曰：我愛魯人於鄒人，則巫馬氏當魯人矣。

以上略舉弟子列傳中有行跡可考信者，詳其國邑，知崔說之不可易。蓋孔子轍跡，僅及魯齊衞宋陳蔡，而云適天下，干七十二君。則謂弟子來自遠方，亦正其類。

列傳記諸弟子年歲者，二十餘人，其文當有所本。雖或有誤，大要亦不甚遠。今重爲考列如次。

顏回少孔子三十歲，年二十九髮盡白，蚤死。列傳。

按：當云四十一蚤死，說詳考辨第二十六。

閔損少孔子十五歲。列傳。

容齋隨筆：「論語所記孔子與人語，及門弟子，並對其人問答，皆斥其名，未有稱字者。雖顏冉高第，亦曰回曰雍，唯至閔子獨云子騫，終此書無損名。昔賢謂論語出於曾子有子之門人，予意亦出於閔氏。」今按：閔子於孔門爲前輩，曾子有子皆後進，論語尤出於後進弟子之門人，則非亦出於閔氏矣。閔子在當時，豈自以年德見尊異歟？閔子卒年無考。

仲弓，少孔子二十九歲。索隱引家語。

按荀子書屢稱仲尼子弓，楊倞注（見非相）子弓蓋仲弓也。元吳萊亦主其說，俞樾曰：「仲弓稱子弓，猶季路稱子路。子路子弓，其字也，曰季曰仲，至五十而加以伯仲也。」今按後世常兼稱孔顏，荀卿獨舉仲尼子弓，蓋子弓之與顏回，其德業在伯仲之間，其年輩亦略相當，孔門前輩有顏回子弓，猶後輩之有游夏矣。子曰：「雍也可使南面」，則孔子之稱許仲弓，固甚至也。

又按論語逸民伯夷叔齊虞仲夷逸朱張柳下惠少連，皇侃疏引王弼曰：朱張字子弓，荀卿以比孔子。論語逸民下序六人，而闕朱張，明取捨與己同也。是以子弓爲朱張。王弼之意似指傳易之馯臂子弓也。此亦一說，未知孰是。

又按論語犁牛之子騂且角，馯臂疑騂角字譌，則子弓仍是仲弓。或言江東楚人，或言魯人，則如子游子張之例，惟朱張無說，仍以存疑可也。

伯牛。

按：論衡自紀篇：「鮌惡禹聖，叟頑舜神，伯牛寢疾，仲弓潔全。」以伯牛爲仲弓父。毛奇齡四書改錯謂：「以伯牛名犁，其稱犂牛，直指其名與字言，此固無他據，不足道者。」李氏尚史、錢氏養新錄、沈氏漢書疏證諸書，均不信論衡此說。聖門志、闕里廣志稱伯牛少孔子七歲。若伯牛誠是仲弓父，則年亦相當。蓋如顏路曾點而尤早死，故言行少見於論語。今王氏說雖無他據，而伯牛之爲孔門前輩弟子，則自可信也。

冉求，少孔子二十九歲。列傳。

按：論語：「子適衛，冉有僕」，時冉子年二十有六。孔子世家：魯哀公三年，季康子召冉求，時冉子年三十一。哀公十一年，齊伐魯，戰於郎，冉有有功，遂召孔子，時冉子年三十九。李氏尚史引朱庸若曰：「冉有與季路並驅，不當少長二十年。」然由求並驅，在孔子晚年返魯後，固無嫌。大戴記衛將軍文子篇注以冉求爲冉雍子，恐不可信。

仲由，少孔子九歲。列傳。

按：左傳定公十二年，仲由爲季氏宰，將墮三都，時子路年四十五。哀公十五年，衛蒯聵之難，子路死之，年六十三。

又按：子路爲季氏宰，在定公世。冉有爲季氏宰，在哀公世。二子未嘗同仕於季氏。論語季氏將伐顓臾，冉有季路見於孔子云云，崔述力辨其誣。毛奇齡四書改錯引小邾射來奔事，爲孔子反魯後由再仕季之證。又引韓非子外儲說右上季孫相魯，子路爲郈令，挾粟餐長溝之衆，季孫讓之曰：將奪肥之民耶？肥爲康子名，爲由求共仕康子之旁證。今按：小邾射之事，子路自以爲民居國，義當從令，故有「有事小邾，死其城下，不敢問故」之對，不足以爲再仕季氏證。至於韓非書郈爲叔孫氏邑，子路爲郈令，又烏得謂再仕康子。又謂孔子駕而去魯，寧有其事？寓言小說，殊不足信。（水經濟水注引韓子：「魯以仲夏起長溝，子路爲蒲宰，以私粟饋衆。」蒲乃衞邑，與魯事益無涉。其說亦不足據。）又弟子列傳：「子路爲蒲大夫。」又曰：「爲蒲大夫孔悝之邑宰。」蒲本寧氏邑，後歸公叔氏。疑公叔畔後，乃歸孔氏。則爲蒲大夫，即孔氏邑宰也。春秋公邑稱大夫，私邑稱宰。然如陽貨亦稱大夫，則蒲宰亦得稱蒲大夫矣。蒲人嘗圍孔子，故孔子之戒子路曰：蒲多壯士，又難治也。

端木賜，少孔子三十一歲。列傳。

按：子貢少顏子一歲，觀孔子與回孰愈之問，見二人在孔門之相伯仲。禮記檀弓：「孔子之喪，門人疑所服。子貢曰：昔者夫子之喪顏淵，若喪子而無服，喪子路亦然，請喪夫子若喪父而無服。」又孟子云：「昔者孔子歿，三年之外，門人治任將歸，入揖於子貢，相嚮而哭，皆失聲。子貢反，築室於場，獨居三年，然後歸。」全謝山經史問答云：「孔子之卒，高第蓋多不在。而三年治任，入揖子貢，是子貢之年最長。其長於子貢而尚在者，惟高柴。哀十七年尚見於蒙之會。又冉有亦尚仕季氏。蓋皆以居官不在廬墓之列。」按孔子卒，子貢年四十二。

又按：子貢，衛人，少孔子三十一歲。孔子爲魯司寇，子貢年二十。孔子去魯之衛，子貢年二十四。疑子貢從遊，蓋在孔子至衛後。左傳：「定公十五年春，邾隱公來朝，子貢觀焉。邾子執玉高，其容仰，公執玉卑，其容俯。子貢曰：以禮觀之，二君皆有死亡。君爲主，其先亡乎？夏五月，公薨。仲尼曰：賜不幸言而中，是使賜多言者也。」此正似子貢初從孔子後語。時子貢年二十六。蓋至魯觀禮，歸而言之孔子，非孔子亦以是年反魯也。其後孔子困於陳蔡之間，顏淵子貢子路從。及孔子反衛，而子貢去衛仕魯。左傳哀七年會吳於鄫，季康子使子貢對太宰嚭，是子貢仕魯之證也。十一年，艾陵之役，代叔孫對吳王。十二年，會橐皋，魯使子貢辭尋盟。又說太宰嚭舍衛侯。十五年冬，從子服景伯如齊，陳成子以子貢言歸魯成。自七年至此，子貢仕魯已九年。鹽鐵論：「孔悝之亂，子貢子皋遁逃，能死其難」，此說殊無根據，不可信。翌年，魯哀公十六年，夏，孔子卒，子貢廬墓六年而去。當在哀公二十一年。其後遂歸衛。左傳：「哀二十六年，衛出公自城鉏使以弓問子贛，且曰：吾其入乎？子贛對曰：臣不識也。私於使者曰」云云，是其時子貢仕於衛。翌年，「越后庸盟魯於平陽，季康子病之，思曰：子贛若在此，吾不及此。武伯曰：然，何不召？曰：吾將召之。」其後子貢事無考。史記貨殖傳謂：「子贛既學於仲尼，退而仕於衛，廢著鬻財於曹魯之間。七十子之徒，賜最爲饒益。」然考論語孔子曰：「賜不受命而貨殖焉，億則屢中。」是子貢貨殖，孔子已言之。據子貢前後行跡考之，其鬻財曹魯之間，或在其仕魯之際。其仕衛已在孔子卒後，史記之說，不足盡據。列傳謂子貢卒於齊，其年亦無考。

言偃，少孔子四十五歲。列傳。

按：孔子反魯，子游年二十三。蓋其從遊當在孔子反魯後也。閻若璩四書釋地三續：「孔子厄於陳蔡，年六十三，時子游年僅十八，子夏年十九耳，而既以文學名。」此閻氏誤讀論語從我於陳蔡以下兩章爲一章，故云爾。又家語：「孔子爲魯司寇，與於蜡，既賓，事畢，乃出遊於觀之上，喟然而歎。言偃侍。」禮運注亦謂：「孔子仕魯，在助祭之中。」考孔子年五十一爲司寇，子游年六歲，孔子五十五歲去魯，子游年十歲，孔子與語大同小康，有是理乎？後人猶有信禮運大同爲眞孔子當日之言者，皆坐不知論世考年之咎。

卜商，少孔子四十四歲。列傳。

按：游夏在孔門相伯仲，猶回賜也。晚年爲魏文侯師，詳考辨第三十九。又按：檀弓：「昔者夫子失魯司寇，將之荆，蓋先之以子夏，又申之以冉有，以斯知不欲速貧也。」其語不足信。何者？孔子去魯，在定公十三年。至楚，在哀公六年。其間年月甚遠。且去魯乃之衛，非之荆。一也。冉有以魯哀三年自陳召還，不得復使荆。二也。孔子世家云：「楚使人聘孔子，孔子將往拜禮，陳蔡用事大夫發徒役圍之，於是使子貢至楚。楚昭王興師迎孔子，然後得免。」陳蔡之圍，與昭王之迎，既均不足信，則子貢之使亦不足信。三也。此又云子夏。孔子厄於陳蔡，子夏年十九，蓋尚未從遊。又不聞子夏長於聘使專對。其時既年少，孔子何特使之爲先容？四也。（臧庸拜經日記疑子夏當爲子貢之譌，其說亦無據。陳玉澍卜子年譜駁之，益無聊。金顎鄭環以子夏從游陳蔡疑其年，亦誤。今定子夏從游在孔子歸魯後，諸說皆可無辨。）則崔述云：「檀弓篇所記舛謬殊多，而此章所載曾子速貧速朽之說，尤不近於理，必後人所妄撰。」（洙泗考信錄卷二。）「蓋自孔子歿後，諸弟子之門人，各私其師，故多自尊其師之說，而譏他人，因而撰爲此等語耳。」（洙泗考信錄餘錄。）不足信，五也。然崔氏既論此章不足信，又據先之以子夏申之以冉有之語，證其時冉有尚從孔子未歸魯，何也？（韓詩外傳有「衛靈公使人召勇士，道遭行人卜商」云云，子夏與衛靈公年不相及，外傳妄也。陳氏年譜强改靈公爲出公，又謂事之有無不可論也，殊牽强。年譜其他多類此，不盡辨。）

顓孫師，少孔子四十八歲。（列傳。）

按：弟子列傳「子張從在陳蔡閒，因問行」云云，滹南集辨惑曰：「子張問行，孔子語以忠信篤敬，此平居所講明。史記因陳蔡之困而發，何所據耶？」翟灝四書考異亦辨之云：「陳蔡之厄，孔子年六十三。子張少孔子四十八歲，時才十五歲也。史文豈可盡信？」今按：孔子六十八返衛，子張亦纔二十歲。則其從遊，蓋在孔子自衛歸魯之後。韓非顯學篇：「孔子之死，儒分爲八，有子張之儒。」子張亦能別立宗派，而其學說少所考見，可嘅也。子貢問師商孰賢，以二人爲後進，子貢先達，見後進之賢而問此。檀弓：「子張死，曾子有母之喪，齊衰而往哭之。」則子張先曾子卒，殆非高壽。據掘坊志：子張卒年五十七，則魯悼之二十一年也。

又按史記儒林傳：「孔子卒後，七十子之徒，散遊諸侯，大者爲師傅卿相，小者友教士大夫，或隱而不見。故子路居衛，子張居陳，澹臺子羽居楚，子夏居西河，子貢終於齊。」子路已先孔子而卒。子張之死，曾子往哭，似子張卒於魯。史公既稱子張陳人，又稱孔子卒而子張居陳，殆不可信。

孟子盡心篇：「如琴張曾晳牧皮者，孔子之所謂狂矣。」琴張之名，又見左昭二十年傳。「琴張聞宗魯死，將往弔之。」賈逵鄭衆以琴張爲顓孫師。服虔駁之云：「子張少孔子四十餘歲，孔子是時三十一，未有子張。」趙岐注孟子，亦以琴張爲子張，云：「子張善鼓琴，號曰琴張。」蓋本賈鄭。今按牧皮無考。（近人馬叙倫莊子義證疑牧皮卽孟子反。謂牧孟音同明紐，皮反形既相似，聲亦歌元對轉，其說蓋信。）曾皙，曾參父，年或稍後於子路。（據論語侍坐章。）最多不後孔子二十歲，於子張乃父行。孟子先琴張次及曾皙，則琴張非子張，當與子路曾皙之儔同輩行也。莊子云：「子桑戶孟子反子琴張三人相與友。子桑戶死，孔子使子貢往侍事。」桑戶山木篇作桑雽，楚辭涉江作桑扈。云：「接輿髡首，桑扈贏行。」或謂卽論語之子桑伯子，所謂太簡者也。說苑脩文記其不衣冠而處，卽涉江所云贏行也。孟子反疑卽論語之孟之反。又見左哀十一年傳。「奔而殿，將及門，策馬，曰非敢後」者。琴張與桑戶孟反爲友，又爲輩行前於子張之證。時冉有使樊須御，季孫嫌其年少。子張與樊遲同輩，年又稍後，則決非琴張矣。（卽謂琴張以善鼓琴得名，亦非氏琴，不必卽爲子張。）王肅僞家語以琴張爲琴牢，漢書人表琴張在四等，今作琴牢，王引之已辨正。（游夏子張皆少孔子四十餘歲。金鶚皆疑謂少孔子三十餘歲，誤也。又前後引金鶚，皆見求古錄禮說。）

曾參，少孔子四十六歲。（列傳。）

按：曾子於孔門爲後進，孔子死，曾子年僅二十七。（顏氏家訓勉學：「曾子七十乃學，名聞天下。」孫志祖讀書脞錄疑七十爲十七之譌，今按曾子年十七，乃孔子自楚反衞之歲，豈曾子是時始從孔子於衞乎！）孔子稱「參也魯」，門人記德行言語政事文學四科，無曾子。則曾子之在孔門，未必夙爲羣弟子所推尊。其後游夏子張欲尊有子爲師，强曾子，曾子不肯，其時猶不見尊曾子。曾子既爲魯費君所重，其子曾申又見祟於魯繆。吳起出曾氏門，顯名楚魏，至孟子推尊曾子，後世因謂其獨得孔門一貫之傳，實不然也。韓詩外傳稱：「曾子仕於莒，得粟三秉。後齊迎以相，楚迎以令尹，晉迎以上卿。」卷一 又稱：「仕齊爲吏，祿不過鍾釜。後南遊楚，得尊官。」卷七 然據檀弓易簀之言，曾子未必爲尊官。荀子大略有晏子送曾子，楊倞已辨之。晏子春秋說苑皆有之。古書多沿襲，不足怪。又小戴記曾子問，有衞靈公弔季桓子，靈公卒季孫前，其語益不信。參讀考辨第四。

曾蒧。

檀弓：「季武子卒，曾點倚其門而歌。」閻若璩四書釋地又續辨之云：「春秋昭公七年，季孫宿卒，孔子年十七。曾點少孔子若干歲，未可知。然論語敍其坐次，後於子路，則必少九歲以上也可知。孔子年十七時，子路甫八歲，點實不過六歲七歲孩童耳，烏得有倚國相之門，臨喪而歌之事？檀弓多誣，莫此爲甚。」

澹臺滅明，少孔子三十九歲。列傳

按：論語子游爲武城宰，始識滅明，則滅明從遊在孔子晚年也。列傳云：「既已受業而退，脩行，行不由逕，非公事不見卿大夫。」與論語相舛，疑失之。又云：「南遊至江，從弟子三百人，設取予去就，名施乎諸侯。孔子聞之，曰：吾以言取人，失之宰予，以貌取人，失之子羽。」今按武城近吳，吳滅，與越鄰。越以新興，禮賢下士，墨子弟子多游越者。儒林傳：「孔子卒後，子羽居楚。」楚越鄰國，子羽南遊至江，容有其事。然孔子當不及聞其顯。以言取人，失之宰予，語既不足信。（詳考辨第二十七。）則以貌取人，失之子羽者，亦後人之虛造也。（子羽稱字亦後人筆。）

宓不齊，少孔子四十九歲。（列傳。）或說少三十歲。（索隱引家語。）

崔述云：「孔子稱子賤，君子哉若人。魯無君子者，斯焉取斯？則是子賤已成德矣。其親師取友，已歷有年矣。而列傳謂其少孔子四十九歲，則當孔子卒時，年僅二十有五，成德安能如是速乎？」（金鶚亦辨之。）據此，則家語之年爲當也。（志疑云：「索隱引家語作少孔子四十九歲，與史同。今所傳毛本家語無九字，索隱引史作三十，並誤。又各本史記改索隱元文曰家語少孔子三十歲。此云三十九，不全，妄也。」今按：弟子傳索隱引家語注年數者，或注不同，或以補缺。若曰與史同，則顏子以下，何不逐人爲注，獨於子賤下此一條，疑未允也。此正是今傳家語誤取史年耳。不當轉疑索隱之非元文。又按：子羔史云少孔子三十歲，今家語作四十。疑毛本以子羔誤子賤而錯校者。）

漢藝文志有宓子十六篇，論衡本性篇云：「宓子賤漆雕開公孫尼子之徒，亦論情性，與世子相出入。」葉德輝曰：「韓非外儲，呂覽，新書，淮南子，韓詩外傳，說苑，論衡，家語注，及宓子賤語，皆治單父時事，當在十六篇中。」

韓非子難言篇：「宓子賤西門豹不鬬而死人手。」宋書：「畢萬保軀，宓賤殘領。」則宓子蓋不得其死者。李氏尚史不之信，而亦無說。

顏無繇，少孔子六歲。索隱引家語。

商瞿，少孔子二十九歲。列傳。

葉夢得云：「自司馬遷以來，學者皆言孔子傳易商瞿。瞿本非門人高第，略無一言見於論語。性與天道，子貢且不得聞，而謂商瞿得之乎？」今按：據列傳，瞿年長於回賜，其從遊當不在後。而孔子晚年喜易，瞿得其傳，亦當在孔子晚世。則瞿之從學久矣，而顧無一語見於論語，又不見於其後羣弟子之稱述。則其人尚在若有若無間，遑論傳易之事哉？

列傳又云：「商瞿年長無子，孔子曰：無憂。瞿年四十後，當有五丈夫子，已而果然。他日，弟子以問有若，有若不能對，遂斥其師座。」其語荒誕，不足信。今家語有「梁鱣年三十未有子，欲出妻，瞿曰：昔吾年三十八無子，孔子曰無憂，過四十當有五丈夫。今果然。恐子自晚生耳，未必妻之過。」此又襲史記而益謬。據列傳梁鱣商瞿同年。瞿有五子，鱣年何得僅三十？卽如今家語謂鱣年少瞿十歲，則鱣三十，瞿年恰四十，豈得謂夫子五丈夫子之言果然？此殊不足辨，姑舉以見僞書之多謬耳。論衡有孔子病，商瞿卜云云，御覽引莊子則云孔子病，子貢出卜，皆論語子路請禱之訛。

高柴，少孔子三十歲。列傳。

按：據此則高子顏子同年也。論語：「子路使子羔爲費宰，子曰：賊夫人之子。」崔述云：「此事當在子路爲季氏宰之時。魯定公五年，公山不狃以費宰見於傳，至十二年奔齊，而費始無宰。然則子羔之舉，當在季氏初墮費之後也。」今按：魯定公十二年，子羔年二十四，故孔子曰賊夫人之子矣。哀十五年，衛蒯聵之難，子路死之，子羔則去，時年四十二。子羔去衛，遂重仕於魯。左傳哀十七年，公會齊侯盟於蒙，孟武伯相，問於高柴云云，其證也。崔述云：「論語子羔僅兩見，皆非美辭。然其事旁見於傳記者不一，其言亦有足多者。蓋子羔年少，其仕魯在孔子卒後，是以不著於論語耳。」余意子羔長於子貢，不得謂年少。論語載孔門諸弟子言行，自有詳略，亦不得以年少爲說。

樊須，少孔子三十六歲。列傳。

按：左傳：「哀公十一年，魯及齊師戰於郊，冉求帥左師，樊遲爲右。季孫曰：須也弱，有子曰：就用命焉。」其時樊遲年三十二，不可謂弱。文十二年傳，有寵而弱，十四年傳，穀之子弱，成二年傳，二君弱，皆謂年少。疑當少孔子四十六歲，時年二十二也。今家語正作少四十六。費氏門人考依之。

有若，少孔子十三歲。列傳。或說少三十三歲。正義引家語。又論語邢疏引史記作少四十三歲。

崔述云：「吳之伐魯也，微虎欲宵攻王舍，有若踊於幕庭，當是少壯時事。而列傳謂其少孔子十三歲，則當時已五十有四，力已衰矣。又不應孔子在時，無所表見，至孔子沒後，而與諸弟子問答甚多也。」金鶚亦有辨。據此則家語之年爲當。微虎之事在魯哀公八年，有子蓋年二十四。檀弓載：「有若之喪，悼公弔焉，子游擯。」是有子卒在悼公世，先子游。據言氏舊譜子游卒年六十四，若其說可信，則爲魯悼公之二十五年，而有若猶在前。顧氏日知錄：「孟子言，他日，子夏子張子游以有若似聖人，欲以所事孔子事之，彊曾子，曾子不可。」慈谿黃氏曰：「有若雖不足以比孔子，而孔門之所推尚，一時無及有若可知。」愚按論語首篇，即錄有子之言者三，而與曾子並稱曰子，門人實欲以二子接孔子之傳者。傳記言，孔子之卒，哀公誄之，有若之喪，悼公弔焉。其爲魯人所重，又可知矣。又曰：「孟子不曰有若似孔子，而曰有若似聖人，史記乃云有若狀似孔子，謬甚。」又按列傳有有若不能對弟子問，因而撤座之說。洪邁容齋隨筆辨之云：「此兩事近於星歷卜祝之學，何足以爲聖人，而孔子言之？有若不能知，何所加損，而弟子遽以是斥退之乎？孟子稱游夏子張以有若似聖人，欲以所事孔子事之，曾子不可，未嘗深詆也。論語記有子之言爲第二章，在曾子前。檀弓載子游曰：有子之言似夫子。其爲門弟子所敬久矣。太史公之書，於是爲失。」

公西赤，少孔子四十二歲。列傳。

崔述云：「論語多以子路冉有並稱。季康子問從政，以由賜求，孟武伯問仁，以由求赤，其年皆似不甚遠。而列傳謂子路少孔子九歲，冉有少二十九歲，子貢少三十一歲，公西華少四十二歲，年之相隔太遠，恐未必盡然。」金鶚云：「論語子華使於齊，冉子與其母粟五秉，卽夫子之粟。此蓋夫子爲司寇時，故有粟如此之多。又與原思爲宰同時，故類記之也。原注：毛西河說如此。若少孔子四十二歲，則是時方十二三歲，安能出使乎？四字或爲三字之譌。按：閻若璩四書釋地續，疑「子華使齊在孔子自衞反魯後，赤年將三十，求仕季孫久，已富而粟多耳。」不悟孔子使子華，何需冉有季氏之粟？且亦與四子言志之文不合。閻說非也。子路曾皙冉有公西華侍坐，此以齒序。冉有少二十九，子華少三十二，序於冉有之下，亦自合也。」今按：金說甚是。論語侍坐章當在子路爲季氏宰之先。今姑以魯定公十一年，當墮三都前一年。時孔子年五十三，子路年四十四，曾皙年當三十許，冉有年二十四，則子華年二十一也。檀弓：「孔子之喪，公西華爲志。」時年四十一。

原憲，少孔子三十六歲。索隱引家語。

按：論語「原思爲之宰」，包咸注：「孔子爲魯司寇，以原憲爲家邑宰也。」崔述洙泗考信錄狄子奇孔子編年皆從之。其說蓋信。孔子年五十一，爲司寇，原憲時年十五，是亦有誤。三十六或當作二十六。金鶚亦有辨。

漆雕開，少孔子十一歲。正義引家語。

按：論語：「子使漆雕開仕，對曰：吾斯之未能信。子悅。」（宋氏過庭錄謂：吾疑启字之訛。啓古字作启，漆雕子名，避景帝諱作開。）玩其語氣，漆雕年當遠後於孔子，不止少十一歲也。韓非顯學篇云：「孔子之死，有漆雕之儒。」漆雕亦與子張諸人同其輩行，於孔門爲後起，故能於孔子卒後別啓宗風，自闢戶牖。若其年與孔子相隨，則孔子沒後，爲時亦不能有久，無緣自成宗派矣。（韓非所舉八家中，惟顏子乃孔門前輩弟子，此由後儒推托，與顓孫漆雕之自闢蹊徑者不同。）韓非又云：「漆雕之議，不色撓，不目逃。行曲則違於臧獲，行直則怒於諸侯。世主以謂廉而禮之。」孟子亦云：「北宮黝之養勇也，不膚撓，不目逃。思以一毫挫於人，若撻之於市朝。不受於褐寬博，亦不受於萬乘之君。視刺萬乘之君，若刺褐夫。無嚴諸侯，惡聲至，必反之。」又曰：「曾子謂子襄曰：吾嘗聞大勇於夫子矣。自反而不縮，雖褐寬博，吾不惴焉。自反而縮，雖千萬人，吾往矣。」此皆所謂漆雕儒之風也。（陶潛聖賢羣輔錄漆雕氏傳禮爲道，爲恭儉莊敬之儒。）墨子非儒篇云：「漆雕形殘」，孔叢子作「漆雕開形殘」，則知韓非漆雕之爲漆雕開也。（孫詒讓閒詁曰：孔子弟子列傳尚有漆雕哆漆雕徒父二人。此所云或非開也。孔叢僞託不足據。又曰：韓非顯學漆雕之儒，亦非漆雕開明甚。今按叢孔固不可盡據，然非別有確證，亦何以知此漆雕之決不爲開乎？孫辨亦失之於固矣。）漢志有漆雕子十二篇：列曾子後，宓子前，疑其年世亦當在曾宓之間。漢志每有自後至先爲列者，此其例也。班注：「孔子弟子漆雕启後。」宋翔鳳論語發微謂後字當衍，是也。正義引家語或脫一四字，少孔子四十一歲，差爲近之。

崔述云：「春秋傳多載子路冉有子貢之事，而子貢尤多，曾子游夏皆無聞焉。戴記則多記孔子沒後曾子游夏子張之言，而冉有子貢罕所論著。蓋聖門中子路最長，閔子仲弓冉有子貢則其年若相班者。孔子在時，既爲日月之明所掩，孔子沒後，爲時亦未必甚久。而子貢當孔子世，已顯名於諸侯，仕宦之日既多，講學之日必少，是以不爲後學所宗耳。若游夏子張曾子，則視諸子爲後起，事孔子之日短，教學者之日長，是以名言緒論，多見於孔子沒後也。」今按：崔說甚是。余考孔門弟子，蓋有前後輩之別。前輩者，問學於孔子去魯之先，後輩則從遊於孔子返魯之後。如子路，冉有，宰我，子貢，顏淵，閔子騫，冉伯牛，仲弓，原憲，子羔，公西華，則孔門之前輩也。游，夏，子張，曾子，有若，樊遲，漆雕開，澹臺滅明，則孔門之後輩也。雖同列孔子之門，而前後風尚，已有不同。由，求，予，賜志在從政，游，夏，有，曾乃攻文學，前輩則致力於事功，後輩則研精於禮樂。此其不同一也。故子路之言曰：「有民人焉，有社稷焉，何必讀書，然後爲學？」冉有則曰：「如其禮樂，以俟君子。」（冉子又曰：「非不悅子之道，力不足也。」道即指禮樂文章。）宰予自哀公六年即從陽生仕齊，歷八年之久。子貢務貨殖，鬻財曹魯間。二人同列言語之科，應對使命，皆不專事於學。至子游爲武城宰，乃有弦歌聲。故子曰：「先進於禮樂，野人也，後進於禮樂，君子也。」劉逢祿論語述何云：「此章類記弟子之言行，夫子所裁正者，先進謂先及門，如子路諸人，志於撥亂世，後進謂子游公西華諸人，志於致太平。」此以先進後進爲及門之先後是也。惟以公西華爲後進，則誤。子華願爲小相，亦先進之志於事功者。故孔子曰：「三年學，不志於穀，不易得也。」又曰：「冉求之藝，文之以禮樂」，此爲先進言之也。曰：「如用之，則吾從先進」，此爲後進言之也。所謂言各有當，非一端也。孔門四科，德行顏閔冉伯牛仲弓，言語宰我子貢，政事冉有季路，文學子游子夏。此惟文學一科屬後進，餘則皆先進。顧先進弟子，亦未必皆汲汲仕進。如顏子陋巷，孔子最所稱許。季氏使閔子爲費宰，則曰善爲我辭。列傳亦稱其不仕大夫，不食汙君之祿。今家語謂閔子騫嘗費宰，問政於孔子。大全辨謂是孔子爲魯司寇，桓子未墮費前。今按其說妄也。時居費者乃公山不狃，閔子何嘗爲費宰？雍也可使南面，雖爲季氏宰，無所表見，殆亦勇退者流。冉伯牛少可稱述，而居德行之科。後進則風氣又異。漆雕開立議不辱，澹臺子羽設取予去就。子張堂堂，故爲難能。樊遲小人，乃問稼圃。大抵先進渾厚，後進則有稜角。先進樸實，後進則務聲華。先進極之爲具體而微，後進則別立宗派。先進之淡於仕進者，蘊而爲德行。後進之不博文學者，矯而爲瑋奇。此又孔門弟子前後輩之不同，而可以觀世風之轉變，學術之遷移者也。

孔子曰：「天下無行，多爲家臣，仕於都，唯季次未嘗仕。」其見於列傳者，冉求爲季氏宰。仲由爲季氏宰，又爲蒲大夫，爲孔悝之邑宰。宰我爲臨淄大夫。端木賜常相魯衛。子游爲武城宰。子賤爲單父宰。高柴爲費郈宰。其見於論語者，原思爲孔氏宰。子夏爲莒父宰。可以見孔門之多爲家臣。

孔子弟子，多起微賤。顏子居陋巷，死有棺無槨。曾子耘瓜，其母親織。閔子騫著蘆衣，爲父推車。仲弓父賤人。子貢貨殖。子路食藜藿，負米，冠雄鷄，佩猳豚。有子爲卒。原思居窮閻，敝衣冠。樊遲請學稼圃。公冶長在縲絏。子張魯之鄙家。雖不盡信，要之可見。其以貴族來學者，魯惟南宮敬叔，宋惟司馬牛，他無聞焉。孔子亦曰：「吾少也賤」，其後親爲魯司寇，弟子多爲家臣，邑大夫。晚世如曾子子夏，爲諸侯師，聲名顯天下。故平民以學術進身而預貴族之位，自儒而始盛也。

三〇　孔門傳經辨

弟子列傳有商瞿，記傳易系統。余考孔子以前，無所謂六經也。孔子之門，既無六經之學，諸弟子亦無分經相傳之事。自漢博士專經授受，而推以言先秦，於是曾思孟荀退處於百家，而孔子之學乃在六藝，而別有其傳統。而孔門之與儒學，遂劃爲兩途。茲姑就其傳統諸說辨之，亦孔門一重公案也。

漢儒傳經之說，有可信，有不可信。史記儒林傳記漢儒傳經，言詩於魯則申培公，於齊則轅固生，於燕則韓太傅。言尚書自濟南伏生。言禮自魯高堂生。言易自菑川田生。言春秋，於齊魯自胡毋生，於趙自董仲舒。此可信者也。蓋自秦人焚書，又經陳項之亂，書籍散亡，學者亦稀。漢興，乃有一二大師，出爲教授，始有傳統可言。史公本所見聞，記其源流，自可信據。至推而上之，謂某經自孔子若干傳至某師云云者，大率妄造假託，不可信也。

言孔門傳經系統，莫詳於易。史遷云：「自魯商瞿受易孔子，孔子卒，商瞿傳易六世，至齊人田何。」此有可疑者：易緯乾鑿度曰：「仲尼生不知易本，偶筮其命，得旅，請益於商瞿氏。」則謂商瞿乃孔子前輩，孔子向之請益，決非少孔子二十九歲之弟子。二說乖舛，同爲無根，可疑一也。孔子晚年治易，既所重視，（其實此說亦不足信。）傳之商瞿，則瞿亦孔門高足。其年事長於回賜，於游夏爲前輩，何以姓名獨不一見於論語？孔子沒後，諸弟子論學，亦絕不及商瞿，可疑二也。（石林葉氏云：「自司馬遷以來，學者皆言孔子傳易商瞿，瞿本非門人高第，略無一言見於論語。性與天道，子貢且不得聞，而謂商瞿得之乎？」則前人已疑之。）史記云：「孔子傳易於瞿，瞿傳楚人馯臂子弘，弘傳江東人矯子庸疵，疵傳燕人周子家豎，豎傳淳于人光子乘羽，羽傳齊人田子莊何。」而漢書儒林傳則云：「瞿傳魯橋庇子庸，子庸授江東馯臂子弓，子弓授燕周醜子家，子家授東武孫虞子乘，子乘授齊田何子裝。」不但姓名里居不同，傳授先後亦互異，可疑三也。即謂馬班二氏當有一誤，然孔子六經，何以無子游傳禮至二戴，子夏傳春秋至嚴顏云云，而顧於易之傳統，獨班班若是？可疑四也。荀謂：「秦人禁學，獨易爲卜筮書，得不禁，故傳授者不絕。」史記儒林傳。然其他五經傳統雖絕，其秦前大師遞受必有可考，不應均無稽。可疑五也。且孔子九世孫鮒爲陳涉博士，而田何當漢興，距孔子僅七世。時壽又不符。崔適史記探源云：「瞿少孔子二十九歲，是生於魯昭公十九年。至漢高九年，徙齊田氏關中，計三百二十六年。而商瞿至田何止六傳。是師弟子之年，皆相去五十四五。師必年踰七十而傳經，弟子皆十餘歲而受業，乃能幾及。其可信耶？」此可疑者六也。韓非顯學，儒分爲八：有公孫氏之儒，陶濬翬輔錄公孫氏傳易，晉書太康二年，汲郡人不準發魏王冢，得竹書易五篇，公孫段與邵陟論易二篇，朱彝尊孔子門人考謂公孫段卽八儒傳易者。今按據上諸書，又見商瞿傳易之無徵，公孫段亦未必孔子弟子，蓋七十子之後學也。易統之說既興，其後乃有詩統。經典釋文毛詩徐整云：「子夏授高行子，高行子授薛倉子，薛倉子授帛妙子，帛妙子授河間大毛公，大毛公以授小毛公，爲河間獻王博士。」考河間獻王立於景帝二年，子夏少孔子四十四歲，則生於魯定公二年，相距三百五十八年。而子夏至小毛公僅五傳，其不可信，尤遠甚於商瞿之與田何矣。或說：「子夏傳曾申，申傳魏人李克，克傳魯人孟仲子，孟仲子傳根牟子，根牟子傳孫卿子，孫卿子傳魯人大毛公。」二說名字年代絕不同，雖後說世隔差似，而子夏與李克同世，曾申雖同時，輩行不先於克，云子夏傳曾申，申傳李克，亦已謬。至孟仲子，或謂乃孟子從昆弟，學於孟子，趙岐孟氏譜。或云乃子思之弟子，又無可據信。日知錄卷七「詩維天之命傳，閟宮傳，皆引孟仲子曰。正義引趙岐云：孟仲子，孟子從昆弟，習於孟子者也。譜云：孟仲子者，子思弟子，蓋與孟軻共事子思，後學於孟軻，著書論詩，毛氏取以爲說。則又有孟仲子之書。」今按孟子尚不及子思，遑論其昆弟？李克子思同時，亦不得爲仲子師。今考史記無毛詩。班氏藝文志，儒林傳但言毛公，無名。鄭康成詩譜有大小毛公。見毛詩周南正義。陸璣毛詩草木鳥獸蟲魚疏有毛亨毛長，其後又爲毛萇。遞相增益，已增疑難。必遠溯毛傳迄於子夏，實爲渺茫。

蓋周易本不與詩書同類，故秦人焚書不之及。而漢初之傳授獨廣，故乃最先有孔門傳統之說。及漢武立五經博士，而毛詩猶晚出，故亦詳其傳受，以自引重。凡今之所以證彼之僞者，皆彼往昔之所以自鳴其眞者也。

其他傳統不可信，有春秋三傳。徐彥公羊疏引戴宏，謂：「子夏傳公羊高，高傳其子平，平傳子地，地傳子敢，敢傳子壽。至漢景時，壽乃與齊人胡母子都著於竹帛。」何休之注亦同。則子夏以後，公羊乃傳於一家，又五傳而已至漢景時也。公羊傳統之不可信，明矣。按公羊一姓，自傳春秋外，惟一見於檀弓，有公羊賈。洪頤煊經義叢鈔謂「公羊賈疑卽論語公明賈。（沈欽韓漢書疏證亦有此說）明古讀如芒，與羊聲相近。春秋家公羊高，亦卽孟子所謂公明高也。」日人武內義雄著孟子與春秋篇，（見支那學第四卷）推引洪說，謂「公羊地卽公明地。董仲舒春秋繁露兪序有子池，池地二字形近易誤，蓋卽其人。又池字爲沱之異體，則公明沱卽公明儀，儀與沱亦聲近也。」今按公明高爲曾子弟子，見孟子萬章上注。公明儀與曾子問答，見小戴祭義大戴曾子大孝。鄭玄注亦謂公明儀曾子弟子。若洪氏武內氏之說可信，則公明高公明儀同爲曾子弟子，未見其相爲祖孫也。且既同出曾氏之門，何以又謂受春秋於子夏？又公明高弟子長息，當魯穆公時，與子思同世。蓋公明儀公明高年輩，皆當在曾思之間。又莊子馬蹄義臺路寢，章炳麟解故謂：義借爲巍，巍巍卽峨峨也。是儀得有高義。以古人名字相訓之例推之，則公明高或卽公明儀，說苑脩文有孟儀問曾子疾，卽公明儀（墨子與公孟子義問答，亦卽公明儀也。說苑又有公明宣亦學於曾子，則當是別一人矣。又訛而爲公明沱公明地。此猶如穀梁赤又名穀梁俶，穀梁寘也。惟穀梁子尚知其爲一人，而公羊則一人而訛爲數世耳。今公羊傳稱公羊子與引子沈子子司馬子子女子同類。漢初舉其書，或言春秋，或言傳，並不繫諸公羊。則知造爲公羊一家數世之傳統說者亦妄也。應劭風俗通謂：「子夏傳穀梁赤，一傳而爲荀卿，荀卿傳申公。」楊疏是子夏三傳而至漢也。穀梁傳統之不可信，又明矣。漢志本注「穀梁子魯人。」師古曰：「名喜。」晁氏云：「應劭風俗通稱穀梁名赤，子夏弟子。糜信則以爲秦孝公同時人。阮孝緒則以爲名俶，字元始，皆未詳也。」崔述云：「說穀梁者，名既不同，世亦互異，學者將何以爲據乎？蓋戰國以後，簡殘文絕，傳穀梁者莫詳其初，各以意坿會之爲說，是以參差而不一耳。不但風俗通諸書不可信，卽漢志之注，亦未有以見其必然也。」日人武內義雄論穀梁氏名字，（見支那學四卷孟子與春秋篇）則云「其名當爲俶，訓始，故字元始。楊士勛疏作淑，乃俶字之誤寫。俶字又單作叔，古文作尗，與赤形近而誤。又王充云，穀梁名寘，則以淑寘音近，寘又自實誤也。」惟於顏氏名喜一注仍無說。近人吳承仕檢齋則謂「尗與赤聲相近，寂寘之宗前歷反，赤音昌石反，是其比。尗又與喜聲近，饎昌志反，字亦作糦，與饎同音。寘卽置之異文，置喜同部，赤淑俶寘喜五文聲轉通作，故字異而人同。」（經典釋文叙錄疏證）觀其一名之紛綸，卽知非確有師承傳統，歷先秦迄漢弗絕矣。論語孔子稱左丘明，其人蓋隱君子，而爲孔子之前輩。故記者以之與夷齊微生高諸人並列，猶其前之以孔文子子產晏平仲臧文仲令尹子文陳文子季文子甯武子諸人並列也。明非孔門弟子。杜氏集解謂左邱明受經於孔子，可謂無根之談。論左氏春秋傳統，參讀考辨第六七及一四七諸篇，論公穀傳統，參讀考辨第九〇。書之傳統見於孔叢子。然孔叢書不可信，其言尤不足辨。禮樂論語無傳統。小戴禮雜記恤由之喪，哀公使孺悲之孔子，使學士喪禮，士喪禮於是乎書，知儀禮尚出孔子後。

大抵史遷言漢初傳經本師，其可信者也。諸師或出荀子之門，則有可信，有不可信。荀子在漢時爲近古大儒，其弟子李斯，當秦政，荀學獨得勢。謂漢人多傳荀子學，可也。謂由荀子傳孔門之經藝於漢，則非也。且學者傳經，好推本大儒以自重，亦人情。漢儒亦未必傳荀子之學，特口說心測，而引荀子爲門面耳。故小戴記多載荀說，而亦主性善。董仲舒作書美荀子，而其治公羊，則講災異。劉向別錄稱張蒼親爲荀子弟子，傳左氏春秋，然其言五德之運，可謂傳鄒衍，不傳荀卿也。向別錄又謂蒼傳洛陽賈誼，然史稱蒼絀賈生公孫臣等言正朔服色事。則張賈之傳受亦虛。要之荀子斥禨祥，而漢儒信緯讖，卽爲西漢經術不盡傳自荀子之確證。推而上之，謂孔子時已有六經，皆傳自子夏，各有系統，尤非情實。韓非僅云儒分爲八，未聞分六經之傳統也。儒家六經之說，至漢初劉安董仲舒司馬遷之徒始言之。然史記亦僅言漢儒傳經，無孔門傳經。孔門傳經系統見於史者惟易，而易之與孔門，其關係亦最疏，其僞最易辨。其他諸經傳統之說，猶遠出史遷後，略一推尋，僞跡昭然矣。

卷二

三一　墨子生卒考

墨子生年，自馬遷已不詳，僅附著於孟荀列傳，云：「或曰並孔子時，或曰在其後。」二說相較，後者爲是。漢志云：「墨子在孔子後」，後漢書張衡傳注云：「公輸般與墨翟並當子思時，出仲尼後。」皆是也。余考墨子止楚攻宋，在楚惠王四十四年後，五十年前。時墨子年三十餘，下逮周安王十年，墨子當死於其時，年壽蓋踰八十。（葛洪神仙傳：「墨子年八十有二，入周狄山學道。」孫詒讓閒詁謂其說虛誕不足論。然墨子年壽必逾八十，余謂或可墨子壽八十二，後世遂謂其入山學道也。然既不得定其生卒的年，則此事無足深論。）上推墨子生年，當在周敬王之末年，或猶及孔子之末死也。（孔子卒，至安王十年共八十七年。）近人梁啟超墨子年代考頗精密，然謂墨子生於周定王初年，（元年至十年之間。）約當孔子卒後十餘年，卒於周安王中葉，（十二年至二十年之間。）約當孟子生前十餘年，則猶微有誤。余考墨子之生，至遲在元王之世，不出孔子卒後十年。其卒當在安王十年左右，不出孟子生前十年。較梁考移前十許年。以止楚攻宋一事爲主眼，似粗得墨子年世之眞。梁考又謂墨子之卒，最早不能早於鄭繻公被弑之後三年。因謂是周安王十二年，亦非是。鄭繻公被弑，在安王六年，故黃式三謂魯陽文君將攻鄭，在此年也。卽棄去一年計之，鄭繻被弑後三年，亦僅爲周安王之九年。梁氏以安王十二年起算，蓋一時之誤。

淮南要略稱：「墨子學儒者之業，受孔子之術，以爲其禮煩擾而不說，厚葬靡財而貧民，久服傷生而害事，故背周道而用夏政。」蓋墨子初年，正值孔門盛時，故得聞其教論，受其術業，非謂墨子親受業於孔子也。墨子耕柱篇：「葉公子高問政於仲尼，仲尼對曰云云，子墨子聞之，曰：葉公未得其問，仲尼亦未得所以對。」今按：墨子幼年，正當孔子晚節，或竟不及與孔子並世。孔子遊蔡，遇葉公，墨子尙未生。此云聞其問答，亦得之傳聞，非謂其時墨子已生，有知識，能云云也。耕柱篇又載子夏之徒問鬬於子墨子。孫詒讓墨子閒詁曰：「史記索隱引別錄云：按墨子書有文子，文子卽子夏之弟子，問於墨子，如此則墨子在七十子後。」此亦誤。論語子夏之門人問交於子張，豈得謂子張在子夏後？謂墨子年事較晚於子夏則可，謂墨子在七十子後則非也。

三二　墨翟非姓墨墨爲刑徒之稱考

江瑔讀子卮言論墨翟非姓墨，其言甚辨，顧孟子已言「楊氏爲我，墨氏兼愛」，若墨子氏墨，確已有證。然孟子書又言墨者夷之。孔子之徒，不稱孔者，儒墨命名，必有由來，不得以墨子氏墨爲解。茲篇仍補江氏未盡之義，尙論之士，兼觀可也。

蓋墨者，古刑名。白虎通五刑：「墨者，墨其額也。」尙書周禮孝經漢書諸注疏，均以墨爲黥罪，刻其面額，涅之以墨。墨家之墨，卽取義於斯。因墨尙勞作，近於刑徒。古者身嬰重罪，並籍家族爲奴。又有無力贖罪，則身沒爲奴婢。故與僚臺僕，咸爲嬰罪之人，而童僕奴隸，咸由罪人得名。漢儒解周禮亦曰：「今之奴婢，卽古之罪人也。」左傳：「欒郤胥原，狐續慶伯，降在皂隸。」此因滅族而沒爲奴隸也。又言：「斐豹隸也，著於丹書。」此因犯罪而沒爲奴隸也。奴隸之在古代，蓋殊習見，且爲社會重要之一部。而墨家乃以奴隸之道唱於一世，以與儒術相抗行也。說文：「儒，術士之稱。」禮記鄉飲酒義注：「術猶藝也。」列子周穆王篇：「魯之君子多術藝。」則術士猶藝士也。莊子在宥：「說聖邪，是相於藝也。」是聖人卽藝人之至也。稱藝士者，由其嫻習六藝。周官地官司徒，保氏養國子以道，教之六藝六儀。六藝者：五禮，六樂，五射，五御，六書，九數。此六者，厥爲當時貴族之學，亦儒士進身於貴族之學也。習禮樂，所以爲相。習射御，所以爲將。習書數，所以爲宰。故曰：「三年學，不志於穀，不易得。」又曰：「學也祿在其中矣。」蓋其先儒士習六藝，皆以進身於貴族，而得穀祿也。其後乃迻以稱經籍。禮王制以詩書禮樂爲四術，卽四藝也。漢書儒林傳：「六藝者，王教之典籍，先聖所以明天道，正人倫，致至治之成法也。」此則漢儒之言。昔之儒者身習禮樂射御書數之六藝，至漢既不傳，乃以儒者所傳古經籍足其數，以附會於六藝焉。史記儒林傳又云：「秦之季世，焚詩書，阬術士，六藝從此缺。」卽謂六藝傳於術士也。左傳哀二十一年，齊人來責魯稽首之禮，曰：「唯其儒書，以爲二國憂。」此爲其時儒者傳習禮樂，故謂禮樂書曰儒書。而儒書多傳於魯。故仲孫湫曰：「魯秉周禮。」祝佗言：「伯禽封魯，分器備物而有典册。」韓宣子言：「周禮盡在魯。」禮運：「孔子曰：吾觀周道，幽厲傷之，吾舍魯何適矣。」中庸孔子對魯哀公，亦曰：「文武之道，布在方策。」故知魯存周禮，其書卽禮書，後世之所謂六藝也。而魯之學人，則傳習其書，嫻熟其事，故遂有藝士術士之稱。卽當時之所謂儒也。夫嫻習禮樂射御書數，以進身於貴族，所謂宦學事師者，其事不限於魯。至於原本先王，稱道詩書，以推見禮樂之因革，世變之流失，而欲以所謂文武周公者易當世，則其事必待於魯。（因魯有古典册。）而孔子由此起。然孔子之戒子夏，曰：「女爲君子儒，毋爲小人儒。」論語言儒者惟此。則儒固先孔子而有，而孔子猶未嘗自承爲儒也。目孔子之徒爲儒者當出於墨。墨子初亦學儒者之業，受孔子之術，繼以爲其禮煩擾，厚葬靡財，久服傷生，乃始背業，自倡新義。而有非儒。（至孟子尚不自承爲儒，故其書惟張師道，不言儒術。及荀子乃始以儒自居。）惟儒者所習皆當時貴族相沿傳守遵行之成法，而墨子乃非禮樂，尚功用，而大儉約。其衣食操作，一以刑人苦力之生活爲準。儒者有譏之，曰：此非吾先王文武周公所傳之道也。墨之徒則曰，此古者大禹之道矣。是墨之善爲解嘲也。故墨子稱道曰：「昔者禹之湮洪水，決江河，而通四夷九州也，名山三百，支川三千，小者無數。禹親自操橐耜而九雜天下之川，腓無胈，脛無毛，沐甚雨，櫛疾風，置萬國。禹大聖也，而形勞天下也如此。」「使後世之墨者，多以裘褐爲衣，以跂蹻爲服，日夜不休，以自苦爲極。曰不能如此，非禹之道也，不足謂墨。」蓋墨子之所倡，在其時，則刑徒之所爲。至於貴族，固不親操勞作。故墨子言禹道，對儒者之稱文武周公而言也。儒者曰：夫禮樂者，文武周公以來相傳之道也。墨子無以加之，則曰：我之親操勞作以自苦爲極者，則禹道也。而後人乃以爲墨子眞有得於夏禹之道，是豈足與語大學術流變之眞哉？然墨子雖自稱以爲禹道，而當時非笑之者，則仍曰此刑徒之所爲，黥墨之所務也，而遂呼之曰墨。呼之曰墨者，猶其呼孔門以儒。蓋儒之與墨，皆當時人物流品之一目，人生行業之一端耳。儒者初未自認其爲儒，而墨者則直承其爲墨，曰人呼吾墨，吾則以爲大聖夏禹之道也。故曰非夏禹之道，不足爲墨。人以墨致譏，而彼轉以墨自誇焉。然則名墨翟者，猶後世有黥布。黥布不姓黥，人知之。墨翟非姓墨，則不知也。墨爲刑名，人知之。而墨者之稱，猶謂黥徒，則不知也。故當時所謂儒墨，易言之則士與民之分也，君子與刑徒之等也。謂余不信，請熟繙之於先秦諸子之古籍。凡所記儒者之衣服飲食起居動作言論，豈不儼然一所謂士君子者之衣服飲食起居動作言論乎？至於墨則不然。其衣服，奴隸之衣服也，飲食，奴隸之飲食也，起居動作言論，奴隸之起居動作言論也。在古代奴隸罪人一體，今則有別，故用奴隸字，從今制也。要之一派爲模擬上層之貴族，一派爲代表下層之庶民。彼自爲士君子，人亦從而士君子之。彼自爲刑徒奴民，人亦從而刑徒奴民之。儒墨之稱，由此生也。劉師培左盦集釋儒謂：說文，儒，術士之稱。今考說文訓術字云：邑中道也。邑中猶言國中。意三代授學之區，必於都邑，故治學之士必萃邑中，即小戴王制篇所謂升於司徒，升於國學之士也。儒爲術士之稱，示與野人相區異。今按劉說亦可通。竊猶嫌其泛說而不切。如後云道術方術，皆由禮樂術藝演變引伸，而非由邑中道引申，亦可證劉說之未諦。墨子至楚，穆賀見墨子，曰：「子之言，則誠善矣，而吾王，天下之大王也，毋乃曰賤人之所爲而不用乎。」夫其曰賤人之所爲，猶之云刑徒之所爲，而不過稍緩其辭而已。此當時以刑徒視墨之證一也。太平御覽引墨子佚文有云：「賤人何可謂薄也。」想當時謂墨者爲賤人，故墨子有此語。墨徒公尚過爲越王迎墨子，墨子曰：「若越王聽吾言，用吾道，翟度身而衣，量腹而食，比於賓萌，未敢求仕。」賓萌者，今所云客籍之民，猶刑徒矣。量腹而食，度身而衣，則刑徒之生活也。此墨者自務爲刑徒生活之證二也。尚賢篇以國中之衆與四鄙之萌人分言，國中之衆者，居於都，古謂之百姓。四鄙之萌人居於野，古謂之民。民猶奴隸也。許行至滕，曰：「願受一廛而爲氓。」卽墨子所謂自比於賓萌也。許行爲墨子再傳弟子。（詳考辨第二三）墨家不主仕，儒者以求仕爲職志，仕之與否，卽儒墨之鴻溝也。禽滑釐事墨子三年，手足胼胝，面目黎黑，役身給使，不敢問欲。此墨者爲刑徒生活之證三也。其他不勝列舉。

而吾所謂當時以刑徒呼墨者之說，則猶有確證。荀子之禮論有之，曰：「天子之喪動四海，屬諸侯。諸侯之喪動通國，屬大夫。大夫之喪動一國，屬修士。修士之喪動一鄉，屬朋友。庶人之喪合族黨，動州里。刑餘罪人之喪，不得合族黨，獨屬妻子。棺槨三寸，衣衾三領，不得飾棺，不得晝行，以昏殣，凡緣而往埋之，反無哭泣之節，無衰麻之服，無親疏月數之等，各反其平，各復其始，已葬埋若無喪者而止。夫是之謂至辱。」然則厚三寸者刑人之棺也。楊倞注亦云：「左哀二年傳，趙簡子之誓曰：若其有罪，絞縊以戮，桐棺三寸，不設屬辟。」墨者之稱墨，由於薄葬。雖有其他，薄葬爲甚。而有類於刑徒，而遂招此譏。夫然則錫之以嘉名者，其殆出於儒者之徒耶？吾嘗謂儒墨之辨，由其主有禮之與無禮。荀子曰：「禮者，分也。」禮論 故儒墨之辨，卽在其主有分之與無分也。儒者務分，故力求自異於庶民。墨者非禮，而主兼愛，故力求自儕於庶民焉。此二者之辨也。故荀子曰：「禮之理誠深矣，小人不能察。」又曰：「禮者，人道之極也。然而不法禮，不足禮，謂之無方之民。法禮足禮，謂之有方之士。」士民之辨，卽儒墨之辨也。又曰：「人之有是，士君子也。外是，民也。於是其中焉，方皇周浹，曲得其次序，是聖人也。」民者賤稱，卽爲俘虜奴隸，故字象械足之形，與稱百姓不同。荀子謂外於禮者爲民，猶云外於禮者爲奴隸爲黥墨也。下云「聖人明知之，士君子安行之，官人以爲守，百姓以成俗。」不言民而言百姓，知前之稱民爲貶賤之辭。其言祭禮，亦曰：「有天下者事十世，有一國者事五世，有五乘之地者事三世，有三乘之地者事二世，持手而食者不得立宗廟。」楊倞注云：「有三乘之地者，祭法所謂適士。持手而食者，謂農工食力。」今墨子自願比於賓萌，而孟子則曰：「不仕則不能祭，爲不孝。」此可證儒墨之不同矣。故儒者力爭上流，墨則甘與下伍。而儒者譏之，乃謂如黥墨之徒也。荀子又言之曰：「以是縣天下，一四海，何故必自爲之。自爲之者，役夫之道也。墨子之說也。」王霸篇。豈不明以墨子之說爲役夫之道哉？故曰：「君子以德，小人以力。力者，德之役也。」富國篇。墨子非禮，尙力，固宜爲役夫矣。然則稱之曰墨者，卽無異斥之曰役夫也。或者猶疑吾言乎？則孟子固言之，曰：「墨者無父」，荀子亦言之，曰：「所以送葬之者不哀不敬，則嫌於禽獸。」禮論。無父禽獸，與刑徒役夫之誚何若？夫誰疑其非孟子荀子之言者。或又謂墨子與孔子並稱，古之大賢也。當時既儒墨平分天下，墨者何以自甘於刑徒役夫之誚？此則墨子已自言之，曰：「非大禹之道，不足以爲墨」，墨者亦何慚其爲墨哉？且近世有工黨，勞工豈不爲人賤視，乃以此名相號召，則無疑乎墨之爲刑徒之名也。

或疑墨既爲道術之稱，則墨子當何氏？余意古人不必盡有姓氏也。女子稱姓，男子稱氏，氏所以別貴賤。貴者始有氏，賤者則不必有氏。且如春秋寺人貂寺人披徒人費之屬皆非氏。介之推燭之武之類，亦不知有氏。復如師襄師曠卜徒父卜偃卜招父屠牛坦屠羊説之屬，亦非氏。然孔子弟子有卜商，晉膳宰有屠蒯，見左傳，檀弓作杜蕢。越有寺區，後世有徒氏介氏燭氏師氏，姓氏之起，至無準矣。則孟子何不可以據當世之稱墨翟而呼爲墨氏乎？要之墨家稱墨，乃本道術，不由姓氏，則斷斷然者。否則墨子之氏墨，殆亦如屠牛坦屠羊説之流，彼固躬自親於役夫刑徒之操作矣。孔子之道，有教無類，墨子先賤人，自習於儒，乃苦其禮而倡墨道，墨子其固古之偉人哉！

〔附〕孟子墨子摩頂放踵利天下爲之解

孟子曰：「墨子兼愛，摩頂放踵，利天下爲之。」趙岐注：「摩突其頂，下至於踵。」荀子非相篇：「孫叔敖突秃」，楊倞注：「突謂短髮可凌突人者。」焦循孟子正義云：「突秃聲轉，突即秃。趙氏以突明摩，謂摩迫其頂，髮爲之秃。放至於踵者，即莊子所謂將使後世之墨者，自苦以腓無胈，脛無毛也。」今按摩頂蓋如刑徒之秃。摩頂與拔一毛對舉，明是自髡其頂。田叔孟舒自髡鉗隨張敖稱家奴，則當時奴必髡鉗也。童字本義爲山無草木，而僮奴髡鉗無髮，故亦稱童。周禮：「髡者使守積。」又漢書：「當黥者髡鉗爲城旦舂。」蓋髡鉗較黥爲輕，而其爲刑奴則一。莊子說劍：「太子曰：吾王所見劍士，皆蓬頭突鬢垂冠，曼胡之纓，短後之衣，瞋目而語難，王乃悅之。今夫子必儒服而見王，事必大逆。」然則突鬢之與儒冠正爲相反之服。劍士必突鬢垂冠而衣短後者，爲其便事。而墨子以自苦爲極，親操勞作，因亦禿鬢摩頂，不暇治纓冠禮容。文子所謂「墨子無黔突」也。見文選班固答賓戲注引。至於儒者，束髮正冠，正其大事。子路之於衛，結纓而死。鄉鄰有鬭，披髮纓冠而救之，孟子以爲惑。則儒者之重視其冠戴之容也。夫披髮纓冠而救鄉隣之鬭，孟子已謂之惑。而況乎摩頂禿鬢，以求利天下者乎？此孟子之所爲譏也。放踵者，莊子天下篇稱：「墨者以跂蹻爲服」，釋文：「李云：麻曰屩，木曰屐，屐與跂同，屩與蹻同。一云鞋類也。」史記孟嘗君傳：「躡屩而見之」，虞卿傳：「躡蹻擔簦」，漢書卜式傳注：「蹻即今之鞋也。」鞋無底，履有底。鞋輕便利遠行，而非法服。蓋貧士步行乏車乘者服之。故馮煖躡屩見孟嘗君，繼而出有輿。虞卿躡蹻擔簦，則下不履，上不蓋，皆以步行無乘，見其鄙野。屐者，宋書謝靈運傳：「常著木屐，上山則去前齒，下山則去後齒。」釋名云：「帛屐以帛作之，如屩者。」不云帛屩者，屩不可踐泥，屐以踐泥。野行無車乘，晴則躡蹻，雨則著屐。其異於法服之履者，正君子野人之別也。墨子之至楚，裂裳裹足，見呂氏愛類，淮南修務，又詳墨子公輸篇閒詁。其不履不乘，以屣屩爲服也可知。禮記內則：「偪屨著綦」，釋名：「偪所以自偪束，今謂之行縢。」注：「綦，屨繫也。」正義：「皇氏云：屨頭施繫以爲行戒，未知然否。」或著屨之時，屨上自有繫，以結於足也。故鄭注士冠禮黑屨青絇云：「絇之言拘也，以爲行戒。」韓非外儲說左下，文王伐崇，至鳳凰黃虛，韈繫解，因自結。呂覽不苟作武王。史記張釋之爲王生結韈。是古人屨有繫，韈亦有繫也。此可見古人所以飾足之禮，貴於偪束拘戒。今墨徒重勞作，尙便事，乃不遵偪綦之制，放爲野人跂蹻之服，不自拘戒，故曰放踵。放者，猶謂縱肆，與偪束正相反。然則孟子言摩頂放踵，實爲兩事，而同譏失禮。墨徒既自頂至踵，靡不違禮矣，而曰將以救世。故孟子曰：「摩頂放踵利天下爲之」也。則放踵之云，與莊子所謂腓無胈脛無毛者，雖義得相通，而所指自別。焦氏即以腓無胈脛無毛釋之，亦未當也。

〔附〕莊子儒緩墨翟釋義

莊子列禦寇篇：「鄭人緩，呻吟裘氏之地，三年而爲儒，使其弟墨。儒墨相與爭，其父助翟，十年而緩自殺。」此寓言。墨子初亦治儒術，繼而背棄，則墨固從儒中來，而儒反受其抵排。故孔子既悟而告老子，曰：「丘得之矣，烏鵲孺，魚傅沫，細要者化，有弟而兄啼。」（天運篇。）則儒墨之謂也。緩猶不悟，不能與化爲人，宜其爲秋柏之實矣。緩者指凡儒言，翟者指凡墨言。孫氏爲墨子弟子考，乃謂鄭人有某翟，是不識莊生寓言之趣者也。顧儒何以名緩，墨何以名翟？此雖寓言，當有命意。余謂此皆本當時之服飾言也。何以明之？莊子田子方篇記儒服云：「儒者冠圜冠者知天時，履句屨者知地形，（孔叢子云：「孔穿履方屐見平原君。」屐本爲墨徒所服，至於後世既盛行，而孔穿乃履方屐，仍不失句屨之意。孔叢特記之以見儒服之異於衆也。）緩佩玦者事至而斷。」緩者，儒服大帶。論語：「子張書諸紳」，紳卽緩矣。云居裘氏之地者，釋文崔云：「裘，儒服也。」以裘爲儒服，知緩亦儒服矣。翟者，說文：「山雉尾長者。」古之野人，以翟羽爲冠飾。知者，史記仲尼弟子列傳：「子路性鄙，好勇力，志伉直，冠雄雞，佩猳豚，陵暴孔子。孔子設禮稍誘子路，子路後儒服委質。」則冠雞羽爲鄙人，非儒服可知。翟羽亦雞羽之類爾。（葉德輝曰：「今漢武梁祠石刻畫像，有曾子母投杼，閔子御後母車，及子路雄冠佩劍事。冠作雉形。」据此則墨者冠翟，正猶子路野人之雄雞冠矣。）然則儒者何冠？曰冠鷸。莊子天地篇所謂「皮弁鷸冠，搢笏紳修，以約其外」也。然則鷸冠言其飾，圜冠言其形，其實則一，儒者服之。墨者又何以冠翟？翟冠本野人之服，墨者自比刑徒，親操勞作，摩頂放踵，不尙禮文，故或冠雉羽，不脫鄙野也。（莊子天下篇云：「宋鈃尹文作爲華山之冠以自表。」釋文「華山上下均平。」郭象之注亦云然。余疑宋尹皆墨徒，而作爲平冠，亦自異於儒家之圜冠也。）淮南主術訓：「趙武靈王貝帶鵕鸃而朝，趙國化之。」玉篇：「鸃，南方雉名。」漢書佞幸傳：「孝惠時，郎侍中皆冠鵕鸃，貝帶。」師古曰：「以鵕鸃毛羽飾冠，鵕鸃即鷩鳥也。」皆古人以雉羽飾冠之證。云趙國化之，明初不以爲尚。佞幸冠之，知非士大夫之服。武靈胡服，志變國俗以尚武。高誘注：「大貝飾帶，胡服。」故冠鵕鸃而爲鄙野。用意又與墨徒不同。典略云：「靴始起于趙武靈王。」學齋佔畢亦云：「古有履無靴，趙武靈王乃變履爲靴。」今按武靈之變履爲靴，亦與墨氏以跂蹻爲服相似。要之皆以便事而尚功，遂於古昔禮制有所不顧也。至閔籍乃以爲美觀焉。左僖二十四年傳：「鄭子臧好聚鷸冠，鄭伯聞而惡之，使盜誘殺子臧。君子曰：服之不衷，身之災也。」則其時鷸冠尚爲新奇，非法服，爲人指目。其後乃爲儒冠，亦猶翟冠初見鄙野，其後乃成時好也。杜預注左傳亦謂「聚鷸羽爲冠，非法之服。」顏師古則謂「鷸水鳥，天將雨則鳴，古人以其知天時，乃象其形當冠，使掌天文者冠之。故逸禮曰知天文者冠鷸。蓋子臧是子華之弟，以兄見殺而出奔，常有復讎之志，故與知天文者遊聚，有所計議。是以鄭伯恐其返國作亂，令人誘殺之。若直以鷸羽飾冠，何必惡而殺之也。」又謂「左氏君子曰服之不衷身之災也數語，係後人妄加，非左氏原文。」顏氏不悟服飾好尚之有變，逸禮已當晚世語，轉引以疑左氏，不信鳥羽爲冠而云像其形，皆誤。

三三　趙簡子卒年考

趙世家：「晉出公十七年，簡子卒。」年表：「周定王十二年，襄子元年。」梁氏志疑辨之云：「左傳魯哀公二十年，越圍吳，趙襄子降於喪食。時居簡子喪，故遣楚隆問吳王於軍中，稱先主先臣，則簡子先一年卒，明矣。自魯昭公二十五年黄父之會，趙鞅始見於經，至卒凡四十二年。先定公卒一年。表列簡子至六十年，世家亦云晉出公十七年簡子卒，豈非大誤？」今按：梁說是也。世家亦云：「趙襄子元年，越圍吳，襄子降喪食，使楚隆問吳王。」此卽魯哀二十年事，而云襄子元年，則史公亦謂簡子卒在前一年矣。志疑又云：「世家趙襄子元年，越圍吳云云，事在晉定三十七年，襄子初嗣爲晉卿，固不誤。何以書簡子卒於出公十七年，自相牴啎，深所不解。豈史公又以圍吳爲出公十八年事乎？」今按：史云：「趙襄子元年，越圍吳」，自據左傳，而其誤亦由據左傳。何以言之？左氏哀二十七年傳有云：「悼之四年，晉荀瑤帥師圍鄭，將門，知伯謂趙孟入之，對曰：主在此。知伯曰：惡而無勇，何以爲子？趙襄子由是甚知伯。」杜注：「簡子廢嫡而立襄子，故知伯言其醜且無勇，何以立爲子。」余疑史公誤讀此文，以爲知伯譏其何以爲子，當在簡子未卒前，故趙世家又云：「晉出公十一年，知伯伐鄭，趙簡子疾，使太子毋恤將。」晉出公十一年，卽悼公四年，同記一事，而史特增簡子疾使太子將云云，以彌縫左傳何以爲子之語。其後又增知伯歸，因謂簡子使廢毋恤，簡子不聽，此亦非左氏所有。左氏稱趙孟，稱趙襄子，固不以爲簡子猶在，而史自誤會之也。其云「知伯醉，以酒灌毋卹。」亦與左異。當由史公別採他說。然則其簡子疾，使太子將云云，亦或有所本，而其所本之爲誤解左氏傳文，亦從可定也。

且余考史文，猶有可疑者。世家云：「定公三十七年卒，而簡子除三年之喪，期而已。」夫晉君之卒，簡子豈得獨擅而除三年之喪？且定公卒而除三年之喪，此當著於晉世家，與趙世家不涉也。今滅之於晉，而見之於趙，其義何居？竊疑此當爲：「定公三十七年而簡子卒，除三年之喪，期而已。」本記趙簡子卒，除三年之喪，與晉定不涉也。而史公此條，又本之呂覽長攻篇。「趙簡子病，召太子而告之曰：我死，已葬，服衰而上夏屋之山以望。太子敬諾。」高誘云：「服衰，謂期年，勿復三年也。」是高誘亦謂趙簡子之卒，告其子除三年之喪，期而已也。梁玉繩呂子校補謂「史趙世家因趙孟降於喪食之文，謬謂簡子居定公喪改三年爲期。高氏仍史誤，而又移爲襄子居父喪朞年。其實服衰者，謂服未除也，觀下服衰以遊可見。」今按梁氏謂襄子居喪改朞之說，乃由誤會呂氏文義，是也。惟史記趙世家本有誤文，並非謂簡子居定公喪，則梁氏未能訂正。左氏傳越圍吳，簡子降於喪食，其事已在冬十一月，則簡子卽以是年卒，不必在去年。楚隆曰：「三年之喪，親暱之極也，今又降之。」此所謂三年之喪者，特謂是父母之喪耳。梁氏據傳文，乃謂簡子卒在定公卒前一年，三十六年。亦未的。

然史記既云：「定公三十七年，簡子卒，除三年之喪」，又曰：「趙襄子元年，越圍吳」，何也？依常例，新君改紀元，應在故君卒之明年，此卽以君卒之年稱元耶？曰不然。春秋魯曆，哀公二十一年冬十一月，趙用晉曆，已爲翌年之正月，禮固得稱元。由是言之，世家本云：「定公三十七年而簡子卒，除三年之喪，期而已，太子毋卹代立，是爲襄子。襄子元年，越圍吳」，而中間又橫插晉出公十一年知伯伐鄭一節，又云：「晉出公十七年簡子卒」，兩說矛盾，或經後人妄羼，或史公誤於傳文，如上所列而兼存兩說，未及汰并。要之簡子卒在晉定公三十七年，此則據呂覽校史記而可定者。今重寫史記趙世家一節如下：

定公三十七年「卒」而簡子卒，除三年之喪，期而已。

「是歲，越王句踐滅吳。（按此年圍吳，滅吳尚在後三年，此誤。）晉出公十一年知伯伐鄭，趙簡子疾，使太子毋卹將而圍鄭。知伯醉，以酒灌擊毋卹。毋卹羣臣請死之，毋卹曰：「君所以置毋卹，爲能忍詢。」然亦愠知伯。知伯歸，因謂簡子，使廢毋卹。簡子不聽，毋卹由此怨知伯。晉出公十七年，簡子卒。」（此一節應刪。）

太子毋卹代立，是爲襄子。趙襄子元年，越圍吳。（上文已言越滅吳，此又言越圍吳，顯見衝突。）

又按：戰國策史記載襄子滅代事云：「趙襄子姊前爲代王夫人。簡子既葬，未除服，北登夏屋，請代王。使廚人操銅枓以食代王及從者。行斟，陰令宰人各以枓擊殺代王及從官。遂興兵平代地。其姊聞之，泣而呼天，摩笄自殺。代人憐之，所死地，名之爲摩笄之山。」世家敍其事在越圍吳後，年表其事在襄子元年。若簡子固以魯哀二十年卒，則代滅在魯哀之二十一年也？（呂覽記此事，謂簡子卒，襄子服衰登夏屋，始以姊妻代君，亦異。）淮南人間訓：「徐偃王爲義而滅，燕子噲行仁而亡，哀公好儒而削，代君爲墨而殘。」其時墨子初生，墨術未起，烏有爲墨而殘之事？其後趙武靈王時，中山君好墨而亡於趙，豈淮南乃誤中山爲代耶？

又史公於簡子世載扁鵲事，其語荒誕，可以不論。又爲扁鵲傳，稱扁鵲其後過虢。又過齊，見齊桓侯。當簡子時，虢亡已久。齊桓立，去簡子卒亦百年。扁鵲見簡子，尚在其卒前二十餘年。而桓侯十八年卒，扁鵲見桓侯，當其卒歲。兩事前後相去百四十年。鵲何其壽？志疑疑齊桓侯乃趙桓子。謂：「說苑號作趙，甚是。趙簡子之子爲桓子。鶡冠子世賢篇魏文侯問扁鵲，魏文與趙桓竝世，可以爲驗。」又稱：「或曰，晉孝公紀年作桓公，與魏文侯同時，當是扁鵲所見者，亦通。」今按：趙桓子去簡子卒亦五十年，晉桓公又在趙桓子後三十餘年。或者之說決非，梁氏說亦未見其必是。韓非喻老言扁鵲見蔡桓侯，國策言扁鵲見秦武王。蔡桓侯在春秋初，秦武王在周赧王時，相去踰四百年。傳說多錯，又何從必據一說以定之？

三四　計然乃范蠡著書篇名非人名辨

史記貨殖列傳：「句踐困於會稽之上，乃用范蠡計然。范蠡既雪會稽之恥，乃喟然而歎曰：計然之策七，越用其五而得意。既已施於國，吾欲用之家。乃乘扁舟浮於江湖。」蔡謨曰：「計然者，范蠡所著書篇名耳，非人也。謂之計然者，所計而然也。羣書所稱句踐之賢佐，種蠡爲首，豈復聞有姓計名然者乎？若有此人，越但用其半策，便以致霸，是功重於范蠡，而書籍不見其名，史遷不述其傳乎？」今按：蔡説是也。余嘗熟復史記貨殖傳文，而知蔡氏計然乃書名，非人名，其説確不可易。所引計然曰：「知鬭則修備，時用則知物」云云，卽撮引書中語。漢志兵權謀家有范蠡二篇，蓋計然在其內。蒯通之書，自號雋永，今著錄止稱蒯子。淮南內二十一篇，本名爲鴻烈解，而止稱淮南。又儒家王孫子一篇，班注：「一曰巧心。」孫德謙藝文志舉例：「一曰巧心，書之別名也。」太史公書百三十篇，今名史記。戰國策三十三篇，初名短長語。老子後稱道德經，莊子稱南華經。有古名樸而後入於華者，有古名華而後入於樸者。范子書，別名計然，正亦其例。自班氏古今人表計然列第四等，後人乃始以計然爲人名，非書名矣。今再就貨殖傳所引計然語論之，大抵言農事，言財幣貿易，此乃中原自李悝白圭以後人語耳。范蠡當春秋世，又居越，何由作此論？則漢志范蠡二篇，殆亦出後人假託也。

馬總意林有范子十二卷云：「計然者，葵邱濮上人，姓辛字文子，其先晉國之公子也。爲人有內無外，狀貌似不及人。少而明學陰陽，見微知著，其志沉沉，不肯自顯。天下莫知，故稱曰計然。時遨遊海澤，號曰漁父。范蠡請其見越王。計然曰：越王爲人烏喙，不可與同利也。」此其不可信，有可得而確指者。漢志范蠡二篇，此有十二卷，不可信一也。古書記人姓名而失其字者有之，此獨舉其姓字而遺其名。既范蠡師計然，弟子述其師，不當如是，不可信二也。古人取字，率以單字，如顏回字淵是也。或別以伯仲，如冉耕稱伯牛是也。或美以子稱，如閔損稱子騫是也。從無字曰某子者。今計然，其字曰文子，非例也。古之稱子，或從姓，如大夫文種稱文子，見豪士賦序，抱朴子知止。則計然當姓文，不得曰姓辛。或因名，如田文稱文子，則計然應名文，不得曰字文子。或爲謚，如李文子公叔文子范文子，而計然非大夫，無官職。其人爲范蠡師，蠡顧不辨其姓字至此乎？不可信三也。既謂其人不肯自顯，天下莫知，則豈得云「稱曰計然」乎？「稱曰計然」，固誰稱之？不可信四也。又云：「遨遊海澤，號曰漁父，不肯見越王，曰：爲人鳥喙」，此均范蠡事。蠡浮海，自號鴟夷子皮，又誡文種曰：「越王鳥喙」，僞爲范書者，乃襲以歸之計然。不可信五也。又史記：「句踐困會稽之上，乃用范蠡計然。」若計然是人名，則句踐固加信用。而意林引范書，若計然末肯見句踐，烏論爲之用？若謂范蠡進其師說，則史文當稱用范蠡，不得併稱曰計然。史記自本范子書，今范書與史復不合，不可信六也。且其書稱范子計然，如管子牧馬山高之類耳。今謂范子問於計然，故取此名，則古無其例，不可信七也。顏師古洪邁之徒，遂據此斷蔡說爲謬，謬者不知其爲謬，固宜以不謬者爲謬矣。且其謬猶不止此。以計然爲人名，又見先秦書亦無一及計然者。夫國語敍吳越事甚詳，獨不及計然。先秦書亦無一及計然者。吳越春秋作計硯，越絶書作計倪。吳越春秋越絶書出東漢，乃誤讀史記貨殖傳而妄爲之，與班氏同耳。春秋繁露對膠西王，列舉越王與五大夫謀伐吳，曰大夫蠡大夫種大夫庸大夫皋大夫車成，亦無計然。然曰「大夫計硯」，則直以爲其人姓名，又非別有姓辛字文子之說也。又曰「計倪官卑年少」，則其人又非范蠡師，不肯見越王而遨遊海澤也。梁玉繩人表考：「計然名研，見班書叙傳，答賓戲。倪亦硯之譌，硯與研同，研然音近。」余謂此可證三書之同誤，不得據三書而證計然之實有其人也。以國語史記言之，知吳越春秋越絶書之誤。以吳越春秋越絶書言之，又知范子計然一書之妄。其不可信八也。又史記稱：「計然七策，越用其五」，漢書作十策，越絶書有「伐吳九術」，語出大夫種。吳越春秋亦有文種九術，而語益荒誕。是二書以計然誤爲文種也。梁氏志疑遂據二書以校史漢，謂七與十皆字誤。則志疑復以文種誤爲計然也。文種稱文子，而范書計然亦字文子，實自文種九術而誤。此不可信九也。至今傳文子書，半襲淮南，牽引老子，又不知出誰何人依托。而北魏李暹作注，遂以爲卽計然。洪容齋辨之云：「其書一切以老子爲宗，略無與范蠡謀議之事，所謂范子乃別是一書。馬總只載其敍計然及他三事，云餘並陰陽歷數，故不取。則與文子了不同。唐藝文志范子計然十五卷，注云：范蠡問，計然答，列於農家，其是矣，而今不存。」洪氏此說，已知范子之非文子，而不知唐志農家十二卷之范子，非卽漢志兵權謀家二篇之范蠡也。蓋史記所謂「計然七策，越用其五」者，計然乃范蠡爲越謀富強報吳復仇之書，故入之兵權謀。范蠡功成，又欲移其致富之術，試之私家，故史記摘其語於貨殖傳。後之造僞書者不辨，專以天時陰陽農事殖產爲說，故入農家。此不可信十也。

漢志農家有宰氏十七篇，班固云：「不知何世。」王先謙補注引葉德輝曰：「元和姓纂十五海，宰氏姓下，引范蠡傳云：陶朱公師計然，姓宰氏，字文子，葵邱濮上人。據此則唐人所見史記集解本亦作宰氏。宰氏卽計然，故農家無計然書。志云不知何世，蓋班所見，乃後人述宰氏之學者，非計然本書也。」是又不然。計然本入兵權謀，葉氏疑漢志農家何以無計然，此誤以唐志范子僞書，而謂計然應列農家耳。若謂唐人所見集解本作宰氏，北史蕭大圜有云：「留侯追蹤於松子，陶朱成術於辛文」，又何以說之？蓋辛之誤宰，又係後人見漢志農家有宰氏，而唐志范蠡僞書入農家，故疑辛乃宰字誤，而妄改之也。若宰氏誠卽計然，班氏人表列計然於四等，豈有不知，而云不知何世哉？葉氏謂所見乃後人述宰氏之學者，非計然本書。此於漢志有大例。凡後人所述，非本書者，云依托，不云不知何世，如道家力牧二十二篇，班云：「六國時所作，托之力牧。力牧，黃帝相。」小說家天乙三篇，班云：「天乙謂湯，其言非殷時，皆依托也。」兵陰陽家風后十三篇，班云：「黃帝臣，依托也。」如此之例，班於宰氏下，亦應釋其爲范蠡師計然，而云不知何時何人依托。豈得謂不知何世哉？如農家尹都尉十四篇，趙氏五篇，王氏六篇，皆云不知何世，此卽指尹都尉趙氏王氏言，非謂不知述其書者何世也。則班氏自不知宰氏爲何世人，而葉氏妄以元和姓纂一字之誤，遽斷爲卽計然，又所謂亡羊多歧之尤矣。且古之非常人，建非常之業，豈必盡有非常之師！如范蠡師計然，蘇張師鬼谷，皆子虛烏有，不足信。而計然之爲書名非人名，則史籍昭然，熟察文理者，自能辨之。

〔附〕鴟夷子皮及陶朱公非范蠡化名辯

又按范蠡事亦多異說。沈欽韓漢書疏證云：「呂覽悔過范蠡流乎江。又離謂范蠡子胥以此流。新書七范蠡破石而蹈五湖。則以爲死。貨殖傳稱其適齊爲鴟夷子皮。韓非說林鴟夷子皮事田成子。墨子非儒孔子怒景公不封己，乃樹鴟夷子皮於田常之門。淮南氾論齊簡公釋其國家之柄，專任大臣，故使田常鴟夷子皮得成其難。田恆之亂，在魯哀公十六年。越滅吳在魯哀二十二年。信有鴟夷子皮，當齊簡公時，非范蠡矣。」今按說苑卷二：楚令尹死，景公遇成公乾，曰：令尹將焉歸？成公乾曰：殆於屈春乎？鴟夷子皮日侍於屈春，損頗爲友，二人者之智，足以爲令尹。不敢專其智而委之屈春，故曰政其歸屈春乎？又說苑卷十八：王子建出守於城父，與成公乾遇於疇中。王子建居城父事在魯昭十九年，下距田常弒簡公已四十三年，然則鴟夷子皮必先爲楚人，後而適齊也。伍員既被讒，賜之鴟夷而浮之江，范蠡蹈五湖，遂亦有鴟夷之號。或者子皮浮海去齊，因亦稱鴟夷子皮。史公不深考，遂誤謂卽范蠡之化名耳。沈氏又曰：「新書五梁嘗有疑獄，半以爲當罪，半以爲不當罪，梁王曰：陶之朱叟，布衣而富侔國，必有奇智，乃召朱公而問之。新序雜事四同。魏徙都大梁，於陶爲近，其事在惠成王時，則陶朱公又非范蠡也。以理論之，范蠡既霸越滅吳，苟非逃諸山林，仍處通都爲富人，則蹤跡之者必不已，亦不得爲智。」又按張文虎螺江日記，亦辨此事，云：「史記稱陶朱公中男殺人，囚於楚。命長男往楚，求救於莊生。索隱疑卽莊周，范蠡焉得與莊周交往。然小司馬亦非貿貿，其意似疑史記所載朱公，未必果越之范蠡也。卽其本末考之，始在宛佯狂。疑與文種仕越，已在壯年，乃二十餘年而破吳雪恥，句踐以霸，當不下五六十歲，繼而扁舟五湖，變姓名爲鴟夷子皮，復相齊國，立談而致卿相，戰國或有之，春秋時從未見。且齊相安有鴟夷子皮？韓非載田成子家臣鴟夷子，非齊相。若云齊國一時有兩鴟夷子，豈非怪事。至稱在陶時，其長男與俱，見苦，爲生難，是朱公諸子俱在去齊居陶後生，乃其少男亦能乘堅策肥。使往楚，則其年可知，長男之年更可知，蓋總不下二三十歲，計朱公年已八九十，乃又曰後至衰老而聽子孫修業，此小司馬所以致疑。而既注其書，不欲正言其失，故於莊生微示其意，使莊生果是莊周，則朱公之非范蠡明矣。」今按索隱亦多疎謬，而張說厚護古人，其意要爲可存也。又考陶爲天下商業中心，亦應在魏都大梁宋通鴻溝之後。參讀考辨第九九。孔叢子枚產謂子順曰：「聞猗頓善殖貨，先生同國也，當知其術。」答曰：「然，知之。猗頓魯之窮士也，聞陶朱公富，往問術焉，朱公告之當畜五牸，於是適西河，大畜牛羊於猗氏之南，以興富於猗氏，故曰猗頓也。」是則猗頓與孔子順同時，值戰國之晚世，陶朱公輩行稍前，固可與莊周並世，而此莊生或亦可爲莊辛也。又按蔡澤傳，澤之說應侯曰：「范蠡知之，超然辟世，長爲陶朱公」，其辭固未必卽當時之口語，殆出策士虛構。然知史公前固已有此傳說。史公好奇博采，後世愛其文，傳誦弗衰，遂若爲信史耳。

三五　曾子居武城有越寇考

孟子離婁下：「曾子居武城，有越寇，曾子去之，寇退而返。」焦氏正義引周柄中辨正云：「或云：越寇季氏，非寇魯，此並無所據。左傳哀二十一年，越人始來。二十三年，叔青如越，越諸鞅來報聘。二十四年，公如越。二十五年，公至自越。二十六年，叔孫舒帥師會越人納衛侯。二十七年，越使后庸來聘。是年八月，公如越。越又嘗與魯泗東地方百里。以此觀之，越自滅吳後，與魯修好，未嘗加兵。而哀公嘗欲以越伐魯去三桓。武城近費，季氏之私邑在焉。說者因謂越寇季氏，非寇魯，亦臆度之言耳。」今按：謂越寇季氏，非寇魯，實有確據，非臆度也。說苑云：「魯人攻鄪，曾子辭於鄪。鄪君曰：寡人之於先生，人無不聞。今魯人攻我而先生去，我胡守先生之舍？魯人果攻鄪，數之罪十，而曾子之所爭者九。魯師罷，鄪君復修曾子舍而復迎之。」此卽孟子越寇事，鄪君者，季孫也。（孟子書有費惠公。魯世家言：「悼公時三桓勝，魯如小侯，卑於三桓之家。」則季孫固宜稱君矣。）孟子言越寇，而說苑稱魯人者。魯世家：「哀公如陘氏，三桓攻公，公奔於衛，去如鄒，遂如越，國人迎哀公復歸，卒於有山氏。」（吳越春秋亦謂：哀公奔陘，三桓攻哀公，奔衛，又奔越。魯國空虛，國人悲之。來迎哀公，與之俱歸。）夫三桓攻公而出之，國人迎而歸之，越人送之，攻鄪而數以十罪，必此時矣。又按左傳云：「秋八月，公如公孫有陘氏，因孫于邾，乃遂如越，國人施公孫有山氏。」晉語：遂施邢侯氏，韋注：施，劾捕也。杜預曰：有陘氏卽有山氏，公孫有山氏，乃上年公如越，與越太子適郢相得，適郢將妻公，多與之地，而公孫有山以告於季孫者也。正義據左傳駁史記云：「傳稱國人施罪於有山氏，不得復歸而卒於其家，呂東萊引潁濱蘇氏曰：子貢言哀公不歿於魯，而史稱哀公自越歸，卒於有山氏。歸于有山氏而不歸國，事未可信。」竊疑哀公歸國而卒於有山氏，正爲有山氏所弑，有山氏殆當魯越通道，而黨於季孫。

魯人劾捕之，正爲其弑君。定哀之際多微辭，卽傳文亦不明顯耳。及門黃少荃女士謂諡法恐懼從處曰悼。考春秋以來，如晉厲公弑於欒書中行偃，齊晏孺子弑於田乞，衞出公被逐亡死，楚聲王盜殺之，皆不得其死，其次立之君均諡悼，謂其恐懼從處，承叛亂之餘而卽位也。魯哀公卒，子寧立，諡悼公，則魯哀之不得其死信矣。曾子於此時前後，皆居武城。王符潛夫論：「鄗畢之山，南城之冢。」章懷太子注：「南城曾子父所葬。」足徵曾子居武城之久。俞氏癸巳類稿，書武城家乘後，謂「檀弓云：季孫卒，曾皙倚其門而歌，以曾皙在費，故附會其事。又云：曾子之席華而睆，曰：季孫之所賜。知曾子父母及身，始終皆在費。可證南武城在費。」參讀考辨第二九。

〔附〕越徙琅邪考

越都徙瑯邪，事見越絕書及吳越春秋。今本紀年，於越徙都瑯邪，在晉出公七年，當魯哀公之二十七年，是歲，越使后庸來正邾魯之界，公與盟平陽，蓋卽越北徙時矣。吳越春秋，句踐二十五年霸於關東，從瑯邪起觀臺，周七里，以望東海。今按：越滅吳在句踐二十四年，其明年，決不急遽北遷。吳越春秋記句踐滅吳年，及卒年，皆誤。見考辨第一八。然則武城被寇時，越都已在瑯邪。今考瑯邪地望，古有三說。漢志東萊郡琅邪，越王句踐嘗治此，起臺館。史記秦始皇本紀：「窮成山，登之罘而去。南登琅邪，大樂之。」集解：「地理志云：『越王句踐嘗治琅邪縣，起臺觀。』」正義，括地志云：「密州諸城縣東南百七十里有琅邪臺，越王句踐觀臺也。臺西北十里有琅邪。」吳越春秋云：越王句踐二十五年徙都琅邪，立觀臺以望東海，遂號令齊晉秦楚，以尊輔王室。」水經濰水注：「琅邪山名，越之故國。」此皆指越徙瑯邪，在今山東之諸城也。其故城在今山東諸城縣東南一百五十里，僻在齊東之海濱，越爲求霸中原，何爲擇都於此，衡以地理形勢，知必不然。顧棟高春秋大事云：「春秋時琅邪，爲今山東沂州府」，謂瑯邪近今日照，此與諸城琅邪臺百里相望，波濤可接，其說實近情理，而恨辨之猶有未盡析者。按續漢郡國志：「東海國贛榆，本屬瑯邪。注引地道記，海中去岸百九十步，有秦始皇碑，長一丈八尺，廣五尺，厚八尺三寸，一行十三字，潮水至加其上三丈，去則三尺見也。」又水經淮水注：「贛榆縣北東側巨海，有秦始皇碑，在山上，去海百五十步，潮水至，加其上三丈，去則三尺見東北傾，石長一丈八尺，廣五尺，厚三尺八寸，一行十二字。」今按史記始皇本紀，二十八年，南登瑯邪，大樂之，作瑯邪臺，立石，刻頌秦德，凡九百九十七字。其辭有曰：「乃撫東土，至於瑯邪」云云。是始皇登瑯邪，乃今東海之贛榆，而水經濰水注復云：「瑯邪山名，越王句踐之故國，秦始皇滅齊以爲郡，城卽秦皇所築。遂登瑯邪，大樂之。山作層臺於其上，謂之瑯邪臺，臺在城東南十里，孤立特顯，出於衆山，上下周二十餘里，傍濱巨海，秦始皇所作。臺基三層，層高三丈，上級平敞，方二百餘步，廣五里，刊石立碑，紀秦功德，漢武帝亦嘗登之」云。是酈氏言瑯邪秦碑，本有兩處，一在瑯邪，一在贛榆，而余疑句踐瑯邪，實應在贛榆，不在諸城。何也？按水經淮水注又云：「游水東北逕贛榆縣北，又東北逕紀鄣故城南，東北入海。舊吳之燕岱，常泛巨海，憚其濤險，更沿溯是，濱由是出。」則贛榆爲自昔海道要港，秦末之田横，東漢初呂母，避居海中，皆在此邑。越爲海國，其北徙瑯邪，以爭中原，宜當在此。自贛榆北七十五里，即達山東之日照，縣北四十里有會稽山，縣志相傳，越王嘗登此，號小會稽山。又贛榆西境八十里有羽山，尚書殛鯀羽山，越爲禹後，故鯀之故事，亦迤而在此。山東郯城縣東北七十里有羽山，即贛榆之羽山也。郭璞山海經注，謂羽山在東海祝其縣東南，亦即此山。此皆越都瑯邪，其傳說之猶有遺跡可推尋者。墨子非攻中篇：「東方有莒之國，不敬事於大，東者越人夾削其壤，西者齊人兼而有之。」莒在日照西五十里，越都瑯邪在贛榆日照間，則莒在其西，地望正符。顧氏謂春秋時瑯邪，爲今山東沂州府。考瑯邪爲臨沂國治，乃東漢時事，雖臨沂日照贛榆三邑，疆境毗連，適如鼎足之峙，然證以秦始皇瑯邪碑石，則越都瑯邪，當定在贛榆日照一帶濱海之地，爲尤愜也。

顧氏大事表又謂：「史記越滅吳，而不能正江淮以北，故楚得東侵，廣地至泗上，與魯泗東地百里，越既滅吳，與齊晉諸侯會於徐州，在今滕縣，非江蘇徐州也。天子致胙，方欲正邾魯山東諸侯之侵界，豈其棄江淮不事？且既棄之以予楚矣，如后庸使命之往來，及出兵侵魯，豈反假道於楚耶？又范蠡既雪會稽之恥，變姓名，寓於陶，陶爲今曹州府曹縣，蓋先時吳屢伐齊魯，沂曹之邊地，吳蓋略而有之。哀八年，吳嘗伐魯，入武城，武城人或有田於吳境，拘鄫人之漚菅者，曰：何故使我水滋？及吳師至，拘者遂道之以伐武城。觀此，則沂州之地，久已爲吳之錯壤，越滅吳，因有其地，則其遷都瑯琊，蓋盡吳之境，與北方諸侯爭衡，豈有反棄江淮之地，以資勁敵之楚耶？」按顧氏引史記見楚世家，越滅吳，在楚惠王十六年，徙都瑯琊，在惠王二十一年。越三年，惠王二十四年，句踐卒。楚東侵地至泗上，則在惠王四十四年，已在越朱句時，不得牽混爲說。又越世家，句踐已平吳，乃以兵北渡淮，與齊晉諸侯會於徐州，致貢於周。周元王使人賜句踐胙，命爲伯。句踐巳去，渡淮南，以淮上地與楚，歸吳所侵宋地於宋，與魯泗東方百里。當是時，越兵横行於江淮東，諸侯畢賀，號稱霸王。其事皆當在元王時。而句踐之徙瑯邪，則在貞定王元年。裴駰集解誤以楚東侵地至泗上，釋越以淮上地與楚，呂東萊大事記仍之，顧氏大事表又仍之，皆誤也。越絕書亦云：「越行伯道，沛歸於宋，浮陵以付楚，臨期開陽復之於魯，中邦侵伐，因斯衰止。」此與越世家文大體相合。浮陵地望無考，殆卽所謂淮上地。開陽者，左氏哀三年，叔孫季孫城啟陽，杜注：「瑯琊開陽縣」。大事表，今沂州府治北十五里有開陽故城。臨期亦無考，史記有臨原侯國，在山東臨朐縣東，或其地。此皆所謂泗東地也。以越絕證史記越世家，知句踐一時實有正疆界歸諸侯地事。惟所謂不能正江淮北者，張守節正義謂，江淮北謂廣陵縣徐泗等州，此說似較諦。考春秋吳與楚爭，其出兵常在今安徽境，而吳之北爭中原，則或由邗溝，或遵海道，皆不經安徽。越人乃襲吳北爭中原之故道，而無意於西向與楚角逐。故楚世家謂越滅吳而不能正江淮以北，當指吳楚角逐之舊戰場言。越世家謂越滅吳而橫行於江淮東，則指吳齊爭衡之新路線言。越人承吳北爭中原之故道，而又以海國，便於舟船，故徑北徙瑯琊，雄踞今贛榆日照一帶之海濱，西向而會諸侯於滕，北指而奪齊晉中原之霸權。今皖北豫南，凡昔吳師西向以入楚者，則棄不復問，於是楚人乃得乘間東侵，廣地以至泗上也。春秋戰國間，史文缺佚不詳，故爲約略推測其形勢焉。參讀考辨第四一。

又按今安徽滁縣亦有琅邪山，元和郡縣志，晉琅邪王伷出滁中，即此地。太平寰宇記，東晉元帝爲琅邪王，避地此山，因名。又按：史記田齊世家，田常既殺簡公，立平公，五年，齊國之政皆歸田常，割齊自安平以東至琅邪，自爲封邑，大於平公之所食。今按：句踐徙都琅邪，在齊平公十三年，時田常尚在，其勢方盛。琅邪在其封內，是必指諸城琅邪言。古史地名，往往連綿移植，一名之同，散播數處。或其時諸城日照，本已俱有琅邪之名。則滁之琅邪，安見必遲起自東晉時乎？惟句踐所徙，殆不在滁，則略可定者。

三六　晉出公以下世系年數考

史記載晉出公以下世系年數，世家年表互歧，細核多誤，頗不足信。余考晉世家索隱引紀年，文字雖略，實可依據，以訂史記之失。今具列異同，重爲寫定。如韓趙魏殺知伯，乃出公二十二年事。而史記晉世家及晉表均謂在晉哀公四年，此與紀年說迥異。蓋年表出公僅十八年，世家又止十七年，其實皆誤。考出公十七年，據世家乃知伯與三家共分范中行地。世家乃即以是年爲出公出奔之年。年表因於明年書襄子元，而晉哀之元則又誤後一年也。史記晉世家：「出公立十七年，知伯與趙魏共分范中行地以爲邑。出公怒。告齊魯，欲以伐四卿。四卿恐，遂反攻出公，出公奔齊，道死。」韓怡竹書紀年辨正謂：「出公蓋以晉之十七年奔齊，薨在周貞定王十七年，道死謂死於外，非必奔齊而遂死於路也。史記統序未見清析。」今按如韓說，出公以十七年出奔，又七年而始卒，其間晉不得久無君，則韓說非也。史記自誤以三家殺知伯事爲四卿分范中行事。又或誤以貞定王十七年爲出公之十七年，而今本僞紀年又據史記而誤。韓氏遷就僞紀年立辨，宜亦誤矣。韓氏書極少見，而疏陋無可取，姑采一條於此。

出公二十三年奔楚，乃立敬公。世家爲哀公驕。年表作哀公忌，後又有懿公驕。梁氏志疑云：「考索隱正義引世本，昭公生桓子雍，雍生忌，忌生懿公驕，與晉趙兩世家稱驕爲昭公曾孫合。則忌是哀公，驕是懿公。忌與驕乃父子。晉世家誤以懿爲哀耳。紀年謂立昭公孫敬公，蓋懿又諡敬，特誤以曾孫爲孫也。疑忌既早死，未嘗爲君。哀公之稱，當是其子追諡。繼出公者，必懿公驕，非哀公忌矣。」雷氏義證則謂：「晉世家明云立昭公曾孫驕爲哀公，趙世家又謂驕是懿公，則哀懿自是一人之謚。猶周之貞定王，左傳正義世本或稱貞王，或稱定王也。竹書又謂哀懿公即敬公耳。謂敬公是昭公之孫，孫即曾孫，猶魯頌謂僖公爲周公之孫。蓋孫是後裔之大名，非必皆子之子也。」今按：哀懿古音近，雷氏謂哀懿乃一人之謚，是也。又按年表正義謂：「出公道死，知伯乃立昭公曾孫驕爲晉君，是爲哀公。哀公大父雍，晉昭公少子，號戴子。生忌，忌善知伯，早死。故知伯欲并晉，未敢，乃立忌子驕爲君。」是忌與驕爲父子，忌早死未得立，梁氏之説亦信。惟謂忌追謚哀侯者則誤。今定晉哀懿公名驕，而竹書又稱爲敬公者，如韓威侯即宣惠王，亦一君三謚也。

附出公以下史記世本紀年三家異同

史記			世本	紀年
晉世家	趙世家	六國表		
（昭公）	（昭公）		（昭公）	（昭公）
（雍 戴子）	（——）		（雝 桓子）	
（忌）	（——）	哀公 忌	（忌）	
哀公 驕	懿公 驕 （昭公曾孫）	懿公 驕	懿公 驕	敬公 （昭公孫）

敬公六年，當魏文侯元年。詳考辨第三八。敬公十八年卒，當世家哀公之年數。子幽公立。幽公十八年卒，紀年史記全同。子烈公立。烈公之立也，晉亂，幽公見殺。故烈公卽以幽公見殺之年稱元年，不踰年而改元。晉烈公三年，當越朱勾三十五年。詳考辨第四十九。烈公十一年，當齊宣公五十年。詳考辨第五十六。烈公二十七年卒，紀年史記全同。子桓公立，史記作孝公。桓公十九年，當魏武侯二十六年。詳本篇下節。明年，桓公二十年，趙成侯韓共侯遷桓公於屯留。以後無晉事。年表孝公十五年，世家十七年，其下有靜公，與紀年不同。今若依索隱所引紀年年數推之，則前後排比悉符。惟索隱於敬公卽哀懿公。幽公烈公三君，均不注紀年年數。蓋本與史記所列相同，故無事再著也。今本僞紀年作敬公二十二年，幽公十年，皆誤不足據。考論紀年者，於此諸君，往往從僞紀年之說，不悟索隱注書詳略之例，故尤糾紛不可理耳。參讀考辨第五六。

又按索隱謂：「桓公二十年，趙成侯韓共侯遷桓公於屯留，以後無晉事。」蓋其時晉已不國也。然余考史記，證以紀年，知晉遷屯留，猶未全滅，晉事尚有可得而言者。趙世家：「成侯十六年，與韓魏分晉，封晉君以端氏。」考是年爲梁惠王十二年。水經濁漳水注引紀年：「梁惠成王十二年，鄭取屯留尚子涅。」前韓趙遷桓公於屯留，至此十一年，而韓取屯留，可證晉君遷端氏之說不誣也。又趙世家：「肅侯元年，奪晉君端氏，徙處屯留。」前韓趙分晉，取屯留，封晉君端氏。至此又十年，晉世家索隱引趙世家：「列侯十六年，即成侯。與韓分晉，封晉君端氏，其後十年，肅侯徙晉於屯留。」即謂此也。是晉自屯留徙端氏，又自端氏徙屯留矣。

又考韓世家：「昭侯十年，韓姬弒其君悼公。」是年正趙肅侯元年，疑悼公乃晉君。前十年韓取屯留而遷端氏，今趙取端氏而復遷屯留，韓大夫遂弒之也。然則晉自桓公後尚有悼公，或即晉世家所謂靜公矣。前人於韓姬弒悼公一語，不得其解。梁氏志疑頗主其爲晉君，而未能據趙世家爲說。又誤信僞紀年，故所論多舛。陳逢衡紀年集證亦疑悼公即靜公，然亦未能參合趙韓兩世家爲之說明。故重爲論定之如此。

又水經沁水注引紀年：「惠成王十九年，晉取玄武濩澤。」其事尚在韓姬弒晉君前三年，固知晉君至是尚在。雷氏義證亦定其時晉君即靜公。謂：「泫氏在今山西高平縣東十里，濩澤在今陽城縣西三十里。二邑已屬韓趙，晉襲取之。靜公亦可謂不量力，所以卒廢絕。」其言信矣。余考其時正梁惠王拔趙邯鄲後一年，梁趙之兵結而不解，故晉君亦乘時奮起。明年，梁即歸趙邯鄲，與盟漳水上，自是晉君復被遷逐，而乃見弒。疑玄武濩澤其時或屬趙，因韓與梁合，晉君或不敢加兵也。又案陳逢衡集證，謂御覽百六三引紀年，惠王九年晉取泫氏。太平寰宇記四四引同。泫以脫去水旁而爲元，武與氏形似而誤。事在惠十九年，脫去十字，故云九年。凡此皆桓公遷屯留後晉事之可得而言者。

又按顧觀光七國地理考：「屯留長子，漢志並屬上黨。三卿分晉，惟此二邑尚爲晉有。梁惠王元年，韓趙遷晉桓公於屯留，而長子歸趙。故趙成侯五年，韓與我長子。蓋趙成侯五，正當梁惠王元也。至惠王十二年，韓取屯留長子，於是晉無一邑，而桓公寄居於韓。其子悼公，爲韓昭侯所弒，故韓世家云：昭侯十年，韓姬弒其君悼公也。史與紀年大致相合。惟史表以桓公爲孝公，悼公爲靜公，而孝公卒於安王二十四，靜公卒於安王二十六，則韓趙兩世家之文，皆不可通矣。」又曰：「水經引紀年，梁惠成王元年，韓共侯趙成侯遷晉桓公於屯留，較趙世家肅侯元年先二十一年。據史表，三卿分晉在周安王二十六年，遷晉屯留不宜遲至二十餘年後。疑竹書得其實。」今按顧氏論趙韓分晉事極析。以孝公爲桓公，靜公爲悼公，與余說皆合。惟不信趙肅侯元年遷晉事，則以水經沁水注引紀年一條說之，可以知其誤矣。

余既考晉桓公悼公事，猶憾不得其年數。因讀晉世家：「孝公十七年卒，子靜公俱酒立，是歲齊威王元年也。」據六國表，靜公俱酒元在齊威王二年。立後之明年稱元年，故與世家差一年。惟史記齊威王元，誤前二十二年，其時尚爲晉桓公之十二十三年，知靜公俱酒之卒應尚在後。今姑依紀年，齊威王元在梁惠成王之十四年。若是年晉靜公立，則桓公即孝公。實得三十二年，而靜公即悼公。有九年。晉取泫武濩澤，乃悼公六年事。或史公所記，「齊威王元年晉靜公俱酒立」一語並不誤，而特誤其年世。惟無他證，姑存以備一說也。

附桓公以下晉事

桓公十四（史表作孝公）	趙敬侯十一 韓哀侯元 魏武侯二十一 韓滅鄭（索隱引紀年）	按是年實韓滅鄭之歲，而史公誤以爲三家滅晉，見史表及魏趙韓三世家。
桓公十五	趙敬侯十二 韓哀侯二 魏武侯二十二 晉桓公邑哀侯於鄭（索隱引紀年）	

晉	列國	按語
桓公二十	趙成侯五 韓共侯五 梁惠王元 趙韓遷桓公於屯留（索隱引紀年） 韓與趙以長子（趙世家）	
桓公三十一 悼公？（史作静公）	趙成侯十六 韓昭侯十四 梁惠王十二 趙與韓分晉，遷晉君端氏（趙世家） 韓取屯留長子涅（水經注引紀年）	按是年晉爲桓公抑悼公，無考。若仍是桓公，則爲桓公之三十一年也。
桓公？ 悼公	趙成侯二十三 韓昭侯十一 梁惠王十九 晉取玄武濩澤（水經注引紀年）	按是年晉君何人尚無考，或是悼公，而又疑其是悼公之六年，語詳前。

悼公	趙肅侯元 韓昭侯十四 梁惠王二十二 趙奪晉君端氏，徙處屯留（趙世家） 韓姬弒其君悼公（韓世家）	按悼公爲晉最後一君，被弒於韓，惟未詳其立年，或此乃悼公九年也。晉至是始滅。

又按崔述考古續說趙韓魏之侯一條，亦論三家分晉事云：「按晉世家靜公二年，魏武侯韓哀侯趙敬侯滅晉後而三分其地。趙世家敬侯十一年，魏韓趙共滅晉，分其地，卽晉靜公二年事也。而成侯十六年，又云與韓魏分晉。夫既於敬侯之世滅晉而分之，成侯之世何又分焉？此文必有一誤。按如余上所考定，則崔氏此論不足信。竹書紀年云：趙成侯韓共侯遷晉桓公於屯留，考其時乃成侯五年，魏武侯卒之歲。按晉世家索隱引紀年：「魏武侯以桓公十九年卒，韓哀侯趙敬侯並以桓公十五年卒，桓公二十年，趙成侯韓共侯遷桓公於屯留，以後無晉事。」崔據此爲說。惟時爲魏武侯卒後一歲，崔云武侯卒歲，蓋亦誤。是時魏罃方與公子緩爭國，故韓趙得乘間而分晉耳。蓋晉六卿中韓趙爲睦，春秋傳載之詳矣。而魏文侯尊賢重義，號爲令主。其子武侯，亦尚能守家法。故秦嬴之亂，魏文侯以兵誅之，而立烈公止。攻周之役，分周之舉，皆韓趙連兵，而魏獨不與。竊疑晉室既衰，魏獨忠於公室。是以文侯武侯既卒，韓趙無所顧忌，然後敢遷晉君而分周室。揆其時勢，似紀年所載爲近情理。然則晉當爲桓

公，不當爲靜公。分晉者當爲趙成侯韓共侯，不當有魏武侯。其事當在周烈王之六年，（卽趙成侯五年。）不當在周安王之二十六年（卽趙敬侯十一年。）矣。史記旁採他書，傳聞不一，是以前後往往自相矛盾，似未可以史記一篇之文，遂據爲信史也。」今按：崔氏據紀年糾史記，其說尚頗疏。然謂分晉無魏，則自有見。至謂晉室既衰，魏獨忠於公室，而不悟魏文稱侯，亦獨視韓趙爲先。大概其時三晉惟魏最強，故既自稱侯，猶戴晉君以抑韓趙。並亦常三晉相聯以應外敵，而魏爲三晉之領袖。武侯卒，惠成王幼弱，韓趙遂遷晉君，又謀兩分魏政，而後三晉之勢遂不可復合矣。（晉四卿，知氏外趙最強。知氏圍趙晉陽三年，而韓魏乘其敝，故知氏亡而趙亦病。魏文侯又賢主，故得獨強，先稱侯。）

又陳逢衡竹書紀年集證論晉幽公見弒事云：「幽公見弒，必有使之者。雖三強並立，不能定爲誰氏。然觀史記晉世家幽公淫婦人，夜竊出邑中，盜殺幽公，魏文侯以兵誅晉亂，立幽公子止，是爲烈公。則年表書魏誅晉幽公，蓋實錄，非脫字也。其曰淫婦人，出邑中者，欲加之罪也。盜者誰，晉大夫秦嬴也。使之者誰，魏文侯也。但以兵誅晉亂，未聞殺秦嬴以正國法，此與趙盾之曲護趙穿，如合一轍。其能免弒逆之惡哉？蓋誅亂者卽首亂之人也。索隱引紀年作夫人，非是。」今按：秦嬴自是夫人之名。幽公淫婦人，其見弒在高寢之上，則秦嬴爲夫人益信。國君見弒而國亂，魏文侯誅定其亂，而立烈公。秦嬴乃君夫人，秦乃大國，魏文何得誅及秦嬴哉？年表或有脱誤。然紀年魏史，其記魏事不能無所飾。或史記所載，誠如陳氏之揣，本與紀年不同。而陳氏强引秦嬴爲盗名而疑索隱，則失之也。

三七　魏文侯爲魏桓子之子非孫其元年爲周貞定王二十三年非周威烈王二年辨

史記：「魏桓子與韓康子趙襄子共伐滅智伯，分其地。桓子之孫曰文侯都。」索隱：「系本桓子生文侯斯。」集解：「徐廣曰：世本云：斯也。」是史記誤斯爲都，誤子爲孫也。考年表，魏桓子與韓康子趙襄子滅知伯，在周定王十六年，下去魏文侯元二十九年，其間不著桓子之子名字，及始立年歲。蓋桓子之子卽文侯斯，史記誤移文侯之年於後，疑其相差過遠，因謂文侯乃桓子孫，然竟亦不能確指其子爲何名也。余考文侯元年，實在周定王二十三年，去桓子滅知伯祇七年，明其爲父子矣。高誘注中山策，亦誤以文侯爲桓子孫。又韓詩外傳七「魏文侯之時，子質仕而獲罪，去而北遊，謂簡主曰」云云，文侯立在智伯滅後七年，趙滅知伯係襄子，此稱簡子必誤。簡子死在魯哀二十年前，下距魏文侯立近三十年。又語與陽虎同，李氏尚史亦辨之。知文侯元在周定王二十三年者，年表文侯三十八年，武侯十六年，而索隱引紀年，文侯乃五十年，武侯二十六年，兩世相差，凡二十二年。依紀年則文侯元在貞定王二十三年也。史記於周貞定王以下，記載闊略，世次多舛。顧亭林所謂：「自左傳之終，至周顯王之三十五年，前後凡一百三十三年之間，史文闕軼，考古者爲之茫昧也。」見日知錄卷十三。卽如年表，於威烈王二年，魏文侯韓武子趙桓子同年稱元，考之上一年，惟趙書襄子卒，而魏韓兩家均闕。蓋年表於此段最疎，三晉尤甚。惟趙表較有依據，而韓最闕佚。韓魏表首書獻子宣子，其時獻子死已三十三年，宣子死且三十八年，其疎謬至此。余本索隱所引紀年，合之當時情事，參伍鈎稽，而知紀年之可信，史記之多疎。爲之逐條糾正，凡得數十事，雖史實不詳，而年世差明矣。

又按：晉世家索隱引紀年：「出公二十二年，趙韓魏共殺智伯，盡併其地。二十三年，出公奔楚，乃立昭公之孫，是爲敬公。魏文侯初立，在敬公十八年。」據索隱他處引紀年推算，知文侯初立，去智伯見殺七年，是敬公之六年也。六字與十八字相似，又涉下正文「十八年幽公淫婦人」句而誤。索隱原本當係六字，否則不應自爲乖錯十二年之多。今本僞紀年誤據索隱誤字，謂魏文立在晉敬十八年，故以考王七年爲魏文元年，較史表移前十年，而文侯卒年，仍據史表，在安王十五年，則前後凡得四十八年。然又據索隱，謂魏文在位五十年，疎謬之迹，昭昭甚著。後人猶多信者，則以考年論世之學，久不爲學人所重也。

三八　子夏居西河教授為魏文侯師考

史記孔子弟子列傳：「孔子既沒，子夏居西河教授，爲魏文侯師。」洪邁容齋續筆云：「按史記，子夏少孔子四十四歲。孔子卒時，子夏年二十八矣。魏始爲侯，去孔子卒時七十五年。文侯爲大夫二十二年而爲侯，又六年而卒。姑以始侯之歲計之，則子夏已百三歲矣。方爲諸侯師，豈其然乎？」今按：魏文初立，實周定王二十三年，去孔子之卒三十三年。子夏年六十三也。孔子卒，子夏年二十九。爲文侯師，自是後人追述之語，何必定計魏文始侯以往哉？年表載文侯受經子夏，過段干木之閭常式，在十八年，此亦有故。世家先一年十七年。伐中山，使子擊守之。子擊逢文侯之師田子方於朝歌，引車避，下謁，田子方不爲禮，云云。韓詩外傳亦載其事而稍異。蓋爲先秦舊說，二子各採所聞也。史公於前一年書田子方事，因於下一年載子夏段干木，亦連類而及，非謂必於是年文侯始受經式閭也。志疑云：「受經式閭之事，世家書於二十五年，年表在十八年，不同。蓋元不可以年定。」其說是矣。顧謂世家書於二十五年，則亦誤讀史記，志疑又謂世家載卜相事於二十五年，亦同誤。不可不辨。史記於魏文侯元年以下，分年紀事，至二十五年，子擊生子罃句而止，以下文侯受子夏經藝云云一長節，乃總敍文侯早年尊賢禮士得譽諸侯之事，非謂其事統在二十五年也。此下自二十六年虢山崩，壅河，以下至三十八年文侯卒，又爲逐年紀事之文。此本甚爲明白，而不憚詳辨者，緣昔人讀書，於此等處每易誤。如孔子世家敍適周見老子，本不定在何年，而酈道元注水經，指爲孔子十七年適周，實由誤讀史文，見其前爲孔子年十七，魯大夫孟釐子病且死云云也。而史公此文，亦由誤讀左傳，乃以爲孔子年十七而孟釐子卒焉。余意文侯賢者，其初卽位，子夏年已六十二。方孔子之未死，子夏固已顯名，至是則巍然大師矣。文侯師子夏，雖不可以年定，而其在早歲可知。余又考魏文二十二年始稱侯，子夏若尚存，年八十四。壽考及此，固可有之。

三九　子夏居西河在東方河濟之間不在西土龍門汾州辨

仲尼弟子列傳：「孔子既沒，子夏居西河教授。」索隱：「西河在河東郡之西界，蓋近龍門。劉氏云：今同州河西縣有子夏石室學堂是也。」正義則云：『西河郡今汾州也，子夏所教處。括地志云：謁泉山一名隱泉山，在汾州隰城縣北四十里。注水經云：其山壁立，崖半有一石室，去地五十丈，頂上平地十許頃。隨國集記云：此爲子夏石室，退老西河居此。有卜商神祠，今見在。」困學紀聞郡國利病書方輿紀要孫星衍校水經注均從正義說。陳玉澍卜子年譜辨之云：「子夏西河，戰國時屬魏，不屬趙。謁泉山今屬文水縣，趙大陵地也。史記趙世家，肅侯十六年，武靈王十六年，皆游大陵。正義曰：括地志云：大陵城在并州文水縣北十三里。文獻通考文水有大陵城。一統志大陵故城在太原府文水縣東北二十五里。文水縣既不屬魏，則文水西南二十五里之謁泉山，不屬魏國何疑。謁泉山北屬文水，南屬汾州府汾陽縣。汾陽亦趙地。文獻通考輿地廣記寰宇記皆謂汾州春秋時晉地，六國時屬趙，是也。謁泉山既與魏無涉，卽與子夏之西河無涉。故困學紀聞閻注沈欽韓左傳地名補注皆辨之。」至索隱之說，蓋本鄭注檀弓，謂：「西河自龍門至華陰之地。」又水經河水注：「細水東流注於崌谷側溪，山南有石室，東廂石上猶傳杵臼之蹟，似是栖遊隱學之所。昔子夏教授西河，疑卽此也。而無以辨之。」又云：「河水又南逕子夏石室，東南北有二石室，臨側河崖，卽子夏廟堂也。河水又南逕汾陰縣西，又南逕郃陽城東。」故禹貢錐指謂：「子夏石室在今郃陽縣界。郃陽縣北爲韓城縣，寰宇記謂子夏石室在韓城者，卽水經注所言崌谷之石室也。」然孔子弟子，不出魯衞齊宋之間。孔子死，而子貢居齊衞，子游子張曾子在魯，何以子夏獨僻居郃陽韓城，黃河之西，龍門之附近？其地在戰國初尚無文教可言，謂子夏教授其地，事殊可疑。則韓城郃陽之石室，猶之謁泉之石室，謂子夏居之者，胥出後人附會，不足信也。

考史記孔子世家：「衛靈公問孔子，蒲可伐乎。對曰：可。其男子有死之志，婦人有保西河之志。吾所伐者，不過四五人。」索隱曰：「此西河在衛地，非魏之西河也。」集解引王肅曰：「公叔氏欲以蒲適他國，而男子欲死之，不樂適他。婦人恐懼，欲保西河，無戰意。本與公叔同畔者，不過四五人。」據是言之，西河即指匡蒲迤北之大河而言。渡河乃走晉境，婦人恐懼，無戰守意，欲逃西河，就強援天險自保也。竹書紀年：「王放季子武觀於西河，武觀以西河叛，彭伯壽帥師征西河。武觀來歸。」戰國策：「齊伐魏，取觀津」，高注：「故觀邑臨河津，故曰觀津。」漢書地理志東郡有畔觀縣，應劭曰：「夏有觀扈，世祖更名衛國。」是觀在東郡而據西河以叛，西河亦應近東郡矣。今考春秋衛蒲邑，在今河北長垣縣境。東郡之觀，則今山東觀城縣境。南北相距不二百里。大河故瀆，流經其西。其在當時，殆必有西河之稱。管子小匡：西征，攘白狄之地，遂至於西河，方舟投柎，乘浮濟河，至於石沈，縣車束馬，踰大行，與卑耳之貉，拘秦夏，西服流沙西虞，而秦戎始從，語又見齊語，管子注：西河謂龍門之西河，此誤。韋昭曰：西河白狄之西，亦未是。蓋此西河亦指在大行以東者言也。隋圖經：「安陽有西河，即卜子夏田子方段干木所游之地，以趙魏多儒，在齊魯鄰之西，故呼西河。」太平寰宇記亦謂：「相州安陽有西河。」胡渭禹貢錐指引「宋李垂上導河形勢書，請自汲郡，東推禹故道，出大伾上陽三山之間，復西河故瀆，即酈元所謂宿胥故瀆也。濬縣舊志，故瀆在縣西十里，亦曰西河。」孟子：「王豹處於淇，而河西善謳。」河西即西河也。趙岐注：「北流河之西」，以別於龍門西河，在南流河之西也。太平御覽八十三引竹書紀年：「河亶甲整即位，自囂遷於相」，而呂氏音初篇云：「殷整甲徙宅西河。」則子夏居西河，不在西土，而在東方相州之安陽，可見矣。酈氏水經注不能辨，乃以龍門說之。趙東潛獨舉寰宇記隋圖經駁斥，可爲卓識也。說苑田子方渡西河，造翟璜，造疑遇字形誤。韓非外儲說右下述此事云：田子方從齊之魏，望翟璜云云，此西河在齊魏間一證也。文選任彥昇爲范始興作求立太宰碑表注，引七略「子夏西河，燕趙之間」，下語似未的，然爲指東方之西河則一。

又按藝文類聚六十四，文選左太沖招隱詩注，劉孝標辨命論並引尚書大傳：「子夏對夫子云，退而窮居河濟之間。」今僞孔叢子論書二亦有之。此又子夏退老在東方不在西土之證。檀弓：「子夏喪其子而喪其明，曾子弔之，曰：吾與汝事夫子於洙泗之間，退而老於西河之上，使西河之民疑汝於夫子，爾罪一也。」謂退老於西河之上，即猶謂窮居河濟之間也。謂西河之民疑汝於夫子，亦決非龍門華陰之西河矣。龍門華陰僻在西土，文教之所不及，儒澤之所未被，無所謂疑汝於夫子。且若子夏辟居郃陽韓城，老而喪子，曾子亦復老矣，豈渠不遠千里而赴弔？若謂退老龍門，又歸於魯而喪子，陳玉澍說如此。則又不得謂之退老。且子夏溫人也，其退老，何不於故鄉文物之邦，而遠至郃陽韓城，荒陬水溢，又復築石室而居，此豈退老之所堪？參讀考辨第二九。凡此皆甚不通之說。故知謂子夏退老在龍門附近，河濱石窟之間者，皆後世之妄說也。

史記魏世家：「李克謂翟璜曰：魏成子東得卜子夏田子方段干木。」夫稱東得，則又子夏退居，不在西土韓城郃陽之一證矣。且魏文居鄴，魏武居魏縣，亦與子夏居河濟之間者爲近，而與西土龍門之河爲遠。聖門志：「子夏墓在山東兗州府曹州西四十里卜堌都」，則子夏之終，亦在東方也。據此諸端言之，子夏居西河教授，決不在龍門華陰之間，而實在東土。當在今長垣之北，觀城之南，曹州以西，一帶之河濱。王制云：「自東河至於西河，千里而近。」蓋王制之所謂東河，殆卽檀弓所稱子夏退居教授之西河。隋圖經之說，決非偶然。陳玉澍乃以此說古今引者絕少，遂謂殆無足辨，可謂不知別擇矣。

四〇　魏文侯禮賢考

魏文以大夫僭國，禮賢下士，以收人望，邀譽於諸侯，遊士依以發迹，實開戰國養士之風。於先秦學術興衰，關係綦重。韓非外儲左上：「王登爲中牟令，上言於襄主曰：中牟有士曰中章胥已，襄主使爲中大夫，中牟之人，棄田耘，賣宅圃，而隨文學者，邑之半。」其事又見呂覽。則襄主下士，猶在魏文之先。惜載籍闊略，無可詳徵。史記趙世家又載趙烈侯時，相國公仲連進賢士牛畜荀欣徐越三人，則在魏文晚世。茲略敍梗概，以徵世變。

子夏

田子方

名無擇。見莊子田子方篇。學於子貢。見呂氏春秋當染篇。魏文侯友之。見呂氏舉難察賢，又說苑尊賢篇。史記魏世家則謂「文侯師田子方。」要之子方在文侯朝，甚見敬禮。其名輩在子夏段干木間也。嘗使齊。說苑奉使篇，有舍人毋擇，爲魏文侯獻鵠於齊侯，疑卽子方。魏文滅中山，子方尚在。世家云：「太子擊遇田子方，引車避，下謁。子方不爲禮。子擊因問曰：富貴者驕人乎，且貧賤者驕人乎。子方曰：亦貧賤者驕人耳。諸侯驕人則失其國，大夫驕人則失其家。貧賤者行不合，言不用，則去之楚越，若脫屣然，奈何其同之哉。」其事信否無可必。然戰國傳說，凡言士階級之高自位置，以氣節跨君卿貴族之上，大概託始於田子方子思之倫。則亦約略可以推見當時士燄方張，學者得勢，已非往昔孔墨初興之比矣。又史載子擊謁田子方在擊守中山後。擊守中山年始十七，（詳考辨第四六）則魏文之四十一年也。

其年世輩行，當與孔伋曾申相隨。若以魏文滅中山，子方年七十計，則生當周元王之元，與墨子略同時。（詳考辨第五四）子貢時年四十六。若子貢七十而卒，子方年二十六，固得師事矣。又按莊子田子方篇，載子方自稱師東郭順子。荀子法行篇有南郭惠子問於子貢曰，「夫子之門，何其雜也。」尚書大傳略說作東郭子思，說雜言篇作東郭子惠。又墨子非儒有子貢之齊，因南郭惠子見田常。馬叙倫莊子義證謂「檢風俗通姓氏篇東郭氏東郭牙，齊大夫。左哀十一年傳，齊有東郭書。則齊有東郭氏，尚書大傳說苑作東郭者是。惠順脂眞對轉，詩終溫且惠傳，惠於宗公箋，晉語若惠於父母注，皆訓惠爲順。是東郭惠子卽東郭順子。以呂氏田子方學於子貢推之，東郭順子蓋子貢弟子，田子方爲子貢再傳矣。」今按馬說亦可通。然據荀墨二書，未見東郭順子固爲子貢之弟子也。且齊亦自有東郭南郭二氏，田子方師東郭子順，亦無害其師子貢。則仍依舊說爲得。

段干木

姓段干。焦氏孟子正義，謂：「史記老子列傳云：老子之子名宗，爲魏將，封於段干。（參讀考辨第七二）集解曰：此云封於段干，段干應於魏邑名也。而魏世家有段干木段干子，田完世家有段干朋，疑此三人是姓段干也。本蓋因邑爲姓。風俗通氏姓注云：姓段名干木，恐或失之。」晉國之大駔也。學於子夏。見呂氏尊賢篇。魏文侯欲見段干木，段干木踰垣而避之。見孟子。魏文侯過段干木之閭而式。見呂氏期賢篇。秦興兵欲攻魏，或曰：魏君賢人是禮，未可圖也。見魏世家。期賢篇亦曰：「秦欲攻魏，司馬唐諫曰：段干木賢，魏禮之，不可加兵。」余謂文侯所禮，不止一木。不應僅言段干賢。（又按秦魏交兵，據秦本紀最先在秦靈公六年，其時已當魏文侯二十八年。其前秦魏勢力尚未相觸。司馬唐之諫，應猶在後。或者子夏之倫已先卒歟。）白圭曰：「文侯師子夏，友田子方，敬段干木。」見呂氏舉難篇。蓋段干年序當較子方稍後，與李克同事子夏，而或者視克爲長也。高士傳：「段干木少貧賤，心志不遂，乃師事卜子夏與田子方。李克翟璜吳起等居於魏，皆爲將，惟段干木守道不仕。」此記干木世次最得。

魏成子

文侯弟，名成。集解「徐廣曰：說苑作季成子。人表誤分公季成魏成子爲二人。」食祿千鍾，什九在外。東得卜子夏田子方段干木，文侯以爲相。見魏世家。魏文卜相事，又見於韓詩外傳說苑，語均略同。惟外傳謂「魏成子食祿日千鍾。」則妄說也。史記載孔子在魯衞，俸粟六萬，索隱云：「六萬石，似太多，當是六萬斗。」今魏成子祿千鍾，至齊宣王時，陳戴祿萬鍾，皆以年計。遞後則仕祿遞高。此雖未必盡信，亦足覘世變之一斑矣。又孔子以遊仕至衞，故衞人致俸粟。今陳成子親文侯弟，亦稱食祿千鍾，疑是無封土。蓋晉已無公族，行縣制，三家繼之，乃不復有分封也。封建之制，至此大壞，是亦一證。又魏文一朝大臣，惟成子乃親族，此亦貴族世卿制至此已不行之一證也。新序雜事四，有「公季成論田子方，文侯曰：非成之所議也。公季成自退於郊三日，請罪。」與世家文不合，恐無據。

又按韓非五蠹：「十仞之城，樓季弗能踰，千仞之山，跛牂易牧。」李斯傳亦言之。集解「許愼曰：樓季魏文侯之弟。王孫子曰：樓季之兄也。」今按：樓季之兄也句疑有脫誤。枚乘七發：秦缺樓季爲之右。李善注：季，魏文侯弟；右，車右也。韓非難一魏兩用樓翟而亡西河，舊注樓緩翟璜也。史記始皇本紀索隱亦以樓緩爲魏文侯弟，似誤。梁氏人表考據許說以樓季魏成子爲一人，則是也。

翟璜　名觸。見說苑。吳起樂羊西門豹李克屈侯鮒韓詩外傳作趙蒼。皆其所進。見魏世家。又論任座之忠。見呂氏自知篇。新序雜事第一，作翟黃對而任座論其忠，未知孰是。又按呂氏下賢篇云：「魏文侯見段干木，立倦而不敢息。及見翟璜，踞於堂而與之言。翟璜不悅。文侯曰：段干木官之則不肯，祿之則不受。今女欲官則相位，欲祿則上卿，既受吾實，又責吾禮。無乃難乎。」文侯明君，璜亦賢者，豈有如此語？特後人襲貧賤驕人之意而虛造此說耳。又韓非子內儲說下「翟璜善於韓，乃召韓兵令之攻魏，因請爲魏王構之，以自重。」此乃以後縱橫之士所爲，魏文明主，翟璜賢臣，又在早世，風氣尚淳，烏得有此？亦妄說也。（沈欽韓漢書疏證，對此兩條均有辨。）又淮南道應訓：「惠子爲惠王爲國法，以示翟煎。」御覽六百二十四引作翟璜。余考惠施至魏，在惠王二十七八年後，翟璜不能至是猶存，御覽誤也。

翟角　主謀伐中山，亦翟璜所薦。韓非外儲說左下「田子方從齊之魏，望翟黃乘軒騎駕出，方以爲文侯也，移車異路而避之，則徒翟黃也。方問曰：子奚乘是車也？曰：君謀欲伐中山，臣薦翟角而謀得。果且伐之，臣薦樂羊而中山拔。得中山，憂欲治之，臣薦李克而中山治。是以君賜此車。」又爲將，敗齊於龍澤，入長城。水經瓠子水注「晉烈公十一年，田布圍廩邱，翟角趙孔屑韓師救廩邱，及田布戰于龍澤，田師敗逋。」又水經汶水注「晉烈公十二年，王命韓景子趙烈子翟員伐齊，入長城。」翟員蓋卽翟角字誤。時當魏文侯四十一，四十二兩年。蓋角之爲將，當李克已老，樂羊不用之後。雷氏義證誤以翟角爲地名，謂是廩邱之近邑，其說大謬。其人與任座同爲世家卜相篇所未及。

吳起　衛人，或曰衛左氏中人也。見韓非外儲說右上。先仕魯。詳考辨第五十。聞魏文侯賢，遂來仕魏，爲西河守，見呂氏觀表。令民債表立信。見呂氏愼小，韓非內儲說上謂徙車轅赤菽，與商鞅徙木事略類，而吳起事在前。今不知孰實孰虛，或兩實，或兼虛，而今人則徒知商君徙木事矣。漢藝文志有吳起四十篇。

李克

子夏弟子，見漢藝文志班固注。釋文云：「子夏傳詩於曾申，申傳魏人李克」，傳詩事未必信。李克與子夏同時，以班氏說爲是。爲中山守。見魏世家。水經注引李克書：「魏文侯時，克爲中山相。」中山爲魏別封，而克爲之相，相卽守也。此卽漢制王國有相之先例。漢志有李克七篇，在儒家。又有李悝爲魏文侯作盡地力之教，見漢書食貨志。蓋卽李克也。史記貨殖列傳，平準書皆云：「李克務盡地力」，而孟荀列傳及漢書食貨志作李悝。索隱志疑辨史之誤，崔適史記探源則謂：「悝克一聲之轉，古書通用，非誤也。」余按：如顏讎由之爲顏濁鄒，申棖之爲申黨，古多有其例。漢志有李子三十二篇，而別出李克七篇者，如法家有商君二十九篇，而兵家復有公孫鞅二十七篇之類。分部別出，一篇中亦屢見其例，兵家中又有李子十篇。沈欽韓曰：「疑李悝。」未足卽爲二人之證。或至班氏始誤分爲二人也。人表李悝在三等，李克在四等，此如公季成魏成子亦爲二人。司馬遷已不能辨老聃太史儋老萊子，宜班固不能知李悝李克矣。且魏文時賢臣，已盡見於卜相一文。苟別有李悝，何獨不見稱引？御覽七四五引韓子：「李悝爲魏文侯北地之守，欲民之善射，乃令民有狐疑，射的中者勝，不中者不勝，民皆習射，與秦戰，大敗之。」年表：「秦簡公二年，與晉戰，敗鄭下。」林春溥戰國編年以悝此事系之。敎射勝秦，因傳兵書，是亦悝克一人之證也。漢志李子三十二篇，班注：「名悝，相文侯，富國強兵。」班氏於李克亦云：「相魏文侯」，淮南泰族訓：「田子方段干木輕爵祿而重其身，不以欲傷生，不以利累形，李克竭股肱之力，領理百官，輯穆萬民，使其君生無廢事，死無遺愛，此異行而歸於善。」是亦謂克曾相魏。淮南道應訓：「魏武侯問於李克」，高注：「李克，武侯之相」，則克殆繼相兩君者耶？晉書刑法志：「律文起自李悝，撰次諸國法，著法經。以爲王者之政，莫急於盜賊，故其律始於盜賊。盜賊須劾捕，故著網經一篇。其輕狡，越城，博戲，假借，不廉，淫侈踰制，以爲雜律一篇。又以其律具其加減，是故所著六篇而已。商君受之以相秦。」其說本於桓譚。桓氏當西漢晚世，博學與揚子雲劉子駿並驅，必有所見。惜史公未載，遂不爲後人注意也。

又按韓詩外傳二，晉文侯使李離爲大理，過聽殺人，自拘請死。文侯止之，李離不聽，卒服劍而死。竊疑此晉文侯乃魏文侯，李離卽李悝也。其果服劍而死，不及相魏武與否，則莫可參稽耳。要之李克爲法家祖，此亦一旁證也。又按商君生，已值李克晚世，或先卒，商君不及見，蓋聞聲私淑。

西門豹

爲鄴令，（見魏世家及魏策。）引漳水以溉鄴。（見史記河渠書。志疑云：「引漳溉鄴，漢書溝洫志據呂氏春秋樂成篇，以爲史起，有史起譏豹不知漳水溉鄴語，續滑稽傳謂豹引河水溉鄴。然考後漢書安帝紀，初元二年，修理西門豹所分漳水爲支渠以溉民田。水經濁漳水注亦云，豹引漳以溉鄴，其後至魏襄王，以史起爲鄴令，又堰漳水以溉鄴田。呂氏恐不足據。左氏鄴都賦所謂西門溉其前，史起溉其後也。」今考御覽六二八引淮南，西門豹治鄴，亦翟璜所任。又八四二引呂氏春秋，吳起爲鄴令，民歌之曰：「終古斥鹵生稻粱」，今呂氏樂成篇，漢書溝洫志，皆云歌史起，御覽誤。）鑿十二渠。（見史記滑稽傳褚少孫補。余意李悝盡地力，西門豹興水利，同爲東方田制一大興革。井田隨封建爲存廢，理亦然也。周官以井田與溝洫並說，似亦誤。（參讀考辨第七三））韓非難言篇稱其「不鬬而死人手」，則豹乃不得其死者。

樂羊

爲將伐中山。見魏世家魏策，及呂氏樂成篇。又按鄒陽上書云：「白圭戰亡六城，爲魏取中山。中山人惡之魏文侯，文侯投以夜光之璧。」張晏曰：「白圭爲中山將，亡六城，君欲殺之，亡入魏，文侯厚遇，還拔中山。」余考白圭不及仕文侯，（詳考辨第八二）鄒陽殆由樂羊誤記，而張氏亦誤承鄒陽之說也。然則樂羊本中山將，亡而走魏，其子尚在中山。中山人乃烹而殺之。又鄒陽云：「中山人惡之魏文侯」，蓋樂羊叛其故國，又親啜其子之羹，其爲人之忍，不徒中山人惡之，魏人亦多疑之。故中山亡而文侯示樂羊以謗書兩篋也。文侯之用樂羊，亦特以就其一時之功，其後乃不見任使。

屈侯鮒

爲太子傅。見魏世家，說苑。

趙蒼唐

爲太子傅。見魏世家。韓詩外傳作趙蒼，說苑作屈侯附，而二人均見於魏世家。史公僅亦𢵧摭雜說，未定其爲一人或二人也。玆姑仍之。

余又考魏文時賢臣，盡見於世家卜相一文。又見韓詩外傳，說苑。其略曰：「文侯卜相於李克，曰：所置非成則璜，二子何如？李克對曰：君不佘故也。居視其所親，富視其所與，達視其所舉，窮視其所不爲，貧視其所不取，五者足以定之。何待克哉？文侯曰：先生就舍，寡人之相定矣。李克出，過翟璜之家。璜曰：聞君召先生卜相，果誰爲之？李克曰：魏成子爲相矣。翟璜作色曰：臣何負於魏成子？西河之守，臣之所進也。君內以鄴爲憂，臣進西門豹。君謀欲伐中山，臣進樂羊。中山已拔，無使守之，臣進先生。君之子無傅，臣進屈侯鮒。臣何負於魏成子？李克曰：子之言克於君，豈將比周以求大官哉？且子安得與魏成子比？魏成子食祿千鍾，什九在外。東得卜子夏田子方段干木，此三人者，君皆師之。子之所進五人者，君皆臣之。子惡得與魏成子比？翟璜逡巡再拜，曰：「璜鄙人也。」卜相之文如此，而此文實吳起之徒潤飾爲之，非當時信史也。知者，史記韓詩外傳列序諸臣，如西門豹樂羊李克屈侯鮒之屬，皆名，獨西河守不名。西河守卽吳起，明是起徒所爲矣。（說苑云：「西河之守，觸所任也；計事內史，觸所任也。」計事內史無考，史記外傳皆無之。劉氏博採，非原文矣。）且敍述諸臣，吳起居首，亦見推尊之私。否則自樂羊攻中山，李克守之，屈侯鮒爲傅，皆依事序。起之守西河，乃在得中山後，何獨先列於前？若論輩行，起實晚進。此中痕跡宛然，其出起徒所爲無疑。起先學於曾子，習儒者之業。又仕魏文侯，爲崇儒之主。慮其好文學，多稱述，如今傳西河之對，文采斐然。昔人疑左傳成於起手，此亦足爲助證也。（說苑又有田子方渡西河，與翟璜論賢一節，此全襲卜相文，而稍易其面目，不足據。）

且卜相一文，其非當時信史，尤有可論者。史表載此事於文侯二十年。余按紀年文侯紀元，當移前二十三年，而用吳起，滅中山，均在晚世。伐中山，在趙烈侯元年，魏文侯之三十九年也。三年而滅之，則四十一年矣。（詳考辨第五十四。）卜相之事，應又在後。魏成子，賢臣也，又親文侯之弟，豈至四十一年後而始相？且翟璜李克均相文侯，應猶在魏成子後。豈有文侯於晚節十年之間，三易其相，而皆賢者。而以前四十年，誰何人爲相，顧漠無一聞於後耶？余意子夏田子方段干木皆在文侯早年，（三人中段干木又稍後。）而魏成子進之。魏成子之爲相，應在前。吳起樂羊西門豹李克屈侯鮒皆在文侯中晚，而翟璜進之。翟璜之爲相，應在後。似無同時卜相二人之事。至吳起守西河顯名，子夏之倫，或已謝世。魏文一朝賢者，先後輩行，必有不及同事其主者矣。若卜相文中語，花團錦簇，顯出後人潤飾，非信史也。然年表卜相李克翟璜事，在魏文二十年者，亦自有故。竊謂魏文以十七年伐中山，三年而克，乃十九年。樂羊爲將，吳起助之。起爲西河守，宜在二十年後。李克守中山，屈侯鮒傅太子，皆其時。慮西門豹之守鄴，或稍在前。（年表：「秦靈公八年，初以君主妻河」，時當魏文侯三十年。魏俗爲河伯取婦，其風未知視秦孰先後，然竊疑其時西門豹或尚未治鄴，秦魏兩國媚河之俗，蓋一時東西並盛。豹之治鄴，革鄴俗，自應在魏文三十年後也。）然亦大略同時。滅中山後一年，翟璜與韓趙兩君聯師伐齊，則翟璜在當時，蓋爲魏相，故謂諸賢盡其拔用。而魏成子之相，則自在前，至李克爲相，則猶在後，此均約略可推者。今於諸人年世，既未能一一詳定，因爲綜述於此，以見一時之風會。而先後之間，粗爲論別，爲考史者要覽焉。

魏文禮賢，其可考見者，略如上述。其間有二端，深足以見世局之變者，一爲禮之變，一爲法之興。何言乎禮之變？當孔子時，力倡正名復禮之説，爲魯司寇，主墮三都，陳成子弒君，沐浴而請討之。今魏文以大夫僭國，子夏既親受業於孔子，田子方段干木亦孔門再傳弟子，曾不能有所矯挽，徒以踰垣不禮，受貴族之尊養，遂開君卿養士之風。人君以尊賢下士爲貴，貧士以立節不屈爲高。自古貴族間互相維繫之禮，一變而爲貴族平民相對抗之禮，此世變之一端也。何言乎法之興？子產鑄刑書，叔向譏之。晉鑄刑鼎，孔子非之。然鄭誅鄧析而用其竹刑，刑法之用既益亟。至魏文時，而李克著法經，吳起僨表徙車轅以立信，皆以儒家而尚法。蓋禮壞則法立，亦世變之一端也。劉向別錄云：「刑名者，循名以責實，其尊君卑臣，崇上抑下，合於六經。」得此中之消息矣。國策：「安陵君曰：吾先君成侯，受詔襄王，以守本地，手受大府之憲。憲之上篇曰：子弒父，臣弒君，有常刑。國雖大赦，降城亡子，不得與焉。」明董說七國考謂：「此是李悝以前魏國相仍之法。」亦足爲劉說證佐也。要以言之，則由於貴族階級之頽廢，而平民階級之崛興。

四一　公輸般自魯遊楚考

墨子魯問篇：「昔者楚人與越人舟戰於江，楚人順流而進，迎流而退，見利而進，見不利則其退難。越人迎流而進，順流而退，見利而進，見不利則其退速。越人因此亟敗楚人。公輸般自魯南遊楚，焉始爲舟戰之器，作爲鉤強之備。楚之兵節，越之兵不節，楚人因此亟敗越人。」據此，則越自滅吳，與楚接壤，沿江舟戰，已非一日。初屢越利，逮公輸至楚，而楚乃得勝算也。公輸與楚惠王同時，孫氏閒詁謂：「史記楚世家惠王時無與越戰事，蓋史失之。」今考：楚世家云：「惠王十六年，越滅吳。四十二年，楚滅蔡。四十四年，楚滅杞。是時越已滅吳而不能正江淮北，楚東侵廣地至泗上。」此卽惠王時與越戰事，豈得謂史失之？江淮北者，正義謂：「廣陵縣徐泗等州也。」則楚之東侵，遵江沿淮，皆不能無水戰。然則公輸之遊楚，宜在惠王四十四年前矣。越世家：「句踐已平吳，乃以兵北渡淮，與齊晉諸侯會於徐州。已去，渡淮南，以淮上地與楚，歸吳所侵宋地於宋，與魯泗東方百里。」此與楚世家所載絕異。一謂越以淮上地與楚，一謂楚東侵廣地至泗上，一在句踐時，一在句踐卒後二十年。志疑引顧氏大事表，力辨句踐棄地之不可信。然以繫之楚世家東侵廣地之下，而曰越世家亦云以淮上地與楚云云，兩事併爲一談，實爲疎失。蓋其誤始裴氏集解，而顧氏梁氏不能辨也。參讀考辨第三十五。

汪中墨子序云：「檀弓下，季康子之母死，公輸般請以機封，此事不得其年。季康子之卒，在哀公二十七年。按康子於哀三年始見傳。楚惠王以哀公七年卽位，般固逮事惠王。」今假定公輸生於魯哀元年，康子母死，公輸年當二十許。檀弓：「康子母死，公輸若方小，斂，般請以機封。」鄭注：「般，若之族。」端臨經傳小記云：「若疑般之字。」王引之春秋名字解詁從之，曰：「鄭公子班字子如。廣雅：如，均也。孟子：若是班乎，趙注，班，齊等之貌。是班亦均也。公輸般卽孟子離婁篇注所謂魯班也。漢書揚雄傳：般倕棄其剞劂兮，顏注般讀與班同。公輸班字若，與公子班字子如同義，若猶如也。」今按檀弓既云公輸若方小，則其時般年決不在二十五以上。至楚惠王四十四年，公輸年當五十，至遲不踰六十也。楚既得志江淮之北，般以有功見用，遂獻攻城之器而圖宋，則爲惠王四十五年以後事矣。

四二 墨子止楚攻宋考

墨子止楚攻宋，本書不云在何時。鮑彪國策注謂當宋景公時，閒詁譏其疎謬。余考攻宋之謀，自公輸之製雲梯。而公輸來楚，在惠王四十四年前，其獻雲梯，則在四十四年東侵得志之後。何者？楚既廣地至泗上，遂北向而窺宋，此自地理言之而可信也。且證之墨子書。公輸篇云：「公輸般爲楚造雲梯之械成，將以攻宋，子墨子聞之，起於齊，畢云：「呂氏春秋愛類篇云，自魯往，是。」行十日十夜而至於郢，見公輸般。」則墨子來楚，與公輸初相見，正楚方圖宋之時也。又魯問篇：「公輸子謂子墨子曰：吾未得見之時，我欲得宋。自我得見之後，予我宋而不義，我不爲。」此公輸與墨子事後之談。公輸既不欲宋，必不復思侵越，此製鉤強在製雲梯之先也。又：「公輸子善其巧，以語子墨子曰：我舟戰有鉤強，不知子之義亦有鉤強乎？」此尤公輸製鉤強，早在遇墨子之先，故聞墨子論義而以爲詢也。本此三文，公輸製雲梯圖宋在製鉤強破越之後，又斷然矣。故余定楚謀攻宋在惠王四十五年後也。

又考公輸篇：「墨子赴楚，使禽子諸弟子三百人守宋。」禽子卽禽滑釐。備梯篇：「禽滑釐事墨子，三年而後問守道。」孫氏墨子傳略謂：「墨子止楚攻宋，年未及三十，正當壯歲。」則禽子年又當更輕於墨子，而已爲諸弟子長。墨子以早歲卽學成行尊，致弟子三百人。又師弟子皆年少，預人國事，疑未然也。余定墨子止楚攻宋時，年不過四十，否則亦不能「百舍重繭」，語見宋策。「裂裳裹足，日夜不休，十日十夜而至於郢。」呂氏春秋。禽子年三十左右。循是推其生卒年壽，亦無不合。又魏文侯元年，當楚惠王四十三年，考辨第三七。時子夏年六十二，曾子年六十，子貢若尚在，年七十五，子思年三十四五以上，略當墨子。墨子與曾西顓孫子莫田無擇相比伍，而或稍前。而已與其前輩子夏曾子抗顏，爲並世大師。禽子年未及三十，爲弟子領袖。當時儒墨情勢，約略如是。

又按：余知古渚宮舊事卷二：「楚惠王五十年，墨子至郢，獻書惠王，王受而讀之，曰：良書也，寡人雖不得天下，樂養賢人。墨子辭，曰：書未用，請遂行矣。將辭王而歸，王使穆賀以老辭。」孫詒讓墨子閒詁謂：「余書乃本墨子貴義篇，而今貴義篇文則已多脫佚。其云五十年，亦疑本墨子舊注。」余謂墨子止楚攻宋，與其獻書惠王，蓋一時事。初本爲止楚攻宋而來，楚既聽其說，乃獻書期大用。既不得意，乃遂歸魯。其事至晚不踰惠王五十年，則差可定也。

又按：楚曾侯鐘文：「惟王五十有六祀，徙自西陽。楚王能章作曾侯乙宗彝，寘之於西陽，其永時用享。」積古齋鐘鼎款識曰：「能通熊。左傳楚昭王於魯定公六年遷鄀。漢志若屬南郡，注云：楚畏吳，自郢徙此，後復還郢。師古曰：春秋傳作鄀，其音同。此云徙自西陽，當卽自鄀還郢之時。西陽漢志屬江夏郡，去鄀甚近。」林春溥戰國紀年據此，定楚還遷郢，在惠王之五十六年。今按：昭王自郢遷鄀，其後並無還郢事，漢志誤也。參讀考辨第一二七。史記楚世家：「惠王以四十二年滅蔡，四十四年滅杞，東侵廣地至泗上。」時方大啟疆土，北爭中原，決無南遷舊郢之理。自都還郢，亦不過此。竊疑曾侯鐘之西陽，不當以漢志西陽爲說。史記楚世家昭王十二年去郢，北徙都鄀。正義引括地志：「故城在今黃岡縣東」，則於都不能謂近。自都還漢志江夏郡西陽，王先謙補注引清一統志：「楚昭王故城在襄州樂鄉縣東北三十三里，在故都城東五里，此故都疑指鄀郢言。水經沔水注：沔水過宜城縣東，故城鄢郢之舊都，沔水又經鄀縣故城南，古鄀子之國也。縣北有大城，楚昭王爲吳所迫，自紀郢徙都之，卽所謂鄢都盧羅之地也。高士奇春秋地名考略謂鄢，楚之別都，後楚徙郢於都，兼稱鄢郢。楚又嘗自鄀徙鄢，踰年而復。竊疑楚自昭王遷都，自後又徙鄢，遂稱鄢郢，絕無重返江陵舊郢之事。而都亦不得稱鄢郢，高說復誤。宜城有西山，楚先王冢墓所在，此西陽殆卽指宜城西山之陽而言。或楚都屢徙，而要不出此鄢都盧羅之區，則可斷言也。參讀考辨第一二七則墨子十日十夜自魯至郢，亦宜城之郢耳，固未深歷江漢奧區，達於江陵之郢也。路史楚文都南郢，卽江陵，又謂故郢。昭王避吳遷都，今宜城，爲北郢，卽郢州。惠王遷鄢，在宜城。鄢非久都，故惠王沒，墨翟重繭趨郢。此謂惠王遷鄢，是也。而不知墨子至郢，正卽鄢郢，非南郢，則路史復誤。又墨子晚年居楚魯陽，漢志在南陽郡。清一統志故城今魯山縣治。其地在方城之北，河南之中部。然則墨子居楚，其足跡亦未遠離中原，而至江域也。墨子時越都瑯琊，則墨子弟子遊越，亦未遠涉江南。

四三　三晉始侯考

史記楚世家：「簡王八年，魏文侯韓武子趙桓子始列爲諸侯。」而年表無之。年表：「楚聲王五年，魏韓趙始列爲諸侯。」而世家無之。考之魏世家云：「魏文二十二年，魏韓趙列爲諸侯。」趙世家云：「烈侯六年，魏韓趙皆相立爲諸侯，追尊獻子爲獻侯。」韓世家云：「景侯六年，與趙魏俱得列爲諸侯。」周本紀云：「威烈王二十三年，命韓魏趙爲諸侯。」燕世家云：「釐公立歲，三晉列爲諸侯。」皆與年表楚聲王五年之說合。故後人多信是歲爲三晉始侯之歲，而不取簡王八年之說。然余考魏文年代，史表皆誤移在後。楚簡王八年，正當魏文侯二十三年。今史表誤作魏文元年者，魏世家云：「魏文以二十二年爲侯。」則二十三年，乃稱侯後之元年。如秦本紀秦惠文王以十三年四月戊午稱王，詳考辨第一〇〇。而明年更爲元年也。今史記誤以稱侯更元之年爲魏文元年，遂誤遺其前之二十二年。猶如以梁惠王徐州稱王更元之年爲魏襄王元年，而誤遺其後之十六年也。兩事本一例，惟後事之誤，自和嶠荀勗以來，往往能言之，而前事則千古未有能道其誤者。今卽本史記爲說，以證史記致誤之由，而後紀年與六國表之得失，可以爲定論。然則楚簡王八年，特爲魏文稱侯之元年，而史誤以爲魏文侯趙桓子韓武子始列爲諸侯者，猶如徐州之會，僅齊魏相王，而魏世家誤以爲諸侯之相王也。桓子武子皆稱子，卽未稱侯之證。史既誤以魏文稱侯之元爲始立之元，誤後二十二年，遂以文侯爲桓子之孫，又下割武侯十年爲魏文之年。凡此皆本楚世家一語痕跡，而可推尋爲證者。

至威烈王二十三年，命三晉爲侯之說，考之燕世家索隱引紀年：「智伯滅在燕成公二年，成公十六年卒，文公二十四年卒，簡公立十三年，而三晉命邑爲諸侯。」核計其年，正值周威烈王二十三年。此語據史記，而索隱無文，知紀年與史記合。則紀年與史記合。前二十二年，魏已爲侯，此又稱三晉命邑爲諸侯者，猶如魏齊會徐州相王之後，魏韓又相王，又有五國相王也。然韓世家索隱云：「韓景侯，紀年及世本皆作景子。」則韓猶未稱侯，此後三年景子卒，其子列侯乃稱侯。此或如趙武靈王時，五國相王，趙在其內，而趙獨不稱王，此由武靈年少新立，特以沽譽。參讀考辨第一〇五。而韓則勢最微弱，故稱侯亦獨遲也。韓世家云：「與趙魏俱得列爲諸侯。」措辭亦顯有分別。

水經注引紀年：「晉烈公十二年，王命韓景子趙烈子翟員伐齊。」是年尚在周威烈王二十三年之前二年，故趙君亦稱子，不稱侯。史記魏世家索隱引紀年云：「魏武侯元年，當趙烈侯之十四年。」是年在周威烈王二十三年後八年，故趙烈子已改稱烈侯。據此兩事，則趙之稱侯，始自烈子。獻侯於紀年稱獻子。史記謂追尊爲獻侯，其語不足信。（同時魏韓皆無追尊事。）又趙世家：「烈侯九年卒，弟武公立，十三年卒。」梁氏志疑云：「武公前爲烈侯，後爲敬侯，不應武獨稱公。大紀稱武侯，是也。」然索隱引譙周云：「系本及說趙語者，並無武公事。」而索隱引紀年，烈侯尚有十四年，（見上引。）是烈侯並非九年卽卒。史載烈侯名籍，烈侯子敬侯名章，獨武公無名，知趙實無此君。史公誤說，故不得其名。（此例甚多。如魏文侯父無名，（考辨第三七）韓文侯無名，（見下節）魏哀王無名，（考辨第一一九）細考皆實無其人，而史公誤說也。）是蓋烈侯亦以稱侯後改元，史遂誤分爲兩人耳。若然，則烈侯以六年立爲侯，應在七年。改元，何以史記之誤又爲九年與十三年乎？今按趙世家又云：「獻侯十年中山武公初立。」此中山武公乃魏文侯滅中山而復封者。（詳考辨第五十四。）趙獻侯十年尚在魏文伐中山之前，此必誤。或係趙烈侯之十年，史公不深考，遂誤疑是年爲趙武公元，又誤移中山武公初立於獻子之十年也。（此兼采近人楊寬說。）余考魏文侯召太子擊，改封少子摯於中山，應在趙烈侯之七年。（考辨第四十六。）而此又稱烈侯之十年者，乃至是中山始正式復國，列爲諸侯，故以是年爲中山武公之初立也。

又按趙世家：「烈侯太子章立，是爲敬侯。其元年，武公子朝作亂，不克，出奔魏。趙始都邯鄲。」（六國表略同。又云：「是年魏襲邯鄲，敗焉。」）魏世家稱：「趙敬侯初立，公子朔爲亂不勝，奔魏，與魏襲邯鄲，敗而去。」單稱公子朔，朔朝形近，未審孰誤。然並不謂其乃前君之子，似較趙世家爲得實。然則今趙世家武公子朝亦因前武公而誤。今史表韓景侯列侯文侯，趙烈侯武公敬侯，兩國三世六君，元年皆同，無如此巧合事。

又按史記韓世家：「武子卒，子景侯立。」索隱云：「紀年及世本皆作景子，名虔。」此景子時，韓未稱侯之證。又云：「景侯卒，子列侯取立。」索隱云：「系本作武侯。」「列侯卒，子文侯立」，索隱云：「紀年無文侯，系本無列侯。」今考史記世本紀年三家異同，則史記失景侯名，故索隱引世本紀年補之。今世家云：「子景侯立。景侯虔元年。」下虔字疑後人補入，非本文。史記已載列侯名，故索隱不復引世本紀年。史記又失文侯名，而索隱亦不引世本紀年以補者，知世本紀年同無此名也。然則其時韓君實止兩人，一名虔，即景子。一名取，則史記之所謂列侯與文侯，亦即世本之所謂武侯也。戰國時一君兩謚三謚者頗有之。如韓宣惠王即威侯，考辨第一〇二。楚頃襄王又稱莊王。考辨第一三一。則史記之韓列侯文侯，與世本之武侯，實即紀年之列侯一人也。今史表分作兩人者，蓋亦由其稱侯改元而誤。然則今表列侯元年，乃其君即位稱元之年。文侯元年，乃其君稱侯改元之年。是年正齊田和始立爲侯之歲。前一年，田和會諸侯於濁澤，蓋韓人亦於此會後與田齊同時稱侯也。又是年趙敬侯初立，內亂，魏趙不睦，或魏引韓爲重，而助之稱侯。然則三晉之侯，魏最先，趙次之，韓又次之。周威烈二十三年，特趙人始侯年。其前二十二年，魏已稱侯。其後十六年，韓始稱侯。此三晉稱侯之始末也。史記楚世家簡王八年，乃魏事，聲王五年，乃趙事，獨韓最微弱，故其稱侯不見於他國之載述焉。

附韓武子以下史記世本紀年三家異同

史記	紀年	世本
景侯	景子	景子虔
列侯取	列侯	無
文侯	無	武侯

又按：呂氏春秋下賢篇稱：「魏文侯好禮士，故南勝荆於連隄，東勝齊於長城，虜齊侯，獻諸天子，天子賞文侯以上聞。」梁曜北云：「國策史記皆不見文侯勝荆齊之事，上聞舊本作上卿，訛。史漢范喻傳上聞爵，如淳注引此語作上聞。張晏曰：得徑上聞也。晉灼曰：名通於天子也。」今按：勝齊長城事，即水經引紀年翟員帥師伐齊入長城者也。參讀考辨第四〇，又考辨第五六。自是以往，周室震於魏文之威，賜以上聞之禮，故魏史誇之，於是役也，曰王命。而史記謂周威烈王二十三年，三晉命爲侯，蓋是年當魏文侯四十四年。其前二年，即勝齊長城之歲。賜以上聞，或即命爲諸侯矣。校其年，亦合。又按：魏勝齊長城，當齊宣公卒，康公立。虜齊侯獻諸天子之說，恐無據。

四四　宋信子罕之計而囚墨翟考

史記鄒陽傳云：「宋信子罕之計而囚墨翟。」漢書鄒陽傳作子冉，誤。考子罕有二人。一在春秋魯襄公時，呂氏春秋召類篇，稱其「相平公元公景公，以仁節終其身」者也。其事迹詳左傳。一在戰國初年，韓非二柄，外儲右下，說疑，諸篇。李斯上二世書，見史記本傳。韓嬰詩外傳七。劉安淮南道應。劉向說苑君道。諸氏書，言其刼君而擅政者也。韓非內儲，「皇喜與戴驩爭權，遂殺宋君而奪其政」，左傳子罕樂喜字，則此子罕乃皇喜字也。殺者，孟子殺三苗於三危，虞書作竄。左昭元，周公殺管叔而蔡蔡叔，注：蔡，放也。殺蔡互通，謂竄逐放之耳。子罕刼君當爲昭公。宋前後亦有二昭公。韓詩外傳六，賈子先醒篇並有昭公出亡反國事，皆指後昭公言。而高誘注呂覽，謂春秋時子罕殺宋昭公。見召類。此當由戰國時子罕與後昭公同時，擅權逐君，高氏誤記，遂謂在春秋時也。梁玉繩呂子校補則謂高注子罕殺昭公爲無據。據此則墨翟當與宋後昭公同時。史記孟荀列傳：「墨翟爲宋大夫。」鮑彪謂當景公昭公時。孫詒讓則斷爲正在昭公時。年表昭公薨在周威烈王二十二年。孫氏墨子年表云：「疑昭公實被放弒，墨子之囚，殆其末年事。」余考昭公末年在周威烈四年，去墨子止楚攻宋已踰二十年。墨子若仕宋，應卽在止楚攻宋後。子罕劫君擅政，並不在昭公之晚節，則宋囚墨翟，烏見其必在昭公之末年乎？大體在昭公三十一年以後，則頗可定也。

四五　宋昭公末年在周威烈王四年非二十二年辨

宋世家景公六十四年卒，年表作六十六。據左傳宋景卒在魯哀二十六年，是四十八年卒也。其明年，爲周定王元年，昭公之元當在此年。年表書於齊宣公六年，周定王之十九年，誤後十八年。昭公在位四十七年，年表世家並同。則卒年當在威烈王四年。年表在威烈二十二年，亦誤後十八年。孫氏墨子年表昭公已移前至周定王元年，而仍舊於威烈王二十二年書昭公薨，則昭公在位六十五年矣，是又誤多十八年也。此屬孫表疏忽，今依志疑駁正。

又按：謚法恐懼永處曰悼，如晉悼公楚悼王，其前一君皆被弑，詳考辨第三十五。昭公後爲悼公，則此昭公疑實爲被弑之君也。韓非外儲說右謂：「子罕殺宋君而奪政」，說疑云：「子罕弑其君」，則昭公之被弑信矣。又內儲說下：「皇喜殺宋君而奪其政」，皇喜卽子罕。而韓詩外傳賈子新書皆曰：「宋昭公出亡，革心易行，晝學道而夕講之，二年，美聞於宋，宋人迎而復位，卒爲賢君，謚爲昭公。」則又若昭公非被弑者。就其在位之久，或先被逐，而又得反國，而終見弑，如魯哀公之見逐於季孫氏，雖反國而終不得其善終也。詳考辨第三十五。韓嬰賈誼皆漢人，恐可信不如韓非書。戰國以來，宋以弱小，史料殘缺，蓋不可得而詳定矣。

四六 魏文侯二十五年乃子擊生非子罃生魏徙大梁乃惠成王九年非三十一年辨

閻若璩著孟子生卒年月考，論紀年不足信，舉兩事。一曰：「紀年云：惠成王六年，徙都大梁，不知是年秦孝公甫立，公孫鞅未相，公子卬未虜，地不割，秦不偪，魏何遽遷都以避之？」又曰：「六國表魏世家並云子罃生於文侯二十五年辛巳，三十八年文侯卒，武侯立，凡十六年而後惠王立，是年已三十。若如紀年，文侯五十年卒，武侯二十六年卒，以生辛巳計之，惠王元年，已五十三。立三十六年卒，已八十八。更以襄王十六年爲改元後之年，不一百四歲乎？紀年不可信如此。」今按：紀年與史牴牾，閻氏以史說繩紀年，宜其不可通也。余考魏滅中山，在文侯四十一年，詳考辨第五十四。其時子擊尚年少，故文侯見中山使者趙倉唐，而曰中山君長短若何也。韓詩外傳說苑。疑史書二十五年子擊生子罃者，是年實子擊生。史公既博採雜說，誤謂伐中山在十七年，而子擊之生轉在其後，顯屬舛乖，故乃謂子擊又生子罃也。其實擊生於文侯之二十五年，至四十一年滅中山，擊年十七，始守中山。後三年，倉唐爲使，則擊年二十左右。其少子摯，韓詩外傳作訢，此從說苑。當十五六以下，正舐犢愛厚時矣。是年召子擊，改封子摯，即中山武公也。詳考辨第四三又五四。據此則武侯年二十六始立，立二十六年，五十二歲而卒。至惠王年歲無可考。惟武侯之卒，猶未立嫡，惠王與公中緩爭立，在位又五十二年，則其即位在壯歲可知。此不得謂紀年之誤。

其前一事，細按知亦史誤。惠王十八年，魏圍趙邯鄲，齊救趙。孫臏教田忌曰：「救鬬者不搏撠，形格勢禁則自解。今梁趙相攻，輕銳竭於外，老弱罷於內，君不若引兵疾走大梁，據其街路，衝其方虛，彼必釋趙而自救。」魏志王昶傳，高貴鄉公三年三月，王昶增邑遷官詔：「昔孫臏佐趙，直湊大梁。」則其時魏已都大梁也。若猶在安邑，大梁乃外鄙，何爲釋其久圍必得之趙，而渡河遠救乎？世家魏徙大梁在三十一年，而三十年魏伐韓，齊田忌救韓，亦直走大梁。龐涓太子申去韓還救，涓死申虜。語均詳孫吳初傳。此又情勢之至顯者。使大梁非魏都，何以大將太子傾國奔救，若此之惶促耶？通鑑於此兩役，皆云直走魏都，易去大梁字，蓋亦已疑史說之不可通。而不知史言大梁固不誤，特誤於不知其時大梁之已爲魏都耳。又秦紀：「孝公十年，即魏惠十九年。衛鞅爲大良造，將兵圍魏安邑，降之。」年表商君傳均載此事，而獨不見於魏世家。蓋安邑魏都，其君在焉，豈得圍而便降？而徙都猶在十二年後。殆史公亦自知其不可安而滅去之者。（通鑑於周顯王十七年書秦大良造伐魏，不書安邑降秦，亦爲魏世家所惑。）志疑覺其不可通，而謂安邑乃固陽字誤，（日知錄亦謂是字誤，然不應三處皆誤也。）則亦曲爲彌縫，而不悟其破綻之不止於此也。又秦策：「魏伐邯鄲，因退爲逢澤之遇。」（此卽齊策說閔王篇從十一諸侯以朝天子事。詳考辨第八三。）通鑑：「顯王二十六年，秦會諸侯於逢澤以朝王。」胡注引括地志曰：「逢澤在汴州浚儀縣東南二十四里。」據此則逢澤近大梁。秦策云「退爲逢澤之遇」，知其時魏已都大梁。否則渡河而南，遠至逢澤，何云退？故知史記三十一年徙都大梁之說必誤，不得據以疑紀年也。且其前趙徙邯鄲，韓徙鄭，亦豈得以見逼而遷爲說？又是年與秦戰敗少梁，公叔見虜，卽謂見逼而遷，亦正合情事。閻氏考古精博，而論孟子年歲多疏。以自來治先秦史，多不信紀年，閻氏亦未能免也。

胡朏明論紀年，謂：「此書乃戰國魏哀王時人，往往稱謚以記當時之事。如魯隱公及邾莊公盟于姑蔑，晉獻公會虞師伐虢，滅下陽，周襄王會諸侯於河陽，明係春秋後人約左傳之文，倣經例而爲之，與身爲國史承告據實書者不同。」閻若璩則謂：「史記魏世家索隱引紀年曰：二十九年五月，齊田盼伐我東鄙，九月，秦衛鞅伐我西鄙，十月，邯鄲伐我北鄙，王攻衛鞅，我師敗績。此非當時史官據實書當時之事乎？與春秋曷異乎？」今按二氏說皆是也。蓋紀年於戰國事多可信據。春秋以上，容多傳聞異說，不可信者。正由戰國時事，乃出當時史官據實而書，其前則由雜採他書傳說而成故也。（呂東萊大事記亦云：「竹書蓋魏國當時之史，其載前世治亂，雖多訛謬，至於書戰國事，必可信。」此論最確。）

余既辨史記魏世家梁惠王徙都在三十一年之誤，其後得讀朱右曾竹書紀年存眞，則已先辨之，而其論有余所未及者。謂：「惠王之徙都，非畏秦也，欲與韓趙齊楚爭強也。安邑迫於中條太行之險，不如大梁平坦，四方所走集，車騎便利，易與諸侯爭衡。趙之去耿徙中牟，又徙邯鄲，志在滅中山以抗齊燕。韓之去平陽徙陽翟，又徙新鄭，志在包汝潁以抑楚魏。豈皆爲避秦哉？東周策：秦興師臨周而求九鼎，齊王大發師以救之，秦兵罷。齊將求九鼎，顏率曰：夫梁之君臣，欲得九鼎，謀之暉臺之下，沙海之上，久矣。鼎入梁，必不出。暉臺沙海，皆大梁地。（按元和志：「沙海在汴州開封縣北二里。」）是時爲東周惠公。惠公薨於梁惠王十一年，則梁之徙都在前，彰彰明矣。本書三十一年，爲大溝於北郛，以行圃田之水。傳聞者乃以爲溝之歲爲遷都之年，而史遷又巧爲安邑近秦之說，遂不知竹書之爲實錄矣。」據朱說，魏徙大梁年，自以紀年爲信。惟水經渠水注漢書高帝紀注引紀年，皆作「六年四月甲寅，徙都於大梁」，而史記集解孟子疏引，皆作九年，兩說相歧。朱氏據水經注編入六年，余則依索隱定在九年，此其異。

余草諸子繫年稿粗定，乃博涉諸家考論紀年諸書以相參證，最後惟雷氏學淇紀年義證未得見。雷氏書亦能辨紀年眞僞，當與朱氏存眞輯校同列，非陳氏集證以前諸賢之見矣。然余猶得讀其介菴經說，略窺一斑。其論孟子時事，蓋亦得失參半。粗具涯略，未盡精密。而論魏徙大梁，則其說猶在朱氏存眞之前。朱氏之說，雷氏又復先言之。茲再鈔錄，以見考古之事，雖若茫昧，而燭照所及，苟有眞知，無不同明，有相視而笑，莫逆於心者，而亦所以志余之陋也。雷氏之言曰：「魏徙大梁之說，當從竹書。魏之遷都，不必定因秦虜太子，地東至河，逼近安邑也。戰國時，秦及韓趙皆嘗遷都，豈皆有所逼乎？且世家謂襄王五年，始予秦河西地，七年，始盡入上郡於秦。是惠王三十一年時，秦地亦未嘗東至河也。若云遷都之歲，秦實虜其太子，則年表亦有九年與秦戰少梁，虜我太子之說，此史遷之所以誤此爲彼歟？考竹書九年遷都後，與趙楡次陽邑，發逢忌之藪以賜民。韓人來伐，軍於㠯澤，王與釐侯會於巫沙。十三年，又歸鄭侵地，釐侯數來朝。二十八年，齊敗我馬陵。三十一年，爲大溝於北郛以行圃田之水。按惠王十年先已入河水于圃田，又爲大溝而引圃水，見水經渠水注。顧棟高云：「圃田澤在今開封府中牟縣西北七里。」此實皆九年遷都之證。蓋惠因遷都而睦鄰惠下，韓疑其逼近相並，故來伐。卽史記敗韓於澮之事也。澮卽鄶水㠯澤，乃韓梁界上之地，今在尉氏西南。韓既敗而就趙，遇於上黨，原注：見趙世家。使爲解和，故與釐侯會於巫沙也。馬陵之戰，國策稱申爲梁太子。史記謂齊使田忌將而直走大梁，龐涓聞之，去韓而歸。設非九年遷都，此何以云耶？蓋子長誤以三十一年公子卬之事爲虜太子痤，又誤以三十一年北郛之役謂卽遷都也。」原注：索隱疑遷都當在二十九年師敗於秦之後，亦誤。遷都在四月，敗在十月。越一年，得見雷氏義證寫本，其議論與經說大同。雷氏義證初無刻本，其家以稿本送北京大學蔡孑民校長，請求傳刻，由象山陳漢章教授爲之校字。余見其稿於北平圖書館，遂寫一通。嗣爲排印流傳。適值抗戰軍興，遂不及有所題識也。余復節錄十數條，散入諸篇，間加商訂。又越月，得見其考訂十四卷，議據略同，而不如經說義證之詳。又按：謂史記誤以北郛之役爲徙梁之年，周廣業孟子四考亦先言之。

余又考魏源古微堂外集孟子年表亦辨此事，謂：「史記魏世家惠王九年，與秦戰少梁，虜我將公孫座，而年表則曰虜我太子，蓋誤以是年虜公孫座之事爲世家三十一年秦虜公子卬之事，因又誤以是年徙都大梁之事移於三十一年。」此說亦與雷氏相似，皆主梁於九年遷都也。再觀於雷氏睦鄰惠下，韓疑逼來伐之說，則遷梁之年，固當以九年爲定。又閱張宗泰竹書紀年校補，謂六年之說，與近本在顯王四年者同，當從之。然今本或自據水經注漢書定在六年。今本之去取，不足卽爲九年六年說之定讞。

又按漢書地理志魏縣，應劭曰：「魏武侯別都。」王先謙補注引續志：「魏縣故城內有武侯臺。」」元城，應劭曰：「魏武侯公子元食邑於此，因而遂氏焉。」水經河水注：「河水左會浮水故瀆，昔魏徙大梁，趙以中牟易魏。故志曰：趙南至浮水繁陽，卽是瀆也。」據此，魏之去安邑，且不自惠王始。武侯已徙魏縣，其公子元食邑元城，亦正與武都密邇。至惠王益徙而南，遂越大河而居梁。趙以中牟易其故都。中牟有河南河北兩處。河南中牟近大梁，時蓋趙地，故以易之魏也。決不爲避秦而徙，益以顯矣。

又按水經濁漳水注：「鄴，本齊桓公所置也。故管子曰：築五鹿中牟鄴以衛諸夏也。後屬晉，魏文侯七年始封此地，故曰魏也。」然則魏文初年，先曾都鄴矣。西門豹治鄴，屢見稱述。魏世家卜相一文，「西河之守，臣所進也。君內以鄴爲憂，臣進西門豹。」於鄴稱內，正以其爲魏都。故寰宇記（卷五十五相州下）云「史記曰，魏文侯出征，以西門豹守鄴」，卽爲魏都也。而魏策「西門豹爲鄴令，辭乎文侯」云云，淮南子「西門豹治鄴，文侯身行其縣」云云，則似西門豹治鄴，魏文已不居鄴。則或仍居安邑。要之其時諸侯都邑，遷徙無常，又不一其居，固不得以後世之事相比例。漢志謂魏絳自魏徙安邑，至惠王而徙大梁，其實亦疏說耳。秦策：「汾水利以灌安邑，絳水利以灌平陽。魏桓子韓康子肘足接于車上，而智氏分。」則魏至桓子時固尙居安邑。方氏通雅云：「趙自晉獻賜趙夙耿，趙襄子居原，簡子居晉陽，獻侯居中牟，敬侯元年始都邯鄲。」屢遷其居，正與魏似。

又濁漳水注同條引紀年曰：「梁惠成王元年，鄴師敗邯鄲師於平陽。」考之魏世家：「武侯卒，子罃與公中緩爭爲太子。公孫頎謂韓懿侯曰：魏罃與公中緩爭爲太子，今魏罃得王錯，挾上黨，固半國也。因而除之，破魏必矣。懿侯說，乃與趙成侯合軍伐魏，戰於濁澤。雷氏義證云：「濁澤近安邑。括地志所謂濁水源出蒲州解縣東北平地者也。」魏氏大敗。趙欲立公中緩，割地而退。韓欲兩分魏。趙不聽，韓不說，以其少卒夜去。」索隱云：「紀年武侯元年，封公子緩。趙侯種韓懿侯伐我取蔡。水經沁水注，路史國名紀皆作葵。索隱作蔡，乃字誤。司馬彪郡國志「山陽有鄈城。」京相璠曰：「山陽西北六十里有鄈城。」雷氏義證云：「今故址在河南修武縣西北界上。」而惠成王伐趙圍濁陽。義證云：「濁陽趙邑，卽上黨濁漳水北之邑名也。」七年，公子緩如邯鄲以作難，是說此事也。」王氏竹書輯校云：「武侯元年，當作惠成王元年，據本文自明。」余考魏武侯立年二十六，公子緩又惠成王弟，誠不能於武侯元年封。王氏辨是也。竊疑惠王元年封緩蓋居鄴，而惠成王則居安邑。一爲文侯武侯舊都，一則魏絳以來所居。東西分踞，對抗之勢已成。故公孫頎謂其挾上黨，固半國也。七年，公子緩如邯鄲作難，雷氏考訂謂是七月之誤。惠成王封緩七月而緩與趙謀，結韓伐魏，欲殺罃自立也。惠王封緩本出不獲已，非情欲封之。云鄴師，正指公仲緩而言。否則紀年魏史，不應自稱本朝爲鄴。韓人主兩分魏地，雖不能行，而緩之與罃固已東西對峙，儼若兩國。公仲緩居鄴近趙，趙主立緩，無緣相攻。蓋韓以與趙不合而去，魏惠遂得敗趙鄴之師。疑水經注所引，當作敗鄴師邯鄲師於平陽。後漢郡國志鄴有平陽城。水經濁漳水注：「漳水又逕平陽城北」，即此。義證：「平陽故址，在鄴城西北二十五里。」是平陽卽在鄴。趙鄴之聯軍既敗，惠王乃得固其位。世家所謂：「惠王之所以身不死，國不分者，二家謀不和也。」二家謀不和，明指趙韓而言。趙韓聯軍，故先敗魏於濁澤及葵。及韓退而趙敗，魏以得全，然亦未能並鄴。自是魏縣鄴城終入於趙，魏不得復有之。卽水經河水注所謂：「魏徙大梁，趙以中牟易魏」也。而此後韓與惠王睦，魏乃修宿仇，卒拔邯鄲，胥於此種其因。此雖推測之辭，亦差可補逸史之闕文。而鄴之曾爲魏都，亦可藉作助證也。陳氏集證亦疑水經注此條，而云「原文當作敗鄴師邯鄲師於平陽」，則未是。雷氏義證謂「邯鄲之師取道於鄴而歸，鄴之守令要而擊之」，更屬强說。又按太平寰宇記卷五十五引竹書紀年云：「梁惠成王敗邯鄲之師於平陽」，足爲我說之證。

又按魏世家：「武侯二年，城安邑王垣。」索隱引紀年：「十一年，城洛陽及安邑王垣。」

朱右曾紀年存眞云：「洛陽當作洛陰。史記文侯攻秦，還築雒陰是也。故城在陝西同州府大荔縣西。安邑故城在山西解州夏縣北。王垣故城在山西絳州垣曲縣西。徐文靖統箋「洛陽疑當作汾陽」，不如朱說爲審。蓋皆邊秦兵爭之地，故爲城之。」此亦足證其時魏都決不在安邑。否則當時史官，亦不如此爲記。

四七　魯繆公元爲周威烈王十一年非十九年亦非十七年辨

史記魯世家載魯哀公以下列君年數，與年表多異。而曰：「平公立時，六國皆稱王。平公十二年，秦惠王卒。文公七年，楚懷王死於秦。頃公二年，秦拔楚之郢。」皆據秦事爲說，其語或本之秦記。余爲之考其異同得失，而知世家之可信，年表之不可依也。惟世家於悼公稱三十七年，集解徐廣曰：「一本云悼公卽位三十年，乃於秦惠王卒，楚懷王死年合。」今自秦惠王卒年上推，悼公當得三十一年，乃符。疑集解本作三十一年，而今本誤脫之。今定悼公元甲戌，三十一年終甲辰。元公元乙巳，二十一年終乙丑。翌年丙寅，爲魯繆公元，則威烈王之十一年也。較今年表移前八年。

史載子思年六十二，而繆公元年，距孔子卒已七十五年。卽依今世家，較年表前兩年，亦七十三年。子思生，孔子未死，何及爲繆公師？卽謂伯魚遺腹生子思，年六十二乃八十二之誤，然子思之卒，至晚亦在繆公六年八年間耳。繆公初元，子思年已踰七十矣，而孟子猶謂：「繆公無人乎子思之側，則不能安子思」，其事頗難信。又繆公子思同世既不久，何以爲後人稱述如此？今若移前繆公元八年，則諸疑可釋。

又檀弓：「陳莊子死，赴於魯。魯繆公召縣子而問。」余考陳莊子卒，在齊宣公四十五年。詳考辨第五一。依年表，繆公元年在齊宣四十九年，相差已四年。卽據今世家繆公元年移前兩年，在齊宣公四十七年，亦與莊子卒歲相隔一年。與檀弓所記皆不符。檀弓魯人，記魯事，又乃七十子弟子。胡寅曰：檀弓，曾子門人。與繆公世隔非遙，不應有誤。若改悼公在位三十一年，則繆公元乃齊宣公四十一年，田莊子卒，乃繆公之五年。

上舉兩例，證今世家悼公三十七年，實不如作三十一年爲審。其他論魯世家記魯君年數可信諸證，散見於後，此不並著。參讀考辨第一〇六，一二二，一五三，一五四，諸篇。

四八　魯繆公禮賢考

繆公禮賢，屢見於孟子之稱述。然捨此則無考。茲姑據孟子書，列其梗概如次：

曾申

陸德明經典釋文：「曾申字子西，曾參之子。」趙岐朱子以曾西爲曾子孫，誤。困學紀聞有辨。雷學淇介菴經說：「曾西乃曾子次子也。」按長子乃曾元。禮記檀弓：「穆公之母卒，使人問於曾子。對曰：申也聞諸申之父，曰：哭泣之哀，齊斬之情，饘粥之食，自天子達。」是穆公時曾參已死。穆公元年參在當年一九十一。吳起仕魯，正在穆公初年。史記吳起傳：「起事曾子，母死不歸，曾子薄之，而與起絕，起乃之魯，事魯君。」劉向別錄記左傳源流云：「左邱明授曾申，申授吳起。」則起師申，非師參也。惟呂氏當染篇云：「子貢子夏曾子學於孔子，田子方學於子貢，段干木學於子夏，吳起學於曾子」云云，則起又師參，非師申。通鑑亦云：「起事曾參。」今以吳起年世校之，呂氏殆誤。

又按闕里文獻考：「曾子年七十而卒。」若其說而信，則曾子卒年，應爲魯元公之元年。黃式三周季編略依文獻考定在周安王四年，誤也。據檀弓，子夏設教西河而喪明，曾子尚在。曾子卒當魏文侯十二年，亦近是。下距吳起仕魯尚二十年外，起不及事曾子，亦可於此而斷。又檀弓：「曾子卒，樂正子春與曾元曾申同侍。」

子思

孟子曰：「昔者魯繆公無人乎子思之側，則不能安子思。繆公之於子思，亟問，亟饋鼎肉，子思不悅，於卒也，摽使者出諸大門之外，曰：今而後知君之犬馬畜伋。」又曰：「繆公亟見於子思，曰：古千乘之國以友士，何如？子思不悅，曰：古之人有言曰，事之云乎，豈曰友之云乎。」則繆公之敬子思，與子思之高自位置，俱可見。孔叢子云：「曾子謂子思曰：昔者吾從夫子遊於諸侯，夫子未嘗失人臣之禮，而猶聖道不行。今吾觀子有傲世主之心，無乃不容乎？子思曰：時移世異，各有宜也。當吾先君，周制雖毀，君臣固位，上下相持，若一體然。夫欲行其道，不執禮以求之，則不能入也。今天下諸侯，方欲力爭，競招英雄，以自輔翼。此乃得士則昌，失士則亡之秋也。伋於此時，不自高，人將下吾。不自貴，人將賤吾。舜禹揖讓，湯武用師，非故相詭，乃各時也。」孔叢僞書，固不可信。曾子從遊，亦在孔子歸魯之後。然其論足以徵儒家稱禮之推移，行己之不同，發明世局之變。故坿著焉。

公儀休

相繆公。淳于髡曰：「魯繆公之時，公儀子爲政，子柳子思爲臣，魯之削也滋甚。」今按：年表：「齊宣公四十四，伐魯莒及安陽，四十五，伐魯取都，四十八，取魯郕。齊康公十一，伐魯取最，韓救魯。康公十五，魯敗齊平陸。康公二十，伐魯破之。」皆值繆公世。又龔畏齋四書客難云：「史記魯悼公時，三桓勝，魯如小侯。悼公卒，季昭子孟敬子見檀弓，三桓猶無恙。不知元公二十一年中，三桓廢與何以大相懸？以通鑑考之，穆公二年，(按實八年)齊田和取成，似孟孫已弃郕。鄒孟子爲孟氏裔可證。季孫似已據費卞東野等邑爲小國君，費惠公師子思亦可證。叔孫則無可考。」按如龔說，三桓衰微，惟存一家，又離魯獨立，則魯之削弱可知。史記循吏傳：「公儀休魯博士，以高第爲魯相。」博士始見此，其制或亦繆公創之？賈山祖父祛，爲魏王時博士弟子，應在後。魏亦尊儒，則博士本由儒生。宋書百官志：「六國時有博士，掌通古今。」亦謂秦漢博士，原自六國。說苑政理篇：「公儀休相魯，魯君死，左右請閉門。公儀休曰」云云，似公儀休卒穆公後。孔叢書有公儀潛，砥行不仕，蓋自公儀休而誤。沈欽韓漢書疏證有此說。

泄柳

孟子曰：「段干木踰垣而避之，泄柳閉門而不內。」魯繆公元年，當魏文侯三十二年。二人年世正相值，而輩序亦相當也。湻于髡云：「魯繆公之時，公儀子爲政，子柳子思爲臣。」鹽鐵論相刺章作：「公儀爲相，子柳子原爲之卿。」盧文弨羣書拾補云：「子原，說苑雜言篇作子庚，乃泄柳字。」今按：說苑作子思子庚，子庚爲泄柳字，疑或近是。至子原乃子思字譌。云子柳子原，則子原非柳字明矣。盧說誤也。

申詳

子張子。見檀弓注。宋翔鳳孟子趙注補逃云：「子張姓顓孫，合言爲申也。」孟子曰：「泄柳申詳，無人乎繆公之側，則不能安其身。」今按：孟子既謂泄柳閉門而不內矣，又云此者，將以顯子思之見敬禮，而故加輕重於其間。余又考申詳字子莫，孟子謂之執中無權者，詳考辨第八十一。

墨子

墨子魯問篇：「魯君謂子墨子曰：吾恐齊之攻我也，可救乎？墨子曰：可。吾願主君上尊天事鬼，下愛利百姓，厚皮幣，卑辭令，徧禮四鄰諸侯，敺國而事齊，患可救也。非此，顧無可爲者。」孫詒讓曰：「以時代考之，此魯君疑卽繆公。」今按：孫說是也。其事當在繆公初年。詳考辨第五十七。墨子年德已高，譽聞亦大，故繆公咨以國事。然儒墨既相擯，繆公弗能用，而墨子遂至齊。

南宮邊

呂覽長利篇有辛寬南宮括論於魯繆公前。梁玉繩漢書人表考：「南容卽南宮适，字子容，亦曰南宮縚。适又作括，縚又作韜，魯人。呂覽南宮括見魯繆公，未知卽南宮否。」今考論語：「子謂南容，邦有道不廢，邦無道免於刑戮，以其兄之子妻之。」則南容在孔子時，年已不甚弱，殆與子貢子賤相伯仲。曾子最幼，魯繆世已不在。魯繆一朝，如子思曾西申詳，皆七十子後，烏宜有南容哉？呂覽所記自誤。說苑至公作辛櫟南宮邊子。人表有南宮邊，正與子思公儀休泄柳申詳魯穆公同時，梁氏僅云見說苑至公，未能據正呂覽之誤，亦其疏。又繆公時有縣子，屢見稱述，亦賢者。

四九　越滅郯乃晉烈公三年非四年六年辨　附越滅滕考

史記越世家索隱引紀年：「晉出公十年十一月，於粵子句踐卒，次鹿郢立。六年卒，不壽立。十年見殺，朱勾立。三十四年滅滕，（路史國名紀注引作朱句三十年，未能詳定。）三十五年滅郯，三十七年朱勾卒。」據此，越朱勾滅郯，去句踐卒五十一年。（鹿郢六，不壽十，朱句三十五，合五十一。）自晉出公十一年後，五十一年，當晉烈公之三年也。（出公二十三年卒，敬公幽公均十八年。出公十二，敬公十八，幽公十八，烈公三，亦合五十一。）而水經沂水注引紀年云：「烈公四年，越滅郯」，此四乃三字之誤。今本僞紀年，越滅郯在周威烈王十二年，上距周貞定王四年勾踐卒，凡五十一年，是也。是年正晉烈公之三年。而今本僞紀年爲烈公六年，蓋由今本紀年誤以敬公爲二十二年，幽公爲十年故也。（參讀考辨第四十三。）

張宗泰孟子七篇諸國年表，論紀年於越滅滕事云：「竹書紀年於越滅滕在朱勾三十四年。朱勾立於周貞定王二十一年，孟子無由得與滕君言，是滕非滅於越也。戰國策有宋康公滅滕伐薛之文，又杜預春秋釋例據世本，以爲春秋後六世，爲齊所滅。今考宋爲齊滅，滕爲宋滅，義得相通，世本較紀年爲有據矣。」余謂楚靈滅陳蔡，魏文滅中山，後皆復封。滕滅復見，疑亦此例。則紀年之說，亦不爲不可信。

又按，春秋正義：「滕三十世爲楚所滅。」通志：「滕魯隱公以下，春秋後，至公邱二十一世，爲秦所滅。」宋世家載王偃事，不及滅滕。通鑑於赧王二十九年載齊湣王與魏楚伐宋，殺王偃而三分其地，因載國策滅滕伐薛云云，亦不能定在何年。若依張氏說，則滕殆再滅於宋，而繼分於齊楚兩國者耶？國小史略，無可詳覈矣。

五〇　吳起仕魯考

史記吳起傳：「起，衛人也。好用兵，嘗學於曾子，事魯君。齊人攻魯，魯欲將吳起。起取齊女爲妻，魯疑之。起欲就名，遂殺妻以明不與齊。魯卒以爲將，攻齊，大破之。魯人或惡吳起，曰：起猜忍人也，少時以游仕破家，殺其鄉黨謗己者三十餘人，與母齧臂而盟，曰：不爲卿相，不復入衞。遂事曾子。母死，起終不歸。曾子薄之而與起絕。起又殺妻以求將。夫魯小國，而有戰勝之名，則諸侯圖魯矣。魯君疑之。謝吳起。起聞魏文侯賢，遂去之魏。」今考年表：「齊宣公四十四年，伐魯莒及安陽，田齊世家作葛及安陵。志疑云：「安陵安陽皆非魯地，疑有誤。而葛乃莒字之誤。」洪頤煊讀書叢錄云：「項羽本紀行至安陽，索隱後魏書地形志己氏有安陽城，今宋州楚丘西北四十里有安陽故城是也，其地與魯莒相近。」四十五年，伐魯取都。」世家云「取一城。」「齊宣公四十四年，當魯繆公之四年。史表誤爲魯元十七年，詳考辨第四十七。其後三年，爲周威烈王十七年。吳起爲魏將伐秦，詳考辨第五十三。則起之將魯破齊，正在魯繆四年也。其去魯，至晚在魯繆五年六年間。魯繆雖禮賢，而尊信儒術。觀或人譏起之言，皆本儒道立說，宜乎魯繆之疑起矣。起至魏，「魏文侯問李克，吳起何如人也？克曰：起貪而好色，然用兵，司馬穰苴不過。」穰苴在吳起後，此史公文飾之詞耳。史記穰苴傳及晏子春秋劉向說苑皆以穰苴爲景公時，誤也。詳考辨第八十五。於是文侯以爲將。則文侯雖亦尊儒，然其用人行政，固與魯繆不同。起仕魯年當近三十，下至楚悼王卒歲，起與俱死，相距三十一年，則起壽亦且六十矣。韓非說林上：「魯季孫新弒其君，吳起仕焉，或人說之，吳起乃去之晉。」考諸魯世家，魯君無被弒者。此當指魯哀公，詳考辨第三十五。然下距楚悼卒，凡八十七年，吳起決不若是之壽，亦復與魏文年世不相及。蓋韓子誤記，不足信。汪中經義知新記云：「韓非喻老篇：魯季孫新弒其君，吳起仕。其時蓋當悼公之世。悼之爲謚，其以此歟？」今按：悼之爲謚，蓋因前君被弒，已詳考辨第三十五。汪說誤也。且覈其年代時事亦不合。悼公卒，在周考王四年。（史表誤後八年，詳考辨第四十七。）下距楚悼之死五十六年。循此推算，起之仕楚，已及八十，而觀其治績，精練强悍，殊爲不類。又韓非書謂吳起卽去魯之晉，而悼公卒，當魏文侯十年。（史表尚在魏文前七年。）與余考吳起爲魏伐秦滅中山事皆不符。又其時齊魯交兵事亦無徵。檀弓「悼公之喪，季昭子問孟敬子爲君何食」，觀二子之言，亦見悼公非被弒之君。汪氏說不足據。或韓非書本謂季孫自弒費君，非魯君，則益無考。

五一　田莊子卒年考

史記田齊世家：「田莊子相齊宣公，宣公四十三年伐晉，毁黄城，圍陽狐。明年，伐魯葛及安陵。明年，取魯之一城。莊子卒，子太公和立。」索隱引「紀年：齊宣公十五年，田莊子卒，明年，立田悼子。悼子卒，乃次立田和。是莊子後有悼子，蓋立年無幾，所以作系本及史記者不得錄也。」今按：據史記，田莊子卒在齊宣公四十五年。索隱引紀年，僅明莊子後尚有悼子一世，未言莊子卒歲有異。又謂悼子立年無幾，此自據紀年爲說。而紀年悼子死在宣公五十年。詳考辨第五十六。若莊子以宣公十五年卒，下至宣公五十年，凡三十五年，豈得謂立年無多？張宗泰竹書紀年校補誤據索隱，謂「莊子卒於齊宣公十五年，宣公五十一年田悼子卒，是悼子立三十六年。」不悟與立年無多說相舛。朱右曾紀存眞亦同誤。故知索隱所引宣公十五年田莊子卒者，本亦爲四十五年，而誤脫一四字也。考諸他籍，亦有可證。呂氏春秋順民篇：「齊莊子請攻越，問於和子。和子曰：先君有遺令曰：無攻越，越猛虎也。莊子曰：雖猛虎也，而今已死矣。」林春溥戰國紀年云：「田莊子之時，越王死者惟朱勾。而朱勾滅滕滅郯，故有猛虎之喻。」嚴可均三代文以猛虎指句踐，相距太遠，蓋誤。今按朱勾卒在齊宣公四十四年，此越朱勾卒而田莊子尚在之證一。檀弓：「陳莊子死，赴於魯，魯人欲勿哭，繆公召縣子而問」云云。魯繆公元在齊宣公四十一年。詳考辨第四十七。年表誤後八年。田莊子死，爲繆公之五年。此田莊子死而魯繆已立之證二。周季編略未能辨證今本索隱之有脫字，而據以校檀弓，謂「莊子乃悼子之誤，」疏矣。朱右曾紀年存眞亦與黃氏同誤。余故知索隱所引紀年，本亦爲四十五年無疑也。繹史卷百一云：「魯繆公立，在齊宣公四十七年，據檀弓，是無田悼子。」故表列莊子死子和代立於齊宣公四十六年，亦誤。

五二　田齊爲十二世非十世辨

莊子胠篋篇：「田成子弒齊君，十二世有齊國。」鬼谷子亦有此語。史記自成子至王建之滅祇十世。田齊世家索隱引紀年：「田莊子卒，立田悼子。悼子卒，乃次立田和。」又云：「齊康公二十二年，田侯剡立。後十年，齊田午弒其君。」則尚有悼子及侯剡，適得十二世，與莊子合。蓋史記誤也。釋文：「十二世，自敬仲至莊子九世，知齊政。自太公和至威王三世，爲齊侯。」雖亦得十二世，然敬仲奔齊，豈得遽謂有齊國？且莊子文明自成子起算，豈得遠引敬仲？胠篋爲戰國晚世作品，殆已無疑，亦不應捨宣湣以下，而以威王爲斷。即謂是莊子原書，莊子亦下逮齊宣湣，何勿之及？陸氏之說，蓋存心迴護而自陷者也。（朱右曾紀年存眞謂：「莊周當齊威宣時，鬼谷書蘇秦所述，不應豫知湣襄王建，」因謂：「田之稱侯自田郯始，則有齊國者當亦指郯。自郯以前有十二世也。」信如其說，當曰：田成子弒齊君，五世而有齊國，乃爲近是耳。不然，自敬仲至剡，則十二世而始有齊，不得謂出成子弒君，十二世有齊也。此亦由不知胠篋爲晚周僞品，鬼谷尤非眞蘇秦作，故乃强爲之說。）

五三　吳起爲魏將拔秦五城考

史記吳起傳：「起去魯之魏，魏文侯以爲將，擊秦，拔五城。」繼敘爲卒吮疽事。考韓非外儲左上：「吳起攻中山，軍人有病疽者，起自吮其膿。」說苑復恩篇云：「吳起攻中山，爲卒吮膿，其母泣曰：吳子吮此子父之創涇水之戰，（涇字或誤作注。）不旋踵而死。今又吮之，知何戰而死？」藝文類聚御覽引韓子，亦云涇水。按諸史記魏世家：「魏文侯十六年，伐秦，築臨晉元里。十七年，西攻秦，至鄭而還，築雒陰合陽。」水經河水注：「河水又經郃陽城東，周威烈之十七年，魏文侯伐秦至鄭，還築汾陰郃陽，（汾陰乃洛陰字譌。）即此城也。故有莘邑矣，爲大姒之國。詩云：在郃之陽，在渭之涘。又云：纘女維莘。謂此也。」郝懿行陳逢衡均謂：「水經此條不云出紀年，想係脫誤。」今本僞紀年有之，據此則事在周威烈王十七年，而史誤以爲魏文之十七年也。（實當魏文三十八年。陳氏集證謂在三十二年者誤。又年表在威烈十八年，誤後一年。）是年當秦簡公六年。秦本紀孝公謂：「往者厲躁簡公出子之不寧，三晉攻奪吾河西地。」是矣。其時正當吳起去魯後。志疑：「洛陰郃陽，其地皆在同州。」正義：「雒漆沮水也，城在水南。郃陽郃水之北。括地志云：郃陽故城在同州河西縣南三里，雒陰在同州西也。」又按地里志：「京兆鄭縣，鄭桓公邑，魏文侯伐秦至鄭而還，即此。」推其地理，亦與涇水相當。說苑所謂涇水之戰，起傳所謂拔秦五城者，殆即其事。陳氏集證亦謂「吳起爲將擊秦拔五城，即此時。」惟未有證說。又水經汝水注：引司馬彪曰：河南梁縣有注城，史記魏文侯三十二年敗秦於注者也。今按秦簡公時，秦地不能至河南梁霍之間，參證上列諸條，知酈氏之誤。又魏世家記魏伐中山在魏文十七年伐秦至鄭之前。余考魏伐中山，當在周威烈王十八年。且國策諸書，皆言樂羊圍中山三年而拔，則中山之滅，猶在後。蓋樂羊主其事，而吳起將兵助攻。據說苑所云，固當在涇水一戰之後也。

五四　魏文滅中山考

魏文滅中山，年表在十七年，實周威烈王十八年。據紀年，是年乃魏文侯三十九年。魏文二十二年始稱侯，以二十三年稱元年，則是年正魏文稱侯始元後之十七年也。中山之伐，當在其時。知者，中山事跡附見於趙世家。史記載三晉初年事，惟趙最詳，而差少誤。蓋趙史或有存者。烈侯元年，魏文伐中山，載於趙世家，足資旁證，一也。中山之役，吳起預其事。前年起初仕魏，爲魏擊秦拔五城。若中山見伐，移前至魏文十七年，則與吳起事跡不符，可爲反證，二也。又魏文滅中山，使子擊守。余考其事，亦當在魏文四十一年，即稱侯改元後之十九年，詳考辨第四十六。三也。又呂氏春秋載晉太史屠黍與周威公論中山亡徵，周紀考王封其弟於河南，是爲桓公。桓公卒，子威公立。威公亦正當威烈王時，四也。若依史記，則魏文伐中山，其時尚未稱侯，而子擊已稱中山君，參讀考辨第四六。益不合，五也。然則年表魏伐中山，在周威烈王十八年，實不誤，特誤以文侯稱侯改元後之十七年，爲即文侯即位後之十七年耳。凡此之謂誤其年而得其世。如齊魏會徐州相王，表列周顯王三十五年，本不誤，而誤以齊威王爲宣王，梁惠王爲襄王，此亦誤其年而得其世也。孫氏墨子年表魏滅中山在周威烈王二十年，周季編略亦然，蓋據樂羊圍中山三年而克言之。

又中山策：「魏文侯欲殘中山，常莊談寰宇記引作張孟談。謂趙襄子曰：魏幷中山，必無趙矣。公何不請公子傾以爲正妻，因封之中山，是中山復立也。」年表文侯立，襄子已卒。鮑因改襄爲桓。今按襄子卒實魏文侯二十二年，考辨第三十七。魏之處心積慮於中山，非一日，不能據此疑策文之誤。惟其請公子傾以爲正妻云云，則實與襄子不類。然鮑改桓定誤，後人謂當改烈侯，庶爲近之。今其事已不可詳說，要之中山復立，趙必與其事，則無疑也。

又韓非說林：「魏文侯借道於趙而攻中山，趙肅侯將不許。」肅侯在惠成王圍邯鄲後，豈得上及魏文？其誤則甚。

〔附〕　中山武公初立考

趙世家及六國表：「獻侯十年，中山武公初立。」雷學淇紀年義證云：「世本中山武公居顧，桓公徙靈壽。漢書人表謂中山武公是周桓公子。史記音謂初立之年，當周威烈王十二年。其立之七年，爲魏文侯十七年。似武與桓立七年而卽滅。周威公卽桓公之子，與中山武公實係兄弟。」沈欽韓漢書疏證辨其事云：「按本紀：桓公卒，子威公代立爲西周君耳。河南之外，一民尺土，皆非周有，何得爲中山之君乎？此層蘇氏古史亦辨之。魏世家：文侯伐中山，使子擊守之。說苑：文侯出少子摯封中山，而復太子擊。又魏世家：中山君相魏。此是魏所封，趙滅之。蓋姬姓之中山滅於魏文侯，魏所封之中山又滅於趙主父。而趙世家及年表皆倒置中山武公之文於文侯伐中山之前，故迷惑難考。何以明之？若中山武公尚是舊時之君，則彼不數年而亡，史取之何義？按論武亦不合。呂氏大事記謂：「是時中山勢益强，遂建國，備諸侯之制，與諸夏抗。」仍指其爲春秋鮮虞之中山，蓋誤。若以爲中山本未嘗亡，則魏克其地而守之者又何處？是中山武公爲魏所始封，以其大事，故記之耳。人表所注上下文不相連，有脫誤。徐廣不知，襲之以注史。」

今按：沈說甚是。

又按索隱引世本：「中山武公居顧，桓公徙靈壽，爲趙武靈王所滅。」此以武公後之中山滅於趙，是也。然其時中山已稱王，（參讀考辨第一〇五。）何來復有桓公？水經滱水注：中山爲武公之國，周同姓，其後桓公不恤國政，周王問太史餘曰：今之諸侯孰先亡矣？對曰：中山其先亡矣。後二年，果滅，魏文侯以封太子擊。此以桓公爲武公後仍誤，然謂桓公中山滅於魏，則是也。（參讀考辨第一四六。）索隱此處，僅引世本，不及紀年，此見司馬貞之不知別擇。而史文缺佚，後人紛紛考訂而無所詳定。然參稽以求，中山桓公滅於魏，中山武公之後滅於趙，則猶可推證也。

又按呂覽先識：晉太史屠黍見晉之亂，以其圖法歸周。周威公問曰：「天下之國孰先亡？」對曰：「晉先亡。」居三年，晉果亡，威公又問曰：「孰次之？」對曰：「中山次之。」居二年，中山果亡。高誘注以屠黍爲晉出公之太史，此決誤。依今推之，魏文滅中山在西周威公立後之九年。越三年，三晉命邑爲諸侯，（參讀考辨第四三。）當時殆以此定晉運之亡，則與中山滅國適相先後也。呂氏蓋因屠黍由晉歸周，隨文落筆，故以晉亡先中山，高誘因中山滅亡前後無晉亡事，故妄引知伯晉出公事說之。若據此推算，則太史屠黍由晉歸周，當在西周威公之七年前後。

余又疑中山武公初立應在趙烈侯十年，而非趙獻侯之十年。今史記誤以趙烈侯十年爲趙武公元，而又於趙獻侯十年誤列中山武公初立之文，遂使讀史者迷惑而難考耳。參讀考辨第四三又四六。

又按寰宇記卷六十，兩引史記云：趙敬侯救燕，與中山公戰于房，其時中山以別封稱公，故有中山武公。則當時公稱視侯轉卑。

五五　寗越考

漢志儒家有寗越一篇。班固云：「中牟人，爲周威王師。」今按：呂覽貴應篇：「寗越，中牟之鄙人也。苦耕稼之勞，謂其友曰：何爲而可以免此苦也？其友曰：莫如學。學三十年，可以達矣。寗越曰：請以十五歲。人將休，吾不敢休，人將臥，吾不敢臥。十五歲而周威公師之。」此班說之所據也。又呂覽不廣篇：「齊攻廩丘，趙使孔青將，大敗之，寗越教孔青歸齊尸。」考其事在周威烈王二十一年。周威公立在威烈王十二年。據外紀，大事紀。相距凡十年。其時正魏文魯繆尊儒禮賢，子思仕魯衛，吳起仕魯魏之際也。游仕漸得勢，故寗越亦苦耕稼而從學問。其事雖微，足徵世變，故特考而著之。又呂氏先識篇謂：「晉太史屠黍說苑權謀作屠餘。與周威公論中山亡而君繼之，威公懼，求長者，得義時田邑史驎趙駢。」（說苑作鈽疇，田邑，史理，趙巽。）田莊子記田開之見周威公，及公問祝腎養生，則威公亦好士之主也。今姑以周威公立，甯子年三十計之，則其輩序，蓋在段干木泄柳之後，而與李克吳起爲伯仲。（賈誼過秦論：「甯越徐尚蘇秦杜赫之屬爲之謀。」甯越之謀，殆卽指敎孔青歸齊尸事之類，然其人尚在早世，與後來戰國之局無關，此文家渲染耳。又高誘云：甯越趙中牟人，蓋河南中牟，時猶屬趙。參讀考辨第四六，第一六二。）

五六　田和始立在齊宣公五十一年非四十五年辨

史記田齊世家：「宣公四十五年，田莊子卒，子太公和立。」中間漏去悼子一代。宣公四十五年，乃悼子始立，非田和始立。已詳考辨第五十一。顧悼子卒於何年，索隱不著。今考水經瓠子水注引紀年：「晉烈公十一年，田悼子卒。田布殺其大夫公孫孫，公孫會以廩邱叛於趙。田布圍廩邱。翟角趙孔屑（卽呂覽孔青。）韓師救廩邱，及田布戰於龍澤，田師敗逋。」又汶水注引紀年：「晉烈公十二年，王命韓景子，趙烈子，翟員伐齊，入長城。」而田齊世家索隱引紀年：「宣公五十一年，公孫會以廩邱叛於趙。」三說相參，知爲一時事。翟員卽翟角字譌。晉烈公十一年，當齊宣之五十年。是年田悼子卒，去其卽位前後五年也。然水經注引公孫會以廩邱叛在晉烈公十一年，既爲齊宣公之五十年，而索隱引紀年，乃在齊宣公五十一年者？竊意索隱此條，實因史記本文而誤衍一一字。索隱原文當爲：「紀年，宣公五十年，公孫會以廩邱叛於趙。十二月，宣公薨，於周正爲明年二月。」蓋紀年魏史，用夏正。宣公卒在十二月，以魏史言，尚爲宣公之五十年。而以周正計之，則已爲五十一年。索隱故特著「於周正爲明年二月」之語，以見紀年之五十年，與史記之五十一年，雖異而實同。自今本索隱誤衍一字，則宣公之卒，以周正計，已爲五十二年。索隱何更無一言以明著紀年史記之異同耶？故知今索隱五十一年云云，乃涉史記本文之五十一年而誤也。（初疑索隱引宣公年，特自其立年數之，故與史記以卽位後翌年改元者差一歲。嗣細讀索隱本條全文，似不如今說爲審。）據此又知悼子之卒，田會之反，皆在齊宣公未死前。今史記書田會反於宣公卒後，此亦微誤。（齊太公世家亦云：「宣公五十一年卒，子康公貸立，田會反廩丘。」雷氏義證云：「宣公之卒在會叛之後，世家誤以悼子之卒爲宣公。」）而兵事則延及翌年，或在宣公後矣。又按史記趙世家：「敬侯三年，救魏於廩邱，大敗齊人。」徐文靖紀年統箋云：「卽敗齊田布事。救廩邱者乃烈侯，世家云敬侯，誤。」余考晉烈公十一年，適當趙烈侯之三年。然則史公所云敬侯三年敗齊廩邱者，實係烈侯三年之誤也。

又今本紀年田悼子卒，田會以廩邱反，在周威烈王十七年。魏師及韓景子趙烈子入齊長城，在十八年。較余考定前兩年。以今本紀年於晉敬公幽公年數皆誤，故也。（參讀考辨第三六。）若如今本紀年之說，則田悼子卒，尚在齊宣公四十七年，與索隱引紀年「宣公五十一年悼子卒」之說絕不同。故余知晉世家索隱不列敬公幽公烈公年數者，爲所見紀年本與史記合。而今本紀年所載晉諸侯年數實誤，不足據，卽本此事，亦足爲證。且周威烈王十八年，趙烈侯韓景侯皆新立，又魏方伐中山，亦知無三國聯軍入齊長城事。

今既定田悼子卒在齊宣公五十年，則田和立爲齊宣公之五十一年也。下至康公二十年田和卒，凡二十一年。

五七　墨子遊齊考

墨子魯問篇載墨子見齊大王，孫詒讓閒詁引蘇頌說，云：「卽太公田和也。其後子孫稱王，亦尊其祖爲大王。」孫云：「安王十六年，田和始立爲諸侯，墨子見大王，疑當在田和爲諸侯之後。」今按：安王十六年，墨子已卒。考辨第三十一。且和立爲侯，初非稱王。大王之號，自是後人追述，豈必謂墨子見田和在其爲侯後哉？考和立在齊宣公五十一年，考辨第五十六。當周威烈王二十一年。明年爲齊康公元年，在墨子卒前十三四年。知墨子見田和，必在和之早歲。又非樂篇載齊康公興樂萬，閒詁云：「齊康公與田和同時，墨子容及見其事。但康公衰弱，屬於田氏，卒爲所遷廢，恐未必能興樂如此之盛。竊疑其爲景公之悞，惜無可校諭也。」今按：不能主國政，未必不能縱淫樂，此不必疑者。史記田齊世家云：「康公淫於酒婦人，不聽政。」與墨子興樂之説足相證，尤可明其無悞。而孫氏墨子傳略又據此推齊康公卒時，墨子猶存，則誠大悞矣。昔人於此等處每易悞。如子夏爲魏文侯師，則謂必在魏文始侯之歲，墨子見齊大王，則謂必田和列爲諸侯之後，此據非樂篇載齊康公興樂，因謂墨子卒後康公，皆是也。

魯問載墨子見齊大王，先見項子牛。牛爲齊將，三侵魯地，墨子弟子勝綽三從，墨子退之。孫云：「三侵魯不知在何年。以史記六國年表及田齊世家考之，魯元公十八年，伐魯葛及安陵，按實繆公四年，當作莒及安陽。二十年，取魯一城，實繆公五年。穆公二年，齊伐魯，取郕，實繆公八年。十六年，伐魯取最，實繆公二十二年。或卽三侵之事。」今按：取最在齊康公十一年，當鄭繻公被弑後兩年，其明年墨子與魯陽文君論伐鄭事，其時墨子已老，不久而卒。余疑齊伐魯取最之歲，墨子已在楚。且其事與取郕以上三役相距已遠，則三侵殆取郕前事，乃當田莊子悼子時。參讀考辨第五十一，五十六。墨子來齊，則取郕以後三四年，値和子當國時也。魯問又載魯君問墨子曰：「吾恐齊之攻我，可救乎？」墨子説以事齊。其事當在之齊之先。孫云：「魯君疑卽穆公」，是也。及其至齊，而諫項子牛齊大王勸毋伐魯，則猶如止楚攻宋，亦先見公輸般，後見惠王矣。參讀考辨第四十七。

五八　子思生卒考　附顏般　王愼　長息

孔子世家云：「伯魚年五十，先孔子卒。伯魚生伋，字子思，年六十二，嘗困於宋，作中庸。」子思生年無考。伯魚之卒，在周敬王三十七年。考辨第二六。或謂遺腹生子思，則子思生，至遲亦在周敬王三十七八年也。檀弓：「子思之哭嫂也爲位，婦人倡踊。」是子思有嫂也。子思既有嫂，則知其有兄矣。袁枚隨園隨筆引宋白續通典，子思兄死，使其子白續伯父，未知何據。伯魚早卒，而子思有兄，則子思之生，不能甚前。或謂其親受業於孔子，決不然矣。孔叢子有孔子子思問答，不可信。又謂子思從孔子於郯，遇程子，又「孔子卒，子思爲喪主，四方來觀禮。」若子思年既長，尤非也。相傳伯魚生一子子思，未爲得實。而年壽亦可疑。孟子記魯繆公尊禮子思。漢藝文志子思二十三篇，班氏云：「爲魯繆公師。」余考繆公元年，在周威烈王十一年，詳考辨第四十七。去孔子之卒六十四年。若子思年六十二，無緣値魯繆。或謂六十二，乃困於宋作中庸之歲，或謂六十二乃八十二之誤。此毛氏四書賸言載王草堂復禮辨，及孔繼汾闕里文獻考之說。此皆無證。然中庸僞書出秦世，則前說尤不足信。孔叢稱，「子思年十六困于宋，作中庸。」益荒誕。孟子稱：「子思居於衛，有齊寇，或曰盍去之？子思曰：如伋去，君誰與守？」衛齊之事，不審在何年。年表繆公元年，實已魯繆公之九年，詳考辨第四十七。齊伐衛，取毋丘，以前則無考。然孟子曰：「子思臣也，微也。」

觀魯繆之重敬子思，知子思居衛當在中年壯歲。大抵子思先曾事衛，歸老於魯，乃當繆公世也。（孔叢：「子思居衛，魯穆公卒。」其誤不待辨。）卒年亦難定。若以壽八十二計，則最晚不出繆公十四年，乃在周威王末年，其年世與墨子正相當。孔叢子：「子思遊齊，陳莊伯與登泰山。」陳莊伯卽田莊子，其卒當魯繆公之五年。惟孔叢不足據，子思果遊齊與否，其遊齊而見莊子，當在何時，今亦無可詳定也。

通鑑據孔叢，書子思言苟變於衛侯，在周安王二十五年，去孔子卒百二年，此決誤。孔叢舊注謂衛敬公，亦未詳所據。何孟春餘多序錄論其事云：「子思居衛，必是衛悼敬昭公時。昭公時衛屬於晉韓趙魏氏，賢者已自難安其國。懷寶愼頹皆弒君賊，衛非父母國也，子思忍復面其人，爲之謀而不去耶？孟子曰：『繆公亟見於子思，曰：古千乘之國以友士，何如？子思不悅。』又曰：『繆公之於子思，亟問，亟餽鼎肉，子思不悅。』又曰：『繆公無人乎子思之側，則不能安子思。』繆公之尊禮子思如此，子思之自尊如此，子思是時年登期頤，於父母國有賢君焉，公儀休爲相，泄柳申詳爲臣，而子思顧不老焉，而適亂國，與逆賊語邪？子思居於衛，有齊寇，子思不去，孟子曰：『子思臣也，微也。』必子思少壯從仕時事。子思言苟變於衛，果有是事，必在悼敬昭公時，而記者誤耳。」孔叢又云「田子方遺子思狐白裘」，二人年正相當，然事不足信。崔述已辨之。

章太炎文錄徵信論有辨子思不師曾子一節，謂：「宋人遠跡子思之學，上隸曾參。尋制言天圓諸篇，與子思所論述殊矣。檀弓篇記曾子呼伋，古者言質，長老呼後生則斥其名，微生畝亦呼孔子曰丘，非師弟子之徵也。檀弓復記子思所述，鄭君曰：爲曾子言難繼，以禮抑之。足明其非弟子也。」今按：漢志，曾子宓子皆著孔子弟子，李克子夏弟子，世子公孫子七十子弟子，獨子思云「孔子孫，爲魯繆公師」，不云師曾子。雖章氏所據制言天圓諸篇，未必眞曾子書，檀弓亦難盡依信，然子思師曾子，其說不見於先秦，則誠可疑也。

又按：檀弓：「子思之母死於衛，柳若謂子思曰：子聖人之後也，四方於子乎觀禮，子盍愼諸？」鄭注：「子思伯魚子。伯魚卒，其妻嫁於衛。柳若，衛人也，見子思欲爲嫁母服，恐其失禮，戒之。嫁母齊衰期。」今按：「子思曰：吾何愼哉？有其禮，無其財，君子弗行也。有其禮，有其財，無其時，君子弗行也。吾何愼哉？」則子思之所憾，在於無財無時，不得盡其禮，未見欲爲嫁母服恐失禮之意也。鄭注謂其嫁母者，乃據檀弓別章：「子思之母死於衛，赴於子思，子思哭於廟。門人至，曰庶氏之母死，何爲哭於孔氏之廟乎？子思曰：吾過矣，吾過矣，遂哭於他室。」鄭注：「子思母，嫁母也，姓庶氏，嫁母與廟絕族。」鄭謂子思母嫁母，特據本文「庶氏之母死，何爲哭於孔氏之廟」而云也。然子思母既再嫁，則葬祭之禮，別有主其事者，柳若何以有四方觀禮子其愼諸之戒？子思亦何以有無財無時不得備禮之歎？此又不可通之說也。竊謂子思有兄，而子思亦非嫡。子思生母，殆非伯魚之正妻。禮喪服：「庶子爲父後者，爲其母緦。」傳曰：「何以緦也？曰：與尊者爲一體，不敢服其私親也。然則何以服緦也？有死於宮中者，則爲之三月不舉祭，因是以服緦也。」又曰：「士爲庶母緦。」庶妾不得與嫡妻比尊，即不得入於大宗之廟。故曰：「庶氏之母死，何爲哭於孔氏之廟也。」謂庶氏之母者，謂子思非嫡出，故子思生母乃庶氏之母耳。劉師培左盦集，謂本文庶氏之母當作庶氏之女。母涉注文嫁母而訛。急就篇卷一庶霸遂，顏注曰：庶氏之先出衛之公族，以非正嫡，遂號庶氏。禮記曰：子思之母死於衛，庶氏之女也。則唐初本經文作女，不作母。竊謂檀弓正文若果作女字，亦謂其非伯魚正妻，即義不得爲妻，故曰庶氏之女耳。然子思母卒，年壽已高，或人豈得當子思面者稱之爲庶氏之女乎？且鄭注嫁母，明是直順正文庶氏之母來，故又增曰姓庶氏，是謂其嫁庶氏。殆後人疑其不可通，於是又故說爲庶氏女。非別有的據也。子思本居衛，故其母在衛。其母之死，子思適返魯，聞其赴，哭之。又至衛營喪葬，故柳若謂四方於子觀禮也。正義引張逸問：「舊儒世本，皆以孔子後數世皆一子，禮適子爲父後，爲嫁母無服。檀弓說子思從於嫁母服何？」鄭答云：「子思哭嫂爲位，必非嫡子。或者兄早死無繼，故云數世皆一子。」鄭謂子思非適是也，謂其爲嫁母服，則非。參讀考辨第一四八附篇。又張蒿菴閒話亦云：「昔者子之先君喪出母乎，出母者，所生之母也。呂相絕秦曰，康公我之自出，則出之爲生明矣。」此辨出母乃謂所自出之庶母，與余說可相證。又謝梅莊遺集纂言外篇謂「子上不喪出母，庶子爲父後也。門人先君子喪出母之問，謂孔子於顏夫人也。以自出爲被出，以先君子爲伯魚，此讀檀弓者之鹵莽。」又夏炘檀弓辨誣，亦辨孔門三世出妻之誣。李慈銘越縵堂日記謂：伯魚早死，故其妻改嫁。是聖門本無出妻事，康成注惟曰伯魚卒，其妻嫁於衛，見其精愼。既知非出妻，而又同護鄭注，是五十步與百步也。

又按：孟子：「費惠公曰：吾於子思則師之矣，吾於顏般則友之矣，王順長息則事我者也。」人表費惠公顏敢王愼長息同列四等。敢般形近而誤。愼順字通。費惠公即魯季氏之僭。困學紀聞八，參讀考辨第三五，第四八。顏氏世系云：「無繇生回，回生般。」則謂般乃顏子之子。又謂般與王順同師子思，則顏子之子，其年不下於孔子之孫，何乃師子思乎？其信否無可考。長息，公明高弟子，見趙岐注。

五九　列禦寇考　附　南郭子綦

莊子讓王篇：「子列子窮，客言之鄭子陽，子陽令官遺之粟，列子辭。其卒，民果作難，殺子陽。」子陽之事，見呂覽適威首時，又見淮南氾論。云：「子陽好嚴，舍人有過而折弓者，畏罪恐誅，則因猘狗之驚，而弒子陽。」高注均云：「子陽，鄭君也。一曰鄭相。」而史記鄭世家則云：「鄭繻公二十五年，鄭君殺其相子陽。楚世家亦云：「悼王四年，伐鄭，（本作周，字誤。）鄭殺子陽。」年表同。故志疑謂：「鄭殺子陽，以說於楚。」二十七年，子陽之黨共弒繻公。」與呂覽淮南異。據史記則列子乃周安王時人也。今列子書有劉向敘錄，以列子為鄭穆公時。柳宗元辨列子謂：「鄭殺子陽，當魯穆公十年，按實魯繆公十八年。不知向言魯穆公時，遂誤為鄭耶？」然今列子書既出後人掇拾，如其書中言魏牟，孔穿，鄒衍，皆出列子後。向敘不在七略別錄，後人自得偽為，無足深論。高氏子略謂：「太史公不傳列子，莊周末篇敘墨翟禽滑釐慎到田駢關尹之徒，以及於周，而禦寇獨不在其列，豈禦寇者，其亦所謂鴻濛列缺者歟？」然考韓策：「史疾為韓使楚，楚王問曰：客何方所循？曰：治列子圉寇之言。曰：何貴？曰：貴正。王曰：楚國多盜，正可以圉盜乎？曰：可。有鵲止於屋上者，曰：請問楚人，謂此鳥何？曰：鵲。曰：謂之烏，可乎？曰：不可。今王之國有柱國，令尹，司馬，典令，其任官置吏，必曰廉潔勝任。今盜賊公行，而弗能禁，此烏不爲烏，鵲不爲鵲也。」則禦寇實有其人。鄭爲魏滅，而韓徙於鄭。史疾在韓，習聞其說。蓋亦上承儒家正名之緒，一變而開道法刑名之端者。爾雅疏引尸子廣澤云：「列子貴虛。」蓋其道因名責實，無爲而治，如史疾所言是也。漢志道家列子八篇，晉有張湛注，後人多辨其僞。然時亦有先秦遺言，要在擇愼而取耳。

近人馬叙倫莊子義證，據德充符子產師伯昏無人，而田子方篇列禦寇爲伯昏無人射。又呂氏春秋下賢，子產見壺邱子林，高誘注：「子產壺邱子弟子」，而應帝王稱列子歸告壺子，司馬彪曰：「壺子名林，列子師。」證列子與子產同時。又據史記老子傳關令尹喜強老子著書，漢書藝文志道家關尹子，班注：「名喜，老子過關，喜去吏而從。」呂氏審己高注：「關尹喜師老子。」而達生篇子列子問關尹子，呂氏審己子列子請於關尹子。推證列子與老子關尹子同時，亦正與子產同時。謂：「讓王篇所謂子陽，疑當爲子駟，亦子產時。傳其事者以子駟駟子陽並爲鄭相，又並不得其死，相涉而誤。」今考漢書古今人表，列子在韓景侯魏武侯間，亦自以列子在戰國，不在春秋也。藝文志道家列子八篇，列莊子後。班注：「名圄寇，先莊子，莊子稱之。」僅據莊子稱之，而云在莊子先，亦不以爲在春秋時。春秋主政不稱相。且子駟見殺，子產已爲政，亦不得稱相子駟。以國相遺窮士粟，其事正當在戰國。子產時猶無有也。所謂壺邱子林，伯昏無人，縱非鴻濛列缺之類，然韓詩外傳七記狐丘丈人與孫叔敖問答，狐丘卽壺丘也。參讀考辨第七二孫叔敖與子產年世相距五六十載，壺邱及見孫叔敖，豈又爲子產師？此等已難確定。伯昏無人尤渺茫，特以子產乃鄭之聞人，而列子亦鄭籍，故言兩人事多牽混。此如諸書言孔子師老萊子，又稱子思師老萊子，豈得證孔子子思同時？先秦書如此類者甚眾，馬氏據不可據以疑可據，何耶？老子關尹，其不可據，與壺邱伯昏亦同。參讀考辨第七二。否則楊朱師老聃，亦得謂楊朱與子產同時耶？竊意列禦寇，仍當列戰國爲允。

又按莊子齊物論稱南郭子綦，其人蓋亦道家先宗也。徐无鬼：南伯子綦隱几而坐，仰天而噓，顏成子游入見，子綦告之曰：「吾嘗居山穴之中矣，當是時也，田禾一覩我而齊國之眾三賀之。」南伯子綦卽南郭子綦也。則子綦乃齊人而當田太公時。田和之尊禮子綦，蓋亦如魏侯師田子方，友段十木，以大夫僭國，乃敬文學高士，以收譽而籠眾望。子綦正與列禦寇略同時。今列子仲尼篇，有子列子與南郭子連牆二十年不相請謁云云，南郭子卽子綦也。乃後世言道家，率言莊列，子綦之名，若淪若晦，若眞與鴻濛列缺爲伍矣。爰特表之於此焉。又按大宗師南伯子葵，釋文引李云：「葵當爲綦，聲之誤也。」莊書三稱子綦，皆涉忘我之學，固知亦有所受，非虛矣。

又顏成子游，陸德明音義引李云：子綦弟子，姓顏名偃，謚成，字子游。齊物論成疏，謂子綦乃楚昭王之庶弟，楚莊王之司馬，誤妄不足信。

六〇　魏武侯元年乃周安王六年非十六年辨

史記魏世家索隱引紀年：「魏文侯五十年，魏武侯二十六年」，則武侯元年，應在周安王六年。年表誤後十年，已詳考辨第三十七。今按：年表記武侯年，顯有可疑者。一，武侯之元，去楚悼王之死僅五年。吳起先仕武侯，有西河之對，武侯善之，守西河甚有聲名。商文爲相，此據呂氏執一。史記吳起傳作田文，與孟嘗君同姓名。吳起與之論功。大抵吳起仕魏，於文侯朝爲晚進，而在武侯世則頗久。其去而之楚，歷時又當二三年。詳考辨第六十六。今前後五年，實爲短促不符。二，魏世家記魏武侯九年，使吳起伐齊至靈丘。年表亦載靈丘事。而其時楚悼已死三年矣。吳起又烏能爲魏伐齊？考索隱引紀年云：「魏武侯元年，當趙烈侯之十四年。」而烈侯元在威烈王十八年，魏滅中山之歲。趙世家烈侯九年，武公十三年，共二十二年。譙周云：「系本及說趙語者，並無武公事。」今索隱引紀年有烈侯十四年，姑幷武公爲烈侯二十二年，則烈侯十三年，適當魏文五十年後一歲，卽爲武侯元年。而索隱稱武侯元當趙烈侯十四年者，紀年魏史，以魏紀元，故他國僅書卽位，不計年數。索隱此說，乃自烈侯初立之歲數之。今以卽位翌年紀元，故爲十三年也。然則魏武侯使吳起伐齊，實有其事。依紀年武侯九年，乃周安王十四年，又七年而楚悼王始卒，則魏武九年時，吳起尚在魏。史公殆亦誤其世而未誤其年者耳。繹史年表列吳起奔楚於周安王十五年，亦無的據。顧謂是年魏文侯卒，吳起以譖奔楚，則誤於史說，若吳起不仕魏武矣。

六一　墨子遊楚魯陽考

墨子魯問篇載魯陽文君與墨子論攻鄭曰：「鄭人三世弑其父」，閒詁引蘇云：「父當作君。據史記鄭世家鄭人弑哀公哀公八年而弑，爲周定王十四年，明年共公元，今年表皆脫去。幽公繻公，是三世弑君之事。」黃式三周季編略又據本篇三年不全之語，以魯陽文君攻鄭在周安王八年，卽鄭繻公被弑後三年。孫氏則謂：「二說俱可疑。據賈逵國語注文選注引。高誘淮南子注皆云：魯陽文君卽司馬子期之子公孫寬，而左傳子期死白公之難，在魯哀公十六年。卽孔子卒年。次年，寬卽嗣父爲司馬。至少亦必已弱冠。下至鄭繻公之弑，相距已八十四年。文子若在，約計殆踰百歲。豈尚能謀攻鄭乎？」因疑三世當作二世，蓋在韓殺幽公之後。梁啟超墨子年代考謂：「幽公之弒，上距寬爲司馬時亦已六十餘年。今按：自白公作難，至韓殺幽公，凡五十六年，梁說誤。若此則寬非惟不能見繻之弒，恐並不及見幽之弒。」因謂：「魯陽爲寬封邑，固無可疑，然文子未必卽寬。按：楚語「惠王以梁與魯陽文子，文子辭，乃與之魯陽。」則魯陽乃文子始封。若謂文子未必卽寬，如何又謂魯陽爲寬封邑，可無疑耶？此亦梁說疏處。安知其不爲寬之子？孫氏據漢人之注以改先秦古書，甚非當也。」今按梁說亦疎。然疑文子未必卽寬，則爲有見。淮南覽冥訓：「魯陽公與韓構難，戰酣，日暮，援戈而撝之，日爲之反三舍。」高誘注：「魯陽，楚之縣公。楚平王之孫司馬子期之子，國語所稱魯陽文子也。」高氏此注，以魯陽公卽魯陽文子，是也，顧謂卽司馬子期之子，則非。何者？楚韓交兵，始自悼王之世。悼王二年，三晉伐楚。九年，伐韓，取負黍。是年爲周安王九年，適當鄭弒繻公後三年。黃氏謂周安王八年，誤。前一年鄭負黍反韓，殆韓鄭交爭而楚收漁人之利也。後二年悼王十一年，三晉又敗楚，又後十九年，楚肅王十年，而魏取魯陽。援戈撝日，其語荒誕。然韓魯陽構難，其事當起楚悼之世，則無可疑者。其時去公孫寬爲司馬已八十六年，而高注顧以爲司馬子期之子，其失實可知。則梁氏疑文子未必卽寬，固非虛矣。且幽公見殺於韓，非鄭人自弒其君。若依孫說，改二世弒君謂當韓殺幽公後，則語氣情理益不合。知魯問所記，確係安王八九年事。墨子其時尚存。若生於孔子卒歲，至是已八十七年也。今綜述墨子生平，南至楚，見惠王，在四十前。遂仕宋昭公，見逐，當不出五十。其後殆常居魯。其至齊，見田和，已踰七十。重遊楚，見魯陽文君，則八十外老人。（齊康元至鄭康三，凡十一年。）墨子殆終於魯陽也。

六二　墨子弟子通考

儒墨同爲先秦顯學。呂氏尊師篇謂：「孔墨徒屬彌眾，弟子彌豐，充滿天下。」今考孔子弟子七十人，而淮南書謂：「墨子服役者百八十。」公輸篇記墨子說楚王，謂：「臣之弟子禽滑釐等三百人在宋城上」，是墨徒之盛，猶踰洙泗。此非孔墨有優劣，蓋時益晚而學益昌，亦可以覘世變也。惟孔子弟子，尚有史遷列傳，存其梗概。獨墨徒湮沒，莫爲紀述。近世孫詒讓始爲墨學傳授考，綴拾遺文，網羅墜緒。傳記所載，編次略盡。今特申其未備，糾其疏失。大體則詳原書，不具引也。

禽滑釐（困學紀聞集證：「墨子耕柱篇作駱滑氂，呂氏當染篇作禽滑黳，尊師篇作禽滑黎，列子楊朱篇作禽骨釐，古今人表作禽屈釐。」孫氏閒詁謂：正字當作屈氂，漢有丞相劉屈氂，氂當本作𣯛，謂彊曲毛也。）

呂氏當染篇：「田子方學於子貢，段干木學於子夏，吳起學於曾子，禽滑黳學於墨子。」史記儒林傳云：「田子方段干木吳起禽滑釐之屬，皆受業於子夏之倫，爲王者師。」此蓋承襲呂書，而下語未晰。云子夏之倫者，以子夏概子貢曾子墨子而言也。孫氏據以爲禽子先與田子方段干木吳起受業於子夏，後學於墨子，乃大謬。又按王厚齋困學紀聞已先誤。閻百詩四書釋地又續：謂「儒林傳子夏之倫，承上文子路子張子羽子夏子貢言。」亦誤。沈欽韓又譏史公爲援墨入儒，此皆不識史文來歷，故臆測無當也。楚惠王將攻宋，墨子使禽子諸弟子三百人持守圉器，在宋城上，待楚寇。其時禽子年當近三十，先吳起約三十年。時當吳起生年，或幼時也。禽子與楊朱問答，語見列子。考楊朱曾見梁惠王，當在惠王早世。而惠王元年，去楚惠謀攻宋已踰七十年，去吳起之死亦踰十年。禽子至梁惠王元年，壽已踰九十。若楊朱與禽子相值，是楊朱早年值禽子之老壽也。然觀列子文，乃似禽子輩行轉後。僞書晚出，不可盡據。此特設爲楊墨兩家相難，寓言無實，猶如晏平仲問養生於管夷吾也。孫氏博採，未加辨正。

高石子

墨子使管黔敖遊高石子於衛，衛君致祿甚厚，設之於卿，而言無行。高石子去之。墨子悅，曰：「倍祿鄉義，於高石子見之。」

公尚過

墨子遊公尚過於越，越王悅之，使迎墨子，墨子辭。呂氏高義作公上。潛夫論志氏姓篇，衞公族有公上氏，廣韻一東衞大夫有公上玉。疑過亦衞人。

耕柱子

墨子遊耕柱子於楚。

今按：墨子弟子事迹，少可考見。見者皆仕諸侯，又皆由墨子之遊揚。孔子主正名復禮，其學說若深帶貴族化之傾向。又曰：「不仕無義」，遑遑走天下。顧深不願其弟子之急於仕進。今墨子雖非禮樂，力斥貴族生活。其爲學立說，雖若務爲平民化，力與儒異趣。而顧汲汲遊揚其弟子，爲之謀祿仕。卽此亦足以覘世變。「有遊於子墨子之門者，欲使隨而學，曰姑學乎！吾將仕子。勸於善言而學。朞年而責仕於子墨子。」見公孟篇。此可見來學者率志於仕祿也。故孔子曰：「三年學，不志於穀，不易得。」此孔墨之門人一也。「墨子遊耕柱子於楚，二三子過之，食之三升，客之不厚。二三子復於子墨子，曰：耕柱處楚，無益矣。子墨子曰：未可知也。毋幾何，而遺十金於子墨子。子墨子曰：果未可知也。」莊生謂「河潤九里，澤及三族」，門徒之相望以仕進者，又儒墨之所同也。故覘仕爲心理之同，游仕爲世風之變，雖大師無如何。史稱吳起家累千金，游仕不遂，遂破其家。游仕之風當盛於其時。

魏越

墨子使之遊越。

曹公子

墨子仕曹公子於宋，三年而反，睹墨子，曰：「始吾遊於子之門，短褐之衣，藜藿之羹，朝得之則夕弗得。今以夫子之故，家厚於始。」今按墨學之興，適當曾子子夏子思得志顯名之際。儒術既煊赫於天下，而墨子乃以役夫刑徒之道倡。裘褐爲衣，跂蹻爲服，日夜不休，以自苦爲極。慮其一時門徒相從，蓋多貧賤之士。故食之三升則同門怨，遺之十金則夫子悅。墨子之門，若曹公子之徒者蓋多。墨子之汲汲遊仕其弟子者，此亦其一端歟。

勝綽

墨子使事齊項子牛。

墨子魯人，其行跡所到，爲楚宋衛齊四國。其遊仕弟子，亦惟見於楚越宋衛齊五國。魯雖宗邦，然以曾申子思爲儒者大師，方見尊禮。魏文侯雖好賢，然子夏田子方段干木李克吳起皆儒者徒，故墨術沮焉。

隨巢子

藝文志有書六篇，班氏云：「墨子弟子。」

胡非子

藝文志有書三篇，班氏云：「墨子弟子。」（葉德輝曰：「元和姓纂云：陳胡公後有公子非。後子孫爲胡非氏。」按通志氏族略亦云然，胡非蓋齊人也。）

今按：隨巢胡非，名字不見墨子書，其著書亦不傳，其雜見於他書稱引者，亦未見其必爲墨子弟子也。（隋書經籍志云：「巢非似墨翟弟子。」則下語爲愼矣。）今墨子書如尚賢尚同兼愛非攻節用節葬天志明鬼非樂非命，皆稱子墨子曰，明其爲門弟子所記。又每題各分三篇，或乃墨分爲三後，各記所受於師者。墨經尤晚出，當在墨學二三傳以後。其書皆有條貫，不自爲稱說，疑當時墨子門徒，並不自著書。隨巢胡非，殆出後世假托。（馬國翰有輯本，謂：「隨巢書多言災祥禍福，其論鬼神之能，即中庸體物而不可遺之意。胡非五勇一篇，與莊子相出入，說弓矢亦本韓非子矛盾之喩。戰國人文字相襲，往往而然。」據此，二書皆晚出無疑。）至其人事跡全不詳，似不當與前列諸人並視也。

孫氏集墨子弟子，凡十五人，除上所稱引，餘皆僅見姓名，無補稽考，茲不贅。

韓非顯學篇云：「自墨子之死也，有相里氏之墨，有相夫氏之墨，（元和姓纂作伯夫氏，或當作柏。）有鄧陵氏之墨，墨離爲三。」莊子天下篇云：「相里勤之弟子，五侯之徒，南方之墨者，苦獲已齒鄧陵子之屬，俱誦墨經，而倍譎不同，相謂別墨。」成玄英疏：「相里勤，南方之墨師也。」今按：莊子文於苦獲已齒鄧陵子之前，特冠以南方之墨者五字，（姓纂，楚公子食邑鄧陵，因氏焉。是鄧陵子乃楚人。越則有大夫苦成，是苦獲亦南人。已氏無考，疑並楚人也。）

相里五侯蓋非南方之墨也。姓纂，晉大夫里克之後居相城，因爲相里氏。後晉有建雄節度使相里金，幷州人。今按山西汾陽有大相里小相里二村，相里金墓在小相里之北，碑云：晉大夫里克，其妻攜子避地居於相城，時人遂呼相里氏。相里武爲漢御史，相里覽爲十六國前趙偏將軍云云。又考北齊寺碑題名，亦多相氏。又今安邑縣北亦有相里村，則相里勤疑乃北方之墨師也。孫詒讓云：五侯蓋姓五，與伍同，古書伍子胥姓多作五。按：春秋伍氏與於楚，而子胥之後有在齊者，五侯亦未必是南人。又按陶潛集聖賢羣輔錄謂：「不累於俗，不飾於物，不忮於名，不忮於衆，此宋鈃尹文之墨。裘褐爲衣，跂蹻爲服，日夜不休，以自苦爲極者，相里勤五侯子之墨。俱誦墨經而背譎不同，相謂別墨，此苦獲已齒鄧陵子之墨。」此言三墨又異。然其不以相里五侯爲南方之墨，則殊可據也。又相里之弟子五侯之徒與鄧陵子同輩行，則相里蓋前輩。此如儒分爲八，以子張氏與孟子孫氏並舉，輩行縣絕，則三墨亦未必同世也。

梁任公墨子年代考謂：「公孟篇記墨子與告子語，而告子又曾與孟子論性，參合兩書言論，其爲一人無疑。孫氏據趙岐孟子注，謂告子曾學於孟子，疑其年代不相及，因謂當是兩人。案孟子本文，無以證明告子爲孟子弟子，恐直是孟子前輩耳。墨子卒下距孟子生不過十餘年，告子弱冠，得見墨子之晚年，告子老宿，得見孟子之中年，並非不相及。」今按梁氏以告子定墨孟之年距，是也。余考墨子卒在安王十年左右，而孟子生在安王十三四年以下。或孟子之生，竟及墨子之未死，則墨孟書中告子之爲一人，尤無可疑。觀公孟篇所記二三子請棄告子，而墨子曰不可，則告子殆亦墨子弟子。墨子主尚同一義，而曰義自天出，此卽告子義外之說所本也。沈欽韓漢書疏證謂：「孟子稱告子，乃辭而闢之，非同時問答。」今按孟子云：「率天下而禍仁義者，必子之言夫。」明是當面稱呼。下孟子兩質，告子兩曰然，明是當面問答。沈說非也。

六三　孟子生年考

世傳孟氏譜，孟子以周定王三十七年四月二日生，赧王二十六年正月十五日卒，壽八十四歲。此譜未詳來歷。周定王無三十七年。又謂孟子生當孔子後三十五年，則爲貞定王二十五年。然孟子生年，決不如此之早。或謂定乃安字之訛。安王在位二十六年，下至赧王二十六年，凡八十八年。譜謂孟子壽八十四，逆推之當生於烈王四年。後人多信其說。惟譜記生平既不足信，則其記卒年及壽數，未必盡可信。今捨其生年，據其卒年與其壽數，而更推其生年，其未必信明矣。孟子離婁：「予未得爲孔子徒也，予私淑諸人也。」朱子集註：「自孔子卒，至孟子遊梁時，方百四十餘年，而孟子已老。然則孟子之生，去孔子未百年也。」朱子博學多識，其爲四書集註，尤精力所萃。今觀其推論孟子生年，知其時尚未有譜，故爲朱子所未見。否則以爲不足憑，抑且不屑辨數也。以此推之，譜之不可信尤益顯。顧孟子遊梁，去孔子之卒，實已百六十年。詳考辨第一五一。朱子亦復誤。則其推論孟子之生，去孔子未百年者，亦未必可信也。周廣業孟子四考，又據朱子未百年之説，湊會以八十四之壽，謂：「舊譜生年，當改定字，去三字，爲安王十七年，則上距孔子卒九十五年，其卒當在赧王十三年或十二年，而譜倒爲二十，又衍六字也。」夫年譜既不可信，集註又未可據，今兩憑其説，而奮改其舊，其爲不足信尤甚矣。其他論孟子年世者，紛紜之説，不一而足。顧余考齊宣王梁惠王世次，史策既多誤。諸家據以論孟子，則宜其治絲而益棼矣。今既於齊梁宋滕諸國世系年代，一一重爲釐定，而孟子遊仕先後，亦詳加審核。參伍錯綜，斟酌情事，而定孟子生年，最早當在安王之十三年，最晚當在安王二十年。乃與朱子周氏之所推定，亦若相符。然其立論造斷之所以然，則固自不同。且尤有進者，知人論世，貴能求其並世之事業，不務詳其生卒之年壽。今謂孟子生於烈王四年，或謂生於安王十七年，前後相去不越十五年，此不過孟子一人享壽之高下，與並世大局無關也。苟既詳考孟子遊仕所至，並世情勢，及列國君卿大夫往來交接諸學士，則孟子一人在當時之關係已畢顯，可無論其年壽之或爲七十或爲八十矣。無徵不信，必欲穿鑿，則徒自陷於勞而且拙之譏，又何爲者？余茲所陳，固非以爲定論，而摧廓舊說，開陳新義，亦足以見考古之意。至於援證之細，將逐事備詳於後，此不具也。魏氏古微堂外集孟子年表云：「史記索隱謂孟子卒于周赧王二十六年壬申，闕里志從之，而謂壽九十有七歲，逆推之，當生於安王十七年。惟近日索隱本誤作生于周定王三十一年，當以闕里志所據索隱原本校正。」今按索隱並無孟子生年，未曉魏說何據。

又按孟子名軻，其字趙岐已云未聞，徐幹中論序云：「孟軻荀卿，懷亞聖之才，著一家之法，皆以姓名自書，至今厥字不傳，原思其故，皆由戰國之士，樂賢者寡，不早記錄耳。」

六四　田和始立爲侯考

史記田齊世家：「康公貸立十四年，太公遷康公於海上。明年，魯敗齊平陸。三年，太公與魏文侯會濁澤，求爲諸侯。」集解徐廣曰：「康公之十六年。」索隱云：「徐廣蓋依年表爲說，而不省此上文，貸立十四年，又云明年會平陸，又三年會濁澤，是十八年。表及此註並誤。」張文虎史記札記謂：「依索隱，似三年上有又字。」今按：據下文「魏文侯乃使使言周天子及諸侯，請立齊相田和爲諸侯，周天子許之。康公之十九年，田和立爲齊侯，列於周室，紀元年。和立二年而卒。」則索隱十八年之說是也。蓋十八年會濁澤。其時爲魏武侯十年，今稱魏文侯者誤。翌年十九年，田和始列爲侯，紀元年。田和之二年，則爲康公二十年，而田和卒也。

六五　齊康公二十一年乃田侯剡立非桓公午立辨

史記年表：「齊康公二十年，田和卒。二十一年，田和子桓公午立。」按：田齊世家索隱引紀年：「齊康公五年，田侯午生。二十二年，田侯剡立。後十年，田午弒其君及孺子喜而爲公。」並引春秋後傳爲證。年表漏去剡一世，併前漏去田悼子一世，自田常以下，田齊祇得十世，與莊子十二世有齊國之語不符。當依紀年。又田和以齊康公二十年卒，田剡即以是年立，年表書之隔歲，依人君即位翌年稱元之例也。索隱引紀年作齊康公二十二年田剡立，誤衍一二字。知者，魏世家索隱據紀年，謂：「桓公立十九年，當梁惠王之十三年」，則桓公弒君自立，在魏武侯二十一年。周安王二十六年。自此逆溯而上十年，正爲齊康公之二十年。周安王十七年。知史記於此乃誤其世系而未誤其年也。

六六　吳起去魏相楚考

史記吳起傳：「田文旣死，公叔爲相，害吳起，起懼得罪，遂去之楚。」今按：魏策：「公叔座爲魏將，與韓趙戰澮北，禽樂祚。魏王賞田百萬，座以讓吳起之後。」其事年表在惠王九年，吳起已死十九年矣。其年公叔亦卒。明年，商鞅遂入秦。觀公叔之待商鞅，不似害賢者。呂氏觀表執一諸篇，言譖起者乃王錯。考魏策：「魏武侯與諸大夫浮西河，王鍾侍。」姚云：「鍾一作錯」，卽此王錯。魏武自矜河山之險，而錯附之，爲吳起所折。魏武盛獎起，王錯之忌起，當肇於此。魏世家集解徐廣引紀年：「惠王二年，大夫王錯出奔韓」，卽此人。史記吳起奔楚之由，蓋誤。又起爲魏武侯伐齊至靈邱，在武侯九年，考辨第六十。則去魏當在十年以後。據說苑指武篇起至楚先爲宛守，說苑云：起爲宛守，行縣適息，問屈宜臼，屈公不對云云。今按說苑權謀篇有屈宜咎論韓昭侯不獲出高門。史記六國表韓世家皆作屈宜臼，臼咎古字通。然考韓昭侯築高門在昭侯二十九年，距此當五十年，疑不能爲一人。淮南道應訓作吳起爲楚令尹，適魏問屈宜若。若亦咎之誤文也。恐屈宜臼之告吳起，特後人模效趙良之告商君而造爲之，屈子固不與吳起同時也。居一年，乃爲令尹。不識其前又曾爲他職否。其爲令尹，史記載其政績云：「起相楚，明法審令，捐不急之官，廢公族疏遠者，以撫養戰鬭之士。要在強兵，破馳說之言縱橫者。於是南平百越，北幷陳蔡，卻三晉，西伐秦，諸侯患楚之強。故楚之貴戚盡欲害吳起。」今按：陳滅在惠王十一年，蔡滅在四十二年，何待悼王？楚世家於悼王十一年，即書二十一年悼王卒，更不記平越卻晉伐秦之事。檢諸越世家，楚破越在威王世，亦與悼王無涉。則卻三晉而伐秦者，其語殆同爲無稽也。且其時亦尚無縱横之言，史蓋誤襲秦策蔡澤語耳。或史本作：「起相楚，明法審令，捐不急之官，廢公族疏遠者，以撫養戰鬬之士，故楚之貴戚盡欲害吳起」，前後文氣本相承接，中間用兵一段，係後人據秦策妄增也。淮南道應訓記吳起之語曰：「起將衰楚國之爵，而平其制，損其有餘，而綏其不足。砥礪甲兵，時爭利於天下。」說苑指武篇同。可與史文互證。知蔡澤之語，乃策士潤飾，欲明功成身退之理，故盡以惠威二王前後戰績，一歸於起。此如記燕昭王得賢，乃云鄒衍自齊往，劇辛自趙往矣。呂氏貴卒篇云：「吳起謂荆王曰：荆所有餘者地也，所不足者民也。今君王以所不足益所有餘，臣不得而爲也。於是令貴人往實廣虛之地，皆甚苦之。」此又吳起治楚不主以兵力擴地之證也。其徙貴人墾荒，殆秉李克盡地力之教。韓非和氏篇稱其教悼王曰：「楚國之俗，大臣太重，封君太眾，不如使封君之子孫，三世而收爵祿，絕滅百吏之祿秩，損不急之枝官，以奉選練之士。」此起之所以治楚而招貴戚大臣之忌者。淮南泰族訓亦云：「吳起爲楚張減爵之令，而功臣畔。」孔子以正名復禮繩切當時之貴族，既不得如意，後之言治者，乃不得不捨禮而折入於法。是亦事勢所驅，不獲已也。且禮之與法，其本皆出於糾正當時貴族之奢僭，李克吳起，親受業於子夏曾西，法家淵源，斷可識矣。起治楚政績，略如此。

韓非和氏篇云：呂氏義賞篇：「郢人以兩版垣，吳起變之而見惡。」注云：「教之用四。」可見吳起爲治注重民生之一斑。「悼王行之期年而薨，吳起枝解」，大則起爲令尹期僅一年，愈徵楚無擴地之事。推迹以求，起之在楚，蓋不出三四年也。枝解之說，又見墨子親士，「吳起之裂其事也。」韓非問田，「吳起支解，商君車裂。」淮南繆稱「吳起刻削而車裂。」主術，「吳起張儀，車裂支解。」張儀疑商鞅之誤。及韓詩外傳卷一。吳起削刑而車裂，商鞅峻法而支解。本傳不書，蓋失之。

六七　吳起傳左氏春秋考　附　鐸椒考

漢書藝文志六藝春秋類，有左氏傳三十卷。自劉向劉歆桓譚班固皆以左傳出左邱明。左邱明受經孔子，而傳春秋。魏晉以來儒者無異議。至唐趙匡啖助，始謂左氏非邱明。宋後諸儒，相繼並起。其著者如王荊公，王應麟困學紀聞，載王荊公有春秋解一卷，疑左氏爲六國時人者十一事。陳振孫書錄解題，稱左氏解專辨左氏，爲韓魏趙殺智伯事，去孔子六十七年，決非邱明。此當爲十一事中之一。今左氏解既不傳，荊公集亦無考，其所疑十一事，不可詳矣。葉石林，葉氏春秋考，謂「春秋終於哀十四年，而孔子卒。傳終二十七年，後孔子卒十三年，辭及韓魏知伯趙襄子之事，而稱魯悼公楚惠王。以年考之，楚惠王卒，去孔子四十七年。魯悼公卒，去孔子四十八年。趙襄子卒，去孔子五十三年。察其辭，僅以哀公孫于越，盡其一世之事爲經終。泛及後事，趙襄子爲最遠，而非止於襄子。不知左氏後襄子復幾何時。豈有與孔子同時，非弟子，而如是其久者？以左氏爲邱明，自司馬遷失之也。今考其書，雜見於秦孝公以後事甚多，殆戰國周秦之間人無疑。」鄭漁仲，鄭氏六經奧論謂左氏非邱明，爲六國時人，凡舉八驗。其說曰：「左氏終紀韓魏知伯之事，又舉趙襄子之謚。自獲麟至襄子卒，已八十年。使邱明與孔子同時，不應孔子既沒七十八年之後，邱明猶能著書。此左氏爲六國人，明驗一也。左氏戰于麻隧，獲不更女父，又云秦庶長鮑庶長武率師及晉師戰于櫟。秦至孝公時立賞級之爵，乃有不更庶長之號，明驗二也。左氏云：虞不臘矣，秦至惠王十二年初臘，明驗三也。左氏師承鄒衍之誕，而稱帝王子孫，明驗四也。左氏言分星，皆準堪輿，案韓魏分晉之後，而堪輿十二次始於趙分曰大梁之語，明驗五年。左氏云：左師展將以公乘馬而歸，案三代時有車戰，無騎兵。惟蘇秦合從六國，始有車千乘騎萬匹之語，明驗六也。左氏序呂相絕秦，聲子說齊，其爲雄辨狙詐，眞游說之士，捭闔之辭，明驗七也。左氏之書，序晉楚事最詳，如楚師熸猶拾瀋等語，則左氏爲楚人，明驗八也。朱晦庵，朱子亦謂，虞不臘矣爲秦人語。皆疑左氏非孔子時書。至淸儒崔述則謂：「昭襄之際，文字繁蕪，遠過文宣以前，而定哀間反略，率多有事無詞。哀公之末，事亦不備。此必定哀之時，紀載之書行於世者尚少，故爾。然則作書之時，上距定哀未遠，亦不得以爲戰國後人也。」姚鼐則謂：「左氏書非出一人，累有坿益，而由吳起之徒爲之者蓋尤多。據劉向別錄，左丘明傳曾申，申傳吳起，起傳其子期，期傳楚人鐸椒，椒傳趙人虞卿，卿傳荀卿，則左傳源流誠與吳起有關。吳起始仕魏，卒仕楚，故傳言晉楚事尤詳，而爲三晉之祖，多諱其惡而溢稱其美。又善於論兵謀。其書於魏氏事造飾尤多。魏絳在晉悼時，甫佐新軍，在七人下，安得平鄭賜樂，獨以與絳？獻子合諸侯干位，而述其爲政之美。魏風至季札時，亡久矣，與邶鄘檜等，而札獨美之，曰以德輔此，則明主也。此與魏大名，公侯子孫必復其始之談，皆造飾以媚魏君。又忘明主之稱，乃三晉篡位後之稱，非季札時所有也。」諸家之說，愈辨愈精，而尤若以姚氏爲最得。又左氏書好爲預言，其言有驗有不驗。顧氏日知錄卷四舉其事，如「三良殉死，左氏云君子是以知秦之不復東征，此至孝公以後卽不驗。又季札至魯，聞鄭風，以爲其先亡，而鄭至三家分晉後始滅於韓。按鄭滅尚有晉君，顧氏此條微誤，參讀考辨第三六。渾罕言姬在列者，蔡及曹滕其先亡乎，而滕滅於宋王偃，在諸姬爲最後。（按滕先滅於越，顧氏此條亦微誤，參讀考辨第四九。）衞遷帝丘，卜曰三百年，而衞至秦二世元年始廢，歷四百二十一年。」日人狩野直喜爲左氏辨，（文收高瀨博士司曆紀念支那學論叢。）據此推論，謂：「左氏預斷秦孝公以前事皆有驗，孝公後概無徵，則左氏時代從可推斷。」又謂：「王孫滿卜年七百，卜世三十語，自成王定鼎後七百餘年，當在威烈王（三十一世。）安王（三十二世。）時。其言卜世三十，特舉成數。」以狩野此論，會之姚說，兩節適符。吳起死於威烈王二十一年，周室日卑，正切卜年七百卜世三十之數。時蔡曹滕皆已滅，鄭滅惟在吳起死後五年。自吳起之卒上推衞遷帝丘已及二百八十年。所謂卜年三百者，亦恰肖。則顧氏之疑辨，狩野氏之推測，豈不正爲姚氏說之證成耶？此左氏傳出吳起不出左邱明之說也。（顧亭林日知錄卷四春秋闕疑之書一條，亦主左氏成者非一人，錄之者非一世，而夫子當時未必見。）

啖助之言曰：「邱明，夫子以前賢人，如史佚遲任之流。焚書之後，學者見傳及國語，俱題左氏，遂以爲邱明。自古豈止一邱明姓左乎？」崔述曰：「史記但以傳爲左邱明所作，不言爲何時人，而亦未有親見孔子之文。不知二人姓名之偶同耶？抑相傳爲左氏春秋，而司馬氏遂臆料以爲論語之左邱明耶？說論語者，以左邱爲複姓，與公羊穀梁正同。乃傳經者云公羊氏穀梁氏，而此獨云左氏，不云左邱氏，又似作傳者左氏而非左邱氏也。然則傳春秋者，其姓名果爲左邱明與否，固未可定。」此又疑因書名左氏春秋而傳者遂誤以爲出左邱明也。（葉夢得曰：「古有左氏，左丘氏。太史公稱左丘失明，厥有國語。今春秋傳作左氏，而國語出左邱氏，則不得爲一家。文體亦自不同，其非一家書明甚矣。」今按葉氏此說，分辨左氏左丘氏，別成一解。然古人居丘稱某氏，氏丘義通，如乘丘漢稱乘氏，則左邱氏卽左氏耳。惟謂左傳國語非一家書，則是也。近人或疑左氏傳由劉歆自國語中分出，殊無據。參讀考辨第一四七。

余考諸韓非書：「吳起，衛左氏中人也。」然則所謂左氏春秋者，豈卽以吳起爲左氏人故稱，而後人因誤以爲左姓者耶？此層章炳麟氏曾論及。其言曰：「韓非外儲說右上曰：吳起，衛左氏中人也。左氏者，衛邑名。內儲說上曰：衛嗣君之時，有胥靡逃之魏，因爲襄王之后治病。衛嗣君聞之，使人請以五十金買之。五反而魏王不予。乃以左氏易之。注：左氏，都邑名也。左氏春秋者，固以左公名，或亦因吳起傳其學，故名曰左氏春秋。猶詩傳作於大毛公，而毛詩之名因小毛公而題與？以左氏名春秋者，以地名也。則猶齊詩魯詩之比與？或曰：本因左公得名，及吳起傳之，又傳其子期，而起所居之地，爲左氏學者羣居焉。（猶齊之稷下）因名其地曰左氏。以人名地，則黨氏之溝之比也。因有以韓非之文證左傳爲吳起所作者，發此二義正之。」（見章氏春秋左傳讀）章氏必擁護左氏成於邱明，故曲爲之辨如此。

又按：藝文志，易有淮南道訓，詩有魯說齊雜記，論語有燕傳說，五經異義易有下邳傳，此皆以地名繫者，則亦何疑於左氏。

說苑：「魏武侯問元年於吳子」，此亦吳起傳春秋之證。吳起西河之對，亦與左昭四年司馬侯對晉侯之辭相似。晉汲縣人發魏襄王塚，有師春，卽採左氏，亦可見左氏書與魏之關係焉。雷氏學淇介菴經說謂：「吳起以左傳傳其子期，魏人多與聞者，故襄王時史臣述紀年，師春言卜筮，石申言天象，多與左傳符同。」洵不虛也。全祖望經史問答：「鬼神之說，始於墨子。故漢志數墨子宗旨凡數條，而右鬼其一也。左氏蓋亦惑於墨子。內傳載之不一而足，外傳不知出左氏與否，而鬼神之說，則相爲表裏。如杜伯射宣王事，紀之自墨子，而外傳首載之。」今按全氏此說，亦似主左氏出墨子後。然墨子言鬼，本引百國春秋，此乃古之史職。（參讀汪中述學左氏釋疑。）惟左傳既多及鬼事，則自可謂近染墨說也。又韓非子：「孔子之後，儒分爲八，有樂正氏之儒。」陶潛曰：「樂正氏傳春秋爲道，爲屬辭比事之儒。」樂正子春乃曾子弟子，傳孝道，與曾申同學。陶氏謂其傳春秋，亦春秋出曾氏，與吳起有淵源一旁證。

史記十二諸侯年表：「鐸椒爲楚威王傅，爲王不能盡觀春秋，采取成敗，卒四十章，爲鐸氏微。」漢志有鐸氏微三篇。王應麟考證引別錄云：「左邱明授曾申，申授吳起，起授其子期，期授楚人鐸椒，作抄撮八卷，授虞卿。」今考吳起卒在楚悼王末年，下至威王元尚四十二年。謂鐸椒得吳起子期之傳，差尚可信。而謂其授虞卿，則年世不相及。詳考辨第一四七。今其書既不傳，則亦無可深論矣。參讀考辨一四七附篇。

又按史公又云：「左丘失明，乃傳國語。」子夏居西河，晚年失明。疑左丘失明，或自子夏誤傳。子夏居魏，爲儒術傳於三晉之鼻祖，宜亦與春秋傳統有關。

六八　孟勝考　附　徐弱　田襄子　腹䵍

呂氏上德篇：「孟勝爲墨者鉅子，善荆之陽城君。陽城君令守於國。荆王薨，陽城君以與攻吳起得罪，收國。孟勝屬鉅子於宋之田襄子而死之。弟子徐弱之徒死者百八十三人。」鉅子者，莊子天下篇說墨云：「以巨子爲聖人，皆願爲之尸，冀得爲其後世」者也。近人胡適謂非墨子死後三四十年，不能有鉅子。梁啟超則謂墨子死後一二年，鉅子便可發生。余謂鉅子之傳，或可墨子生前所定，豈必死後一二年始有？楚悼之卒，去墨子下世不過十年，勝殆爲嫡傳鉅子，否則亦再傳也。而其事跡不見於墨子書，豈從遊在後，而獨得衣缽者耶？（否則鉅子制若後起，孟勝事亦可經後人增飾也。）孫云：「田襄子言行無考，說苑尊賢篇有衛君問田讓語，疑卽田襄子。」然亦無以考見其爲人。此後秦惠王時有鉅子腹䵍，見呂氏去私篇。他鉅子均無考，亦究心墨學者一憾事。（參讀考辨第一一四。）

六九　宋辟公乃桓侯辟兵其元年當周安王二十二年非周烈王四年在位四十一年非三年辨

年表載宋昭公卒，誤後十八年，（詳考辨第四十五。）以下紀宋年均依次誤。梁氏志疑定悼公元在齊宣公三十五年，（周威烈王五年。）休公元在齊宣公四十三年，（周威烈王十三年。）辟公元在齊康公十五年，（周安王十二年。）剔成元在齊康公十八年，（周安王十五年。）宋偃元在齊威王三十三年，（周顯王二十三年，應齊威王十二年。）均依次遞前十八年。然其說尚未是。宋世家索隱引紀年，悼公有十八年，而史祇得八年，相差又十年。今據紀年，則悼公之卒，當在周威烈王二十二年。休公之元，在威烈王二十三年，休公二十三年而卒，爲周安王二十一年。辟公之元，則在周安王之二十二年也。又按：世家「辟公三年而卒」，而索隱云：「紀年辟公作桓侯璧兵，則璧兵謚桓也。」又莊子云：桓侯行未出城門，其前驅呼辟，蒙人止之，後爲狂也。司馬彪曰：「呼辟使人避道，蒙人以桓侯名辟，而前驅呼辟，故爲狂也。」洪頤煊讀書叢錄云：「辟公既名辟兵，不得謚爲辟公，當從紀年作桓公，辟字卽涉其名而譌。」今按：洪說是也。雷氏義證亦云然。又魏世家索隱云：「惠成王十四年，魯恭侯宋桓侯衛成侯鄭釐侯來朝。」則梁惠王十四年，宋桓侯尚在，是歲當爲桓侯二十四年，（雷氏義證推爲桓侯六年者誤。）知世家三年而卒之說，亦有誤。

又考宋世家索隱王劭按紀年云：「宋剔成肝廢其君璧而自立。」（梁氏人表考：剔成肝索隱引紀年作易城肝，肝是其名，封於易城之地，因以爲號。雷氏義證云：「剔成肝乃易成侯之誤。」）則桓侯乃見廢者。剔成之後爲宋君偃，史記稱其襲攻剔成，剔成敗奔齊，偃自立。然余考偃立年尚少，其庶兄大尹主政。又在位五十三年，國亡見殺，其爲少主嗣位，非弒兄自立可知。（詳考辨第九十一。）則世家乃以剔成之逐桓侯者，誤爲偃之逐剔成也。偃爲剔成弟，（宋人兄弟嗣立，猶有殷商遺俗。呂覽禁塞篇高注：宋偃辟兵之子，此據史記剔成辟兵子，而偃爲剔成弟，故云。剔成爲辟兵子與否，今不可考，則高注未可守。）其嗣立年尚幼，則剔成在位不久。史稱剔成在位四十一年，則其弟偃年決非弱，何以弒兄自立之後，猶得五十三年而亡？（卽據史記世家原文，亦有四十七年，剔成在位四十一年外，年當在五十外，其弟能逐兄自立，年相雁行，則殆亦四十外矣。又四十七年，已將及九十，與所謂桀宋之虐，益見其不符。）余疑四十一年，乃桓侯在位之年，則桓侯見逐，尚在朝梁後十二年，而剔成則在位三年，不壽早死，故其弟偃嗣位尚年少，則諸疑皆釋，無不合者。惜索隱於此條獨引王劭著桓侯乃見逐，而不並詳其年，則余說若猶嫌其無的據。然深思明辨之士，比其前後而熟論之，當不佞余言之爲逞臆妄測耳。韓非論戴氏每與齊田氏並列，而曰戴氏取子氏於宋。呂覽於宋偃之亡，亦曰：此戴氏所以絕。疑剔成乃戴氏，故王偃一朝，如戴不勝、戴盈之皆戴氏，蓋佐新君幼主以固其位者。蘇時學爻山筆話首疑及此，惟謂剔成肝卽司城子罕，則誤也。

七〇　田桓公在位十八年非六年其弒君自立在魏武侯二十一年非二十二年辨

史記田齊世家：「桓公立六年卒，子威王立。」索隱引紀年云：「梁惠王之十三年，當齊桓公十八年，後威王始見，則桓公立十九年而卒。」索隱既云齊桓公十八年，威王始見，則桓公卽以十八年卒也。而又云立十九年而卒者，人君於卽位之翌年稱元，故一稱十八，一稱十九也。繹史年表誤後一年，遂爲梁惠王之十四年。張宗泰竹書紀年校補誤後二年，遂爲梁惠王之十五年。皆緣不辨索隱此條文理而誤。洪頤煊校紀年，威王立在周顯王十一年，獨爲得之。史記作六年者，六乃十八二字幷合之誤。如晉世家索隱引紀年：「敬公十八年，魏文侯初立。」十八二字，乃六字分離之誤也。今自梁惠王十三年，逆溯十九年而上，爲魏武侯二十一年，卽田午弒君自立之年。

雷氏考訂，定其事在魏武侯之二十二年，較余說後一年。其言曰：「田敬仲世家索隱引紀年，齊康公五年，田侯午生。二十二年，田侯剡立。後十年，齊田午弒其君及孺子喜而爲公。愚案：

後十年者，謂自侯剡始立之年數之，至此共十年，實侯剡改元之九年也。知在魏武侯二十二年者，索隱引紀年云：「梁惠王十三年，當齊桓公十八年。以魏武侯二十六年卒推之，是齊桓實以此年弑其君，且即以此年爲己之元年也。」今按：雷說可解於梁惠王十三年當齊桓公十八年之說，而無以解於桓公立十九年而卒之說也。今定桓公弑君自立，在武侯二十一年，二十二年紀元，則桓公十八年，當梁惠王十三年，及桓公立十九年卒，兩說俱通矣。余定田侯剡立，在齊康公二十一年。詳考辨第六五。其前一年，齊康公二十年，田和卒，田剡即立。下逮魏武侯二十一年，田午弑剡，前後適得十年。與雷氏所謂自侯剡始立之年數之，至此共十年者正合。雷氏定田剡元，較余說後一年。亦雷氏蓋自推校未盡也。

又魏世家索隱引紀年：「齊幽公之十八年，而威王立。」幽公蓋桓公字誤。雷氏考訂亦曰：「幽即桓字之誤。否則秉謚爲幽。立是立爲太子，否則桓公退老，使威王攝政。至明年桓公卒，而威乃踐位也。威王立三字，當是索隱約舉之詞。未審紀年元文何如。後威王始見，即指平阿等事。蓋桓公之卒，威王之元，紀年元文亦未之載，索隱故云。」今按：謂幽公即桓公，是也。謂威王立乃立爲太子，否則桓公退老而攝政，此皆無證臆測，實不可從。蓋雷氏定威王元在梁惠王十五年，則桓公卒自當在十四年。而又與索隱引紀年桓公十八年威王立，及惠王十三年威王始見兩條不符，故不得不強爲之說如是。而雷氏所以必證威王元在梁惠王十五年者，又以不知威王在位實有三十九年而然也。參讀考辨第七四。

又田齊世家索隱王劭按紀年云：「齊桓公十一年，弒其君母。」黃氏逸書考云：「桓公立十年，弒齊康公，及其子，絕姜姓之祀。至是又弒康公之夫人，故曰弒其君母。」今按：黃氏此條，蓋誤讀索隱田剡立後十年，田午弒君及孺子喜之文而誤。康公於十九年遷海上，至二十六年而卒。其時乃田侯剡六年。其後三年，田午弒君，乃指田剡，非康公矣。然則君母者，殆指田剡之后，否則尚爲田剡之母也。

莊子則陽篇：「魏瑩與田侯牟約。」司馬云：「魏瑩，魏惠王。田侯，齊威王也。」然威王名因齊，不名牟。俞樾曰：「田齊諸君，無名牟者。惟桓公名午，與牟字相似。牟或午之譌。然齊桓公與梁惠王又不相值也。」今按：梁惠王十三年，爲齊桓公卒年，則惠王與桓公正相值。惟其時田忌尚未用事於齊，惠施公孫衍亦未用事於魏，與莊子文仍不合。莊書隨文寓言，未可盡據爲故實也。

又按吳式芬攟古錄金文陳侯午錞，羅振玉貞松堂集古遺文作陳侯午毀，郭沫若兩周金文辭大系作陳侯午鐏鐓。「隹十又四年，陳侯午以羣諸侯獻金，作皇妣孝大妃祭器鐏鐓。」翁祖庚云：「史記桓公午六年卒。索隱引紀年桓公十九年而卒。以此銘考之，桓公實不止六年。所稱孝大妃，卽太公和之妃。」此以銅器金文爲證，而可以定史記與紀年之得失者。金陵學報一卷二期有王古魯對於日人武內氏六國表訂誤之商榷一文，主田桓公以六年之說，自誤。惟定齊威王在位三十八年，而武內氏從之，此則王氏之得也。二氏皆未能以史事詳證，故其說多疏。

七一 韓哀侯懿侯昭侯三世名謚年數考

史記韓世家索隱引紀年：「魏武侯二十一年，韓滅鄭，哀侯入于鄭。二十二年，晉桓公邑哀侯于鄭。按今年尚借晉桓命邑鄭，則知年表於上年書滅晉之誤。又年表書鄭康公二十年滅，實不誤。世家以韓哀侯二年邑鄭爲鄭滅之歲，故云康公二十一年也。今本僞紀年韓滅鄭在周安王二十一年，則由魏武侯二十一年而誤。韓山堅賊其君哀侯而韓若山立。」曰：「若山卽懿侯也。」又晉世家索隱引紀年：「韓哀侯以桓公十五年卒」，是年正當魏武侯二十二年，則韓哀侯卒，在滅鄭之明年也。水經沁水注引紀年：「惠成王元年，趙成侯偃韓懿侯若伐我葵。」是懿侯名若，索隱所引，涉上韓山堅而衍一山字。又濁漳水注引紀年：「惠成王元年，韓共侯趙成侯遷晉桓公於屯留。」是同年韓有懿共兩侯。六國表惟有莊侯，索隱云：「卽懿侯」，志疑據今本僞紀年，謂：「序共侯懿侯於一年之內，而史無共侯，疑共侯卽莊侯。韓山堅，史所云韓嚴也。山堅弒哀自立，未及一年便卒。懿侯嗣位。憫先君之被害，恨篡臣之未誅，遂削其年不數，而以爲已改元之年。」不悟山堅弒君，遠在六年前，且紀年明云山堅弒君而若立，非山堅自立。索隱又明謂懿侯即莊侯，豈得又謂懿侯嗣莊侯哉？今共侯之名既不他見，疑水經注所引共侯本莊字之誤，而僞紀年依之，遂滋後世之疑。否則懿侯共侯莊侯蓋一侯而三謚。如後有韓威侯即宣惠王，亦一君三謚也。（雷氏義證謂：「紀年同年有懿侯共侯，則懿侯兼謚爲共，別謚爲莊，猶宣王之兼謚爲惠，別謚爲威矣。」）懿侯自哀侯被弒之翌年紀元，至惠成王八年，凡十二年而卒。是年昭侯立。（呂覽任數篇高注，以昭侯爲景侯子，誤也。梁伯子已辨之。）明年，梁惠成王九年，爲昭侯元年也。年表昭侯元年在梁惠王十三年，魏世家索隱引紀年：「梁惠成王十四年，鄭釐侯來朝。」而曰：「鄭釐侯者，韓昭侯也。」是史記昭侯，於紀年稱釐侯。然考水經河水注引紀年：「梁惠成王十一年，鄭釐侯來致地。」濟水注引紀年：「梁惠成王九年，王會鄭釐侯於巫沙。」則梁惠九年時釐侯已立。考諸趙世家：「成侯十三年，與韓昭侯遇上黨」，是年正惠成王九年。史記載三晉事，韓最疎略，趙則頗詳。蓋趙史猶有存者。此昭侯元不在惠王十三年之的證也。余考昭侯在位實三十年，史蓋誤增哀侯之年，遂削昭侯以爲償。（雷氏義證亦謂：「史記誤將懿昭之立移後四年。」又韓世家索隱謂戰國策有嚴仲子名遂，又恐是韓嚴。按嚴仲子乃聶政事，刺韓相俠累，韓策作韓傀，事在列侯三年，相隔二十三年，吳師道戰國策補注已詳辨之。）

又按年表昭侯二十二年，申不害卒，是年實昭侯二十六年。然則申子卒在是年蓋不誤。史公特誤以申子之卒爲昭侯卒年也。

七二　老子雜辨

史記老子傳：「自孔子死後百二十九年，而史記周太史儋見秦獻公。（儋見秦獻公，周本紀在烈王二年，上距孔子之死百有六年，此誤。）或曰：儋卽老子，或曰非也。世莫知其然否。」汪中老子考異謂言道德之意五千餘言者卽儋，凡立五證：

一，列子黃帝說符二篇，凡三載列子與關尹子答問之語。（原注：「莊子達生篇，與列子黃帝篇文同。呂氏春秋審己篇，與說符篇文同。」按僞列子襲此二書耳。）而列子與鄭子陽同時，見於本書。六國表鄭殺其相駟子陽，在韓烈侯二年，上距孔子之沒凡八十二年。（按鄭殺子陽，下距太史儋入秦二十四年，則列子應爲關尹前輩。諸書所載答問語，亦不可信。）關尹子之年世，既可考而知，則爲關尹著書之老子，其年世亦從可知矣。

二，文子精誠篇引老子曰：「秦楚燕魏之歌，異傳而皆樂。」按燕終春秋之世，不通盟會。精誠篇稱燕自文侯之後，始與冠帶之國。文公元年，上距孔子之歿，凡百二十六年。（按此凡百一十八年，汪說誤。）老子以燕與秦楚幷稱，則老子已及見文公之始強矣。又魏之建國，上距孔子之歿，凡七十五年，（按此凡七十六年。）而老子以之與三國齒，則老子已及見其侯矣。（按文子所引，未必眞爲老子語，不足爲證。）

三，列子黃帝篇載老子教楊朱事。莊子寓言篇文同，惟以朱作子居，今江東讀朱如居。張湛注列子云：「朱字子居。」非也。楊朱篇：「禽子曰：以子之言問老聃關尹，則子言當矣。以吾言問大禹墨翟，則吾言當矣。」然則朱固老子之弟子也。又云：「端木叔者，子貢之世也。其死也，無瘞埋之資。」朱爲老子弟子，而及見子貢之孫之死，則朱所師之老子，不得與孔子同時也。按楊朱篇僞書，非楊子親筆，此論亦不足據。御覽四七七又四九三引列子，皆云「衞端木叔者，子貢之世父也」，似誤。說苑政理篇：「楊朱見梁王言治天下如運諸掌。」梁之稱王，自惠王始。惠王元年，上距孔子之歿，凡百十八年。楊朱已及見其王，則朱所師事之老子，其年世可知矣。按惠王元年，距孔子之歿百零九年，惠王稱王，距孔子死百四十五年。楊朱亦未必見梁惠王之稱王，汪亦誤。

四，本傳云：「見周之衰，乃遂去至關。」抱朴子以爲散關，又以爲函谷關。按散關遠在岐州，秦函谷關在靈寶縣，正當周適秦之道。關尹又與鄭之列子相接，則以函谷爲是。函谷之置，書無明文。當孔子之世，二崤猶爲晉地，桃林之塞，詹瑕實守之。惟賈誼新書過秦篇云：「秦孝公據崤函之固」，則是舊有其地矣。秦自躁懷以後，數世中衰，至獻公而始大。故本紀：「獻公二十一年，與晉戰於石門，斬首六萬。二十三年，與魏晉戰少梁，虜其將公孫痤。」然則是關之置，實在獻公之世矣。按張琦戰國策釋地，秦取殽函在惠王六年至後十一年間。汪說亦誤。

五，周太史儋見秦獻公，本紀在獻公十一年，去魏文侯之歿十三年。按去文侯之歿已二十三年，史表誤。而老子之子宗爲魏將封段干。魏世家：「安釐王四年，魏將段干子請予秦南陽以和。」國策：「華陽之戰，魏不勝秦，明年，將使段干崇割地而講。」六國表：「秦昭王三十四年，白起擊魏華陽軍。」張文虎舒藝室隨筆卷四，謂「太史儋見秦獻公，其年周顯王十九年，下距漢文元百七十年。而宗至假凡七世，年數略相當。宗乃儋子，與李耳無涉。」按顯王十九年，已爲秦孝公十二年，非獻公，張說誤。至宗爲儋子，語亦難信，辨見後第十六節。按是時上距孔子之卒凡二百一十年。按此在周赧王四十二年，去孔子之歿凡二百零六年（四七九—二七三），汪說錯四年。則爲儋之子無疑。

今按汪氏五證，雖未全塙，要爲千古卓識，可以破孔子見出關著五千言之老子之傳說矣。顧猶多未盡者。余嘗謂老子之僞跡不影，眞相不白，則先秦諸子學術思想之系統條貫終不明，其源流派別終無可言。今請詳爲申辨。雖若荒誕無稽，然亦足以備一說。上與司馬遷所謂「或曰卽老子或曰非也」云云相等例，較之朱韜玉札及神仙傳諸書，猶且遠勝萬萬也。

一　太史儋與老聃

竊謂秦漢之際言老子，凡有三人，而往往誤以爲一人。此三人者，一爲孔子所見，一爲周太史儋，而又一則尙在晚世。

莊周稱孔子所見爲老子，又曰老聃，而老聃與太史儋每易混。史記老子傳：「老子姓李氏，名耳，字聃。」史記索隱，老子音義，後漢書桓帝紀注，文選遊天台山賦注所引皆如此。今本史記作「名耳字伯陽，謚曰聃」，乃淺人妄改者。王念孫讀書雜志有詳辨。說文：「聃，耳曼也。」

莊子書稱老聃，呂氏春秋不二篇作老耽。說文：「耽，耳大垂也。」淮南地形訓：「夸父耽耳在其北方。夸父棄其策，是爲鄧林。」然則夸父者，猶云大人國，耽耳，猶云大耳國也。耽耳亦作聸耳。說文：「聸，垂耳也。南方有聸耳國。」聸耳又作儋耳。山海經大荒北經有儋耳之國。注云：「儋耳，其人耳大下儋，垂於肩上。」後漢書明帝紀注云：「儋耳，南方夷。」蓋古人傳說，邊荒有儋耳之國。南人因謂在南荒，北人則謂在北荒也。漢老子銘：「聃然，老旄之貌也。」古人以耳大下垂爲壽者之相，抱朴子曰：「老子耳長七寸」，列仙傳：「務光耳長七寸」，皆此類。至今俗猶然。故高年壽者稱老子，稱老聃，老耽，亦得稱老儋。以其年老，而曰老聃，鄭注曾子問云：「老聃，古壽考者之稱也。」以其爲周史官，則曰太史儋。故儋之與聃，每易混說而爲一人也。

二　太史儋與詹何

其又一人則爲詹何。說文：「何，儋也。儋，何也。」儋何二字，蓋一義兩音。單呼儋者，連其餘音則爲儋何，今人稱擔荷，或稱儋負。如蟾之爲蟾蜍，澹之爲澹宕也。古今人表周儋桓伯，左傳儋作詹。然則詹何宜可爲儋何，或呼詹子，莊子讓王作瞻子。如匡章稱章子，陳仲稱仲子。則老聃太史儋，又易與詹子相混。高誘注淮南覽冥云：「詹何，楚人知道術者也。」則詹何爲南方之道者，與老聃似。韓非解老：「詹何能坐堂上知門外牛黑而白在其角。」是詹何有前識，與太史儋似。呂氏春秋執一篇：「楚王問爲國於詹子，詹子對曰：何聞爲身，不聞爲國。」又審爲篇：「中山公子牟謂詹子曰：身在江海之上，心居乎魏闕之下，奈何？詹子曰：重生。曰：雖知之，不能自勝。詹子曰：縱之。」是與道德之意五千言似。淮南道應訓謂楚王問詹何治國者爲莊王，此莊王不在春秋世，蓋楚頃襄王又稱莊王，參讀考辨第一三二。故與公子牟相及。呂覽重言篇：「聖人聽於無聲，視於無形，詹何田子方老耽是也。」是猶以詹何與老耽爲兩人。其先後之序，蓋自近以逮遠。老聃在田子方前，非太史儋卽孔子所見。而詹何在田子方後，則爲與公子牟並世之人也。

三　太公任卽老聃

而余觀戰國言老子，其混幷牽涉之迹，猶不止此。莊子山木篇：「孔子圍於陳蔡之間，七日不火食。太公任往弔之，爲言不死之道，告之以意怠之爲鳥，教以進不敢爲前，退不敢爲後。」夫太公亦老者之稱，猶云老子也。任者，齊語：「負任儋何」，注：「任，擔也。」釋名：「儋，任也。」任儋聲近義通。則太公任猶云老子聃，卽老聃矣。其告孔子「至人不聞」，卽「良賈若虛，君子若愚」之意也。其謂「飾知驚愚，修身明汙，故不免」，卽「驕氣多欲，態色淫志，無益子身」之說也。「道流而不明居，得行而不明處，疑當作德得而不明處。純純常常，乃比於狂」，卽「得時則駕，不得則蓬累而行」者也。史記老子與孔子語，不出此篇及天道天運外物三篇之外，蓋雜採莊子書而意造云爾也。莊子書本成於衆手，此獨不曰老聃而云太公任，其實卽一人也。文選卷五十九注，引作太公，則如不稱老聃而僅稱老子矣。

四　任公子卽詹何

莊子書有太公任，又有任公子。太公任卽老聃，而任公子則爲詹何。外物篇：「任公子爲大鉤巨緇，五十犗以爲餌，蹲乎會稽，投竿東海，旦旦而釣，期年不得魚。已而大魚食之，牽巨鉤，錎沒而下，騖揚而奮鬐，白波若山，海水震蕩，聲侔鬼神，憚赫千里。任公子得若魚，離而腊之，自制河以東，蒼梧以北，莫不厭若魚者。」文選卷二十五注，引作任公。任公子卽詹子也。何以言之？淮南冥覽訓：「詹何之騖魚於大淵之中」，此卽五十犗以爲餌之釣也。故詹何者，據莊子任公子之故事言之，乃一隱淪江海漁釣之君子也。御覽八百三十二引闕子云：「任公子多羅鯉於山阿，衆人皆以爲惑，既而鶬鶊擊黃雀，觸公子羅者千萬數。」諒其他關於任公子釣魚之逕談尚多，惜不備見。又按淮南說山：「詹公之釣，得千歲之鯉。」任公子羅鯉，卽詹公之釣鯉也。此又二人爲一人之證。

五　環淵卽關尹

與詹何齊名者有環淵。其人亦以釣稱。史記孟荀列傳云：「環淵楚人，學黃老道德之術，因發明序其指意，著上下篇。」漢書藝文志道家有蜎子十三篇。班固注云：「名淵，楚人，老子弟子。」師古曰：「蜎，姓也。」應劭風俗通姓氏篇：「環氏出楚環列之尹，後以爲氏。楚有賢者環淵，著書上下篇。」張澍輯注曰：「環淵亦卽蜎淵也。隗囂將環安，公孫述將環饒，吳有環濟，著要略。」則環乃本字，蜎乃借字。楚策范環，史記甘茂傳作范蜎，此蜎環相通之證。文選枚乘七發：「若莊周魏牟楊朱墨翟便蜎詹何之倫」，注云：「淮南子雖有鈎鍼芳餌，加以詹何蜎蠉之數，猶不能與罔罟爭得也。宋玉與登徒子偕受釣於玄淵。七略蜎子名淵。三文雖殊，其人一也。」是環淵亦名便蜎，蜎蠉，又名玄淵，亦稱蜎子，與詹何齊名。言詹何便蜎之釣者，御覽八三四引宋玉釣賦云：「玄淵之釣，以三尋之竿，八絲之綸，餌以蛆蟟，鈎以細針，以出三尺之魚於數仞之水中。」又列子云：「詹何以獨繭絲爲綸，芒針爲鈎，荊篠爲竿，剖粒爲餌，引盈車之魚於百仞之淵，汩流之中，綸不絕，鈎不申，竿不撓。」其語亦正相類。御覽七六七引博物志，「詹何之釣」云云，語亦大同。宋玉從之受釣，則其人在頃襄王世，與詹子年亦相接。今楚辭有卜居漁父兩篇。卜居乃屈原問太卜鄭詹尹，竊疑卽由詹何誤傳，而漁父亦詹何。以詹何前識，遂誤稱太卜詹尹。以詹何隱於釣，故稱漁父。屈子之所問，與宋玉之所師，其時代固相及。詹子亦楚人，蓋楚人傳說，自有詹何與屈原往復一段情事，後人寄託爲文，乃卜居與漁父並傳也。所著書，史記云上下篇，而漢志稱十三篇，已不同。至其年世，史記與愼到田駢相次，是謂在齊威宣王梁惠王楚威懷王時，與莊周惠施孟軻相先後。而班固云：「是老子弟子。」詳班氏所稱老子，當指孔子所從問道之周守藏室史而言。則環淵在莊惠之世，又烏從而師之？蓋其先言師詹何，則與楚莊王魏公子牟接世。其後言師老子，則年移而益先。故文選枚乘七發，應璩與從弟書，注皆引高誘注淮南，謂：「蜎嬛白公時人。」高氏蓋亦謂蜎嬛師老子，則與孔子年相當。以其楚人，故推謂與白公同時爾。此猶誤以文子爲老子弟子，遂推定爲楚平王同時也。關於詹何環淵年世，又見考辨第一四六。然漢人雖屢稱環淵，而先秦諸子書，則甚少言及。余又疑環淵即關尹。環關淵尹，特方音之一轉移耳，非有兩人也。凡先秦之稱關尹，即漢世之所謂環淵矣。莊子天下篇以關尹老聃並稱，近人范耕研呂氏春秋補注（刊載江蘇省立國學圖書館第六年刊）謂：「史記老子傳，老子居周久之，見周之衰，乃遂去之關。關令尹喜曰：子將隱矣，强爲我著書。詳史記文義，似謂關尹喜聃之見過，非其名爲喜也。先秦諸子皆稱關尹，無稱喜者。且亦非聃弟子。天下篇列於老子之前，似在師友間。高誘注呂氏審已，謂師老子，似是老子師之誤，後人習聞俗說，妄乙之耳。」今按范說極是。竊意天下篇關尹乃人名，非官名。篇中引其書亦先老子，則決不爲老子弟子。漢人老子出關，關令尹强之著書之說，其先亦由天下篇關尹老聃兩人並列而起。則猶劉安枚乘以詹何便蜎俱舉。蓋以老聃爲詹何也。呂氏不二篇：老耽貴柔，孔子貴仁，墨翟貴廉，關尹貴清，子列子貴虛，陳駢貴齊，陽生貴己，孫臏貴勢，王廖貴先，兒良貴後。竊疑此處先後序列，蓋非呂書本眞。故以老耽列孔子前，而關尹居墨子後。細玩全文，均以兩人異尚者爲一列。如列貴虛，陳貴齊，是一列。陽貴己，孫貴勢，又是一列。王貴先，兒貴後，又是一列。以後例前，則孔貴仁，墨貴廉，爲一列，關尹貴清，老耽貴柔，爲又一列。如此乃與莊子天下篇關尹老耽年輩仍可相通。今以老耽移孔子前，則柔仁相類，廉清相似，既與下文不稱，老耽關尹年世輩行，亦與天下篇乖違矣。故知此經後人妄易也。又本篇此下有脫文，則昔人已論之。又呂氏云：「關尹貴清」，殆即環淵著書上下篇之宗旨。而今漢志蜎子十三篇，關尹子九篇，豈即史記所謂上下篇者，而誤分爲十三篇與九篇歟？惜其書均佚，無可深論矣。而其故事傳說之流變，則尤有離奇荒誕之甚者。夫環淵爲沉淪江海之釣客，而關尹則爲抱關山谷之官尹，何以謂之爲一人？此則猶詹何之蹲釣於會稽，而史儋則騎牛而過關。史儋詹何既誤混爲一，橘渡淮則爲枳，隱淪漁釣之處士，自亦可變而爲抱關守谷之關尹矣。故蜎蠉之蜎非姓也，蜎蠉，孑孓也，將欲言投餌之大，而極言其小，如莊生言大魚而舉鯤也。玄淵之淵非名也，淵有九族，皆指水言。玄淵奇蹟，如莊生言畏壘之居大人也。凡此皆俗談小說之引而益遠者。遷史博古，故稱環淵，而所得猶未盡，不知環淵之卽關尹耳。莊子應帝王篇有壺子，呂覽下賢篇作壺丘子林，淮南精神訓作壺子林，人表作狐丘子林，皆一人。韓詩外傳之有狐丘丈人，亦其人也。然僅覩壺子與狐丘子林，則不辨其爲一人矣。僅覩壺子與狐丘丈人，則更不辨其爲一人矣。漢志道家蜎子十三篇下，卽關尹子十篇。蜎子之與關尹子，正如壺子與狐丘子林及狐丘丈人也。今試就其故事之演變論之，則詹何便蜎之游於釣，與史儋關尹之遇於關，其孰爲眞，孰爲妄乎？曰：論其情則皆妄也。儋之入秦，曰：「離七十歲而霸王者出。」離字本作合，據王念孫讀書雜志改。七十年依梁氏志疑所定。此秦人有天下之神讖也。關尹能相風角，知將有神人而老子到，此又無稽之妄譚也。其書既佚無可考。漢志所載，或出漢初人依託，今本則爲唐宋間物。而史儋關尹之故事，則必妄可知。至於詹何便蜎，其事荒晦，非可以作信史。故曰論其情則皆虛也，皆世俗之傳說也。然則此傳說之起，以詹何便蜎爲先歟，抑史儋關尹爲始歟？曰：此則更不可以確論。夫語及於史儋關尹詹何便蜎之事，固已自古多妄，荒渺難稽矣，又何從而必爲之明據確說哉？而孔子之見老子，則古籍記載較詳，固可爬梳抉剔，以略得其眞相者。蓋孔子所見之老子，其始爲南方一隱君子，漸變而爲北方之王官，一也。孔子之見老聃，其先爲草野之偶値，漸變而爲請於國君，以車馬赴天子之朝，而北面正弟子之禮，以執經而問道，二也。其先爲老死而友人哭，漸變而爲莫知其所終，三也。何以攀老子爲王官，則以誤於太史儋。何以謂關令尹強之著書，則以誤於詹何環淵。蓋詹何環淵之隱乎釣，有其事未必有其技。太史儋之遇關尹，則有其名未必有其人。凡莊子呂氏言關尹，皆人名，非官名，而其人尚在後，與太史儋不同時。孔子之見老聃，雖有其人，而其事則未必有如後世之所傳也。

六　涓子卽環淵

余考環淵之事，猶有說者。環淵既稱蜎子，亦作涓子。御覽八三四又七三六。引列仙傳：「涓子者，齊人，好餌朮，接食其精，至三百年，乃見於齊，著天地人經四十八篇。後釣於河澤，得鯉魚腹中符，隱於岩山，能致風雨。」水經睢水注：芒碭二縣之間，山澤深固，多懷神智，有仙者涓子主柱，並隱碭山得道。疑列仙傳岩山，實宕山字譌，宕山卽碭山也。其地初屬宋，後入楚，故涓子亦云楚人。列仙傳又云：陵陽子明，銍鄉人。釣於涎溪，得白魚腸中書，教服食之法，三年，龍來迎去。莊周之蒙邑，老子之瀨鄉，彭城之彭祖，皆在梁宋間，此蓋道術長生之說所自起。後遂與燕齊方士神仙合流。至淮南著書，仍近道術長生誕始之故地也。又六七〇引集仙錄云：「涓子，齊人也，餌朮，著三才經。淮南王劉安得其文，不解其旨。又著琴書二篇，甚有條理。」據此諸書，則蜎子傳說，又有可得而論者。蓋其初本以蜎子爲楚人，其後乃以涓子爲齊人也。云「三百年乃見於齊」，則亦謂其初非齊人矣。初爲釣者，後爲仙人，乃謂其得鯉魚腸中符。御覽九三六又引列仙傳云：「琴高，趙人也。以鼓琴爲宋康王舍人。行涓彭之術，浮游冀州涿郡間，二百餘年。」是傳說之流播而至燕也。此以涓彭連稱，則涓子亦大年，猶詹何爲老聃，亦大年也。高士傳稱：「涓子告伯陽九仙法」，後世卽以伯陽指老子，則涓子乃爲老氏師，與云環淵爲老子弟子者，適相反矣。御覽九三五引符子：「太公涓釣於隱溪，五十有六年，未嘗得一魚。魯連聞而觀焉，曰：釣所以在魚，無魚何釣？太公曰：不見康王父之釣耶？念蓬萊，釣巨海，摧岸投綸，五百年矣，未嘗得一魚，方吾猶一朝耳。」是涓子亦稱太公涓，猶如任公子稱太公任。下及魯連，則固晚世齊人之說也。

余考楚自頃襄王二十一年東遷郢陳，其時齊已滅宋，而淮北入於楚。東楚之與南齊，壤地密接。詹何環淵在是時，謂爲楚人者，殆即郢陳東楚。故詹何稱蹲釣會稽，而環淵則列齊稷下。其後漢代辭賦，吳梁啟先，淮南翼後，皆當陳楚之地。而神仙黃老，齊楚同風，正自詹何環淵之徒始也。

七　臧丈人誤太公望

繼此有附辨者，則呂尙釣渭濱之說是也。在莊子之外篇田子方有之，曰：「文王觀於臧，見一丈人釣，而其釣莫釣，非持其釣有釣者也，常釣也。文王欲舉而授之政，而恐大臣父兄之不安也。欲終而釋之，而不忍百姓之無天也。於是旦而屬之大夫，曰：昔者寡人夢見良人，黑色而頳，乘駁馬而偏朱蹄，號曰：寓而政於臧丈人，庶幾乎民有瘳乎！諸大夫蹴然曰：先君王也。文王曰：然，則卜之！諸大夫曰：先君之命，王其無他，又何卜焉。遂迎臧丈人而授之政。三年，文王以爲大師，北面而問曰：政可以及天下乎？臧丈人昧然而不應，泛然而辭，朝令而夜遁，終身無聞。」今按：此卽呂尙釣渭濱之說之由來也。莊子寓言無實，本屬虛造。彼所謂臧丈人者，臧姜同聲，卽後世所謂姜太公也。而諸書言釣者，有太公涓，太公任，故事傳說，遂皆與姜太公有涉。曰：「呂尙釣於磻溪三年不獲」，此卽太公涓釣五十六年未嘗得一魚之說也。（莊子云：「任公子期年不得魚。」）又云：「獲大鯉，得兵鈐於魚腹中」，卽涓子魚腸得符之說也。（路史後紀四，呂尙作呂涓，注引符子方外作太公涓。卽太公望漁釣乃由太公涓誤傳一證。）而史公不深考，博採雜說，乃亦云：「太公望以魚釣奸周西伯，西伯將出獵，卜曰：所獲非龍非彲，非虎非羆，所獲霸王之輔。於是獵，果遇太公於渭之陽，與語，大說之。曰：自吾先君太公曰：當有聖人適周，子眞是耶？吾太公望子久矣，故號之曰太公望，載與俱歸。」此其事荒誕無稽，自來已多疑者。而無知其出於莊子臧丈人之說也。成玄英頗知之，其疏莊子曰：「丈人者，寓言於太公也。呂佐周室，受封於齊，檢於史傳，竟無逃跡，而云夜遁者，蓋莊生之寓言也。」是猶不知漁釣干周，亦自莊生寓言來耳。孟子曰：「二老歸周」，則非以屠釣干君也。（離騷，天問，九章惜往日，皆言呂望屠於朝歌，尉繚子，說苑同。呂氏謹聽，則言其釣，同莊子。恐皆不足信。）周語云：「申呂齊許由太姜」，則太公乃以外戚重。年老而稱太公，亦猶稱丈人老子也。故太公也，丈人也，老子也，皆一而二，二而一者。後之人乃自槃而之鐘，自燭而之籥，如盲人之談日焉。使吾言而可信，史公自以臧丈人之寓言，爲姜太公之實事，則固可無疑於吾老子之諸辨也。

八　孔子所見老子卽老萊子

然則孔子所見之老子固何人乎？莊周述孔子老聃，其固羌無故實，盡出虛構乎？曰：不然。莊周之言老子，其先固據論語也。莊子外物篇：「老萊子之弟子出薪，遇仲尼，反以告老萊子。曰：是丘也，召而來。仲尼至。曰：丘去汝躬矜，與汝容知，斯爲君子矣。」大戴記衛將軍文子篇，孔子語子貢以近古之賢者，自伯夷叔齊以下十許人，曰：「德恭而行信，終日言不在尤之內，貧而樂也，蓋老萊子之行也。」而獨不及老子，是卽以老萊子爲老子也。史記仲尼弟子列傳：「孔子之所嚴事，於周則老子，於楚老萊子。」乃分老子與老萊子爲二人。（然老子傳又明云老子爲楚人，蓋史公於此，殊無辨白。）今卽據戴記孔子所稱道，如伯夷叔齊羊舌大夫趙文子隨武子桐提伯華（羊舌赤。）蘧伯玉柳下惠晏平仲老萊子介子推凡十一人，其他十人，或見於論語，或見於左傳，獨老萊子無聞焉。其事始見於莊子之雜篇，而記禮者採之，而其名乃特著，亦可怪矣。余考楚策：「或謂黃齊曰：不聞老萊子之教孔子事君乎？示之其齒之堅也，六十而盡，相靡也。」孔叢抗志篇謂老萊子教子思，淮南又以爲商容教老子，一語之傳，譌謬如此，其不足信據可見。

九　老萊子卽荷篠丈人

然則莊子雜篇之老萊子者何所來？余嘗爲之搜根掘柢，而知其卽論語之荷篠丈人也。余考莊子書，畏累虛亢桑子之屬，皆空語無事實。馬遷已先言之。而老萊子實有其人。萊者，除草之稱。子路「遇丈人，以杖荷篠，子路問曰：子見夫子乎？丈人曰：四體不勤，五穀不分，孰爲夫子？植其杖而芸。」其事明見論語。而丈人之姓字不傳。後之記者異其辭，因謂之老萊子，蓋猶云芸草丈人也。惟莊子謂老萊子弟子出薪而遇孔子，則與子路之行後而遇丈人適相反。然此特小節相差，無害爲一事之訛傳。莊子則陽篇：「孔子之楚，舍於蟻丘之漿。其鄰有夫妻臣妾登極者，仲尼曰：是其市南宜僚邪？子路往視之，其室虛矣。」此與「孔子曰隱者也，使子路往視之，至則行矣。」取徑略相似，亦一事之訛傳也。惟曰市南宜僚，則并其事中之主人而訛之耳。史記：「老子者，楚苦縣厲鄉曲仁里人也。」路史：「老子邑於苦之賴，賴乃萊也，故又曰老萊子。賴史作厲。」今按萊賴厲皆聲之轉。云老子居厲，居賴，皆涉萊音而譌。路史之言，是謂倒因爲果，認虛作實。魏源老子本義云：「莊子稱老子居沛，邊韶碑則云：老子楚相縣人。釋文引莊子注：老子陳國相人，今屬苦縣，與沛相近。水經陰溝水注，東南至沛爲渦水，渦水又東逕苦縣故城南，卽春秋之相，王莽更之爲賴陵，又東逕賴鄉城南，又北逕老子廟東，又屈東逕相縣故城南云云，尤爲詳備。」今按苦縣相城故城，皆在今河南鹿邑縣城東，太康地記，苦縣東有賴鄉村，老子所生。其地距沛不得謂相近。大抵苦縣自有賴鄉，云老子生其地，則涉萊音而譌，不必更牽莊子居沛以爲說。史又云老子姓李氏，萊李亦聲近。畢沅道德經序：「案古有萊氏，左傳有萊駒，老萊子應是萊子，如列禦寇師老商氏，以商氏稱老矣。」蓋由不得其會通，而必欲爲之說。故曰老聃老氏，或曰李氏，老萊子則又爲萊氏焉。魏源云：「老子居沛，沛宋地，宋國有老氏，然則老子其沛人子姓，子之轉爲李，猶姒之轉爲弋歟。」今按古者男子稱氏不稱姓。史稱其姓李氏，猶姓項氏姓劉氏之例，蓋已謂氏爲姓矣。今魏氏既謂老子氏老，又稱其姓子而轉爲李，此皆曲說強解，史固明云其氏李不氏老也。劉向別錄云：「老萊子，古之壽者。」丈人卽壽者也。老萊子之卽荷篠丈人，夫復何疑，而猶紛紛爲氏老氏李氏萊之辨哉？

十　老萊子與狂接輿

莊子書原本論語造說者，尙有狂接輿。人間世：「孔子適楚，楚狂接輿游其門」云云，卽本論語微子篇：「楚狂接輿歌而過孔子，孔子下，欲與之言，趨而避之，不得與之言」一事。接輿佯狂，故歌而不言。狂人晦其姓名，故云接輿。孔子下者，下車也。莊生易其辭云：遊孔子之門，則賓朋之訪問，不類狂者行逕矣。高論直指，辭繁不刪，此溫伯雪子所譏「諫我似子，道我似父」者也，則不類狂人吐屬矣。莊生寓言，惟取達意。筆之所至，脫落恆蹊。彼固無有不可。說者必據此而辨孔子下者，下堂也，狂接輿者，接姓而輿名也，此可謂不善審辨之論矣。閻若璩四書釋地續：「顧麟士曰：接輿必是不知姓名，因其迎車而歌，而彊名之以紀。其名如荷蕢之類，非眞其人字接輿。邢昺疏云爾，殊附會。余謂孔安國註已如是。又莊子人間世篇如是，豈惟邢昺。」今按微子篇所載，如長沮桀溺，荷篠丈人，荷蕢，晨門，無一眞姓字，何獨疑於接輿？顧說眞有見。閻氏又載王復禮說略同。江氏鄉黨圖考，翟氏四書考異，同主此說。近人馬氏莊子義證，復論接輿是姓名，引據莊子，而不悟莊子之不可確據，則甚矣讀書據古之難也。又按水經潕水注，引聖賢冢墓記曰：南陽葉邑方城西有黃城山，是長沮桀溺耦耕之所。有東流水，則子路問津處。尸子曰：楚狂接輿耕於方城，蓋於此也。是接輿與沮溺傳說同屬方城，以其徉狂浩歌而接孔子之輿，故曰接輿，以其姓字淪滅，遯隱不自見，故曰沮溺。是何方城一隅，楚賢者之多歟？是又焉知非一事之兩傳，一謂兩人耦耕，一謂獨夫接輿，要之致譏於孔子之車轍周天下而不知所休止而已。故余既疑老萊子之即荷篠丈人，又疑接輿之即沮溺也。論古者必欲字字而實之，句句而信之，則亦無怪乎其必河漢於我言也。莊子漢陰丈人事，亦可由沮溺接輿而轉化。

莊子逍遙遊篇：「吾問於連叔曰，吾聞言於接輿」云云，應帝王：「接輿告肩吾聖人之治」云云。莊子之稱接輿，猶其稱老子矣。老子者，丈人也，自有不知誰何之五千言，爲老子增重，於是老子遂固爲博大眞人。而狂接輿之在天壤間，則若存若亡，可有可無，一似不足齒數者。則試一繙莊子內篇，接輿之與老聃，豈不相爲等夷耶？莊子天下篇，列序墨翟禽滑釐，宋鈃尹文，彭蒙田駢愼到，關尹老聃。先後似略依時代。天下篇未必莊周作，其所稱老聃，蓋指詹何，亦與內篇老聃不同。

韓詩外傳稱：「楚狂接輿躬耕以食，其妻之市未返，楚王使使者齎金百鎰，願請治河南。接輿笑而不應。使者去，妻從市來，曰：先生少而爲義，豈將老而遺之，門外車軼，何其深也。接輿以告。妻曰：不如去之。乃夫負釜甑，妻戴織器，變易姓字，莫知其所之。」今按老萊子亦復然。成玄英疏莊子：「老萊子，楚之賢人隱者也，常隱蒙山。楚王遣使召爲相，其妻采樵歸，見門前車馬跡，問其故。老萊曰：楚王召我。妻曰：受人有者，必爲人所制。妻遂捨而去，老萊隨之。夫負妻戴，逃于江南，莫知所之。」莊子讓王篇：「鄭子陽遺列子粟，列子再拜辭使者去。

列子入，其妻望而拊心，曰：妾聞爲有道者妻子，皆得佚樂。今有飢色。君過而遺先生食，先生不受，豈不命邪？」同是妻也，非接輿老萊子之妻賢，而列子之妻不肖也。傳説多變，顛倒隨宜。而考古者必據此以證列子老萊子之輩行先後，宜多見其窒也。

十一　老子誤伯陽

上述孔子見老子，實本論語荷篠丈人，變文稱老萊子，又變而爲老子，爲老聃，因誤涉於太史儋，又誤涉於詹何，又有太公任，任公子。與之相因而起者，復有涓子環淵。又訛而爲關尹。一事流傳，輾轉錯出，至於不可辨識。其牽涉離奇有如此，而猶未也。余考老子傳説，尚有牽涉更甚者。史記老子傳：「老子姓李氏，名耳，字伯陽，謚曰聃。」王念孫讀書雜志力辨之，曰：「史記原文，本作名耳，字聃。姓李氏。今本姓李氏在名耳之上。字聃作字伯陽，謚曰聃。此後人取神僊家書改竄之耳。」其辨極是。然余考以伯陽爲老子，其源亦甚舊，而實爲牽涉離奇尤甚之説也。周本紀：「幽王二年，三川震。伯陽甫曰：周將亡矣。」又見周語。集解：「韋昭曰：伯陽甫周大夫也。唐固曰：周柱下史老子也。」又云：「幽王得褒姒，太史伯陽讀史記，曰：周亡矣。」則伯陽蓋幽王之史官。漢書五行志服虔注亦云：「周太史。」是則後人不僅以孔子見老聃爲即太史儋，尤且以爲卽伯陽甫。自幽王二年下至孔子卒三百餘年，老聃之壽乃至此。抑猶未也。墨子所染，呂氏春秋當染，並稱：「舜染於許由伯陽。」高誘注呂氏云：「伯陽蓋老子也。舜時師之。」自舜至孔子，年世不可考。姑依舊說，則老子壽近二千歲。說之離奇至如此。宋翔鳳過庭錄許由伯陽爲一人，卽伯夷，其論殊確。然似墨呂書已誤以爲兩人，無怪高氏以伯陽卽老子矣。然人亦知其難信，乃斷斷致辨於史記無字伯陽云云。然去此一語，老子豈遂盡成信史乎。

十二　續耳卽老聃

以老子爲伯陽，乃爲周幽王史官，益遠而爲舜師。牽涉離奇極矣，而猶未也。乃於伯陽之外，重有續耳其人者，同時爲堯舜師。其人實亦爲老子，則尤其離奇荒誕之甚矣。呂覽本味篇：「堯舜得伯陽續耳然後成。」畢沅云：「續耳，韓非子作續牙，漢書人表作續身，皆隸轉失之。」余謂續耳卽聃也。說文：「聃，耳曼也。曼，引也。」魯頌毛傳：「曼，長也。」續字正有引長之義。故曰續耳卽聃。淮南有耽耳，說文有瞻耳，山海經有儋耳，又有離耳。注：「卽儋耳也。」水經溫水注亦云：「儋耳卽離耳。」初學記引韓詩：「離，長貌。」詩湛露：「其實離離」，傳：「離，垂也。」文選西京賦：「朱實離離」，薛注：「離離，實垂之貌。」耳垂在肩上，故稱離耳，又云續耳。離續相反爲訓，益知續耳卽聃。據此則云續耳爲堯舜友，其意實指老聃。然此無足怪。伯陽在周幽王時，可以上友堯舜。安見老聃與孔子同時，卽不得前及唐虞哉？漢書古今人表伯陽續身皆列三等，儼若自古實有其人者，見古人之輕信而好誕也。

十三　李耳卽離耳

莊子云：「臭腐化神奇，神奇復化爲臭腐。」余觀老子傳說流變，亦有以極平實而化爲荒誕者，如論語荷篠丈人化而爲莊子太公任之類是也。復有極荒誕而化爲平實者，如離耳續耳爲堯舜師，復化而爲孔子師李耳之類是也。史記老子傳：「老子姓李氏，名耳。」余意李耳卽離耳也。離李聲近，聃卽離耳，因謞云姓李名耳矣。萊子離耳亦聲近。譜牒之家，於古人得姓所自，每喜推究，詳其來歷。獨於老子姓李無可說。若知李耳之爲離耳，則紛紛之辨，固可盡廢。而自老子得李姓耳名，遂若其人極平實，眞爲孔子師，眞著道德之意五千言。而後世遂不敢復以荒誕疑之。嗟夫！此所以荒誕之必化而爲平實矣。

十四　老子師商容

孔子所見之老子，其辨既如上述，請再及於老子之師弟子。荀子大略，武王始入殷，表商容之閭，釋箕子之囚，哭比干之墓。呂氏離謂，箕子商容以此窮。史記樂毅傳，燕王喜遺樂間書，箕子不用，商容不達。燕語，未如商容箕子之累。皆明以商容爲人名。淮南繆稱訓，老子學商容，見舌而知守柔矣。主術訓高誘注，商容，殷之賢人，老子師。又曰：商容，神人也，商容吐舌示老子，老子知舌柔齒剛。商容殷賢，豈得下爲老子師乎，故不得不謂之神人。文子說苑言老子學於常樅，常樅即商容也。僞列子有老商氏，亦襲商容之名而故變以爲飾。後人知其不可信，乃轉以商容爲商之禮樂官名，非人姓名，此皆不免以古人語必無誤而強爲之說耳。夫老子已爲舜友，豈不及師商容哉？宋于庭過庭錄云：「史記殷本紀表商容之閭。索隱皇甫謐云：商容與殷人觀周軍之入，則以爲人名。鄭玄云：商家樂官，知禮容，所以禮署稱容臺。樂記釋箕子之囚，使之行商容而復其位。鄭注：行猶視也。使箕子視商禮樂之官。賢者所處，皆令反其居也。正義曰：鄭知容爲禮樂者，漢書儒林傳，孝文時，徐生善爲容，是善禮樂者謂之容也。周本紀云：命召公釋箕子之囚，命畢公釋百姓之囚，表商容之閭。商容與百姓並稱，可知非一人。」又謂：「老子不能與商容相接。商容即殷禮，老子爲守藏室史，守藏爲歸藏殷易，故所業亦殷禮」，此非以古人凡語爲無誤，而強爲之說乎。管子小匡：「曹孫宿處楚，商容處宋，季勞處魯，徐開方處衞，匽尚處燕，審友處晉，又游士八千人，使出周游於四方。」其文本之大匡，謂游公子開方於衞，游季友於魯，游蒙孫於楚。蒙孫無考，公子開方季友乃魯衞公子，豈得妄攀以爲齊之游士？當春秋之世，何來有游士之風？又何至游士八千人？然則往所謂商容處宋者，殆又妄攀殷賢爲說。則商容亦自周初下迄春秋，當管仲桓公世，宜得爲老子師矣。梁玉繩呂子校補謂：「管子商容別是一同姓名者。」此又昔人讀書信古謹飭之態度宜然也。

十五　老子弟子文子

老子師有商容，其弟子則有文子。韓非內儲說上：「齊王問於文子曰：治國何如？曰：夫賞罰，利器也。君固握之，不可以示人。臣猶鹿獸也，惟薦草而就。」此文子蓋卽尹文子。繹史謂是田文，田文豈肯爲是言哉？猶陳仲子亦單稱仲子也。漢志道家有文子九篇，班注云：「老子弟子，與孔子並時，而稱周平王問，似依托者也。」今按莊子好言老子，其所稱老子弟子，如南榮趎庚桑楚揚子居之徒，雖云空言無事實，亦述之詳矣。顧獨不及文子。其他諸子亦無言文子者。孟荀傳索隱引別錄：「墨子書有文子，子夏之弟子，問於墨子」，則非與孔子同時之文子也。太史公載諸子，亦缺文子。論語荷篠丈人無弟子，則孔子時老子弟子文子，亦烏有先生也。老子之誤，由莊子之寓言，文子之誤，則由尹文之變稱。今文子書皆襲淮南，並採莊子，則其書最先當出漢世，猶在馬遷後。不知尚爲七略舊本否？班氏注宋子云：「其言黃老意」，宋銒尹文並稱，漢人以宋銒爲黃老，故僞爲尹文書者，亦引老子爲言，而以尹文爲其弟子。班氏本其書爲說，故云既爲老子弟子，則與孔子同時，而稱周平王，乃依託。非別有據，而眞謂是老子弟子也。至名家別有尹文子一篇，則如道家既有涓子，復有關尹子，漢代僞書詭說不少，不得以漢時有二書，卽證先代有兩人也。尹文在齊宣王時，下及湣王，其年代與詹何環淵略相當，惟謂其師詹何，則亦無證。

十六　孔子比老彭

老子既爲論語之荷蓧丈人，而世有謂論語實別自有老子者，是亦不可以不辨。論語述而篇：「子曰：述而不作，信而好古，竊比於我老彭。」包曰：「老彭，殷賢大夫。」鄭曰：「老，老聃。彭，彭祖。」比觀兩說，以包爲勝。大戴禮虞戴德篇記孔子之言曰：「昔商老彭及仲傀，政之教大夫，官之教士，技之教庶人，揚則抑，抑則揚，綴以德行，不任以言。」四書考異云：「此最足以明聖人竊比之意。」漢書古今人表有老彭，在仲虺後。呂氏春秋情欲篇：「雖有彭祖，不能爲也。」注：「彭祖，殷之賢臣，治性靖靜，不欲於物。蓋壽七百歲。論語所謂竊比於我老彭是也。」執一篇注亦云：「彭祖，殷賢大夫。」此皆老彭卽彭祖之證。若兼指彭祖老聃，則老聃在彭祖後，應云彭老，不應云老彭。以此推之，知鄭說之誤。竊比於我老彭者，猶云竊比我於老彭，猶云竊自比於老彭也。惟莊子釋文引世本云：「彭祖姓籛名鏗，在商爲守藏史，在周爲柱下史，年八百歲，」一云卽老子也。」則卽以彭祖爲老子。楚辭天問：「彭鏗斟雉，帝何饗？」王逸注謂：「彭祖以雉羹進堯，而堯饗之也。」史記五帝紀禹皋陶后稷伯夷夔龍倕益彭祖，自堯時而皆舉用，則彭祖又爲堯臣。蓋孔子之言老彭，僅曰述而不作，信而好古，而後世稱其壽，乃曰年七百，又謂其上爲堯臣，下爲周史，因謂其能調鼎進雉羹焉。謂老子卽伯陽者，以其爲史官。謂老子卽彭祖者，以其享高壽。其實則伯陽之爲史，彭祖之高壽，皆已在無可考信之列，而況謂其卽孔子所見之老子乎？宋于庭論語說義引道德五千言，證其合「述而不作信而好古」之旨，則其論亦猶陽貨卽楊朱之類也。今按此朱子已言之。然謂今傳五千言，乃述而不作信而好古，此盡人可辨其不類也。又按魏源老子本義云：「莊子云：老子居沛，彭城近沛，意聃常居之，故曰老彭，猶展禽稱柳下邪？」今按謂老子常居彭城，此屬臆測。古人多以居地爲氏，若柳下之例，則亦應稱彭聃，不當稱老彭。魏說殊牽强。又此節所論，互見考辨第四，可參閱。

十七　戰國言老子之眞相

今綜述上陳，則戰國言老子，大略可指者，凡得三人。一曰老萊子，卽論語荷篠丈人，爲孔子南遊所值。二曰太史儋，其人在周烈王時，爲周室史官，西入秦見秦獻公。三曰詹何，爲楚人，與環淵公子牟宋玉等並世。自以老萊子誤太史儋，然後孔子所值之丈人，遂一變而爲王室之史官。自以環淵誤關令尹，然後太史儋出關入秦，遂有人强之著書。夫論語之丈人，已爲神龍出沒，一鱗片爪，不可把摸。太史儋以神讖著，詹何以前識名，益復荒誕。今以三人傳說，混而歸之一身，又爲之粉飾焉，則宜其去實益遠。今爲分別條理，則孔子所見者，乃南方芸草之老人，乃楚人詹何，而神其事者，則爲晚周之小書俗說。其混而爲一人，合而爲一傳，則始史記。而其牽而益遠，以老子上躋堯舜，下及商初，則人知其妄，可勿深論也。

十八　老子之子孫

史記載孔子見老子，姓氏，名字，里居，年世，及其師弟子之儔，既一一爲之詳考其來歷，而深著其荒誕不足信如上述。顧猶有疑者，則老子之子孫是也。

史記：「老子之子名宗，宗爲魏將，封於段干。宗子注，注子宮，宮玄孫假。假仕於漢孝文帝，而假子解，爲膠西王卬太傅，因家於齊焉。」馬遷述老子子孫，詳實如是，豈得以爲虛？顧實有可疑者：梁氏志疑云：「史公既疑老萊子即老子，又疑太史儋即老子，史以傳信，奈何恍惚以惑後世？傳中載其國邑，鄉里，姓名，字號，官守，出處，以及其子孫，則非異類矣，而曰莫知所終，曰莫知然否。將所謂子孫者，聃耶？萊耶？儋耶？」此可疑一也。汪中老子考異，據魏安釐王四年，段干崇割地，謂爲魏將封段干者，乃儋之子，詳見前引。是汪氏謂崇即宗也。然其事在周赧王四十二年，上距烈王二年太史儋入秦，亦一百零一年。儋之入秦，苟宗爲初生，是宗年踰百歲，猶爲魏將，有是理乎？可疑二也。若謂段干崇爲儋何子，則年代尚相當，然亦無證可立。且凡人之稱其祖先，妄誕者多矣。劉氏自謂出堯後，商周自謂出稷契。稷母履大人跡，契母吞玄鳥卵。又將一一據其子孫，而信其祖先耶？圈稱爲陳留風俗傳，自序先世，顏師古刊謬正俗辨之，斥其鄙野。見卷八。膠西太傅，夫亦圈稱之類耳。則史記雖詳列老氏之子孫，終不足以躋老子於信史也。路史後紀疏仡紀注引三輔決錄：「段干字爲段氏。」乃云入關者係段干木之子，校其年代頗合。然段干木之孫，仍不得爲魏安釐王將也。氏出老子，段干木之子隱如入關，去且段干木又係老子之何人乎？凡此諸說，或足徵漢之李氏與戰國段干氏有關，不得卽爲老子之信史。

十九　老子書之年代

老子之辨既定，則今傳道德五千言者，又出何人之手乎？曰：此已無可確指。其成書年代，亦無的證，可資論定。據其書思想議論，及其文體風格，蓋斷在孔子後。當自莊周之學既盛，乃始有之。汪氏以爲太史儋之書，亦非也。縱有太史儋，其人乃在莊周先，此書猶當稍晚，不能出儋手。

且漢志道家有鄭長者一篇。陶憲曾曰：「釋慧苑華嚴經音義下，引風俗通云：春秋之末，鄭有賢人，著書一篇，號鄭長者，謂年高德艾，事長於人，以之爲長者也。」陰陽家有南公三十一篇，項羽紀正義，虞喜志林云：「南公者，道士，識廢興之數。」徐廣云：「楚人也，善言陰陽。」公者，長老之號，漢書畦弘傳集注。老人之稱也。漢書田叔傳集注。農家有野老十七篇，應劭曰：「年老居田野，相民耕種，故號野老。」蓋道家陰陽家農家之三派者，皆貴遯隱無名，又尚葆真全年，故著書每匿其名而稱老。老子亦其流，烏從而必指其人哉。

其意著於莊子之寓言篇，曰：「寓言十九，重言十七。寓言十九，藉外論之，重言十七，所以已言也。是謂耆艾。」郭象曰：「以其耆艾，故俗共重之，雖使言不借外，猶十信其七。」道家著書，非藉之外，則托之老。如莊子稱列禦寇南郭子綦，是藉之外也。參考辨第五十九。如老子鄭長者南公野老著書，是托之老也。今莊子寓言，知曉者多，其重言則人尠瞭者。故云彭祖八百，則人習養生矣。云老聃仙隱，則人輕儒墨矣。是皆入其重言之彀中也。又曰：「年先矣，而無經緯本末，以期年耆者，是非先也。」蓋僅托之於年耆，猶不足以取重而動聽，乃必爲之經緯本末焉。經緯者，上下爲經，旁通爲緯。如言老子，而孔丘師之，楊朱問道，庚桑楚尸祝於畏壘，南榮趎贏糧而往從，是老子爲經，孔丘楊朱亢桑南榮爲緯也。本末者，如言老子先爲王官，終則遯隱，關尹尼之，乃著五千言，是其本末也。故後人尤重老聃，不信彭祖。則彭祖雖年耆，其經緯本末，不若老聃爾。此則莊生重言之說也。乃後之讀書者，終必以老子爲可信，不敢自越出於十七之數，吾以是不能不愛莊生之智矣。

今不得已而必爲老子五千言尋其作者，則詹何或庶其近之。老子曰：「道可道，非常道，名可名，非常名。」此乃莊周公孫龍以後書耳。魏牟問於詹子，其年粗合。莊子內篇述老聃語，絕不見今老子五千言中。蓋其時尚無老子書，特莊周自爲寓言。至荀子云：「老子有見於詘，無見於信。」（天論篇。）或其時已有老子書。（若僅見莊周寓言，荀子博學，未必遽加彈駁。）以詹何年世言之，亦當在莊周荀卿間也。又詹何屢見於晚周人之稱述，而漢志獨無詹子書。便蜎與蜎何齊名，而漢人稱環淵師老子。然則，必不得已而求今道德五千言之作者，與其歸之孔子時之丈人，與秦獻公時之周史，無寧與之公子牟楚襄王同時之詹何爲得矣。

且史公傳老子雖多妄，其言漢初黃老傳統則頗有可信者。史記樂毅列傳：「樂氏之族，有樂瑕公樂臣公。趙且爲秦所滅，亡之齊高密。樂臣公善修黃帝老子之言，顯聞於齊，稱賢師。」又曰：「樂臣公學黃帝老子，其本師號曰河上丈人，不知其所出。（隋志道德經注云：「梁有戰國時河上丈人注二卷，漢志未載。經典叙錄有漢文帝時河上公注，無河上丈人。」四庫提要云：「兩河上公各一人，兩老子注各一書。戰國時河上公書在隋已亡，今所傳者，實漢河上公書也。」余謂河漢上公，卽影射戰國之河上丈人。（此王應麟藝文志考證已言之。）至梁時河上丈人注，又係後世假托，非眞戰國時書。不然，漢志何未著錄？提要自誤，未可從。）河上丈人教安期生，安期生教毛翕公，毛翕公教樂瑕公，樂瑕公教樂臣公，樂臣公教蓋公，蓋公教於齊高密膠西，爲曹相國師。」集解索隱俱云：「臣公一作巨公。」田叔傳：「學黃老術於樂巨公。」漢書作鉅公，卽巨公也。御覽五百十引道學傳亦作樂鉅公，臣爲巨譌無疑。（道學傳又云：「樂鉅公宋人，號曰安丘丈人。」沈欽韓謂「鉅公猶墨家之稱鉅子，非其名。」然其前尚有樂瑕公，沈說恐非是。）而論其傳受，則史既謂樂瑕公樂巨公於趙且爲秦滅時亡之齊，則其人尚在戰國晚世。蓋公受樂巨公黄老術，爲曹參師。田叔學黄老術於樂巨公，而仕趙王張敖。則樂巨公下及秦漢之交。今二樂治黄老，得於毛翕公，毛翕公得於安期生，則安期生年世不能甚後。然史公又謂：「蒯通善齊人安期生，列仙傳：「安期生，瑯琊阜鄉人。」安期生嘗干項羽，羽不能用。已而羽欲封此兩人，兩人終不肯受，亡去。及曹參爲相，請蒯通爲客。」蒯生之年，不能高於蓋公，則安期生正與樂巨公同時，何渠爲蓋公四傳之師哉？蓋蒯生頡頏公卿間，說韓信，客曹參所，遂以得名。安期生隱晦不彰。其後至武帝時，李少君乃言：「常游海上，見安期生。安期食臣棗，大如瓜。安期生僊者，通蓬萊中。合則見，不合則隱。」於是天子始遣方士入海，求蓬萊安期生之屬。安期生乃始與昔者宋毋忌羨門高之徒，同爲海上神仙。史記封禪書謂：「自齊威宣之時，騶子之徒，論著終始五德之運，及秦帝而齊人奏之。而宋毋忌正伯僑充尚羨門子高最後，皆燕人，爲方僊道，形解銷化，依於鬼神之事。」然則此數人者，皆出騶衍後。索隱云：「最後，猶言甚後也。服虔說止有四人，是也。小顏云：自宋毋忌至最後凡五人，劉伯莊亦同此說，恐未詳。」王鳴盛曰：「案服虔司馬貞說，最後者，自是謂其在騶子之後耳，非姓名。其實止四人。顏注謬。」又韋昭曰：「皆慕古人之名，效爲神仙者也。」余謂秦人自以此數人名字爲神仙耳，非此四人效古神仙之名。韋說亦誤。而始皇帝之碣石，使燕人盧生求羨門高，見始皇本紀。已謂之仙人，無怪安期生與蒯生交游，嘗以術干項羽，而武帝乃想望以爲海上眞僊，欲圖一面而不可得矣。當時言黄老者，固引神僊同流，故曰安期生師河上丈人，而漢初治黄老，若蓋公，若田叔，上推之於二樂，其傳皆自安期僊人來。此與所傳孔子師老聃者，作用雖異，取徑固同。然則史公言蓋公田叔，其傳受尚荒誕，已不盡信，其言老子，宜乎其迷。樂彥引老子道經云：「月中仙人宋毋忌」，可證當時言老子，多與諸仙通流。余考老子書，蓋興於齊，出於莊周宋鈃之後，荀卿已及見，至韓非呂不韋時已大行。此所謂道德之意五千言者，其殆果出於河上丈人之手乎？人之曰「丈人」，猶書之曰「老子」也。若丈人老壽，得躋百歲，或者其卒世，猶可出荀卿後。毛翕公安期生二樂之徒，皆竝世肩隨，不能大相先後，或者皆嘗得其書而傳其術，而史公某以傳某又以傳某之說，固不足盡據。且鄒衍出燕惠王後，秦人已上歸之齊威宣時。今丈人當晚周，漢人何難升諸孔子之前哉？要之推跡黄老眞源者，當尋索於此，以視猶龍一傳，迷離惝怳，固遠爲近於情實。而詹何以漁釣稱高年，其得爲河上之丈人亦宜。年世既合，邦邑亦近。故曰與不得已而必求道德五千言之作者，則不如歸之詹子之爲適也。

宋陳無己后山集理究：「世謂孔老同時，非也。孟子闢楊墨而不及老，荀子非墨老而不及楊，莊子先六經，而墨宋愼次之，關老又次之，莊惠終焉。其闢楊之後，孟荀之間乎？」此疑老子身世最先，而定老子身世亦最的。

卷二

七三　商鞅考　附甘龍　杜摯

商鞅衛人，與吳起同邦土，其仕魏，事公叔痤，而痤又甚賢起。起之爲治，大倣李克。鞅入秦相孝公，考其行事，則李克吳起之遺教爲多。史稱鞅先說孝公以比德殷周，是鞅受儒業之明證也。其變法，令民什伍相收司連坐，此受之於李克之網經也。通典引吳起教戰法，亦有「鄉里相比，什伍相保」之文。立木南門，此吳起僨表之故智也。此容齋隨筆四困學紀聞十均言之。桓譚新論：「魏三月上祀，農官讀法。」其法亦督農事，盡地力之意。其制殆亦始於李悝。則吳起商鞅之立木僨表，其先亦師李氏讀法之意也。今周官有讀法之制，其書出當在後，蓋亦三晉之士所爲。開阡陌封疆，此李克盡地力之教也。參讀朱子開阡陌辨。鞅傳：衛鞅變法，甘龍杜摯爭之。孟子論井田引龍子，謂莫善於助，莫不善於貢。助有公田，乃井田舊制，貢則使民盡地力而稅之，疑龍子卽甘龍。又秦策三王稽杜摯同伐趙，年世不相接，豈別一杜摯耶？今按史文本諸商君書更法篇，而此篇多襲趙策武靈王胡服章。趙策云：武靈王平晝閒居，而商君書謂爲孝公平晝，是其證。然則恐杜摯非有二人，而甘龍亦不必與商君同時。遷議令者邊城，此吳起令貴人實廣虛之地之意也。漢志神農二十篇，班注：「六國時諸子，疾時怠於農業，道耕農事，託之神農。」師古曰：「劉向別錄云：疑李悝及商君所說。」今按重農政，李悝吳起商君一也。顧劉氏獨不及吳起。重法律，亦李悝吳起商君一也。桓譚新論稱商君受李悝法經以相秦，亦不及吳起。漢志兵家有李子十篇，沈欽韓曰：「疑李悝。」又有公孫鞅二十七篇，荀子議兵篇：「秦之衛鞅，世俗所謂善用兵者也。」是重兵事，又李悝吳起商鞅三人所同也。後人視起僅爲一善用兵者，而獨不及李克商鞅。其誤蓋始於史記孫吳列傳，以起與孫武孫臏並列。不知兵家亦有李子公孫鞅，當時從政者率主兵，乃時代使然，豈得徒以兵家目之。鞅之爲政，宗室貴戚怨之，不獲其死，亦類吳起。人盡誇道鞅政，顧不知皆受之於李吳。人盡謂法家原於道德，顧不知實淵源於儒者。其守法奉公，卽孔子正名復禮之精神，隨時勢而一轉移耳。道家乃從其後而加之誹議，豈得謂其同條貫者耶？漢初學術，非道德卽刑名。而史公當武帝時，已尊儒。故升孔子爲世家，而以老莊申韓同傳，自據當時立論。老子韓非，同出戰國晚世，思想自有相通處。至李吳商鞅，乃戰國初期法家，不得與韓非並論。

史記鞅傳：「鞅初事魏相公叔痤，痤卒，惠王弗能用，鞅遂入秦。」考惠王九年，公叔痤爲將，敗韓趙於澮。是年卽爲秦所虜，呂氏大事記謂秦虜痤復歸之，而終於相位，則在明年，爲秦孝公元。秦本紀鞅入秦見孝公在元年，是也。孝公三年，鞅說孝公變法。六年，拜左庶長。秦策：「孝公行商君法十八年，疾且不起。」自七年至二十四年，孝公卒，適十八年。蓋自七年以後，商君始見信任也。十年爲大良造，本傳稱行之十年，於是以鞅爲大良造者誤。又本傳稱商君相秦十年，然本紀列傳年表記鞅在秦爵位升遷甚備，獨無爲相事。年表孝公二十二年封大良造商鞅。水經濁漳水注在惠成王三十年，較年表前一年。史公據秦紀言鞅事宜不誤，或魏史用夏正，尚在今年之末，而秦用周歷，即已改歲，則在明年之端也。又濁漳水注：衡水北逕鄔縣故城東，竹書紀年梁惠成王三十年，秦封衞鞅於鄔，改名曰商，即此是也。故王莽改曰秦聚也。今按史記集解，徐廣曰，弘農商縣。索隱謂於商，二縣名。正義：於商在鄧州內鄉縣東七里，古於邑。商洛縣在商州東八十九里，本商邑。是謂於商與商乃兩地。今按：史記他處皆言商於，不言於商，則封於商，乃專指商洛，不兼於言。考秦在當時，尚未得河西地，更不得遠封商君達於漳衞之域。且史記明稱封之於商十五邑，趙良亦謂何不歸十五都灌園於鄙，此證酈說之不足信。惟不知紀年說究何自。或鄔即指於商之於，合言之，則曰於商，或商於。單言之，亦可曰商，或曰於，即鄔。要之不在衡漳附近，則斷可定也。則商君至封列侯，仍爲大良造，非別有爲相一級也。其後惠文王五年，本紀年表均書陰晉人犀首爲大良造，魏人因獻陰晉。疑其時秦之大良造即當相職，非別有相位一級也。至惠文王十年，張儀相，秦官始有相稱。以後例前，故稱商鞅爲秦相耳。又按：趙良之說商君曰：「相秦不以百姓爲事，而大築冀闕。」築冀闕在鞅爲大良造後二年，知爲大良造即爲秦相矣。然自此下至孝公卒尚十五年，則史所稱相秦十年者，亦復非也。本傳又云：「築冀闕宮庭於咸陽，自雍徙都之。後四年，公子虔復犯約，劓之。」今按，趙良說商鞅：「公子虔杜門不出，已八年矣。」趙良進說後五月，孝公卒。今姑定趙良之說在孝公卒前一年，其前八年，爲孝公之十六年，適當秦遷都行新法後四年。則公子虔之劓，斷在是年。然本傳又云：「鞅爲左庶長，定變法之令，於是太子犯法，鞅曰：太子，君嗣也，不可施刑，刑其傅公子虔。」鞅爲左庶長在孝公六年，其時尚位微，何能遽刑及於太子之傅？且孝公是年不過二十七歲，太子尚幼，不能犯法。鞅亦何不稱太子幼弱，而云君嗣不可刑，知太子非幼弱矣。然則刑公子虔自在十六年，而史公誤爲在前，遂稱公子虔復犯約耳。二十二年，封於商，二十四年，見誅。鹽鐵論非鞅第七：「商君入秦期年而相之，」亦誤。今姑定商君入秦年三十，則其生年應與孟子相先後。其壽殆過五十，而未及六十也。呂氏春秋無義篇：「公孫鞅以其私屬與母歸魏，襄庛不受。」是鞅敗時其母尚在，知鞅非高壽。

漢書藝文志法家商君二十九篇，兵權謀家公孫鞅二十七篇，今傳二十六篇，亡其二，實二十四篇。然全書開首更法第一，稱孝公平晝，卽已舉孝公之謚，其書非出鞅手，明明甚顯。其他如弱民篇襲荀子，靳令篇同韓非，錯法有烏獲，乃秦武王時人。知其書之成頗晚。而徠民篇且云：「今三晉之不勝秦四世矣。自魏襄以來，小大之戰，三晉之所亡於秦者不可勝數。若此而不服，秦能取其地，不能奪其民也。夫秦之所患者，興兵而伐則國家貧，安居而農則敵得休息，此王所不能兩成也。故三世戰勝而天下不服。今以故秦事敵，而使新民作本兵，雖百宿於外，境內不失須臾之時，此富強兩成之效也。」又曰：「周軍之勝，華軍之勝，長平之勝，秦之所亡民者幾何？」此其文明出長平戰後，而所以爲秦謀者亦至精。其意欲乘屢勝之鋒，而使戰敗者不得休息，故有徠三晉民使耕於內，而秦民專戰於外之畫。若在孝公變法時，方務開阡陌，盡地力，內力未充。其出而戰也，亦闞機抵隙，因便乘勢，非能亟戰而操必勝之權也。參讀考辨第九十五。無論秦之聲威未震，關東之民不肯襁負而至。卽至矣，亦祇以擾秦而亡之，欲求國內一日之安將不可得，更何論於亡三晉而一天下哉！史公序商鞅變法，條理悉備。其一民於耕戰則有之矣，徠三晉民耕於內，驅秦民戰於外，史公無此說也。後世言商君變法，往往以開阡陌徠民並稱，失之遠矣。商鞅徠民，其說始於杜佑，蓋本之商君書。

七四　齊威王在位三十八年非三十六年辨

紀年：「梁惠王後元十五年，齊威王薨。」其年爲周愼靚王元年。林氏戰國紀年，雷氏竹書考訂，據此謂威王卒於周顯王四十八年，誤也。自梁惠王十四年，卽威王元年，至是，則威王之三十八年也。史記年表威王凡三十六年，蓋誤。今考史記所以誤者，滑稽列傳載淳于髡說威王以隱，曰：「國中有大鳥，止王之庭，三年不蜚又不鳴，王知此鳥何也？王曰：此鳥不飛則已，一飛沖天。不鳴則已，一鳴驚人。乃奮兵而出，諸侯振驚，還齊侵地，威行三十六年。」史記此文，當出戰國雜說，史公採之，遂誤認威王在位三十六年也。不知此文所云三十六年，乃指其威行天下之年，不得以諸侯並伐之年幷入計算。雖淳于髡以隱進諫之事，或未可盡信，然當時爲此說者，固明謂威王在位三十九年，故以不治之三年，加威行之三十六年，而足成其數。今謂威王凡三十八年者，自其卽位之明年改稱元年計也。田齊世家謂：「威王初卽位，不治，九年後，乃奮發」，與三年之說不同。淮南氾論訓：「齊威王設大鼎於庭中，數無鹽令而烹之，齊以此三十二歲道路不拾遺。」此卽烹阿大夫之別傳。惟稱三十二歲，則未可據。卽如國策所載鄒忌諷諫威王，詳其辭氣，正在威王奮發中興之前。而史記稱鄒忌以鼓琴干威王，已在威王之二十一年。凡此皆史公博採舊說，疎略致誤。其實威王特始懈終勵，一時傳說紛紛，極言其中興之驟，奮發之奇，乃有三年九年之語，與淳于髡進隱及一日而封卽墨烹阿大夫之說。以余觀之，似國策鄒忌事最爲雅淨可取。且若依紀年，則今史表鄒忌以鼓琴見威王之歲，正值威王初立之年。則威王在位年數，正可援紀年與滑稽列傳所採雜說，及年表三端參合而定，斷斷然無可移也。

七五　稷下通考

扶植戰國學術，使臻昌隆盛遂之境者，初推魏文，既則齊之稷下。稷下者，史記田齊世家集解引劉向別錄云：「齊有稷門，城門也。談說之士，期會於稷下也。」太平寰宇記卷十八，益都下，引別錄云：「齊有稷門，齊之城西門也。外有學堂，卽齊宣王立學所也，故稱爲稷下之學。又莒子如齊，盟于稷門。又史記云：談說之士，會于稷下。皆此地也。」索隱：「齊地記云：齊城西門側系水左右有講室趾，往往存焉。蓋因側系水，故曰稷門。古側稷音相近爾。又虞喜曰：齊有稷山，立館其下，以待游士，亦異說也。」按魯亦有稷門，爲正南門。又左傳定八年：「公斂處父帥成人自上東門入，與陽氏戰于南門之內，弗勝，又戰於棘下。」杜注：「棘下，城內地名。」疑棘下卽稷下，因地近稷門而名。魯南城有三門，正南曰稷門，南城西門曰雩門，其東門曰鹿門。齊城亦有鹿門，則齊之稷門，自與魯同，並不以側系水，亦並不以稷山稱爲稷下。以雩門之例推之，當以社祭得名。而談說之士，期會於此門附近，故稱稷下，仍以別錄之說爲允。又水經淄水注：「系水流逕陽門西，水次有故封處，所謂齊之稷下也。」陽門乃齊西門，然則稷下在西門。自不誤。又太平寰宇記卷十八亦謂：「棘下，齊城內地名。」亦與魯棘下同。

徐幹中論亡國篇：「齊桓公立稷下之宮，設大夫之號，招致賢人而尊寵之，孟軻之徒皆遊於齊。」是稷下始於田午也。按此說極少見，中論以外無言者。然田桓公之時，田氏得齊未久，又身行篡奪，正魏文禮賢之風方衰，繼而爲此，攬賢士，收名聲以自固位，恐有之耳。新序：「騶忌既爲齊相，稷下先生淳于髡之屬七十二人，皆輕騶忌，相與往見。」是威王時已有稷下先生之稱也。田齊世家：「宣王喜文學游說之士，自如騶衍淳于髡田駢接子慎到環淵之徒七十六人，皆賜列第爲上大夫，不治而議論。齊稷下學士復盛，且數百千人。」是至宣王時而稷下大興也。世家敍此於宣王十八年，殆因宣王十九年而卒，而此事無確年可繫，故書於其卒前耳。狄子奇孟子編年遂謂「宣王十八年興稷下」，大誤。周季編略誤亦同。鹽鐵論：「及湣王奮二世之餘烈，南舉楚淮北，幷巨宋，苞十二國。西摧三晉，卻強秦，五國賓從。鄒魯之君，泗上諸侯，皆入臣。矜功不休，百姓不堪，諸儒分散。慎到接子亡去，田駢如薛，而孫卿適楚。」是稷下先生散於湣王之末世也。孟荀列傳：「田駢之屬皆已死，齊襄王時，而荀卿最爲老師。齊尚修列大夫之缺，而荀卿三爲祭酒。」是至襄王時而稷下復興也。至王建之世則無聞。然史稱鄒衍鄒奭皆稷下先生，是其制猶存也。蓋齊之稷下，始自桓公，歷威宣湣襄，前後五世，垂及王建，終齊之亡，踰百年外，可謂盛矣。新序又云：「齊稷下先生喜議政事」，此稷下之學風也。上自淳于髡，下至荀卿，莫不皆然。田齊世家云：「稷下學士不治而議論。」不治者，田駢設不宦之義，而淳于髡以終身不仕見稱，此稷下之行誼也。故遊稷下者稱學士，其前輩稱先生，尤尊推老師。淳于髡遊梁，惠王稱淳于先生。齊人譏田駢，亦呼先生。孟子遇宋牼於石邱，曰：先生將何之。荀卿之來稷下，初稱遊學，後爲老師。宋牼尹文之言曰：「先生恐不得飽，弟子雖饑，不忘天下。」皆是也。齊策有先生王斗，殆亦稷下先生也。列子書稱尹文先生，新序稱田巴先生。隋書經籍志：「魯連，齊人，不仕，稱爲先生。」疑亦列稷下。而稷下復有講室，此稷下之組織也。言其祿養，孟荀列傳有云：「自如淳于髡以下，命曰列大夫，爲開第康莊之衢，高門大屋尊寵之。」齊策或人譏田駢曰：「貲養千鍾，徒百人。」齊宣王之於孟子曰：「將中國授室，養弟子以萬鍾。」此稷下之生活也。遊稷下者，既得優遊祿養，而無政事之勞，故相率以著書講學爲事。孟荀列傳所謂「各著書言治亂之事以干世主，豈可勝道」，劉向荀子目錄所謂「咸作書刺世」者也。此則稷下之事業也。其姓名顯著者，有淳于髡慎到田駢環淵接子宋鈃尹文鄒衍鄒奭荀卿，既各分篇考辨其年世行事，爰綜述其前後與衰之大要焉。五經異義云：「戰國時齊置博士之官。」今按博士始於魯，魏亦有之，齊稷下本追魯繆魏文禮賢之制。蓋博士卽稷下之先生也。參讀考辨第四十八。

附稷下學士名表

姓　名	國籍	年　世					考辨
一淳于髡	齊	威	宣				一一八
二孟　軻(?)	鄒	威	宣				七六
三彭　蒙	齊(?)	威(?)	宣				一三九
四宋　鈃	宋		宣	湣			一二三
五尹　文	齊		宣	湣			一二四
六愼　到	趙		宣	湣			一三七
七接　子	齊		宣	湣			一三八
八季　眞(?)	齊(?)		宣				一三八
九田　駢	齊		宣	湣			一三九
一〇環淵	楚(?)		宣	湣	襄(?)		七二、一四六

一一王斗	齊		宣	湣(?)			一七五、一三九
一二兒說(?)	宋		宣	湣			一三〇
一三荀況	趙		宣	湣	襄		一六三、一四三
一四鄒衍	齊				襄	王建	一四四、一五二
一五鄒奭	齊				襄(?)	王建	一四四
一六田巴	齊					王建	一五五
一七魯仲連	齊					王建	一五五

七六　孟子不列稷下考

孟子遊齊，歷威宣二世，參讀考辨第九八。正當稷下盛時，而孟子則似不伍於稷下。鹽鐵論論儒篇：「齊宣王褒儒尊學，孟軻淳于髡之徒，受上大夫之祿，不任職而論國事。蓋齊稷下先生千有餘人。」是以孟軻淳于髡同爲稷下儕偶也。余考其說似頗誤。徐幹中論亡國篇：「齊桓公立稷下之宮，孟軻之徒皆遊齊。」亦與鹽鐵論同。桓公之卒，孟子年不過三十，謂其已遊齊，亦恐不然。雖史記與孟子書均無明文以證其非，而可推跡以求者。史記孟荀傳云：「自如淳于髡以下，皆命曰列大夫，爲開第康莊之衢，高門大屋尊寵之。」不數孟子，而云淳于髡以下，此孟子不列稷下之證一也。田齊世家亦云：「宣王喜文學游說之士，自如騶衍淳于髡田駢接子慎到環淵之徒七十六人，皆賜列第爲上大夫，不治而議論。」列舉稷下聞人，獨無孟子，此孟子不列稷下之證二也。孟子書載與淳于髡辯難凡兩番。閻若璩四書釋地又續謂：「一在去齊之後，一似相值於梁惠王朝。」今按淳于詰孟子天下溺而不援，閻氏定爲在梁相值之言。蓋以其時孟子不仕而臆定。然安知不在齊威王時，兩人固同在齊。孟子雖不仕，而好言仕義。淳于之言，非以爲勸，乃以爲譏也。淳于爲稷下先生，不治而議論，此以不仕爲名高者也。孟子則曰：「士不托於諸侯，抱關擊柝者，皆有常職，以食於上。無常職而賜於上者，爲不恭。」又曰：「庶人不傳質爲臣，不敢見於諸侯。」又曰：「仕非爲貧，而有時乎爲貧。」又曰：「孔子三月無君，則皇皇如也，出疆必載質。」曰：「士之仕也，猶農夫之耕。」而所惡則曰「處士橫議」，所願學則在孔子，曰：「可以仕而仕，可以止而止，可以久而久，可以速而速。」至若稷下諸先生，不治而議論，此孟子所謂處士之橫議，庶人不爲臣，無常職，而托於諸侯，皆孟子所深斥也。故孟子在齊爲卿，有官爵，明不與稷下爲類。致爲臣而歸，則非不仕。宣王欲中國而授孟子室，養弟子以萬鍾，此史記所謂開第康莊之衢，欲以稷下之禮敬孟子。孟子曰：是賤丈夫登壟斷罔利者。而淳于髡又譏之，曰：「夫子在三卿之中，名實未加於人而去，仁者果如是乎？」凡以見其出處行誼之不同。此孟子不列稷下之證三也。當時如儀衍縱横之徒，以妾婦之道固祿利。而許行陳仲則主並耕，不恃人食。淳于髡田駢稷下之處士，既享儀衍居官之祿，復慕許陳在野之名。惟孟子獨高談士禮，自謂本之孔子。然孔子之禮，重在君君臣臣父父子子，而孟子欲以齊王，又自稱諸侯之禮吾未之學。而孟子所謂孔子之仕止久速，當孔子時亦未嘗以此爲禮，而明以告其弟子也。此亦世風之一變，余故以論稷下學士而並及焉。

汪中經義知新記云：「孟子書載孟子爲卿於齊，而其自言曰，我無官守，我無言責。趙氏注孟子將朝王云：孟子雖仕於齊，處師賓之位，以道見敬，諸侯上大夫，卿也，通謂之卿。是孟子亦列大夫也。劉向荀子敍云：至齊襄王時，孫卿最爲老師，齊尚修列大夫之缺，而孫卿三爲祭酒焉。史記亦云然。則荀子之稱卿，蓋以官著，如虞卿者歟？」是誤以孟子之卿謂卽稷下之列大夫也。荀子稱卿，自爲其字。劉向敍曰：「蘭陵人喜字卿，蓋法孫卿。」此荀子字卿之確證。燕有荆卿，不聞其爲卿。荀子書多稱荀卿子，子者尊美之詞。若卿已爲尊美之詞，既曰卿，又曰子，則不詞矣。（參讀江瑔讀子卮言論荀子之姓氏名字篇。）列大夫者，言爵比大夫，自爲稷下學士之祿，與卿大夫不同。胡元儀亦謂孟子宣王時在齊，居列大夫之中，而孟子書言爲卿於齊，蓋卿卽列大夫之長。皆由未能通讀孟子全書，不知孟子本不與稷下爲伍也。且稷下列大夫不治而議論，今孟子言無言職，明不與列大夫爲類矣。至崔述孟子事實錄云：「孟子在齊爲卿，乃客卿，與居官任職者不同。蓋戰國之士，游於鄰國者多，雖不受職，有爲時君所禮，亦畀以爵。戰國策所謂魏王使客將軍新垣衍間行入邯鄲者是也。公孫丑又稱仕而不受祿者，古者卿大夫之祿皆以邑。若他國之大夫居是邦者，則致饋餼牽，春秋傳所謂秦鍼與楚比齒者是也。士之遊是邦者，則饋以粟帛。孟子所謂君饋之則受之者也。孟子既見宣王，知其不能行道，故不受其采邑，以爲久居之計。齊王雖授以卿之位，而初無卿之職，是以朝王無定期，而孟子亦自謂無官守，無言責也。」今按崔說似晰而實未是。君饋則受，與卿祿絕不同。至卿大夫祿皆以邑，乃春秋時則然，戰國亦未盡然也。惟狄子奇孟子編年謂：「孟子在齊始爲賓師，但受公養之禮，不受祿。其後爲卿，受粟十萬。凡言無官守無言職者，皆在爲賓師時。言當路於齊，加齊卿相者，皆在爲卿時。當分別觀之。」其言似的，惟繫年有誤耳。因辨孟子不列稷下，故附辨之。

七七　申不害考

史記申不害傳：「申不害故鄭之賤臣，學術以干韓昭侯，爲相十五年，國治兵強，無侵韓者。」索隱：「王劭按紀年，韓昭侯之世，兵寇屢交，異乎此言。」今按史記韓世家，申不害相在昭侯八年，至二十二年而死。然史記於昭侯元實誤後四年，（詳考辨第七十一。）則昭侯八年乃梁惠王十六年也。其明年，梁伐趙，圍邯鄲。考韓策：「魏之圍邯鄲也，申不害始合於韓王。然未知王之所欲，恐言而未必中。王問申子，吾誰與而可？申子微謂趙卓韓鼂，使各進議於王，申子微視王之所說以言之，王大悅。」正符初相情事。今史記申不害相尚在邯鄲圍後三年，則與韓策不合。知申子相韓在昭侯八年實不誤，惟當梁惠王十六年，非二十年也。王劭所謂兵寇屢交者，今紀年已佚，其猶可考見，如惠成王

十六年，秦公子壯帥師伐鄭，圍焦城，不克。（水經渠水注。）

十七年，鄭釐侯來朝中陽。（水經渠水注。今按此殆梁圍邯鄲，韓決從梁後事；參讀下考。又韓策三：「申不害與昭釐侯執珪而見梁君，申不害之計事曰：我執珪於魏，魏君必得志外靡於天下，是魏弊矣。諸侯惡魏，必事韓。」按紀年：惠成王十三年與鄭釐侯盟巫沙，明年魯恭侯宋桓侯衞成侯鄭釐侯來朝，是爲鄭釐侯之六年。八年申不害爲相。九年朝魏於中陽。疑此所謂執珪而見梁君者，乃指九年朝中陽事。六年之朝，申子尚未

當國也。

十八年，王以韓師敗諸侯師於襄陵。水經淮水注。

二十六年，敗韓馬陵。史記魏世家索隱。按此條誤，詳考辨百三十四。

二十八年，穰庇此據今本僞紀年，一本又作穰疵。呂氏無義篇：「秦惠王疑衛鞅，鞅以其私屬與母歸魏，襄庇不受。」即此人。水經注作穰苴，誤。率師及鄭孔夜戰于梁赫，鄭師敗逋。水經渠水注。

則韓爲魏弱，王氏之辨，洵不虛矣。志疑不知今本僞紀年與王劭司馬貞所見不同，妄據以駁王說，殊誤。至申不害卒，余疑實當韓昭侯二十六年。詳考辨第七十一。則申子相韓前後當得十九年。史謂相韓十五年，亦誤。申子相韓距鄭滅已二十一年。依史記當二十五年。又十九年而卒。其先爲鄭賤臣，姑以韓滅鄭申子年近三十計之，則其生年當在周威烈之末，安王之初，年壽在六十七十之間。

漢書藝文志有申子六篇，今均佚。韓非之書論之曰：「申不害言術，而公孫鞅爲法。術者，因任而授官，循名而責實，操殺生之柄，課羣臣之能，此人主之所執。法者，憲令著於官府，刑罰必於民心，賞存乎慎法，而罰加於姦令，此人臣之所師。」又曰：「申不害，韓昭侯之佐也。韓者，晉之別國也。晉之故法未息，而韓之新法又生。先君之令未收，而後君之令又下。申不害不擅其法，不一其憲令，則姦多。故利在故法前令則道之，利在新法後令則道之。道者，姦之所道，王先慎讀爲導，非是。

故新相反，前後相悖。則申不害雖十使昭侯用術，而姦臣猶有所譎其辭。故托萬乘之勁韓，七十年而不至於霸王者，（顧廣圻曰：「七十或當作十七」，則又與史記錯二年，今未可考。）雖用術於上，法不勤飾於官之患也。」若韓非之言，申子所以爲治，與商君絶異。後世顧以申商齊稱，則誤也。申子以賤臣進，其術在於微視上之所說以爲言。而所以教其上者，則在使其下無以窺我之所喜悅，以爲深而不可測。夫而後使羣下得以各竭其誠，而在上者乃因材而器使，見功而定賞焉。韓非子：「韓昭侯使人藏弊袴，侍者曰：君亦不仁矣，弊袴不以賜左右，而藏之。昭侯曰：非也。明主之愛，一嚬一笑。嚬有爲嚬，而笑有爲笑。吾必待有功者，故藏之，未有予也。」此謹賞罰之說也。又曰：「韓昭侯使騎於縣，歸問何見。曰：南門外有黃犢食苗道左。昭侯謂使者，毋敢洩。乃下令曰：當苗時，禁牛馬入人田中，固有令而吏不以爲事，牛馬多入田中，亟舉上之。不得，將重罪。三鄉舉而上之，昭侯曰：未盡。乃復得南門外黃犢。吏以昭侯爲明察，皆悚懼其所，不敢爲非。」此爲不可測之說也。韓非書言昭侯申子遺事者尚多，要其歸在於用術以馭下，與往者商鞅吳起變法圖強之事絶不類。其所以然者，殆由游仕既漸盛，爭以投上所好，而漁權釣勢。在上者乃不得不明術以相應。而吳起商鞅以忠貞殉主之節已不可見。自此而往，乃爲公孫衍張儀結軾連騎於諸侯之間，頡頏以取重，而韓昭侯黃犢之察，弊袴之守，亦無以爲馭矣。故自鞅起之變而爲申子，又自申子變而爲儀衍，亦戰國時代升降一大節目也。太史公謂：「申子卑卑，施之於名實」，其言是矣。又謂其意原於黃老道德，此則託爲黃老道德之說者，本出申子後。當申子之前，固猶無需乎虛無因應，變化無爲，若黃老道德之所稱也。

七八　魏圍邯鄲考

梁自惠王十四年，魯宋衛鄭來朝，霸業已形。十七年，挾宋韓以伐趙，圍邯鄲，齊楚並起而救，秦亦乘機攫利，此梁惠霸業成敗一大關鍵也。顧自胡(梅磵)顧(亭林)梁(曜北)諸人均疑焉。今按此事甚信，無可疑者。請舉八證明之：

宋策：「梁王伐邯鄲而徵師於宋」，此魏伐邯鄲之證一也。(時宋脅於梁威，舉兵圍趙境一城，而不肯深入。及齊救至，宋遂折而入於齊。)

韓策云：「魏之圍邯鄲，申不害始合於韓王，未知王之所欲，恐言而未必中。王問吾誰與而可，對曰：此安危之要，國家之大事，臣請深維而苦思之。乃微趙卓韓鼂使進議於王。申子微視王之所悅以言之，王大悅。」(韓非子七術載此事微異。)申不害相韓在魏圍邯鄲前一年，(詳前考。)正所謂始合於韓王而未知王之所欲之時也。此韓圍邯鄲之證二也。(其後韓合於魏，韓策所謂：「申不害與昭釐侯執珪而見梁君。」水經注引紀年謂：「惠成王十七年，鄭釐侯來朝中陽。」又謂：「魏與韓師，敗諸侯師於襄陵」，皆其證。

楚策：「邯鄲之難，昭奚恤謂楚王曰：王不如無救趙以強魏。景舍曰：不如少出兵以爲趙援，趙魏相弊而齊秦應楚，則魏可破。楚因使景舍救趙。邯鄲拔，而楚取睢濊之間。」此魏拔邯鄲之證三也。

齊策五：「昔者魏王擁土千里，帶甲三十六萬，其強而（而字疑北字誤。）拔邯鄲，西圍定陽，又從十二諸侯朝天子以西謀秦。」此魏拔邯鄲之證四也。

魏策三：「須賈之言曰：初時惠王伐趙，戰勝乎三梁，十萬之軍拔邯鄲，趙氏不割而邯鄲復歸。齊人攻燕殺子之，破故國，燕不割而燕國復歸。」此魏拔邯鄲而不有之證五也。（史記穰侯列傳亦載此語。）

呂氏春秋不屈篇論惠施相魏無功，而曰：「圍邯鄲三年而弗能取，士民罷潞，國家空虛，天下之兵四至。（注：「救邯鄲之兵，從四方來至也。」）衆庶誹謗，諸侯不譽，謝于翟翦而更聽其謀，社稷乃存。」此魏拔邯鄲而弗能有之證六也。

又士容篇記：「唐尚羞爲史，及魏圍邯鄲，唐尚說惠王而解之圍。」此魏歸邯鄲之證七也。

且猶有證者：秦策：「或爲六國說秦王曰：趙嘗強矣，築剛平，衛無東野。芻牧薪采，莫敢闚東門。當是時，衛危於累卵。於是天下有稱伐邯鄲者，莫令朝行。魏伐邯鄲，因退爲逢澤之遇。」是魏伐邯鄲，乃承趙氏伐衛之後之證八也。詳秦策所言，乃指魏惠王時事。然趙策剛平，據趙世家乃在周安王二十年，趙敬侯五年，乃魏武侯時，非魏惠王也。惟水經注濟水下引紀年：「梁惠成王十六年，邯鄲伐衛，取漆富邱城之」，則在魏伐邯鄲前。秦策誤引漆富邱爲剛平耳。又其時爲齊威王四年，而秦策云齊太公，亦誤。其後又稱郢威王，楚威王正與齊威王同時，與齊太公則不相及也。鮑改太公爲宣王，亦失之。逢澤之遇，卽齊策說閔王篇所謂從十二諸侯以朝天子者也。秦策言之未析。又按魏武侯趙敬侯齊太公時，別有魏襲邯鄲事。（參讀考辨第四三。）秦策蓋兩事混說也。

邯鄲之圍，其見於史記者：

一，趙世家：（成侯）二十一年，魏圍我邯鄲。二十二年，魏惠王拔我邯鄲，齊亦敗魏於桂陵。二十四年，魏歸我邯鄲，與魏盟漳水上。

二，魏世家：（惠王）十七年，圍趙邯鄲。十八年，拔邯鄲。趙請救於齊，齊使田忌孫臏救趙，敗魏桂陵。十九年，諸侯圍我襄陵。二十年，歸邯鄲，與盟漳水上。

三，田齊世家：（威王）二十六年，魏惠王圍邯鄲，趙求救於齊，齊威王使田忌南攻襄陵。十月，邯鄲拔。齊策作七月。齊因起兵擊魏，大敗之桂陵。今按其時爲威王之五年。楚趙睽隔，其勢緩。齊趙密鄰，其勢逼。故齊之救趙也誠。梁惠霸業，由此而挫。

四，孫臏傳：田忌欲引兵之趙，孫子曰：君不若引兵疾走大梁，彼必釋趙而自救。田忌從之，魏果去邯鄲，與齊戰於桂陵，大破梁軍。

據此諸說，則魏之圍邯鄲，斷在惠王之十七年。齊興師救趙時，邯鄲猶未拔。逮齊圍襄陵不利，水經注引紀年：「魏以韓師敗諸侯師於襄陵」是也。而魏亦拔邯鄲，則在十八年。魏遂分兵反鬭，齊亦濟師迎擊，爲桂陵之役。梁軍雖破，邯鄲猶在其手。趙魏仍相持於邯鄲之下，兵連禍結，諸侯救趙不力，坐自漁利。秦降安邑，楚取睢濊之間，皆其時事。直至惠王二十年，魏既力竭，乃歸邯鄲，與趙言和。此事記述昭昭，絕不容疑。

考之紀年，有如下之諸條：

齊田期伐我東鄙，戰於桂陽，我師敗逋。水經濟水注。

宋景敾衛公孫倉會齊師圍我襄陵。水經淮水注。觀宋策，梁徵師於宋，宋本徘徊持兩端，不利梁之滅趙，故至是乃折入於齊。衛亦附齊，梁勢大孤。

此皆在惠王十七年。又：

王以韓師敗諸侯師於襄陵，齊侯使楚景舍來求成。水經淮水注。

王會齊宋之圍。水經淮水注。

趙敗魏桂陵。史記魏世家索隱。

在惠王十八年。陳逢衡氏集證釋之云：「齊田忌救趙，戰於桂陽，雖勝魏，而魏圍邯鄲如故。故齊又合宋衛二國之師以圍襄陵。既而惠王又以魏師敗諸侯之師，遂破邯鄲。齊又擊破魏軍於桂陵。田完世家所謂威王使田忌南攻襄陵，又云十月邯鄲拔，齊因起兵擊魏，大敗之桂陵是也。蓋桂陽之戰在邯鄲被圍之時，而桂陵之戰在邯鄲已破之日。年表於魏惠王十八書邯鄲降，齊敗我桂陵，於圍襄陵前一年，誤矣。」今本紀年作「邯鄲之師敗我於桂陵」，蓋是魏史原文。索隱所引，已爲改易。陳氏說之曰：「此諸侯之師敗魏於桂陵也。曰邯鄲之師者，諸國之師俱爲救邯鄲而來，故曰邯鄲也。」

又孫吳列傳索隱：「王劭案紀年，梁惠王十七年，齊田忌敗我桂陵。」十七年，戰在桂陽，而王劭作桂陵者，雷氏義證云：「因水經濟水注謂此卽桂陵之戰，故誤從其說。桂陵在曹州濮水之北，桂與陽爲二地，在長垣縣濮水之南，相去幾二百里。水經濟水注謂濮渠之側有漆城，卽邯鄲伐衛所取。又有桂城，卽田期戰處。又引五年景賈戰於陽，謂卽大陵城，此後始謂濮渠，又東逕蒲城北，蒲卽今長垣西北之蒲城，古爲衛邑。據此是漆桂陽蒲四邑，皆在濮之上游，蓋轉戰也。趙世家正義引括地志云：桂陵城在曹州乘氏縣東北二十一里，此方是明年齊師敗於桂陵處，此在濮水之下游矣。」今按陳雷兩氏所辨，均極明晰。亦證紀年史記足相符會。而顧氏梁氏猶疑：「邯鄲爲趙都，其君在焉，魏安得拔之？若果拔之，則未歸邯鄲之前，首尾幾及二年，此二年中，趙侯徙居何地？揆諸情勢，深所難信。」不知在六國時人，如須賈輩，固自以魏拔邯鄲與燕取臨淄等觀。燕可以取臨淄，魏豈必不能拔邯鄲？特燕齊之事在後，記載較詳。魏趙之事在前，記載較略。趙侯徙居何地，今已不可考。然不能以記載之闕，遂幷疑其猶存者。且齊亦先得燕都而弗能有，何獨以邯鄲之事而疑之？胡三省疑此事，謂：「趙都邯鄲，何以魏克其國都而不亡」，因疑徙都乃肅侯，非敬侯。見通鑑注卷一。觀於須賈之言，則所疑亦非也。

又按趙世家：「敬侯元年，趙始都邯鄲。」春秋地名考略引竹書：「周安王十六年，趙敬侯始都邯鄲」，校其年正合。今本紀年無其文。王國維古本竹書紀年輯校亦未及。黄氏逸書考有之。

七九　季梁考　附　季眞

列子力命篇言：「楊朱之友季梁病」，仲尼篇言：「季梁死，楊朱望其門而歌。」則季梁先楊朱卒。梁之與朱，殆如惠施之於莊周矣。魏策云：「魏王欲攻邯鄲，季梁聞之，中道而反，衣焦不申，頭塵不去，而諫梁王」，是惠王圍邯鄲之歲，梁尚在也。鮑注云：「季梁，魏人，非列子所稱。」不知楊朱亦與梁惠王同時，則烏見季梁之非一人哉？荀子成相篇：「愼墨季惠百家之說誠不祥。」楊注：「或曰：季卽莊子曰季眞之莫爲者也。又曰季子聞而笑之，按此均見則陽篇。則是梁惠王犀首同時人也。韓侍郎云：或曰季梁也。」今按魏策：公孫衍爲魏將，與其相田需不善，季子爲衍謂梁王云云。田需之相，在惠施去相後，當魏襄王之世。則季子惠子莊子同時。季梁死楊朱前，不能至魏昭王時猶存。莊子書稱季子，皆季眞，非季梁。荀子以季惠並稱，殆亦指季眞，非季梁，韓說非也。韓非外儲說左上：「故李惠宋墨皆畫策也。」顧廣圻識誤：「李當作季，季梁也。惠，惠施。宋，宋鈃。墨，墨翟。」今按顧氏改李爲季，是也。然亦季眞，非季梁。又按莊子天地篇有季徹，似魯人。釋文云：「蓋季氏之族。」馬氏義證謂：「季徹疑即季眞，古讀照紐歸透皆舌音」，未知信否。

八〇　楊朱考

自孟子書言楊墨，曰：「楊墨之言盈天下」，又曰：「今天下不之楊，則之墨，能言距楊墨者，聖人之徒。」後世盡人讀孟子書，因莫勿知有楊墨。墨爲先秦顯學，顧無論矣，至於楊朱，其事少可考見。先秦諸子無其徒，後世六家九流之說無其宗，漢志無其書，人表無其名。梁氏人表考，梁著疑五等離朱乃楊朱字譌。謂等次時代皆相近。其實楊朱與梁惠王同時，今人表離朱在公輸般下，尚出墨子前，與吳王夫差相次，決非楊朱字譌可知。則又烏見其爲盈天下者？莊子天下篇，荀子非十二子、天論、解蔽諸篇，歷辨諸家，亦無楊朱。惟劉向說苑稱楊朱見梁王而論治，政理篇。列子書言楊朱友季梁，季梁先楊朱死。而季梁之死，在梁圍邯鄲後。詳考辨第七九。則楊朱輩行較孟軻惠施略同時而稍前。淮南氾論訓：「歌舞以爲樂，揖讓以爲禮，厚葬久喪以送死，孔子之所立，而墨子非之。兼愛尚賢，右鬼非命，墨子之所立，而楊子非之。全性保眞，不以物累形，楊子之所立，而孟子非之。」亦謂楊子在墨後孟前。果使其言盈天下，則當時文運已興，又勝孔墨之世，其文字言說，何至放失而無存，不又可疑之甚耶？余故知儒墨之爲顯學，先秦之公言也。楊墨之相抗衡，則孟子一人之言，非當時之情實也。孟子又曰：「楊氏爲我，是無君也。墨氏兼愛，是無父也。子莫執中，執中無權，猶執一也。」子莫之名尤不聞，並世無稱，後世無傳，不足以自表見，則亦一曲之士，而孟子以與楊墨並稱。此非孟子之尊子莫，乃其輕楊墨。則楊墨之並稱，非孟子之尊楊，乃其所以輕墨也。孟子既輕楊墨，何以又謂其言盈天下？曰：孟子謂墨氏無父，今未見其果無父也。則謂楊氏之言盈天下，又安見其果爲盈天下哉？且孟子之言則別有指。孟子以謂墨氏之言過於仁，楊氏之言不及於義。故曰楊墨肆行，充塞仁義。蓋人之常情，非自私自利，則又務外爲人，皆不足以合於仁義之道。凡天下之務外爲人者，皆孟子之所謂墨氏之言，而未見其果爲墨也。凡天下之自私自利者，皆孟子之所謂楊氏之言，而未見其果爲楊也。則孟子所謂楊墨之言盈天下者，亦其充類至極之義，非當時之學術分野之眞相也。莊子書每以黃帝形堯舜，老聃形孔子，正如孟子之以楊朱形墨翟耳。後人遂疑黃帝與堯舜於政治史上有同等之地位，老聃與孔子於學術史上有同等之影響，則亦如謂楊墨在當時思想界有同等之勢力，陷於一例之誤。然則莊子亦何以言楊墨？曰：莊子衡量並世學術，備見於內篇齊物論，獨稱儒墨，不言楊墨也。言楊墨者，在其外雜諸篇，固不足盡憑。且其言曰：「駢於辯者，纍瓦結繩竄句遊心於堅白同異之間，而敝跬譽無用之言，非乎，而楊墨是已。」夫堅白同異之辯，此自後相謂別墨者乃有之，非楊朱墨翟之辯也。又非楊之徒與墨之徒之辯也。猶其言曾史之擢德塞性，以收名聲，使天下簧鼓以奉不及之法也。夫以此言曾子，猶之可也。以此言史鰌，則違之遠矣。今乃據此言春秋時學術，謂有曾參史鰌一派，則人笑之矣。楊墨之言，夫亦猶此。特其書出孟子後，襲用楊墨之名，非確指楊墨之實也。莊子又云：「削曾史之行，鉗楊墨之口。」亦與此同例。荀子書言史鰌陳仲，又言鄧析惠施，所重只在陳仲惠施，不在史鰌鄧析。先秦書此例極多，會通觀之，可勿拘也。又按文選潘岳西征賦注，陳琳爲袁紹檄豫州注，引莊子皆作「鉗墨翟之口」，劉峻廣絕交論注引，則作「鉗楊墨之口」，知古人於此等處，本自不拘。又稱莊子之語惠施曰：「儒墨楊秉四，與夫子而五」，此尤不足據。何則？夫秉爲公孫龍字，則不得爲學派之稱。且公孫龍在惠施後，亦不能並世稱雄，則無來有五也。然則楊墨固不當並稱乎？曰非也。昔荀子曾言之，曰：「愼墨季惠百家之言。」成相篇。夫墨子最顯矣，惠施則遜焉。愼到又遜之。季眞之名，若存若亡。韓非言之曰：「儒分爲八，墨分爲三。有子張氏之儒，有子思氏之儒，有顏氏之儒，有孟氏之儒，有漆雕氏之儒，有仲良氏之儒，有孫氏之儒，有樂正氏之儒。有相里氏之墨，有相夫氏之墨，有鄧陵氏之墨。」三墨既皆不傳，後之言儒者，不聞以仲良氏與孟子並稱，又不聞以樂正氏與孫氏齊舉也。今必據韓非之言，謂仲良氏樂正氏，其學力之所至，風尚之所靡，與孟軻孫卿等量，則惑矣。必據荀卿之言，謂季眞之在當時，與墨翟齊名，則愚矣。必據孟子而謂楊朱之在當時，與墨道相抗衡，平分天下學徒，又何異於此哉？然必謂楊朱不得與墨翟齊稱，亦妄也。有一人之言，有一時之言，有舉世之言，有歷久之言。夫以儒墨爲顯學，此舉世之言也。亦歷久之言也。或言楊墨，或言愼墨季惠，或言八儒三墨，則皆一人一時之言也。後人不曉此，據一人一時之言，以評量上世之學術，又安所得其眞？

又按莊子應帝王：「陽子居見老聃」，寓言篇：「陽子居南之沛，遇老子。」釋文：「陽子居姓陽名朱，字子居。」又山木篇：「陽子之宋」，釋文：「司馬云：陽朱也。」字皆作陽。而駢拇胠篋天地稱楊墨，徐无鬼稱儒墨楊秉四，皆作楊。孟子盡心：「楊子取爲我」，取猶「異取以爲高」之取。上言取爲我，下言執中執一，取與執略同義。墨子書有小取大取，皆此義也。呂氏春秋不二，則曰：「陽生貴己」。莊子山木篇陽子，韓非說林作楊子。古書陽楊通叚，則陽子卽楊子也。惟莊子書本作陽子，孟子書則作楊子。今莊子書中作楊字，以楊墨並稱者，其文盡出孟子後。蓋莊子書非出一手，非成於一時，此亦其證。而莊子著書並不稱楊墨，亦可見。近人馬氏莊子義證疑陽子爲老子弟子，非楊墨之楊，謂有陽楊二子，其說大誤。山木陽子之宋，寓言陽子居南之沛，兩文均見於列子黃帝篇，均作楊朱，可證馬說之誤矣。

八一 子莫考

孟子稱楊墨，因及子莫，曰：「子莫執中，執中無權，猶執一也。」趙岐注：「子莫，魯之賢人也。」金仁山曰：「莊子謂儒墨楊秉四，疑卽子莫。」黃鶴四書異同商辨之云：「紀聞注以秉爲公孫龍，則非子莫矣。荀子載公孟子高見顓孫子莫而問禮，豈子莫姓顓孫耶？」孫詒讓籀高述林子莫學說考疑子莫卽魏公子牟，謂牟莫聲類同。俞樾茶香室經說卷十六亦有此說。近人羅根澤又辨之。見清華國學論叢第四期。曰：「魏牟乃魏國公子名牟者，或曰公子牟，莊子秋水篇，趙策，漢書藝文志。或曰魏公子牟，說苑敬愼篇。或曰中山公子牟，莊子讓王，呂氏審爲，淮南道應。無名之子牟者。惟高誘呂氏春秋訓解曰：子牟，魏公子也。信如所云，何解於祇書子牟哉？名衛公子鞅曰子鞅，燕太子丹曰子丹，其可乎？孫氏以子莫卽子牟之異文。子牟既非其名字，何能有子莫之異文哉？」因謂：「子莫乃說苑修文篇所謂顓孫子莫者。其文曰：公孟子高見顓孫子莫，曰：敢問君子之禮何如？顓孫子莫曰：去爾外厲，與爾內色勝，而心自取之，去三者斯可矣。公孟子高不知，以告曾子。曾子曰：大哉言乎！無外厲者必內折，色勝而心自取者必爲人役。是故君子德成而容不知，聞識博而辭不爭，知慮微達而能不愚。按本節似有誤字。規規焉拘謹已極，與孟子執一無權之說相胳合矣。」又引錢大昕云：「春秋傳陳公子完與顓孫奔齊，顓孫自齊來奔。子張當是顓孫之後，以字爲氏，故史記以子張爲陳人。而呂氏春秋云：子張，魯之鄙家也。而其子申祥爲魯繆公臣，則居於魯非一世矣。」按錢氏無此語，殆係崔述之誤。因謂：「說苑雖未明載顓孫子莫爲魯人，然顓孫得氏日淺，戰國之初當未散居各國。卽顓孫子莫於時已徙居他邦，而顓孫既出於魯，謂之魯人亦不爲過。孟子所稱子莫，趙氏謂魯之賢者，不得謂之無據。而與顓孫子莫要爲一人矣。」余考魏牟年代，當出孟子後，與楊墨不相及。執中之學，亦近儒家，與魏牟立說不同。孫氏之說自誤。羅氏以顓孫子莫當之，與黃鶴氏之說合。年世既符，其人又儒者，殆或是也。又按公孟子高卽公明高，孟子有公明高長息問答。趙岐曰：「公明高，曾子弟子。長息，公明高弟子。」今公明高問於子莫，而曾子大其言，則子莫輩行，蓋在曾子公明高之間。核其年世，疑卽子張之子申詳其人也。莫者疑辭，（莊子人間世：「妄則其信之也莫。」注：「莫然疑之。」）詳者審察之辭，（詩牆有茨：「不可詳也」，傳：「詳審也。」書呂刑：「度作詳刑，以詰四方」，鄭注：「審，審察之也。」）詳字子莫，正符古人名字相反爲訓之例。鄭注檀弓：「申祥，子張子，（孟子申詳，檀弓作申祥，詳本字，祥叚字。）太史公傳曰：子張姓顓孫。今曰申祥，周秦之聲二者相近，未聞孰是。」梁玉繩人表考云：「鄭說似非。父氏顓孫，子氏申，父子別氏，古多有之，不足異也。」今按顓孫合言爲申，二者聲近，故鄭云然。梁氏以父子別氏說之，誤矣。顓孫之與申，猶田之與陳也。故田仲子亦稱陳仲子，猶申詳稱顓孫子莫也。據此則子莫年世，當魯繆公時，與子思相當，猶前於楊朱矣。（參讀考辨第四八。）

八二　白圭考　附　趙武靈胡服考

梁玉繩漢書古今人表考：「戰國時前後有兩白圭。史貨殖傳，白圭當魏文侯時。原注：「史述其言有商鞅行法語，乃後人潤飾之。」韓非內儲說下，白圭相魏。史鄒陽傳，白圭戰亡六城，爲魏取中山，顯於中山，中山人惡之魏文侯。此周人白圭也，圭其名。呂覽聽言先識不屈應言舉難知分等篇稱白圭與惠施孟嘗君問答。韓子喻老，白圭之行堤，塞其穴，無水難。魏策載白圭二事，在魏昭王時，蓋爾時猶存，此魏人白圭也，丹名，圭字。表列於孟子魏惠王之間，則爲魏白圭無疑。閻氏四書釋地續曾辨之。惟趙岐誤注周人，國策鮑注指其誤。而高誘注呂覽亦曰周人，凡三見，並錯合爲一人。法言曰：子之治產，不如丹圭。已先錯矣。」今按：白圭非有兩人也。高誘趙岐皆以爲周人，何以知其非？鮑以其人在魏策中，而即以爲魏人，亦未見可據。此吳師道已辨之。魏文滅中山，爲將者乃樂羊吳起，無白圭。樂羊有謗書三篋，不聞惡白圭於魏文者。白圭至中山，據呂覽先識，乃當後中山亡於趙事。鄒陽獄中上書乃誤以樂羊爲白圭，其說不足據。至韓非書：「白圭相魏，暴譴相韓，白圭謂暴譴曰：子以韓輔我於魏，我以魏待子於韓。臣長用魏，子長用韓。」此未可定爲在魏文侯時。文侯一朝賢者，約略見世家卜相一節。參讀考辨第四十八。未見有白圭爲相。其與暴讙相結，亦戰國中晚風氣，當文侯世不宜有此。惟貨殖傳以與李克連稱，自是史公文法疎處，亦不足據謂白圭乃文侯時人也。吳師道國策注云：「史白珪傳首云：當魏文侯時，李克務盡地力，而白圭樂觀時變。後復引圭之言曰：吾治生產如孫吳用兵，商鞅行法，則其人在鞅後。首句特與李克對論，非言其世也。」孫吳指孫臏，亦與白圭同時，參讀考辨第八二。又考呂覽不屈篇：「惠施遊梁，見白圭，說之以彊。白圭無以應。惠子出，白圭告人曰：新婦至，宜安矜，煙視媚行。今惠子遇我尚新，其說我有太甚者。」據此似惠施初遊梁，白圭已先達。史記六國表：「梁惠王二十七年，丹封名會。丹，魏大臣也。」志疑：「丹封名會四字難曉，注家皆闕。疑名會乃於澮之譌。澮爲魏地。丹封於澮，猶齊封田嬰於薛耳。」余謂丹殆即白圭名。是年即與齊戰馬陵而敗。後惠施遊梁，漸見信重，故呂覽應言篇有白圭短惠子於梁王之事。至孟子之來，白圭雖不用事，猶以故相大臣見尊崇。觀其與孟子語，「吾欲二十而稅一，何如」之問，知其在梁之地位矣。又曰：「丹之治水也愈於禹」，蓋亦自誇其往昔之政績也。其後曾遊中山，遊齊，而識其必亡。中山亡於趙惠文王三年，又後十二年，齊湣王敗死。白圭之遊，必在兩國敗亡之前，而不必親其見亡。吳師道謂：「武靈王二十五年中山已亡，不待惠文三年。」白圭遊中山，亦當在武靈二十五年前。遊齊則稍後。魏策，白圭謂新城君曰云云，新城君即秦芊戎。吳師道曰：「秦昭王初年，魏冉已用事，則芊戎之貴已久。又按燕策，白圭逃於秦，則嘗仕秦。新序孟嘗君問白圭，恐亦此時。」此先見呂氏春秋舉難。今按：秦紀，昭襄王七年拔新城。（年表作襄城。）芊戎初號華陽君，其爲新城君，當在昭襄王七年後。田文入相秦，在昭王八年，其時爲齊湣王二年。白圭仕秦，當在其時。惟白圭既遊齊，而謂孟嘗之問亦在秦，則無以見其必然耳。又魏策：「成陽君欲以韓魏聽秦，魏王勿利。白圭謂魏王不如使人說成陽君弗入秦。」史記秦本紀，昭襄王十七年，城陽君朝秦，其與魏策所載果爲一時事否，今不可知。（周季編略徑以白圭之說定在城陽朝秦之年，亦疏。）其時在中山亡後六年，上溯梁惠王封丹已五十五年。若白圭以三十受封，即謂至是猶存，可也。統觀諸書所載，見白圭不爲兩人。前人不詳考，而輕爲之說，因謂前後有兩白圭耳。

又按年表，趙武靈王初胡服在十九年，攻中山在二十五年。世家十九，二十，二十一，三年皆略地中山，中山獻四邑以和。二十三年，（此據表。）二十五年，（此據世家。）復攻中山。二十六年攻中山，攘地北至燕代，西至雲中九原。（此據世家。）吳師道謂：「攘地時中山已定。」（見齊策。）而水經注引紀年：「魏今王十七年，邯鄲命吏大夫奴遷於九原，又命將軍大夫適子戍吏（呂氏大事記引作代吏。）皆貂服。」呂東萊大事記謂：「此即胡服事，特年與史記不同。」今考是年乃武靈王二十四年，而翌年，武靈王二十五年，世家載使周紹胡服傅王子何。（趙策亦記其事。）趙人胡服，本非一時徧及全國也。又趙策：「王破原陽以爲騎邑。」吳師道曰：「破者，破卒散兵以爲騎。」呂氏大事記謂：「武靈王胡服騎射，蓋始教一邑，然後遍行之於竟內。」然原陽屬雲中，高誘注。乃武靈王二十五六年，滅中山，攘地始得。非胡服騎射先於此邑，明矣。今據紀年趙策原陽條，及史世家周紹事，則趙之胡服騎射，其大行乃在武靈晚年。至史表「武靈十九年初胡服」，蓋指其最先言之，與紀年並不背。

八三　逢澤之會乃梁惠王非秦孝公在梁惠王二十七年非周顯王二十七年辨

秦策：「魏伐邯鄲，因退爲逢澤之遇。乘夏車，稱夏王，朝天子。天下皆從。齊太公當作威王。聞之，舉兵伐魏。梁王身抱質執璧，請爲陳侯臣。天下乃釋梁。郢威王聞之，帥天下百姓以與申縛遇於泗水之上，而大敗申縛。」齊策亦云：「昔者魏王拔邯鄲，西圍定陽，又從十二諸侯朝天子以西謀秦。衛鞅見魏王，勸以先行王服。魏王悅，故身廣公宮，制丹衣柱，建九斿，從七星之旟。此天子之位也，而魏王處之。於是齊人伐魏，殺其太子，覆其十萬之軍。魏王跣行按兵於國，而東次於齊。秦王垂拱而受西河之外。」秦策又云：「梁王伐楚勝齊，制韓趙之兵，驅十二諸侯以朝天子於孟津。後子死，身布冠而拘於秦。」當作齊。今按三說，皆謂梁惠王稱王會諸侯而朝天子，而其語皆有誤。吳師道曰：「伐邯鄲乃魏惠十八年事。逢澤之遇，秦爲之，非魏也。齊伐魏在會逢澤後，則指馬陵之役。而伐邯鄲後乃敗於桂陵。魏既克邯鄲，即爲齊楚所襲，天下未嘗皆從。」是謂會諸侯於逢澤者，乃秦孝公，非梁惠王也。徐文靖竹書統箋則云：「秦孝公會諸侯於逢澤，即秦策魏拔邯鄲而退爲逢澤之遇之地。」是謂秦魏先後均會諸侯於逢澤也。余嘗參稽以考，而知逢澤之遇，實在馬陵戰前，與伐趙邯鄲戰桂陵無涉。又會逢澤者，乃梁惠成王，與秦孝公無涉。其事在梁惠王二十七年，今史表誤係之周顯王之二十七年，而又誤屬之秦孝公耳。何以言之？據齊策：「魏王從十二諸侯朝天子，以西謀秦，衛鞅勸以先行王服，而齊人伐魏，敗於馬陵。」齊伐魏在二十七年十二月，魏敗在二十八年。故知逢澤之遇，實爲梁惠王之二十七年也。秦自孝公以前，中國諸侯夷翟遇之，擯不得與朝盟。孝公用商鞅，變法圖治，稍侵魏疆，猶不爲中國諸侯所重。何來有會諸侯而朝天子之事？魏既敗於馬陵，其後二年，商鞅虜魏公子卬，以功得封邑。若其前已能會諸侯，朝天子，鞅之功烈大矣，不待至此始封。且馬陵一役以前，魏尚爲中國霸主，秦人何得遠涉其地，而會諸侯？國策三言魏會諸侯而不及秦，知此會乃魏惠王，非秦孝公矣。余讀秦紀：「孝公二十年，秦使公子少官率師會諸侯逢澤，朝天子」，然後知秦特應魏之徵而赴會，故使一公子往。若秦自會諸侯朝天子，此何等事，孝公商君皆不莅會，而使一公子主之耶？史公僅見秦紀，未能詳考，遂謂秦自會諸侯而朝天子焉。此何異夫徒讀魯頌，不證之於左傳，而謂魯僖公乃張撻伐於蠻荆哉？此事既誤，知天子致伯，諸侯畢賀之說皆虛，或亦自梁而誤也。後書西羌傳，孝公雄强，威服羌戎，因使太子率戎狄九十二國朝周顯王，此僅言秦率戎狄而赴，並不言其主盟而會諸侯。

又按年表：「秦孝公二十年，諸侯畢賀，會諸侯於澤，朝天子。」集解徐廣曰：「紀年作逢澤。」此僅引紀年所會在逢澤，不言會諸侯者爲孝公也。水經渠水注：「徐廣史記音義曰：秦孝公會諸侯于逢澤陂。陂，汲郡墓竹書紀年作逢澤，斯其處也。」此亦僅據徐廣引紀年作逢澤，亦不謂紀年有秦孝公會諸侯之事也。今本紀年乃誤於周顯王二十三年有秦孝公會諸侯于逢澤之文，而戴東原校水經，亦誤改爲：「徐廣音義曰：秦使公子少官率師會諸侯逢澤，汲郡墓竹書紀年作秦孝公會諸侯于逢澤」云云，實與今年表之文遠爲不符。而秦孝公會諸侯於逢澤一語，一若早見於紀年，而爲可信之事者。朱謀㙔、趙一清本，皆無「秦孝公會諸侯于」七字。而戴校顧謂之脫，豈不大誤？按此條楊守敬水經注疏要刪亦有辨，而未能得其要領。

漢書地理志注引紀年：「惠王發逢忌之藪以賜民。」左傳哀公十一年疏引，亦同。雷氏義證云：「逢忌之藪，一名逢澤，乃圃田之餘波，被於梁城東北者，非宋之逢澤矣。」秦本紀集解引徐廣音義云：開封東北有逢澤。正義引括地志云：逢澤亦名逢池，在汴州浚儀縣東南十四里。愚按漢志河南郡開封縣注云：逢澤在東北。傳瓚謂今浚儀有逢陂忌澤，卽惠王所發以賜民者。考浚儀故城在今開封西北，逢池則在今開封府北，卽阮籍所謂『徘徊逢池上，還顧望大梁』者是也。水經渠水注謂百尺陂卽古之逢澤，故傅氏謂之逢陂。戰國時藪澤皆有厲禁，惠王徙都於此，故弛其禁以加惠於民。」此考逢澤地望極晰，亦可見會逢澤者決爲梁，非秦也。惟雷氏雖知周顯王二十五年爲梁惠王會諸侯朝天子之年，而又謂：「魏敗於秦，獻洛西之地，故顯王致伯於秦，諸侯畢賀，秦乃使少師會諸侯於魏郊，朝王於逢忌之藪」，分諸侯朝王爲兩事。一在顯王二十五年，主其事者爲梁。一在顯王二十七年，主其事者爲秦。則亦牽於舊說，仍襲史文之誤也。（史屢書周賀秦，頗多誤。楚世家：「宣王六年，周天子賀秦獻公，秦始復彊，而魏惠王齊威王尤彊。威王六年，周顯王致文武胙於秦惠王。」按楚威六年，適齊梁徐州相王之歲。所謂魏惠王齊威王尤彊，移此始合。疑周在此年賀齊梁，史公誤爲賀秦，又誤移於楚宣六年，而成兩事。六國表亦依此誤。）

韓策：「魏王爲九里之盟，且復天子。房喜謂韓王曰」云云。韓非子說林作：「魏惠王爲臼里之盟，彭喜謂鄭君曰。」黃丕烈云：「九臼彭房皆聲之轉。鄭君韓王同。」此魏王依彼知爲惠王。」金正煒國策補釋云：「周書作雒篇俘殷獻民，遷於九里。注：九里，成周之地，近王化也。」今按此亦魏惠會諸侯而尊周之一證。今周書九里作九畢，證以策文，知畢乃字誤。又按程恩澤國策地名考云：「周本紀正義引括地志，故王城一名河南城，本郟鄏，周公新築，在洛州河南縣北九里苑內東北隅。是九里乃苑名。」

又按趙世家：「肅侯四年，朝天子。七年，公子刻攻魏首垣。十一年，秦孝公使商君伐魏，虜其將公子卬。」竊疑朝天子者，卽魏會諸侯逢澤，而趙亦應召赴會也。其事應在肅侯六年。明年，齊敗魏馬陵。又明年，齊秦趙三面攻魏。紀年：「惠成王二十九年十月，邯鄲伐我北鄙」，疑卽趙世家公子刻攻魏首垣事，則應在肅侯八年。商君虜魏公子卬，據鞅傳亦同在此年。至肅侯十一年，秦魏戰岸門。虜魏錯，非公子卬。

呂覽報更篇：「張儀西遊秦，東周昭文君資之至秦，惠王相之。張儀德昭文君，令秦惠王師之。逢澤之會，魏王嘗爲御，韓王爲右，名號至今不忘。」此說尤誤。逢澤之會，與秦惠何涉？呂氏賓客，尙在先秦，言戰國時事，其疎失轉有甚於史記者，則甚矣考古之難也！又謂魏王乃爲東周昭文君御，則朝天子似不指獻王，亦不足信。惟謂張儀西遊，乃東周君資之，與蘇秦無涉，似較史記爲勝。

又按秦本紀：「孝公七年，與魏惠王會杜平。」年表亦云：「與魏王會杜平。」時爲魏惠王十六年。韓世家：「懿侯五年，與魏惠王會宅陽。」據表，會宅陽在惠王五年。然史公於韓系實有誤，則宅陽之會的在何年尙待考。惟梁之稱王，遠在徐州相會之前，則此又一證也。

八四　齊魏戰馬陵在梁惠王二十八年非周顯王二十八年辨

史記孫吳列傳：「魏齊戰於桂陵，大破梁軍。後十五年，魏齊戰馬陵。」索隱：「王劭按紀年，梁惠王十七年，齊田忌敗梁桂陵。按桂陵之戰，據史記趙魏田齊世家，均在惠王十八年。魏世家索隱引紀年亦在十八年。水經濟水注引紀年：「惠成王十七年，戰于桂陽，我師敗逋。」今本紀年亦分戰桂陽在十七年，桂陵在十八年，王劭此條謂十七年，則戰桂陽也。而水經注又云：「桂陽亦曰桂陵」，故王劭爲所誤。參讀考辨第七十八。至二十七年十二月，齊田朌敗梁馬陵，計相去無十三歲也。」札記：「十三歲各本作十五年，今依索隱本。」考異云：「當作十三。」今按索隱既作十三，則史記原文亦當作十三可知。史記云其後十三年，而索隱乃云相去無十三年，此謂針鋒相對。否則一云後十五年，而一云相去無十三年，爲不倫矣。考史記年表梁惠王十八年敗桂陵，至三十年敗馬陵，自十八至三十，前後適得十三年。故知史記自作後十三年，非十五年矣。今王劭引紀年，自十七年至二十七年，則爲前後相去十一年，故云無十三歲也。又田敬仲世家索隱引紀年：「齊威王十四年，田朌伐梁馬陵。」考紀年，惠成王十三年，齊桓公卒，威王立。威王之十四年，正當惠成王二十七年。而魏世家索隱引紀年：惠王二十八年與齊田朌戰於馬陵，則又何也？竊疑齊伐魏，在惠成王二十七年之冬，而魏敗則在二十八年。田敬仲世家索隱及王劭引紀年，自計齊人伐梁之年，魏世家索隱則舉魏敗之歲也。（參讀考辨第一三四。）今史記誤在惠王三十年者，蓋是年爲周顯王之二十八年，史公誤以梁惠王爲周顯王耳。（雷氏考訂定其事在梁惠王二十八年十二月，齊威王十四年，謂：「王劭云二十七年」，乃二十八年之訛」，由雷氏不得齊威王年，故說如此。）

秦本紀：「孝公二十年，秦使公子少官率師會諸侯逢澤，朝天子。二十一年，齊敗魏馬陵。二十二年，衛鞅擊魏，虜公子卬。」余考會逢澤在梁惠王二十七年，（見考辨第八十三。）明年，敗於馬陵，則爲二十八年。又明年，衛鞅擊魏，則二十九年矣。商君列傳索隱引紀年：「梁惠王二十九年，秦衛鞅伐梁西鄙」，此其事在二十九年之證。今史表亦誤在周顯王二十九年，故爲秦孝公二十二年，其實則孝公之二十年也。以秦本紀推之，亦可證馬陵之敗，實在惠成王二十八年矣。

又考田敬仲世家，馬陵之戰，其先魏伐韓，韓請救於齊。齊聽孫臏計，許其請而故緩其救。韓恃魏救，五戰不勝，東委國於齊，齊因起兵。水經渠水注引紀年：「梁惠成王二十八年，穰苴（當作穰疕，見考辨第七十七。）帥師及鄭孔夜戰于梁赫，鄭師敗逋」，即所謂五戰不勝者。（雷氏義證：「梁即南梁，赫即爲霍。春秋哀公四年，左傳云：一昔之期，襲梁及霍，即此梁赫也。杜注：梁，河南梁縣西南故城也。梁有霍陽山。服虔注云：梁霍，周南鄙也。以戰國策文證之，即齊策所謂南梁之難矣。高誘注曰：南梁，韓邑。大梁在北，故曰南梁，在今汝州西南。」）齊以去年冬即出師救韓，至是乃眞與梁遇，戰於馬陵，則亦在惠王之二十八年也。否則魏軍敗於去年之冬，太子被虜，將軍見殺，今年無力復勝韓矣。今僞紀年兩事亦同歲，梁赫之勝在前，而馬陵之

八四　齊魏戰馬陵在梁惠王二十八年非周顯王二十八年辨　

敗在後，皆在周顯王二十六年，則正梁惠王之二十八年也。

魏世家索隱引紀年：「梁惠王二十九年五月，齊田肦伐我東鄙。九月，秦衛鞅伐我西鄙。十月，邯鄲伐我北鄙。王攻衛鞅，我師敗績。」衛鞅之事已列前論。齊趙事並見史表。周顯王二十九年，齊與趙會伐魏。魏世家：「惠王三十一年，秦趙齊共伐我。」其事皆在馬陵戰後一年。以史記紀年互校，益證馬陵之敗在梁惠王二十八年矣。

雷氏義證云：「惠王之敗於齊秦，此盛衰一轉關也。顯王二十五年，魏最强。敗齊，勝燕，拔趙，致魯衛宋鄭之君而朝之。且率泗上十二諸侯，朝天子於孟津，以西謀秦。爲臼里之盟，欲復興周室，豈不盛哉！及彭喜言於鄭君，以敗其盟，而惠王亦侈然自放，乘夏車而稱夏王，此所以動天下之兵，而子申子卬遂皆糜於鋒刃矣。自是而齊威奮於東夏，秦孝起於西陲，東帝西帝之勢，卽成於此日矣。」今按雷氏論梁勢盛衰轉變之迹極晰。惟分梁朝天子在孟津，秦朝天子在逢澤，謂梁孟津之會在前，秦逢澤之會在後，則實爲秦策及史文所誤，已詳考辨第八十三。

〔附〕　毛氏本索隱異文校

余既考齊魏馬陵之戰在梁惠王二十八年，嗣檢毛氏汲古閣重刻北宋祕省史記索隱三十卷，田敬仲世家，謂：「紀年梁惠王十二年，當齊桓公十八年，後威王始見，則桓公十九年而卒」云云，與今本索隱惠王十三年當桓公之十八年者，相差一年。清光緒十九年，粵刻廣雅叢書重刊毛本亦同。若毛本爲是，則梁惠王二十八年，正齊威王之十四年也。惟明正德間愼獨齋翻刻元中統二年段子成本，及凌稚隆史記評林本，並作十三年，則未必毛本定是。誠依毛本，惠王十二年當桓公十八年，於余考齊威王各節均亦可通，尚無窒礙。而其前索隱所引紀年，如齊康公五年田侯午生，二十二年田侯剡立，後十年齊田午弑其君及孺子喜而爲公諸條，與桓公十八年乃惠王十二年之說殊不相符，無可溝通。恐毛氏此本實係誤字，未足據。要之一年之差，與余書前後比論大體不相妨。讀余書者，通前後而觀之可以知。又余著此書，初恨未見雷氏學淇竹書紀年考訂。嗣讀其介庵經說，亦定桓公十八年當梁惠王之十二年，似與毛氏文合。而檢其戰國年表，則仍繫桓公十八年於梁惠王十三年下。又引田世家索隱云：「梁惠王十三年，當齊桓公十八年。」則經說所引作十二年者，亦係字誤。然雷氏年表，於桓公十八年卽書威王立，而下年仍爲桓公十九年，再下始爲威王元年。則寧有前王未卒，後王已立？亦寧有新王已立，而仍以前王紀年之理？蓋雷氏勉強排比，欲定威王二十四年，當梁惠王二十八年，遂有此誤。又仍定威王三十六年，及移前齊宣王年，皆未是。後乃得見雷氏考訂義證兩書，於此亦無所辨明。於毛本十二年之說，終難符合。因姑誌其異文焉。

又按洪頤煊校紀年，作梁惠王十三年，當齊桓公十八年。而趙紹祖校補紀年則爲梁惠十二年，當齊桓十八年。惟趙氏謂：「桓公卒于顯王十一年，威王立于十二年。」而洪本則於顯王十一年書威王立。蓋是年始立，明年稱元，洪趙所定皆是。陳逢衡疑爲晉桓公十八年，則大誤。

八五　田忌鄒忌孫臏考　附司馬穰苴

史記田齊世家：「威王三十五年，田忌出奔楚。」梁玉繩志疑辨之云：「田忌出奔在宣王二年戰馬陵之後，不在威王三十五年。忌之戰功可見者，桂陵馬陵二役。若威王時已出奔，則安得馬陵之勝？」世家又云：「宣王召田忌復故位。」吳師道國策注云：「忌之出奔，在戰馬陵後宣王世。史載其奔在前，故謂召復位。忌既襲齊，豈得再復？成侯又在，豈宜並列？而馬陵後忌無可書之事，知其必有誤。」志疑謂：「吳注有以矛刺盾之妙。」今據紀年，馬陵之戰本在威王十五年。見前考。則田忌奔楚，雖在馬陵戰後，無害爲威王時。齊策：「成侯鄒忌爲齊相，田忌爲將，不相悅。公孫閈謂鄒忌說王，使田忌伐魏。田忌三戰三勝，公孫閈使人卜於市，曰：我田忌之人也，三戰三勝，欲爲大事，亦吉否？因捕卜者，驗其辭於王。田忌遂走。」又云：「田忌勝梁，孫子勸之爲大事，田忌不聽，果不入齊。」則田忌出奔，卽在馬陵勝後，爲威王之十五年。史公既誤前威王之年，疑其過早不合，乃移後二十年，爲威王三十五年也。索隱云：「按戰國策，田忌前敗魏於馬陵，因被構不得入齊，歷十年乃出奔。」按史記繫出忌出奔於桂林一役後，適及十年。索隱引馬陵以見異同，而未能考定其是非。其謂歷十年乃出奔，自據史記，未可信。其後宣王伐燕，據齊策亦田忌之謀。按美國飛勤德飛亞大學博物館藏戰國銅器陳□壺，文曰：「佳王五年，□□陳旻再立事歲。」陳夢家考釋：陳旻卽陳貝，卽田忌，是田忌再召卽在宣王五年伐燕之歲也。又詳考辨第一二〇。蓋田忌自以威王時出奔，至宣王時復召。吳梁二氏之疑，皆考之未詳也。

又世家：「宣王召田忌復故位。韓氏請救於齊，宣王召大臣而謀。鄒忌曰：不如勿救。田忌曰：不如早救。」索隱：「紀年，威王十四年，田肦伐梁，戰馬陵。戰國策云：南梁之難，有張田對云札記單本：「田各本作丏，與今本國策合。」早救之。此云鄒忌者，王劭云：此時鄒忌已死四年。又齊威此時未稱王，故戰國策謂之田侯。今此以田侯爲宣王，又橫稱鄒忌者，蓋此說皆誤爾。」今按索隱此條，語有含混，當分別以觀者。其謂戰馬陵在威王十四年，又齊威此時未稱王，故戰國策謂之田侯，是也。然鄒忌之死，決不在馬陵戰前，而引王劭云此時鄒忌已死四年者，一則索隱此語，自據史記此事在宣王二年計之。則鄒忌之死，在宣王立前二年，卽威王之卒前一年也。一說則王劭此語，實本宣王五年韓氏請救，田忌曰不如伐燕一事而論。史記既誤以馬陵之戰謂在宣王時，而索隱於紀年史記得失，未能明定，遂率引王劭此語而未加剖辨。則鄒忌之死，應在宣王五年前之四年，即宣王即位之元年也。王劭亦及見紀年原本，其語當有來歷。今國策有鄒忌事宣王仕人衆，宣王不悅之說，蓋宣王初立，而鄒忌以先朝老臣，擅權用事。則鄒忌卒年，自當在宣王元年。而田忌復召，自在其後。知世家繫諸宣王二年，固自不誤。吳師道所謂「成侯復在豈宜並列」之疑，亦可以釋然矣。至襲臨淄事，孟嘗君列傳謂「襲齊邊邑」，策言「孫臏勸忌無解兵入齊而忌不聽」，則或無其事，尤不足深辨。

又年表：鄒忌以鼓琴見威王在二十一年，封成侯在二十二年。今以紀年推之，二十一年正威王初立之歲，二十二年則威王之元年也。威王四年，魏伐趙邯鄲，趙求救於齊，威王召大臣而謀，鄒忌主勿救，段干朋主救之。則忌爲威王朝大臣，蓋自威王初政已然。年表忌以鼓琴見威王，適威王新立，其年實不誤，特誤爲威王之二十一年耳。齊策有鄒忌朝窺鏡諷諫齊王事，蓋亦威王初政，與淳于髡大鳥之隱，同爲齊威初年奮發之一種傳說，參讀考辨第七四。若定是年忌年近三十，則忌生當在田剡初立之際，至宣王元年卒，壽將及七十也。

史記孫吳列傳：「孫臏以智敗龐涓於馬陵，以此名顯天下。世傳其兵法。」又云：「孫子臏腳，兵法修列。」今按漢書藝文志兵家吳孫子兵法八十二篇，齊孫子兵法八十九篇。吳孫子齊孫子分別甚明。余既辨吳孫子無其人，考辨第七。又疑凡吳孫子之傳說，皆自齊孫子而來。史記本傳吳孫子本齊人，而齊孫子爲其後世子孫。又孫臏之稱，以其臏腳而無名，則武殆卽臏名耳。（日人齊藤謙亦有此疑，見史記會注考證。）孫臏從田忌勝魏馬陵，遂勸忌無解兵入齊，忌不聽。後忌終奔楚。孫子旣斷其兩足，爲廢人，常客田忌所，疑當與忌同奔。後杜赫爲鄒忌說楚王封田忌於江南，（見齊策。）則孫子亦隨至江南矣。及田忌復返齊，孫子同返與否不可知。據越絕書：「吳縣巫門外大冢，孫武冢也，去縣十里。」則武殆先忌之返而卒於吳者歟？其著兵法，或卽在晚年居吳時。（戰國策孫臏曰：「兵法百里而利者蹶上將，五十里者軍半至」，今見孫子軍事篇。又：「攻其懈怠，出其不意」，今見計篇，曰：「攻其無備，出其不意。」是今孫子兵法卽臏之證也。故書中論用兵地形皆切適於中原，未見其爲吳越水國之事也。）吳人炫其事，遂謂曾見闔廬而勝楚焉。後人說兵法者，遞相坿益，均托之孫子。或曰吳，或曰齊，世遂莫能辨，而史公亦誤分以爲二人也。（呂覽不二篇高注：「孫臏楚人，爲齊臣。」梁伯子云：「史漢皆以孫臏爲齊人，此獨以爲楚人，當別有據。」今按潛夫論賢難篇：「孫臏修能於楚，龐涓自魏變色，誘以刖之。」亦謂孫臏楚人。孫臏固曾從田忌奔楚。至於本爲楚人齊人，則無可詳論矣。又考通典一四九兵二引孫臏曰：「用騎有十利，夫騎者能離能合，能散能集，百里爲期，千里而赴，出入無間，故名離合之兵也。」顧亭林日知錄，以趙公子成之徒，諫胡服不諫騎射，謂騎射之法必先武靈而有。然疑當孫臏世，尚不能有騎戰。觀史記叙臏之戰績，亦不見有用騎之徵，則漢志齊孫子八十九篇，多出後人依託，亦一證矣。）

史記言齊人著兵法，尚有田穰苴。穰苴之事，昔人已辨之。（蘇子由古史曰：「太史公爲司馬穰苴傳，世皆信之。余以春秋左氏考之，未有燕晉伐齊者也。而戰國策稱司馬穰苴執政者也，湣王殺之。意者穰苴嘗爲湣王卻燕晉，而戰國雜說遂以爲景公時耶？」葉水心習學記言曰：「左氏前後載齊事甚詳，使有穰苴，不應遺落。況伐阿鄄，侵河上，皆景公時所無。大司馬亦非齊官。蓋作書之人夸大其詞，而遷信之爾。」）余讀其文，疑亦田忌之誤傳也。故曰：「穰苴者，田完之苗裔。」田忌爲田氏，一似也。穰苴傳云：「晉伐阿甄，燕侵河上」，而田忌勝馬陵，正義引「虞喜志林曰：馬陵在濮州甄城縣東北六十里，有陵，澗谷深峻，可以置伏。」鄄甄爲一地，二似也。其勝敵而歸也，「未至國，釋兵旅，解約束，誓盟而後入邑。」史稱田忌勝馬陵，孫臏勸之無解兵入齊，忌不聽，三似也。「已而大夫鮑氏高國之屬害之，譖之於景公，景公退穰苴」，與田忌之見搆於成侯，四似也。「齊威王用兵行法，大放穰苴之法，而諸侯朝齊」，此與田忌勝馬陵，而三晉之王皆因田嬰朝齊王於博望，（見田敬仲世家。）五似也。「齊威王使大夫追論古者司馬兵法，而附穰苴於其中，因號曰司馬穰苴兵法」，與田忌之時正合。若穰苴爲景公時人，則與司馬兵法同爲追論，而威王又何爲捨其本朝之近臣，而遠論景公時之一將？此六似也。穰苴殺齊王之寵臣，與孫武殺吳王之寵姬，事極相類。孫武既爲孫臏之誤傳，則穰苴爲田忌之誤傳，理亦有之。七似也。故知史公之言穰苴，皆自田忌而誤也。然何以誤及於春秋時之景公？曰：馬陵之戰，田忌與田嬰同將。（見田齊世家，及孟嘗君列傳。）田嬰者，孟嘗君田文之父靖郭君也。或者司馬兵法言及嬰子，而史公不深曉，遂誤以爲晏嬰，故設爲晏嬰薦之齊景公歟！（晏子春秋內篇第五，及說苑正諫篇，亦有穰苴諫景公事，然二書益多謬誤，不足據。）然則史公又何以誤及於湣王時之穰苴？曰：其書或本出於司馬穰苴之徒，故曰司馬穰苴兵法。史公以湣王敗亡之君，不知穰苴之爲湣王將，因上移其人於景公時，而又誤涉田忌之事以爲說也。其書又稱司馬兵法者，惠士奇禮說云：「司馬穰苴兵法，因號司馬法。戰國策，齊閔王時，司馬穰苴爲政，閔王殺之，大臣不親，則穰苴乃閔王之將。以故齊南破楚，西屈秦，用韓魏燕趙之眾猶鞭策者，蓋穰苴之力居多。及穰苴死，而閔王亡矣。」此以司馬法爲穰苴書也。余考趙策有云：「將非田單司馬之慮也」，司馬正指穰苴。其爲知兵，信矣。然則穰苴實有其人，其人實有兵法之書，史公特誤其時，又誤其事耳。

八六　梁惠王二十八年乃齊威王稱王之年非齊威王卒年辨

魏世家：「梁惠王二十八年，齊威王卒。」今按是年齊敗梁馬陵，非威王卒年，疑乃威王始稱王之年也。田齊世家云：「齊擊魏，大敗之桂陵，於是齊最強於諸侯，自稱爲王，以令天下。」此史公誤以桂陵爲馬陵，故云然。又云：「齊擊魏，大敗之馬陵。其後三晉之王，皆因田嬰朝齊王於博望。」是則齊威勝馬陵而稱王之證矣。威王既以馬陵勝後稱王，而史公見其前稱侯，後稱王，疑爲兩人，故於是年謂威王卒，宣王立。此如梁惠稱王改元，亦誤爲襄王之元年也。蓋梁惠會諸侯於逢澤，朝天子，先自稱王，乃齊魏有馬陵之戰。齊勝於馬陵，魏則自貶，而齊則繼魏而稱王。魏用惠施謀，與齊會徐州而相王焉，乃楚齊有徐州之戰。此齊魏稱王之史實也。齊魏會徐州前，均已稱王。徐州之會，特國際之相承許。其先大夫稱侯，尚乞周室賜命。今稱王，則與周爲敵體，更不須周命矣。而列強相互間有認有不認，會盟征伐由此起。其後齊秦稱帝形勢亦然。

八七　屈原生卒考

離騷：「攝提貞於孟陬兮，惟庚寅吾以降。」此屈子自道其生辰也。王逸楚辭章句：「太歲在寅曰攝提格。孟，始也。正月爲陬。庚寅，日也。言已以太歲在寅，正月始春，庚寅之日，下母之體而生。」後朱子楚辭辨證疑其說，謂：「月日雖寅，而歲則未必寅。其曰攝提貞於孟陬，乃謂斗柄正指寅位之月耳，非太歲在寅之名也。」顧炎武日知錄卷二十。重申王說，曰：「古人必以日月繫年。攝提，歲也。孟陬，月也。庚寅，日也。豈有自述世系生辰，乃不言年而止言月日者？」陳瑒屈子生卒年月考云：「以甄鸞五經算術所載，周曆法，自楚懷王以前上推威王九年庚寅，及宣王十五年丙寅此二年中，建寅之月，皆無庚寅之日。惟宣王二十七年戊寅。建寅之月己巳朔，庚寅爲月之二十二日，屈子殆以是年生。」劉師培古歷管窺云：「以夏曆推之，楚宣王二十七年戊寅，距入乙卯蔀四十九年，積月六百零六，閏餘一，積日一萬七千八百九十五，小餘六百五十四，大餘十五，得庚午爲正月朔，庚寅爲巳月二十一日，屈子之生當在是年。」相繼推定屈子生年在楚宣王二十七年。按之史記，於屈原事迹，大概符合。據世家：懷王十六年，張儀至楚。十七年，秦敗屈丐。其時屈原已先絀，屈復楚辭新注謂：「史記被疏，止是不與議國事，未嘗奪其左徒之位。奪其位當在此年。」林雲銘楚辭燈謂：在前張儀至楚之年。計其年壽爲三十二歲，則爲左徒用事時，年三十左右也。屈復定屈子爲左徒在懷王十一年時，因是年楚爲從約長，惜往日篇所謂：「奉先功以照下，國富强而法立」是也。今按屈說亦無據。惟屈原爲左徒用事，則大致在此，或稍後也。十八年張儀重至楚，屈原使從齊來，諫何不殺張儀，是歲屈原年三十三。其後十二年，懷王入秦不返。頃襄王元年，屈原若在，年當四十六。以子蘭之讒而遷，遂沉汨羅以死。其年無考，要當在五十左右。洪興祖說悲回風，施黃棘之枉策云：「懷王二十五年入秦，與昭王盟于黃棘，後為秦欺，客死於秦。頃襄七年迎婦於秦，是欲復施黃棘之枉策。」今按黃棘屬懷王時事，不得牽并襄王為說。朱子楚辭辨證並不認黃棘為地名，則屈原之卒，是否在頃襄七年後，實無證。東方朔七諫怨世篇，年既已過太半兮，是或屈子年踰五十之證。此屈子年世之略可考者也。

王船山楚辭通釋以哀郢為頃襄遷陳，屈原不欲，讒人以沮國大計為原罪，遂重見竄逐而作。考遷陳在頃襄二十一年。屈原若在，年應六十六歲，疑不若是之壽。蔣驥山帶閣注楚辭，謂：「襄王徙陳，其時長沙曾為秦取，原尚得晏然安身其地乎？」又引：「韓非曰：秦與荊戰，大破荊，襲郢，取洞庭五渚江南，則是時屈子自沉之長沙亦入秦矣。」實則洞庭五渚江南，並非指今長沙一帶而言。（參讀考辨第一二七。）惟謂屈原卒在襄王遷陳前，則是。又鄒叔績遺書有屈子生卒年月日考，亦定屈子生年在周顯王二十六年，即楚宣王二十七年，並據殷曆推定為正月二十一日，已先劉說。而謂卒在秦昭王三十年，屈子年六十七，自云論證詳讀書偶識。今偶識已佚，不可見，或與王說同據哀郢也。鄒氏應湘潭王氏聘，校船山遺書，均錄其序跋，附以案語，仿朱竹垞經義考，直齋書錄解題之例，勒為目錄三卷，則於船山論屈子事，必見無疑。今讀屈子諸篇，其忠君愛國之情，鬱勃既盛，感傷彌切。苟頃襄初政，原又被讒南遷，當時卽無久理。不得又抑塞流徙，至於二十二年之久，乃始沉湘而去。哀郢年代參讀考辨第一百三十，鄒叔績又論離騷年代，參讀考辨一百二十一。

抑前人論屈子卒年，猶有異說。則謂屈子之卒，尚在懷王入秦前，並不及襄王時。此王白田草堂存稿主之。其說曰：「離騷之作，未嘗及放逐之云。與九歌九章等篇，自非一時之語。而卜居言既放三年，哀郢言九年不復，一返無時，則初無召用再放事。原之被放在十六年，以九年計之，其自沉當在二十四五年間。而諫懷王入秦者，據楚世家，乃昭睢，非原也。夫原諫王不聽，而卒被留以至客死，此忠臣之至痛。而原諸篇無一語及之。至悲回風，惜往日，臨絕之音，憤懣伉激，略無所諱。而亦祇反復於隱蔽障壅之害，孤臣放子之寃。其於國家，則但言其委銜勒，棄舟楫，將卒於亂亡，而不云禍殃之已至是也。是誘會被留，乃原所不及見。而頃襄之立，則原之自沉久矣。」又曰：「史所載，得於傳聞，而楚辭，原所自作，固不得據彼以疑此。原所著惟九章敍事最爲明晰。其所述先見信，後被讒，與史所記懷王時相合。至於仲春南遷，甲之朝以行，發郢都，過夏首，上洞庭，下江湘，時日道里之細，無不詳載。而於懷王入秦諸大事，乃不一及。原必不若是之顚倒也。懷王客死，君父之讎，襄王不能以復，宗社危亡將在朝夕，此宜呼天號泣，以發其寃憤不平之氣。而乃徒嘆息於讒諛嫉妬之害，而終之曰：『不畢辭以赴淵兮，恐壅君之不識。』則原之反復流連，纏綿瞀亂，僅爲一身之故。而忠君愛國之意，亦少衰矣。」草堂存稿卷三，書楚辭後。

今按王氏此論，多據哀郢，哀郢非屈原作。悲回風，惜往日，皆非屈子自道之辭。王氏所據，皆未愜當。然楚辭二十五篇，絕不及懷王入秦事，則誠如王氏之論。史公原傳頃襄王怒遷屈原一節，文氣斷續，本頗可疑。則屈原之卒，固在頃襄之世與否，誠未可專據史文爲斷。余考屈原放居，地在漢北。楚辭所歌，洞庭沅澧諸水，皆在江北。（詳考辨第一二七。）則原遷江南，事無顯證。屈原之卒，或早在懷王入秦前，固有可信之理。惟屈子被讒，困居漢北，既已多歷年所，而一旦沈淵以去，則慮必有甚深刺激，益其悲憤。或者正由懷王之入秦，或者則由頃襄之賜謫，憂傷憤懣之既甚，而不暇見之辭，則今楚辭之無其文，仍不害當時之有其事也。然則屈原之卒，正當在懷王入秦不反之數年間乎？（又按：又有疑屈原之卒，未必自沈者。袁枚隨園隨筆引黃石牧云：屈子曰：吾將從彭咸之所居，又曰：願依彭咸之遺則，又曰：寧赴湘流，葬江魚之腹中，皆寃忿寓言，非實事也。太史公因賈生一弔，遂信爲眞，不知宋玉招魂之作，上天下地，東西南北，無所不招，而獨不及水。何也？惟亂曰：湛湛江水上有楓，魂兮歸來哀江南，則其善終於汨羅可知。若楚辭注，招魂作於屈子生時，則豫凶非禮，宋玉不應詛其師矣。今按：魯仲連義不帝秦，亦謂惟有蹈東海。屈子云云，發於憤激，其果自沈與否，誠亦無可確證也。）

余疑屈原之卒，當在懷襄之交，決不及襄王遷陳時，既具如上論。然哀郢則自是遷陳後作。故曰：「哀故都之日遠。」又曰：「民離散而相失，遵江夏以流亡。」又曰：「曾不知夏之爲丘兮，孰兩東門之可蕪。」此明爲國破民流之辭，非孤臣之被讒見逐矣。然則哀郢非屈原作，而作哀郢者別自有人也。其人爲誰，則絕無可說。惟篇中有云：「當陵陽之焉至兮，淼南渡之焉如。」楚策：「莊辛諫襄王，不聽，去之趙。留五月，（疑當作五年，參讀考辨第一四五。）秦舉鄢郢，襄王復徵莊辛，授之爲陽陵君。」顧觀光七國地理考疑陽陵卽陵陽。今按魏書穆崇傳：「崇爲陽陵侯」，北史崇傳作「陵陽」，則顧說容可信。或哀郢陵陽本作陽陵，涉上文「陵陽侯之氾濫」句而誤。（按漢志，陵陽屬丹陽，桑欽言淮水出東南，北入大江，則陵陽在江南也。楚策，投之爲陵陽君，與淮北之地，則陽陵應在淮北，與漢志陵陽自別。哀郢其殆莊辛之辭乎？辛，楚人，擅辭賦。值襄王時，目擊郢都之危，諫君不悟。流掩城陽，乃始見召。危言聳聽，因得封賞。而讒謗間之，賦此自悼。較之謂屈大夫之辭，固稍近情焉。余考莊周書說劍篇，亦莊辛作，參讀考辨第一四五。否則乃宋玉景差之徒爲之也。

八八　莊周生卒考

史記老莊列傳：「楚威王聘莊子爲相，莊子卻之。」莊子秋水篇亦云：「莊子釣於濮水，楚王使二大夫往。」釋文司馬曰：「威王也。」事雖不必信，黃氏日鈔云：「楚聘莊周爲相，史無其事。凡方外橫議之士，多自誇時君聘我爲相而逃之，其爲寓言未可知。又時君尚攻戰權術，未必有禮聘之事。雖孟子於梁齊，亦聞其好士而往說之，非聘也。縱其聘之，何至預名爲相而聘之？」余考御覽四百七十四引韓詩外傳：「楚襄王遣使聘莊子爲相。莊子曰：獨不見太廟之犧乎」云云，莊周晚歲可與楚襄相值，然此莊子或指莊辛。周辛二人事相混，可參讀考辨第一四五、一三一。然可以證莊子與楚威王同時。焦竑老子翼附錄：「周顯王三十年，楚聘莊周爲相」，即楚威王元年，然此特以意定之耳。又徐无鬼篇：「莊子送葬，過惠子之墓。」惠施卒在魏襄王九年前，參讀考辨第一二五。若威王末年莊子年三十，則至是年四十九。若威王元年莊子年三十，則至是年六十。以此上推，莊子生年當在周顯王元年十年間。若以得壽八十計，則其卒在周赧王二十六年至三十六年間也。又考徐无鬼，莊子送葬，迺及宋元君。宋元君乃偃王太子，其爲君當國，當在魏襄王二十年時。參讀考辨第一三〇。惠施已死十年外矣。莊子是時年在六十七十間。其卒年尚當在此後十年二十年間也。史記又云：「周與梁惠王齊宣王同時。」以余推定，周蓋歷齊威宣，梁惠襄，晚年及齊湣魏昭耳。陸德明釋文序引李頤云：「莊子與愍王同時」，蓋指其晚年言。朱子語錄：「問孟子與莊子同時否？曰：莊子後得幾年，然亦不爭多」，並爲得之。古今樂錄：「莊周齊人，湣王聘以相位，莊周謝」，亦言湣王時。而謂齊人，則異說也。

史又云：「莊子蒙人，嘗爲蒙漆園吏。」索隱引劉向別錄云：「宋之蒙人也。」按漢志：「蒙屬梁國」，在今歸德城北四十里。劉向謂宋之蒙人，特據初屬宋而言。至戰國蒙地是否屬宋，固已可疑。參讀考辨第九九。逍遙遊：「惠子謂莊子曰：魏王貽我大瓠之種」，是莊惠交遊在惠施仕魏之際也。又秋水篇：「惠子相梁，莊子往見之，惠子大搜國中三日」，姚姬傳謂：「記此語者，莊徒之陋。」然其事信否可勿論，要之記此者，亦謂莊惠之交在惠施相魏時也。然則史稱蒙人，未必卽宋人矣。淮南齊俗訓：「惠子從車百乘，以過孟諸，莊子見之，棄其餘魚」，此亦猶腐鼠之說也。孟諸澤在商邱東北，此亦謂莊惠交遊，在惠施在梁得意用事時。惟莊子列禦寇兩節，言莊子居宋。蓋莊子居邑，本在梁宋間，其遊蹤所及，應亦以兩國爲多耳。志疑按：「釋文作梁漆園吏，蓋以蒙屬梁國，而潛丘劄記則謂漆園有云在曹縣，在曹州者，二曹皆春秋之曹國。宋景公滅曹於魯哀公八年，地故爲宋有。莊周亦宋之官，竊以史記蒙漆園吏，蒙當作宋。注以漆園本屬蒙邑，不知一在歸德，在兗州，相距頗遠。」今按日人中井積德謂：蒙有漆園，周爲之吏，督漆事也。疑漆園本非地名，後人附會，亦如濠梁之類耳。余考惠施以馬陵戰後至魏，及其見逐，先後幾及二十年。其晚年又至魏。莊惠年事相當，交遊頗密，往復辨難，屢見於莊書。雖兩人議論有異同，要其思想上之相涉者，實不少也。

又按：水經汳水注，汳水東逕蒙縣故城北，卽莊周之本邑也。郭景純所謂漆園有傲吏者也，悼惠施之沒，杜門於此邑矣。是莊子乃終老於蒙者。

八九　子華子考

呂氏春秋貴生篇：「韓魏相與爭侵地，子華子見昭釐侯，曰：兩臂重於天下，身又重於兩臂。韓之輕於天下遠，今所爭輕於韓又遠。奈何愁身傷生以憂之？」梁玉繩云：「昭釐侯史作昭侯，乃懿侯子。此事又見莊子讓王，釋文司馬云：子華子，魏人也。」今按：韓魏爭侵地，的在何年，已無可考。莊子則陽篇又稱：「魏罃與田侯牟約，田侯背之，犀首請伐齊，華子聞而醜之，惠施乃見戴晉人。」牟乃午字之誤。其時在惠王早年，犀首惠施均未仕魏，莊子蓋寓言無實。參讀考辨第七〇。大約子華子與韓昭侯魏惠王同時，乃可信也。呂氏貴生篇又引子華子曰：「全生爲上，虧生次之，死次之，迫生爲下」，其言論實承楊朱一派，爲後來道家宗。故高誘注呂覽，以爲古體道人也。誣徒知度審爲皆引子華子言，或是秦前原有其書。漢志無著錄，則劉向時書已亡。今本係宋人僞作，謂子華子卽程本，亦非是。韓詩外傳九：「戴晉生敝衣冠見梁王，辭而去。」云云。晉生卽晉人。相其議論爲人，亦華子一路。此等皆在楊朱後莊周前，俱道家思想展衍中人物也。

又呂氏去宥篇：「荆威王學書於沈尹華，昭釐惡之。」沈尹華疑卽子華子。如匡章稱章子，田盼稱盼子，田文稱文子也。沈尹爲楚姓。左傳宣公十二年「沈尹將中軍」，墨子所染篇「楚莊染於孫叔沈尹」，沈尹華當其後人。又楚策有莫敖子華，疑亦一人也。

又按楚威王元，已值韓昭侯二十四年。其後六年，昭侯卒。又五年，威王卒。今姑定威王元，華子年四十，則其生在楚肅王之初年。相其年代，當較楊朱季梁稍後，較惠施莊周稍前，而皆爲並世。

九〇　尸佼考　附　公羊女子及北宮子沈子

漢志雜家尸子二十篇，班注：「名佼，魯人，秦相商君師之。鞅死，佼逃入蜀。」史記孟荀列傳：「楚有尸子長盧」，集解云：「劉向別錄，楚有尸子，疑謂其在蜀。今按尸子書，晉人也，名佼，秦相衛鞅客也。鞅謀事畫計，立法理民，未嘗不與佼規也。商君被刑，佼恐幷誅，乃亡逃入蜀。自爲造此二十篇書，凡六萬餘言，卒因葬蜀。」宋翔鳳以爲「晉乃魯之誤」。今按劉向云：「疑謂其在蜀」，知非魯人故稱楚矣。則尸子實晉人。其時晉已不國，而魏沿晉稱，尸佼殆爲魏人耶？穀梁兩引其語，隱五年，桓九年。則亦治春秋，正名以治，爲法家師，如吳起之流矣。阮元穀梁傳注疏校勘記序，謂：「佼爲秦相商鞅客，鞅被刑後，遂逃亡入蜀。而預爲徵引，必無其事。或傳中所言，非尸佼也。」阮氏疑穀梁成書定在尸佼亡逃入蜀之前，故有預爲徵引之辨。今知尸佼既爲先秦學人稱說，而穀梁成書未必甚早，則阮疑殊亦無據。然近人輯尸子書，絕不見其爲晉人與鞅謀事及亡逃入蜀之事。又後漢書注：「佼作書二十篇，內十九篇陳道德仁義之紀，內一篇言九州險阻水泉所起」，與劉向所謂「尸子非先王之法，不循孔氏之術」，見荀子敍錄。而爲商君師者不類，蓋亦各言其一端。如漢志儒家有李克，法家有李子，而劉氏亦以李悝與尸佼並列，皆稱爲非先王之法，不循孔子之術也。爾雅疏引尸子廣澤云：「皇子貴衷，田子貴均，其學之相非，數世而不已。」田子貴均乃田駢，爲齊稷下先生，在尸子後。山海經注史記集解諸書引尸子，稱述徐偃王，亦後尸子。則所謂尸子二十篇者，在當時固已非出尸子自爲。今則亡逸已多，並不足以見尸子爲學之大綱也。今姑據同時學風以爲推測，則尸子之學，固當與李悝吳起商鞅爲一脈耳。

又按公羊傳引子女子，閔公一。春秋時晉有女叔寬，女叔齊。魏武侯臣有女商，見莊子徐无鬼，自稱：「所以說君者，橫說之則以詩書禮樂，縱說之則以金版六弢，奉事而大有功者，不可爲數。」豈女商亦儒者耶？公羊所引或卽其人。釋文李云：「无鬼女商並魏幸臣」，不可信。左氏既與吳起有關，公穀皆引尸子，又公羊女子，其姓氏亦惟見於魏，則三傳之學，固頗有出於晉者。又莊子有南伯子葵問女偊，子葵卽子綦也。

公羊又稱子北宮子。哀公四。左傳昭二十年，衛有北宮喜，莊子山木有北宮奢，亦衛靈公臣。孟子稱北宮錡問班爵祿，趙岐云：「衛人。」則北宮氏在衛，亦與吳起商鞅同邦土，宜聞三傳之緒。公羊之北宮子，其殆問班爵祿之錡其人耶？沈欽韓漢書疏證亦云然。此皆未可確指，姑因尸佼而及之，見三傳之學之固多流行於晉人焉。

公羊又引樂正子春，昭十九。則魯人。又子沈子，公羊隱十一，莊十，宣一。又穀梁定一。孟子書有沈猶行，與樂正子春同爲曾子弟子，殆亦魯人。又屢引魯子，莊三，又二十三，僖五，又二十四，又二十八。郝敬謂是曾子字誤。今考說春秋如樂正子沈子公明子，見考辨第三十。既多曾子弟子，又吳起初亦出曾氏之門。春秋繁露俞序篇言春秋義，有曾子，則郝氏說殆是也。然則春秋之義，淵源固自孔門。惟晚起傳統之說，或不可盡信耳。

又公羊昭三十一年有公扈子，其人又見說苑建本篇：「公扈子曰：有國者不可以不學春秋」，殆亦春秋師。沈欽韓云：「疑卽孟子之公都子。」列子湯問篇有魯公扈，則公扈氏亦魯人也。春秋繁露俞序篇有公肩子，肩疑扈字譌。

又公羊文四年引高子。孟子書有高子論小弁之詩。韓詩外傳二高子問於孟子，衛女何以編於詩云云。經典序錄：「子夏授高行子。」周頌絲衣序繹賓尸也，高子曰：靈星之尸也。陳奐疑高子即高行子，與孟子論詩者。則高子治詩與孟子同時，雖孟子稱之曰叟，然不得謂係子夏所授。凡漢以來言古經傳統，未必無其人，而世次淵源往往不可據。若公羊高子即治詩之高子，則亦與公都子略同時，俱與孟子相先後也。梁玉繩人表考謂孟子書中高子係二人，一孟子弟子，一年長於孟子，然要之年世相接也。

九一　宋君偃元年乃周顯王三十一年非四十一年乃幼年嗣位非弑兄自立辨

余考宋桓侯元在周安王二十二年，立四十一年而見廢於剔成，爲周顯王之二十九年。剔成即以廢君自立之年稱元，三年而剔成卒，爲周顯王三十一年。詳考辨第六十九。是年宋君偃嗣立。世家云：「君偃十一年自立爲王」，則爲周顯王四十一年。年表於是年載宋君偃元年。蓋宋偃亦如梁惠成秦惠文之例，於稱王之翌年更元，而史遂誤以稱王之元爲始立之元也。又年表王偃滅在周赧王二十九年，前後在位當得五十三年，今年表作四十三年者誤。世家云四十七年，亦誤。王偃在位既久，又死於逃亡，非其天年，計初立不能甚長。宋策：「或謂大尹曰：君日長矣，自知政，則公無事。不如令楚賀君之孝，則君不奪太后之事矣。則公常用宋矣。」韓非說林下。亦云：「白圭謂大尹曰：君少主也，而務名。令荆賀君之孝，則君不奪公位，而敬重公，公常用宋矣。」白圭時宋君乃偃，初立年少，故太后大尹主政用事。而偃已務名，長而好行仁政，有以也。大尹者，高注：「大尹，宋卿也，太后，尹母也，與后共爲政。」則大尹殆宋君之庶兄？孟子至宋，謂戴不勝曰：「子欲子之王之善歟？我明告子。子以薛居州，善士也，使之居於王所。」一薛居州，其如宋王何？」時王年尚幼，故不勝爲之進賢傅，孟子亦以幼子學語爲譬。又孟子在宋，與其臣如戴不勝戴盈之皆有問答交際。論語邢疏：「戴盈之卽不勝。」閻氏說同。黃鶴四書商云：「按左傳記人，一篇中前既稱名，後又稱字者，以人數甚多，必曰名某字某，不勝煩瑣，創爲是例，欲互相見也。孟子書王驩一人，使滕章由王使則名之，樂正子章本同等則字之。公行子章人之有右師而不知是王驩，則書其爵。若不勝盈之果一人，一章名，一章字，是何義例，存疑可也。」又漢書人表有鄭戴勝之，梁考云：「鄭乃宋之誤。不勝字盈之，故此稱爲勝之。惟列魯哀公時，太先。」今按：不勝字盈之，亦不當稱勝之，仍當闕疑。獨不見與宋王語。萬章之問亦曰：「宋小國也，今將行王政」，不明指宋偃爲說。知其時偃尚幼，殆未親政。然其時王偃在位已十年，或始立僅踰十齡，或尚不足，則至此纔弱冠，猶少主也。逮及國亡身死，亦不過六十之老耳。呂氏壅塞篇記宋亡事曰：「此戴氏之所以絕也。」則宋偃亦戴公後，與不勝同氏。不勝豈卽宋策之大尹乎？荀子解蔽篇：「唐鞅蔽於欲權而逐載子」，楊倞注：「載讀爲戴，戴不勝使薛居州傅王者。」不勝蓋賢臣，助偃行王政，偃終信讒而逐之，則其晚節非無可議矣。世家：「剔成四十一年，弟偃攻襲剔成而自立。」偃之立時尚少，故乃太后大尹主政，豈爲弑兄自立之主哉？蓋前史及王偃事多誣。子夏曰：「桀紂之無道，不若是甚，居下流而衆惡歸之。」今王偃行仁政而招衆惡，號之桀宋，尚非下流之比矣。

參讀考辨第六十九，第九十九。

九二　齊魏會徐州相王乃魏惠王後元元年非魏襄王元年乃齊威王二十四年非齊宣王九年辨

魏世家集解：「荀勖曰：和嶠云：紀年起自黄帝，終於魏之今王。今王者，魏惠成王子。案太史公書，惠成王但言惠王，惠王子曰襄王，襄王子曰哀王。惠王三十六年卒，子襄王立，十六年卒，並惠襄爲五十二年。今按古文惠成王立三十六年改元稱一年，改元後十七年卒，太史公書爲誤分惠成之世以爲二王之年數也。世本惠王生襄王而無哀王，然則今王者，魏襄王也。」今按齊魏會徐州，相約僭稱王，因稱王而改元，故不稱三十七年而改稱元年。其後秦惠文王於十三年稱王，乃亦改十四年爲元年，與此正類。惠王與孟子言：「西喪地於秦七百里，南辱於楚。」考惠王後五年予秦河西地，後七年盡入上郡於秦，後十二年楚敗魏襄陵。惠王之言指此。倘以爲在襄王之世，烏容出自惠王之口哉？秦策四：「楚魏戰於陘山，魏許秦以上洛。魏戰勝，效上洛於秦。」高誘注：「魏惠王也。」今按楚魏陘山之役，年表在魏襄王六年，誤。高注云惠王，是也。效上洛即獻西河之外也。蘇代之說燕王曰：「西河之外，上雒之地」，是也。其時犀首爲魏將，張儀在秦，事又見秦策一韓策二。據策則魏效地在勝楚後，而史列勝楚前，亦相歧。此事爲史家一爭案。自杜預氏左傳後序，裴氏史記集解，司馬氏通鑑，王氏困學紀聞，顧氏日知錄，崔氏東壁遺書，梁氏志疑，皆據紀年糾史記。而辨論紛紜，尚未定於一是。則以紀年原書既佚，未能博觀會通。而史記傳習既久，人性樂舊安常，憚於紛更也。今既剖別紀年史記得失，凡二十餘事，自魏文侯田莊子以下齊魏兩家世系年代，逐一辨訂糾正，又旁推之於史記國策以及先秦諸子書。合之大勢而通，比之小節而符。首尾條貫，竟體朗然。庶可以解千古之紛矣。此齊魏徐州相王爲魏惠王後元元年，非魏襄王元年之說也。

余又謂是歲乃齊威王二十四年，非齊宣王元年者，齊之稱王始於威王，不始於宣王，人盡知之。而威王之稱王，則肇始於馬陵之勝，見考辨第八十六。而大定於與魏會徐州之歲。其後十五年威王薨，宣王始立。史記以徐州相王爲宣王之九年者亦非也。不然，使威王先已稱王於數十年前，宣王何事會魏於徐州而後乃相王哉？田完世家敍威王稱王於二十六年後，與今考威王稱王在二十四年者相差兩年。余定齊威王三十八年，史記只三十六，亦差二年也。蓋威王初卽位，不治政，諸侯竝伐，據世家。參讀考辨第七十四。其時固猶稱侯。故齊策邯鄲之難稱田侯。及敗魏馬陵，魏用惠施策，折節朝齊，乃會徐州而相王。據魏策三。國策稱韓魏之君北面朝齊，亦在戰馬陵後。而世家誤以威王稱王在桂陵之後者，由其誤以徐州之會爲宣王故也。時七國稱王者惟楚，故楚聞齊王而大怒，遂有圍齊徐州之舉。蓋齊魏相王一事，當是魏故屈下尊齊爲王，觀魏策，及呂氏春秋愛類。而齊亦未敢獨承，乃亦尊魏爲王，實開當時未有之新局。無緣齊威於數十年前便已稱王也。梁惠王二十七年從諸侯朝周天子，其時梁始稱王，而齊威王舉兵伐梁。其後八年，魏齊始相王，而楚威王舉兵伐齊。然其後又六年而宋亦稱王，又三年而秦亦稱王，韓亦稱王，又二年而燕中山亦稱王。趙世家：「武靈王八年，五國相王，趙獨否。曰：無其實，敢處其名乎！令國人謂己曰君。」則趙之稱王猶在後。然至是而各國稱王之局卒大定。觀於當時相王之不易，益可證其前二十餘年，不容有齊威獨王之事。觀以後齊秦稱帝之難，又可證齊之稱王乃爲與魏俱，而猶遭楚人之怒。故徐州一會，實當時諸侯稱王之初步，戰國驚人一大事。若威王先已稱王於二十餘年前，則此一段史實全無情味矣。以紀年推之，則徐州之會乃在齊威之二十四年。田齊世家：「威王二十四年，與魏王會田於郊而論寶」，殆即徐州一會中佚事也。秦本紀：「惠文王四年，齊魏爲王」，索隱云：「齊威王魏惠王」，斯得之矣。又考史記孟嘗君列傳：「齊魏會徐州相王」，正義引紀年云：「梁惠王三十年，下邳遷於薛，改名徐州。」齊策一：「楚威王戰勝於徐州」，徐，鮑本作徐。吳氏補曰：「徐，詞余反。正義引紀年，下邳遷於薛，改名徐州，徐左氏作舒，說文作郐。」據此，則正義引紀年本作徐，而今亦誤爲徐也。徐州宋地，與此徐州不同。顧氏日知錄卷三十一徐州條亦辨此。互詳考辨第一一〇。

雷氏考訂：「左傳後序引紀年，謂惠王三十六年改元，從一年始，至十六年，稱惠王卒。史記魏世家集解引荀勖稱和嶠云：紀年謂惠成王三十六年改元稱一年，改元後十七年卒。司馬氏資治通鑑從後序說，通鑑考異及朱子通鑑綱目從荀和說。淇案杜與荀和同時，得見竹書，不應言有同異。後序十六年六字，自是七字之訛。乃鈔錄鋟刻者有誤也。魏世家索隱引紀年曰：惠成王三十六年改元稱一年，孟嘗君列傳索隱引紀年曰：三十六年改爲後元，觀此知梁之改元與秦惠文之以十四年爲元年事同。非若後世改元，先下詔書，以明年爲元年也。」今按雷氏此辨殊精密，然實未是。何者？齊魏相王，實在會於徐州之歲。而據六國表，魏齊兩世家，及秦本紀，孟嘗君列傳諸篇，會徐州實在惠王三十七年。惠王以是年始稱王，不得於三十六年先改元，其理甚顯。又考魏世家，惠王三十六年復與齊王會甄，是歲惠王卒。索隱引紀年云：「惠王三十六年改元稱一年，未卒也。」索隱於此條，惟辨惠王未卒，而甄會實不在此年，則索隱未之及。余考甄會在平阿會後，皆在惠王後元，索隱亦辨之，語詳孟嘗君列傳。參讀考辨第一〇四。則惠王三十六年齊魏本無會，即不得有相王事。惠王亦自不於此年改元，尤明甚。又田齊世家：「宣王七年，與魏王會平阿南，明年復會甄，魏惠王卒。」索隱按紀年：「梁惠王乃是齊湣王爲東帝秦昭王爲西帝時，此時梁惠王改元稱一年，未卒也。而系家及其後卽爲魏襄王之年，又以此文當齊宣王時，實所不能詳考。」索隱此條語有誤衍。要之索隱辨惠王未卒，遂謂其改元稱一年。而改元稱一年實在明年，不在今年。索隱此條，及魏世家一條，皆下語未析。孟嘗君傳索隱云：「惠王至三十一年改爲後元年」，顯有字訛。惟魏世家索隱又一條云：「紀年說惠成王三十六年又稱後元一，十七年卒」，則與荀勖和嶠爲一致。然竊疑其說終不可信。何者？若惠成王於三十六年改稱後元一年，又十七年而卒，則惠成王當得三十五年，又十七年也。史記雖誤，亦有其所以誤。彼特誤以惠成王後元之年爲襄王年耳。若惠成王前三十五年，改元後十七年，史記何以又奪改元第一年歸之惠成，而別以其後十六年分爲襄王，此實難解。又考今本僞紀年於周顯王三十四年稱：「魏惠成王三十六年，改元稱一年。」又云：「王與諸侯會於徐州」，徐州會事較史記亦前一年。雷氏義證說之云：「史記六國年表於顯王三十五年書魏會諸侯於徐州以相王，又曰齊與魏會徐州，諸侯相王，卽此事。較竹書差一年者，夏正周正之異。會在是年仲多後也。」今按梁惠稱王改元，定在與齊會徐州之後。若會徐州如雷說，在惠成王三十六年仲多之後，其時周正已爲顯王三十五年。惠王正歸國稱元，其亦必爲三十七年之新歲決矣。且雷氏辨梁惠稱王改元以秦惠王爲例，不知秦惠王正以十三年四月稱王，而於十四年改稱元年。則梁惠王之改稱元年，定在三十七年，更無疑也。故知杜氏謂「惠王三十六年改元後從一年始，至十六年而稱惠成王卒」，其言最信。（吳萊曰：自古未嘗有改元，秦惠文王立十三年矣，十四年乃稱王，而秦史改元。惠王立三十六年矣，三十七年乃稱王，而汲冢竹書亦改元。又十六年而後惠王卒。非改元也，直史官紀述之常體耳。其說亦是。）云三十六年改元者，因會徐州在是年歲底也。云從一年始至十六年而稱惠成王卒者，因惠成王會齊徐州已在三十六年仲冬之後，及歸國改元年稱王，其制定於今年之歲底，而實稱元年則爲明年之歲首也。荀勖和嶠諸人，殆見竹書原本，有在惠成王三十六年記稱王改元之文，故率以此年即爲惠成王元年。雷氏依之，未能深考徐州一會與稱王之先後，故加信據，遂與史記乖僢。又索隱稱惠成王三十六年改元，雖遵荀和之說，而其引惠成王改元年後年數，則實自三十七年爲元年起算。如「十三年四月，齊威王封田嬰於薛，十月齊城薛」，「十四年薛子嬰來朝」，「十五年齊威王薨」諸條，（均見孟嘗君列傳。）是也。余已詳於考辨第一〇九，第七四，第一一五，一一七諸篇，茲不詳論。（又按和嶠荀勖杜預引紀年，雖與史遷違異，然有一節爲諸家之所同者，則惠王前後（或惠襄分算）共得五十二年是也。今有疑惠王在位五十一年者，其說無稽，殊不足信。）

魏源古微堂外集卷二，孟子年表，以梁惠王三十六年改元稱一年。後二年會徐州始稱王，則改元在稱王前，兩事先後倒置。又惠王後元既前移一年，則索隱引紀年齊威王卒在惠王後元十五年者，亦遞次移前。故魏氏定孟子去梁已在齊宣王二年，即宣王即位之第三年矣。與余考孟子初見宣王正值宣王未終喪之際亦不合。（參讀考辨第一一七。）

九三 惠施仕魏考

魏策：「齊魏戰於馬陵，齊大勝魏，殺太子申。魏王召惠施而告之曰：夫齊，寡人之讎也，怨之至死不忘。吾常欲悉起兵而攻之，如何？惠子教以變服折節而朝齊。楚王大怒，自將伐齊，大敗齊於徐州。」今按馬陵之役，在惠王二十八年。考辨第八四。後九年，齊魏會徐州相王。又後一年，楚伐齊徐州。其時惠施已用事。呂氏春秋愛類篇：「匡章謂惠施曰：公之學去尊，今又王齊，何也？惠子曰：今有人於此，必擊其愛子之頭，而石可以代之。今王齊而壽黔首之命，是以石代愛子頭也。」可證魏齊相王，惠施主其謀。乃呂氏不屈篇云：「惠子之治魏，當惠王之時，五十戰而二十敗，大將愛子爲禽。大術之愚，爲天下笑，得舉其諱，乃請令周太史更著其名。圍邯鄲三年而弗能取，天下之兵四至，謝於翟翦，更聽其謀，社稷乃存。」則以魏惠十七年圍趙邯鄲爲惠施相魏後事，細按其說，殆非也。惠子爲相，年事當踰三十。下至周赧王元年，齊破燕，惠子爲魏使趙，凡四十年，惠子之壽，方躋八十，未必再爲魏效奔走，可疑一也。且據原篇：「惠施見白圭，白圭曰：新婦至，宜安矜，今惠子遇我尚新，其說我有太甚者」，則白圭蓋先惠施用事。年表：「惠王二十七年，丹封」，余疑丹卽白圭，詳考辨第八二。其時尚當路。惠施不應先十年已爲相，可疑二也。謂恐天下笑之，而令周太史更著其名，無此情理，可疑三也。惠子墨徒，常主偃兵。馬陵之後，勸王折節朝齊。且曰：「王固先屬怨於趙」，語亦見魏策。見伐趙非出惠子。策文趙字，或係韓字之誤。吳師道已辨之，以見惠子之不主戰。要可疑四也。惠子見逐，在惠王後元十三年。詳考辨第一〇七。其至魏當在惠王二十七八年馬陵敗後，或卽在徐州會前一二年，前後約得十五六年，較爲近情。若如呂氏書，惠施在魏用事垂三十年。魏旣浩經敗衂，而惠王與相終始，尊信之不稍衰，有踰後世漢先主宋神宗遠甚，可疑五也。呂氏書成於衆手，不屈一篇盛毁惠施，因謂惠王之世五十戰而二十敗，盡以爲惠施之罪，吾竊疑其誣。

九四　匡章考　附　周最

齊策：「秦假道韓魏以攻齊，齊威王使章子將而應之，齊兵大勝。秦王拜西藩之臣而謝於齊。」高誘注：「秦惠王之子武王也。」焦循云：「章子之事，未必在威王之世。威王未嘗與秦交兵。齊秦之鬭在宣王時，而伐燕之役將兵者正是章子，則恐其誤編於威王策中者。卽不然，亦是威王末年。」孟子正義。今按焦氏謂章子之事未必在威王世者，由誤信史記威王年世移前之故。語既無證，自不足辨。威王卒於周愼靚王元年，當秦惠文王五年。則高注以秦王爲惠王子武王者，亦誤也。據齊策所記，知匡章信用於齊，自此役始。其後遂爲宣王將而伐燕。燕策所謂：「齊宣王令章子將五都之兵，以因北地之衆以伐燕，燕王噲死，齊大勝，子之亡。」是也。又其後，則有與魏戰於濮水之役。齊策：「濮上之事，贅子死，章子走。盼子謂齊王曰：不如易餘糧於宋，宋王必說，梁氏不敢過宋伐齊」，是也。六國表周赧王三年，魏哀王七年，擊齊，虜聲子於濮。與秦擊燕，即此事。魏世家徐廣引表作贅子，證以齊策，則作贅者是也。志疑轉以徐氏爲誤，殆未考耳。其時猶爲齊宣王之八年，又其後乃有與韓魏共攻楚而殺唐昧之役。秦本紀：「昭襄王八年，使將軍芊戎攻楚，取新市。齊使章子，魏使公孫喜，韓使暴鳶，共攻楚方城，取唐昧」，是也。志疑云：「其事在昭王之六年，誤書於八年。」今按年表在六年，不誤。呂氏春秋處方篇亦記其事，云：「齊令章子將，與韓魏攻荆，荆令唐蔑將而應之，夾沘水而軍。章子夜奄荆人，殺唐蔑」，是也。是歲爲齊宣王之十九年。宣王卽以是年卒，勝楚蓋屬湣王事。此後章子事亦無考，蓋已高年，不復用於世矣。周最亦見泚水之役，詳呂氏處方。史記周本紀，周最見赧王四十五年，周聚見五十八年，周聚卽周最也。上距泚水之役四十四年，則周最在泚水役時當年三十左右，而老壽及於西周之末年矣。至章子與孟子游，遠在威王世將兵勝秦之前。語詳考辨第九八。又論惠施於魏惠王見呂氏春秋不屈篇。曰：「螟蝗害稼，農夫得而殺之。今公行，多者數百乘，步行者數百人，少者數十乘，步者數十人，此無耕而食者，其害稼甚矣。」章子蓋與其邦人陳仲子行誼相近。故特稱仲子於孟子，而曰：「陳子豈不誠廉士哉！」孟子之稱章子，亦曰：「世俗所謂不孝者五，惰其四支，博弈好飲酒，好貨財，私妻子，從耳目之欲，好勇鬭狠，章子無一於是。」此雖不足以盡章子，亦可以知章子之律身，蓋亦聞墨學之緒論而有志焉者也。徐州之役，齊魏相王，章子責惠施曰：「公之學去尊，今又王齊，何也？」見呂氏春秋愛類。其事在齊威王三十三年，下距齊宣王卒歲，章子殺楚唐昧，三十四年。姑定齊魏徐州相王之歲，章子年二十五以上，三十以下，差可得其世壽矣。

年表：「秦孝公十四年，韓昭侯如秦。」黃氏編略以是年爲匡章破秦之歲。其言曰：「蘇秦言秦欲深入齊，恐韓魏之議其後。策言假道於韓魏，則伐齊在韓魏既服之後。」今以匡章子生平考之，其時殆初踰十齡，何能爲將？黃氏之說非也。且蘇秦言秦欲深入齊，恐韓魏議其後，其事尚遠在後顯王之三十六年，此亦姑據舊說。烏得逆證其前十六年，謂秦已以其時舉兵而加齊哉？以當時情勢論之，孝公中年，秦內力未充，外威未張，殆無遠越韓魏兵涉齊疆之理。余疑秦齊交兵，或已在秦惠文王世，亦非盛兵劇戰。今已不可確考，而齊將章子，則必章子名行向盛，稍顯於時矣。齊魏會徐州相王，章子譏惠施學行之相背，又論惠施於梁惠成王前，其時章子方壯年，而嶄然露頭角。其已爲勝秦立功之後乎？年表：「秦惠王三年，拔韓宜陽」，韓世家：「昭侯卒前一年，作高門。屈宜臼曰：往年秦拔宜陽，今年作高門，昭侯不出此門矣。」則此年實有拔宜陽。通鑑答問謂拔而未取，恐或有之。編略謂秦取而復歸於韓。是時梁方怨齊，謀報馬陵之仇。秦或者以其時乘勝韓之餘威，游兵及於齊界。威王使章子應，亦本非舉國以屬，扞禦大敵之比也。明年，即齊魏會徐州相王之年。其時尚未稱王耳。如此，差爲得之。事乏明證，姑誌以待再定。齊策又云：「秦王稱西藩之臣。」鮑云：「威王與秦獻公孝公同時。」如余所考，則秦已是惠王，惟

九五　蘇秦考

太史公爲蘇秦傳，稱：「蘇秦兄弟三人，皆游說諸侯以顯名，其術長於權變，而蘇秦被反間以死，天下共笑之，諱學其術。然世言蘇秦多異，異時事有類之者皆附之蘇秦。夫蘇秦起閭閻，連六國從親，此其智有過人者。吾故列其行事，次其時序，毋令獨蒙惡聲焉。」是史公之傳蘇秦，至慎至謹也。然余考蘇秦之年代，而疑及其行事。史公所謂連六國從親，其智有過人者，以當時列強大勢論之，蓋非情實，亦後世以異時事附之也。

燕世家：「文公二十八年，蘇秦始來見，說文公，文公予車馬金帛以至趙。趙肅侯用之，因約六國爲從長。二十九年，文公卒，易王初立，齊宣王因燕喪，伐取十城，蘇秦說齊，使復歸燕。十年，燕君爲王，蘇秦與文公夫人私通，懼誅，乃說王使齊，爲反間，欲以亂齊。易王立十二年卒，子燕噲立。燕噲既立，齊人殺蘇秦。及蘇秦死，而齊宣王復用蘇代。」今考：伐燕取十城者，乃威王，非宣王，史自誤。而蘇秦之死，則值齊威宣之際。梁氏志疑云：「徐廣謂蘇秦爲齊客卿，在燕易王之十年時。按見秦傳集解。而張儀傳云：居二年秦死，則其死在易王末年。當周顯王四十八年。」今據燕世家燕噲既立之文，周顯王四十八年，正易王卒，噲立，猶未改元之歲。明年，周慎靚元年，燕王噲稱元，而齊威王薨。蘇秦之死，早則在前年，齊威王殺之。遲則在後年，或威王，或宣王，不能定。而宣王用蘇代，則正其初立時也。秦傳：「秦兵不敢窺函谷關十五年。」函谷關之立尚在後，（考辨第七二。）六國亦無十五年之從親。據六國表，蘇秦初說燕後十五年，適燕噲元年，蘇秦死。十五年之說本此。此亦蘇秦卒年一好證也。

余考策史言蘇秦事，有極可疑者：齊策五載蘇秦說齊閔王。蘇秦死，當威宣之際，豈得下及閔王？其書乃後世習老子言者所爲，而假托於秦。不得以此疑閔王立，尚在蘇秦未死前也。史記蘇秦傳亦云：「蘇秦說湣王厚葬以明孝，高宮室，大苑囿以明得意，欲破敝齊而爲燕」，同屬不可信。齊策三又載：「孟嘗君將入秦，蘇秦欲止之。」孟嘗君入秦在秦昭王八年，距蘇秦死已二十年，燕王噲亦死十四年，何來有蘇秦？史記改蘇代，是也。說苑正諫篇亦載此事，僅云有客，則亦知蘇秦之死矣。又秦策云：「秦惠王謂寒泉子曰：蘇秦欺寡人，欲以一人之智，反復山東之君，從以欺秦，趙因負其眾，故先使蘇秦以幣約乎諸侯，諸侯不可一，猶連鷄之不能俱止於棲，明矣。寡人忿然含怒日久，吾欲使武安子起往喻意焉。寒泉子曰：不可。夫攻城墮邑，請使武安子。善我國家，使諸侯，請使客卿張儀。惠王曰：善。」夫武安子乃昭王時將白起，豈得上及惠王，與蘇張同世？（趙有武安君李牧，乃效秦將白起封號。策又言：蘇秦於趙亦封武安君，雖趙邑有武安，而其說自可疑。）其他明屬蘇秦身後事，而附會之者尚多，然皆瑣碎不足辨。其有關於戰國史實之大，而不可不辨者，莫踰於蘇秦連六國從親一事。蓋其事亦起蘇秦死後而附會之也。余請得縱辨以明之。

史記秦傳載秦說七國辭，皆本國策，其辭皆出後人飾托，非實況。如其說秦云：「西有巴蜀漢中之利，南有巫山黔中之限，東有函殽之固」，諸地入秦皆遠在後，蘇秦豈得先及？（張氏釋地云：「惠文六年魏納陰晉，九年圍焦，十三年張儀取陝，後十一年樗里疾攻魏焦，拔之。陰晉東至陝，正殽函之道。自惠王六年至後十一年，始克有之。」）其說韓魏云：「稱東藩，築帝宮，受冠帶，祠春秋」，時秦尚未稱王，何遽築帝宮？其他率類是，可疑一也。且史載蘇秦合從事，僅見於秦傳，又略見於燕世家及燕表，其他趙齊韓魏楚諸世家及年表均不具，可疑二也。又其事在燕文公二十八年，正齊梁會徐州相王之歲。自此以前，秦以僻遠，擯不預東方諸侯之會盟。孝公發憤，用商鞅變法，國勢稍振，然猶不敵東方諸國。東方諸國最強者惟梁。故惠王語孟子，自謂：「晉國天下莫強」，固非虛誇。而自惠王拔趙邯鄲，齊楚起而救趙，齊敗魏於桂陵，魏不得已重歸趙邯鄲。而秦以其時坐收漁人之利，東侵降魏安邑。其後不十年，梁又率諸侯朝天子，而稱王。則梁雖前敗於齊，並不挫其霸業。梁又以是伐韓，五戰而韓五敗，幾不國。齊又掎梁之後，出師救韓，敗梁馬陵。秦趙諸國乘機漁利，而秦衛鞅又虜魏公子卬。然其時梁仍爲大國，河西地仍屬梁，猶未入秦。秦人特乘虛侵略，其疆土尚未達於河，不爲東方諸國所畏。而齊威王以再勝梁軍，遂得繼梁稱霸。東方大局，遂爲梁齊之對峙。其會徐州相王，即徵兩國東西分霸之形也。梁齊最先王，以其國勢之最強。諸國自楚外，莫敢繼齊梁稱王者，以其國力猶未與梁齊抗衡也。然梁以屢戰之餘，外強而中乾。惠王耄年稱王，不能自振奮，國遂日衰日削，而秦之侵梁圉也益急。其後梁遂獻河西地，盡入上郡，惠王所謂「西喪地於秦七百里」者。於是不久而秦亦稱王，韓亦稱王。其時韓承昭侯申不害之後，其國力蓋猶在趙燕之上，故亦先趙燕而稱王也。又其後而犀首約五國相王，乃有燕趙中山。然趙武靈猶謙讓不敢居，而其事起於魏。蓋徐州相王爲六國稱王之始，實梁啟之。五國相王，爲六國稱王之終，亦梁主之。梁在當時，霸國餘威，猶未全失。其時先秦韓而稱王者尚有宋，宋亦猶未爲弱國。故孟子告齊宣王曰：「今天下方千里者九，以齊一天下，何異以一服八哉？」使蘇秦言合從，不當逆知宋中山之先亡，而屏此二國不及也。其後張儀與惠施爭用事於魏，惠施主合魏於齊，張儀則欲聯魏於秦。蓋其先爲梁齊分霸者，至是梁日以衰，秦日以強，遂有秦魏齊三國分霸之勢。張儀既相梁，梁韓太子入朝於秦，韓魏之折而入於秦人勢力之下者，自此開其端。而秦人乃駸駸與齊對峙。梁之霸業，自文侯武侯迄於惠王之世而大盛者，及其晚節，乃爲東西兩強齊秦之所平分。而齊以威宣之盛，其聲威遠出秦上。故宣王欲求其所大欲，以一天下爲志。而其時蘇秦已死。當是時，東方六國固絕無合從擯秦之必需，亦絕無合從擯秦之可能。卽據今史記各世家年表所記，亦絕無六國合從擯秦之痕跡也。

且蘇秦合從，始起議在燕，主盟者爲趙。秦之與趙，當其時壤地不相接，與燕則東海西海，風馬牛不相及也。燕固無事乎擯秦，亦未得越趙魏韓三晉而事秦。趙自成侯時，魏圍邯鄲，國幾亡。及肅侯，幸自保，未嘗敢一出兵與齊梁爭中原之霸業。而蘇秦說趙，乃謂：「當今之時，山東建國，莫強於趙」，豈不大謬？趙之強，乃在武靈王後。蘇秦張儀皆已死。若齊梁會徐州相王之歲，斷無尊趙爲六國從長之理。徐州相王後六年，當趙肅侯二十二年，魏盡納上郡於秦，趙疵與秦戰敗，秦殺疵河西，取代藺離石。是魏失河西而秦趙壤地始相接，兵爭始啟也。蘇秦既死，越四年，當趙武靈王九年，秦與趙韓戰而敗之，是爲秦趙兵爭之再見。是役也，楚世家亦謂蘇秦約從六國兵攻秦，而楚懷王爲從長。然與秦戰者惟趙韓，趙韓既敗，而齊乘其弊，復敗趙魏師於觀澤。時六國固無合從，且蘇秦已死，亦不得牽合爲說也。據楚策，五國伐秦，魏欲和，使惠施之楚章，似其事主者實爲楚魏。或由犀首之徒害張儀之重爲秦相而促成之，（可參讀衍傳。）其事起於一時，決非早有從約，爲大規模之擯秦。又據楚策五國約伐秦，昭陽謂楚王章，則敗其事者乃楚，似此事主動實在魏，而趙韓附之。故秦本紀無楚，而田世家云攻魏，樂毅傳則云西摧三晉也。史記各篇記此事極參差，必會合觀之，情事始顯。

自此以後，秦齊東西爭霸之勢益顯。楚世家謂：「秦與齊爭長，秦欲伐齊而楚與齊從親。秦患之，乃使張儀至楚。」是張儀初至魏，乃離間魏齊之相親，使魏去齊而暱秦。及其再至楚，亦宗至魏之故智，意在離間楚齊之相親，使楚去齊而暱秦耳。秦之外交，常主折齊之羽翼，散齊之朋從，使轉而投於我。其時情勢，猶是齊爲長而秦爲亞。秦與齊爭則有之，秦欲進連衡之說，使山東諸侯相率西朝，尚未能也。張儀至楚之明年，秦助魏攻燕，是殆爲秦兵及燕之始。而是年秦又敗楚，取漢中。明年，張儀復至楚，秦楚復和，而翌年，儀卽去秦，復至魏，而卒焉。終儀之世，亦絕無六國相率事秦之痕跡也。則所謂蘇秦張儀一縱一橫，其說皆子虛，由後之好事者附會爲之也。今觀張儀說齊，謂趙朝澠池，其事在昭王時，儀死及三十年，非儀語可知。其說趙齊燕三國，又謂趙割河間，齊獻魚鹽之地，燕獻恆山之尾五城，全謝山經史問答辨之，以爲乃不知地理者之妄說。其實蘇張縱橫，一切皆虛，不徒不知地理，實又不知當時列國強弱之情勢也。

然則六國果無合從之事乎？曰：不然。秦勢愈強，日益東侵，山東諸國，未必絕無合從之議，亦未必絕無合從之事。而其議其事，皆在後。後之好事者，乃以上附之於蘇秦，則仍史公所謂「異時事皆附之」也。今即據當時策士虛造蘇張遊說之辭而可以推見其說所起之時者。考張儀之說趙，趙王曰：「先王之時，奉陽君專權擅勢，蔽欺先王，獨擅綰事。寡人居屬師傅，不與國謀計。先王棄羣臣，寡人年幼，奉祀之日新，心固竊疑焉。以爲一從不事秦，非國之長利也。」此所謂奉陽君者，乃李兌，而先王則武靈王也。則趙君爲惠文王，明白無疑。趙惠文王時，張儀久已死，而僞爲張儀說趙之辭者，縱筆所至，遂告後人以其身世之眞相。然則合從連衡之說，乃盛於趙武靈惠文王父子之際也。據儀傳云云，則主合從者爲奉陽君李兌。而考之國策，亦實有其事。趙策四：「齊欲攻宋，秦令起賈禁之。齊乃收趙以伐宋。秦王怒，屬怨於趙。李兌約五國以伐秦。」此李兌主合從之證也。「或謂齊王曰：三晉皆有秦患，今之攻秦也，爲趙也。五國伐趙，趙必亡。秦逐李兌，李兌必死。今之伐秦也，以救李子之死也。」李兌亦自言之曰：「臣之所以堅三晉攻秦者，非以爲齊得利秦之毀也，將欲以攻宋也。」凡此皆一時辭。又齊將攻宋而秦陰禁之，齊因欲與趙，趙不聽齊，乃令公孫衍說李兌以攻宋而定封焉。又齊使公孫衍說奉陽君曰：「君之身老矣，封不可不早定也。爲君慮封，莫若於宋。」是奉陽君卽李兌，而其事在李兌之老時，蓋武靈王之晚節也。故據張儀說趙之辭，乃知其時主合從者爲趙之奉陽君，即李兌其人。李兌約五國伐秦，史記不載。蘇子由古史謂即慎靚王三年，五國攻函谷事，亦以蘇秦合從爲誤。然李事不能在慎靚三年，子由亦未得其情實。而觀於蘇秦之傳說，則又絕不同。趙策二：「蘇秦始合從，說趙王曰：天下之卿相人臣，乃至布衣之士，皆願陳忠於前。雖然，奉陽君妒，大王不得任事，是以外賓客遊談之士無敢盡忠於前者。今奉陽君捐館舍，大王乃今得與士民相親，臣故敢獻其愚。」據是言之，奉陽君乃又不主合從。無論其身世與蘇張不相接，即就蘇張兩家之辭比而觀之，而奉陽君之爲人，亦復迥然若兩人。吳師道乃謂：「奉陽君非李兌。趙在李兌前別有奉陽君。」梁氏志疑依信其說。不悟蘇秦見李兌，其事明見於趙燕之策。趙策又明記蘇秦之言曰：「今君殺主父而族之」，則李兌明在武靈王時，而奉陽君亦明爲李兌，非趙肅侯時別有一奉陽君矣。史記誤奉陽君爲公子成，亦由公子成與李兌同時，同謀殺主父，故有此誤。因知奉陽君定在趙主父時也。沈欽韓漢書疏證，乃謂：「奉陽君有三人，一在趙肅侯時，一公子成，一李兌。」更誤。一奉陽君李兌在主父時，而云蘇秦見之者，蘇秦亦得見齊湣王孟嘗君，何不可見奉陽君，此皆所謂異時事附之也。而其所以爲之附者，又不一時，不一人。故爲張儀連衡之說者，特謂趙奉陽君主合從，而造爲蘇秦合從之說者，乃並謂奉陽君拒蘇秦。兩說俱違於情實，而後之離情實也益遠。豈策士之造說者，先成張儀連衡之辭，其時雖已有蘇秦合從之說，而猶以奉陽君李兌爲親主合從之人。其後繼起者又增造蘇秦合從之辭，乃並以奉陽君李兌爲拒遠蘇秦而資送之入秦，乃又並以蘇秦爲拒遠張儀而資送之入秦焉。張儀入秦非蘇秦所資，別見考辨第一〇七。其造說之益奇益怪，而益遠於情實，亦可以微窺其爲說之先後也。東方諸國合從伐秦，最先在魏襄王元年，而蘇秦已死，見本篇。其後有孟嘗合從，（見考辨第一二九。）則張儀亦已死。又後有李兌，更後有魏信陵楚春申，而山東諸國遂次第不救。

且張儀在當時，其聲名績業，蓋遠出蘇秦上。景春問孟子曰：「公孫衍張儀，豈不誠大丈夫哉！」而弗及蘇秦。秦本不得與儀伍。自後世有蘇張分主從衡之說，而兩人遂儼若比偶。又謂秦身佩六國相印，資儀入秦，其地位名業，遂若轉出儀右焉。

且余考其時言合從，初不專指拒秦。樂毅傳有之，「燕使樂毅約趙惠文王，別使連楚魏，令趙嚪秦以伐齊之利。諸侯害齊湣王之驕暴，皆爭合從，與燕伐齊。」是聯秦伐齊亦得謂合從也。張文虎舒藝室隨筆：「縱有聚義，橫有散義，合衆攻一曰從，散衆事一曰橫。」漢書叙傳云：「從人合之，衡人散之。」余又疑謂蘇秦合從起於燕而先約趙，蓋自樂毅之約趙伐齊而來。其先李兌親齊湣王，趙齊合從而伐秦滅宋。而燕謀則欲結趙以破齊。故燕策有「奉陽君李兌甚不取於蘇秦，或爲蘇秦謂奉陽君，不如善蘇秦以疑燕齊，燕齊疑則趙重。奉陽君乃使與蘇秦結交」之說，此亦策士妄爲之。而云「燕亡國之餘」，則造此說者，明指燕昭王時，非文公時矣。其人既在燕昭王趙惠文王時，或猶稍後，故不免以燕昭趙惠文時事勢言之也。

史稱：「蘇秦死，齊宣王復用秦弟蘇代。蘇代與子之交，爲齊使於燕，激勸燕王以厚任子之。

已而讓位，燕大亂。齊伐燕，殺王噲子之。燕立昭王，而蘇代與其弟厲遂不敢入燕，皆終歸齊，齊善待之。」索隱引譙周古史云：「秦兄弟五人，秦最少。兄代，代弟厲，及辟鵠，並爲游說之士。」又云：「典略亦同其說。蓋按蘇氏譜。」余疑秦字季子，而稱「嫂不以我爲叔」，則蘇秦自有兄，或代厲特其族弟。然季子之說亦未可信，則史公之以代厲爲秦弟者，又未見其必誤也。要之厲代既見燕王噲子之，則其年世不能與秦相懸絕。今蘇秦事可考者，惟仕燕懼罪避之齊，爲反間見殺。而代厲之事有甚後者。疑秦之卒其年必輕，最壽不能過四十，或可未逮三十也。而代厲則皆老壽，逾七十。史策載代厲事，極亂雜無條理，爰重爲比輯，以見梗概。若必以蘇秦爲代厲弟，其年世與齊湣王奉陽君相及，則仕燕避齊爲反間見殺者當是蘇代，今亦不當復稱蘇秦張儀，乃當稱蘇代張儀之爲得矣。要之此三人者，其行事出處，當如本書之所考定，其秦在先而代在後歟，其代爲兄而秦爲弟歟，則年遠事渺，存而不論可也。

今要而論之，秦自孝公用商鞅變法，而東方齊梁爭霸，秦以其間乘機侵地，東至河。及惠王用張儀，魏已日衰，遂有齊秦爭長之勢。而張儀間齊楚，秦南廣地取漢中。然其時，猶齊爲長而秦爲亞。及昭襄千初年，秦楚屢戰屢和，而趙武靈崛起，以其間滅中山，爲大國。及秦將白起亟敗韓魏，而齊湣秦昭稱東西帝。其時則秦爲長而齊爲亞。樂毅起於燕，連趙破齊，湣王死，東方之霸國遂絕。惟秦獨強，破郢殘楚，及范雎相，而有秦趙交鬬之局。至於長平之戰，邯鄲之圍，而後秦之氣燄披靡，達於燕齊東海之裔。夫而後東方策士，乃有合從連衡之紛綸。而造說者乃以上附之蘇張。考其辭說，皆燕昭趙惠文後事。而後世言戰國事者莫之察，謂從衡之議果起於蘇張。遂若孝公用商鞅而國勢已震爍一世。東方諸國，當齊威梁惠時，已攪擾於縱橫之說。則戰國史實，爲之大晦。當時列強興衰轉移之迹全泯。其失匪細，不可不詳辨也。

林春溥開卷偶得卷九有一條云：「賈誼過秦論稱六國合從攻秦事，多與史記不合。考史記秦兼漢中在惠文王十二年，取巴蜀在惠文王九年。而六國攻秦在惠文王七年。論乃云惠王武王兼漢中，取巴蜀，諸侯恐懼，會盟而謀弱秦。前後倒置，且與武王無涉，不合一也。楚世家謂蘇秦約從六國攻秦，楚爲從長。（楚趙魏韓燕齊。）年表各世家國策並云五國，齊不與。秦紀又作韓趙魏燕齊帥匈奴共攻秦。通鑑從表，大事記從楚世家。而論又以爲韓魏燕楚齊趙宋衛中山爲九國，不合二也。平原春申信陵樂毅吳起孫臏田忌廉頗趙奢諸人，與蘇秦前後不同時，不合三也。」余觀賈論體近爲賦，藻采煊染，固不足據以訂史。林氏所舉第三條尤可證。然謂諸侯恐懼，會盟而謀弱秦，在秦惠王武王後，則實得戰國情勢，遠勝史記。又入宋衛中山爲九國，亦視史記佩六國相印之說爲勝。賈生博聞，著論在史公前，彼固未有如史公所謂蘇秦主合縱佩六國相印以拒秦之說也。至林氏舉第二條，蓋指慎靚王三年事。然其時實無五國，楚燕未預其事，魏兵未與秦接。秦紀言匈奴，卽儀渠。且蘇秦已死三四年。辨詳前。又李斯諫逐客書謂：「惠王用張儀之計，拔三川之地，西幷巴蜀，北收上郡，南取漢中，包九夷，制鄢郢，東據成皐之險，割膏腴之壤，遂散六國之縱，使之西向事秦，功施到今。」今按拔三川，據成皐，皆遠在後，不知李斯何以誤說，殆亦非當時眞筆歟？要之謂散六國之縱語，自不可信。又賈生文謂商君外連衡而鬬諸侯，是連衡已始商君矣。此等皆當活看，不可拘泥以爲論事之準。

〔附〕蘇代蘇厲考

燕策一，蘇秦死，其弟蘇代欲繼之，乃北見燕王噲。

按此文亦見史記，然篇中已涉及齊湣王舉宋，此在燕昭王時，豈得見燕王噲而論此，此必後之策士所妄託。

又燕王噲既立，蘇秦死於齊。蘇秦之在燕也，與其相子之爲婚，而蘇代與子之交，及蘇秦死，而齊宣王復用蘇代。

又蘇秦弟厲因燕質子而求見齊王，齊王怨蘇秦，欲囚厲，質子爲謝乃已，遂委質爲臣。燕相子之與蘇代婚，而欲得燕權，乃使蘇代侍質子於齊。

按蘇秦顯於燕齊，又與子之爲婚，其兩弟厲代當已早在齊燕間，知前篇謂蘇秦死而蘇代乃始北見燕噲者非其眞。兼觀此兩策，殆蘇厲早已在齊，而蘇代則在燕，子之復使之至齊。以後事觀之，其時厲代皆在壯年，故使侍質子。前條謂齊宣王復用蘇代者，卽蘇代由燕使齊時也。

又蘇代爲燕說齊，未見齊王，先說淳于髡云云。

　按此條當爲蘇代初使齊時事也。

又齊使代報燕，燕王噲問曰：齊王其霸乎？曰不能。曰：何也？曰不信其主。於是燕王專任子之。已而讓位，燕大亂。

又燕噲三年，與楚三晉攻秦，不勝而還，子之相燕，貴重主斷，蘇代爲齊使於燕，燕王問云云。

　按此兩條指一事。

又齊伐燕殺王噲子之，燕立昭王，而蘇代厲遂不敢入燕，皆終歸齊，齊善待之。

　按史記亦同。然余考此後代仍留齊，而厲則轉仕楚，又常往來出入於秦魏之間，不終居齊也。

史記田齊世家，秦敗屈丐，蘇代謂田軫曰云云。

　按此事在赧王三年，陳軫仕楚，而史公係此於田世家，然則其時陳軫方使齊也。時蘇代應仕齊。

魏策二，犀首東見田嬰，召而相之魏，蘇代爲田需說魏王曰云云。

按此事不定在何年，當是魏襄王九年前，蘇代或蘇厲字譌，不能詳說。

又田需死，昭魚謂蘇代曰：田需死，吾恐張儀薛公犀首之有一人相魏者。代曰：請爲君北見梁王。

按史記同，此事在魏襄王九年。其時蘇代當尚在齊，而蘇厲則在楚，然則此蘇代乃蘇厲之譌。

史記韓世家，韓襄王十二年，太子嬰死，公子咎公子蟣虱爭爲太子，時蟣虱質於楚，蘇代謂韓咎曰云云，於是楚圍雍氏。

按楚圍雍氏，其事應在秦昭王元年。史記志疑據周紀甘茂傳推定，此從之。是其時蘇代乃在韓。

又，蘇代又謂秦太后弟芊戎云云。

按此亦同年事，其時蘇代正爲齊使秦，宜可見芊戎。韓策二作冷向，昔人多謂史誤，未知孰是。

西周策，雍氏之役，韓徵甲與粟於周，周君患之，告蘇代，代爲往見韓相國公仲。

按此今年蘇代在韓之又一證也。

史記甘茂傳，向壽爲秦守宜陽，將以代韓，韓公仲使蘇代謂向壽曰云云，甘茂竟言秦昭王，以武遂復歸韓，向壽爭不能得，由此怨讒茂，茂亡去。

按此事在秦武王昭王之際，其時蘇代在韓，或爲齊使秦而過韓也。

秦策二，甘茂亡秦，且之齊，出關，遇蘇子，蘇子乃西說秦王云云。

又蘇秦爲謂齊王曰：甘茂賢人也云云。

按此事在秦昭襄王元年。史記云：甘茂之亡秦奔齊，逢蘇代，代爲齊使於秦，是其時以前，代當仍仕齊也。

魏策一，蘇秦拘於魏，欲至韓，魏氏閉關而不通。齊使蘇厲爲之謂魏王曰：王不如復東蘇秦。

燕策一，蘇代過魏，魏爲燕執代，齊使人謂魏王曰云云，於是出蘇代之宋，宋善待之。

按此兩條乃一事，魏策蘇秦乃蘇代之譌，其事應在秦昭王時，因文中有齊請以宋封涇陽君云云也。此事應在與甘茂相遇後數年間。

齊策三，孟嘗君將入秦，蘇秦止之曰云云，孟嘗君乃止。

按此事當在秦昭王六年，涇陽君爲質於齊之歲。蘇秦乃蘇代之譌，必代使秦東歸之後也。

楚策二，齊秦約攻楚，楚令景翠以六城賂齊，太子爲質。昭雎謂景翠曰：秦恐且因景鯉蘇厲而效地於楚。鯉與厲且以收地取秦。公不如令王重賂景鯉蘇厲，使入秦，秦必不求地。

按此事在楚懷王二十九年，時蘇厲仍留楚，而與秦交密也。

楚策三，蘇子謂楚王云云。

按此條殆亦爲蘇厲語，文中涉及垂沙之戰，當亦與上條略同時。

楚策二，術視伐楚，楚令昭鼠以十萬軍漢中，昭雎勝秦於重丘，蘇厲謂宛公昭鼠曰云云。

按此事不定在何年，要足證楚懷王時秦楚兵爭，蘇厲皆在楚。厲不忠於楚，又與昭雎不睦，亦可於此證之。

又女阿謂蘇子曰：秦栖楚王危太子者，公也。令楚王歸，太子南，公必危。公不如令人謂太子云云。

按此條應在懷王三十年入秦之後，此蘇子當亦蘇厲也。此亦蘇厲主親秦，爲楚謀不忠之證。

楚策三，蘇秦之楚三日，乃得見乎王云云。

按此條疑卽蘇厲初至楚時事，蘇秦生平殆未入楚。

齊策三，楚王死，太子在齊質，蘇秦謂薛公曰：君何不留楚太子以市其下東國。

按鮑彪曰：此蘇秦非代即厲。今按其時蘇代在齊，而蘇厲在楚，然史謂頃襄王歸立爲王，而懷王猶在秦，與此策相異，恐此策乃策士妄造，不足據。

史記孟嘗君傳，孟嘗君怨秦，因與韓魏攻秦，而借兵食於西周，蘇代爲西周謂孟嘗君曰云云。

按此事在周赧王十七年，西周策作韓慶，非蘇代，與史異。然其時蘇代固尚在齊。

史記孟嘗君傳，秦亡將呂禮相齊，欲因蘇代，代乃謂孟嘗君云云。

今按此事不定在何年。考呂禮奔齊，在周赧王二十一年，其與蘇代相傾，當在此稍後。呂禮既用事，蘇代乃避而去之燕。

齊策五，蘇秦說齊閔王曰云云。

按此策陳義甚正，殆閔王好用兵，而蘇代能以此諫，其人雖傾詐，其言則可取，代誠智傑士矣。湣王既不用其言，又值呂禮之排軋，代遂去而之燕。蘇秦則蘇代字譌。

燕策一，人有惡蘇秦在燕王者，曰：武安君，天下不信人也。武安君從齊來，而燕王不館也。謂燕王曰：臣東周之鄙人也，使臣信如尾生，廉如伯夷，孝如曾參，以事足下，不可乎？

又蘇代謂燕昭王曰：今有人於此，孝如曾參孝己，信如尾生高，廉如鮑焦史鰌云云。

按此兩條乃一事，蘇秦一條即蘇代之譌。蘇代久在齊，今乃轉而至燕，此即其初見燕王，自釋前愆之辭也。其事應在秦將呂禮至齊後，當在燕昭二十年前後。

又燕王謂蘇代曰：寡人甚不喜訑者言也。蘇代曰：處女無謀，老且不嫁云云。

按此亦蘇代初見昭王時語。

趙策一，蘇秦說李兌曰：今君殺主父而族之云云，李兌送蘇秦黑貂之裘，黃金百鎰，蘇秦得以入秦。

按蘇秦與李兌不相接，策文多以蘇代譌蘇秦，此殆亦蘇代之譌。李兌弒趙君，在燕昭王十六年，其時蘇代尚在齊，豈蘇代當由齊奔燕之際，自以前隙已深，尚不敢遽往，而先赴趙，乃由李兌介之歟？然此策多舛，昔人已多辨者，殆不足信。

燕策一，奉陽君李兌甚不取於蘇秦，蘇秦在燕，因爲蘇秦謂奉陽君曰云云，奉陽乃使使與蘇秦結交。

按其時蘇代已在燕用事矣。蘇秦乃蘇代字譌。昔人已多知之。

燕策二，蘇代爲燕說奉陽君於趙，以伐齊，奉陽君不聽，乃入齊惡趙，令齊絕於趙。齊已絕於趙，因之燕謂昭王曰云云，卒絕齊於趙。趙合於燕以攻齊，敗之。

按蘇代之爲燕謀齊，首在絕齊趙之交，猶張儀爲秦謀楚，先絕楚齊之交也。代見李兌而計不行，乃又轉至齊。其見李兌，不定在何年，當在趙惠文王元年以前，此策乃終言之，故及後事。

燕策二，客謂燕王曰：何不陰出使散游士，頓齊兵，敝其衆，使世世無患。燕王曰：假寡人五年，寡人得其志矣。蘇子曰：請假王十年。燕王說，奉蘇子車五十乘，南使於齊，勸之伐宋。

按此事應在蘇代說趙李兌之後，既不得志於趙，乃轉而之齊也。

齊策四，蘇秦自燕之齊，見於章華南門。齊王曰：嘻，子之來也。秦使魏冉致帝，子以爲何如？對曰云云。

又蘇秦謂齊王曰：兩帝立，孰與伐宋之利？臣願王明釋帝以就天下，倍約儐秦，而以其間舉宋。

按此事在周赧王二十七年，即燕策昭王奉車五十乘而使蘇代之齊之事也。蘇代離秦伐宋之說既信於齊王，而呂禮遂亡去，重歸秦。

趙策四，李兌約五國以伐秦，無功，留天下之兵於成皋，而陰構於秦。

又五國伐秦，無功，罷於成皋。趙欲構於秦，楚與韓魏將應之，齊弗欲。蘇代請齊王曰：臣已爲足下見奉陽君矣。臣謂奉陽君曰：若不得已而必構，願五國復堅約，有倍約者，以四國攻之。無倍約者，而秦侵約，五國復堅而賓之。

按李兌約五國伐秦事，史記失載，鮑彪以爲在楚頃襄王十二年，卽周赧王二十八年，其時蘇代又復在齊也。其所告李兌五國復堅約，秦侵約，則五國堅而賓之，此卽以後策士所傳蘇氏從約也。

宋策，宋與楚爲兄弟，齊攻宋，宋賣楚重以求講，蘇秦謂齊相曰云云。

按此蘇秦亦蘇代之譌，齊攻宋時，代留齊未去。

韓策三，韓人攻宋，秦王大怒，蘇秦爲韓說秦王曰：韓珉之攻宋，所以爲王也。

按史記田齊世家作韓聶，卽韓珉，時爲齊相而伐宋。珉損爲民，遂譌韓人。篇中多改齊爲韓，大誤。此處蘇秦亦蘇代字譌。蘇代所以極力助成齊之攻宋者，其實乃所以爲燕，其智計之傾險，可謂至矣。此皆蘇代其時留齊之證。

燕策二，蘇代自齊獻書於燕王曰：臣受令以任齊，及五年，齊數兵未嘗謀燕，齊趙之交，一合一離云云。

按此書當在樂毅會師伐齊之歲，蘇代使齊適五年矣。

又蘇代自齊使人謂燕昭王曰：臣間離齊趙，齊趙已孤矣。王何不出兵攻齊，臣請爲王弱之。燕乃伐齊晉，蘇代使人說閔王，令蘇代將，齊軍敗。代又使燕攻陽城及貍，復使人說閔王，復使蘇子應之，燕人大勝。因使樂毅大起兵伐齊，破之。

按其時蘇代已老，閔王未必屢使將兵。且代雖傾詐，亦不至不仁若此。蓋策士之妄說也。史記田齊世家，燕世家，樂毅傳，蘇代傳皆不取，爲得之矣。

燕策一，齊伐宋，宋急。蘇代乃遺燕昭王書，燕昭王善之，曰：先人嘗有德蘇氏，子之之亂，而蘇氏去燕，燕欲報讎於齊，非蘇氏莫可。乃召蘇氏，復善待之，與謀伐齊。竟破齊，閔王出走。

按蘇代於齊湣伐宋前已自燕來齊，至齊滅宋時，則留齊未返燕也。此策舛失，昔人已辨之。又按荀子臣道篇：齊之蘇秦，楚之州侯，秦之張儀，可謂態臣，用態臣者亡。張儀亦作張祿，秦用張范，未見亡徵，則其論齊事，亦不定在何時。呂覽知度曰：宋用唐鞅，齊用蘇秦，而天下知其亡。以與桀紂並列，則必指齊閔王。然則其時乃蘇代，非蘇秦也。呂氏殆亦字譌，未可據。

趙策二，蘇秦從燕之趙，始合從，說趙王曰：天下之卿相人臣，乃至布衣之士，莫不高賢大王之行義，皆願奉教陳忠於前之日久矣。雖然，奉陽君妬，大王不得任事。是以外客遊談之士，無敢盡忠於前者。今奉陽君捐館舍，大王乃今然後得與士民相親，臣故敢獻其愚，效愚忠。爲大王計，莫若安民無事，請無庸有爲也。安民之本在於擇交，擇交而得，則民安。擇交不得，則民終身不得安。請言外患！齊秦爲兩敵，而民不得安。倚秦攻齊，而民不得安。倚齊攻秦，而民不得安。故夫謀人之主，伐人之國，常苦出辭斷絶人之交，願大王愼無出於口也。請屏左右。

今按此文不能定在何年。然細考所言，適合周赧王二十九、三十年間之情勢。其時齊湣王秦昭王爲東西兩大，又値齊初滅宋，天下皇皇不安。而說者之言曰：莫若安民無事。此乃策士之姑爲淺言之，以探趙王之意旨者。其時奉陽君新卒，趙王新用事，說者不知趙王意旨所在，未敢作深言，乃姑云云。趙王既動聽，乃請屏左右而作深談也。然則說者何爲遲回瞻顧若是？曰：此當先明奉陽君生前之政策。說者之意，在求一反奉陽君之所爲，而未知趙王之果能聽從以變與否，故先遲回瞻顧云之也。然則奉陽君生前之政策又何若？曰：奉陽君固主合從以擯秦，又贊齊滅宋者。然則此說士之意，必爲求趙王反奉陽君之所爲，不復欲趙齊之合也。以此推之，則爲此說者，似莫如以樂毅爲符，樂毅正以周赧王三十年由燕使趙也。而讀其下文，卽復不然。曰：當今之時，山東之建國，莫如趙強，又專勸趙拒秦，此則與奉陽君生前政策正相合，說者何爲必曰今奉陽君捐館舍，臣乃敢效愚忠乎？抑且其時齊新滅宋，天下屬耳目者在齊不在秦，何以說者獨言擯秦，大爲不類。故疑此篇首節，或係當時樂毅說趙之辭，後之策士，乃割裂以歸之蘇秦。蓋樂毅在當時亦稱合從。史謂趙惠文王以相國印授毅，毅並獲趙楚韓魏燕五國之兵，而尚漏一秦，此卽身佩六國相印之說也。毅亦自燕赴趙，後之策士，因奪以歸之蘇秦。策文蘇秦多爲蘇代字譌，此文知非出蘇代者，燕趙合謀伐齊，蘇代尚留齊，故知非蘇代也。蘇代前告李兌，嘗有五國堅約，秦侵約，五國堅而賓之之議，見前引。或本篇末後一大節，由此而來。要之此策前後乖舛，無足信。

燕策二，趙且伐燕，蘇代爲燕謂惠王曰：燕趙久相攻，臣恐強秦爲漁父也。惠王乃止。

按此事不定在何年，然必在燕昭破齊之後。

又秦召燕王，燕王欲往，蘇代約燕王曰云云，燕昭王不行。蘇代復重於燕，燕反約從親如蘇秦時，或從或否，而天下由此宗蘇氏之從約。代厲皆以壽死，名顯諸侯。

按此事不定在何年，當亦昭王晚節。蘇代是時年壽已高，殆亦不久而卒。其文極駿快鋒利，能曲折道達秦人之罪惡，宜乎爲後之策士言擯秦者所推崇也。

西周策，蘇厲謂周君曰：白起今攻梁，梁必破，君不若止之。

按魏昭王十三年，有秦兵至大梁事。史記周本紀繫此事於赧王之三十四年，恐未是。

趙策二，秦攻趙，蘇子爲謂秦王曰云云。

按此文有田單將齊之良，以兵橫行十四年之語，則其事應在趙孝成王時，其時代厲皆已沒世，不知此蘇子又何指。

趙策一，趙收天下，且以伐齊，蘇秦爲齊上書說趙王曰云云。

按此策當依史記趙世家作蘇厲，然篇中事實皆爲韓言，不爲齊也。其事不知在何時，其文及地名又多舛異，難可強說。然觀其大意，亦與蘇代約燕昭王書約略相類。蓋自齊湣既敗，天下強國惟秦，而秦之吞幷東方之野心亦日著，其狡謀狠計，蘇氏兄弟獨能曲折暢洩之，此後策士競言擯秦，乃不期而羣推蘇氏，又上引之於蘇秦，則以近者難飾說，遠者易誇張也。

今再約述代厲事蹟如次：

蘇秦之死，厲在齊而代在燕。量其年事，當值少壯，不能達三十。秦死不久，代亦使齊。子之之亂，由於代，其後代留齊而厲之楚。厲仕楚懷王，而與秦甚密，又常往來韓魏間，蓋頗主親秦，似爲懷王謀不忠。秦武昭之際，蘇代曾爲齊使秦，路過韓，既反齊，又曾見執於魏。李兌約五國伐秦，代在齊，主堅約擯秦，事雖不成，後之言從約者常本之。其在齊，與孟嘗君交頗密。及秦將呂禮亡至齊，排妬蘇代孟嘗。代既不得意於湣王，遂去至燕，事燕昭王。於是爲燕使齊，復居齊五年，以間齊趙之交，又勸齊勿與秦並稱帝，而伐宋以絕齊秦之懽，而招諸侯之忌。代之爲齊謀，實皆所以爲燕也。燕昭破齊時，代尚留齊。其後勸燕昭勿入秦，曲折言秦人之詐，其文駿利，尤爲後之策士所樂稱。故此後言擯秦者，遂羣奉蘇氏爲宗焉。厲代皆以壽終，蓋皆踰七十云。

厲代年表

民元前	（西元前）	
二二三二	（三二一）	蘇秦死
二二三一	（三二〇）	燕王噲元　蘇厲侍燕質子在齊蘇代在燕
二二三〇	（三一九）	齊宣王元　蘇代自燕使齊當在此前後
二二二九	（三一八）	燕王噲三　三晉攻秦　蘇代自齊使燕當在此年或明年
二二二八	（三一七）	
二二二七	（三一六）	燕王噲讓國子之
二二二六	（三一五）	齊宣王五伐燕

二二一二	（三〇一）	楚敗於重丘　蘇厲在楚　秦涇陽君爲質於齊　齊宣王卒　孟嘗君將入秦蘇代在齊諫止之
二二一三	（三〇二）	
二二一四	（三〇三）	
二二一五	（三〇四）	
二二一六	（三〇五）	蘇代拘於魏應在此稍後
二二一七	（三〇六）	秦昭王元　楚圍韓雍氏　蘇代爲齊使秦而過韓　甘茂亡秦奔齊遇蘇代
二二一八	（三〇七）	秦拔韓宜陽
二二一九	（三〇八）	
二二二〇	（三〇九）	
二二二一	（三一〇）	魏相田需卒　蘇厲在楚北見梁王
二二二二	（三一一）	
二二二三	（三一二）	秦敗楚將屈丐　蘇代在齊見陳軫
二二二四	（三一三）	
二二二五	（三一四）	燕王噲子之皆死　蘇代蘇厲皆留齊

二二一一	（三〇〇）	楚懷王二十九　使太子質齊　蘇厲在楚
二二一〇	（二九九）	楚懷王入秦　齊湣王二　孟嘗君入秦
二二〇九	（二九八）	楚頃襄元　田文歸相秦　五國伐秦　蘇厲在楚蘇代在齊
二二〇八	（二九七）	
二二〇七	（二九六）	楚懷王卒於秦　李兌弒趙主父
二二〇六	（二九五）	
二二〇五	（二九四）	秦將呂禮亡奔齊主聯齊秦而排孟嘗蘇代　蘇代去齊當在此稍後
二二〇四	（二九三）	
二二〇三	（二九二）	蘇代自齊至燕當在此前後
二二〇二	（二九一）	
二二〇一	（二九〇）	
二二〇〇	（二八九）	
二一九九	（二八八）	齊秦稱東西帝　蘇代爲燕使齊勸齊釋帝號而伐宋　呂禮重歸秦
二一九八	（二八七）	李兌約五國伐秦　蘇代爲齊見李兌勸定從約

二一九七	(二八六)	齊滅宋　蘇代在齊
二一九六	(二八五)	樂毅爲燕使趙說合從伐齊　李兌卒當在此稍前
二一九五	(二八四)	燕趙入齊　蘇代爲燕使齊至此適五年
二一九四	(二八三)	秦兵至大梁　蘇厲見西周君
二一九三	(二八二)	
二一九二	(二八一)	蘇代蘇厲之卒皆當在此前後

〔附〕鬼谷子辨

又考漢志縱橫家蘇子三十一篇。沈欽韓曰：「今見於史記國策，灼然爲蘇秦者八篇，其短章不與。秦死後，蘇代蘇厲等並有論說。國策通謂之蘇子，又誤爲蘇秦。此三十一篇，容有代厲幷入。」今按：秦語見史記國策者均後人僞造，並多與代厲相混，此蓋由後世策士附託，亦未必出代厲之手也。沈氏謂漢志三十一篇有代厲，蓋信。而不知其猶有僞，是辨之猶未盡也。又史記蘇秦傳：「於是得周書陰符，伏而讀之，期年，以出揣摩。」今按：秦時是否有周書陰符已可疑，此亦後之策士所飾說以神其事者。然史明謂讀陰符以資揣摩，若使鬼谷眞有揣摩書，秦直治其師傳可矣，何煩覓陰符乎！索隱引「江邃曰：揣人主情，摩而近之」，是爲揣摩正解。而集解裴駰案：「鬼谷子有揣摩篇」，又索隱引王劭曰：「揣情摩意，是鬼谷之二章名，非爲一篇也。」今漢志亦無鬼谷子，疑後之僞鬼谷書者，本史記而成揣摩之篇，非史記襲鬼谷而綴揣摩之字也。而秦策則云：「得太公陰符之謀，伏而誦之，簡練以爲揣摩。讀書欲睡，引錐自刺其股，血流至足。曰：安有說人主，不能出其金玉錦繡取卿相之尊者乎？朞年，揣摩成曰：此眞可以說當世之君矣。」高誘注：「簡，汰也。練，濯。濯治疑當作汰。陰符中奇異之謀，以爲揣摩。揣，定也，摩，合也。定諸侯，使讎其術，以成六國之從也。」則高氏亦不以揣摩爲篇名。而云「朞年揣摩成」，殊覺不辭。上已云「安有說人主不能取卿相之尊」，下復云「此眞可以說當世之君」，亦嫌語沓。疑「朞年揣摩成」一語，或後人增入，遂若以揣摩爲蘇子書篇名矣。又按虞卿傳，卿著書上採春秋，下觀近世，曰節義稱號揣摩政謀凡八篇，以刺譏國家得失，世傳之曰虞氏春秋。以揣摩名篇，實始見於此。其所載殆多策士游說之辭，卽如韓非說難，亦揣摩之術耳。此皆在揣摩之風大盛之後，後之策士上飾蘇秦以爲揣摩之祖，而又神之以鬼谷，然亦不謂鬼谷蘇秦有揣摩之書也。又漢書杜業傳贊：「業因勢而抵陒」，服虔曰：「抵音紙，陒音羲，謂罪敗而復抨擊之，蘇秦書有此法。」顏師古曰：「今鬼谷子有抵戲篇。」戲陒同音。然服虔僅云蘇秦書有抵陒之法，法者術也，謂其書有此術，非卽謂其書有此篇。此亦後之僞鬼谷書者，因服語而造爲此篇，非服氏見鬼谷有此篇，而引爲此注也。又說苑善說篇引鬼谷子曰云云，此由漢前有蘇秦張儀學於鬼谷子之說，故當時必有造爲鬼谷子言論行事以傳世者。按史記蘇秦傳：蘇秦東師事於齊，而習之於鬼谷先生。徐廣曰：潁川陽城有鬼谷，蓋是其人所居，因爲號。裴駰曰：風俗通義，鬼谷先生六國時從橫家。此或可確有其人，或亦策士僞飾。要之其書旣僞，其人又無他事迹言行可考，則置之不論不議之列可也。或說苑所引語，卽在漢志蘇子三十一篇或張子十篇中，或出別書，亦不能據此卽謂劉向實曾見鬼谷書。余疑漢志蘇子三十一篇，當如沈氏說，卽今傳史記國策所載蘇氏兄弟之辭，而鬼谷子則猶爲東漢後晚出僞書，不得謂今鬼谷子卽出漢志蘇子三十一篇，故復爲之附辨焉。據史記索隱引鬼谷子語同莊子胠篋篇，而鬼谷亡篇有胠篋，此必襲之莊書，而後人去之。此亦證鬼谷書不盡在張子蘇子二書中也。

九六 楚威王與齊威王同時考

史記越世家：「王無疆當楚威王之時，北伐齊。齊威王使人說越王，釋齊而伐楚。楚威王興兵大敗越，殺王無疆，盡取故吳地。北破齊於徐州。」而六國表楚威王之立，齊威王已死四年。徐州之役，去齊威王已九年，與越世家相背。今以紀年推考，知惟越世家得其實。楚威王元年，乃齊威王之十九年，徐州之圍，在齊威王之二十五年參讀考辨第一三四。也。葉大慶考古質疑特舉此事，以證史記威宣年代之錯誤。其言曰：「戰國策燕王噲既立，蘇秦死於齊。蘇秦之在燕也，與其相子之爲婚，而蘇代與子之交。及秦死，而齊宣復用代，使於燕，激燕王厚任子之。三年，燕國大亂。齊宣王因伐燕。由戰國策而觀，則齊宣伐燕與孟子脗合。司馬公作通鑑，乃於周顯王三十六年云齊威王薨，子宣王立。顯王四十八年云燕易王薨，子噲立。據此則齊宣王正與燕噲同時。溫公進通鑑表，以爲徧閱舊史，抉摘幽隱，校計毫釐，豈有此大節目不加考究？然卽史記參觀互考，紀傳世家之與年表，其前後歲月，又皆相應。如伐燕一事，猶未足決史記之爲誤。獨有一事，或可爲證。越世家云：越王無疆北伐齊，威王使人說越云云，正齊威王時。年表載於顯王三十六年，爲宣王之世，豈非遷之自戾歟？然則徐州之圍，既爲威王之時，則宣王非立於顯王二十七年可見。而通鑑所載爲得其實。是伐燕爲宣王明矣。大抵卽此可以明彼，而因其自戾，則尤可以辨而破也。」今按通鑑據孟子國策，姑移宣湣之年以爲遷就，雖知史記之誤，而亦未能定齊威宣湣三君年代之眞。參讀考辨第一二〇，及一二八。葉氏據越世家以證史記之自戾，而亦不能識通鑑之仍非定論也。今據紀年前後推排，乃始可以得齊燕世系之眞相。姑引葉氏之說，以見考古之事之亦未能一探而卽得爾。至周廣業孟子四考，乃謂：「徐州之圍，由史誤分威宣爲二人，致有歧誤，非止自戾。」

則歧途之中，又轉生歧，引而愈遠，益迷亡羊之所在矣。楚世家：「宣王六年，周天子賀秦獻公，秦始彊，而三晉益大，魏惠王齊威王尤彊。威王六年周顯王致文武胙於秦惠王。」竊疑史公此文有譌，以魏惠王齊威王尤彊一節移置威王六年，最爲適合。（參讀考辨第八三。）又黄以周儆季雜著，史說略史越世家補幷辨，仍謂兩威王不同時，自誤。惟辨其時越並不爲楚所滅，則是也。余此文僅從史記證兩威王年代之相及，讀者當分別善觀。

又按水經漸江水注：「越王無彊爲楚所伐，去琅邪，止東武，人隨居山下。」是其時越都猶在琅邪也。參讀考辨第一一八。而史記越世家謂：「王無彊時，北伐齊，西伐楚，與中國爭強，齊威王使人說越，越遂釋齊伐楚，楚威王興兵伐之，大敗越，殺無彊，盡取故吳地，至浙江，北破齊於徐州。」楚世家亦載此事，謂齊孟嘗君父田嬰欺楚，楚伐敗之於徐州。徐廣曰：「時楚已滅越而伐齊也。齊說越令攻楚，故云齊欺楚。」竊疑楚伐徐州凡兩役，參讀考辨第一三四。無彊與中國爭強，當猶居琅邪時。楚伐敗齊越，而無彊去琅邪，其時則在楚宣王二十四年之前後。參讀考辨第一一八。後楚威王時，復敗越，殺無彊，而盡取故吳地，則在無彊離去琅邪之後。史所謂越遂以此散，諸族子爭立，或爲君，或爲王，濱於江南海上，服朝於楚者也。而史公誤混說之。今粗爲推校，惜史文闕佚，無可詳證以著其必然矣。

九七　齊因燕文王喪伐取十城乃威王非宣王辯

燕策：「文公卒，易王立，齊宣王因燕喪攻之，取十城。」史記依之。今按燕策誤也。宣王伐燕在王噲時，其時齊乃威王，非宣王。前二年，威王與魏會徐州相王，至是爲威王之二十五年。宣王之立尚在其後十三年。通觀余前後辨齊世系諸條，則國策之誤自顯。繹史年表依通鑑，以齊伐燕喪之年爲宣王元年，較史表移後十年，亦緣燕策一語而誤。史記以討子之之亂爲湣王，亦誤。黃氏日鈔謂孟子宣王伐燕兩章，卽因喪取十城事，亦與孟子原文不合。狄子奇編年辨之云：「所取僅十城，不得云倍地。易王新立，又安用置君？燕世家又言蘇秦說齊歸燕十城，則與孟子無涉，審矣。」焦循孟子正義亦有辨，語詳不錄。而余考燕策言蘇秦說齊歸燕十城語，重有可疑者。燕策云：「燕文公時，秦惠王以其女爲燕太子婦。文公卒，易王立。齊宣王因燕喪攻之，取十城。蘇秦爲燕說齊王曰：燕雖弱，秦之少婿也，王利其十城而深與強秦爲仇，此食鳥喙之類也。齊乃歸燕城而請罪於秦。」今按秦惠王元年，當燕文公二十五年。三年，惠王始冠。古禮二十而冠，則其時惠王年不過二十。越二年，燕文公卒。豈秦惠王卽有女爲燕易王妻哉？惠王十年前，魏未盡納上郡，秦與趙壤地不相接，豈遽遠嫁其女爲燕婦哉？策士造說者，謂蘇秦相燕倡合從，秦畏之，故嫁女以納懽於燕。齊復畏燕之爲秦婿而歸之十城。其實秦在當時，猶不足畏，其勢遠不及齊威宣之盛。而蘇秦合從之說亦烏有，無論秦嫁女事也。惟蘇秦說齊歸燕十城，則其事或可有，而所以爲說者已不傳。今燕策所存，則後之策士造爲之也。余既辨蘇秦合從事，因并及此以相發。並見燕策之多不可信。史記蘇秦傳亦採此事，蓋爲燕策所誤。

九八　孟子在齊威王時先已遊齊考

孟子：「陳臻問曰：前日于齊，王餽兼金一百而不受。于宋，餽七十鎰而受。于薛，餽五十鎰而受。」玩其語氣，似孟子至宋在去齊之後。閻潛邱謂：「孟子去齊適宋，當周慎靚王之三年，正康王改元之歲，宋始稱王。」全謝山云：「所以遊宋亦有故。蓋康王初年亦嘗講行仁義之政，孟子所以往而受七十鎰之餽。」今按康王改元，乃在周顯王四十一年，史記誤後十年。詳考辨第九十九。據孟子：「萬章問曰：宋小國也，今將行王政，齊楚惡而伐之，則如之何。」云將行王政者，其爲初稱王將行新政以悅民之徵甚顯。然謂孟子遊宋，正值康王新王之際則是，必謂康王初王之歲，則未見其必是也。惟既在宋康新王之際，則其見梁惠王齊宣王定在至宋之後。而其去齊適宋，則必當在齊威王之時，斷無疑矣。崔東壁云：「梁惠王一篇，凡與時君問答之言，皆以時之先後次之。則是至滕至魯，皆孟子晚年事也。兼金章以在齊爲前日，在宋薛爲今日，則是至宋至薛亦在孟子去齊後也。滕文章孟子在宋，滕定章孟子在鄒，皆滕文未即位時事，則是孟子去齊之後，先至宋而後至滕也。」其考孟子游仕先後，一以孟子原書爲證，意誠是，而言則猶誤。其謂孟子至滕至魯乃晚年事，皆非也。余考孟子書，其初在齊，乃值威王世。據徐幹中論尚在桓公世，其語不可信，見考辨第七十六。去而至宋滕諸國。及至梁，見惠王襄王，又重返齊，乃值宣王也。崔氏誤以見宣王後乃始去至宋滕，前後相差十許年，請仍據孟子書爲辨。

齊王餽兼金一百，孟子以謂未有處而不受，此必威王之時，孟子猶未仕齊也。若至宣王世，孟子致爲臣而歸，而宣王餽金以贐行，則君臣之間，又何云無處而餽哉？此孟子威王世先已遊齊之證一。

公孫丑下：「孟子爲卿於齊，出弔於滕。」季本孟子事蹟圖譜云：「其與王驩使滕，爲文公之喪也。非大國之君，無使貴卿及介往弔之禮。此固重文公之賢，亦孟子欲親往弔以盡存沒始終之大禮。」此說雖若無據，而實可信。何者？若謂定公之喪，則其時孟子在鄒，固不爲齊卿。若謂弔喪猶在定公前，或尚在文公後，則益遠於事實。謂所弔非君薨，又不應有使貴卿及介往弔之禮。推此言之，其爲弔文公之喪可知。則孟子見滕文公，固在仕齊宣王之前。而其遊宋，又在見滕文公前。而遊齊尚在遊宋前。此孟子當威王世先已遊齊之證二。（又按滕文公卒，當在齊宣王二年至四年間，詳考辨第一三五。）

離婁下：「公都子曰：匡章，通國皆稱不孝，夫子與之遊，又從而禮貌之，何也？孟子曰：夫章子之父，責善而不相遇也。父子責善，賊恩之大者。夫章子豈不欲有夫妻子母之屬哉？爲得罪於父，不得近，出妻屏子，終身不養焉。」其事又見於齊策。「威王使章子將而拒秦。章子母爲父所殺，埋於馬棧之下。王謂曰：全軍而還，必更葬將軍之母。章子對曰：臣非不能更葬母。臣之母得罪於臣之父，未教而死。臣葬母，是欺死父也。故不敢。後章子勝秦而返。」全祖望經史問答云：「孟子所云責善，蓋必勸其父以弗爲已甚，而父不聽，遂不得近。此自是人倫大變。章子之黜妻屏子，非過也，然而孟子以爲賊恩，何也？蓋章子自勝秦以前，所以處此事者本不可以言過。然其勝秦而還，則王必葬其母矣，而章子之黜妻屏子終身如故。是在章子亦以恫母之至，不僅以一奉君命得葬了事，未嘗非孝。而不知是則似於揚父之過。自君子言之，以爲非中庸矣。」又謂：「章子之事，未必在威王之世。」全氏既誤以章子爲不在威王世，又不知孟子當威王世已先遊齊，故所擬議多誤。公都子之問，孟子之答，其事當尚在章子將兵勝秦之前。通國皆稱不孝者，爲其母葬馬棧之下，而章子不爲更葬也。黜妻屏子，終身不養者，孟子據其前以爲言，非要其終以言之也。孟子力辨章子之非不孝，孟子深諒章子之處變而不獲已，未嘗謂章子之非中庸。自章子勝秦歸，威王既明稱其不欺死父，又必爲之更葬其死母，而章子益見親重於齊。觀其後之屢爲齊將可知。不應通國猶稱其不孝。意其時從遊而禮貌之者必多矣，公都子亦何疑於孟子而有此問？余與全氏之說，雖同屬推想，而余說似較有理。此孟子當威王時先已遊齊之證三。

盡心篇：「孟子曰：不仁哉梁惠王也！仁者以其所愛及其所不愛，不仁者以其所不愛及其所愛。公孫丑曰：何謂也？」孟子謂：「梁惠王以土地之故，糜爛其民而戰之，大敗，將復之，恐不能勝，又驅其所愛子弟以殉之。」此其語似發於梁敗馬陵之際。公孫丑齊人，蓋其時孟子已遊齊，而丑方及門，故記其一時之問答云爾也。此又孟子當威王時先已遊齊之證四。

至孟子究以何時來齊，以何時去，則書缺有間，無可詳說。今據匡章事，定孟子遊齊當在齊威王二十四年前。參讀考辨第九四。據宋偃稱王，定孟子去齊當在齊威王三十年後。則孟子當威王世，留齊至少亦得十八年，此則差可推說耳。

今繼此而推校孟子之年歲：其遊梁乃在惠王後元十五年。詳考辨一一五。時惠王在位已五十年，計其年壽殆及七十，或已過。而稱孟子曰叟，叟是長老之稱，則孟子之年決不下於六十，或亦竟及七十矣。周廣業云：「其不稱夫子而曰叟，正以年齒相當，而王差長，故以此爲尊。」不應至此時始出遊。其前孟子遊宋，在康王稱王初年，則孟子年亦已五十六十間。又其前孟子先遊齊，與匡章交，則四十五十之年也。史記：「先遊齊，事齊宣王，後適梁，見梁惠王。」先齊後梁不誤，特不知孟子先遊齊當威王世耳。至孟子書序見梁惠王齊宣王在前，而次鄒穆公滕文公魯平公於後者，以鄒滕魯皆小國，故並書於後。日知錄集釋七引衛嵩曰：「孟子游歷先後，以本書證之，當是自宋歸鄒，之任，之薛，之滕，而後之梁，之齊。」以游梁齊在宋滕後，最爲得之。惟以之薛謂在歸鄒後，似誤。又不知孟子先曾游齊耳。至孟子之生，最早在周安王十三四年，離子思之卒至少在十年外。孔叢記孟子見子思，子上以無介爲疑，子思告以昔從夫子於郯，遇程子云云。王謨駁之曰：「按左傳，孔子見郯子在昭公十七年，孔子時年二十八。按以孔子生魯襄公二十二年推之，則是年孔子年二十七。伯魚尙幼，子思安得遂從夫子？」孔叢不可信率類此。江永羣經補義云：「孟子之言，予私淑之人，人謂子思之徒，是孟子與子思年不接。」崔述亦云：「若孟子親受業於子思，則當明言其人以見其傳之有自。何得但云人而已乎？由是言之，孟子必無受業於子思之事。」特爲附辨於此。孟子外書性善篇，孟子自謂學于子思之子子上。又文說篇，有孟子問於子上，子上謂孟子語。余考孟子幼年，子上亦已先卒。（詳考辨第六三及一四八。）外書所言亦不可信。

九九　宋偃稱王為周顯王四十一年非慎靚王三年辨

宋偃元年，在周顯王三十一年，已詳考辨第九一。史云：「偃立十一年而稱王」，高誘注呂氏春秋禁塞，順說篇均同。則乃周顯王之四十一年也。而史誤以爲宋偃初立之年。循是下算，至周赧王二十九年，齊滅宋，偃凡稱王四十三年。高注順說作四十五，注禁塞作四十七，皆誤。合前十年，爲在位五十三年也。偃之稱王，去魏齊徐州相王已六年，而尚在秦韓燕趙稱王之先，故頗爲當時所嫉視。今據孟子書，萬章問：「宋小國，將行王政，齊楚惡而伐之，則如之何？」孟子以湯武之事告之。又觀其臣如盈之，如不勝，議行什一，議去關市之征，進居州以輔王，其政當有可觀。而國策記其射天笞地，世家書其淫於酒色，並皆謂之桀宋，與孟子萬章之言迥别。蓋出於一時忌嫉之口，非信史也。全祖望焦循皆爲宋偃辨誣，良非無據。參讀考辨第一三〇。史記又稱：「宋偃東敗齊，南敗楚，西敗魏。」考之諸國世家及年表，皆無其事。梁氏志疑亦辨之。呂覽禁塞：「宋康死於溫」，高注：「溫，魏邑，康王敗魏於溫，與齊楚魏爲敵，齊楚魏滅之，故曰死於溫」，似據史爲說，疑不足信。抑余於王偃故事，又别有見。雖若虛臆無證，而考古之事，固時有不限於實證者。則姑陳吾說，以備一見，或亦爲深思眇慮之士所樂聞也。

〔附〕　宋王偃卽徐偃王說

史記秦本紀：「造父以善御幸於周繆王，得驥溫驪驊駵騄耳之駟，西巡狩，樂而忘歸。徐偃王作亂，造父爲繆王御，長驅歸周，一日千里以救亂。」韓非五蠹：「徐偃王處漢東，漢疑應作潢。地方五百里，行仁義，割地而朝者三十有六國。荆文王恐其害己也，舉兵伐徐，遂滅之。」淮南人間訓：「徐偃王好行仁義，陸地而朝者三十二國。陸疑應作割，下引後漢書同誤。王孫厲謂楚莊王曰：王不伐徐，必反朝徐。楚王曰：善。乃舉兵而伐徐，遂滅之。」後漢書東夷傳：「偃王處潢池東，地方五百里，行仁義，陸地而朝者三十有六國。穆王得驥騄之乘，乃使造父御以告楚，令伐徐，一日而至。於是楚文王大舉兵而滅之。偃王仁而無權，不忍鬭其人，故致於敗。乃北走彭城武原縣東山下，百姓隨之者以萬數，因名其山爲徐山。」韓愈衢州徐偃王廟碑卽本此爲說。此徐偃王之故事也。史記正義引「古史考云：徐偃王與楚文王同時，去周穆王遠矣。且王行有周衛，豈得救亂而獨長驅，日行千里乎？此事非實。」崔述豐鎬考信錄亦辨之，謂：「前乎穆王者，有魯公之費誓，曰：徂茲淮夷，徐戎並興。後乎穆王者，有宣王之常武，曰：震驚徐方，徐方來庭。則是徐本戎也，與淮夷相倚爲邊患，叛服無常，其來久矣。非能行仁義以服諸侯，亦非因穆王遠遊而始爲亂也。且楚文王立於周莊王之八年，上距共和之初已一百五十餘年。自穆王至是不下三百年，而安能與之共伐徐乎？」今按謂荆文王伐徐者，韓非也。謂楚莊者，淮南也。謂周繆王者，史記秦本紀也。混韓子史記爲一談者，後漢東夷傳也。繆王之事，不載於周紀而見諸秦本紀，此自秦人稱其祖造父，欲神其技，大其功，因附會於偃王之事。趙世家又載繆王使造父御，西巡狩，見西王母，此本以著異聞，非以爲信史。故滅之於周紀，而存之於兩家。史公之意，至愼至顯也。

馬氏繹史亦云：「史稱造父御王巡狩，見西王母。徐偃王反，日馳千里馬，攻破之。豈王之貳車，遂足以制勝？抑六師之衆，咸有此捷足哉？史不錄於周本紀，亦不過雜采異說以傳疑。」此說發明史例，極爲有見。余辨史載蘇張縱橫傳說之妄，亦用此例，參讀考辨第九五。又按檀弓載徐大夫容居曰：昔我先君駒王西討，濟於河。不知此駒王屬何時，蓋非行仁義之偃王可知。若謂今秦紀趙世家繆王故事，由徐駒王而來，則仍與徐偃王行仁義而見滅於楚者不同。蓋徐偃王自與宋王偃有關，不必以徐駒王疑之也。至楚文王時，考之春秋傳及楚世家，均無徐偃王事。楚成王伐徐，齊桓公救之，徐恃救而敗，見左傳僖十五年。徐爲吳滅，徐子章羽奔楚，見左傳昭三十年。此韓說之妄。然稱徐偃王以仁義滅國，則三說皆同。余疑徐偃王即宋王偃，其見滅時，惟淮南楚莊王之說得之。宋稱徐者，戰國時宋都蓋遷彭城。韓世家：「文侯二年伐宋，到彭城，執宋君。」年表亦載此語。其時宋當休公世，蓋已遷彭城，而史闕不載。蓋宋都商丘，其地四望平坦，無險可守。彭城俗勁悍，又當南北之衝。自楚拔彭城以封魚石，晉悼圍之，重以畀宋，而彭城乃爲形勝所必爭。宋之徙都，實與趙徙邯鄲，韓徙鄭，魏徙大梁同意，皆就衝要以自鎮。故宋亦稱徐，即指新都彭城言。如韓稱鄭，魏稱梁，是也。彭城晉立徐州，至今猶稱。淮夷徐戎，素屬商。故商宋亦得徐稱也。又史記封禪書：「周之九鼎，沒於泗水彭城下」，始皇本紀：「二十八年，過彭城，齋戒禱祠，欲出周鼎泗水」，亦宋都彭城之證。語詳後。後漢東夷傳稱偃王處潢池東，水經濟水篇有黃水黃溝，其東爲沛，秦之泗水郡，劉備徐州治此。又南爲彭城，東爲武原徐山。泗水注作徐廟山。此即偃王之國矣。云其地方五百里者，宋策墨子說楚，亦言宋方五百里也。偃王者，疑乃王偃之倒。考謚法無偃。秦本紀集解引：「尸子曰：徐偃王有筋而無骨，駰謂號偃由此。」此語無稽，而可以證偃之非謚。志疑云：「偃身死國亡，未必有謚。然國策墨子呂覽新序諸書，俱以偃謚康王，而荀子王霸篇稱爲宋獻。楊倞注曰：國滅之後，其臣子各私爲謚，故不同。」則是王偃謚康謚獻，於當時本非通行，故野人小民，遂乃倒王之名以爲稱。莊子列禦寇：「曹商爲宋王使秦。」釋文：「司馬云：偃王也。」則王偃後固亦稱偃王矣。謂其見滅，惟淮南楚莊王之時得之者，楚兩莊王，一在春秋時，考之春秋傳及楚世家，一在戰國時，頃襄王又稱莊王。莊王元年伐舒蓼，十三年衆舒叛，楚滅舒蓼，疆之及滑汭，盟吳越而還，如是而已。左氏傳備載莊王事，亦不似有所謂徐偃王，割地而朝者三十二國，而見滅於楚也。參讀考辨第一三一。六國表宋滅當楚頃襄十三年，故淮南以爲莊王也。宋亡於齊，其後楚得其淮北徐地。當時盛毀之者，擬之桀紂，蓋出諸列國之君卿。而宋之小民，則口道仁義不能忘。凡今先秦書記宋偃之不道者，皆本列國史記。而宋以國亡無史，其仁義之設施，已不足自傳於後世。惟野民小人之所稱譽，謂徐偃王行仁義而亡國者，其流傳失眞，乃誤以爲春秋之徐，或乃以謂在楚文王時，或乃以爲當周繆王之世。傳者弗深考，乃不知其卽宋王偃。古事流傳，其漫迤流衍如此者多，不足怪也。

又按：荀子非相列舉徐偃王仲尼周公皐陶云云，似徐偃王年代最在後，則亦非周繆王及春秋楚文莊時人矣。此篇列之聖賢之儔，而王霸篇又並稱宋獻齊湣，此則時人對宋偃評量本不一致，非相亦不必出荀卿手筆耳。

〔附〕 社亡鼎淪解

年表周顯王三十三年秦下，書「宋太丘社亡」。封禪書：「或曰：宋太丘社亡而鼎沒於泗水彭城下，其後百一十五年，而秦并天下。」亦自顯王三十三年起算。漢書郊祀志：「或曰：周顯王之四十二年，宋太丘社亡，而鼎淪沒於泗水彭城下。」此均無稽之談，然有可以推覘宋偃稱王時傳說之一斑者。社亡，王先謙曰：「索隱引應劭曰：云亡淪入地，非也。案亡，謂社主亡也。」宋策謂康王射天笞地，斬社稷而焚滅之，此謂康王暴悖自絕於天，因是有社亡之說，謂天示以將亡之兆也。鼎淪者，鼎爲國家有天下之禎祥。左氏稱楚子問鼎輕重，而不敢有。今鼎乃入宋而淪於泗水彭城之下。彭城，宋都也。此亦宋德不足有天下之證。史記周本紀：「威烈王二十三年，九鼎震。」命韓魏趙爲諸侯，乃周失天下之先階，故有鼎震之兆。然此雖毀譏之辭，必當時先有周鼎歸宋之說，乃云其淪沒於泗水。則鼎淪之毀，實承鼎歸之譽而生。鼎本商物，周人有之。周德既衰，商行仁義，鼎乃重歸商。慮當時宋康行仁政，愚民厚德者，當有此言。故諸侯之忌嫉益甚，乃於其稱王後之一年，而曰鼎淪於泗水矣。蓋宋之稱王，在周顯王四十一年。漢書記四十二年社亡鼎淪，實承舊史記載而來。封禪書云：「商周德衰，宋之社亡，鼎乃淪沒，伏而不見。」

是謂商周之德均不足以復有天下也。亦以社亡鼎淪並言，惟未著年代。又年表附宋於齊，而此事書於秦表，或由史公採之秦史而未經移正耶？又考秦本紀稱武王與孟說舉鼎絕臏而死。甘茂傳稱武王竟至周而卒於周。合兩說而論，武王既卒於周，知舉鼎亦在周。孟子疏引帝王世紀謂：「秦王於洛陽舉周鼎，烏獲兩口血出」，是其證。余疑此亦當時傳說，猶如楚子問鼎輕重，而王孫雒謂在德不在鼎。秦武欲通三川以窺周室，竟如其願，身至於周而卒。時人遂謂武窺周鼎，而德不堪之，遭愆而死，因譏之曰舉鼎絕臏死矣。其事與鼎淪之說相隔十九年，而推論根源，實出一致，因附辨之。

又按周本紀：「周君王赧卒，周民東亡，秦取九鼎寶器」，此秦人之誇詐也。既已不得周鼎，猶且誇詐於諸侯，曰我得周鼎矣。乃以著之史，而史公承之。又始皇紀：「二十八年，還過彭城，齋戒禱祠，欲出周鼎泗水」，此秦人之貪愚也。既已詐於天下，曰我得周鼎矣，而猶不忘情於眞取，而信其眞沉於泗水，乃不覺忘其前言，過彭城則祠以求之，而史公則據以爲載。今史記正義及通考，乃謂一飛入泗水，八入於秦中，則既爲秦人所詐，又過秦人之愚矣。夫漢得秦寶，不聞有鼎，此乃秦未得鼎之驗。水經泗水注：「始皇使數千人沒水求之，不得，乃謂鼎伏」，此乃鼎未淪泗之驗。沈欽韓曰：「九鼎之亡，周自亡之，虞大國之數甘心也，爲宗社之殃。又當困乏時，銷毁爲貨，謬云鼎亡耳。」此雖虛臆，最爲有情。余謂宋都彭城，王偃行仁政，小民心向，列國君卿忌嫉，甚加毁誣。又其稱王在顯王三十二年，及其國亡，遺民猶傳徐偃王，蓋亦會於虛而知之。太丘屬沛，在河南永城境，距商邱彭城略相等。

〔附〕　戰國時宋都彭城證

余考戰國時宋都彭城，又別有說以爲證者。水經睢水注：「睢水又東逕睢陽縣故城南，周成王封微子啟於宋，以嗣殷後，爲宋都也。秦以爲碭郡，漢高祖嘗以沛公爲碭郡長。天下既定，五年，爲梁國。文帝十二年，封少子武爲梁王。」漢以睢陽爲梁，蓋承戰國地理言之。宋亡已在戰國晚年。竊疑睢陽爲梁，猶在宋亡之前。蓋宋先已遷都而東矣。故漢乃以睢陽爲梁國。此戰國時宋東遷，不都睢陽之證，一也。（莊子人間世：南伯子綦遊乎商之丘，司馬彪曰：「商之丘，今梁國睢陽縣」，今按：此亦證莊周著書時，宋已不都睢陽，否則周亦不稱爲商之丘也。）又泗水注：「黃水東流逕外黃縣故城南，於春秋爲宋之曲棘里，故宋之別都矣。」漢志外黃補注：「王先謙曰：春秋宋黃邑，戰國屬魏。故國策蘇代曰：決白馬之口，魏無黃濟陽。亦稱外黃，見魏世家，太子申過外黃。張耳爲魏外黃令，見耳傳。」是外黃在齊魏馬陵之戰時，固已屬梁，否則魏軍不得踰人之別都以爲戰。（集解云：「外黃時屬宋」，非是。宋策曰：「過宋外黃」，蓋襲史文而增宋字，不足據。）外黃與睢陽相近，外黃既爲魏有，睢陽之西蔽已失，敵氛及於國都，宋決不安。此宋在戰國時東遷，不都睢陽之證，二也。泗水篇云：「泗水又南過平陽縣西」，注：「縣即山陽郡之南平陽縣也。竹書紀年曰：梁惠成王二十九年，齊田肸及宋人伐我東鄙，圍平陽。」朱右曾云：「平陽故城在兗州府鄒縣西三十里。」其時梁之東鄙，已遠及鄒兗若。宋都睢陽外黃，則爲近在梁肘腋之裏，何緣及齊同師？魏策蘇秦說魏合從，亦曰：「魏地東有淮潁沂黃，煮棗無疎。」若宋都睢陽，魏境不得遠包淮沂。又韓世家集解引紀年：「齊宋圍煑棗」，其事在魏哀王七年。後漢郡國志煑棗在濟陰郡宛朐縣。魏境是時猶東達今山東之曹州。此以地勢言之，又知其時宋必東遷，不都睢陽之證，三也。又淮水注：「惠成王十七年，宋景敾，衛公孫倉，會齊師圍我襄陵。十八年，王以韓師敗諸侯師於襄陵。」漢志襄邑，師古曰：「圈稱云：襄邑宋地，本承匡襄陵鄉也。宋襄公所葬，故曰襄陵。」史記正義：「襄陵，今歸德府睢州也。」（程恩澤國策地名考：「襄陵在歸德府睢州西一里。」又齊策：「犀首以梁與齊戰于承匡」，程氏地名考：「承匡在睢州西三十里。」）今考惠成十七年，田期伐魏東鄙，敗魏於桂陽，遂乘勝深入，而宋衛會之，至於襄陵。時襄陵已屬魏。襄陵在外黃睢陽間，距睢陽尤近。宋於其時殆已避梁而東矣。此宋東遷不留睢陽之證，四也。又淮水注：「王以韓師敗諸侯師於襄陵，齊侯使楚景舍來求成。」戰國策：「邯鄲之難，楚使景舍起兵救趙。邯鄲拔，楚取睢濊之間。」此蓋卽一時事。程恩澤國策地名考云：「睢濊，二水名。水經注睢水出陳留縣西浪蕩渠，東南流至宿遷縣，合泗，亦曰睢口，卽汴水支流也。濊水本名渙水，由永城縣東南流入宿州西南境，又睢水支流。二水之間，當在今商邱（古睢陽縣。）甯陵睢州一帶。魏之東南境，楚之東北境也。」據此則睢濊之間，實逼宋都。楚魏接壤，宋非遷居無以自安，其證五也。齊策蘇秦按字當作代。勸齊王釋帝而舉宋，其言曰：「有宋，則衛之陽城危。有淮北，則楚之東國危。有濟西，則趙之河東危。有陰平陸，則梁門不啟。」此言宋之疆域甚備。且宋偃之世，宇土方廓。然今考之，陽城史記作陽地。集解裴駰云：「濮陽之地。」程氏地名考：「濮陽今在大名府開州西南三十里。」淮北，史記正義：「徐泗也。」地名考云：「沛即淮北。」「東國，正義謂下相，張氏釋地：「下相故城在今宿遷縣北七十里。」僮，釋地：「在今睢寧縣境。」取慮釋地：「在今靈壁縣北。」也。陰史作陶，正義：「陶，定陶，今曹州也。」平陸，正義：「兗州縣也。」然則宋之邦域，西不及於歸德商邱，否則烏言乎有陰平陸而梁門不啟哉？此宋東遷不留睢陽之證，六也。又秦策或人之說秦王曰：今誤作黃歇，詳考辨第一三二。「秦楚之兵構而不離，魏氏將出兵而攻留方與銍胡陵碭蕭相，故宋必盡。」程氏地名考：「方與，今山東濟寧州魚臺縣北。胡陵，今魚臺縣東南六十里。留，今沛縣東南五十里。碭，今徐州府碭山縣東三里。蕭，今縣北十里。相，今宿州西北。銍，今宿州西南九十里。」則所謂故宋者，北及濟寧，南至蕭宿，中包沛碭，襟帶徐彭，爲之藩翼，而獨不及睢陽。睢陽豁在西陲，縱列版圖，未可寧居。此宋都東遷，不在睢陽之證，七也。張氏琦國策釋地云：「宋地自今歸德府以東，江蘇之徐州府，安徽宿亳二州，北有山東曹州府之菏澤曹縣定陶單縣城武鉅野，濟寧之金鄉魚臺，皆是。」夫疆場之間，一彼一此，固已無常。然諸家言宋地，終不及歸德以西。則又宋都東遷，不留睢陽之證，八也。故當時言宋，列諸泗上十二諸侯之列。楚策張儀爲秦連衡，說楚王曰：「破宋而東指，則泗上十二諸侯盡王之有。」高誘以十二諸侯爲魯衛曹宋鄭陳許之君。見秦策注。齊策亦云：「今大王之所從，十二諸侯，非宋衛也，則鄒魯陳蔡。」又曰：「舉五千乘之勁宋，而包十二諸侯。」宋列泗上，與鄒魯滕薛郳莒費郯同稱，則其都東遷，不留睢陽之證，九也。又齊策：「淮北宋地，楚魏之所同願也。」史記正義：「淮北謂徐泗等州。」顧祖禹方輿紀要云：「自沂兗以南，古所稱淮北地也。」宋在徐泗淮北，此東遷不留睢陽之證，十也。史記張儀傳：「儀與齊楚魏三國相會齧桑。」參讀考辨一〇七。徐廣曰：「在梁與彭城之間。」顧觀光云：「漢志沛郡有小桑，卽齧桑也，在今蒙城縣北三十七里。」張儀與齊楚魏三國會，諒不在宋地。此又宋已東遷，不留睢陽之證，十一也。睢水注：「睢水又東逕相縣故城南，宋共公之所都也。國府園中，猶有伯姬黃堂基，卽伯姬熿死處也。城西有伯姬冢。」共公前爲文公。楚人圍宋，易子而食，析骸而炊，則爲文公十七年。文公二十二年死，共公立，宋遷而東，蓋當都城殘破之後，兼以避敵。非在文公之晚世，卽共公之初年矣。共公十三年卒，平公立。三年，楚伐彭城，封魚石。四年，晉誅魚石，歸宋彭城。以宋都相，彭城近之，故楚伐彭城而置魚石以逼宋。若宋都睢陽，則彭城僻遠，不足患矣。此宋都自春秋時已徙而東，證十二也。

又春秋襄十年傳：「晉荀偃士匄請伐偪陽而封宋向戌。」偪陽尚在彭城東北，正以宋都東遷，故其朝臣得遠封至此，證十三也。桓司馬石槨亦在桓山，近彭城。程氏地名考云：「在徐州府東北二十七里，下臨泗水。」證十四也。說苑立節：「宋康公攻阿，屠單父。成公趙曰：趙在阿而宋屠單父，是趙無以自立也。且往誅宋。遂入宋，三月不得見。期年，宋康公病死。成公趙曰：廉士不辱名，信士不惰行。吾在阿，宋屠單父，是辱名也。事誅宋王，期年不得，是惰行也。若是而生，何面目見天下士？遂立槁彭山之上。」竊疑彭山者，彭城之山。今徐州東北三里有彭城山，西五里有大彭山。康公即康王。稱其病死者，國策云：「逃倪侯之館，得病而死也。」是又宋都彭城不都睢陽之一證，證十五也。又觀於六國表「韓文侯伐宋到彭城，執其君」，與夫鼎淪泗水彭城下之說，則宋都彭城，不都睢陽，斷可定矣。楚策：「昭奚恤彭城君議於王前。」高注：「彭城屬楚。」又孟嘗君列傳，索隱引紀年「田嬰初封彭城」，疑齊楚彭城非一地，蓋如巴蜀分屬秦楚，上黨分屬三晉之類。又春秋時徐國，在今安徽泗縣，東北距徐州彭城可二百里。

又按史記宋世家云：「齊楚魏滅宋而三分其地。」漢志亦云：「宋為齊楚魏所滅，三分其地。魏得其梁陳留，齊得其濟陰東平，楚得其沛。」吳師道注國策辨之曰：「蘇代說燕曰：齊南攻楚，西困秦，又以餘兵舉五千乘之勁宋。又說秦曰：齊強，輔之以宋，楚魏必恐，恐必西事秦。使當時齊與楚魏合，其言豈若是乎？史稱齊既滅宋，南割楚之淮北，西侵三晉。是乘滅宋之強，并奪楚魏地。而謂與之分宋地，豈其實哉？樂毅謂燕昭王曰：王欲伐齊，莫若結於趙。且又淮北宋地，楚魏之所欲也。史表燕破齊之年，書楚趙取齊淮北。則楚魏分地，當是樂毅破齊後事。」張琦戰國策釋地不信吳說，謂：「假使齊獨有宋，則齊界至開封，詎聞有是乎？」余謂張駁固是，而吳辨更的。齊界固不至開封，其實宋界已早不至開封也。漢志所謂魏得其梁陳留者，當戰國初年，宋早已東移，魏之有梁陳留，不俟齊滅宋時。如此庶得當時情實也。（戰國時宋都彭城，又可證之於孟子之游踪，參讀考辨第一一〇。又按：水經濟水注：「菏水又東逕東緡故城北，故宋地。酈衍曰：余登緡城以望宋都者也。」東緡今山東金鄉縣東北二十里，地距商邱碭山，遠近略相似。即衍所指係舊宋都，亦無礙於此篇之闡說也。）

又按：水經濟水注引劉成國徐州地理志云：「徐偃王治國，仁義著聞。欲舟行上國，乃通溝陳蔡之間。」全祖望經史問答本此，謂：「開鴻溝，通淮濟，始於徐，繼於吳。」余意春秋諸國，城築都邑時有之。至於掘溝通渠，舟行千里，則事殊少見。自魏文侯時，西門豹爲鄴令，引漳水溉鄴。梁惠王十年，入河水於甫田，又爲大溝而引甫水。（水經渠水注引紀年。）又云：「瑕陽人自秦導岷山青衣水來歸。」（水經青衣水注引紀年。）魏襄王時，又有史起爲鄴令，亦引漳水溉鄴。又史記趙世家：惠文王十八年，漳水大出。二十一年，徙漳水武平之西。二十七年，又徙漳水武平之南。八年之中，再徙巨浸。而稍後秦亦有李冰鄭國。史記河渠書謂：「九川既疏，九澤既灑，諸夏艾安，功施於三代。自是之後，滎陽下引河，東南爲鴻溝，以通宋鄭陳蔡曹衛，與濟汝淮泗會。於楚，西方則通渠漢水雲夢之野。東方則通鴻溝江淮之間。於吳，則通渠三江五湖。於齊，則通菑濟之間。於蜀，蜀守冰鑿離碓，辟沫水之害，穿二江成都之中。此渠皆可行舟，有餘則用漑浸。百姓饗其利。至於所過，往往引其水，益用漑田之渠，以萬億計，然莫足數也。」下又敍韓人水工鄭國，爲秦鑿涇水，秦以富強。大抵水利之事，盛興於戰國。竊疑鴻溝之成，蓋戰國梁宋之力爲多。亦必東方水道日闢，而陶衛處其中心，遂成一大都會，乃有陶朱公以鉅富著。此未必在越句踐時，亦未必即范蠡，參讀考辨第三四。全氏以鴻溝遠推春秋時徐偃王，未必是。而若徐州志所記可信，則余論徐偃王即宋王偃，疑其都彭城，又得一證。而宋偃通溝陳蔡之間，又可補故宋文獻之一節也。

一〇〇　秦始稱王考

志疑云：「秦惠稱王，秦紀秦表均不書。而楚世家懷王四年，田完世家宣王十八年，附書之。今按：是年實齊威王三十三年，史記誤。張儀傳亦云：儀相秦四歲，立惠王爲王。周本紀顯王四十四年，秦惠王稱王，是年乃秦惠十三年也。明年改元，正以稱王之故。」今按秦惠稱王，後齊魏相王九年。後宋偃稱王三年。志疑考齊宋稱王之年均誤。詳考辨九二，又九九。雷氏義證謂：「是年，魏將公孫衍致王號於秦趙韓燕中山，秦先受之，稱王改元。秦本紀曰：惠王十三年四月戊午，魏君爲王，韓亦爲王，即謂此也。」此說亦誤。秦本紀魏君爲王，魏乃秦字之譌，詳下考。據張儀傳：「儀相秦四歲，立惠王爲王」，則秦乃自王，不待魏之致王號。諸書亦絕無言犀首致王號於秦者。五國相王，秦不預其列，辨詳後。

一〇一　韓始稱王考

史記秦本紀：「惠文君四年，齊魏爲王。索隱云：「齊威王魏惠王」是也。年表作齊宣王，誤。十三年四月，戊午，魏君爲王，韓亦爲王。」梁氏志疑云：「魏惠稱王在惠文四年，此紀已書之，而是年紀與秦表復書魏君爲王，何歟？周紀正義引秦紀云：惠王十三年，與韓魏趙竝稱王，所引與此異。且秦紀無其文，當必有誤。蓋是年秦惠稱王，故書月書日以別之。魏字乃秦字之誤。燕世家書燕君爲王，是其例也。若表中魏字乃羨文，表例但書君爲王也。不然，魏君爲王，奚以入於秦表乎？至韓宣惠爲王，在秦惠更元之二年，誤書於是年耳。」今按：梁氏謂魏君爲王，乃秦君爲王之誤，並以燕世家爲例，是也。惟韓之稱王實始是年，則韓亦爲王句並不誤。考韓世家索隱引紀年：「韓威侯七年，與邯鄲圍襄陵。五月，梁惠王會威侯於巫沙。十月，鄭宣王朝梁。」索隱此文，五月前誤脫八年二字，詳考辨一〇二。威侯即宣王也。韓之稱王，正在威侯八年五月會魏巫沙之後，蓋是魏韓相王，猶如魏齊會徐州而相王也。是年即秦惠文王十三年。蓋秦先稱王，韓亦繼之。至秦惠更元之二年，五國又相王，有韓魏。然韓魏自徐州巫沙兩會，皆已先王，不必以此而疑韓之稱王必在五國相王之年也。周紀正義約舉其事，而云：「惠王十三年與韓魏並稱王」，衍一趙字，或趙乃齊字之誤。

一〇二　韓宣惠王卽韓威侯考

史記韓世家：宣惠王立，索隱云：「紀年，鄭昭侯武薨，次威侯立。威侯七年，與邯鄲圍襄陵。五月，梁惠王會威侯於巫沙。十月，鄭宣王朝梁。不見威侯之卒。下敗韓舉在威侯八年，而此系家卽以爲宣惠王之年。又上有殺悼公，悼公又不知是誰之謚。則韓微國小，史失代系，故此文及系本不同，今亦不可考也。」今按索隱此條所引，已爲後人改亂，而痕跡猶可考見。今證以當時史實，重爲校正如次：

一，五月梁惠王會威侯於巫沙，五月上應脫「八年」二字。

據史記秦本紀，秦惠文王十三年，韓亦稱王，是年爲韓威侯八年，其證一。參讀上考。又若同爲七年事，既與邯鄲圍襄陵句下不著何月，而其下忽著五月十月，於文法亦不合。今若正爲七年云云，八年五月云云，十月云云，則文理順愜矣。其證二。陳氏集證謂：「既與趙圍魏襄陵，豈未踰年卽朝梁？」此亦一證。惟陳氏遂謂：「大約索隱引紀年，最爲錯謬，閱者毋爲所惑。」則大誤。梁玉繩亦不信索隱，故論紀年多失。

二，下敗韓舉在「威侯」八年，而此世家卽以爲宣惠王之年，當正爲下敗韓舉在「梁惠王後」八年，而此世家卽以爲宣惠王之年。

據今索隱原文：「五月，梁惠王會威侯於巫沙，十月，鄭宣王朝梁，不見威侯之卒」云云，則威侯之卽鄭宣王，亦甚明顯。惟索隱不之知，故曰不見威侯之卒矣。然索隱既認威侯與宣王爲兩人，則七年十月已有鄭宣王朝梁之文，此下不應再有威侯。若其下又云威侯八年敗韓舉，豈不更可怪，而索隱何竟置不言？蓋索隱引紀年敗韓舉在梁惠王後元八年，而今史記卽以爲在韓宣王之八年，故索隱以爲可異耳。參讀考辨第一三四。今索隱此條，其前既脫「八年」二字，此處惠王八年，又譌爲威侯八年，遂致乖戾難讀。又按蘇秦列傳索隱引世本：「韓宣王，昭侯之子也。」合之紀年，宣王之爲威侯，灼然甚顯。惜其此處又下「不見威侯之卒」一語，遂使後人紛紛辨訂，不得其解。梁氏人表考云：「竹書宣王之前有鄭威侯，索隱以爲不可考，或疑卽宣王，未審。」郝懿年紀年通考謂：「梁惠成王元年方稱韓共侯，旋稱韓懿侯。周隱王元年之鄭宣王，卽顯王三十八年之鄭威侯。俱一人而有兩稱。索隱因不見威侯之卒，誤分威侯與宣王爲二人。」此說極析。然亦不知索隱有爲後人改亂處也。陳逢衡竹書集證，亦定威侯宣王爲一人，而於索隱此文，全未論及。至洪頤煊校紀年謂：「鄭宣王卽韓威侯，古威宣通用。史記齊宣王，紀年作齊威王，其證也。」則又得諸韓而失諸齊矣。張宗泰竹書紀年校補竟認威侯宣王爲兩人，最誤。

又同篇「八年，魏敗我將韓舉」，索隱云：「按此，則舉是韓將不疑，而紀年云韓舉趙將。蓋舉本趙將，後入韓。又紀年云：其敗當韓威王八年，是不同也。」今按此亦有誤。三，又紀年云其敗當「韓威王」八年，當正爲其敗當「梁惠王後」八年。參讀考辨第一三四。據索隱原文云：「紀年與史記不同」，若爲韓威王八年，則本無不同。威侯亦不當稱威王也。此緣索隱雖屢引紀年，而本不之信。故曰：「紀年之書，多是譌謬，聊記異耳。」語見燕世家。故於威侯宣王不能明定其爲一人，而輕曰「不見威侯之卒」。後人益滋疑誤，既認威侯與宣惠王爲兩人，遂幷改索隱引及惠成王者爲威侯，而索隱原文乃益增其繆戾。此所以古書之難通也。

〔附〕　韓舉乃趙將非韓將辨

又按趙世家：「肅侯二十三年，韓舉與齊魏戰死於桑邱。」集解徐廣曰：「韓舉，韓將。」肅侯二十三年，正梁惠成王後元八年。水經河水注：「齊田朌及邯鄲韓舉戰於平邑，邯鄲之師敗逋，獲韓舉，取平邑新城。」程恩澤戰國地名考：「平邑有二。地理志，代郡有平邑縣，在今山西大同府陽高縣西南，原注：「亦在靈邱縣西北。」此趙之平邑也。史記趙獻侯十三年城平邑，即此。括地志，平邑故城在魏州昌樂縣東北四十里，在今直隸大名府南樂縣東北，此本趙地而齊取之者也。竹書晉烈公五年齊圍平邑，九年取平邑，即此地。」田盼韓舉平邑之戰，余考蓋在惠成王後元八年，與趙世家桑邱之役乃同時事。參讀考辨第一三四。桑邱，正義引括地志，在易州遂城縣界，則此平邑，亦應在靈邱西北。蓋兩邑同屬代郡，齊趙之戰，無緣有魏。齊自敗趙，更不涉韓。史公誤認韓舉乃韓將，故以入之韓世家。又誤認梁惠王後元八年爲韓威侯八年。索隱明引紀年在梁惠王八年以相校，後人又率改索隱以就史文，異同之迹遂泯。而史公於趙世家尚幸存其本眞，惟又牽涉及魏，則仍誤。至索隱集解亦均本史文爲說，同認韓舉爲韓將。紀年僅記獲韓舉，未言韓舉之死，索隱遂疑其先爲趙將，後又入韓。蓋索隱雖屢引紀年，而本不之信，故曰：「紀年之書，多是譌謬，聊記異耳。」見燕世家。如此處韓舉明係史誤，而索隱爲此迴護，亦不確守紀年也。

又梁氏志疑論此事云：「趙世家肅侯二十三年，韓舉與齊魏戰死桑邱，爲韓宣王六年。年表韓宣王八年，魏敗我韓舉。則趙之韓舉已先二年死矣，疑此別一韓將，而趙將適與同姓名爾。索隱既云是韓將不疑，而又引紀年趙將韓舉之文，謂舉先爲趙將，後入韓，非也。紀年所載多舛，當擇而取之。卽如韓舉，紀年於威烈王十六年書齊獲邯鄲韓舉，於隱王四年書魏敗趙將韓舉。若是一人，無論既爲齊獲，不應仍爲趙將，又忽爲韓將。而其爲魏敗時，逆數至爲齊獲之年，已百歲矣，韓舉若是之壽耶？其誤明甚。」然索隱雖誤，尚可卽誤以求是，捨索隱則無以見紀年之眞矣。梁氏不知索隱所引紀年，與今本僞書不同，而引今本僞說以折索隱，疏失更甚。而今本僞紀年之誤，則又有可得而論者。其引齊田朌獲韓舉在威烈王十六年者，誤據水經河水注以其事在晉烈公十年故也。（參讀考辨第一三四。）其於隱王四年又書魏敗趙將韓舉者，其事本在梁惠王後元八年，今本僞紀年又誤以爲梁惠王卒後之八年，故遂別見於此也。然則卽據今本僞紀年，亦可證成余定其事在梁惠王八年之說。而今本又並不以韓舉爲韓將，亦可證成余辨史公及集解索隱認爲韓將之誤。梁氏於紀年未識今本之僞，故所辨訂多失之，亦可憾之事矣。（卽如此處，謂趙韓同時有一將，各名韓舉，其爲牽强難信，不辨可見。雷氏義證謂：「此韓舉非烈公十年被獲者」，亦由不能辨水經注之誤。）

一〇三　荀卿年十五之齊考

史記孟荀列傳謂：「荀卿年五十，始來游學於齊。至襄王時，而最爲老師」，顧不言其來齊在何時。劉向序荀卿書，則曰：「方齊宣王威王之時，聚天下賢士於稷下，尊寵之。是時孫卿有秀才，年五十，始來游學。至齊襄時，孫卿最爲老師。」應劭風俗通窮通篇則云：「齊威宣之時，孫卿有秀才，年十五，始來游學。至襄王時，孫卿最爲老師。」三說相舛，以後爲是。郡齋讀書志引劉向序亦作十五。疑今作五十者皆誤倒。何者？曰游學，是特來從學於稷下諸先生，而不名一師，非五十以後學成爲師之事也。黃以周亦謂：「游學必幼年事，五十游學，斷無是理。」惟其他論荀子處多誤，見儆季雜著文鈔讀荀子。曰有秀才，此年少英俊之稱，非五十以後學成爲師之名也。史記賈生傳：年十八，能誦詩屬書，河南守聞其秀才。潘安仁楊仲武詩：妙年之秀。皆其證。曰始來游學，此對後之最爲老師言，謂卿始來，尚年幼，爲從學，而後最爲老師也。且荀卿於湣王末年去齊，至襄王時復來。詳考辨第一三六，及一四三。則始來者，又對以後之一再重來而言也。據此則荀卿之齊，其爲十五之年，明矣。考威王卒，在周愼靚王元年。荀卿游學，當在威王晚世。史記儒林傳所謂：「威宣之際，孟子荀卿之列，咸遵夫子之業而潤色之，以學顯於當世」，是也。全謝山鮚埼亭集外編，讀荀子謂：「考儒林傳，齊威王招天下之士於稷下而荀子客焉。」殆即指此。其後又曾至燕。韓非子難三云：「燕王噲賢子之而非荀卿，故身死爲僇。」燕王讓國子之，爲愼靚王五年。去威王之卒四年。其時荀卿至少亦當二十四五歲。循是上推，則荀卿之生，當在周顯王三十年前。循是下究，至春申君之死，荀卿年已一百零三歲。荀卿其時尚在人世與否不可知。史記謂：「春申君以荀卿爲蘭陵令。春申君死，而荀卿終老蘭陵。」其語未足據。詳考辨第一四〇。要之荀卿蓋亦壽者也。

李斯遊秦辭荀卿，其時荀卿年當九十三四，荀卿決至是尚存也。又考燕王噲讓國之歲，孟子猶未退隱，而荀卿已以秀才有名譽。孟子外書謂：「孫卿子自楚至齊，見孟子，論性」云云。外書固不可信。荀子趙人，亦不當云自楚。然孟荀相見論學，則非不可能之事。外書又云：「鄒衍請受業於孟子。」余考兩人年世不相及，此必誤。又稱：「孟子謂子石曰：卵有毛，信乎？」則以孔子弟子列傳，公孫龍字子石，比附於名家之公孫龍。其爲淺人僞作之迹尤顯。此特言孟荀年世可相及，非以外書證也。

一〇四　齊魏韓會平阿及齊魏會甄考

史記孟嘗君列傳：「宣王七年，田嬰使於韓魏，韓魏服於齊。嬰與韓昭侯魏惠王會齊宣王東阿南，盟而去。明年，復與梁惠王會甄。」索隱云：「紀年當惠王之後元十一年，作平阿。又云十三年會齊威王於甄，與此明年齊宣王與梁惠王會甄文同。但齊之威宣二王，文舛互不同也。」據此知會平阿在惠王後元十一年，會甄在惠王後元十二年。知索隱十三年係後元者，索隱承上後元十一年言，故十三年不更著後元字。又云與此明年會甄文同，則知索隱十三年本係十二字誤也。時當齊威王三十四三十五年，其年五國相王。史公既不知惠王有後元，故魏世家以會平阿會甄移歸惠王三十五三十六年，而明年謂襄王元年，與諸侯會徐州相王也。魏年既誤，齊亦依之，而謂是宣王之七年矣。志疑云：「表及魏與田完世家亦作會平阿南，非東阿。而平阿之會止魏齊二王，無韓昭侯。」今按魏策：「惠施爲韓魏交，令太子鳴爲質於齊。王欲見之，朱倉謂王曰：何不稱病。臣請說嬰子曰：魏王之年長矣，今有疾，不如歸太子以德之。不然，公子高在楚，楚將入而立之。是齊抱空質而行不義也。」此條正指平阿事後。時惠王在位已四十七年，故朱倉云云。然則平阿之會有韓，非虛矣。且其前一年，韓宣惠王會惠成王於巫沙而始稱王，故今年魏與韓同會齊於平阿，蓋以乞其認可。張宗泰竹書紀年校補云：「索隱韓昭侯當作鄭宣王」，則是也。

雷氏義證云：「平阿卽東阿，蓋自馬陵之敗，魏因田嬰以修好於齊，至此已十餘年。集解謂平阿在沛郡，非是。沛之平阿乃楚地，東阿乃春秋之柯，戰國時謂之阿，齊威王烹阿大夫是也。在今山東陽穀縣東北五十里，東南與東平州接壤。甄齊邑名，卽春秋莊公十四年會於甄者，本爲衛邑，趙成侯嘗取之，此時屬齊，地在今山東濮州東二十里。以史傳證之，卽詩傳說苑會田於郊，惠王問寶之事。」又曰：「戰國秦策曰：梁王身抱質執璧請爲陳侯臣。魏策惠施告惠王曰：王若欲報齊乎，則不如因變服折節而朝齊。又曰：田嬰納魏王而與之並朝齊再三。呂氏春秋不屈曰：惠王布冠而拘於鄄，齊威王幾弗受。戰國之士游說騁辭，實多誣誕。阿鄄二會，由於齊魏相王，合從擯秦，與馬陵之敗無與。甄之會距馬陵且二十一年矣。按實二十年。今策文俱連屬爲辭，殊不信。呂覽拘甄之說，秦策作身布冠而拘於秦，蓋拘秦是也。二十八年敗於馬陵，二十九年秦卽詐虜公子卬，使少師勒師近郊，供其會事。前之丹衣星旗，變置而從侯服，承秦命以朝天子，此卽所謂拘於秦也。」今按雷氏辨阿甄二會無預於馬陵，是也。而遵秦策，謂惠王拘於秦，則大謬。惠王雖敗於馬陵，霸國餘威未熄，豈遽有拘於秦之事？謂阿甄之會由於齊魏相王，亦非。齊魏相王會徐州，不會阿甄。會阿甄乃五國相王時矣。謂合從擯秦，尤誤。時秦尚不足擯也。詳考辨九十五。又按梁齊本深仇，惠王雖聽惠施，結好於齊，然常不忘一報之心。其獻河西納上郡於秦，似亦求緩西鄰以務東顧。張儀乘隙抵瑕，惠王爲所惑，遂折而親秦，詳考辨第一〇七。

一〇五　五國相王考

趙世家：「武靈王八年，五國相王，趙獨否。曰：無其實，敢處其名乎？令國人謂己曰君。」今按齊魏相王，其謀發於惠施，在惠成王之後元年。五國相王，其事主於犀首，在惠成王之十二年。皆自魏發其端。中山策云：「犀首立五王，而中山後持。齊謂趙魏曰：寡人羞與中山並爲王，願與大國伐之，以廢其王。」齊之欲廢中山之王，猶楚之圍徐州，欲廢齊之王也。與事參謀者爲田嬰張丑，皆威王臣。觀齊策一。知事之在威王時。其時爲威王之三十五年。張丑曰：「同欲者相憎，同憂者相親。今五國相與王，負海不與焉，此是欲皆在爲王，而憂皆在負海。今召中山而許之王，是奪五國而益負海也。致中山而塞四國，四國寒心。」據此則齊自不在五王之內。高誘以齊趙魏燕中山爲五王者，非也。其時楚本稱王，齊亦稱王，魏亦稱王，宋與秦亦稱王，韓亦稱王。而宋韓外，魏勢最弱。犀首，魏臣也，約結於趙。魏趙爲主，又聯韓燕中山，相與稱王。蓋魏欲以此多結與國，以與齊秦抗衡。梁於親齊親秦外，又闢此一路，要之爲外强中乾。其情勢固甚顯。齊則欲割地賂燕趙以攻中山。以魏爲謀主，韓去中山遠，又其稱王亦與魏相約，故於五國中獨離間燕趙。其後燕趙卒俱輔中山而王之，而五國相王之事遂定。趙武靈獨不稱王而稱君者，實不過一時對其國人爲矯情而邀譽，亦以年少自謙抑，而國際往來，從此皆相王矣。魯世家：「平公立，是時六國皆稱王。」余考平公元年乃周顯王四十七年，其前一歲，正惠成王十二年，五國相王在是年，致碻。是年即趙武靈王三年。而趙世家乃謂：「武靈八年，五國相王，趙獨否」，梁氏志疑辨之云：「趙不肯稱王在三年，非八年也。而八年乃武靈稱王之時，故十一年書王召公子職。」今按梁氏謂趙獨不肯稱王在武靈王三年，說猶有據。謂八年乃稱王之年，則未見其必然。梁氏亦不能自堅其說，於周本紀又論之云：「考世家，武靈王十一年書王召公子職于韓，則趙之爲王，其在愼靚之六年乎？」是又直以史載王召公子職之年，謂即趙稱王之年。不悟史記於前已書武靈王立，武靈王元年，武靈王少云云，凡及武靈莫不以王稱。其他諸年不書王者，特以行文自無稱王之需，不得援爲武靈於其時猶未稱王之證。則十一年書王召，並不得謂稱王卽始是年。至趙世家武靈八年記五國相王，或由是年五國約攻秦而誤，亦不得卽謂趙以是年稱王也。然武靈究於何年稱王，其事已難考。觀其傳子何而自號主父，主乃往者大夫有國之稱，則似武靈於其國內實未稱王，今已無可確指。惟謂五國相王在梁惠成王後元十二年，卽趙武靈王三年，則斷無大誤。據燕世家周本紀韓世家，在武靈三年均合，在八年均不合。又按大戴禮保傅，說苑尊賢俱云：武靈王年五十而餓於沙邱，則武靈王卽位，殆二十一歲，五國相王，武靈獨令國人謂己曰君，其時年二十三耳。故史稱武靈王年少，在位五年，始娶韓女爲夫人，是眞有爲之英主也。其傳國少子何，則正十二齡幼君，武靈蓋亦震於當時讓國之美名而自失其政者。其距燕噲之讓國子之，先後不二十年也。（參讀考辨第一二一。）

雷氏義證謂犀首致王號於秦趙韓燕中山，則不得謂五國相王也。又謂其事在顯王四十四年，是年王者祇秦韓。秦則自稱之，韓則魏約之，非犀首立五王事也。又據趙世家武靈王八年，五國相王，魏獨否，謂中山至武靈八年始稱王，謂距犀首致王已八年，故策曰中山後持。不悟若是年祇中山一國稱王，不得專舉是年爲五國相王之年。雷說均誤。謂秦之稱王亦犀首致王號，尤爲昧於當時列國情勢。據余先後考論各國稱王諸篇可見。史犀首傳：「張儀已卒，犀首入相秦，嘗佩五國之相印，爲約長。」據表，犀首仕秦爲大良造，在張儀前。佩五國相印，殆卽指立五王事，亦在張儀卒前。史公此處不足據。

一〇六　魯平公元年爲周顯王四十七年非周赧王元年卒在赧王十二年非十九年辨

史記魯世家：「平公立，是時六國皆稱王。平公十二年，秦惠王卒。」今按秦惠王卒於周赧王四年，其前十二年，則周顯王四十七年也，是年當爲魯平公元年。前一年，卽五國相王之歲。則世家所謂平公立，是時六國皆稱王者，其語致確矣。周本紀：「顯王四十四年，秦惠王稱王，其後諸侯皆稱王。四十八年，顯王崩。」是史公所謂諸侯皆稱王一語，明指顯王四十六年五國相王而言。梁氏志疑辨其非是，殊不然。又志疑云：「七國愼靚王六年無不稱王者。魯平公立時爲愼靚五年，此語最確。」夫七國皆王，既在愼靚六年，魯平以愼靚五年立，卽不得謂是時六國皆稱王。梁下語顯見矛盾，而顧不自知，何也。

六國表記魯列君年數多誤，不可據。又按紀年，是歲尚爲齊威王三十六年。威王三十八年卒，翌歲宣王元，則魯平公四年也。今年表平公與威宣皆不相值。

又按世家：「平公二十二年卒，子文公立。文公七年而楚懷王死於秦。」今以楚懷王死年上溯，平公應止二十年，無二十二年。漢書律曆志引劉歆曆譜，正作二十年，則今世家有誤衍也。

據此推之，平公卒應在周赧王十二年。舊說據魯世家列君年數，謂魯平公元在周愼靚王五年，卒在周赧王十八年，較年表移前兩年，亦未是。（詳考辨第四十七。）

一〇七　惠施去魏考

呂氏春秋不屈篇：「惠王布冠而拘於鄄，齊威王幾勿受。惠子易衣變冠乘輿而走，幾不出乎魏境。」是謂惠施去魏，在鄄會之後也。然考楚策：「張儀逐惠施於魏，惠子之楚」，則惠子實見逐於張儀。鄄會在惠王後元十二年，（詳考辨第一〇四。）時張儀已至魏。去年魏齊會平阿，今年會鄄，皆好會，無布冠而拘之事。惠子自見排於張儀，非逐於齊也。呂氏於施多誣辭，（參讀考辨第九十三。）不足信。考史記，張儀以惠成王後元十二年與齊楚魏三國相會於齧桑，（張儀傳：「儀相秦四歲，立惠王爲王。居一歲，爲秦將取陝。其後二年，使與齊楚之相會齧桑，東遷而免相，相魏。」志疑云：「據案紀表及魏與田完世家，齧桑之會在取陝之明年，此云後二年，誤。又秦紀與表及儀傳皆缺書魏。楚世家云：張儀與楚齊魏相盟，是也。」）明年，爲惠成王後元十三年，儀相魏。施與儀不合，遂去之楚。魏策：「張儀欲以魏合於秦韓而攻齊楚，惠施欲以魏合於齊楚以按兵。人多爲張子於王所。」（又見韓非內儲說上。）秦紀：「惠王更元三年，韓魏太子來朝，張儀相魏。」（儀傳又云：「儀相魏以爲秦。欲令魏先事秦而諸侯效之。魏王不肯聽儀。秦王怒，伐取魏之曲沃平周，復陰厚張儀益甚。儀慚無是張儀主以魏合於秦韓之說成，而爲相之證也。以歸報。」則惠王雖相儀，亦未能大行其事秦之說。呂東萊大事記謂：「惠王後元十三年，張儀相魏，魏王不肯事秦，乃以犀首代相。」雷氏義證謂：「衍之代相，當在惠王後元十四年秦取曲沃平周二邑之後。」然取曲沃平周亦在十三年，雷說誤。要之惠王之親秦，特欲借秦報齊仇，固未肯大屈節於秦。及張儀欲令魏事秦，惠王乃知見欺，而儀亦不能留矣。惠施素主親齊，齧桑之會，或者施尚身預其列。今定惠施去魏在惠成王後元十三年，張儀爲相之歲，後鄄會一年，呂覽蓋得其時而失其事。

〔附〕張儀初入秦考

又按張儀初入秦，據史記蘇秦傳，乃在秦取魏雕陰之後。秦紀取雕陰在惠文王七年，六國表在五年，魏世家則在襄王五年，即惠成王後元五年，而秦惠文之八年也。梁氏志疑謂以魏世家爲是。是時陰晉人犀首在秦爲大良造。越兩年，惠文王十年，儀即爲秦相。儀之入秦而奪犀首之位，其事蓋略有似於後之蔡澤與范雎矣。而史公記儀事，其初楚相意其盜璧，執儀掠笞。後儀相秦，爲文檄告楚相云云，事亦酷肖范雎之與魏齊也。惟其事不見於國策，而儀初入秦，蘇秦陰奉給之，其事國策亦不見。呂覽報更篇云：「張儀西遊，過東周，昭文君送而資之，故張儀德昭文君」，其事與史異。然則呂氏賓客尚不知有蘇秦激張儀入秦之說也。考國策及韓非呂不韋書，儀之政敵乃犀首惠施，非蘇秦。儀入秦而犀首去，儀來魏而惠施去，皆與史公記儀秦合縱連橫事不符。余既辨之於蘇秦篇，考辨第九五。因再附張儀初入秦一節於此。張儀政敵尚有陳軫，見史記本傳。又李斯諫逐客書謂：「張儀散六國之從」，此亦指其離間楚魏，使之捨齊親秦而言。六國合從事尚在後，斯自據後日語描述前日事也。卽如「拔三川之地」一語，通三川是武王，張儀已死，李善注文選已辨之。是亦不得據李斯此文，卽謂張儀時確有六國合從矣。

一〇八　惠施自楚至宋考

楚策：「張儀逐惠施於魏，惠子之楚，楚王受之。馮郝謂楚王曰：逐惠子者，張儀也，而王親與約，是欺儀也。宋王之賢惠子，天下莫不聞，王不如納之於宋。楚王乃奉惠子而納之宋。」施之去魏，在惠成王後元十三年，當宋王偃十七年。其後三年，惠成王卒，施復在梁，則留宋不踰三年。呂氏順說篇：「惠盎說宋康王，康王蹀足疾言曰：寡人所欲者，勇有力也，不樂爲仁義者。惠盎對以孔墨之道」，其言甚辨。高誘注：「惠盎者，惠施族也。」盎之爲人，他無所見，高注未審何據。以古人名字相應之例推之，盎或卽施字。齊弦施字多，王氏春秋名字解詁云：「取厚施之義。」孟子「盎於背，施於四體」，注：「其背盎然盛」，則盎施連文互用，盎有盛厚之義，惠施字盎，亦猶弦施之字多矣。呂書成於眾手，他事皆稱惠施，此獨稱惠盎，後人遂不辨其爲一人。亦如孟子書有許行，而呂書稱許犯，後人亦不辨爲一人也，施本宋人，而講兼愛寢兵，宋康行仁義，宜其賢施。呂書謂康王不悅爲仁義，此又後人之誣。

一〇九　靖郭君相齊威宣王與湣王不同時辨

史記年表：「齊湣王三年，封田嬰於薛。」今按田嬰號靖郭君，事齊威宣王，不與湣王同時。齊策：「楚威王戰勝於徐州，欲逐嬰子於齊。」嬰子卽田嬰也。鮑云：「田嬰時未封，故曰嬰子。」其事在楚威王七年，當齊威王之二十五年。年表爲宣王十年，此史記誤也。齊策又云：「齊將封田嬰於薛，楚王聞之大怒，將伐齊。」楚王乃楚懷王。是年，柱國昭陽破魏襄陵，移兵攻齊，陳軫說之以蛇足，與公孫閈說楚王使封嬰者乃一事而兩傳。薛南近楚，齊以封嬰而居之，猶如往者楚之城陳，蔡，不羹而窺北方也。故滕人聞之而懼，楚人聞之而怒。乃乘勝魏之勢而來攻。魏齊之交，在魏主之者爲惠施，而在齊則爲田嬰。楚既不欲齊魏之相親，故既勝魏，乃欲攻齊逐嬰矣。齊策又曰：「威王薨，宣王立，靖郭君之交，大不善於宣王，辭而之薛。」是靖郭君封薛，明在威王時。鮑改威爲宣，宣爲閔，吳氏有正。黃丕烈云：「呂氏春秋亦作威宣。」梁氏校補轉據鮑策訂呂，大誤。閻若璩云：「齊貌辨見齊宣王曰：靖郭君曰：薛受之於先王，且先王之廟在薛，先王卽威王也。又齊王夫人死，有七孺子，皆近。薛公欲知王之所欲立。高誘注：齊威王子宣王也。按韓非外儲說右上亦載此事，而曰威王，則高誘之註亦誤。閻氏未及訂正。又孟嘗君在薛，齊王制其顏色。高誘注：齊宣王也，威王之子。淮南人間訓：唐子短陳駢子於齊威王，威王欲殺之，陳駢子與其屬出亡奔薛。孟嘗君聞之，使人以車迎。然則田嬰封於薛，在威王時無疑。」今按閻說是也。孟嘗君列傳索隱引紀年亦云：「梁惠王後元十三年四月，齊威王封田嬰於薛。十月，齊城薛。十四年，薛子嬰來朝。十五年，齊威王薨。」惠王後元十三年，正當年表齊湣王二年。（其實乃威王之三十六年。）與所注田嬰封薛之年相差僅遲一歲。然孟嘗君傳謂：「湣王即位三年，而封田嬰於薛。」如是並宣王卒湣王立之年數之，則所謂湣王即位三年者，正當在年表之二年。今年表列於湣王三年，已是即位之四年。年表自誤後一年，而孟嘗君傳之年並不誤。余又考齊魏會鄄應在梁惠王後元十二年。（參讀考辨第一〇四。）田嬰封薛，蓋以鄄會後封。（國策吳注，謂：「嬰封薛在威王之世，當梁惠王前十三年。疑紀年誤書」，此由不知威王至惠王後元尚在，故云然。又狄氏編年亦書封薛於顯王三十六年，而據梁惠王以三十六年改元言之，實非。語詳考辨第九二。）

又按：史記以靖郭孟嘗爲謚，索隱謂：「靖郭或封邑號，故漢齊王舅父駟鈞封靖郭侯。」雷氏義證云：「嘗即居常與許之常，在薛之東南者。郭乃近漷邑名。左傳莊公十一年，公敗宋師於郭，襄公十九年，取邾田自漷水。水經注謂漷水西南流入邾國，經鄒山東南，又西南經蕃縣，乃西逕薛城及仲虺城北。據此，郭亦薛南之邑可知。」又曰：「田嬰封薛之時，居仲虺城，去郭邑最近，故曰靖郭君。時任姓之薛尚存，居故薛城，即奚仲之初封也。是與嘗邑實近。孟子於周赧王元年燕人畔之後去齊歸鄒，此後又適宋居薛至滕。在宋之時，滕文公尚爲世子，至齊將築薛時，文公已卽位爲君矣。所謂將築薛，卽侵滅任姓之薛幷而有之也。故趙注云：齊人幷得薛，築其城以逼滕，蓋自是而奚仲故城及嘗邑皆屬於田薛。」又曰：「築薛之役，自在孟子至滕之後。齊之幷薛，當在封孟嘗君時。」今按雷氏辨靖郭孟嘗皆生時稱號，並發明其取號之由，其說是也。惟策史竹書皆言靖郭君封薛，竹書言四月封於薛，十月城薛，國策亦言靖郭君將城薛，城薛自在靖郭君時。雷氏強分靖郭君居故仲虺城，謂田薛封時，任姓之薛尚存，並無明據。而與故記舊文顯背。余又按集解：「裴駰案，皇覽靖郭君冢在魯薛城中東南陬，孟嘗君冢在薛城中向門東，向門出北邊門也。」蓋田嬰父子皆居薛，故稱薛公薛侯。其死而葬，亦在薛城中。其稱靖郭孟嘗，或當時不欲擬於古諸侯之舊稱，故避薛而稱郭稱嘗以爲號，非爲其封居之不在薛。雷氏所以強爲之說者，由誤認孟子遊跡，必謂齊人築薛尚在後，乃不得不牽強說之也。

一一〇　孟子至宋過薛過鄒考

公孫丑下：「陳臻問曰：前日於齊，王饋兼金一百而不受，於宋，餽七十鎰而受，於薛，餽五十鎰而受。」崔述孟子事實錄云：「齊稱前日，而宋薛稱今日，則是至宋薛在至齊後也。然則孟子去齊之後，先至宋薛，然後至滕矣。故滕文章稱過宋而見孟子也。去宋薛後蓋嘗歸鄒，故滕定章稱然友之鄒問於孟子也。」今按孟子在宋，與戴不勝語，曰：「子欲子之王之善歟？」是其時宋已稱王也。又曰：「宋將行王政」，是宋已稱王而未久，尚在王偃之早年也。又孟子書不見與宋王語，其在宋似不久。今姑定孟子遊宋在宋王偃之十三四年間，卽宋偃稱王之第四五年也。孟子云：「將有遠行」，則殆欲之梁，而先以其間返魯。

孟子自宋返魯而過薛。江永羣經補義云：「孟子過薛，薛君餽五十鎰，當宣王時，卽孟嘗君田文也。」今按封薛者，乃威王時田嬰，非宣王時田文，江說固誤。參讀考辨第一〇九。然必謂孟子過薛值田嬰，亦未必是。史記田齊世家：「威王封騶忌以下邳，號曰成侯。」參讀考辨第八五。而魯世家索隱引紀年：「梁惠王三十一年，下邳遷於薛，改名曰徐州。」水經泗水注引同。正義引作三十年，孟嘗君列傳誤奪一字。後漢書郡國志：「薛，本國，六國時曰徐州。」然春秋哀公十有四年，「齊陳恆執其君，置於舒州」，史記作徐州。是徐州之名不始戰國。其時下邳之地既入齊，而仲虺所居薛地亦入齊。且下邳遷薛，距成侯封下邳已近二十年，是下邳未必尚有國。疑春秋之薛其滅已久，此下邳遷薛者，實乃騶忌之遷邑，非薛之遷國也。田齊世家索隱引紀年有徐州子期，殆卽鄒忌，而索隱誤以為田忌耳。則孟子至薛而餽之五十金者，或乃騶忌，乃齊威王朝有名大臣，豈不能禮孟子而餽之金？何必定屬之田嬰哉？曰：若是，則靖郭封薛，何以處騶子？曰：騶子史稱成侯。成春秋國，作郕。公羊作盛，史記作成。故城在兖北寧陽。又魯有成邑，本孟孫氏邑，齊宣公四十八年，田和取之。故城亦在寧陽。騶子稱成侯，是必食封其地。史公謂騶忌封下邳，號曰成侯，疑下邳乃初封，成侯乃晚號。如田嬰初亦封彭城，孟嘗君列傳索隱引紀年。而晚號靖郭君。然則是田嬰封薛而騶子移封於成也。即不然，「孟子居鄒，季任爲任處守，以幣交，受之而不報。處平陸，儲子爲相，以幣交，受之而不報。」薛爲齊南疆重鎭，爲之守者，必一時碩望。孟子過薛，烏見齊之守大夫，不能餽金，而必待於田嬰？此皆拘泥之見也。前人論孟子過薛，常牽連於靖郭孟嘗，又疑戰國時薛尚未滅，實皆失之。

孟子既過薛，又過鄒。風俗通：「孟子絕糧於鄒薛，困殆甚」，即其時事。此後齊湣王亡奔魯，將之薛，假道於鄒。湣王自魯之薛而過鄒，今孟子則自薛返魯而過鄒也。與鄒穆公問答，殆亦在是時。應劭謂其絕糧鄒薛者，豈在鄒以語不相契，遂不見禮而致困乎？此亦無可深論矣。新書新序均載鄒穆之賢，後人謂得孟子彈賁而改，亦臆測無證。又按鄒亡猶在齊湣王後。楚世家頃襄十八年，西周武公曰：「怨結於西周以塞鄒魯之心」，則是時鄒尚存。

又按元程復心孟子年譜云：「史傳云：孟子鄒人，如云子路卞人，曾子武城人，不言魯，明乎卞武城鄒，皆魯邑也。孟子云：自齊葬於魯，不云葬於鄒。因其時邾國亦改爲鄒，慮混魯鄒邑名。又書中往來齊境，見鄒穆公時客邾鄒，與然友之鄒，孟子居鄒異。邾在兗北青境，鄒在兗南徐境，道里甚遠，安得云近聖人之居，如此其甚？孟子對鄒穆公，不稱臣，而其語倨，曰君之民，知其爲異邦。卽如鄒人與楚人戰一語，明鄒非本國。」今按程氏辨孟子魯人，非鄒人，其說似是。惟謂邾在兗北青境，鄒在兗南徐境，則實誤。湣王由魯之薛而假道於鄒，則鄒固在魯南。左傳文公十三年，邾文公卜遷於繹，秦始皇上鄒繹山，卽此。漢地理志：「魯國騶縣，故邾國」，杜預世族譜：「邾文公徙於繹，桓公以下春秋後八世，而楚滅之。」左傳隱元年正義引。路史國名紀：「騶，繹也，兗之鄒縣有繹山，邾文公遷繹，後曰騶。」劉會騶山記云：「鄒山卽文公所卜鄒國，本邾國，魯繆公時改曰鄒，周氏四考云：「魯或鄒訛。」而山從邑變，邾城在山南。」此皆鄒在魯南之證。戰國皆以鄒魯並稱，其地旣密邇，今鄒縣北至曲阜縣界二十五里。故曰「鄒與魯鬨」。或孟子鄒人，而其地卻屬魯，然亦甚難諟正矣。周廣業孟子四考亦辨此事。惟鄒氏考孟墓在鄒不在魯，而孟子書明云葬於魯，則鄒地或可屬魯，而孟子國籍終屬難定也。

一一一　孟子遊滕考

滕文公上：「滕文公爲世子，將之楚，過宋而見孟子。自楚反，復見孟子。」是孟子遊滕在宋後也。閻若璩四書釋地續云：「是時楚久廣地至泗上，泗上十二諸侯者，宋魯滕薛邾莒，在淮泗之上國。滕南與楚鄰，苟有事於楚，一舉足則已入其境，何必迂而西南行三百五十餘里過宋都乎？過宋都者，以孟子在焉。往也如是，反也如是，不憚假道於宋之勞，其賢可知。顧麟士謂非世子迂道來見，此不通地理之說也。」周柄中辨正云：「是時楚都郢，宋都商邱，自滕之楚，取道商邱，路稍回遠。謂非迂道固謬，謂一舉足卽入其境，亦未明悉。」今按二氏之辨，殆皆未知宋都之遷彭城也。金仁山云：「滕姬姓國，今徐州北一百九十里所屬之滕縣，有古滕城。」徐州卽戰國時彭城，爲宋新都。世子往楚，乃自滕南行過宋而入楚境，並不迂道西南行三百五十餘里，往如是，反如是，特爲見孟子。否則記者不應輕輕下一過字。

本篇又云：「滕定公薨。世子使然友之鄒，問於孟子。」趙注：「孟子歸在鄒也。」是孟子去宋之後，至滕之先，曾歸鄒也。齊湣王亡奔魯，將之薛，假途於鄒。自魯之薛者過鄒，孟子自彭城歸鄒而過薛也。其後孟子乃之滕，滕文公問爲國，使畢戰問井地，又問齊人將築薛。閻若璩孟子生卒年月考論之云：「春秋公羊傳，君存稱世子，君薨稱子某，既葬稱子，踰年稱公。左氏例則未葬稱子，既葬稱君，不待踰年始稱君。此二傳之異同也。及以孟子證，則又有異。君存稱世子，滕文公爲世子是。君薨亦稱世子，滕定公薨，世子謂然友是。未葬稱子，不獨既葬爲然，至於子之身而反之是。若孟子所稱子力行之，則在既葬之後，但未踰年耳。何以驗之？滕文公既定爲三年之喪，五月居廬，未有命戒，則亦無禮聘賢人之事可知。惟至葬後，始以禮聘孟子至滕而問國事焉，故孟子猶稱之爲子。直至踰年改元，然後兩稱爲君，曰君如彼何哉，曰君請擇於斯二者。然則孟子於滕行蹤歲月，亦略可覩矣。」今按閻說甚密。大抵五月卒葬，而孟子至滕，卽在滕定公卒歲。明年，孟子尚在滕，則爲滕文公元年。今姑假定是年卽梁惠王後元十三年，四月田嬰封薛，十月城薛。文公如之何之問，在四月後，十月前。而孟子遊梁，則在惠王後元十五年。參讀考辨第一一五。是孟子在滕，先後有三年之久。方其去宋，固已有遠行之志，而在滕淹留有如是之久者，亦滕文之賢有以使之然矣。

一一二　魯平公欲見孟子考

魯平公欲見孟子，舊說皆與孟子自齊歸葬並說。任兆麟孟子時事略謂：「慎靚王三年，孟子母卒，歸葬於魯。」林春溥戰國編年依之，而謂：「魯平公將見孟子，宜在此時。臧倉毀孟子後喪踰前喪，蓋亦指近事人人共見者而言。是必孟子居魯喪畢之事，魯不能用而復反於齊耳。」蓋舊說魯平元在周愼靚王五年，逆計孟子終三年之喪，故以母卒歸葬屬之愼靚之三年也。狄氏編年在四年，其意則同。其別無確據，勉爲推排之跡，既已甚顯。而其說亦殊有難通者。周柄中論之曰：「謂反齊在終三年喪後，則充虞明曰嚴不敢請，今願有請，兩請相接，正頂嚴字。若三年後，不嚴久矣。如反齊果在三年後，則本章當以充虞問曰作起句，如陳臻問曰之類，何必言自齊葬魯，直從三年前敘來由乎？」此謂孟子在魯終三年之喪而反齊說之不可通也。顧氏日知錄云：「孟子自齊葬於魯而不言喪，此改葬也。」周柄中又辨之曰：「觀下文敦匠事嚴，不敢請，何以見其爲改葬而非初喪？」此又改葬之說之不可通也。余則謂此事尚有辨者。觀臧倉之言曰：「何哉，君所爲輕身以先於匹夫者？」直稱孟子爲匹夫，決不似孟子爲齊宣王卿反魯葬母時語。又樂正之告孟子曰：「克告於君，君爲來見，嬖人臧倉者沮君，君是以不果來。」孟子曰：「吾之不遇魯侯，天也，臧氏之子，焉能使予不遇。」此亦孟子未達時語。若其爲齊卿，一朝當路，管晏不足比。反而葬母，非浩然有歸志時也。亦非必見魯君，期用事於魯也。何以有不遇天也之歎？且樂正之謂魯君曰：「前以士，後以大夫。」齊卿之位，不爲不貴，何爲僅曰大夫乎？此皆有所不類。竊疑魯平公欲見孟子，蓋尙在齊威王時，孟子猶未大顯。廣文選：「魯平公與齊宣王會於鳧繹山下。樂克備道孟子於平公。」此亦不然。與孟子原書「克告於君君爲來見」之意顯相乖違，豈得爲信？爲此語者，蓋僅知孟子遊齊當齊宣王時，故造爲此說耳。余疑孟子喪母歸葬，當在齊威王時，而其時魯平公尚未立。其去齊適宋，當在宋偃稱王後四五年間，乃過薛過鄒而返魯。魯平公元當齊威王之三十六年。樂正子言於平公而欲見孟子，必在平公初卽位之年，或初稱元年之年也。魯欲使樂正子爲政，亦其時事。若以孟子喪母歸葬，事距臧倉之沮不遠，則應在齊威王三十四年稍前，葬畢卽反齊。毛奇齡以反爲反哭之反，最爲近之。反齊不久而至宋，居宋亦不久而歸，乃復過薛過鄒至魯，而有平公欲見一段故實也。列女傳：「孟子處齊，有憂色，擁楹而歎。孟母見之」云云，是孟母同在齊之證。「孟子曰：今道不用於齊，願行，而母老，是以憂。母曰：子成人也，而我老矣。子行子義，吾行吾禮。」若列女傳文可信，則固以孟子齊威王時已在齊爲合。若至宣王時，孟子不曰願行而母老，孟子之行，卽以下至宋薛鄒滕梁一段周遊也。其母亦不曰子成人矣。宣王時孟子已老，不得呼成人。及孟母之卒，其子壽亦且六十。母年不爲不高。必謂孟母卒在愼靚王時者，以不知孟子當齊威王時先曾在齊而強說也。至樂正子言孟子於平公，則其時母喪已畢，越有年矣。否則豈有方居母喪，而其徒汲汲爲之謀一見時君之理？而其時孟子猶未達，故臧倉有匹夫之譏。而其前居母喪，充虞亦有棺木已美之疑。其必欲平公往見者，則孟子所倡士不見諸侯之義也。孟子既不得志於魯，未久遂至滕，淹留三年而至梁。

自此後車數十乘，從者數百人，傳食諸侯，異乎往日之爲匹夫矣。樂正子謂前以士後以大夫，前以三鼎後以五鼎者，或孟子在齊宋曾仕而未顯，或樂正虛設以問所謂踰者之義，而非實指孟子之前喪以三鼎後喪以五鼎。今不可確指，而孟子之譽聞日顯，而爲生日富，則可知。此一段往來瑣瑣，殺費推排。如此說之，或差爲近於情實也。

孟子自齊至梁遊蹤略表

齊威王　三〇　宋偃始王。

三一　孟子喪母，自齊歸葬，復反齊，當在此後數年內。

三二

三三

三四　孟子遊宋，當在此時或稍前。滕世子至楚，過宋而見孟子。自楚反，復見孟子。

三五　孟子自宋過薛，過鄒至魯，或在今年，或在前年。魯平公卽位，欲見孟子而臧倉沮之。滕定公薨，然友之鄒問孟子，是年冬，孟子至滕。

三六　魯平公元。

四月，齊封田嬰於薛，十月城薛。

孟子在滕，滕文公問齊人將築薛。

三八　齊威王卒。

孟子遊梁。

一一三　許行考　附 索盧參

呂氏春秋當染篇云：「禽滑釐學於墨子，許犯學於禽滑釐，田繫學於許犯，顯榮於天下。」梁氏人表考謂即禽滑釐，而許犯田繫無聞焉。今按：許犯即許行也。春秋時晉有狐突，字伯行，晉語注。齊有陳逆，字子行左傳哀十一年。晉語韋昭注：「犯，逆也。」小爾雅廣言：「犯，突也。」古人名突逆字行，知許行蓋名犯字行矣。許行之至滕，曰：「願受一廛而爲氓」，「其徒數十人，皆衣褐，捆屨織席以爲食」，此墨子度身而衣，量腹而食，比於賓萌，未敢求仕之遺教也。許行之言曰：「滕有倉廩府庫，是厲民而以自養也」，此墨子非禮毀樂之緒論也。並耕之說，蓋自兼愛蛻變而來。則許行之爲墨徒，信矣。墨學盛於南方，許行楚人，亦南方之墨之健者耶？惟論其年歲，許行至滕蓋已垂老。自此（惠王後元十三年，田嬰封薛之歲。）上推八十年，爲周安王元年，時墨子尚未卒。若許子至滕壽及八十，而禽子之死不在墨子卒後十年之前者，則許子固得從學於禽子。然猶有疑者，許行不畏跋涉之勞，自楚而至滕，又親操耕作之苦，推其年壽，或不在七十之上。而禽滑釐事墨子則在早世。止楚攻宋，禽子已爲弟子魁率。墨子既老而卒，禽子亦且八十之壽矣。或者禽子卒尚先墨子。（墨子卒十年上下，孟勝致鉅子於田襄子，見其時禽子或已先卒也。）則謂許行必師禽子，亦難確定。余觀當染篇又稱吳起學於曾子，與田子方學於子貢，段干木學於子夏並舉，則此曾子自爲曾參。然吳起所事乃曾西，非曾參也。疑許犯之於禽滑釐，正如吳起曾參之比。否則禽滑釐或者固非禽滑釐，而別爲一人乎？要之許犯即許行，爲墨徒，則似可無疑耳。

又按呂氏尊師篇：「索盧參，東方之鉅狡也，學於禽滑黎，非徒免於刑戮死辱，由此爲天下名士顯人，以終其壽。王公大人，從而禮之。」其人無可考。或者猶前於許行，如李克之與吳起乎？姑附於此，以傳其姓名焉。

一一四　田鳩考　附 腹䵍　唐姑果　謝子

漢書藝文志墨家有田俅子，（隋書經籍志墨家類梁有田休子一卷，即此傳寫誤脫。）韓非子呂氏春秋淮南子有田鳩。馬驌梁玉繩孫詒讓並以爲一人。顧孫氏著錄墨子弟子，置田俅子於傳授不可考之列。今按田俅子殆卽田繫，齊人，學於許行，墨子之三傳弟子也。以古人名字相應之例推之，俅，說文：「冠飾貌。」爾雅釋言：「俅，戴也。」詩曰：「弁服俅俅」，「載弁俅俅」，俅蓋指其結飾而言。「繫者，系也。」（易繫辭釋文。）「以下綴上，以末連本之解。」（左氏春秋序疏。）故名繫字俅，如秦公子縶字顯（當作韅。）之例矣。鳩者，俅之聲近而通借也。呂氏淮南稱田鳩見秦惠王。秦惠王與梁惠王同時而後死，田鳩爲許行弟子，其時亦相當。又按秦惠王時，秦有墨者腹䵍，（見呂覽去私。）唐姑果，（淮南修務作唐果梁。）又有東方墨者謝子，亦至秦。（見呂覽去宥。又見淮南修務，高注：「謝姓，關東人也。」說苑雜言篇作祁射子。梁玉繩云：「古謝射通。祁乃地名，屬太原，政是關東也。」）其時墨徒乃頗盛於秦矣。余考秦惠王稱王改元之四歲，正值許行遊滕之年。孟子稱其徒數十人，或者有田鳩預其間。此後又十年，而秦惠王薨。鳩之遊秦，或當惠王晚節。今姑定許行自楚至滕之歲，田鳩年四十上下，差可得其世序。而腹䵍較前輩。呂覽去私云：「墨者有鉅子腹䵍，居秦，其子殺人。惠王曰：先生年長矣，非有他子也，寡人已令吏勿誅矣。腹䵍對曰：墨者之法，殺人者死，傷人者刑，王雖爲賜，腹䵍不可不行墨子之法。遂殺其子。」今考孟勝死，傳鉅子於田襄子，下距秦惠稱王五十餘年。若腹䵍當秦惠稱王時年六十，而田襄子之卒壽在六十以上，則或者襄子鉅子之位傳於腹䵍，世次正相及。至謝子遊秦，則亦在惠王晚世。呂覽去宥云：「東方之墨者謝子，將西見秦惠王，惠王問秦之墨者唐姑果。唐姑果恐王之親謝子賢於己也，而毀之。王因藏怒以待，謝子不說，遂辭而行。呂氏曰：人之老也，形益衰，智益盛。今惠王之老也，形與智皆衰耶。」此謝子入秦在惠王晚世之證也。秦之墨者唐姑果，其殆腹䵍之學徒乎？今姑定惠王末年兩人皆四十上下，則秦惠王時墨者，言其年序世次，腹䵍最前，田鳩次之，唐謝又次之。孟勝、腹䵍又詳考辨第六八。孟勝稍前於楊朱，腹䵍則稍前於莊周。墨徒以苦節自勵，遂來楊莊之放達，此亦學術往復之一象也。

又呂覽首時：「田鳩欲見秦惠王，留秦三年弗得見。客有言之於楚者，往見楚王，楚王悅之，與將軍之節以如秦，因見惠王。」是田鳩於遊秦之間，又嘗至楚。韓非外儲左上：「楚王謂田鳩曰：墨子者，顯學也，其言多不辯，何也？曰：今世之談也，皆道辯說文辭之言，人主覽其文，忘其用。墨子恐以文害用也，故其言多不辯。」當在其時。楚王蓋懷王。

一一五　孟子遊梁考

崔述孟子事實錄論孟子遊梁年歲云：「史記梁予秦河西地，在襄王五年。盡入上郡於秦，在襄王七年。楚敗魏襄陵，在襄王十二年。皆惠王身後事。而惠王之告孟子乃云：西喪地於秦七百里，南辱於楚。未來之事，惠王何由預知之而預言之乎？按杜預左傳後序云：古書紀年篇，惠王三十六年改元，從一年始，至十六年而稱惠成王卒，即惠王也。然則史記所稱襄王之元年，即惠王之後元年。而予河西，入上郡，敗於襄陵，皆惠王時事。孟子之至梁，不在惠王三十五年，而在後元十二年襄陵既敗之後。孟子與齊宣王問答甚多，而與梁惠殊少。在梁亦無他事，則孟子居梁蓋不久。然猶及見襄王而後去，則孟子之至梁，當在惠王之卒前一二年。於年表則周愼靚王之元年二年也。」江永羣經補義則曰：「孟子見梁惠王，當在周愼靚王元年辛丑，是爲惠王後元之十五年。至次年，壬寅，惠王卒，襄王立，孟子一見卽去梁矣。」今按二氏之說甚是。嘗疑孟子在梁與惠施已不相値。梁惠王後元十三年，張儀相魏，惠施避之楚。公孫衍與張儀不善，令人說韓公叔以圖秦棄儀收韓相衍，公叔從之。衍相魏，儀復去相秦。至魏襄王元年，表作哀王。五國約擊秦，公孫衍實與其謀。詳史記張儀傳。景春問孟子：「公孫衍張儀豈不誠大丈夫哉」，正當其時。自儀衍之實情晦，蘇張之浮說興，而後當時國際之眞相，遂闇昧而莫明矣。又按年表，孟子至梁書於惠王三十五年，蓋是後元十五年，而史公誤後元謂襄王，乃移之三十五年耳。今推年表致誤之跡，依江說，定孟子至梁在愼靚王元年也。

一一六　惠施返魏考

惠施至宋不久而返魏。史記魏世家：「襄王卒，子哀王立，張儀復歸秦。哀王元年，五國共攻秦。」襄王卒乃惠王，哀王立乃襄王。張儀於惠王死卽去魏，故明年而魏卽約五國攻秦也。參讀考辨第九五。張儀傳：「哀王立，張儀復說哀王，不聽，於是陰令秦伐魏。明年，秦敗韓申差，而張儀復說魏王，哀王乃倍從約，因儀請成於秦。張儀歸，復相秦。」是謂儀去魏在哀王二年，與魏世家相舛。魏背從約請成於秦事，秦紀魏世家均無之。知儀傳自誤。惠施重至魏，當在惠王卒年，張儀去後。魏策：「將葬惠王，天大雨雪。羣臣諫太子，莫能得，以告犀首。犀首曰：吾未有以言之也，是惟惠子乎？惠子見太子，太子爲弛葬期。」又見呂氏春秋開春篇。是事在惠王卒歲之冬，故哀王稱太子。又觀羣臣以告犀首，而犀首稱惠子，知其時惠子非相魏，初無言責。張儀已去，故犀首爲魏廷領袖也。其明年，惠施使楚。楚策云：「五國伐秦，魏欲和，使惠施之楚」，是也。後四年，又使趙。趙策云：「齊破燕，趙欲存之，令淖滑惠施之趙，請伐齊而存燕。」是也。此後惠施事無考，蓋不久而卒矣。

〔附〕南方倚人黃繚考

莊子天下篇：「南方有倚人焉，曰黃繚，問天地所以不墜不陷風雨雷霆之故。惠施不辭而應，不慮而對，徧爲萬物說。」釋文：「倚，本或作畸。」郭慶藩曰：「倚當爲奇，倚人，異人也。王逸注九章云：奇，異也，字或作畸。大宗師篇敢問畸人，李頤曰：畸，奇異也。徐廷槐曰：戰國策載魏王使惠子於楚，楚中善辯者如黃繚輩爭爲詰難。」是謂繚施問答在惠子使楚時也。當時言南方率指荆楚。孟子曰：「陳良楚產，北學於中國」，中國與楚南北對稱。黃亦楚姓。通志氏族略：「黃嬴姓，陸終之後，受封於黃，子孫以國爲氏。」余考春申君楚宗姓，而稱黃歇，詳考辨第一三二。則南人氏黃者不獨嬴姓矣。徐氏說或可信。又楚辭有天問篇，相傳爲屈原作，亦未見其必然。豈亦如黃繚問施之類耶？屈原爲楚懷王左徒，當在惠子使楚稍後。然則天問一派之思想，固可與惠施黃繚有淵源也。

一一七　孟子自梁返齊考

孟子在威王世先已遊齊，已詳考辨第九十八。其後至宋過薛歸鄒至滕而遊梁。惠王卒，襄王新立，孟子見襄王，謂其不似人君，乃遂自梁返齊。則威王已死，正宣王之初立也。金履祥四書考異引列女傳母儀篇曰：「孟子道既通，值梁招賢，乃至梁。既而去梁適齊，齊王以爲上卿。」魏源孟子年表考以爲此劉向據孟子外書所述，先梁後齊之證。今按孟子自梁之齊，其證有不在於此者。據魏策：「梁惠王死，葬有日，天大雨雪，羣臣諫太子。」呂覽開春論亦同。是惠王葬期即在其卒年之冬，故襄王稱太子。若以諸侯五月而葬，則惠王死定在秋前。疑孟子之去，蓋距惠王死不久，亦在是年至齊也。魏氏亦據此策，謂：「惠王實卒於冬。」不悟卒葬不同時也。又謂：「孟子見梁襄王章，明爲踰年即位始見新君之時。」竊疑孟子在梁，名望甚高，不必踰年始得見新君。孟子書所以稱襄王者，以全書襄王只此一見。若亦變文稱子，則將無以見其爲襄王爾。不得以稱襄王，即證其爲踰年也。孟子盡心上，記：「齊宣王欲短喪，公孫丑曰：爲期之喪，猶愈於已。孟子曰：是猶或紾其兄之臂，子請之姑徐徐云爾，亦教之孝悌而已。」此孟子至齊，威王新死，未及周年之證也。若宣王已期年除喪，則孟子公孫丑不復如此問答。又張文虎舒藝室隨筆卷一，亦謂：「短喪即威王之喪」。又言：「孟子實兩至齊」，惟謂其時猶未見宣王，及梁惠王卒，襄王立，始再適齊云云。則由不知以紀年校齊威宣年世，故言之多誤。余下說孟子望見齊王之子，正可釋張氏未見宣王之疑。

盡心上又云：「孟子自范之齊，望見齊王之子，喟然歎曰：居移氣，養移體，大哉居乎！夫非盡人之子與？又曰：王子宮室車馬衣服多與人同，而王子若彼者，其居使之然也。」趙岐注：「范，齊邑也。王庶子所封食也。孟子之范，見王子，還至齊，謂諸弟子云云。」趙氏此注，乃有二誤。孟子自范之齊而見王子，注乃謂孟子之范見王子，而還至齊，明與正文相乖，誤一也。閻若璩四書釋地云：「思孟子書法不曰之齊見王子於范，而曰自范之齊，望見王子，下一望字，意者當時最多交質，此以王子出質敵國，路經於范，遂與孟子適值乎？亦未可定。要之集註於此等處略矣。」又云：「自楚之滕，自宋之滕，與此自范之齊又少不同。蓋孟子往齊都，實從范邑起程。未之齊都而於范邑望見齊王之子，乃倒裝文法。」據此知閻氏亦悟此注與原文文法相乖，而特强爲之釋也。詳孟子之語，則王子乃嫡子，而注以爲庶子。庶子固非甚貴，孟子何以云云，而其後又以魯君之宋相擬哉？誤二也。四書大全辨謂：「齊王之子，與以國而不名，是湣王世子田法章。此已知齊王之子非庶子，特以不得其時而誤說。」蓋趙氏先認王子爲庶子，因疑庶子當居下邑，遂謂之范見王子矣。今按王子，宣王也。范爲自梁至齊所經。魏源云：見孟子年表考第一。「梁襄嗣位之後，值齊宣新政之初，孟子聞其足用爲善，故自范之齊。范今曹州范縣，爲自梁至齊要道。由大梁至臨淄千有餘里，故孟子曰千里而見王。若由鄒至齊，僅數百里也。」夏炘景紫堂文集亦云。宋翔鳳過庭錄亦以范爲自梁至齊要道。魏氏又謂：「孟子自范之齊，處於平陸，儲子爲相，以幣交，卽其時事。范距臨淄七百餘里，平陸今汶上縣，距臨淄五百里。」余謂儲子告孟子，王使人瞯夫子，亦孟子初見宣王時事也。魏氏又以於崇見宣王退而有去志，謂初見宣王卽在崇，狄氏編年說同。且范本晉士會邑，三家分晉，地當屬魏。孟子自范之齊，其時范邑屬齊與否不可知。又烏得卽謂范乃齊王子封邑哉？然則稱齊王之子者，時威王新死未葬，宣王初立，故變文稱子也。滕文公稱世子，此稱齊王之子，蓋齊大國，滕小國，故記者異其辭。此又孟子至齊在威王卒歲之證也。魏氏又定孟子至齊爲宣王卽位之三年，則誤。參讀考辨第九二。

一一八　淳于髡考

史記滑稽列傳：齊威王時，淳于髡說之以隱，云：「有鳥三年不飛不鳴」，此髡在威王初年既已知名於齊也。世家稱鄒忌見三月而受相印，淳于髡見之云云，余考鄒忌見知在威王初立，則髡在威王早歲卽在齊，益可見。後去而之梁，見梁惠王。史記孟荀列傳記其事云：「惠王欲以卿相位待髡，髡因謝去，終身不仕」，蓋髡亦如田駢之流，皆以不仕爲名高者。史載髡以承意觀色爲務，其見惠王，初值獻馬者，後又值獻謳者。髡滑稽自喜，謳人之與善馬，蓋出髡之隱謀，預囑其到時而獻。若陽貨瞰孔子出而饋之以蒸豚也。乃惠王驚歎以爲聖人，與語三日三夜無倦，而欲以卿相位之，此異乎孟子何必曰利，與惠王願安承教之意矣。否則殆出後人妄譚，髡雖善察顏色，不能精明至此。又太平寰宇記卷十九引史記：「髡死，諸弟子三千人爲縗絰。」今無其語。葉適曰：「淳于髡任己自賢，於當世無所敬，以孟子考之，其人可知。至遷欲列於滑稽之首，遂使於二優同稱，斯太甚矣。」習學記言。則誠信讞也。故與孟子辨出處，深譏孟子之進退無義。蓋孟子固主孔子所謂不仕無義者也。其後在齊當宣王世，齊策：「淳于髡一日而見七士於宣王」是也。髡最爲稷下前輩，當威王初年已顯名。威王在位三十八年，至宣王八年，孟子去齊，其時髡當尚在。孟子辭卿之位，髡有名實未加於人而去之譏。其後髡事卽不見。蓋髡已老，當不久而辭世也。若謂威王初年髡年近三十，則其壽殆踰七十矣。

滑稽列傳又云：「威王八年，楚大發兵加齊，齊王使淳于髡之趙請救，趙王與之精兵十萬，革車千乘。楚聞之，夜引兵而去。」其事又見於說苑尊賢篇，云：「十三年，諸侯舉兵以伐齊，齊王恐，召其羣臣大夫，博士淳于髡云云，此稱「博士淳于髡」，則威王時齊已有博士。五經異義曰：「戰國時，齊置博士之官」，卽指此。其先魯魏亦有博士。魯博士公儀休，見史記循吏傳。賈山祖父祛爲魏博士弟子，未知當値何時。齊之稷下先生，蓋倣魯魏博士制爲之。（參讀考辨第七五。）又禮記雜記正義引劉向別錄：「王度記，似齊宣王時淳于髡等所說。」於是王立淳于髡爲上卿，賜之千金，革車百乘，與平諸侯之事。諸侯聞之，立罷其兵，不敢攻齊。」復恩篇亦云：「楚魏會於晉陽，將以伐齊。齊王召淳于髡。」三文詳略雖殊，實同一事。蓋楚魏同謀伐齊，齊則請救於趙也。惟尊賢篇開端十三年二字，殊爲突兀。劉向爲說苑，本雜採戰國舊籍。此十三年三字，當有來歷，殆係所採故記原文，而未加薙芟者。考之齊事，威王初年，魏伐趙，圍邯鄲，而齊救之。與其後楚聯魏伐齊，齊請救於趙，情事大合。尊賢篇所稱十三年者，殆指齊威王之十三年歟？又按諸越世家索隱引紀年：「晉出公十年十一月，於粵子句踐卒，次鹿郢立。當史記之王鼫與。六年卒，不壽立。十年見殺，次朱勾立。當史記之王翁。張文虎舒藝室續筆謂：「越絕吳越春秋，以翁爲句踐孫，無不壽。紀年亦無翁，疑是一人。史誤分之。紀年不壽之後爲朱句，而二書並作不揚，疑取義於我朱孔揚，亦是一人。」按以不揚與朱句爲一人，徐文靖紀年統箋已有其說。惟徐氏又謂朱句亦卽王翁，恐誤。三十七年卒，子王翳立。三十六年七月，太子諸咎弒其君翳。十月，粵殺諸咎，粵滑。滑，亂也。吳人立孚錯枝爲君。明年，大夫寺區定粵亂，立無余之。

當史記之王之侯。十二年，寺區弟思，弒其君莽安，次無顓立。無顓八年薨，是爲菼蠋卯。故莊子云：越人三弒其君，子搜患之，逃乎丹穴，不肯出，越人薰之以艾，乘以王輿。呂氏審己：「越王授有子四人，越王之弟曰豫，欲盡殺之而爲之後，惡其三人而殺之矣，國人不說，大非上，又惡其一人而欲殺之。越王未之聽，其子恐必死，因國人之欲逐豫，圍王宮。」高誘注：「越王授，句踐五世孫。」畢沅曰：「句踐五世孫則王翳也。爲太子諸咎所弒，見紀年，與此略相合。前貴生篇有王子搜，疑一人。」今按，王子搜又見莊子讓王篇，曰：「越人三世弒其君，子搜患之，逃乎丹穴，不肯出。越人薰之以艾，乘以王輿。」淮南原道云：「越王翳逃山穴，越人薰而出之，遂不得已。」會而觀之，王翳之卽搜卽授，殆可信矣。然王翳前惟不壽見弒，非有三世弒君之事也。索隱謂王子搜爲無顓，則諸咎弒王翳，粵殺諸咎，寺區弟思弒君莽安，可得三世弒君之事矣。然莊呂淮南之書，自以子授子搜爲王翳，恐是越史荒遠，故莊呂劉三家自說王翳事而誤涉其後事，故曰三世弒君耳。索隱以爲無顓，殆未確也。蓋無顓後乃次無彊，蓋無顓之弟也。」樂資春秋後傳，以王之侯爲無顓後，乃次無彊，與索隱異，惟年距應無歧也。又曰：「按紀年，無顓薨後十年，楚伐徐州。」今據自句踐卒歲，至無顓薨後十年，共歷一百十九年。鹿郢六，不壽十，朱句三十七，王翳三十六，無余之十二，無顓八，又十，共一百一十九。適爲齊威王卽位之十三年。若以卽位翌年改元言之，則爲齊威王十二年，是年又爲周顯王之二十三年。魯賢篇十三年三字，若非採自齊記，則爲周年而脫一二字。蛛絲馬跡，要可尋玩。今本僞紀年楚入徐州在周顯王二十二年，誤前一年。蓋由無顓立應在周顯王五年，今本僞紀年誤前一年，楚入徐州之歲，遂依次遞誤也。參讀考辨第一三四。梁氏志疑謂：「齊威王在位三十六年，未嘗與楚相聞。若威王八年，並無他國來伐，安得有楚兵加齊，趙王救齊之事？」今按史謂齊威王之八年自誤。然梁氏據史表以獻疑，未亦是也。

〔附〕辨越絕書吳越春秋記越年

又考越絕書：卷八，外傳記地傳第十。「句踐稱王，徙瑯琊，子與夷，子翁，子不揚，子無疆。楚威王滅無疆，子之侯，子尊，子親。親以上至句踐，凡八君，都瑯琊二百二十四歲。」吳越春秋卷十亦云然。而越世家索隱引紀年：「王翳三十三年遷吳」，上距句踐都瑯琊凡九十年，無所謂二百二十四歲也。若自句踐徙瑯琊後二百二十四歲，其時已在春申君封吳後三年。楚考烈王十八年。越烏得尚在瑯琊？則越絕之誤決矣。然自句踐徙瑯琊下推一百二十四年，則適值楚圍徐州後一年，而世次亦適得八代。句踐一，鹿郢二，不壽三，朱句四，王翳五，無余之六，無顓七，無顓之後則八也。水經漸江水注云：「越王無疆爲楚所伐，去琅邪」，則越都琅邪，實至王無疆時始離去。則越絕書吳越春秋兩書所載，固有依據，非盡鑿空嚮壁之談。其謂二百二十四年者，特爲一百二十四年之字譌。其謂八世，並不誤，而特不得其世代傳受之詳。至謂皆居瑯琊，固失之。大抵越人自王翳徙吳，而淮泗地猶未全失。其後或居吳，或居琅邪，南北不常厥都。自無疆去琅邪，淮泗之地，始不爲越有。故越絕書吳越春秋皆謂句踐以下八世居琅邪，凡一百二十四年也。參讀考辨第九六。余嘗謂古書雖多誤，而必有其所以誤。若尋得其所以誤者而說之，則足以即誤而顯眞。茲據說苑殘文，及越絕書吳越春秋誤字，證紀年史記楚圍徐州一事，可以見考古之事，有時如弈局已亂，爲之覆按，儘可一復舊狀，不失本來，有如是之巧也。

越絕卷二又云：「自句踐徙瑯琊凡二百四十年，楚考烈王并越於瑯琊。」今按：自越徙瑯琊後二百三十九年，據史記則春申封吳之歲也。後四十餘年，秦幷楚。按實二十餘年。復四十年，漢幷秦。按實不到二十年。到今二百四十二年。按此指自西漢到著書人時二百四十二年也。句踐徙瑯琊到建安二十八年，按即上文之今時。凡五百六十七年。」按實只五百二十年，誤多四十餘年，辨見隨文所注。此一條亦多誤。要之越絕一書，固非嚮壁鑿空，亦往往有依據來歷。而其書實疏陋，或見增竄，不足當信史也。

〔附〕淳于髡爲人家奴考

滑稽列傳：「淳于髡，齊之贅壻也。」索隱：「贅壻，女之夫也。比於子，如人疣贅是餘剩之物也。」今按贅壻蓋家奴也。漢書嚴助傳：「民待賣爵贅子以接衣食。」如淳注：「淮南俗賣子與人作奴婢，名曰贅子。三年不能贖，遂爲奴婢。淮南本經贅妻鬻子是也。」錢大昕曰：「贅而不贖，主家以女匹之，則謂之贅壻。」朱駿聲亦同此說。余謂贅壻者，主家以女奴相配，其實奴也，非其壻也。且古人重宗法，孽子庶女本同僕役，故嫁女則娣姪爲媵妾。今贅壻，即謂配宗女，固已無夫道，不得與孽庶伍，則其爲家奴審矣。今人以就女家爲壻曰贅壻，非古之贅壻也。顏師古謂：「無有聘財，以身質錢」，此以情理推之，恐爲非矣。故秦發贅壻賈人，漢時七科謫戍，贅壻與吏有罪亡命者並列，以贅壻之本爲奴隸也。漢書陳勝傳：「免驪山徒人奴產子」，師古曰：「奴產子，猶今人云家生奴也。」今按：奴產子猶贅壻子矣。武五子傳有家人子，亦奴產子類也。贅壻爲家奴，故髡鉗。淳于髡，贅壻也，其後貴顯，人乃曰彼固髡也，而髡呼之。髡滑稽玩世，則亦以髡自呼耳。然則淳于之名髡，猶英布之姓黥矣。孟子對淳于髡曰：「君子之所爲，小人固不知。」小人者，特斥其爲髡鉗奴也。髡以贅壻小人，而名冠稷下，尊駕公卿，亦當時世變一顯例哉。

俞正燮癸巳存稿卷七論齊巫兒事及贅壻，附其說於此，加訂辨焉。

管子小匡篇：「桓公自言好色，姑姊妹不嫁。管子以爲可霸。蓋本襄公之法。漢書地理志云：初桓公兄襄公淫亂，姑姊妹不嫁，於是令國中民家長女不得嫁，名曰巫兒，爲家主祠，嫁者不利其家，民至今以爲俗。是其俗至漢猶然。巫兒以令不得嫁，則必贅壻。（按巫兒必贅壻，臆測無證。）齊人賤贅壻，以其爲巫兒壻，無夫道。（按當時賤贅壻者不獨齊人，贅壻亦不限於巫兒夫。）史記淳于髡，齊人之贅壻也，蓋自無戶籍，依婦家籍者。（按髡鉗，奴也，依人家籍，即是爲人奴耳。）秦策云：太公望，齊之逐夫。說苑尊賢云：太公望，故老婦之出夫也。此或齊巫兒壻造此故實，以相誇耀。齊策：齊人謂田駢曰：臣鄰人之女，設爲不嫁，行年三十而有七子，此亦巫兒依令設爲不嫁，而贅壻生子之證。謂之設爲不嫁者，眞不嫁則無贅壻。（按此安知其非私生子哉？設爲不嫁者，標樹其名，如今女子自云抱獨身主義也。依令不嫁，非設爲矣。）趙策：趙威后問齊使曰：北宮之女嬰兒子至老不嫁，以養父母，是率女而出於孝者，亦是齊女，無贅壻則已名聞諸侯。（按北宮女之不嫁，特以孝養父母，未見其爲巫兒之依令不嫁也。且既巫兒，例得贅壻。贅壻又不稱嫁，又烏從知北宮女無贅壻哉？以贅壻與巫兒相牽爲說，自難盡合。）贅壻以己無籍，故秦漢於贅壻或加算，或遣戍。賈誼傳云：秦地子長則出贅，本以避賦役，故襄齊巫兒風也。（按子長出贅，與巫兒不嫁自爲兩事，不得混而一之。淮南有贅妻，則贅子僅鬻賣得貲，出贅未必卽得爲壻。蓋贅壻初本爲奴，漸亦成壻。時移事變，未可據後繩前。俞氏論巫兒事或亦其一格，以概一切，則失之耳。）

一一九　魏襄王魏哀王乃襄哀王一君兩謚考

竹書紀年梁惠王立三十六年改元，又十六年而卒。其後稱今王，至二十年而書止。杜預左傳後序謂：「史記誤分惠成之世以爲後王之年。」崔述辨之云：「杜氏以史記襄王之年爲惠王後元之年，是已。至謂竹書之今王乃哀王而無襄王，則非也。孟子書稱見梁襄王，孟子門人記此書者，皆當時目覩之人，不容誤哀爲襄。則是梁固有襄王也。世本稱惠王生襄王，襄王生昭王，則是梁有襄王，無哀王也。」黄式三辨之曰：「韓宣惠王之子謚襄哀王，見留侯傳。魏惠成王之子意亦謚襄哀王，二君薨同年，亦同謚歟？史止稱襄者，正如魏惠成王之稱惠王，韓襄哀王之稱襄王也。按秦本紀厲共公，年表僅稱厲公。又秦靈公，始皇本紀稱肅靈公。秦武王，始皇本紀稱悼武王。昭襄王，始皇本紀作昭王，趙武靈王，古書或稱武王，或稱靈王。皆其證。史記既分惠王之一世爲二世，因分襄哀之一謚爲二謚矣。」今按三晉之君，自梁惠成以下，率多一君二謚，且有三四謚者，黄以韓有襄哀證魏襄哀爲一君，說最可信。史誤分襄哀二君，猶如後人誤以韓威侯與韓宣王爲二人也。史公記魏諸君名皆可考，獨哀王名無聞，亦一證。

又按魏世家，哀王二十三年卒。索隱曰：汲冢紀年終於哀王二十年，昭王三年喪畢，始稱元年也。今按：戰國諸王，未見有行三年之喪者。更未有三年喪畢而始稱元年者。紀年魏史，哀王卒，以之殉葬，蓋所記載終於哀王二十年，其臨薨前三年事，史官未及刊定，故付闕如，小司馬強爲之說，非也。

一二〇　齊伐燕乃宣王六年非湣王十年辨

燕策一：「燕王噲立，蘇秦死於齊，而齊宣王復用蘇代。代爲齊使於燕，激燕王厚任子之。子之三年，燕大亂。儲子謂齊宣王因而仆之。燕王噲死，齊大勝燕，子之亡。二年，燕人立公子平，是謂昭王。」其敍事甚明晰。齊策二載田臣思勸齊王乘秦韓之戰而攻燕，高誘亦謂是宣王。證之秦本紀韓本紀，是年乃秦惠王後元十一年，韓宣王十九年，秦韓戰於岸門，而年表均失載。孟子亦明記與宣王論伐燕事。按諸索隱所引紀年，是乃宣王六年也。歷來儒者於孟子在齊年代，或主當宣王時，或主當湣王時，紛紛議論不能決。今以諸書參互稽考，則宣王之說自勝。日知錄：「孟子以伐燕爲宣王事，與史記不同。通鑑以威王宣王之卒各移下十年，以合孟子之書。今按史記湣王元年爲周顯王四十六年，又八年，燕王噲讓國于相子之。又二年，燕人立太子平，則以爲湣王十二年。而孟子書吾甚慚於孟子，尚是宣王。何不以宣王之卒移下十二三年，則與孟子之書無不皆合，而但拘於十年之成數耶？」今按顧氏此論極疏謬。不博考之紀年之佚文，無以發史表之覆，而以意爲之移易，則終不足以徵信，而重起紛紜之爭，復何益哉？又周柄中四書典故辨正謂：「伐燕殺噲，當從通鑑作宣王事。宣王卽位之年，當從史記作顯王二十七年。燕噲與齊宣王前後相左，當移上燕噲之年以合齊宣，不當移下齊宣之年以就燕噲。」此說閻若璩孟子生卒年月考已主之。不論其絕無證佐，全出臆斷。且若燕噲年移前，此後燕昭年又難定。前人種種安排，總緣不肯細心一究紀年耳。

且余謂齊伐燕乃宣王六年，非湣王十年者，猶有旁證，可得而微論者。史記湣王伐燕事僅附見於燕世家中，而田齊世家顧獨不載，又不著於年表，此史公自審其可疑，故掩而沒之也。汪之昌青學齋集卷十一，齊人伐燕年代考謂：「卽就史記論，齊世家湣王四十餘年中，絕無一語及於伐燕。六國表湣十年正值伐燕之年，亦未言及。燕世家全錄國策，其云燕噲立，蘇秦死，齊宣王復用蘇代，亦仍其舊。既與年表蘇秦傳不符，下文又突入諸將謂齊湣王伐燕云云，一篇中忽宣忽湣，似不知燕噲之世當值齊何王之年」，其論最是。又按田齊世家，有「桓公午五年，魏攻韓，韓求救於齊，齊桓召諸大臣而謀。騶忌主勿救，段干朋主救之。田臣思曰：秦魏攻韓，楚趙必救之，是天以燕予齊也。桓公曰：善。因起兵襲燕國，取桑丘。」此文殊可疑。史公於齊威王前事皆不能詳，今齊策亦始威王。此獨記載明備，可疑一也。吳師道辨之云：「田臣思卽田忌，與鄒忌段干朋皆仕威宣，何於桓公時已預大政？」二可疑也。桓公時，秦魏攻韓，楚趙救之，齊不救，因而襲燕。其後宣王時，秦魏伐韓，楚趙救之，齊不救，因而舉燕，何其事之脗合？三可疑也。且桓公時，秦魏事無見。年表桓公五年，魏韓趙伐齊至桑邱，齊伐燕取桑邱。既云三晉伐齊至桑邱，何又云齊伐燕取桑邱？韓自結趙魏攻齊，則又與求救於齊之文戾。且田臣思之辭曰：是天以燕與齊，而僅爲取桑邱乎？四可疑也。吳氏因謂：「史乃誤以國策宣王伐燕章附之桓公。」其說甚是。蓋桓宣字相近，史公既以伐燕爲湣王事，乃以意移此於桓公耳。意當時史公所據本文當有宣王五年之說，而史公乃移以爲桓公之五年也。按美國斐勒德斐亞大學博物館藏陳□壺銘文：「隹王五年，□□陳旻再立事歲，孟冬戊辰，内伐匽。」此齊宣王五年伐燕之可證於銅器者。又按宣王五年，鄒忌已先卒。史文與下威王二十六年及宣王二年兩節全同，均不可據。

考秦本紀：「惠文王後元十年，伐取韓石章。十一年，敗韓岸門。」惠文王後元十年，當齊宣王五年。其十一年，當宣王六年。是秦之伐韓在宣王五年。韓恃救以抗秦，至明年而大敗，齊以此際襲燕，歲月情事皆恰符。則史公田齊世家桓公五年事，卽宣王五年之誤，夫復何疑？韓策：「秦韓戰於濁澤，韓氏急，欲爲和，楚僞救韓，韓遂絕和於秦，而大敗于岸門。」大事紀解題云：「濁澤卽修魚之戰，事在韓宣懷十六年，在岸門一役前四年。韓和戰之計不安，故兵連禍結，中間重有請救於齊之事也。」然則齊伐燕起宣王五年，而取燕則在六年，決非湣王之十年矣。

〔附〕　燕昭王乃公子職非太子平辨

又按燕策：「子之三年，燕國大亂，百姓恫怨，將軍市被太子平謀攻子之。儲子謂齊宣王因而仆之，破燕必矣。王因令人謂太子平曰：寡人聞太子之義，寡人國小，不足先後，雖然，惟太子所以令之。太子因數黨聚眾，將軍市被圍公宮，攻子之，不克。將軍市被及百姓乃反攻太子平，將軍市被死，已殉國，構難數月。宣王因伐燕，燕王噲死，齊大勝，燕子之亡。二年，燕人立公子平，是爲燕昭王。」史記燕世家文略同。索隱：「按上文太子平謀攻子之，而年表又云君噲及太子相子之皆死，紀年又云子之殺公子平，今此文立太子平，是爲燕昭王，則年表紀年爲謬也。而趙系家云：武靈王聞燕亂，召公子職於韓，立以爲燕王，使樂池送之。裴駰亦以此系家指燕世家。無趙送公子職之事，當是遙立職而送之，事竟不就。則昭王名平，非職，明矣。進退參詳，是年表既誤，而紀年因之而妄說耳。」今按小司馬常引紀年而不加遵信，率如此。余疑燕策及史文記太子平將軍市被一節，詞氣支離，多誤衍。當爲「太子因要燕策作數，今依史世家。黨聚衆，此處應漏一及字。將軍市被圍公宮，攻子之，不克。此下策史均衍將軍市被四字，又及字乃上文誤移而下者。百姓反攻太子平，將軍市被死以殉。以策作已。因。策作國。構難數月。」蓋太子平及將軍市被始終共事，並及於難。今史策此節文均誤，遂謂市被反攻太子平，而市被又反見殺，於事勢情理均難通也。然則史策下文所云「燕人立公子平是爲燕昭王」者，實爲立「公子職」之字誤。惟今策史同誤，不知先誤者何書，而讀者又以妄易其未誤之本也。今六國表云：「君噲及相子之皆死」，與索隱所引年表文不同。蓋太子二字，又經刊去矣。古書之多經改易，不易審讀，如此。

又按雷氏義證亦謂：「燕策立太子平句，本是立公子職之誤。燕世家又承其譌也。索隱因此信裴駰之解，于年表王噲太子相子之皆死句，刊去太子二字，以扶同後說。校刊紀年者，於燕子之殺公子平下，又增以不克二字，以彌縫其異。其實皆誤也。夫市被與太子平攻子之，可云不克，爲其爲攻也。若上文既云殺矣，下何以復云不克？此種文義，未之前聞。」雷氏論今本僞紀年妄改眞本之迹，言極明快。惟市被之寃，雖無的據，固可會合燕策史記今本竹書種種之誤，而據情酌理，以爲申雪也。又按郭沫若金文餘釋之餘釋庫引唐蘭說，謂：「往年齊地所出北燕兵器，多見郾王職名，卽是燕昭王。」此亦昭王乃職非平一證。

一二一　屈原於懷王十六年前被讒見絀十八年使齊非卽放逐辯

史記屈原傳：「上官大夫欲奪屈平憲令稿，屈平不與。因讒之，王怒而疏屈平。屈平既絀，其後秦欲伐齊，乃令張儀事楚。及楚敗藍田之明年，張儀復如楚。懷王聽鄭袖釋張儀。是時屈平既疏，不復在位，使於齊，顧反諫懷王曰：何不殺張儀？懷王悔，追張儀，不及。」據此，則屈原見絀，在懷王十六年，張儀去秦事楚之前。其使齊在懷王十八年也。所謂疏屈平，屈平既絀不在位者，屈原初爲左徒，入則與王圖議國事以出號令，出則接遇賓客，應對諸侯，王甚任之。其後稍疏，絀在閒位，卽如使齊，亦其絀後事，然猶未至放流遷逐也。而後人遂謂懷王十六年乃屈原被放之期，誤矣。詳見近人陸侃如屈原評傳。此誤始於劉向之新序。新序之言曰：「秦欲吞滅諸侯，幷兼天下，屈原爲楚東使齊，以結強黨。秦患之，使張儀之楚，貨楚貴臣上官大夫靳尚之屬，上及令尹子蘭司馬子椒，內賂夫人鄭袖，共譖屈原。屈原遂放於外，乃作離騷。」向所爲說苑新序，疏謬不可勝辨，此尤顯與史記相乖。屈原見絀在張儀至楚前，此以爲張儀來楚之後，一誤也。屈原僅見絀，此爲被放，二誤也。屈原使齊在十八年，此移在十六年，三誤也。張儀賂靳尚鄭袖，在其再來楚之後，此以爲在初至之時，四誤也。令尹子蘭使上官大夫短屈原，史記在懷王入秦後，此以爲受張儀之賂，五誤也。王懋竑疑屈原並不及懷王入秦時，語詳考辨第八七第一二七。此特就史記新序異同言之。屈原使齊，正爲見疏後事，而新序又謂懷王復用屈原，再使齊，六誤也。離騷言美人香艸多矣。其言椒蘭，亦託物喻意。劉向誤以蘭爲子蘭，又別造子椒之名，七誤也。朱子楚辭辨證云：「此辭之例，以香艸比君子，王逸之言是矣。然屈子以世亂俗衰，人多變節，故於蘭芷不芳之後，更嘆其化爲惡物。而揭車江離，亦以次而書罪焉。蓋其所感益以深矣。初非以爲實有是人，而以椒蘭爲名字者也。而史遷作屈原傳，乃有令尹子蘭之說。班氏古今人表，又有令尹子椒之名，王逸又誤爲司馬子蘭大夫子椒，而不復記其香艸臭物之論。流誤千載，遂無一人覺其非者，甚可嘆也。使其果然，則又當有子車子離子椒之屬，蓋不知其幾人矣。」今按朱說甚是。然史記子蘭，未見其必據離騷椒蘭之文而誤。余謂其誤蓋始劉向，誤謂離騷余以蘭爲可恃句卽指令尹子蘭，而妄增司馬子椒之名。王逸又誤爲司馬子蘭大夫子椒也。至人表又爲令尹子椒子蘭，依其行事當居下下，而列在第六。與唐勒景差之徒同等，何其謬無高下至此？蓋必有誤，非班氏之本矣。且史固云：「離騷者，猶離憂也。」讀其文字，亦不見有流放遷逐之跡。今既誤以屈原於懷王十六年前卽放逐，遂謂離騷乃被放後作，八誤也。史公屈原傳：「王怒而疏屈平，屈平疾王聽之不聰也，讒諂之蔽明也，邪曲之害公也，方正之不容也，故憂愁幽思而作離騷。」此正說也。其太史公自序謂屈原放逐著離騷，漢書遷傳報任安書，屈原放逐，乃賦離騷，此猶云韓非囚秦，說難孤憤，特屬行文之便，非史實矣。若確作實叙語，殆始劉向。漢書賈誼傳：「屈原被讒放逐，作離騷賦。」地理志亦云：「屈原被讒放流，作離騷諸賦以自傷悼。」皆沿劉氏之誤。昔漢武拜汲黯爲淮陽太守，黯泣曰：「臣願爲中郎，出入禁闥，補過拾遺。」上曰：「君薄淮陽也？吾今召君矣。」黯既辭，過李息，曰：「黯棄逐居郡，不得與朝廷議矣。」屈原之疏而見絀，不在位，使齊，與其憂愁幽思而作離騷者，亦猶是耳。後人不辨，率每與劉氏之說同誤，余故詳論之如此。

又按鄒叔子遺書，屈子生卒年月考，論屈子作離騷歲月云：「史記屈原爲楚懷王左徒，上官大夫讒之，王怒而疏屈平。平憂愁幽思而作離騷。劉向新序秦使張儀之楚，貨楚貴臣上官大夫靳尚之屬，上及令尹子蘭司馬子椒，內賂夫人鄭袖，共譖屈原。原遂放於外，乃作離騷。張儀因使楚絕齊。考張儀去秦相楚，詐楚絕齊，皆在懷王十六年，則原之見放作離騷，必是年也。離騷曰：及榮華之未落兮，相下女之可詒。又曰：及華歲之未晏兮，時亦猶未央。又曰：及余飾之方壯兮，周流觀乎上下。王叔師注，於前曰及年德盛時，中曰冀及年未晏晚，末曰願及年德方盛壯。以是徵之，則作離騷之時，屈子年方壯。惟老冉冉其將至兮，似非壯年人所宜語。然叔師注引論語，君子疾沒世而名不偁焉，下繼之曰：屈原達志清白，貪流名於後世。蓋志士惜日，不覺其年之方富也。況冉冉訓漸漸，見五臣文選注。曰將，曰漸漸，皆望而未至之辭。則離騷爲屈子壯時所作，明甚。屈子之生，以周顯王二十六年，下至作離騷之年，適三十一歲。記曰：三十曰壯，則及余飾之方壯者，正三十之謂也。」今按鄒氏定離騷作於屈子壯歲，似矣，而必牽連史記新序爲說，則誤。屈子作離騷時，張儀來楚與否，今未可考。要之屈子見疏，不係於張儀。其爲離騷，則或與張儀來楚時相先後耳。

一二二　孟子去齊考

孟子去齊，當在周赧王三年，齊宣王八年，燕人畔齊之後，此前人已多爲是說者。林氏戰國編年卷三論此最析。其言曰：「孟子，燕人畔，王曰：吾甚慚於孟子。朱子集註引燕人立太子平爲說。則是昭王之立，宣王尚在。而孟子亦未去齊也。陳賈曰：王自以爲與周公孰仁且智，仁智，周公未之盡，而況於王乎。孟子曰：古之君子，過則改之。今之君子，過則順之。孟子去齊，曰：王庶幾改之。皆明明就一人之身言。不得謂過在宣王，而慚在湣王也，則齊宣湣之年，史記固誤，而通鑑亦未合。惟以紀年推之，則燕立太子平在宣王九年，而孟子去，蓋得其實。後人信孟子，即安得不信紀年耶？」按林論孟子去齊時爲宣王極是，至太子平之辨，詳考辨第一二〇，則林氏所未及也。其謂充虞曰：「由周而來七百餘歲矣。」閻若璩孟子生卒年月考據此云：「若在赧王元年丁未，逆數至武王有天下己卯，當得八百有九年。孟子方欲言其多，豈肯少言之。」因疑孟子去齊當在顯王四十五年丁酉，未滿八百歲以前。此其誤，江永羣經補義已詳辨之。謂：「後人於周初自共和庚申以前，有誤衍之年七十二年。自武王乙卯至赧王己酉。三年八百十一年，除去七十二年，實得七百三十九年，正與孟子語合。」江曰：「周初自共和庚申以前有誤衍之年，其誤始於劉歆曆譜。共和以前之年，史遷不能紀，惟魯世家自考公以下有其年。考公四年，煬公六年，幽公十四年，魏公五十年，厲公三十七年，獻公三十二年，眞公三十年。眞公之十四年，厲王出奔彘，共和行政，爲共和前年己未。自考公至眞公十四年，凡一百五十七年。魯公伯禽，史記未著卒年，曆譜謂成王元年爲命魯公之歲。魯公四十六年，至康王六年而薨。以四十六加一百五十七，則成王元年至厲王己未，二百單三年耳。以汲冢竹書紀年考之，武王伐殷爲十二年辛卯，與今傳己卯者異。武王陟於十七年丙申，成王元丁酉，三十七年陟。康王元甲戌，二十六年陟。昭王元庚子，十九年陟。穆王元己未，五十五年陟。共王元甲寅，十二年陟。懿王元丙寅，二十五年陟。孝王元辛卯，九年陟。夷王元庚子，八年陟。厲王元戊申，二十六年陟。厲王十二年己未，奔彘。十三年庚申，王在彘，共伯和攝行天子事，號曰共和。卽史記十二諸侯年表起共和庚申之年。武王辛卯至共和庚申，二百一十年。若皇極經世通鑑前編諸書，武王己卯至共和庚申，有二百八十二年，羨出七十二年，正是劉歆曆譜誤衍之數也。」又魏源孟子年表考說同。惟朱右曾汲冢紀年存眞謂：「劉歆曆譜所謂成王元年者，乃武王崩後之八年，周公攝政七年之明年也。經世諸書所謂成王元年者，乃武王崩後之明年也。又曆譜稱魯武公二年，世家則武公九年，今考定較經世諸書實少五十六年」，與江說異。（參讀本書序文。）

則孟子去齊，當在周赧王三年後，更無疑矣。

宋翔鳳過庭錄有論孟子去齊年歲一節云：「俗傳孟子譜云：孟子生於周烈王四年，此言誕不足信。公孫丑篇孟子將朝王章，言惡得有其一以慢其二哉？是蓋在孟子去齊之前。當赧王三年，孟子年過七十，故云齒尊。曲禮：大夫七十而致事，若不得謝，則必賜之几杖，行役以婦人，適四方，乘安車，自稱曰老夫，於其國則稱名。則五十六十雖在養老之列，而尙無此隆禮，安得以齒尊自居？若孟子生於烈王四年，至赧王三年僅六十一歲，不宜云爾矣。計孟子致爲臣而歸時，已合七十致事，故云致爲臣。若曰不可更仕矣。他日王謂時子曰：吾欲中國而授孟子室，養弟子以萬鍾。此亦養老優賢之義，不能更令孟子仕，但留其歸也。孟子去齊，宿于晝，有欲爲王留行者，坐而言，不應，隱几而臥。曲禮：七十賜几杖。孟子對客隱几，正是年過七十之證。則生於烈王四年之說，全不可據也。」今按宋氏信黃震日鈔，謂孟子仕齊湣王，故其論孟子事多誤。獨此條辨舊譜孟子生於烈王四年之說，頗爲精確有見。然其論亦僅足爲孟子去齊年過七十之證，未見其必爲始踰七十也。孟子仕齊八年，將朝王章一事，未知定在何時，不得卽謂赧王之三年。致爲臣與中國授室，亦未可全據七十致事之禮爲說。（參讀考辨第七六。且曲禮亦有不得謝之說，則亦非一踰七十必致事也。）宋氏又謂：「以赧王三年孟子七十餘歲，知生於安王二十年前後。自安王二十年至赧王三年，恰得七十一年。前尚可言，後則非矣。」宋氏必欲抑後孟子生年者，爲以孟子書載魯平公諡，宋氏必以出孟子親筆，而謂孟子卒後魯平公，故爲此也。若更核以梁惠王稱孟子爲叟之事，知孟子年不應再後。故余謂孟子之生，最晚在周安王二十年者，以此。宋氏之論，蓋有未盡。閻氏釋地又論孟子在齊辭十萬鍾之祿云：「陳戴蓋祿萬鍾，爲齊公族。而孟子在三卿之中，使祿同於戴，則仕齊當十年。倍戴，當五年。或少倍，亦不下六七年。」今按孟子言辭十萬鍾，此成數，非確數也。宋氏孟子趙注補正云：「王謂時子，養弟子以萬鍾，言致卿祿一歲之粟，若後世致仕食俸之法」，疑爲近是。今卽以宣王元年起算，至宣王八年，固不及十萬鍾。（狄氏編年譜：「孟子其始爲賓師，但受公養之禮，不受祿。其後爲卿，受粟十萬。凡言無官守無言職者，皆在爲賓師時，言當路於齊加齊卿相者，皆在爲卿時，當分別觀之。」其說極是。然謂受粟十萬，仍不知其非確數也。宋氏四書釋地辨證謂：「孟子在齊二十二年，辭十萬，蓋謂湣王時所辭之祿。」則更大誤。孟子不仕湣王，辨不勝辨，歷觀余前後關係諸篇，自見其失。）

又按孟子去齊，居於休。或據路史國名紀，休在潁川，屬宋境，謂孟子去齊之宋。余考孟子之宋尚在前，此時孟子已年老，既謂至宋，亦何遠居潁川？閻若璩釋地謂：「故休城在今兗州府滕縣北一十五里，距孟子家約百里」，此差近是。從此孟子歸隱不復出矣。又按孟子書，齊宣王梁惠王梁襄王鄒穆公滕文公魯平公俱稱諡，獨宋王偃不稱諡。書中亦不見述及宋偃亡國。或孟子書成於魏襄王卒後宋亡前十年之內，上距孟子去齊二十餘年。此亦孟子書未必出孟子親自論次之證也。閻若璩曰：孟子道不行，歸而作孟子七篇，卒後，書爲門人所叙定，故諸侯王皆加諡焉。（孟子生卒年月考。）又曰：論語成於門人之手，故記聖人容貌甚悉。七篇成於己手，故但記言語出處。（仝上。）周廣業曰：此書叙次數十年之行事，綜述數十人之問答，斷非輯自一時，出自一手。其始章丑之徒，追隨左右，無役不從，於孟子言動，無不熟察而詳記之。每章冠以孟子曰者，重師訓，謹授受，秉法論語也。至其後編次遺文，又疑樂正子及公都子屋廬子孟仲子之門人與爲之。何者？諸子皆孟門高第，七篇中無斥其名者。（孟子出處時地考。）兩說皆近是，而似當以周氏爲尤信。如萬章亦有稱萬子，則非盡出章丑之徒之證也。

一二三　宋鈃考

漢志小說家宋子十八篇，班固云：「孫卿道宋子，其言黃老意。」又名家尹文子一篇，班云：「說齊宣王。」師古曰：「劉向云：與宋鈃俱遊稷下。」今按荀子書以墨翟宋鈃並稱，則鈃乃墨徒也。陶潛羣輔錄以宋鈃尹文爲三墨之一，後世惟俞正燮癸巳類稿墨學論，亦以宋鈃爲墨徒，而孫詒讓閒詁非之，則古今知此者尠矣。班氏稱其書近黃老意者何？荀子曰：「子宋子曰：人之情欲寡，而皆以己之情爲欲多，是過也。」正論又曰：「宋子蔽於欲而不知得。」解蔽此老子所謂「少施寡欲，絕學無憂」，而稱「禍莫大於不知足，咎莫大於欲得」者也。又曰：「

宋子有見於少，無見於多。」天論。此老子所謂「少則得，多則惑」，「爲道日損」，「儉故能廣」，「餘食贅行，有道不處」者也。又曰：「子宋子曰：明見侮之不辱，使人不鬭。」正論。此老子所謂「勇於不敢」，「柔弱處上」，「大白若辱」，「知雄守雌」者也。韓非亦言之，曰：「宋榮子之議，設不鬭爭，取不隨仇，不羞囹圄，見侮不辱。」顯學。此老子所謂「勇於不敢」，「柔弱處上」，「大白若辱」，「知雄守雌」者也。莊子之稱之曰：「宋榮子，舉世譽之不加勸，舉世非之不加沮，定於內外之分，辨乎榮辱之境。」逍遙遊。此老子所謂「明道若昧，深不可識」，「知我者希則我貴」者也。莊子又稱之，曰：「不累於俗，不飾於物，不苟於人，不忮於衆，願天下之安寧，以活民命，人我之養，畢足而止，以此白心。」天下篇。此老子所謂「我有三寶，以慈爲先」，「聖人不積，既以爲人己愈有，既以與人己愈多」者也。又曰：「宋子語心之容，名之曰心之行。」韓非顯學篇：「是漆雕之廉，將非宋榮之恕，是宋榮之寬，將非漆雕之暴。」宋榮之恕與寬，卽其所言心之容也。此老子所謂「知常容，容乃公」，「聖人無常心，以百姓心爲心」也。又云：「接萬物以別囿爲始。」此老子「聖人常善救人，故無棄人，常善救物，故無棄物，是爲襲明」之旨也。又曰：「見侮不辱，救民之鬭，禁攻寢兵，救世之戰。」此最墨徒之精神，而老子所謂「大國不過欲兼畜人，小國不過欲入事人，兩者各得其所欲，大者宜爲下」，「雖有甲兵，無所陳之」者也。余嘗謂黃老起於晚周，興於齊，又謂道原於墨。若宋子，宗墨氏之風，設教稷下，其殆黃老道德之開先耶？然所以入小說家者何？莊子曰：「以此周行天下，上說下教，雖天下不取，強聒而不舍。」天下篇。又以與尹文並稱。尹文書入名家。名家者流，大率取譬相喩，務在眾曉。故漢志評小說家亦曰：「街談巷語，道聽塗說者之所造」，此宜與名家爲近。荀子譏宋說，亦以入溷擾豕爲譬。意宋子書多此類，所以歸之小說家，而實與當時名家辨士白馬非馬諸論相通流也。劉書新論九流篇：「名家，宋鈃尹文惠施公孫捷之類也。」孫詒讓札迻云：「檢漢志無公孫捷，疑當作公孫，捷子。公孫謂公孫龍，捷子自爲一人。漢志公孫龍在名家，捷子在道家。」今按：劉氏以宋鈃爲名家首稱，正與余論相合。六朝學者，精研名理，猶知其義，後世則荒矣。惜其書已佚，無可考證。約略可以推論者，僅此。至其行事亦不詳。孟子書有秦楚將構兵，孟子遇宋牼於石邱一節。張宗泰孟子諸國年表記曰：「當孟子時，齊秦所爭惟魏。楚雖近秦，時方強盛，秦尚未敢與爭。惟梁襄王元年癸卯，有楚與五國共擊秦不勝之事，而獨與秦戰，則在懷王十七年。孟子是年因燕畔去齊。孟子疏：石邱宋地。樊云：「一統志石邱在衞輝齊胙城縣東，疏以爲宋地，是也。」則孟子去齊之宋而遇牼也。」閻若璩云：「齊宣王喜文學游說之士，稷下學士復盛，孟子嘗與宋牼有雅，故邂逅石邱，呼以先生。」焦氏正義則謂：「牼蓋年長於孟子，故孟子以先生稱之，而自稱名。」今按其時孟子年已踰七十，而牼欲歷說秦楚，意氣猶健，年未能長於孟子。先生自是稷下學士先輩之通稱。孟子亦深敬其人，故遂自稱名爲謙耳。宋牼欲罷秦楚兵而說之以利，孟子則主說之以仁義，此亦儒墨之異同也。又荀卿正論篇屢及子宋子，曰：「今子宋子乃不然，獨詘客爲己，慮一朝而改之，說必不行矣。二三子之善於子宋子者，殆不若止之，將恐礙傷其身也。」又曰：「今子宋子嚴然而好說，聚人徒，立師學，成文典，然而說不免於以治爲至亂，豈不過甚矣哉？」凡此云云，足徵荀卿著書，宋鈃猶在，同居稷下，故其辭氣如是。余考荀卿年十五，始游學來齊，至宣王末年，荀卿年近四十。成學著書，當始其時。宋鈃之沒，或值湣王之世，要與尹文相次。又考鹽鐵論論儒篇，歷述湣王末世，稷下諸儒散亡，有愼到接子田駢孫卿而無宋子尹文，疑兩人或先卒。今姑定宋子遇孟軻於石邱年近五十，則其生當周顯王十年前，或視莊周稍晚。若壽及七十，則與莊卒年亦相先後。莊宋同時，故莊周著書亦時時稱述及之也。荀子楊倞注：「宋鈃宋人，與孟子尹文子彭蒙愼到同時。孟子作宋牼，與鈃同音口莖反。」王先愼韓非子集解：「宋榮卽宋鈃，榮鈃偏旁相通。月令腐艸爲螢，呂覽淮南作蚈。榮之爲鈃，猶螢之爲鈃也。」

莊子天下篇稱：「宋鈃尹文接萬物，以別有爲始。」別有之說，又見呂氏春秋去宥篇。謂：「鄰父有與人鄰者，有枯梧樹，其鄰之父言梧樹之不善也，鄰人遽伐之，鄰父因請以爲薪。其人不說，曰鄰者若此其險也，豈可爲之鄰哉？此有所有也。夫請以爲薪，與弗請，此不可以疑枯梧樹之善與不善也。齊人有欲得金者，淸旦被衣冠，往鬻金者之所，見人操金，攫而奪之。吏搏而束縛之，問曰：人皆在焉，子攫人之金，何故？對曰：殊不見人，徒見金耳。此眞大有所有也。夫人有所有者，固以晝爲昏，以白爲黑，以堯爲桀。有之爲敗亦大矣。亡國之主，皆甚有所有邪。故人必別有，然後知。別有則能全其天矣。」此蓋宋尹別有說之猶存者。呂氏篇首卽引東方墨者謝子，亦由宋尹墨徒，故引墨家事爲說。其言亦就近取譬，類於街談巷語，故漢志以入小說家。余疑呂氏去有一篇，或取之宋子十八篇也。尸子廣澤篇稱：「料子貴別囿」，料子或疑卽宋子。馬叙倫莊子義證主其說，惟未有的證。又謂尸子正與宋子同時，則大謬。

一二四　尹文考

漢志尹文子一篇，在名家。班固云：「說齊宣王，先公孫龍。」今道藏本上下二篇，云出魏黃初末山陽仲長氏詮次。其序曰：「尹文子者，蓋出周之尹氏，隋志亦云：「尹文子，周之處士，遊齊稷下。」與高注呂覽不同。齊宣王時居稷下，與宋鈃彭蒙田駢同學於公孫龍，公孫龍稱之。著書一篇，多所彌綸。余黃初末始到京師，繆熙伯以此書見示，意甚玩之，而多誤脫。聊試條次，撰定爲上下篇。」晁公武讀書志：「李獻臣云：仲長氏，統也。熙伯，繆襲字也。傳稱統卒於獻帝遜位之年，而此云黃初末到京師，豈史之誤乎？」四庫提要謂：「仲長氏未必是統，晁氏因此而疑史誤，未免附會。」近人唐鉞據魏志劉劭傳註引文章志，襲友人山陽仲長統，漢末爲尚書郎云云，謂：「撰序人故作狡猾，影射仲長統。未曾細考，遂露破綻。周廣業意林註以爲恐是序出僞托，非是史誤，誠然。」見唐著中國史的新頁尹文和尹文子。此論撰序者之僞也。

至序稱同學於公孫龍云云，後人疑辨者亦多。余謂僞序所據，本爲「尹文先於公孫龍，公孫龍稱之」，今乃誤脫一先字也。考漢志凡云稱之者，皆謂後之稱前。如：「列子名圄寇，先莊子，莊子稱之。」「公子牟魏之公子也，先莊子，莊子稱之。」「鄭長者，六國時，先韓子，韓子稱之。」「將鉅子，六國時，先南公，南公稱之。」「愼子名到，先申韓，申韓稱之。」（班氏此說自誤，詳考辨第一四六。）皆其例。亦有單稱其人在某之先者，如：「閭丘子在南公前」，「尹文子先公孫龍」，「田俅子先韓子」（班謂愼到先申亦誤，詳考辨第一三七。），皆是。知其在某之先者，正以其見稱於某而定。此與前例一意，語有詳略耳。復有僅舉其見稱於某者，如宋子下云：「孫卿道宋子，其言黃老意」，則知宋子先孫卿也。今班氏云：「尹文先公孫龍」，而僞序云：「公孫龍稱之」，正足發明班氏之例。蓋班氏自據當時公孫龍書有稱尹文語而言。惟今公孫龍書既缺，故所稱尹文語皆不見耳。高誘注呂覽亦云：「尹文齊人，作名書一篇，在公孫龍前，公孫龍稱之」，與僞序相同。知僞序自有據，而今本之爲脫誤也。

又謂尹文居稷下，與宋鈃彭蒙田駢同學者，以當時稷下先生皆不治而論議。古者宦學齊稱，今稷下之流皆不仕，乃相謂同學。猶史記稱「荀卿年十五，始來遊學於齊」也。當時稷下先生自避仕宦之名而稱學者，後人不深曉，不察同學二字之意，遂妄疑其同學於公孫龍，遂爲減去一先字矣。容齋隨筆十四引劉歆說：「尹文居稷上，與宋鈃彭蒙田駢等同學於公孫龍。」今按：藝文志顏師古注：「劉向云與宋鈃俱遊稷下」，不謂同學於公孫龍也。近人馬叙倫莊子義證謂洪氏取僞仲長統尹文子叙而訛爲歆說。唐鉞云：「馬總意林有尹文子二卷，劉歆注，或者唐代所行尹文子有僞托劉歆注本。容齋所引劉歆云云，卽出於此。」（見唐氏尹文和尹文子。）所言似較馬氏爲確。

孔叢子：「子思在齊，尹文子生子不類，而告子思。」今按呂覽正名篇載文與齊湣王論士，則尹文乃宣王時稷下舊人，至湣王時尚在。湣王立，子思死已百年。尹文見湣王，卽不及見子思，遑論生子而告哉？孔叢僞書，其言鄙陋，不足信。列子黃帝篇：尹生從列子居，曰：章戴有請於子。張湛注：章戴尹生名。沈欽韓謂此尹生卽尹文。列子既僞書，而沈說又無據，姑以誌一說於此。

說苑：齊宣王問尹文人君之事何如？尹文對以「無爲而能容下，事寡易從，法省易因，大道容衆，大德容下，聖人寡爲而天下理。」呂覽正名篇載文與齊王論士，謂見侮不鬬，全國之法令，不當以爲辱。莊子天下篇謂：「宋鈃尹文見侮不辱，救民之鬬，禁攻寢兵，救世之戰。」則尹文實承墨氏之緒，陶濬羣輔錄列宋鈃尹文爲三墨之一。成玄英莊子疏：「宋鈃尹文咸師於黔而爲之名也。」或疑黔指黔婁子，此殊無證，竊疑黔乃墨字之譌。蓋宋尹爲墨徒，猶爲晉唐舊誼也。其名書開公孫之辨，無爲容下，標道家之的。韓非內儲說上載尹文與齊宣王論治國以賞罰爲利器，則通於法家之囿也。兼名墨，啟道法，此自是稷下學風。蓋略當於魏文之鄴下。一時學者廣收並納，包孕富有，散而爲天下之道術，則不勝其異也。今傳上下篇，仲長氏序謂卽漢志一篇之本而加條次，然其書頗可疑，殆非漢志之舊矣。大道上：「接萬物使分，別海內使不雜，見侮不辱，見推不驚，禁暴息兵，救世之鬬」云云，明襲莊子天下篇。莊書乃約述宋尹論學宗旨，決非襲取尹文書也。又聖人下序田駢彭蒙事尤爲誤襲天下篇之顯見者。（許考辨第一三九。）書中屢引老子，亦爲其書晚出一證。

一二五　惠施卒年考

史記魏世家：「哀王九年，與秦會臨晉，張儀歸于魏。相田需死，楚相昭魚曰：吾恐張儀犀首薛公有一人相魏者也。」其言不及惠施。以施在魏地位言，猶高於三人，疑其時已先卒。然則惠施卒年，殆在魏襄王五年使趙後，魏襄九年田需卒前。自此上溯徐州相王，凡二十五年。惠施壽蓋六十左右，其生當在烈王之世。魏策：「魏文子田需周宵相善，欲罪犀首。」鮑彪注：「周宵，孟子時有此人，相去至是三十年矣。」吳師道正云：「田文前相魏，當襄王時，孟子見梁襄王，相去不遠也。」今按策文云：「犀首謂魏王曰：嬰子言行於齊王，王欲得齊，胡不召文子而相之？」又曰：「犀首東見田嬰，與之約結，召文子而相之魏，身相於韓。蘇代爲田需說魏王，魏王復厝需於側。」則田文初相魏在襄王初年，時田嬰猶尚在。其後至襄王九年而田需卒。孟子曾見襄王，豈有相去三十年之說？

一二六　張儀卒乃魏哀王九年非十年辨

六國表魏哀王十年，張儀死。考儀傳，儀以秦武王元年重至魏，當哀王九年。相魏一歲，卒於魏，則哀王十年也。秦紀亦同。惟核之魏世家，哀王九年相田需死，楚害張儀犀首薛公三人相，蘇代爲說魏使相太子，亦見魏策。則張儀未相魏。儀傳索隱引紀年云：「張儀以哀王九年五月卒」，郝氏竹書紀年校正論之云：「史記哀王即紀年襄王也。韓世家集解徐廣亦云：魏哀王十九年，紀年于此亦說楚入雍氏，其時張儀已死十年矣。是張儀之卒，在魏襄王九年。」今按：郝說是也。今本僞紀年張儀卒在周隱王三年，當魏襄王七年，誤前二年。史記則誤後一年也。雷氏義證定儀死在哀王十年，並謂九年曾相魏。蓋初以太子相，而卒以張儀爲相。其說皆誤。齊策：「秦武王出張儀於魏，齊人興兵伐之。張儀使馮喜說齊，謂伐梁即所以信儀於秦王，此亦未可信。蓋襲魏策「張儀以秦相魏，齊楚怒，欲攻之，雍沮說齊楚」云云，與此說合。儀欲以魏合秦韓，惠施欲以合齊楚。惠施見逐，故齊楚怒儀而欲伐魏，似較有據。然尚在惠成王十三年，至武王逐張儀，策士本雍沮之說，造爲馮喜之事，而史誤取之耳。周季編略謂：「張儀逐惠施在哀王九年」，尤誤。日本瀧川氏史記會注考證有正儀佚文云：「張儀秦武王元年卒，赧王之五年。」正與索隱引紀年符會。

又考儀傳及楚世家，張儀以楚懷王十八年重至楚，是年即秦惠王末年。楚囚張儀，既而釋之。儀得返秦，值惠王卒，武王立。武王自爲太子時，已不說張儀，及即位，羣臣多讒張儀，遂至魏，以魏哀王九年五月卒。即秦武王之元年也。計其自秦至楚，復返秦而至魏以卒，前後最多不出十七月，其間更無時北說韓，東說齊，又西說趙而北說燕，甚明。且儀之去楚，懷王已悔之，使人追儀勿及。時齊尤惡張儀，儀決不敢幸脫楚禍，復說齊趙。且張儀去秦，乃見逐於武王，又何爲爲之說六國，令相率事秦哉？余觀儀生平足跡所到，僅爲魏秦楚三國。燕齊非所及。至秦本紀稱：「武王立，韓魏齊楚越皆賓從。」集解徐廣曰：「越一作趙。」此乃秦史誇大之辭。然亦並不及燕，亦非張儀連横之效。今史策載張儀爲秦連横事，皆虛，已著其辨於蘇秦篇。考辨第九十五又一〇七。

又按楚世家：「懷王二十年，齊湣王欲爲從長，使使遺楚王書，曰：今秦惠王死，武王立。張儀走魏，樗里疾公孫衍用。」懷王二十年，齊乃宣王，非湣王。參讀考辨第一二八。張儀已死，公孫衍亦不在秦。書中又先舉武王謚，皆誤。下文昭睢曰：「秦破韓宜陽」云云，集解：「徐廣曰：懷王之二十二年，秦拔宜陽，然則已非二十年事。」通鑑載此事於懷王二十三年，梁氏志疑定其事在二十六年。然其時張儀死已久，秦已爲昭王，昭王元適當懷王二十三年。齊仍爲宣王，與書中語益不合。史公此書，蓋不足信。然據書中云云，亦見張儀去秦，本由見逐，當時亦並無六國聽張儀語連横事秦事。則此書雖策士妄造，亦可證張儀連横之不實也。

一二七　屈原居漢北爲三閭大夫考

屈原自懷王十八年使齊返，至三十年懷王入秦，中間凡十二年，事跡無考。昔人謂屈子嘗居漢北，證諸九章，如抽思：

「有鳥自南兮，來集漢北。望南山而流涕兮，臨流水而太息。惟郢路之遼遠兮，魂一夕而九逝。曾不知路之曲直兮，南指月與列星。」指屈原居漢北最顯。而姚鼐云：「懷王入秦，渡漢而北，故托言有鳥，而悲傷其南望郢而不得反也。故曰雖放流，睠顧楚國，繫心懷王，不忘欲返。」不悟入秦不得曰集漢北。不忘欲返，乃屈原自望返郢，非悲懷王不得返也。姚氏不信屈子居漢北，故強為之說。又望南山，一本作北山。王夫之云：「北山，襄鄧西北楚塞之山。」要之抽思若為屈原作，則必在漢北，無疑。又下云：「狂顧南行，聊以娛心兮」，則故作快意之談也。主屈原居漢北，似始王船山楚辭通釋。方晞原亦謂以抽思考之，屈子始放，蓋在漢北，語見戴震屈原賦注引。又屈復楚辭新注，謂抽思篇當作於懷王二十六年，齊韓魏三國伐楚時。林雲銘楚辭燈，蔣驥楚辭注，亦以抽思思美人為屈原居漢北作。

思美人：

「指嶓冢之西隈兮，與纁黃以為期。吾且儃佪以娛憂兮，觀南人之變態。」南人即指楚人。原居漢北，故云然。嶓冢山，漢水所出，原居近之。屈復謂：「思美人篇，當作於懷王二十五年，與秦會黃棘時。屈子尚欲南行而死諫。」

悲回風：

「浮江淮而入海兮，從子胥而自適。望大河之洲渚兮，悲申屠之抗跡。」此屈子居漢北，與河域淮源皆近，故云然也。

及九歌湘君：

「令沅湘兮無波，使江水兮安流。駕飛龍兮北征，邅吾道兮洞庭。」王夫之云：「九歌應亦懷王時作。原時不用，退居漢北，故湘君有北征道洞庭之句。」今按洞庭在江北，與漢水通流，參讀本篇附辨一。今曰北征而邅道於洞庭，則原居猶在洞庭北也。又「望涔陽兮極浦」，水經：「涔水出漢中南鄭縣東南，旱山北，至安陽縣南入於沔」，沔卽漢水。涔陽者，漢之陽也。史記：「沱涔既道」，鄭玄云：「水出江爲沱，漢爲涔。」原居漢北，與涔陽極浦正合。王逸云：「涔陽，江碕名，近附郢。」說文：「涔陽渚在郢中」，此皆以意強說。近人疑九歌非屈原作，固無的據。若王逸以爲屈原放逐南郢沅湘之間而作，以湘君篇論之，尤可斷其必誤。

湘夫人：

「帝子降兮北渚，目眇眇兮愁予。嫋嫋兮秋風，洞庭波兮木葉下。」北渚卽洞庭之北渚，亦卽湘君篇夕彌節兮北渚者也。若江南洞庭，浩瀚黏天，日月若出沒其中，決無秋風木葉之象。參讀本篇附辨一。

國殤：

林雲銘楚辭燈：「懷王時，秦敗屈匄，復敗唐昧，又殺景缺，大約戰士多死於秦。」余謂原居漢北，實近其地。觸景傷懷，故有此作。篇中「操吳戈兮被犀甲，車錯轂兮短兵接。嚴殺盡兮棄原壄，平原忽兮路超遠。帶長劍兮挾秦弓，首身離兮心不懲」云云，皆言北方戰事，與南郢沅湘之間不合。近人或謂曲禮孔疏春秋正義及玉海皆言戰國時通行騎戰，而此篇仍言車戰，以爲九歌出戰國以前。然余考齊策二：「秦具革車三十乘納張儀於梁」，高誘云：「革車，兵車也。」魏策三：「孟嘗君說趙救魏，趙王爲起兵十萬，車三百乘。又至燕，燕王爲起兵八萬，車二百乘。」韓策一：「秦韓戰於濁澤，陳軫說楚王選師言救韓，令戰車滿道路」，此均戰國時有車戰確證。蘇秦說齊云：「齊車之良。」說楚趙云：「車千乘，騎萬匹。」說魏云：「車六百乘，騎五千匹。」說燕云：「車七百乘，騎六千匹。」張儀說楚韓亦言：「秦車千乘，騎萬匹。」皆計車騎，與徒步持戟之士而爲三。趙武靈王令國人習騎射，國人初不從令，則戰國時固非純行騎戰。又史記燕世家：「

燕王喜起二軍，車二千乘，栗腹將而攻鄗」，其事遠在戰國末年，去趙武靈胡服騎射踰五十年矣。豈得謂戰國無車戰哉？又豈得據此疑九歌之不出戰國哉？其言吳戈長劍秦弓，亦明係戰國時人語。

河伯：

「與女遊兮九河，與女遊兮河之渚」云云，以漢北近河，故及河伯。若南郢沅湘之間，則去河已遠，不應祀河神也。

以至漁父：

水經沔水注引地說曰：「水出荆山東南流，爲滄浪之水，是近楚都，故漁父歌曰云云。」又曰：「漢沔水自下有滄浪通稱，纏絡鄀郢，地連紀郡，咸楚都矣。漁父歌之，不違水地。」王夫之云：「漢水東爲滄浪之水，在今均州武當山東南。漁父觸景起興，則此篇爲懷王時原居漢北所作可知。孟子亦載此歌，蓋亦孔子自葉鄧適楚時所聞漢上之風謠也。」今按近人亦疑漁父非屈原作，然亦足爲原居漢北一助證耳。史記敍之頃襄王怒遷屈原之後，亦誤。

諸篇，皆可見。余則謂原爲三閭大夫，蓋即其居漢北時也。何以言之？王逸云：「三閭之職，掌王族三姓，曰昭屈景。序其譜屬，率其賢良，以厲國士。入則與王圖議政事，決定嫌疑。出則監察羣下，應對諸侯。謀行職修，王甚珍之。」此凡有二誤。以任三閭大夫混於爲左徒任職用事時，一也。不知三閭乃邑名，因謂職掌昭屈景三族，二也。以公邑稱大夫，私邑稱宰之例，如趙衰爲原大夫，狐溱爲溫大夫，凡稱某某大夫者，率以邑名。楚則有縣尹縣公，然亦有大夫。如上官大夫譖屈原，上官卽邑名也。姓纂：「楚莊王少子蘭爲上官大夫，後以爲氏。」莊王卽頃襄王，子蘭乃莊王弟，懷王稚子，此誤。通志氏族略：「楚王子蘭爲上官大夫，因以爲氏。秦滅楚，徙隴西之上邽」，亦以子蘭卽上官大夫，而上官則爲邑名。又據楚策，靳尚死在懷王入秦前，而上官大夫下及襄王。人表上官大夫五等，而靳尚列七等。劉向新序王逸離騷序，乃以上官大夫爲靳尚，非也。知三閭亦邑名矣。應劭風俗通：「三閭大夫屈原之後有三閭氏。」通志亦入以邑爲氏類，則亦謂三閭乃邑名。惟三閭之邑，不見於他書。余又考楚有三戶，蓋卽三閭也。左氏僖公二十五年傳：「秦晉戍鄀，楚申息之師戍商密。秦人過析隈以圍商密。」杜注：「鄀本在商密，秦楚界上小國。其後遷於南郡鄀縣。商密今南陽丹水縣。析，南陽析縣。」水經注：「丹水又逕丹水縣故城西南，縣有密陽鄉，古商密之地，楚申息之師所戍也。春秋之三戶矣。」是鄀本在商密，後鄀既遷，而其地乃改稱三戶。左哀四年傳：「以畀楚師於三戶」，杜注：「今丹水縣北三戶亭，卽此矣。」蓋商密之鄀，以畏秦之偪而暱楚南遷，爲楚之附庸。楚遂踞其故地，而更名三戶。三戶者，表楚昭屈景三族。楚南公曰：「楚雖三戶，亡秦必楚」也。南陽府志：內鄉縣有屈原岡。括地志云：「內鄉卽析縣故地」，正古商密鄀國境也。殆屈原爲三閭大夫，正在丹析之三戶，故其後乃有岡名遺跡歟。南陽志云：「昔楚懷王興師伐秦，爲秦兵所擊敗，北歸楚，至此地，追念屈原，亟呼之，後人因以名其地。史記所載大敗楚師於丹析時也。」今考史記秦楚構兵，無楚懷王親出攻秦事。且張儀說楚絕齊，原已先疏，亦與此事無涉。志語實不足信。蓋後人僅知原沉湘汨，不復知原居漢北，故不得其意而强說之如此。楚始南陽，宋翔鳳過庭錄考定在丹析入漢之處，水經江水注：「秭歸縣東北數十里有屈原舊田宅，雖畦堰縻漫，猶保屈田之稱也。縣北一百六十里有屈原故宅。」今按左僖二十六年，禁令尹子玉城夔，卽秭歸也。謂楚有嫡嗣熊摯，以廢疾不立而居夔，爲楚附庸，未知信否。屈原楚之同姓，其生地在秭歸容可信，惟謂其地卽楚熊繹始封之丹陽，則決誤無疑也。則丹析三戶之境，實楚人開國發祥之地，應有先王遺廟。王逸稱：「屈原放逐，彷徨山澤，見楚有先王之廟，因書壁以爲天問。」此所謂先王廟者，正丹析三戶之境，爲屈原所彷徨矣。余更考諸楚辭言漢北諸地者皆合。詳前引。因知原居漢北，卽爲三閭大夫，在南陽之三戶也。王夫之楚辭通釋謂：「原居漢北鄢郢」，鄢郢不能稱漢北，又距郢爲近，去嶓冢滄浪淮源河域涔陽皆遠，殆不足信。屈復楚辭新注謂：屈原居漢北，當於懷王二十八年秦與齊韓魏三國共攻楚，殺唐眛之歲召回。洪興祖以爲十八年召用，疑字之誤。林雲銘亦主此說。今按懷王十八年屈原使齊返，至是已十一年。果如屈說，則屈原殆自使齊返後乃遷居漢北。然屈原既卒於懷王時，又勸懷王無入秦者係昭睢，非屈原，（參讀考辨第八十七。）則屈子之放居漢北，其固復見召用與否，尚在不可知之數也。

〔附〕　戰國時洞庭在江北不在江南辨

古史地名，每因人事爲遷徙。如禹貢彭蠡衡山本在江北，說彭蠡在江北者，有崔述夏考信錄，倪文蔚禹貢說，魏源書古微諸家。說衡山在江北者，有楊守敬禹貢本義。後人以江南之彭蠡衡山說之，遂多扞格。屈子楚辭有洞庭，余據先秦舊籍，參稽考訂，知其時洞庭亦在江北，不在江南也。

史記蘇秦傳：「秦告楚曰：蜀地之甲，乘船浮於汶，乘夏水而下江，五日而至郢。漢中之甲，乘船出於巴，乘夏水而下漢，四日而至五渚。」集解：「駰案戰國策曰：秦與荊人戰，大破荊，襲郢，取洞庭五渚江南，然則五渚在洞庭。」索隱：「五渚，五處洲也。劉氏以爲五渚宛鄧之間，臨漢水，不得在洞庭。或說五渚卽五湖，與劉氏說不同。」今按集解引戰國策，其文見於秦策。「張儀說秦王曰：秦與荊人戰，大破荊，襲郢，取洞庭五都江南。荊王亡走，東伏於陳。」其文又見韓非初見秦篇，作洞庭五湖江南。五渚卽五湖，而五都亦卽五渚也。史記蘇秦傳文，亦見齊策。鮑云：「五渚，史註在洞庭。」吳云：「今詳本文，（卽上引史文。）下漢而至五渚，則五渚乃漢水下流，洞庭在江之南，非其地也。」今按司馬貞吳師道兩人，謂五渚應臨漢水，在其下流。（此所云下流，乃對秦之在上流而言，應善會。）此絕無疑者。然裴駰五渚在洞庭，此據策史原文，亦必無疑。後人自疑洞庭在江南，故迷惘不得其解。若知戰國時洞庭本在江北，則策史原文已明，不煩紛紜也。（水經湘水注：「資沅湘澧四水，同注洞庭，北會大江，名之五渚。」以資沅湘澧兼江水而足五渚之數，牽強難信，所不待辨。而後人必不忍捨江南洞庭之成見，眞所謂積非之成是也。）又余考戰國楚都鄢郢，在宜城不在江陵。荀子議兵篇：「楚人汝潁以爲險，江漢以爲池，限之以鄧林，緣之以方城，然而秦師至而鄢郢舉，若振槁然。」是其證。史記白起傳：「昭王二十八年，攻楚，拔鄢鄧五城。明年攻楚，拔郢，燒夷陵。」此所謂郢，即鄢郢也。（參讀考辨第四二。）蘇秦傳又曰：「秦一軍出武關，一軍下黔中，則鄢郢動矣。」徐廣曰：「今南郡宜城」，此最得之。水經沔水注：「夷水東注沔，昔白起攻楚，引西山長谷水，即是水也。水潰城東北角，百姓隨水流死於城東者數十萬。城故鄢郢之舊都，城南有宋玉宅。」是也。楚世家云：「頃襄王十九年，秦伐楚，楚軍敗，割上庸漢北地予秦。二十年，秦將白起拔我西陵。二十一年，秦將白起遂拔我郢，燒先王墓夷陵。楚襄王兵衰，遂不復戰，東北保於陳城。二十二年，秦復拔我巫黔中郡。」（高誘曰：秦兵出武關則臨鄢，下黔中則臨郢。此誤釋鄢郢為鄢與郢也。秦兵先拔郢，再拔黔中，則高說之誤，顯然矣。）水經注：「鄢水歷宜城西山，謂之夷谿。」則西陵夷陵皆近鄢郢，為楚先王墳墓所在。（後人以宜昌之夷陵西陵說之，不知秦拔巫郡黔中，尚在其後，且係蜀師東下，與白起不涉。）故毛遂曰：「白起率數萬之眾，一戰而舉鄢郢，再戰而燒夷陵，三戰而辱王之先人」也。（蔡澤亦云然。）秦拔鄢郢，而襄王東退保陳，若楚都江陵，秦兵已先取鄢，南下破楚都，何能轉迎秦鋒，越其兵路而遠避至陳哉？楚自昭王徙郢，本無復回江陵之明文，後人疑楚都仍在江陵者，徒為班氏漢志所誤耳。（班志謂楚始封在丹陽郡之丹陽縣，此豈可信者？曾鞏襄州宜城縣長渠記，荊及康狼，楚之兩山也，水出二山之間，東南而流，春秋之世曰鄢水，其後曰夷水。秦昭王二十八年，使白起將攻楚，去鄢百里，立堨壅是水為渠，以灌鄢。鄢，楚都也，遂拔之，是宋人猶知白起拔郢在宜城，不在江陵。）先秦故籍，不較班書為可據乎？楚都鄢郢既近漢水，則襲郢而取洞庭五渚，洞庭五渚亦必近漢水矣。故知洞庭五渚當臨漢，與漢水相通流也。

又水經江水注：秦昭襄王二十九年，使白起拔鄢郢，以漢南地而置南郡焉。周書曰：南，國名也。南氏有二臣，力鈞勢敵，競進爭權，君勿能制，南氏用分爲二。按韓嬰敍詩云：其地在南郡南陽之間，呂氏春秋所謂禹自塗山巡省南土者也。是郡取名焉。今按酈氏釋南郡名義至確。然既知南郡爲二南之南，則鄢郢必指宜城決非江陵，自可見矣。自鄢郢殘破，漢封臨江王乃在江陵，不在宜城，惜乎酈氏之未能辨也。

然則江南何指？曰：秦本紀：「昭三十年，蜀守若伐取巫郡及江南爲黔中郡。」正義引括地志：「黔中故城在辰州沅陵縣西二十里。」則所謂江南者殆指此。程恩澤國策地名考謂：「下漢至五渚者，仍由漢入江而後至洞庭也。」不悟如此則非四日可至。秦之攻楚，亦何待遠至洞庭？楊守敬水經注疏要刪謂：「燕策所謂取洞庭五渚者，由江取洞庭，由漢取五渚。」則江南二字又難安放。此皆不得洞庭五渚地望而强爲之說者。今再以九歌言之，曰：「嫋嫋兮秋風，洞庭波兮木葉下。」此決非江南洞庭，湖水廣員五百餘里，日月若出沒於其中之所有也。曰：「令沅湘兮無波，使江水兮安流，駕飛龍兮北征，邅吾道兮洞庭。」今按湘卽漢也，參讀下篇。湘君爲漢水之女神，而祭神者居漢北，故望神之來享，而曰北征，又曰邅道洞庭，正以洞庭與漢通流，而祭者猶在洞庭之北也。

又按山海經中山經有洞庭之山，曰：「其木多柤梨橘櫾，其草多葌蘼蕪芍藥芎藭，帝之二女居之，是常遊於江淵，澧沅之風，交瀟湘之淵，是在九江之間。」今按中山經諸山皆在江北，此又洞庭瀟湘，戰國人以爲在江北不在江南之一證也。吳任臣廣注引：「劉會孟曰：洞庭之山，今屬湖廣德安府應山縣，中有一穴，深不可測。」嘉慶一統志：「洞庭山在德安府應山縣西四十里，山下一穴，其深不測。」山海經洞庭之山，固在應山縣境與否不可定，要之在湖北不在湖南，則無疑也。

〔附〕屈原沉湘在江北不在江南辨

楚辭歌洞庭，在江北，其言湘澧沅諸水，亦江北水也。楚策莊辛謂楚襄王曰：「蔡聖侯南遊乎高陂，北陵乎巫山，飲茹溪之流，飲湘波之魚。馳騁乎高蔡之中，而不以國家爲事。」高蔡卽上蔡，是與上蔡相近有湘水也。水經沔水注：「一水東南出，應劭曰城在襄水之陽，故曰襄陽，是水當卽襄水也。城北枕沔水，卽襄陽縣之故城，王莽之相陽矣。」襄陽可以爲相陽，則襄水亦得爲相水。楚辭湘水，或卽襄之異字。樂史曰：「荆楚之地，水駕山而上者，皆呼爲襄，其名無定。故陸澄之地記曰：襄陽無襄水。」其說與水經不同，然同謂楚地有襄水之名也。滄浪卽襄之聲緩，故漁父歌滄浪，而屈子則曰「寧赴湘流，葬江魚之腹中」，今鄂人猶呼漢水下流曰襄河。然則襄湘滄浪，皆漢水也。瀟湘亦卽湘之聲緩，後人以湖南有瀟湘二水，而必謂山海經之瀟湘卽是，此皆不識古代地名之造成及其遷徙之理者也。改漁父篇湘流爲常流，乃成不辭。又涉江篇：「哀南夷之莫吾知，旦余濟乎江湘。乘鄂渚而反顧兮，欸秋冬之緒風。」鄂渚，漢志南陽有西鄂，其地望正值丹析漢北。則湘水所在，斷可知耳。余疑沅卽涓，今漢北有涓陽。則所謂「乘舲船而上沅」者，亦在其地。

太平寰宇記卷一百四十三，均州風俗下，謂：「漢中風俗與汝南同，有漢江川澤山林，少原隰，多以力耕火種。人性剛烈躁急，信巫鬼，重淫祀，尤好楚歌。」原文引漢書地理志，而略變其辭。余意屈原九歌，蓋產其地，遠承二南遺響。自王逸以楚國南郢之邑，沅湘之間說之，近人乃有主九歌爲湘江流域之民歌者。湘域在兩漢時，尙爲蠻陬荒區，豈得先秦之世，已有此美妙典則之民歌哉？又寰宇記一百四十五，襄州風俗下，引襄陽風俗記：「屈原五月五日投汨羅江，今俗其日食粽，並有競渡之戲。」隋書地理志亦謂：「楚人因屈原赴汨羅，乃有競渡之戲，而以南郡襄陽爲尤盛。」春秋「楚屈瑕渡鄢伐羅。」杜注：「襄陽宜城縣西二十里羅川城乃羅故國」，水經江水注：羅故居宜城西山。又湘水注亦云。惟謂楚文王遷之長沙，則殊無確據。又按：水經湘水注：秦滅楚，立長沙郡，卽青陽之地也。秦始皇二十六年令曰：荆王獻青陽以西，已而畔約，擊我南郡。漢書鄒陽傳越水長沙，還舟青陽。蘇林曰：青陽，長沙縣也。不悟遠在昭襄時，秦已拔楚巫黔中，甯待至是復獻長沙以西乎？越世家：犨龐長沙，楚之粟也，竟陵澤，楚之材也，越窺兵無假之關，此四邑者，不復貢事於郢矣。此長沙青陽與無假之關，皆當在楚北。越之伐楚，亦循春秋時吳楚兵爭故道。知青陽以西，卽指南郡一帶地矣。而後人都以大江以南地望釋之，此皆不知古地名遷徙之例，故每往而多誤也。然則羅之與湘，地望同近鄢郢，襄陽風俗，蓋有由來，安見屈原之死必在大江之南，長沙之外也哉？

〔附〕 楚雖三戶亡秦必楚解

楚南公曰：「楚雖三戶，亡秦必楚」，其語解者不一。韋昭以爲：「三戶，楚三大姓昭屈景也」，此最得之。春秋列國宗族，其見於左氏內外傳者，如魯有三桓，鄭有七穆，宋有戴桓之八族，晉有八姓，（見左昭三年傳。）十一族，（見晉語。）及殷民六族，七族，懷姓九宗，（見左定四年傳。）祝融八姓，（見鄭語。）之類，以數字計宗姓者，不勝縷舉。楚之三戶，亦其例也。蘇林曰：「但令有三戶在，其怨深，足以亡秦。」臣瓚曰：「楚人怨秦，雖三戶猶足以亡秦也。」皆望文生解，非其義矣。蓋南公意謂楚之公族雖祇三家，足以亡秦，不泛指民戶言也。其後陳吳發難，亂者四起，皆重立六國後。楚懷以外，如魏豹趙歇韓成田市，皆以故國舊族。其他一時將率，亦多往時大家名族之裔。雖云將相無種，而平民崛起以亡人國，究是當時創局。雖陳嬰之母，亦知驟貴不祥，欲倚名族。況南公遠在亂前，其不以興滅繼絕，復國報仇之大任，期之誰何三家之小民，亦已明矣。而司馬貞索隱獨謂諸說皆非，按左氏「以畀楚師於三戶」之文，因謂三戶是地名。孟康遂稱後項羽果渡三戶津破章邯，是南公之善讖。不悟三戶之爲地名，本由楚起丹陽，以其三族而名發跡之地。而南公之言，初不當以地名釋也。故三戶之解，蘇林臣瓚索隱，各得其一偏，孟康失之最遠，而韋昭爲獨得也。

卷四

一二八　齊湣王在位十八年非四十年其元年爲周赧王十五年非周顯王四十六年辨

六國年表齊湣王元年，爲周顯王四十六年，今按其時威王猶未死，後四年而威王卒，子宣王立。十九年卒，爲周赧王之十四年。翌年湣王稱元，則赧王之十五年也。紀年於今王二十年稱齊王，以宣王亦未卒，尚無謚，故紀年惟有威王，無宣王。可證宣王卒在魏襄二十年後，亦證威宣非一王兩謚矣。今據余定齊威宣湣三世年代推之，孟嘗君入秦，在湣王二年，趙滅中山，在湣王六年。此姑據史表爲說。爲東帝在十三年，滅宋在十五年。其走莒在十七年，而終也。史記謂湣王在位四十年者非。荀子王霸篇論齊湣薛公云："疆南足以破楚，西足以詘秦，北足以敗燕，中足以舉宋。及以燕趙起而攻之，若振槁然。"楊倞注："史記齊閔王二十三年，與秦敗楚於重丘，南割楚之淮北。二十六年，與韓魏共攻秦，至函谷。三十八年，伐宋，宋王死於溫。」惟敗燕無注。盧文弨曰：「當在齊閔王十年，載史記燕世家。」今按楊注所引年歲，皆依史表而誤。此三事均在湣王初年。盧說誤信史記，疑本文敗燕卽子之之亂，亦非也。蘇代之說燕昭也，（燕策誤爲噲。）曰：「今夫齊王，長主而自用也。南攻楚五年，畜聚竭。西困秦三年，士卒罷敝。北與燕人戰，覆三軍，得二將。然而以其餘兵，南面舉五千乘之大宋，而包十二諸侯。」其言湣王事，序次正與荀文一例。若敗燕誠當子之之亂，則應序於最先，不下列詘秦舉宋之間矣。鮑氏注燕策謂：「覆三軍得二將事，史竝不書。」志疑亦謂：「此齊與燕戰事無考。」二人皆不以爲卽子之之亂，是也。今爲證之於荀子書而益信。又史記樂毅傳云：「當是時，齊湣王強，南敗楚相（當作將。）唐昧於重邱，西摧三晉於觀津，遂與三晉擊秦，助趙滅中山，破宋，廣地千餘里，與秦昭王爭重爲帝。已而復歸之，諸侯皆欲背秦而服於齊。湣王自矜，百姓弗堪。於是燕昭王問伐齊之事。」今考敗楚重丘，正湣王初立之歲。吳師道梁玉繩皆定是年趙已滅中山，謂湣王助之者，誣也。（梁氏志疑亦力辨趙滅中山不借助於齊。）又三年，與魏韓共擊秦。又十年，爲東帝。其後三年，燕伐齊，湣王走莒，在位前後十八年。（若以翌年改元計，則爲十七年。）其事略如此。毅傳不載敗燕事者，事輕故略。雷氏學淇說之云：「齊策司馬穰苴乃湣王大臣，而史記穰苴傳謂燕侵河上，穰苴追擊之，遂取所亡封內故竟，此卽齊湣敗燕之一證。（介菴經說）

卷九。觀於蘇代之言，北與燕人戰，覆三軍，得二將，其事啟釁自燕，齊則始敗而終勝，則雷氏之說洵信。史記穰苴傳，又以燕侵河上與晉伐阿甄幷說，則誤混於田忌馬陵之役而言也。參讀考辨第八十五。由此而論，湣王正一好戰喜事之君，而不久其位者。若如史記，敗楚重丘已爲湣王之二十三年，其戰禍皆在晚年，而早歲則默無舉動。不應精壯務偷息，投老勤遠略也。蘇代稱其爲長主，亦謂卽位而年事已長，非言其在位之久。新序卷二：齊婦人無鹽見宣王，諫其春秋四十，壯男不立，不務衆子而務衆婦，宣王乃立太子，拜無鹽君爲王后云云。列女傳亦同。劉向摭春秋戰國時事，往往多誤，不可盡信據，然如此條，似宣王亦以長君卽位，參之孟子見齊王之子章而益信。蓋威王在位久，宣湣皆以壯歲始登極，此亦齊運隆昌之一因也。

齊策：「張儀爲秦連衡說齊王。」高誘注：「齊宣王也。」史記則謂是湣王。張儀之說，在周赧王四年。此姑依舊傳爲說。若實論則本無其事，詳考辨第九五。其時當齊宣王九年。又十年，湣王始立。則高說是也。楚世家：「懷王二十年，齊湣王欲爲從長。」其時齊亦爲宣王，非湣王。參讀考辨第一二六。秦策：「甘茂亡秦之齊，道遇蘇代，蘇代爲說齊湣王。」史記甘茂傳取之。甘茂亡，在秦昭王元年，時當齊宣王十四年。下距湣王立尚五年。史記秦昭元當湣王十八年，不足據。剡川姚氏本作「蘇秦謂王曰」。時秦已死，當係代字之譌。而王不作湣王，則爲得之。馬驌繹史卷一百二十六。採秦策此文，亦僅作齊王，無湣字。又水經汶水注引紀年：「梁惠成王二十年，齊築防以爲長城。」今本紀年亦然。其時尚爲威王，而蘇秦傳正義引紀年作齊湣王。顧氏日知錄卷二十五。杞梁妻條已辨之。古書於此等處率多誤。通論大體，自不據此生疑也。

一二九　魏襄王十九年會薛侯於釜邱考　附馮驩

水經濟水注引紀年：「魏襄王十九年，薛侯來會王於釜邱。」是年爲齊湣王元年，卽湣王立後一年也。史記孟嘗君列傳：「齊襄王立而孟嘗君中立於諸侯，無所屬。」今竹書稱薛侯，卽中立於諸侯時矣。然則齊襄王立者，乃齊湣王立之誤。湣王立於魏襄王十八年，卽孟嘗離齊稱侯之歲也。秦本紀昭襄王八年，魏公子勁韓公子長爲諸侯，在孟嘗稱侯後二年。孟嘗君稱薛公者，孟嘗傳索隱：「嘗邑名，在薛之旁。」集解：「詩云：居常與許。鄭玄曰：常或作嘗，在薛之南，孟嘗邑於薛城。」方其封邑，避古侯稱而不居，故曰孟嘗君。及其自擬於諸侯，故曰薛侯也。其前田嬰未卒，孟嘗已爲相於魏。詳考辨第一二五。其與襄王固有素。其後當宣王晚節，而孟嘗君揮齊柄。方是時，魏自惠成王卒，襄哀王初立，聯三晉伐秦不勝，又東敗於齊，而霸國餘威，遂一蹶不振。參讀考辨第九五。自是乃成秦齊爭長之勢。楚世家云：「齊湣王伐敗趙魏軍，秦亦伐敗韓，與齊爭長」，是也。惟誤宣王爲湣王耳。而楚懷王惑於張儀，反覆依違其間。秦武王卒，昭王立，楚懷又背齊合秦，而齊韓魏三國伐楚。時懷王二十六年，則齊宣王之十七年也。史誤爲齊湣王二十一年。其時孟嘗方擅齊，特使公孫宏於秦，觀昭王之爲人。參讀齊策及呂覽不侵。惟此事的在何年，已難考。所可知者，必昭王新立未久，孟嘗未入秦，未識昭王時，故有此舉。黃氏編略定在周赧王十三年，卽齊宣王之十八年，亦以意言之，無確證也。而昭王問公孫宏則曰：「薛之地大幾何，而欲以離寡人。」則孟嘗在齊，固已戴震主之威名，天下知有薛，不知有齊矣。及楚失秦權，而秦亦聯齊伐楚，敗楚重丘。參讀楚世家。於是昭王慕孟嘗君，欲招之入秦，使涇陽君來質於齊，孟嘗以賓客諫，不果行。參讀孟嘗列傳。而是年，宣王卒，湣王初立。史記誤爲湣王之二十四年。史記謂：「齊王惑於秦楚之毀，以爲孟嘗君名高其主，而擅齊國之權，遂廢孟嘗君。」孟嘗列傳。齊策亦謂：「齊王謂孟嘗君曰：寡人不敢以先王之臣爲臣，而孟嘗君就國於薛」者，正其時矣。孟嘗傳又謂：「文乘間問其父嬰，君相齊於今三王矣。」云云，三王蓋指威宣湣言。呂氏大事記附田嬰卒於湣王元，林春溥戰國紀年依之。竊意史公於嬰文威宣年世多謬，此亦未足信據。今田嬰卒歲雖無考，要之在宣王時。而孟嘗見廢，則正湣王初立之際。此則大體可見也。孟嘗既見廢而之薛，於是乃有馮驩之歷說。史謂其至秦，策謂其至韓。今據水經注引紀年，魏襄王十九年，釜邱之會，適當湣王元年。卽湣王立後之一年。孟嘗本爲魏相，則其見逐於齊湣，使驩先容，而與魏爲會，情事恰符。明年，秦昭王八年，卽齊湣王二年，涇陽君復歸秦，而田文亦入相秦。則謂馮驩入說秦王，亦非盡無因也。孟嘗列傳謂：「湣王卒使孟嘗入秦。」固誤。而載馮驩事，又謂齊王恐秦召之，卽復用孟嘗君，若孟嘗見逐復返，並未入秦者，亦誤也。孟嘗君在秦一年，失相東歸，重相齊，怨秦，聯韓魏共擊秦，則爲湣王之三年。林氏戰國紀年謂：「薛侯會魏王之明年，齊與魏會，韓以兵合於三晉，因使孟嘗君入秦，卽齊策所謂孟嘗君爲從，先觀秦王之謀也。及秦覺其詐，孟嘗君幾不免，歸遂與韓魏伐敗秦軍。史但謂孟嘗君怨秦，而不知其謀從非一日也。」今按孟嘗合從固非一日，然謂其入秦在詐觀秦王，則恐未必。馬驌繹史謂薛侯會魏王釜邱，卽孟嘗合從伐秦事，亦誤。林氏則承驌馬說而誤也。若考定齊宣湣之年代，則諸誤自釋矣。又同時復有趙武靈詐爲使者窺秦事，未知信否。至湣王七年，田甲劫王，田文走，湣王復召田文，則史記所載舍人魏子事也。自是孟嘗君謝病歸老於薛，不與齊政。其後乃如魏，魏昭王以爲相。趙策：李兌約五國伐秦，無功，留天下之兵於成皋，而陰構於秦，或謂魏王曰：今王挾故薛公以爲相，云云，考李兌約五國伐秦在魏昭王之九年。（考辨九五。）則孟嘗相魏當在此年或稍前。又按：呂禮相齊，與蘇代孟嘗相嫉。秦昭王十九年，齊秦稱東西帝，而蘇代勸齊釋帝號，背秦約而攻宋。是歲齊稱帝二月即去之，秦亦不果稱帝。呂禮即以是年亡歸秦。不二年，齊遂滅宋。蓋當時欲合齊於秦者，呂禮也。欲離齊於秦者，蘇代孟嘗也。齊合於秦則存宋，齊離於秦而宋滅。齊去帝號即離秦，故呂禮亡歸。黃氏編略定呂禮逃歸秦在齊滅宋後，恐未是。荀子王霸篇：「齊閔薛公，彊南足以破楚，西足以詘秦，北足以敗燕，中足以舉宋。及以燕趙起而攻之，若振槁然。」若齊滅宋，孟嘗未去齊，尚預其事，亦非也。別有附辨詳後。後齊湣王敗，魏昭王十三年，秦取魏安城。孟嘗君爲魏求救於趙燕。是年，乃齊襄王元年，孟嘗君尚在魏。以後孟嘗事無聞，蓋已年老，不久而卒。史稱：「齊襄王立而孟嘗君中立於諸侯，襄王畏之，與和」，誤矣。蓋史記之誤，由於不辨宣湣之年也。余因考湣王年，故並論孟嘗事以相證。又說苑善說篇：有張祿掌門見孟嘗君，求爲書寄秦王事，張祿即范雎也。爲秦客卿，已在昭王三十六年，距孟嘗爲魏求救燕趙又十二年，孟嘗若老壽，固未嘗不可及，然史公傳張祿，其事雖譎詭，委悉備至，不能謂不信。今向敍張祿告昭王語，似昭王之與孟嘗，爲未嘗相知者，則年代先後不相當矣。說苑不可據，往往如是。

馮驩之事，昔人多疑之。史載魏子爲孟嘗收邑入，評林唐順之曰：「魏子馮驩，豈一事而傳聞異邪？」考證張照按則謂：「晏子北郭騷事，與此亦大同小異。蓋戰國時習尚如此，則流言亦如此，舉不足信。」張氏又謂：「客背孟嘗，驩爲客謝云云，本國策譚拾子語。馮驩各節，疑亦褚先生續爲之，與史文不類。」又史記載馮驩事與策文不同，葉氏習學記言謂：「史記蓋別有所本，其義爲勝。」而梁氏志疑又摘指其不合者有四，謂爲倣撰無疑。余又考史記李牧傳索隱，以馮煖爲龐煖，信如其說，馮驩在孟嘗後，蓋不及爲孟嘗客也。參讀考辨一五七。戰國雜說，附會假托，何可勝辨？馮煖之事，徒以其文采斐亹，爲世傳誦。至於魏子譚拾子云云，則早已在若存若亡之間，孰信孰僞，無可深論。而傳說之興，亦有其因。雖其人姓名不必盡確，其事始末不必盡實，而其語時有可採以證史跡之眞者。則馮驩一事之傳說，要本於宣王末湣王初，孟嘗離秦中立，而自附於秦魏以爲重之際，如余前所考論，固甚彰彰也。

〔附〕孟嘗去齊相魏考

孟嘗去齊之魏，在齊湣王滅宋前，凡有二證。魏策：「齊欲伐宋，或謂魏王曰：臣徧事三晉之吏奉陽君孟嘗君」云云，孟嘗奉陽同數爲三晉吏，一證也。又趙策：「齊援趙以伐宋，齊人設謂魏王曰：王挾故薛公以爲相，善韓徐以爲上交，趙世家惠文王十三年，韓徐爲將攻齊，即其人。尊虞商以爲大客，此皆齊人之去齊者」，是二證也。孟嘗曾主伐齊，亦有二證。東周策：「或謂周最曰：魏王以國與先生，貴合於秦以伐齊。薛公故主，輕忘其薛，不顧其先君之丘墓，而君獨修虛信爲茂行，不與伐齊以忿強秦，不可。」一證也。秦策：「薛公爲魏，謂魏冉曰：君不如勸秦王令弊邑卒攻齊之事。齊破，文請以所得封君。」是二證也。魏世家：「昭王十二年，與秦趙韓燕共伐齊，敗之濟西。湣王出亡。燕獨入臨淄，而魏王與秦王會西周。」蓋即其事矣。史記孟嘗君傳謂：「齊湣王滅宋益驕，欲去孟嘗君，孟嘗君恐，乃如魏。」一誤也。又於滅宋前載孟嘗君與穰侯書，於是穰侯言於秦昭王伐齊，而呂禮亡。考田齊世家秦世家伐齊均在滅宋後一年，此在滅宋前，二誤也。呂禮亡，據秦紀冉傳在齊秦稱帝之歲，而此又相歧，三誤也。至稱孟嘗齊襄時中立，其誤已辨在前，則四誤也。余考孟嘗以田甲劫君之歲見疑，即不任用。其後乃鬱鬱而之魏，而呂禮亦以田甲劫君之歲至齊。禮主合齊秦，而孟嘗居魏，不利齊秦之合，其相嫉誠有之。然其伐齊，即在燕與三晉合軍之歲，時呂禮已去。孟嘗之告魏冉曰：「若齊不破，呂禮復用，子必大窮。」此推言將來，非謂呂禮時值大用也。要之孟嘗去齊在滅宋前，主伐齊在滅宋後，事理甚顯。今史記孟嘗列傳載孟嘗召秦伐齊逐呂禮於滅宋之前，又於宋滅後書孟嘗去齊，則兩失之。梁氏志疑爲孟嘗辨無主伐齊事，亦可不必。惟荀子王霸篇謂：「齊閔薛公，彊南足以破楚，西足以詘秦，北足以敗燕，中足以舉宋。及以燕趙起而攻之，若振槁然。」荀子親與湣王孟嘗同時，其言不應有誤。蓋破楚詘秦，孟嘗皆在齊。燕事無考，或亦孟嘗在齊時。故行文牽連而下，遂若舉宋時孟嘗猶在齊。此乃古人爲文未分析處，當分別善觀也。史記范雎傳：「昔齊湣王南攻楚，破軍殺將，辟地千里，而齊尺寸無得焉。諸侯見齊之罷弊，興兵伐齊，大破之。皆咎其王，曰：誰爲此計者。王曰：文子爲之。大臣作亂，文子出走。」此史公載范雎告秦昭王語，亦不言孟嘗去齊在滅宋之後。

一三〇　宋元王兒說考

韓非外儲說左上：「兒說，宋人善辨者也。持白馬非馬也，服齊稷下之辨也。乘白馬而過關，則顧白馬之賦。」呂覽君守篇：「魯鄙人遺宋元王閉，元王號令於國，莫之能解。兒說之弟子請往解之。」淮南人間訓高誘注：「兒說，宋大夫也。」莊子外物篇有宋元君得神龜事，釋文：「宋元君，李云：元公也。」案元公名佐，平公之子，在春秋世。而史記龜策傳元君作元王，且云問博士衛平。春秋固無博士，名家白馬之論，亦戰國後起之說。是宋於戰國時別有元王，亦稱元君，不得謂卽春秋時之元公也。莊書雖有仲尼聞之之說，然寓言無實，正猶魯哀公問莊子，固不可據。然宋自王偃稱王，及身而滅，諸書俱以偃謚康王，荀子王霸篇則稱獻王，不見稱元王。考趙策李兌之謂齊王曰：「宋置太子以爲王，下親其上而守堅，今太子走，諸善太子者皆有死心。」是王偃時曾置太子爲王，竊疑宋元君卽其人，乃王偃所置太子爲王者，故稱元君，亦稱元王也。又考李兌之說曰：「臣之所以堅三晉以攻秦者，非以爲齊得利秦之毀也，欲以使攻宋也。此謂非爲毀秦有利於齊，以便齊之乘間攻宋而已。特而宋置太子以爲王，下親其上而守堅，臣是以欲天下之速歸休士民也。今太子走，諸善太子者皆有死心，若復攻之，其國必有亂，而太子在外，此亦舉宋之時也。」是宋置太子爲王，正三晉攻秦之際。其時齊先已攻宋而無利。其後太子去國，齊乃乘隙而殘之耳。齊湣王二年，楚懷王入秦不返。其明年，齊湣王三年，陳軫說魏韓趙燕齊五國合縱而戍魏韓之西邊以擯秦。詳據繹史卷百三十一，周季編略卷八上。此卽李兌所謂「臣之堅三晉以攻秦」之事也。然是時孟嘗新自秦歸，方怨秦，故率韓魏以攻秦，而趙宋則持兩端。東周策：「或謂周最曰：仇赫之相宋，將以觀秦之應趙宋敗三國。三國不敗，將與趙宋合於東方以孤秦。亦將觀韓魏之與齊也，不固，則將與宋敗三國。」是也。趙策：「富丁欲以趙合齊魏，樓緩欲以趙合秦楚。」亦其時事。其後湣王六年，秦與楚粟五萬石。九年，楚迎婦於秦，秦楚既和，故策言：「齊將攻宋而秦楚禁之。齊因欲與趙，乃說李兌以攻宋而定封，李兌乃對」云云，是已在湣王十三年後，至十五年間也。據此知當楚懷王入秦，三國攻秦之際，正宋置太子爲王之時。考楚懷入秦之年，趙武靈王傳國少子，自稱主父。宋置太子爲王，正與趙同時，特不能定其孰先孰後爾。按戰國策：「秦孝公疾，且不起，欲傳商君。」又犀首謂張儀曰：「請令魏王讓先生以國，王爲堯舜，先生不受，亦許由。」呂氏春秋：「魏惠王謂惠施曰：寡人實不若先生，請得傳國。」其時學者方唱尚賢傳國之高論，策士和之，時君震於其說，燕噲竟讓子之而國亡。今去其事僅十五年，趙武靈宋偃皆六國賢君，好名，同傳其國於子。後武靈餓死沙邱，而宋亦父子失和。太子出走，仇之者乘機覬利。宋王既老，國人解體，而四隣皆敵。李兌本主殺武靈者，至是亦贊齊攻宋，而宋遂以亡。觀李兌其民親上守堅之說，亦足證桀宋之爲誣也。神龜所在，亦有天下之徵兆，此必當時民間傳說，與周鼎入宋同例，參讀考辨第九九。又按韓非子說疑：燕君子噲不安子女之樂，不聽鐘石之聲，內不堙汙池臺榭，外不罼弋田獵，又親操耒耨以修畎畝，子噲之苦身以憂民，如此其甚也，雖古之所謂聖王明君者，其勤身而憂世，不甚於此矣。然而子噲身死國亡，奪於子之，而天下笑之。據此，則燕噲實亦賢君也。以燕噲趙武靈之賢，可以旁推宋偃。凡其時能感動於學者所高唱禪讓國之美論，而不惜身親爲之者，要之皆一時非常之君，必有其可取之一端，惟宋偃燕噲皆身死國亡，不如趙武靈尚有功業震赫於當代，身雖不終，而國祚幸保，故宋偃燕噲獨膺世俗譏詬之鋒。韓非書距燕噲特近，其言必可據信，亦猶如孟子之論宋王之仁政也。（參讀考辨第九九。）又考穰侯傳：「趙人樓緩來相秦，趙不利，乃使仇液之秦，請以魏冉爲秦相。」索隱：「仇液，戰國策作仇郝，蓋是一人而記別也。」今按仇液即宋相仇赫。蓋宋趙時相睦。至於趙惠文十一年，齊秦稱帝之歲，趙使董叔與魏氏伐宋，得河陽於魏。（見趙世家。）而蘇代於是年自燕至齊，亦勸齊伐宋，不兩年宋亡。則宋之逐太子而招來外患，蓋在是年，即王偃五十年，正齊秦稱帝之歲。

兒說弟子爲宋元王解閉，則兒說亦與元王同時，而年不後於元王可知。是時惠施卒踰十年，下距公孫龍說燕尚十五年，兒說年輩，蓋在施龍兩人間。上承惠施，下接公孫龍。公孫龍白馬非馬之論，殆自兒說啟之。（莊周年先於龍，而齊物論已有以馬喻馬之非馬，不如以非馬喻馬之非馬之論，足證白馬非馬，非創始於龍矣。又王應麟漢書藝文志考證，引呂東萊說：「告子彼長而我長之，彼白而我白之，斯言也，蓋堅白同異之祖。孟子累章辨析，歷擧玉雪羽馬人五白之說，借其矛而伐之，而其技窮。」今考墨經亦有仁義內外之辨，則名家論題淵源，固自甚遠，不始兒公孫。）余既爲宋康王辨誣，又考元王兒說，聊爲言故宋文獻者鈎沉焉。

〔附〕　唐鞅田不禮考

又按趙世家：「惠文王三年，主父滅中山，還歸行賞，封長子章爲代安陽君，又使田不禮相章。李兌數見公子成以備田不禮之事。主父欲分趙而王章於代，計未決，主父及王游沙丘異宮，公子章與田不禮作亂。公子成與李兌入距難，殺公子章及田不禮。因圍主父宮三月餘，主父餓死。」今按田不禮其先蓋宋臣。墨子所染篇：「宋康染於唐鞅佃不禮」，呂氏當染篇作田不禋，人表亦作田不禮。唐鞅則爲宋所殺。荀子解蔽篇：「唐鞅蔽於欲權而逐戴子」，又曰：「唐鞅戮於宋。」楊倞注：「戴不勝使薛居州傅王者，見孟子。」蓋宋偃初政，多出其手。今信唐逐戴，故荀子譏之，謂康王染於唐鞅田不禮以致家國殘亡也。呂氏春秋淫辭篇：「宋王謂其相唐鞅曰：寡人所殺戮者衆矣，而羣臣愈不畏，其故何也？唐鞅對曰：王之所罪，盡不善者也。罪不善，善者故爲不畏。王欲羣臣之畏，不若無辨其善不善而時罪之，則羣臣畏矣。居無幾何，宋君殺唐鞅。」此見宋偃初政固無不善，殆在位既久而稍荒也。

沈欽韓漢書疏證謂：「田不禮死趙事在赧王二十年，齊滅宋在二十九年，則非一人。」今按沈說殊拘。兩田不禮同時，安見非一人？田不禮死於趙，固在宋亡之前，然田不禮仕宋，猶可在死趙之前也。余疑宋偃初政奮發，及後稍怠，乃信唐鞅與田不禮。後又置太子爲王，宋政復治。唐鞅見殺，田不禮則避而之趙，均當在此時前後。及宋偃逐太子而亡國，則與唐田皆無涉矣。

一三一　楚頃襄王又稱莊王考

余考楚頃襄王又稱莊王。楚策：「莊辛謂楚襄王。」高誘注荀子，作：「莊辛謂楚莊王。」其證一也。（金氏國策補釋亦言之。）韓非喻老：「楚莊王欲伐越，杜子諫曰：（王先慎據楊倞注荀子，改作莊子，文選廣絕交論注引作莊周子。莊周年世固可與楚襄相接，（參讀考辨第八八。）然此莊子或乃莊辛，周字蓋或人旁注耳。）王之兵自敗於秦晉，喪地數百里，此兵之弱也。莊蹻爲盜於境內，而吏不能禁，此政之亂也。王之弱亂，非越之下也。」莊蹻之事，又見荀子議兵篇，云：「楚兵殆於垂沙，唐蔑死。（金氏國策補釋云：「垂沙乃重丘之譌，唐蔑即唐昧也。」）莊蹻起，楚分而爲三四。秦師至，而鄢郢舉，若振槁然。」此三事相續。垂沙之敗在懷王時，鄢郢之舉在襄王時，莊蹻爲盜，據韓非書在莊王時。然懷襄之間別無莊王，則莊王即襄王之證二也。楊倞注荀子引韓非書杜子諫曰作莊子。莊子即莊辛，與楚襄王同時，此莊王即襄王之證三也。（御覽八二，文選鮑照擬古時注，引韓詩外傳云：「楚襄王聘莊子爲相」，亦莊辛。）自史記誤以莊子爲莊周，謂與楚威王同時，遂誤以莊蹻亦楚威王時。故西南夷傳云：「始楚威王時，使將軍莊蹻將兵循江上，略巴蜀黔中以西。」（高誘注淮南主術，亦從史記，謂莊蹻在威王世。又高注呂氏介立云「蹻在楚成王時」，同出一人，不應互歧。成亦威字形近而誤。）而曰：「莊蹻者，故楚莊王苗裔也。」此由史公見先秦古籍以莊蹻爲莊王時人，而不知莊王即襄王，遂誤謂莊王在春秋世，不得其解，而以莊蹻乃莊王苗裔矣。索隱云：「莊蹻，楚莊王弟。」則亦謂莊王時人。惟謂莊王弟，未審何據。又云：「蹻定滇欲歸報，會秦擊奪楚巴黔中郡，道塞不通，因還，以其眾王滇。」通典辨之曰：「楚自威王後，懷王立三十年，至頃襄王之二十二年，秦取巫黔中。若蹻自威王時將兵略地，屬秦陷巫黔中，道塞不還，凡經五十二年。豈得如此淹久？後漢書則言頃襄王時莊豪王滇，豪卽蹻也。」通志亦以范史爲定。志疑謂：「蔚宗蓋依華陽國志。」今按史記西南夷傳正義漢書地理志顏師古注引國志，皆云頃襄之時，則梁說是也。惟今本國志南中志云：楚成王遣莊蹻伐夜郎，蓋經後人妄改。此又莊王卽襄王之證四也。韓非姦劫弒篇又云：「楚莊王之弟春申君。」夫春申君侍頃襄太子質秦，則韓非所指莊王，上不能爲懷王，下不能爲考烈王，其卽謂襄王明矣。此又莊王卽襄王之證五也。史記滑稽列傳：「楚莊王時，有優孟語王曰：齊趙陪位於前，韓魏翼衛其後。」集解：「裴駰案：楚莊王時，未有趙韓魏三國。」然史序優孟事在淳于髡後，優旃前，楚莊王在齊威王秦始皇之間，亦卽襄王也。惟史公不能辨，又誤以牽涉於春秋時之莊王與孫叔敖，遂轉迷歧耳。戰國時君多有異論兼行，後人不考，如莊蹻之事，遂糾結而不可解矣。

一三二　春申君乃頃襄王弟不以游士致顯辨

史記春申君列傳有說秦昭王書，其文見秦策四，鮑氏本僅作「說秦王曰，物至而返」云云，無起首一節，並不以爲春申語。高注：「秦王名正，莊王楚之子」，則亦不以爲昭王。其下又云：「先帝文王莊王王之身，三世而不接地於齊，以絕從親之要。」高注：「文王始皇祖，莊王始皇父，故曰三世。」史記亦作文王莊王。金正煒國策補釋云：「秦至文莊以後，齊君王后事秦謹，秦地得接於齊，則要絕天下。韓非所謂荆趙之意絕，趙危而荆孤也。魏策：梁者山東之要也。秦之連年伐魏，意卽在此。若昭王時，齊方與秦爭帝，說者不爲此言矣。」則其文顯出昭王後。鮑改莊爲武，是誤從史記黃歇說昭王之說而妄改策文也。新序收此事，無先帝文王莊王以下三句，亦誤於史記，知其不合而削之。又拔燕酸棗虛，集解徐廣曰：「在始皇五年」，事見始皇本紀。又：「今王三使盛橋守事於韓，盛橋以地（策文誤北字，據金氏補釋改。）入秦（策文誤燕字，據補釋改。）。」金云：「史記始皇紀，王弟長安君成蹻將軍擊趙反，此卽其人。」均見此文在始皇時。其下又云：「王申息眾二年，然後復出（策文誤之字，據補釋改。）。」則此文至早乃始皇八年事。九年李園殺春申君，則爲此說者，決非春申。李善注文選辨亡論引此文「楚魏之兵雲翔而不敢校」，以爲頓弱說秦王，蓋蒙上章爲說。知鮑氏本無起首一節，實爲國策舊文。自新序後語皆本史記，襄此文在頃襄遷陳後秦昭王時。至剡川姚氏據以增補入策，後人遂羣以此文歸諸春申矣。余考史記載春申事，不足信者頗有之。韓非書（姦劫弑臣第十四。）以春申爲楚莊王弟，（莊王卽襄王，見前考。）與史記絕不同。韓非親與春申同時，其言當可信。如屈原以楚宗姓，爲懷王左徒之例，春申以游學博聞事頃襄王，爲左徒，蓋不以游士躋要職。

申包胥國策作棼冒勃蘇。棼冒卽蚡冒，勃蘇則包胥。蓋楚武王兄蚡冒之後，食邑於申，因以爲氏。然則黃歇猶申包胥之例，其先或封於黃耳。且七國自秦外多用宗戚主政。四君竝稱，如信陵平原孟嘗皆貴戚，知春申正亦以王弟當朝。太史公不得其說，以爲春申必有大功奇績，始獲信任，而考實無從，因以或人之說始皇者，誤以屬之春申也。史記游俠列傳：「近世孟嘗春申平原信陵之徒，皆因王者親屬，藉於有土卿相之富厚，招天下之賢者。」則亦以春申爲王者親屬矣。漢書游俠傳：「由是列國公子，魏有信陵，趙有平原，齊有孟嘗，楚有春申，皆藉王公之勢，競爲游俠。」亦稱春申爲公子。金氏國策補釋云：「春申與孟嘗信陵平原並稱四公子，當亦楚之疎屬，故朱英說以代立。」

又按楚策：「虞卿說春申君曰：楚王春秋高，君之封地不可不早定。爲主君慮封，莫如遠楚。今燕之罪大而趙怒深，君不如北兵以德趙，踐亂燕以定身封。春申君曰：魏齊新怨，雖欲攻燕，將何道？虞卿因請使魏。」吳師道注謂：「按史考烈王元年，封歇春申君，賜淮北地。後十五年以地邊齊，言於王，以爲郡，請封江東，因城故吳墟。此策言楚王春秋高，君之封地不可不早定，則在未封之前，頃襄之時乎？頃襄之三十四年，趙嘗伐燕，豈或此時勸以踐燕定封，亦欲其取地於他國，如魏冉乎？淮北邊齊，猶難之，況燕地乎？亦非計之便也。然遠楚徙封，卒用於城吳之時，皆斯言有以啟之。」及門黃少荃謂：「魏世家安釐王十一年齊楚相約攻魏，秦救魏，乃罷兵，此在頃襄三十三年，故曰齊魏新怨。又虞卿言：秦惠王封冉子，惠王死而後王奪之。秦逐穰侯正在頃襄三十四年，乃眼前事，故虞卿以說春申遠封自全也。知吳說大體可信。」據此則春申自爲頃襄弟，非以游士致顯。左徒既要職，諒無留秦十年侍太子久不歸之理。蓋亦往來道途，時返楚廷，故虞卿爲之慮封。考烈王即位，即封之淮北，蓋仍是虞卿遠楚之初教。後以其邊齊，遂請徙吳。要之其爲遠楚，一也。黄氏編略繫虞卿游説在考烈王十五年春申徙吳時，其時春申久有封地，何云以定身封乎？且謂楚王春秋高，亦不似。

一三三 平原君爲相考

六國表："趙惠文王元年，以公子勝爲相，封平原君。"今按魏公子傳云："趙惠文王弟平原君。"平原傳稱趙策："諒毅曰：'平原君，親寡君之母弟。'"則平原君爲惠文王同母弟也。范雎傳同。"趙之諸公子"，恐未是。又考趙世家，武靈王納惠后在十六年，惠文王平原君皆惠后子。武靈王二十七年傳國，是惠文王不過十一歲，平原君不過十歲。其時國政主於肥義。四年，公子章作亂，殺肥義，公子成李兌平亂，遂圍主父，餓死沙邱宮。是時惠文王不過十五歲，平原君不過十四歲，皆少，成兌專政。知平原不爲相矣。年表於孝成王元年又書平原君相，余疑平原君相殆始是時。惠文元年，或主父寵而封之，固非爲相。列傳謂其相惠文及孝成，三去相，三復位，恐未可信。

志疑以惠文相樂毅，孝成相田單，證平原三相三去之說。然樂毅相在惠文十四年，十八年魏冉來相，孝成又相虞卿，此未可刻劃求之。

一三四　王氏古本竹書紀年輯校補正

余著繫年粗就，得讀海寧王氏所爲古本竹書紀年輯校，喜其持論與余正合。其訂正史記晉世家索隱引敬公十八年魏文侯初立，謂十八二字乃六字誤離爲二之類，與余說若合符節。知考古之事，其究歸於一是，無可逃避遯逸，有如此也。惟其書頗有脱誤，不及一一寫入考辨，爰逐條彙記於此。三晉以上與余書無涉者不復及。王氏自云：「考證所得，當別爲札記。」恨未見其成書也。

輯校　出公十九年，（燕孝公卒，次成侯載立。）史記燕世家：「孝公十二年，韓趙魏滅智伯。十五年，孝公卒。」索隱曰：「紀年智伯滅在成公三年。」又曰：「案紀年成侯名載。」今據此補。

案：索隱作智伯滅在成侯二年，輯校誤作三年。成侯之立，應在晉出公二十年。明年稱元，又明年智伯滅，則成侯之二年也。

輯校　敬公（十一年），田莊子卒。史記田敬仲世家索隱引紀年：「齊宣公十二年，田莊子卒。案宣公十二年，當晉敬十一年。」

案：索隱本作宣公十五年，正當晉敬十一年。此作宣公十二年者，乃字之誤。

（十二年），燕成公卒，燕文公立。史記晉世家索隱。

校輯

案：燕世家索隱燕成公不注年數，知紀年與史合。則成公十六年卒，爲晉敬公十三年，輯校誤前一年。注稱晉世家，亦字誤。

幽公（十四年），於粤子朱句三十四年。滅滕。史記越世家索隱。

校輯

案：朱句立在晉敬公三年，翌年稱元，至晉幽公十四年，實爲朱句二十九年。輯校誤爲三十四年者，蓋誤依今本紀年謂晉敬公在位二十二年之故。余考晉敬在位實祇十八年，語詳考辨第三十六。

又按即依輯校作晉敬在位二十二年，朱句立在晉敬三年，翌年稱元，晉敬四年爲朱句元年。晉敬二十二年，則朱句之十九年也。明年幽公元，爲朱句之二十年。則幽公十四年，乃朱句之三十三年也。今輯校以朱句三十四年繫之，誤前一年矣。以後越事卽依次遞誤。

（十五年），於粤子朱句三十五年。滅郯。史記越世家索隱。

校輯

案：朱句三十五年當晉烈公三年，輯校與前條同誤。

又按：卽依輯校推算，亦當在晉幽公十六年。輯校誤前一年，說詳前條。今本僞紀年朱句伐鄭在周威烈王十二年，則不誤。

校輯 （十七年），於粵子朱句三十七年。卒。史記越世家索隱。

案：朱句卒年當晉烈公五年，輯校誤與前同。今本紀年朱句卒在周威烈王十四年，則不誤。

又按：即依輯校推算，亦應在幽公十八年，今遞次誤前一年。

校輯 烈公元年，趙簡子城泫氏。水經沁水注。

案：水經注作趙獻子。其時實獻子，簡係字誤。

校輯 五年，田公子居思伐邯鄲，圍平邑。水經河水注。

王氏原案：「田居思即戰國策之田期思，史記田敬仲世家之田臣思，巨思之譌。水經濟水注引紀年作田期，史記田敬仲世家按此下原本似脫索隱二字。引紀年謂之徐州子期。而據濟水注齊田期伐我東鄙，在惠成王十七年，距此凡五十三年。且此時三家尚未分晉，趙不得有邯鄲之稱，疑河水注所引晉烈公五年，或有誤字也。」

案：水經河水注引紀年：「晉烈四年，初學記卷八太平寰宇記卷五十四，所引同，官本校作二年。趙城平邑。五年，田公子居思伐邯鄲，圍平邑。十年官本校作九年。齊田肸及邯鄲韓舉戰於平邑，邯鄲之師敗逋。獲韓舉，取平邑新城。」輯校移十年韓舉之敗於惠成王後元十年。朱氏右曾曰：「此事水經注引作晉烈公十年。索隱云：紀年敗韓舉當韓威王八年，計相距七十八歲，不應有兩田肦，兩韓舉。考趙世家云：肅侯二十三年，韓舉與齊魏戰，死於桑邱。肅侯元年，當梁惠王二十二年，下逮後元十年，爲肅侯之二十五年。蓋趙世家誤五爲三，水經注誤惠成後元十年爲晉烈公十年也。至韓世家以韓舉爲韓將，則更舛矣。」今案朱氏謂誤以惠成王爲晉烈公，是也。說苑尊賢：「田忌去齊奔楚，楚王問曰：齊楚常欲相并，爲之奈何？對曰：齊使申孺將，楚發五萬人禽而反耳。齊使田居將，楚發二十萬人分別而相去也。齊使眄子將，楚發四封之內，王自出將，忌從，僅得存耳。齊果使申孺，楚發五萬人禽之。於是齊使眄子，楚僅得存，如田忌之言。」今按田居卽田居思田期也。眄子卽肦子，亦卽田肦田肸也。齊敗楚事不知的在何年，要之田居思田肸不在晉烈公時。黃式三周季編略，亦謂：「輯紀年者以魏惠後十年爲晉烈公十年。」與朱氏說同。惟於趙世家肅侯二十三年文，亦無說可通。顧年表世家肅侯均二十四年卒，無二十五年，則謂趙世家誤五爲三者非矣。又考韓世家，韓宣惠王八年，魏敗我將韓舉。索隱云：「按此則舉是韓將不疑，而紀年云韓舉趙將。又紀年云其敗當威王八年，是不同也。」余疑索隱此條蓋有誤字。夫紀年旣不以韓舉爲韓將，又其敗於齊魏，則以趙齊魏三國事，又出魏史記載，不應系諸韓威王之八年，可疑一也。且韓威王次昭侯，卽史記之宣惠王。若韓舉敗在韓威王八年，則與史記韓宣惠王八年時代正合，索隱何以又謂不同，可疑二也。余意趙世家肅侯二十三年本不誤，是歲爲梁惠王後元八年。索隱本記韓舉之敗在惠王八年，而後人以其事在韓世家，乃妄改爲威王耳。水經洙水注：「趙肅侯二十年，韓將舉與齊魏戰於乘丘」，此條必據史記，而脫一三字，衍一將字。若引紀年，不當改算爲趙肅侯之年。而趙與齊魏戰，亦無緣及韓將。至水經注九年十年皆字誤。又考趙世家：「肅侯十八年，齊魏伐我，我決河水灌之，兵去。」田敬仲世家六國年表均載此事，去韓舉之敗五年。其時爲梁惠王後元三年。則水經注五年，田居思伐邯鄲圍平邑，或即此事，而誤三爲五也。則此兩條，均係惠王後元以後事，水經注均以事關平邑，牽聯而引，遂以誤承晉烈公之後。故後二事皆稱邯鄲，而前一事獨稱趙，則事之先後顯然。又前條晉烈公四年，趙城平邑，輯校脫漏未載，不曉何故。今考趙世家：「獻侯十三年，城平邑」，時爲周威王十五年，實當晉烈公之六年。而今水經注作四年，官校本作二年，三說參差，必有一誤。疑水經注本文當爲晉烈公二年，趙城平邑，後三年云云，後八年云云，後三年後八年者，本指惠成王後元，而誤承晉烈公之後。後人不察，遂以後三年謂二年後之三年，而改爲五年。以後八年謂二年後之八年，而改爲十年也。今本紀年趙獻子城泫氏在威烈王七年，原注晉烈公元年。趙城平邑，在威烈王八年，則亦是晉烈公二年矣。知趙世家獻侯十三年城平邑者誤。陳氏集證亦本今本紀年，主趙城平邑在晉烈公二年，是也。然亦誤謂田居思伐邯鄲在烈公五年，故有邯鄲之都，自趙獻侯烈侯已然之說，皆由未能細讀水經注原文而誤。楊守敬水經注疏要刪，據朱謀㙔箋，謂：「戊邯鄲本作伐趙鄙，趙戴據今本竹書作邯鄲者誤。」不知今本竹書亦有來歷，未必朱箋是水經注原本。當通觀其全，以定從違。楊氏徒以趙敬侯始都邯鄲，故疑此條不應作邯鄲，其實田居思已出趙敬侯後，所誤不在邯鄲二字，而別有在也。

校輯

（六年），秦簡公九年卒，次敬公立。史記秦本紀索隱。

案：史表秦簡公元年，在周威烈王十二年，當晉烈公之三年。其九年，應爲晉烈公十一年。輯校依今本紀年謂晉烈公元年當威烈王七年，故誤。又案秦本紀：「簡公十六年卒。子惠公立。」秦記曰：「簡公從晉來，享國十五年。」而索隱引紀年：「簡公九年卒，次敬公立，十二年卒，乃立惠公。」是竹書與秦記復異。竹書乃魏史，其記秦事，較史記可信與否不可決，姑誌其異，無可詳奪矣。

校輯

（九年），三晉命邑爲諸侯。史記燕世家索隱。

案：燕世家索隱：「文公二十四年卒，簡公立，十三年而三晉命邑爲諸侯。」成公之卒，既爲晉敬公十三年，則文公元在晉敬十四年。文公二十四年，當晉烈公二年。簡公即以是年立，十三年，爲晉烈公十四年，即周威烈王二十三年。是歲魏文侯之四十四年也。輯校亦以晉敬公在位二十二年，故誤。今略表晉燕兩國世次年數如下。

晉		燕
出公　二三（二三卒）	知伯滅	成公　二（十六年）
敬公　一（一八卒）		……四
……六	魏文侯元	……九

……一四		文公　一（二四卒）	
幽公　一（一八卒）		……六	
烈公　一	即幽公之十八年	……二三	
……二		簡公　一	即文公二四年簡公以是年立
……一四	魏文侯四四 三晉命邑爲諸侯	……一二	即簡公立後第十三年

十一年，田悼子卒，（次田和立），田布殺其大夫公孫孫，公孫會以廩邱叛于趙。田布圍廩邱，翟角趙孔屑韓師救廩邱，及田布戰于龍澤，田布敗逋。水經瓠子水注。史記田敬仲世家索隱引「齊宣公五十一年，公孫會以廩邱叛于趙」十五字，「次田和立」四字，亦據索隱補。十二月，齊宣公薨。史記田敬仲世家索隱。〔校輯〕

十二年，王命韓景子趙烈子翟員伐齊入長城。水經汶水注。〔校輯〕

案：此實一事也。翟員即翟角字訛。趙韓皆系國名，而翟角否者，以紀年乃魏史，故省略也。齊宣王五十年，當晉烈公之十一年，其年田悼子卒，田會反，皆在宣公卒前。索隱引紀年，乃在宣公五十一年者，疑索隱此條實衍一「一」字。宣公實薨於五十年之十二月，而於周正則爲明年二月，是卽史記所謂五十一年矣。輯校以宣公五十一年當晉烈公十一年，誤前一年。餘詳考辨第五十六。

校輯 （十五年），魏文侯（五十年。）卒。（史記魏世家索隱。）

案：魏文侯五十年，當晉烈公二十年，輯校誤，說見前。

校輯 （十六年），（齊康公五年。）田侯午生。（史記田敬仲世家索隱。）

案：齊宣公薨於晉烈公十二年，說已見前。康公踰年改元，當在烈公十三年。是康公五年，實晉烈公之十七年，當周安王之二年，輯校誤前一年。

校輯 二十二年，國大風，晝昏，自旦至中。明年，大子喜出奔。（太平御覽八百七十九引史記，今史記無此文，當出紀年。）

王氏原案：「史記晉世家索隱引紀年：『魏武侯以晉桓公十九年卒』，以武侯卒年推之，則烈公當卒於是年。烈公既卒，明年，大子喜出奔，立桓公。後二十年，爲三家所遷。是當時以桓公爲未成君，故紀年用晉紀元，蓋訖烈公。明年桓公元年，卽魏武侯之八年，則以魏紀元矣。御覽引晉烈公二十二年，知紀年用晉紀元，訖於烈公之卒。史記索隱引魏武侯十一年，二十二年，二十三年，二十六年，而無七年以前年數，知紀年以魏紀元自武侯八年後始矣。至魏世家索隱引武侯元年封公子緩，則惠成王元年之誤也。」

案：王氏以武侯卒年推烈公當卒於魏武侯之七年者，是也。其謂紀年以魏紀元自武侯八年後始，雖無的證，而亦若可信。至據御覽此條，謂晉烈公二十二年而卒，則誤也。夫汲冢舊書，既已不可見。今所據以推知其一二者，首有賴於司馬氏之索隱。索隱引紀年，特見與史記之駁異不同處耳。則凡索隱所不引者，史記與紀年相同，亦可推知。索隱不引晉烈公年數，知紀年亦作二十七年，與史記相符也。據以排比推算，亦無不合。詳考辨第三六。今王氏以索隱無明文，乃別據御覽。不知御覽僅云二十二年國大風，晝昏，自旦至中，並未明言君卒，何以知烈公卒於是年？其下云明年大子喜出奔，此亦不足爲烈公卒於前年之證。如記，王氏以今史記無此文，而謂此文當出紀年，論斷亦疏，未可據信。今本僞紀年桓公立在周安王九年，大子喜出奔在周安王十五年，故徐氏統箋疑大子喜乃晉桓公子。陳氏集證亦謂當是靜公之兄。余考晉烈公實在位二十七年，大子喜出奔在二十三年，明是烈公之太子。徐陳說皆誤。大子喜出奔，蓋尚在魏武侯三年。越四年，烈公乃卒，則魏武之七年矣。

又按：朱右曾錄此條在晉烈公十二年，云：「御覽誤衍一二字」，未詳其何據。

校輯　魏武侯十一年，宋悼公十八年。卒。史記宋世家索隱。

案：魏武十一年，乃當宋休公十八年，詳考辨第六九。輯校非也。

校輯　（十七年）於粵子翳三十三年。遷于吳。史記越世家索隱。

案：粵翳遷吳，據推當在魏武侯十八年，輯校誤前一年，說詳前。今本僞紀年在周安王二十三年，得之。

校輯　（十八年），齊康公二十二年。田侯剡立。史記田敬仲世家索隱。

案：田侯剡立，當在齊康公二十年。今本索隱衍一二字。詳考辨第六五。又齊康公二十年，當魏武侯之十二年。齊康公二十二年，當魏武侯十四年。輯校亦誤。

校輯　（二十年），於粵子翳三十六年。七月，於粵太子諸咎弒其君翳。十月，粵殺諸咎，粵滑，吳人立孚錯枝爲君。史記越世家索隱。

案：粵翳見弒當在魏武侯二十一年，此亦依次遞誤一年，說詳前。今本紀年在周安王二十六年，得之。

校輯　（二十一年），於粵大夫寺區定粵亂，立無余之。史記越世家索隱。

案：粵無余之立，應在魏武二十二年，輯校亦誤前一年。今本僞紀年無余立在周安王元年，則不誤。

校輯（二十一年），齊田午弒其君及孺子喜而爲公。史記田敬仲世家索隱。

王氏原案：「史記田敬仲世家索隱引紀年：齊康五年，田侯午生，二十二年，田侯剡立。後十年，齊田午弒其君及孺子喜而爲公。又據索隱引紀年：齊宣公薨，與公孫會之叛同年。而據水經瓠子水注引，則公孫會之叛，在晉烈公之十一年，宣公於是年卒，則康公元年當爲晉烈公十二年。二十二年，當爲魏武侯十八年。此事又後十年，當爲梁惠成王二年。然索隱又引梁惠王十三年，當齊桓公十八年，後威王始見。又案魏世家索隱引齊幽公之十八年而威王立，幽公或桓公之譌。則桓公即田午。十八年，當惠成王十三年，其自立當在是年矣。年代參錯，未知孰是。

案：田侯剡立當在齊康公二十年，即魏武侯十二年。其後十年，爲魏武侯二十一年，即田侯剡之十年。是年，桓公午弒君自立。自此下至惠成王十三年，適得十九年。以即位之翌年稱元，故爲桓公十八年也。其間並無參錯。王氏案語諸誤點，已一一詳辨在前，茲不再論。

校輯（二十一年），韓滅鄭，哀侯入于鄭。史記魏世家索隱。

校輯（二十三年），晉桓公邑哀侯于鄭，韓山堅賊其君哀侯而韓若山立。史記魏世家。索隱晉世家索隱引「晉桓公十五年，韓哀侯卒。」

案：兩引均見史記韓世家，注作魏世家，係字誤。二十三年，韓世家索隱作二十二年，三亦字誤。晉桓公十五年，正當魏武侯二十二年，蓋即哀侯入鄭之翌年也。

校輯 趙敬侯卒。史記晉世家索隱引「晉桓公十五年，趙敬侯卒。」

案：與韓哀侯卒同年，亦魏武之二十二年也。

校輯 （二十六年），燕簡公四十五年。卒。史記燕世家索隱。

案：索隱云：「紀年作簡公四十五年卒，妄也。」索隱不信紀年，故遂以爲妄。今考桓公以下燕君年數，索隱不復引紀年爲說，知史與紀年相同。桓公元在周烈王四年，自周威烈王二十三年燕簡公立，說見前。下數至周烈王三年卒，得四十三年。是年桓公立，翌年改稱元年也。然則簡公四十五年，乃四十三年之誤。若以即位翌年改元之例，則簡公得四十二年。索隱數其始立至於卒歲，故云四十三年耳。此條當移前至魏武侯二十四年，方合。

校輯 （惠成王）六年，於粵寺區弟思殺其君莽安，次無顓立。史記越世家索隱。

案：無顓之立，應在惠成王七年，輯校誤前一年，說詳前。今本僞紀年在周顯王四年，亦誤前一年。

校輯 （八年），齊桓公十二年。弑其君母。史記田敬仲世家索隱。

案：索隱作十一年，此注十二年，乃字誤。齊桓十一年當梁惠成王六年，齊桓十二年，當惠成王七年，輯校年代亦差。

校輯　（十四年），於粵子無顓。八年薨，是爲菼蠋卯。史記越世家索隱。

案：無顓立在梁惠成王七年，則無顓之八年乃惠成王十五年也。此亦誤前一年，說統見前。

校輯　（十七年），宋景敾衛公孫倉會齊師圍我襄陵。水經淮水注。

齊田期伐我東鄙，戰于桂陽，我師敗逋。水經濟水注。

東周與鄭高都，利。水經伊水注。

鄭釐侯來朝中陽。水經渠水注。

案：今本僞紀年此四條皆有，而襄陵一條在三條後。陳氏集說云：「齊救趙，戰于桂陽，雖勝魏，而魏圍邯鄲如故。故齊又合宋衛二國之師以圍襄陵。」朱氏存眞亦序桂陽在前，襄陵在後，似當仍之。王氏輯校原本朱氏，而多滅其案識，亦有移易而轉不如朱者，讀者當取兩家並觀。

校輯　（二十四年），楚伐徐州。史記越世家索隱。

朱氏紀年存眞曰：「索隱云：在無顓薨後十年，則楚宣王之二十三年，齊威王之十一年也。楚世家云：威王七年，齊田嬰欺楚，楚威王伐齊，敗之于徐州，與此不合，蓋兩事也。」

案：無顯卒在惠成王十五年，則其後十年，乃惠成王之二十五年，當楚宣王二十四年，齊威王之十二年也。輯校誤前一年，均依朱氏存眞而誤，說詳前。朱氏又辨與楚世家威王七年事不同，則是也。徐文靖紀年統箋以楚策齊魏戰馬陵一節說此，誤矣。陳氏集證亦有辨。

輯校 二十六年，敗韓馬陵。史記魏世家索隱。

案：今本僞紀年顯王二十四年，魏敗韓馬陵。陳氏集證云：「顯王二十四，當魏惠二十六，魏世家于此年無韓魏戰馬陵事，而於惠王二年有魏敗韓于馬陵敗趙于懷之語，與韓世家懿侯二年魏敗我馬陵合。蓋烈王七年事，正梁惠王懿侯二年。按此實韓懿侯之六年，陳氏本史記年表誤，詳考辨第七一。魏伐韓趙，所以報濁澤之役。原注：「中緩爭立，韓趙來伐，大敗魏于濁澤。」六國年表載韓魏馬陵之戰，亦同在烈王七年。惟敗趙于懷在前一年，與世家不同。魏策亦云：魏公叔痤爲魏將而與韓趙戰澮北，禽樂祚，敗韓馬陵，敗趙于懷。鮑注云：惠王二年，樂祚趙將。並以此爲惠王二年事，則當在烈王七年，我師伐趙圍濁陽之上。又魏世家索隱云：案紀年云，二十八年與齊田肦戰于馬陵，又上二年，魏敗韓馬陵。十八年，趙又敗魏桂陵。桂陵與馬陵異處。夫所謂又上二年者，蓋指惠成王之二年而言，非謂在戰馬陵上二年也。輯紀年者似誤會此語。」今案：陳氏說極是。輯校與今本僞紀年同一誤會。朱氏存眞錄敗韓馬陵於惠王十八年，則涉索隱下文趙敗魏桂陵之年而誤。

校輯　二十七年十二月，齊田盼敗梁馬陵。史記孫子吳起列傳索隱。

王氏原案：「魏世家索隱引，二十八年與齊田盼戰于馬陵，二十七年十二月，在周正爲二十八年二月，是魏世家索隱已改算爲周正也。田敬仲世家索隱引，齊威王十四年，田盼伐梁戰馬陵。考紀年齊威王以梁惠王十三年立。至此正得十四年。」

案：王氏謂索隱改紀年夏正爲周正之說，他無可驗。而水經泗水注引紀年：「梁惠成王二十九年五月，齊田盼及宋人伐我東鄙，圍平陽。」與魏世家索隱所引二十九年五月齊田盼伐我東鄙同爲一事，而又加詳。水經注所引正亦作五月，不得謂其亦已改從周正。若水經注所引係紀年原文，則索隱又何以改於彼而仍於此？王說不足信。蓋齊師自以上年冬出征，魏師自以翌年敗北耳。詳考辨第八四。

校輯　二十九年，（秦孝公會諸侯于）逢澤。史記六國表：惠王二十九年，秦孝公二十年，會諸侯于澤。徐廣曰：「紀年作逢澤。」水經渠水注引徐說略同。

案：會諸侯于逢澤者乃梁惠王，非秦孝公，詳考辨第八十三。輯校誤。

校輯　後元（九年，鄭）威侯。七年與邯鄲圍襄陵，五月梁惠王會威侯于巫沙，十月鄭宣王朝梁。史記韓世家索隱。

案：索隱此條五月上脫八年二字，詳考辨第一〇二。輯校隨文鈔錄，未能訂正。

輯校 後元（十年），齊田盼及邯鄲韓舉戰于平邑，邯鄲之師敗逋，獲韓舉，取平邑新城。水經河水注。

案：敗韓舉事在惠王後元八年，輯校誤從朱說，已詳前辨。參讀考辨第一〇二。

輯校 後元十一年，（會韓威侯齊威王于）平阿。史記孟嘗君列傳：「田嬰與韓昭侯魏惠王會齊宣王東阿南，盟而去。」索隱曰：「紀年當惠王之後元十一年，作平阿。但齊之威宣二王文，舛互不同也。」案韓昭侯紀年亦當作韓威侯。

案：輯校改齊宣王爲齊威王，是也。然據上條韓世家索隱梁鄭會巫沙後，鄭威侯已稱鄭宣王，則此處亦當作鄭宣王。

一三五 宋康王滅滕考

宋策：「康王滅滕伐薛，取淮北之地。」金正煒國策補釋云：「世本稱齊景公亡滕，漢地理志水經注並云齊滅滕。竹書紀年書於越滅滕，春秋正義謂滕三十一世爲楚所滅，春秋釋例又云：『滕自叔繡以下至公丘三十一世，爲秦所滅。』今據趙策蘇代所言，秦起中山與滕，而趙宋同命，以證此策，自視諸書爲可據。」趙策作起中山與勝，金云：「廣雅，起，立也。勝當爲滕。宋策於是滅滕伐薛，中山滅於趙，滕滅於宋，秦起復二國，故曰趙宋同命也。」今按滕先滅於越，後又復立，其詳已不可考。參讀考辨第四九。孟子至滕，當梁惠王後元十三年，爲宋王偃之十六年。

滕文公好賢，行仁政。時定公初薨，問孟子而定三年之喪。又使畢戰問井地。惜不壽，孟子遊梁返齊爲卿，而文公卒。（參讀考辨第九八，及考辨第一一一。）計其在位先後不踰八年。其後，滕事復無考。蘇代之說，在五國攻秦後，當趙惠文王三年。時中山新滅，（在五年前。）與滕俱舉，則滕滅亦不甚久。春秋經傳集解後序謂竹書今王終二十年，今王者魏襄王。魏襄王二十年，正趙武靈王傳國少子何，自稱主父之歲。明年爲趙惠文王元年。索隱不謂竹書有宋滅滕，知宋康滅滕在魏襄二十年後，故竹書不及載。然則滕滅於宋，正在趙惠文王元年，至三年間，其後踰十年而宋亦爲齊滅矣。（呂氏大事記，王氏通鑑答問，馬氏文獻通考，皆謂滕滅在周赧王二十九年，此由史記齊滅宋在赧王二十九年而誤。）

又按譚貞默孟子編年略云：「傳記滕文公卒，再傳二十一年，滅於宋。」此所謂傳記者，不審何書。然余定滕滅之年，上推二十一年，適滕文公卒，固無誤。任啟運孟子考略謂：「記言孟子去滕二十一年而滕亡」，則決不然。或任氏誤記文公卒後二十一年爲孟子去後二十一年也。

一三六　荀卿自齊適楚考

桓寬鹽鐵論論儒篇云：「及齊湣王奮二世之餘烈，南舉楚淮北，并巨宋，苞十二國，西摧三晉，卻強秦。五國賓從，鄒魯之君泗上諸侯皆入臣。矜功不休百姓，諸儒諫不從，各分散。慎到接子亡去，田駢如薛，而孫卿適楚。內無良臣，故諸侯合謀而攻之。」今按湣王滅宋在十五年，年表誤謂三十八年，詳考辨第一二八。其明年爲燕昭王二十七年，燕使樂毅謀伐齊。又明年，齊湣王之十七年，而樂毅以秦魏韓趙之師入齊至臨淄。湣王走莒。是荀卿諸人之去，當在湣王十五十六年間也。是時荀卿年當五十五六。殆自遊燕以後，重復至齊，亦爲稷下列大夫，而慎到田駢之屬爲老師，至是而相率散亡也。胡元儀郇卿別傳據鹽鐵論此文，謂是郇卿湣王末年至齊。鹽鐵論明謂荀子以湣王末年去，何得卽推以謂湣王末年來，胡說非也。史記孟荀列傳敍荀卿至楚在齊襄王時三爲祭酒之後，蓋誤。至春申君以荀卿爲蘭陵令，益不足信，辨詳後。

汪中荀子年表謂：「荀書彊國篇荀子說齊相國曰：今巨楚縣吾前，大燕鰌吾後，勁魏鉤吾右，西壤之不絕若繩。楚人則乃有襄賁開陽以臨吾左。是一國作謀，三國必起而乘我。如是則齊必斷而爲四，三國若假城耳。其言正當湣王之世。湣王再攻破燕魏，留楚太子橫以割下東國。故荀卿爲是言。其後五國伐齊，燕入臨淄，楚魏共取淮北，卒如荀卿言。」又曰：「此齊相爲薛公田文，故曰相國上則得專主，下則得專國。」今按田文相齊湣，其去位在齊湣之七年。詳考辨第一二九。若汪氏言可信，則荀卿之說，乃在湣王七年前。自是迄於湣王之敗尚十年，則荀卿在齊殊久。若以燕子之之亂卽來齊，則前後可得二十許年矣。近人有疑荀卿來齊，已在王建之世者，不徒與鹽鐵論背，而荀子本書王霸一節，更爲難通。

一三七　慎到考

孟子：「魯欲使慎子爲將軍，孟子曰：不教民而用之，一戰勝齊，遂有南陽，然且不可。慎子曰：此則滑釐所不識也。」趙注：「滑釐，慎子名。」焦循云：「釐與來通。詩周頌思文，貽我來牟，漢書劉向傳作飴我釐麰是也。爾雅釋詁云：到，至也。禮記樂記云：物至知之，注云：至，來也。到與來爲義同。然則慎子名滑釐，其字爲到，與墨子之徒禽滑釐同名。或以爲慎子卽禽滑釐，或以爲慎子師事禽滑釐，稱其師滑釐不識，皆非是。」今按焦說是也。馬氏莊子義證，又以孟子書慎子，乃墨子耕柱篇駱滑釐，說益支離，不可信。漢志法家者流，有慎子四十二篇，注：「名到，先申韓，申韓稱之。」夫到與孟子同時，而按鹽鐵論，慎子以湣王末年亡去，則慎子輩行猶較孟子稍後，豈得先申子？荀子非十二子以慎到田駢齊稱。莊子天下篇稱彭蒙田駢慎到。田駢學於彭蒙而與慎到同時，是慎到後於彭蒙也。近人胡適中國哲學史大綱卷上。謂慎到稍在前，彭蒙次之，田駢最後，亦非矣。

至孟子慎子在魯相遇之年，今已不可確指。薛方山云：「魯爲齊弱久矣，安能伐齊？此必因湣王敗而走莒時。」黄鶴四書異同商辨之云：「薛說非也。燕人畔，立昭王，孟子因此致爲臣而歸矣。史記載昭王立二十八年始伐齊，孟子此時未必猶存。」今按孟子以齊威王晚年（三十六年。）曾返魯。（詳考辨第一一二。）後於宣王八年去齊至宋，其後或仍返老於魯。愼子亦居稷下，至湣王末而去。疑其居魯或當以威王晚節爲近是。姑以是時愼子年三十計，則湣王之末，愼子年垂七十矣。魯欲使愼子爲將軍，乃一時擬議之辭，其事成否不可知。至一戰勝齊，孟子特假爲之說耳，非必魯將愼子，必以伐齊取南陽爲幟志也。薛說自不可從。（林春溥孟子年表後說，及開卷偶得卷七，至謂：「魯使愼子之役，竟取南陽。」益復失之。其戰國紀年，又引呂氏春秋齊以東帝困於天下，而魯取徐州爲證。惟謂：「此事距孟子卒已十年，又不可以强合。」總緣看文字太死殺也。）

愼子雖戰國一顯士，然其事跡流傳者少，已難詳定。明人愼懋賞僞爲愼子書，綴其事若較備，然均不足信，玆再略辨如次。

楚策：「襄王爲子質於齊，懷王薨，太子辭於齊王而歸。齊王强索東地五百里。襄王退而問其傅愼子。」今亦見愼氏書。按懷王入秦爲周赧王十六年，其時齊湣王之二年也。豈愼子遂以其時爲楚襄傅乎？校其年代尚無不合，惟愼氏書顯係鈔撮僞造，不足據。史記正義云：「愼子，戰國時處士」，亦不以爲楚王傅。（風俗通義姓氏篇：「愼到爲韓大夫」，亦無據。疑從其先申韓，申韓稱之而誤。）

趙策：「鄭同北見趙王，說以兵事。」今愼氏書引之，而云「愼子侍」。按鄭同之說云：「先見魏昭王」，魏昭王元年在楚襄王之四年。愼子既爲襄王傅，豈復重至於趙？惟年代亦略可及。今既趙策無此語，則愼子侍云云，乃愼氏襲趙策以爲愼子書，以愼子乃趙人，故云侍趙王也。此亦不足據。又云：「藺相如困秦王歸，有矜色，謂愼子」云云。秦趙會澠池在魏昭王十七年，其獻璧在趙惠文王十八年秦拔趙石城之前，亦在魏昭王十三四年，與鄒同事時亦相當，而又稍後。豈愼子誠晚年及見藺子哉？

愼氏書又有「許犯問愼子」云云，許犯學於禽滑釐，即許行。見考辨第一三二。愼氏以孟子有滑釐不識之語，故僞撰許犯問愼子矣。又「田繫問」云云，益不足據。

又有「環淵問愼子」云云，今按史記稱：「自騶衍與齊之稷下先生，如淳于髡愼到環淵接子田駢騶奭之徒各著書。」故愼氏妄造環淵問。又稱：「孟子與說齊宣王而不說，謂愼子。愼子曰：行無隱而不形，夫子居魯而魯削，何也？」是又襲淳于髡之言爲愼子也，皆不足信。

又有「鄒忌以鼓琴見齊王，稷下先生淳于髡愼到田駢接子環淵相與往見鄒忌子」云云，此事見史記田齊世家及劉向新序，皆僅說淳于髡。愼氏竊取其說，又加以孟荀列傳所舉愼到田駢諸人，遂以實愼子書，其僞跡益顯。

今據史記孟荀列傳，愼到趙人，爲齊稷下先生，與田駢齊名，至湣王時而去，則愼子事之可信者。太平寰宇記卷十三，謂：「愼子墓在濟陰縣西南四里」，則愼子自湣王末亡去，蓋老死於齊，或未適他國。又郡齋讀書志以愼子爲瀏陽人，未識何據。唐志十篇，而讀書志只一篇，蓋已僞物矣。至其學術宗旨，則莊子天下篇評之曰：「尚法而無法，下修而好作，上則取聽於上，下則取從於俗，終日言成文典，及紃察之，則倜然無所歸宿，不可以經國定分，愼到田駢也。」荀子解蔽亦稱之，曰：「愼子蔽於法而不知賢。」天論篇又稱之，曰：「愼子有見於後，無見於先。」此則愼子之學也。其持論蓋爲後來道法開源。其「蔽於法而不知賢」，則韓非法家之言也。其「有見於後無見於先」，則老聃道家之旨也。此與宋子有見於少，無見於多，同爲稍後老子書所取。故史記稱之曰：「學黃老道德之術」，而漢志則謂「申韓稱之」。其實愼到爲稷下學士，尚在前，老聃韓非道德刑名之說自在後。漢人誤認老子在孔子前，遂若愼到學老子，而韓非采愼到。以荀卿之論定之，可知其誤也。

一三八 接子考

莊子則陽篇：「季眞之莫爲，接子之或使，二家之議孰正於其情，孰偏於其理？」成玄英疏：「季眞接子，齊賢人，俱遊稷下。」今按季眞事迹多在梁，其一時交遊亦以梁爲盛。參讀考辨第七九。成氏謂之齊人、遊稷下，未審所據。豈以接子而連類說之耶？接子又見史記田完世家，孟荀列傳，與淳于髡田駢愼到並稱。鹽鐵論謂：「湣王之末，愼到接子亡去，田駢如薛，而孫卿適楚。」接子年世，蓋與慎到相先後，較孟軻湻于髡略晚，亦與惠施季眞同時。季惠或先接子而亡也。漢志人表皆作捷子，接捷古字通。通志氏族略四引風俗通：「本邾公子捷菑之後，以王父字爲氏。」人表捷子在尸子後，鄒衍前，年亦相當。孟荀傳稱其：「學黃老道德之術，因發明序其指意。」漢志捷子二篇，在道家，其殆主命定之論者耶？季眞莫爲，則近於機械的自然論。要之二人，既不信有天神主宰（莫爲），又不許有人力斡旋（或使），皆處不得已而爲隨順。與莊周同時而持義亦相近。孟荀傳索隱：「環淵接子，古著書人之稱號。」其事不詳，無可考矣。

一三九　田駢考　附彭蒙　王斶

史記孟荀列傳：「田駢齊人，學黃老道德之術。」漢志道家有田子二十五篇，呂覽高誘注云：「道書十有五篇。」班固曰：「名駢，莊子釋文引慎子云：「田駢名廣。」齊人，遊稷下，號天口駢。」七略曰：「田駢好談論，故齊人爲語曰天口駢。天口者，言田駢子不可窮其口，若事天。」語見文選宣德皇后令注。莊子天下篇稱其學，與彭蒙慎到並列。呂覽不二篇：「陳駢貴齊」，高誘注：「齊生死，等古今也。」田子之齊生死，蓋與莊生略似，皆承楊朱重生貴己之說而微變之者。

齊策：「齊人見田駢，曰：聞先生高議，與義通。設爲不宦，而願爲役。田駢曰：子何聞之？對曰：「臣聞之隣人之女。隣人之女，設爲不嫁，行年三十，而有七子。今先生設爲不宦，貲養千鍾，徒百人。不宦則然矣，而宦過畢也。」今按稷下學士皆不治而議論。田駢淳于髡之徒，雖溺情富貴，而復抗不仕之名。此由當時墨學既盛，如陳仲子以兄戴蓋祿爲不義，故亦相炫以爲名高也。淮南人間訓：「唐子短陳駢於齊威王，威王欲殺之，陳駢子與其屬出亡奔薛。孟嘗君聞之，使人以車迎。」而鹽鐵論論儒篇則謂田駢如薛在湣王世。兩說相較，以後說爲勝。此殆淮南之誤記也。繹史謂：「威王不與孟嘗君同時，此或靖郭君之事。」竊謂易靖郭爲孟嘗，不如易威王爲湣王也。又淮南稱田駢之言曰：「臣之處齊，糲粢之飯，藜藿之羹，冬則寒凍，夏則暑傷。」亦與策文不合。

又莊子天下篇稱：「田駢學於彭蒙，得不教焉。」又曰：「彭蒙田駢慎到不知道」，則彭蒙爲田駢師，故序列居最先。今尹文子乃謂：「田子讀書，彭蒙越次而對，田子曰：蒙之言然。」轉謂彭蒙師田駢。僞書固不足信。而僞尹文子序又謂：「尹文居稷下，與宋鈃彭蒙田駢同學。」詳考辨一二四。若其說有據，則彭蒙亦稷下先生，其年世既先於田稷，殆或上及齊威矣。又成玄英莊子疏謂：「彭出慎皆齊之隱士，俱游稷下，各著書數篇。」未詳其據。慎到既趙人，謂蒙齊人，未必信。今漢志無彭蒙書，人表亦不著彭蒙姓字，蓋已湮沒無傳矣。而莊書又稱彭蒙之師，曰：「古之道人至於莫之是莫之非而已矣。其風窢然，惡可而言。」是彭蒙之學尚亦遠有端緒。余考齊威王梁惠王前，學者如列禦寇南郭子綦楊朱彭蒙之倫，其學皆主重生貴己，全性葆眞，爲後來道家濫觴。蓋孔主殺身成仁，墨主貴義輕生。如吳起孟勝之徒，皆不惜捨身殉節。列南楊彭承其後，而倡重生貴己，亦有激而然也。不敎亦貴己之一節。至田駢莊周齊死生，則較楊彭立說，又深一層矣。

又按齊策：「齊宣王見顏斶。」吳師道曰：「春秋後語作王蠋。」又有先生王斗，吳師道曰：「一本標文樞鏡要作王升。」今按漢人表有王升顏斶。竊疑王升卽王斶之脫譌，又誤分顏王爲兩姓。觀顏斶對宣王曰：「斶前爲慕勢，王前爲趨士。」而王升之對亦然，知其爲一事兩傳矣。其後當湣王之亡，有畫邑人王蠋，樂毅聞其賢，令環畫三十里毋入，而使人請之，蠋自經而死。蓋卽宣王時高論士貴之王斶也。今齊策顏斶語引老子，疑出後人傳述，或較王升一篇稍晚出。而顏斶王斗王蠋，遂儼若三人。其人蓋亦稷下先生之賢者。當湣王之末，諸儒散亡，彼殆以邦士未去，遂以死節也。因誌所疑附此。

一四〇　春申君封荀卿爲蘭陵令辨

後世言荀卿事，悉本馬遷劉向。然向言最難憑。既曰孫卿後孟子百餘年，又謂其與孫臏議兵於趙孝成王前，其無稽如此。史記於卿事亦疎略不備。余既別爲考定，而於春申君封荀卿爲蘭陵令一事，則不能無疑。蓋其說始於馬遷，成於劉向，而實未足爲信史也。史記言：「齊人或讒荀卿，荀卿乃適楚，而春申君以爲蘭陵令。」今考荀卿去齊適楚，乃當湣王末世。（詳考辨一三六。）下距黃歇爲春申君尚二十餘年，則史說非也。又謂：「春申君爲楚相八年，以荀卿爲蘭陵令。」（春申君列傳。）考荀卿是時年踰八十。（昔人疑荀卿年者多矣。唐仲友謂：「春申君死而卿年已百三十七。」晁公武謂：「荀卿去楚時近百歲。」皆考核未精。）又曰：「春申君死而荀卿廢。」是卿以八十老人爲一縣令，至十八年之久，至於春申之死，荀卿年已百齡，失所憑依，乃不得已而見黜。卿縱貪祿好仕，一何老不知退，爲駑馬之戀豆，至於若是其甚耶？向之言則尤謬，謂：「春申既以卿爲蘭陵令，或讒之曰：湯以七十里，文王以百里，孫卿賢者，與之百里，楚其危乎！春申君遂謝去孫卿。」夫卿之在齊，爲稷下老師。稷下之祿，如齊人之譏田駢，則曰：「貲養千鍾，徒從百人。」宣王之留孟子，則曰：「中國授室，致祿萬鍾。」優異如此。昔孟子遊梁，惠王尊之曰叟，問以利國之大計。以荀卿較之，年爲高矣，位爲尊矣。退自稷下，而至於楚。（荀卿至楚，尚在齊襄王前，姑據劉向叙錄爲說耳。）使春申賢荀卿耶，不應抑以百里之小令。使春申不賢荀卿，何以或人之一言，遽謝而去之耶？又謂：「荀卿既之趙，春申君又以或人之言聘荀卿。荀卿遺春申君書，刺楚國，因爲歌賦以遺春申君。」此汪中荀卿子通論已辨之，曰：「春申君請孫子，孫子荅書，或去或就，曾不一言，而泛引前世刼殺死亡之事，未知其意何屬。且靈王雖無道，固楚之先君也，豈宜向其臣子斥言其罪？不知何人鑿空爲此，韓嬰誤以說詩，劉向不察，采入國策。其敍荀子新書又載之，斯失之矣。此書自厲憐王以下，乃韓非子姦刼弑臣篇文，其賦詞乃荀子佹詩之小歌，見於賦篇。由二書雜采成篇，故文義前後不屬。幸本書具在，其妄不難破。」向又謂：「春申君得書，恨，復因謝孫卿。孫卿乃行，復爲蘭陵令。」此尤無理。黄式三周季編略信有荀卿答書，而亦不信有反楚復仕，曰：「荀卿是時年已八十餘，反趙之後，無棄趙卿而再仕蘭陵之理。」又曰：「書賦之辭嚴厲，無應召之意。」余謂春申誠賢荀卿而再聘，亦不仍以蘭陵屈。凡此皆史記之所無，而尤不近情理之甚者。且余觀荀卿書，如說齊相，應秦昭王應侯問，議兵於趙孝成王前，凡其行迹所至，皆有記載。其論列時事亦詳，然至於邯鄲之解圍則止。獨自爲蘭陵令後十八年，無片辭涉及，又絕不言春申君。有之惟成相一語，曰：「春申道綴基畢輸。」盧文弨疑之，曰：「此春申句有誤，必非指黄歇。」郝懿行則云：「此荀卿自道。荀本受知春申，爲蘭陵令，蓋將借以行道。迨春申亡而道亦連綴俱亡，基亦墮輸矣。」今按卿以八十頹齡，爲令蘭陵垂二十年，親著書數十篇，曾無一語自道政績。其弟子如韓非李斯之徒衆矣，亦不一語及其師治道，並又不見於他之稱述。則所謂畢輸之基者安在？郝氏道亦連綴之語，尤強解非文理，則盧氏之疑是也。劉師培荀子斠補云：「春申當作魯申，左傳定四年晉重魯申，魯申卽魯僖公，此句承上文展禽三絀言，展禽與魯僖同時，魯不用展禽，周公之基業至僖公而竟墮也。」此承盧氏而創新解，殆可信。余讀成相一詩，皆有遭讒憤世之辭，殆卿當齊湣王時以讒去楚之所感而作也。故卿之遭讒在齊湣王世，非楚春申也。其之楚在爲齊襄王時稷下老師之前，非在襄王後也。其至趙在自齊至秦之後，非爲令蘭陵而後之趙也。其退老而著書，所論止於邯鄲之役，正卿八十之年，非其後尚爲縣令二十年，然後乃廢退而家居也。史記所傳，失情實者多矣。荀卿春申之事，豈必以見於史記而信之哉？然則史說無本，何以又確指其年，謂荀卿封蘭陵在春申爲相之八年乎？曰：非也。蘭陵屬東海，爲魯地，故史姑附之楚滅魯之歲。史固未能確指，而後人乃確信之也。（又按：史記滅魯年亦誤，詳考辨第一五四。）曰：然則荀卿之爲令蘭陵，果盡無稽乎？曰：是不然。荀卿適楚在湣王末年，當頃襄王之十五年。是年取齊淮北，蘭陵或以其時歸楚，而荀卿爲之令，非不可有之事。又春申既頃襄弟，其時或已用事，而進言荀卿於楚王。史自誤爲春申爲相之後也。（又按荀子堯問篇：荀卿弟子慨述其師之所以不遇，亦無一語及春申。史記又云：「荀卿卒，因葬蘭陵。」劉向序錄云：「蘭陵多善爲學，蓋以荀卿，長老至今稱之，曰：蘭陵人喜字爲卿，蓋以法荀卿。」蓋卿與蘭陵洵有淵源，至於是否卒而葬焉，而遂令後人思慕之如是，則亦無可詳考矣。）要之，史說之誤，自有可得而辨者，因爲之辨如此。

又按應劭風俗通卷七窮通篇：「齊人或讒孫卿，乃適楚，楚相春申君以爲蘭陵令。人或謂春申君云云，春申君謝之，孫卿去之，游趙，應聘於秦，作書數十篇。春申君使請孫況，況遺春申君書，刺楚國，因爲歌賦以遺春申，因不得已，乃行復爲蘭陵令焉。」此以卿爲蘭陵令在游趙聘秦之前，是也。又序其事於在齊三爲祭酒後，則誤於史記。並謂其爲歌賦遺春申，因不得已復爲蘭陵令，則誤於劉向。然通觀諸書所載，應氏最得荀卿行實矣。

一四一　公孫龍說燕昭王偃兵考

呂氏春秋應言篇：「公孫龍說燕昭王以偃兵，昭王曰：甚善。龍曰：竊意大王之勿爲也。王曰：何故？曰：日者大王欲破齊，諸天下之士，其欲破齊者，大王盡養之，其卒果破齊以爲功。今大王曰我甚欲偃兵，士之在大王之朝者，盡善用兵者也，臣是以知大王之弗爲也。」燕昭以二十八年破齊，至三十三年卒。龍之說燕昭在二十八年後，是爲龍事跡最先可考之年。又下至平原君卒，凡三十三年。參讀考辨第百五十二。此下無公孫龍事。龍卒蓋亦在是時。則其生當在燕噲齊宣時，惠施已老。施之死在魏襄王九年前，龍蓋未能踰十齡也。龍壽當在六十七十間。相傳莊周卻楚威王聘，威王卒歲，周年最少亦三十，多至四十。下逮惠施之卒，周年五十至六十。時公孫龍不出十歲。若周年踰七十，龍亦二十三十以上，猶及見周也。莊書徐无鬼篇：莊子謂惠子曰：「儒墨楊秉四，與夫子而五，果孰是耶？」列子釋文：「公孫龍字子秉。」然惠施卒，龍在童年，莊周之死，龍亦其學初成，豈遽與儒墨楊惠爲五？若公孫龍誠字子秉，則其語蓋出莊子卒後，公孫龍成名之際。又按洪頤煊曰：「秉疑宋誤。」馬氏莊子義證謂：「尸子廣澤篇料子貴別囿，即宋子字譌。宋料形音均相近。故尸子作料。秉與宋形亦近，故此又作秉也。」

又按淮南道應訓：「公孫龍在趙之時，謂弟子曰：人而無能者，龍不能與遊。有客能呼，龍與之弟子之籍。後數日，往說燕王，至於河上，而航在氾，使善呼者呼之，一呼而航來。」史記孟荀傳：「龍爲趙人。」又見漢藝文志班固注，及列子釋文。則龍之說燕，蓋自趙而往，爲初出也。

一四二　公孫龍說趙惠文王偃兵考

呂氏春秋審應覽：「趙惠文王謂公孫龍曰：寡人事偃兵十餘年矣，而不成，兵不可偃乎？龍對曰：偃兵之意，兼愛天下之心也。不可以虛名爲，必有其實。今藺離石入秦，而王縞素布總。東攻齊得城，而王加膳置酒。是非兼愛之心也。此偃兵之所以不成。」史記趙世家：「惠文十七年，秦拔我兩城。十八年，秦拔我石城。十九年，秦敗我二城。志疑云：「敗當作取。」趙奢將攻麥邱，取之。二十年，廉頗將攻齊。」龍言蓋指是時事。石城者，通鑑胡注謂即漢西河之離石縣。高誘注呂覽，亦謂藺離石二縣，今屬西河。梁氏志疑據趙世家肅侯二十二年，秦取代藺離石，謂何待是時始拔。然考同篇武靈王十三年，亦云秦拔我藺，已復複出，況惠文時乎？趙策：「秦攻趙藺離石祁，拔，趙請納焦黎牛狐三城以易之。已而背之。秦怒，令衞胡傷伐趙，攻閼與，趙奢敗之。」年表閼與之役在趙惠文二十九年。秦本紀在昭王三十八年，較年表後一年。合之趙策，是其事由藺離石。此惠文時秦拔趙藺離石之的證也。又西周策：「蘇厲謂周君曰：敗韓魏，殺犀武，攻趙取藺離石祁者，皆白起。」高注：「殺犀武於伊闕。」按年表，其事在秦昭王十四年，前攻趙拔兩城十一年，然則兩城者，藺與祁也。云藺離石者，兼言兩年事。若當武靈王十三年，則白起尚未用事。此亦秦拔藺離石當趙惠文時之的證也。志疑又不信趙奢廉頗伐齊得地之事，云：「是時齊尚止二城，麥邱屬燕，齊無可攻。年表田完世家他處皆無其事，疑史誤。」不知史策言齊獨存二城者，指其五年中最後而言，非齊一敗而諸城皆下，卽無地可攻也。謂餘城皆屬燕，特舉大數言之，以燕獨入齊臨淄，又始終主其事也。非謂其他三晉諸國，均不得尺土一城。不博觀會通，而一切以繩，失者多矣。林氏戰國紀年謂：「據國策，鄒忌謂齊地方千里，百二十城，是在威王之世已然。況宣湣以來，取燕滅宋，楚割淮北，西侵三晉，拓地愈廣。而謂七十餘城之外惟餘莒與卽墨，其他別無可取，豈其然乎？」此亦一說。今以呂覽公孫龍之言參之，知趙世家所記固不誤。然則公孫龍對惠文王之言，乃在惠文二十年後審矣。考燕昭王以惠文二十年卒，公孫龍蓋卽以燕昭卒後去燕適趙。趙惠文初立年幼，主父尚在，未能當國。四年李兌殺主父，其後惠文始自臨事。此云事偃兵十餘年，語亦適合。龍之說燕昭趙惠文兩君，皆以偃兵兼愛，蓋亦治墨學之遺緒，而文以妙辨，故乃與惠施齊名也。

又呂覽淫辭篇：「空雄之遇，秦趙相與約曰：秦之所欲爲，趙助之，趙之所欲爲，秦助之。居無幾何，秦攻魏，趙欲救之，秦使人讓趙，曰：非約也。趙王以告平原君，平原君以告公孫龍。龍曰：此亦可以發使而讓秦，曰趙欲救之，秦獨不助，此非約也。」高注：「趙王，趙惠王也。」梁云：「空雄，聽言篇作空洛，此疑爲作空雒，寫者誤耳。」今按年表，趙惠文二十年，與秦會澠池，藺相如從。二十三年，秦拔魏兩城。空洛疑澠池字誤。公孫龍正以會澠池之年來趙。據此文，龍蓋自始即客平原君家。林春溥戰國紀年，以公孫龍此說係於周赧王三十二年秦取魏安城，孟嘗君求救于燕趙事下。時値燕昭入齊之翌歲，公孫龍方在燕。又不悟空雄乃澠池字訛，臆定無據，不足信。自此至邯鄲解圍凡二十年，公孫龍常在趙。平原君之厚待公孫龍，可見也。文選鄒陽上書吳王注，引新序：「公孫龍謂平原君曰：臣居魯則聞下風，高先生之知，悅先生之行。」今按劉向新序說苑多不可信，此殆以史記有公孫龍爲孔子弟子而誤。

一四三　荀卿齊襄王時爲稷下祭酒考

史記孟荀列傳：「荀卿年五十，始來游學於齊。騶衍之術迂大而閎辨，奭也文具難施，淳于髡久與處，時有得善言。故齊人頌曰：『談天衍，雕龍奭，炙轂過髡。』田駢之屬皆已死，齊襄王時，而荀卿最爲老師。齊尚修列大夫之缺，而荀卿三爲祭酒焉。」此文謂荀卿初來，稷下尚盛，及後諸儒零落，而荀卿獨在，最爲老師也。然鄒衍鄒奭尚在荀卿後，不當與淳于髡並列。（參讀考辨第一四四。）至年五十，乃十五誤倒。荀卿自十五游學來齊，其後曾至燕，見燕王噲。燕王噲不之用，後重適齊，則爲稷下列大夫。至湣王滅宋驕矜，稷下先生愼到田駢之徒皆散，其時荀卿則適楚。（以上均詳考辨第一〇三及一〇六。）是皆爲史文所不具。此云齊尚修列大夫之缺者，以稷下之制壞於湣王末年，至襄王而重修也。今考襄王五年，田單殺騎刼。重修列大夫之缺，當在此後。是時荀卿年踰六十，自楚復返齊。而往者田駢之屬同時散亡者，皆已死，故荀卿最爲老師也。汪中荀子年表謂：「荀子年五十，始游學來齊，則當湣王之季，故傳云田駢之屬皆已死也。」是誤謂田駢已死於荀子來齊之前。近人有疑史文鄒衍之術以下一節爲衍文，謂當以田駢之屬一語直接始來游學云云，是荀卿始來，乃在齊襄王時，亦不與田駢諸人相接，皆與鹽鐵論所記背繆，殊不足信。（參讀考辨一二三。）及襄王死，荀卿乃游秦，（詳考辨一四九。）史謂齊人或讒荀卿，荀卿乃適楚，亦誤。蓋史記述荀子行跡，僅及齊楚兩國，不知其有之秦適趙之事。又謂其爲蘭陵令而終老於楚，故以適楚移之三爲祭酒而去齊之後。

今自襄王六年至襄王十九年，前後凡十有四年，荀卿之三爲祭酒，當在其時。

一四四　鄒衍考　附鄒奭

史記孟荀列傳：「鄒衍至梁，梁惠王郊迎。至趙，平原君側行襒席。至燕，燕昭王擁篲先驅。」漢志陰陽家有鄒子四十九篇，班注云：「名衍，齊人，爲燕昭王師，居稷下，號談天衍。」又鄒子終始五十六篇，師古曰：「亦鄒衍所說。」王應麟引封禪書「齊威宣之時，騶子之徒，論著終始五德之運，及秦帝，齊人奏之」爲證。今按：衍至趙，見平原君，在信陵破秦存趙之後，事見平原君列傳。其時梁惠王死已七十二年，燕昭王亦死二十二年矣。張守節云：「鄒衍與公孫龍同時」，是也。衍已不及見燕昭齊宣，遑論齊威梁惠乎？文選阮嗣宗詣蔣公奏記注，揚子雲解嘲注，引七略曰：「方士傳言鄒子在燕，其遊諸侯，畏之，皆郊迎而擁篲。」其言或爲史公所本，而語差無誤。燕世家又云：「昭王卑身厚幣以招賢者，樂毅自魏往，鄒衍自齊往，劇辛自趙往，士爭趨燕。」燕策亦云然。大戴禮保傅篇：燕昭得郭隗，而鄒衍樂毅以齊至，無劇辛。然其說殊誤。時僅有一樂毅耳，鄒衍劇辛皆在後。史策爲盛言士爭趨燕，遂誤攀後來者爲說，非情實也。韓非亡徵篇：「鑿龜數筴，兆曰大吉，而以攻燕者，趙也。鑿龜數筴，兆曰大吉，而以攻趙者，燕也。劇辛之事燕，無功而社稷危。鄒衍之事燕，無功而國道絕。趙先得意於燕，後得意於齊，自以爲與秦提衡，將劫燕以逆秦，地削兵辱，主不得意而死。」此記趙悼襄王時事。劇辛以趙悼襄三年敗死，時爲燕王喜十三年。去燕昭王伐齊已四十二年。燕昭招賢，猶在其前。劇辛不在燕昭招賢時仕燕明矣。據韓非書，則鄒衍乃與劇辛同僚。去信陵破秦十五年。其自齊赴趙，當齊王建時，在平原君晚節。自趙往燕，則仕燕王喜，絕不與齊宣燕昭相涉。史公云云，蓋誤於燕齊方士之說耳。方士以神仙愚秦始皇，乃引燕昭王齊威宣王以爲重。若僅言齊王建燕王喜，亡國之君，不足以歆動始皇之心也。

御覽四引淮南云：「鄒衍事燕惠王，盡忠，左右譖之王，王繫之獄，仰天哭，夏五月，天爲之下霜。」文選卷三十九注亦引此條。據此則衍先已仕燕，後之齊。此似衍早年事，然亦不謂事昭王。至史記梁惠王郊迎，或乃由燕惠而誤。今姑定燕惠王元年，鄒衍年二十五左右，則邯鄲解圍後，鄒衍自齊使趙，年四十八九。劇辛之死，鄒衍亦踰六十。其生當在齊宣之晚年也。

史記孟荀列傳：「齊有三騶子，其前鄒忌，其次騶衍騶奭。騶奭者，齊諸騶子，亦頗采騶衍之術以紀文。齊人頌曰：談天衍，雕龍奭。」集解引別錄曰：「騶衍之所言，五德終始，天地廣大，盡言天事，故曰談天。騶奭修衍之文，若雕鏤龍文，故曰雕龍。」漢志陰陽家有鄒奭子十二篇。文選江淹別賦任昉宣德皇后令注引七略作鄒赫子。沈欽韓曰：「赫奭通用。」據此則鄒奭在鄒衍後。而史記以奭與淳于髡愼到田騈同稱稷下先生。余考鄒衍自齊使趙，已在王建八年前後，則稷下故事，疑下逮王建時，猶未全泯矣。

又漢書人表有軋子郰子。錢大昕三史拾遺謂：「卽治春秋之夾氏鄒氏。軋與夾音相近，郰卽聚字，鄒與聚聲亦不遠。」沈欽韓前漢書疏證亦謂：「郰子乃鄒子之誤。藝文志有春秋鄒氏傳，蓋孟荀列傳所稱三鄒子之一。」今按：人表軋子郰子後，卽次以沈子北宮子魯子公扈子尸子，皆治春秋，則錢氏之言信矣。而史記孟荀傳稱：「鄒衍深觀陰陽消息，稱引天地剖判以來，五德轉移，治各有宜，而符應若茲。」漢書嚴安傳，嚴安上書曰：「臣聞鄒衍曰：政教文質，所以云救也，當時則用，過則舍之，有易則易也。」此皆言鄒子學術大旨之僅存者。凡漢儒治公羊春秋，言通三統，改制質文諸說，其實源自陰陽，與鄒衍說合。今所謂春秋鄒氏傳，雖不知於三鄒子中當何屬，又不知其所論者何若，要之或亦與公羊家言相近，淵源同自鄒衍，則沈說亦可從也。

漢王吉能治鄒氏春秋。又鹽鐵論論儒篇，謂鄒子以儒術干世主，不用，卽以變化始終之論，卒以顯名。則鄒衍陰陽之術，其先本之儒，漢儒尙多能言之者。

〔附〕鄒衍著書考

漢書藝文志陰陽家鄒子四十九篇，班注：「名衍，齊人，爲燕昭王師，居稷下，號談天衍。」又鄒子終始五十六篇，師古曰：「亦鄒衍所說。」是鄒衍書有四十九篇，與終始五十六篇兩種。考史記封禪書：「自齊威宣之時，騶子之徒，論著終始五德之運，及秦帝而齊人奏之，故始皇采用之。」此終始五十六篇書，出於齊也。集解引如淳曰：「今其中有五德終始，五德各以所勝爲行。秦謂周爲火德，滅火者水，故自謂水德」，是也。史又云：「宋毋忌正伯僑元尚羨門高最後，皆燕人，爲方僊道，形解銷化，依於鬼神之事。騶衍以陰陽主運顯於諸侯，而燕齊海上之方士傳其術，不能通，然則怪迂阿諛苟合之徒自此興，不可勝數也。」漢志五行家有羨門式法二十卷，疑卽羨門高，亦傳騶子之術而不能通者也。此騶子四十九篇傳於燕齊海上之方士，而尤盛於燕也。集解引如淳曰：「今其書有主運，五行相次轉用事，隨方面爲服。」索隱：「主運是騶子之書篇名」，是也。然則兩書雖俱出鄒子，而實不同。周禮大司馬「司爟，掌行火之政令，四時變國火以救時疾」，鄭司農說：「鄹子曰：春取榆柳之火，夏取棗杏之火，季夏取桑柘之火，秋取柞楢之火，冬取槐檀之火。」王應麟謂卽鄒衍四十九篇文，其語良是。論語陽貨篇「鑽燧改火」，集解馬融曰：「周書月令有更火之文，春取榆柳之火，夏取棗杏之火，季夏取桑柘之火，秋取柞楢之火，冬取槐檀之火。一年之中，鑽火各異木，故曰改火也。」皇疏云：「改火之木，隨五行之色而變也。榆柳色青，春是木，木色青，故春用楡柳也。棗杏色赤，夏是火，火色赤，故夏用棗杏也。桑柘色黃，季夏是土，土色黃，故季夏用桑柘也。柞楢色白，秋是金，金色白，故秋用柞楢也。槐檀色黑，冬是水，水色黑，故冬用槐檀也。」禮運孔疏說與皇同。淮南時則訓謂：「春爨萁燧火，夏秋柘燧火，冬爨松燧火。」五時三木，亦承鄒說而小變。鄭司農所引，蓋出鄒子四十九篇，非出終始五十六篇，其說與月令時則爲類。如淳所謂五行相次用事，隨方面爲服，卽以五木改火之例觀之可見。又考淮南齊俗訓高注引鄒子曰：「五德之次，從所不勝，故虞土，夏木，殷金，周火。」文選魏都賦注引七略亦云然，此終始五十六篇文也。月令時則言五行，分列四時，始於木，主相生。鄒子終始言五行，分列虞夏商周，始於土，主相勝。說各不同。鄒子四十九篇，蓋出其所自著，故史稱：「鄒衍以陰陽主運顯於諸侯。」封禪書。又曰：「騶子如燕，昭王擁彗先驅，請列弟子之座而受業，築碣石宮，身親往師之，作主運。」孟荀列傳。其謂燕昭王，縱不信。然主運書，出鄒子手著，亦可證矣。至於終始五十六篇，師古曰：「亦鄒衍所說」，謂之所說，則或其徒述之。故封禪書謂騶子之徒，論著終始五德之運，及秦帝而齊人奏之也。然則藝文志分別兩書先後，及其書題名之意，參之史記所載，知兩書有別，未可混幷，昭然顯矣。荀子以五行出孟軻，考月令時則言五行，重在勿奪民時，其義洵自孟子來。五行分配方色，其說亦古。而五德終始，則爲晚起。呂氏春秋應同篇始見其說，已在秦始皇時。齊人之奏鄒子終始，明以媚秦，而上托於鄒子。其果爲鄒子說否，未可定。後人皆言鄒衍言五德主相勝，若與月令時則言相生一派不同。余考漢志鄒子書，及班固如湻諸家舊注，乃知鄒子言五行，實爲月令時則所祖，而五德終始之篇，其果爲鄒子當時創說，抑其徒所托，轉屬未定之疑問也。

一四五　莊子見趙惠文王論劍乃莊辛非莊周辨

莊子說劍篇：「昔趙文王喜劍，太子悝請莊子。」釋文：「司馬云：趙文王，惠文王也。名何，武靈王子，後莊子三百五十年。洞紀云：周赧王十七年，趙惠文王之元年。一云：案長歷推惠文王與莊子相值，恐彪之言誤。」今按：自惠文王元上推三百五十年，乃當齊桓管仲之世，彪言固誤，然不應一誤至此。田子方篇：「莊子見魯哀公」，釋文：「司馬云：莊子與魏惠王齊威王同時，在哀公後百二十年。」今自周貞定王元魯哀公卒下數百二十年，乃爲周顯王二十一年，其時當梁惠王二十三年，齊威王之十年也。依年表乃三十一年。自此而下五十年，適當趙惠文王元年。因知釋文所引司馬本云「趙惠文王後莊子五十年」，傳寫之誤，乃爲「三百五十年」。古書多誤，而於年世數字尤甚，率如此矣。然考周顯王二十一年，莊子年僅十齡，至二十齡。則下至趙惠文元年，莊周亦六十七十，固與惠文相值，如長歷所推不虛矣。惟依趙世家，惠文初立，年不過十一歲。今說劍篇謂其太子悝患王之好劍，乃募能說王止劍士者。量其意緒，非甚童弱。則其事最早當在惠文初元二十餘年後。世家：「惠文二十二年，置公子丹爲太子。」即孝成王，不言其前有廢太子事，烏得別有太子悝？且其時莊子年最少亦踰八十，而謂其遠道而來，爲太子治劍服三日，以見趙王論劍，而冒不測之險，必不然矣。昔人均斷說劍爲僞篇不足信，然未能詳考其年者，余故爲論定如此。參讀考辨第八八。又按：抱朴子欽士謂：「莊周未食而趙惠竦立」，不知是即據說劍，抑別有他據。若使別有他據，是莊周固嘗至趙，然亦仍無以證說劍篇之眞。

又按楚策：「莊辛說楚襄王，不聽，去而之趙。留五月，新序雜事二作：「不出十月。」秦果舉鄢郢巫上蔡陳之地。新序雜事三，作：「王果亡巫山，漢鄢郢之地。」襄王於是使人徵莊辛於趙。」秦拔巫，在頃襄王二十二年，正趙惠文王二十二年，置公子丹爲太子之歲。周季編略亦定楚召莊辛在此歲。然則莊辛嘗留趙，推其時，與說劍篇所云略相當。豈傳說之初，本以爲莊辛而後乃誤以屬之莊周者耶？韓非喻老：「楚莊王欲伐越，莊子諫。」亦莊辛，而文選卷五十五注引，亦誤作莊周。

金正煒國策補釋云：「史記楚世家，頃襄王二十一年，秦拔我郢，燒夷陵，襄王東北保於陳城。二十二年，秦復拔我巫黔中郡。白起傳：白起攻楚，拔鄢鄧五城。其明年，攻楚，伐郢，燒夷陵，遂東至竟陵。楚王去郢，東走徙陳。秦本紀載武王二十八年取鄢鄧，二十九年取郢，與起傳同。是楚失鄢郢不在一歲。策云莊辛留趙五月，疑當作五年。襄王十九年，楚割上庸漢北地予秦。辛去楚當在頃襄十八年，迄於秦人取巫，適爲五年也。」據此莊辛留趙實久。又辛係文學之士，其說天子諸侯庶人三劍，層累敷陳，亦與蜻蛉黃雀黃鵠蔡聖侯之喩，取逕相似。則其文亦疑本出莊辛也。今說劍篇屢及周名，蓋非其朔矣。

一四六　魏牟考

漢書藝文志道家有公子牟四篇，班固云：「魏之公子也，先莊子，莊子稱之。」今按莊子秋水篇載公子牟稱莊子之言以折公孫龍，龍既後於莊子，牟與龍同時，其年輩亦較莊後明甚。秋水所記，亦謂牟稱莊，非莊稱牟也。班說自誤。列子仲尼篇云：「中山公子牟者，魏國之賢公子也，悅趙人公孫龍，樂正子輿之徒笑之，公子牟爲公孫龍釋七辨。」此爲牟龍同時之證。張湛注云：「公子牟，文侯子。」公孫龍時，文侯沒且百年，張注誤也。後人疑列子爲張湛僞書，然如此條陳義精卓，蓋得之古籍，或即四篇之遺，非湛所能僞。湛注蓋本高誘。高誘注呂覽云：「公子牟，魏公子也，作書四篇。魏伐中山，得之，以封公子牟，因曰中山公子牟也。」魏滅中山在文侯世。史記魏世家索隱：「文侯既滅中山，使子擊守之，後尋復國。」史記志疑論中山復立事云：「中山復立不知的在何時，國策述常莊談謂桓子，中山復立之故，殊不可信。中山滅於魏文十七年，當趙烈侯元年，安得在桓子之世？（按：中山策言桓子自誤，然志疑依史記言文侯年亦誤，辨已見前。）樂毅傳有中山復國之語，亦不言在何時也。經史問答謂：中山復立在魏惠王二十八年後，亦非。趙世家書與中山戰於房子，在敬侯十年，即魏武侯十年，（按：此記趙魏年數亦誤。）明年，趙又伐中山，戰於中人，安得復立在惠王之二十八年後。殆不可考矣。」今按韓詩外傳卷八：「文侯封子擊於中山，其使趙倉唐來言曰：北蓄中山之君，有北犬晨雁，使倉唐再拜獻之。」又曰：「臣聞諸侯不名，君既賜敝邑，使得小國侯，君問不當以名。」則自擊時，中山已儼爲一國，同諸侯矣。說苑奉使篇亦載此事謂：「倉唐曰：君出太子而封之國，君名之，非禮也。」然則中山非能復國，乃魏之別封耳。（趙襄子滅代，乃封其兄子周爲代成君，與此略似。）其後更出少子摯封中山，而復太子擊，則中山之君乃魏文侯少子魏摯之裔，而公子牟亦其後人。

墨子所染篇：「中山尚染於魏義偃長。」閒詁引蘇說云：「中山爲魏之別封，非春秋時之鮮虞也。魏文侯滅中山而封其少子摯，至赧王二十年，爲趙武靈王所滅。其君有武公桓公，見世本。此名爲尚者，當爲最後之君。」今按呂氏春秋高注：「尚，魏公子牟之後，魏得中山以邑之。」其說誤。蘇氏謂中山封自文侯少子摯，是也。考太平寰宇記卷六十一，引史記：「趙武靈王以惠文王三年滅中山，遷其君尚于膚施。」則中山最後一君名尚，又得其證矣。閒詁據水經滱水注，及太平御覽百六十一，引十三州志，並謂：「中山桓公，爲魏所滅。」謂：「尚或即桓公」。不知桓公爲魏滅，尚爲趙滅，不得混幷爲說。然則桓公乃中山之君，而武公則爲魏滅中山後，中山別封之君。蘇說姑引世本，未能剖辨，亦失之。（參讀考辨第五四。）又魏世家索隱：「魏文侯滅中山，子摯守之，後尋復國。」張文虎札記據毛氏單行本索隱，乃「其弟守之」。按呂覽自知：任座曰：「君得中山，不以封君之弟，而以封君之子，是以知君之不肖也。」其弟即指少子摯。索隱此條，下語未瞭，疑有脫誤。

余考中山復立，蓋在趙烈侯十年，詳考辨第四三，又第五四。即魏文侯之四十八年也。年表梁惠王二十九年，中山君爲相，正以魏與中山本屬一家，猶如齊封田嬰於薛，而薛公父子入爲齊相。故中山公子亦或以魏氏稱，而公子牟亦稱魏牟。後人不察，因臆測爲即魏文侯公子封中山者也。雷氏義證亦主中山乃文侯少子摯後，惟謂惠王時爲相者即公子牟，則年代亦誤。魏策：「中山恃齊魏以輕趙」，又云：「齊魏伐楚而趙亡中山。」則中山固猶恃魏宗國，爲其後援矣。燕策蘇代說魏王決宿胥之口，鮑彪引「徐廣曰：紀年，魏救中山，塞宿胥口。」徐廣引見史記蘇秦列傳，今脫一中字。朱氏存眞云：「此未詳何年事。趙世家趙武靈王二十，二十一，二十三年，俱攻中山，當魏襄王之十三，十四，十六年也。」今考吳師道梁玉繩皆定中山亡在武靈二十五年，正韓魏齊秦敗楚重丘之歲。所謂「齊魏伐楚而趙亡中山」也。其前魏嘗救中山。宿胥口，朱氏謂：「今衛輝濬縣西南有宿胥故瀆。」魏救中山而塞宿胥，正如齊救邯鄲而圍襄陵矣。陳氏集證疑「中山之地與宿胥遼絕，何由魏救中山而塞宿胥口乎？」因不信有魏救中山事，其實非也。然則中山固恃魏援，魏亦救中山，良以魏與中山，本出一宗故也。又中山策云：「主父欲伐中山，使李疵觀之。李疵曰：可伐也。中山之君所傾蓋與車，而朝窮閭隘巷之士者七十家。主父曰：是賢君也。李疵曰：不然。舉士則民務名不存本，朝賢則耕者惰而戰士儒，若此不亡者，未之有也。」此與列子書言子牟好與賢人游，不恤國事，正合。淮南人間訓：「徐偃王爲義而滅，燕子噲行仁而亡，哀公好儒而削，代君爲墨而殘。」代乃中山之誤。（參讀考辨第三十三。）呂氏春秋應言篇：「司馬喜難墨者師於中山王前，以非攻。」可證當時中山之信墨。（寰宇記引國策云：「中山專行仁義，貴儒學，賤壯士，不教人戰，趙武靈王襲而滅之。」此則即據李疵一節潤澤自爲文也。）公子牟與公孫龍交好，而篤信其說。龍爲墨徒，則牟亦墨徒，其所好皆墨徒也。（其書漢志入道家，如宋鈃亦墨徒，而班注稱其言黃老意。戰國晚世道家，本頗取墨義也。）故後人謂中山爲墨而亡矣。公子牟或如平原信陵，當國而見信於其君者也。

趙策：「平原君謂平陽君曰：公子牟游於秦，且東，而辭應侯。應侯曰：公子將行矣，獨無以教之乎？曰：且微君之命命之也，臣固且有效於君。夫貴不與富期而富至，富不與粱肉期而粱肉至，粱肉不與驕奢期而驕奢至，驕奢不與死亡期而死亡至。前世坐此者多矣。」此可以定公子牟之年代，又可以窺公子牟之爲人。牟雖亡國之公子，其見重於當時者，有以也。考應侯封在秦昭王四十一年，明年爲趙孝成王元年，上距趙武靈攻中山三十六年。其後十一年，應侯免相，又四年平原君卒。上距滅中山五十年。慮中山之滅，公子牟年不出三十。至平原之卒，牟年已踰七十。趙策建信君貴於趙，公子魏牟通趙，趙王迎之，論尺帛。建信君與秦文信侯呂不韋楚春申君黃歇同時，其貴幸或在平原卒後。則公子牟之卒，殆亦後於平原，年壽當近八十也。（說苑敬愼篇作公子牟遊秦辭穰侯，穰侯較應侯稍前，亦無不合。然固當從趙策爲是。）余前論莊子卒歲當在周赧王二十六年至三十六年間，（考辨第八十八。）周赧二十六年，公子牟至少亦三十二歲，以武靈攻中山，牟年二十計之。則牟自及見周矣。吳師道云：「魏牟上及莊子，下及應侯，無疑。」

〔附〕論詹何環淵年世 附召滑

又按莊子讓王篇：「中山公子牟謂瞻子曰：身在江海之上，心居魏闕之下，奈何？瞻子曰：重生。重生則利輕。中山公子牟曰：雖知之，未能勝也。瞻子曰：不能自勝，則從，神無惡乎？不能自勝而強不從者，此之謂重傷之人，無壽類矣。魏牟，萬乘之公子也。其隱巖穴也，難爲於布衣之士。雖未至乎道，可謂有其意矣。」竊疑子牟身在江海，心在魏闕，其殆爲中山既亡之後事。故曰隱巖穴，難爲於布衣。瞻子，淮南道應作詹子，卽詹何。其與子牟問答，應在趙惠文王楚頃襄王世。淮南仝篇又云：楚莊王問詹何，治國奈何？對曰：何明於治身而不明於治國。此莊王卽頃襄王也。參讀考辨第一三一。

又考楚策：「楚王問於范環，寡人欲置相於秦，孰可？」其事又見史記甘茂傳。「甘茂奔齊，齊使甘茂於楚。楚懷王新與秦合婚而驩，秦使人謂楚王曰：願送甘茂！楚王問范蜎。」茂奔齊在秦昭王元年，秦迎婦於楚在二年。然則懷王范環問答，亦在是時也。疑范環范蜎，皆蜎環字訛。蜎環卽環淵，值楚懷晚節。其遊齊稷下，則當宣王末，或湣王時。其人尙應與莊周並世。而詹何與中山公子牟問答，中山亡已值楚懷暮年，則詹何環淵宜亦得並世，而環淵稍前，詹何稍後。卽猶謂關尹在前，老聃在後也。參讀考辨第七二。殆或有類於荀況之於孟軻，否則莊周之於公孫龍也。漢志顧謂「環淵師老子」，其然，豈其然？

又按：范環之語楚王曰：「王嘗用召滑於越，而納句章，昧之難越亂，故楚南察瀨湖而野江東。」策史文略同。韓非內儲說下作干象告楚王，前王使邵滑之越，五年而能亡越云云，賈誼過秦論，齊明周最陳軫召滑樓緩翟景蘇厲樂毅之徒通其意，則召滑蓋楚懷王時，而爲楚亡越有功者。

一四七　虞卿著書考

秦昭王爲范睢召平原君，虞卿棄趙相，偕魏齊逃之魏，史記范睢傳在昭王四十二年，而虞卿傳記虞卿與趙謀事皆在秦破長平後。古史云：「意者魏齊死，卿自梁還相趙，而太史公失不言耳。」經史問答亦辨之，曰：「長平之役，在昭王四十七年。史公所謂虞卿料事揣情，爲趙畫策者，反在棄印五年之後，則虞卿嘗再相趙，何嘗窮愁以老？」梁氏志疑云：「虞卿嘗再相趙，則其著書非窮愁之故。史通雜説篇譏太史公自序傳不韋遷蜀，世傳呂覽，以爲思之未審。何不云虞卿窮愁，著書八篇？劉氏亦未審思。」黄氏周季編略云：「司馬通鑑，朱趙綱目，書秦誘執趙公子於周赧王五十六年，由讀虞卿傳而誤。秦自趙取韓上黨，與趙仇怨甚深，豈於此時佯爲好書以召平原君？平原君搬取上黨之策者，豈此時敢入秦乎？」崔適史記探源亦謂：「信陵救趙後留趙十年。若在十年內，信陵不在大梁。如當返魏之年，應侯免矣，昭王薨矣，平原卒矣，侯嬴自信陵至晉鄙軍之日自殺矣，安得其事？」此證虞卿棄趙相至魏事在長平役前也。然余考虞卿著書，尚有可論者。

漢志儒家有虞氏春秋十五篇，春秋家有虞氏微傳二篇。王應麟曰：「劉向別録云：虞卿作抄撮九卷，授荀卿，荀卿授張蒼。」又釋文敍録云：「鐸椒授虞卿。」考之諸人年世，似不足信。何者？齊襄王六年時，重興稷下，荀卿爲老師祭酒，其時年已踰六十，學成名尊矣。而虞卿棄趙相與魏齊逃之魏，事尚在後十許年。時虞卿初出有聲，其年事當不出四十，是荀卿爲前輩碩學，而虞卿乃後進遊士，何從有虞卿著書以授荀卿哉？又鐸椒楚威王時太傅，其書應在威王早歲。今姑自威王卒年計之，下至趙孝成王元年，凡六十三年。鐸椒死，虞卿尚未生，豈得謂鐸椒以授虞卿哉？至張蒼之卒，在孝景前五年。即謂其年百餘歲，則生年當在秦昭王晚節。昭王末年至孝景前五年凡九十九年。

今姑謂魏信陵破秦邯鄲之歲蒼生，則蒼凡百有五歲。下至春申君死，蒼年二十，而荀卿已及百齡。荀卿年壽今既不可詳考，要之以鐸椒授虞卿，虞卿授荀卿之例觀之，謂荀卿授左傳於張蒼，恐亦未見其必信也。

余又考虞卿行事，邯鄲解圍後，曾欲爲平原君謀封。此後卽少見。惟魏欲合從，虞卿過平原君一事，的在何時，已難定。黄氏編略系之秦昭王五十三年，平原君下二年卽卒，黄說蓋近是。若依其說，上距虞卿棄相印，偕魏齊走大梁，亦不過十二年。虞卿以游說士，躡蹻擔簦而說趙孝成王，量其年事當在四十左右。則其息影謝事，亦僅踰五十。若非早世，其耽意箸述，當在五十之後。時荀卿已耄，或者抄撮九卷，正受之荀卿。由是而下傳張蒼，則世隔庶乎近是。然虞卿年壽既不詳，則此亦姑備之一說，非可據以推左氏之傳統也。又按孔叢子：虞卿著書，名曰春秋。魏齊曰：子無然。春秋，孔聖所以名經，子之書，大抵談說而已，亦以爲名乎？卿答云云。齊問子順，子順曰云云。余考孔穿來趙，略與虞卿魏齊奔魏同時，虞卿著書，既不在此以前，又其時子順年不過三十，恐難據信。若此條可據，則虞卿著書，遠在初爲趙相時。或者殆其經始草創之事乎。要之孔叢僞書，則此亦無可確論也。（參讀考辨第一六〇。）

〔附〕 國語采及鐸氏虞氏鈔撮考

史記十二諸侯年表序：「鐸椒虞卿呂不韋之徒，各捃摭春秋之文以著書。」此春秋謂左氏也。鐸氏虞氏書並不傳，然劉向別錄記左氏源流云：「左邱明授曾申，申授吳起，起授其子期，期授楚人鐸椒，鐸椒作鈔撮八卷，授虞卿，虞卿作抄撮九卷，授荀卿，卿授張蒼。」見王應麟考證。其傳授不可信，已辨如前。則鐸椒虞卿於傳授左氏之外，別自有抄撮，正史記所謂捃摭其文以著書矣。余讀今國語周語上中下三卷，魯語上下二卷，鄭語一卷，楚語上下二卷，共八卷，其文略相近，是豈鐸氏所抄撮耶？又晉語九卷，則殆虞氏之所捃摭歟？而漢志又云有左氏微二篇，鐸氏微三篇，虞氏微傳二篇。余疑鐸氏微三篇者，即其抄撮之八卷，鄭語厪一事，蓋以語涉楚先而錄合於楚為一篇。周語魯語各自分篇，則凡為三篇也。左氏微二篇者，或出吳起子期所抄撮，殆即周魯二篇。鐸椒又益以楚事成三篇也。故別錄有鐸氏鈔撮八卷而漢志無之。漢志有左氏微二篇，鐸氏微二篇，而別錄不之及。殆以此。至於虞氏書，漢志既錄虞氏微傳二篇於春秋家，而儒家又著虞氏春秋十五篇。余疑別錄所謂抄撮九卷，與史記所稱捃摭春秋以著書者，當在儒家十五篇中。今國語晉語九篇，最後多言趙簡子事，良以虞卿居趙著書，故終晉之事而獨詳於趙。又今戰國策記六國事多出秦孝公後，獨趙策最前，詳及知伯之滅，及豫讓行刺，其文近儒家言，與其後策士縱橫不類。又記趙武靈胡服，亦侈陳儒義，非出縱橫策士之手。疑劉向集國策，此蓋採自虞氏十五篇中。虞氏春秋十五篇者，其前春秋時事，則多撏撦左氏，即今晉語九卷，故劉氏別謂之抄撮。（杵臼程嬰事，左氏所無，或可亦出虞氏。）而尙有及春秋後事，在抄撮九卷之外者，則合而爲儒家虞氏春秋十五篇也。今趙策所錄三晉滅知伯，豫讓行刺，及趙武靈胡服，或係其書之一部，而其全不可得而考。史公謂虞氏八篇，有節義稱號揣摩政謀以刺譏國家得失。竊疑豫讓事在節義，趙武靈胡服事在政謀。推此以求，或可鉤沉發覆，頗得其一二。至微傳二篇，其與春秋十五篇同異出入何如，更難詳論。（史記云：「鐸氏卒四十章」，亦不可說。）惟余疑今國語有出鐸氏虞氏之鈔撮者，則殆爲可有之事也。

清儒自武進劉逢祿爲左氏春秋考證，及康有爲承其說而益肆，乃謂左傳爲漢劉歆析國語僞造，崔適和之，近人頗多信者。實則其說無據，可以破之者非一端。余讀國語諸篇，文體不相類。如越語之與魯，楚語之與齊，晉語之與周，皆不同，其非出一手甚顯。而左氏敘諸國事，非若是可以國別邦異，分體而列也。且今左傳既析國語而成，設爲之復分左氏歸國語，其一事兼綜諸國，未能定誰屬者，當居十五六，決不若今國語晉記晉事，齊載齊故，爲昭晰而無疑矣。又左氏文字上下二百四十年，有可循次年代而比量其不同者。隱桓之文異於成襄，成襄復異於定哀。文字隨時變易，猶可考見。而國語所採文體，以國別，不以年異，與左氏自判。烏得謂左氏析自國語哉？余既考周魯鄭楚四國語八卷，出自鐸氏，晉語九卷惟出虞氏，其餘惟齊吳越三國。齊語同於管子，吳越語疑本當時范蠡大夫種書。漢志兵權謀有范蠡二篇，大夫種二篇，今吳語及越語上篇蓋采大夫種，而越語下則采范蠡也。（漢書甘延壽傳注，左傳桓五年疏，文選潘安仁賦注，皆引范蠡兵法，惟及飛石一事，與權謀無涉，後人以此當兵權謀之范蠡二篇，其信否不可必。若取今越語下篇爲范蠡兵權謀，乃宛肖。賀濤松坡集讀國語亦曰：「吳語以越事爲主，又詳及大夫種之謀而不及范蠡，越之上篇亦如之，下篇則專言范蠡而不及大夫種，皆非史法，而近於晚周諸子之所爲，疑後人取種蠡書附之國語。」）是國語綴緝爲書，與國策正相似。太史公曰：「余觀春秋國語，其發明五帝德帝繫姓章矣。」（五帝紀贊。）又曰：「表見春秋國語，學者所譏盛衰大指著于篇。」（十二諸侯年表。）其所謂春秋，即指左氏，與國語分言，亦不以兩書爲一書也。若史公僅見國語，何說而謂之春秋國語耶？史公既言之，曰：「魯君子左邱明，因孔子史記具論其語，成左氏春秋。」又曰：「左邱失明，乃著國語。」正以國語并包鐸椒虞卿諸家，而諸家書皆採左氏，故史公亦遂以國語歸之左氏爾。（史公上言仲尼厄而作春秋，避上春秋字，故左氏書改舉國語，此行文遷就法也。）其後劉向校書，定國策爲三十三篇，亦本非一家之言，其號亦不一，或曰國策，或曰國事，或曰短長，或曰事語，或曰長書，或曰修書。其有國別者八篇，他篇未盡以國分。劉向乃彙萃編次而成今書。（葉適習學記言序目卷二十，蒯通論戰國權變，八十一首，太史公記有戰國策所無者，豈取之於此乎？今按：今國策亦必采及蒯通權變，惟或不盡備耳。）考漢志縱橫家有蘇子三十一篇，張子十篇，爲國策所收者必多。正如鐸氏虞氏之見收於國語也。而虞氏「上采春秋，下觀近世」，（史記十二諸侯年表語。）其論近世者，因亦採於國策。古書之重見疊出，如此者夥矣。故韓詩外傳大小戴皆採荀子，呂氏春秋採並世諸家，何論國語國策本屬綴集？余謂其採及鐸氏虞氏種蠡儀秦書，其論雖創，例繁，情近，非任臆逞怪之比也。又葉適習學記言序目卷十二，謂以國語左氏二書參較，左氏雖有全用國語文字者，然所採次僅十一而已。至齊語不復用，吳越語則採用絕少，蓋徒空文，非事實也。左氏合諸國記載成一家言，工拙煩簡，自應若此。惜他書不存，無以徧觀。而漢魏相傳，乃以左氏國語一人所爲，左氏雅志未盡，故別著外傳。餘人爲此語不足怪，若賈誼司馬遷劉向不加訂正，乃異事爾。今按葉氏言，若亦不知國語文字有儘多出左傳後者，此亦可異也。

又漢志春秋家有新國語五十四篇，班氏注云：「劉向分國語。」夫國語分二十一篇，周魯齊晉鄭楚吳越八國，固已甚細，何待於再分？余疑此五十四篇者，蓋國語二十一篇，合之國策三十三篇，并而爲書，適得五十四篇。晚世以國語國策合刻，其例先啟於向矣。向蓋以二書大體既類，故爲合續，如古虞夏商周書合爲尚書，先有其事。而班氏不深考，遂輕名曰新國語，而謂劉向所分。實則應曰向所并合，乃得耳。康有爲乃疑新國語乃國語原本，未經劉歆竊取，故卷數較今國語爲多。不悟劉歆主中秘，若誠竊國語爲左傳，決不留原書以自白己僞。且其書至東漢猶存，當時學者亦不應昧昧不辨如此也。

又余考史記十二諸侯年表，其分年繫事，多據左氏。如魯桓六年，楚武王侵隨，隨爲善政得止。八年，楚伐隨，弗拔，但盟罷兵。莊公四年，楚武王伐隨，夫人心動，王卒軍中。志疑：「夫人上缺告字，毛本有。」此等皆明據左氏，而孔子春秋無其事。若如康氏說，今左氏春秋，由劉歆於國語析出。國語固不編年，豈史記十二諸侯年表，復爲歆所僞羼也？如此例極多，姑舉一端言之。劉逢祿謂：「左氏後於聖人，未聞口授微言大義，惟取所見載籍，如晉乘楚檮杌等，相錯編年爲之，本不必比附夫子之經。故往往比年闕事。劉歆強以爲傳春秋，或緣經飾說。」則謂左氏體本編年，尚不以爲即是國語，惟不傳春秋，而劉歆強附之。其說較康氏遠勝。然劉說亦殊未可信。陳灃辨之曰：見東塾讀書記卷十。「劉申受左氏春秋考證，凡書曰之文，以爲劉歆所增益，未確也。桓五年甲戌，己丑，陳侯鮑卒。左傳云：再赴也。公疾病而亂作，國人分散，故再赴。史記陳杞世家采此數語。可見史遷所見左傳，有解經之語矣。」今按十二諸侯年表亦云：「國亂再赴。」惟誤下一格。然則左氏在史公前，本編年，又有解經語，顧必謂其不傳春秋，何也？若謂其書本稱左氏春秋，與虞氏呂氏等類。此亦劉氏說。則公羊在漢初，亦稱春秋，何以又與虞氏呂氏不同？至於左氏公羊，孰爲得孔子之眞傳，史有事有義，左氏詳事，公羊重義，謂各傳春秋之一偏可也。清代公羊家深斥左氏，謂孔子春秋主義不主事。春秋經世之志，豈反不主於事哉？此則別是一事。不得以經生門戶家法之見，遂不認有左氏書，乃輕語自國語析出也。

一四八　孔穿與公孫龍辯於平原君所考　附　子思以下孔裔生卒年表

孔穿與公孫龍辯於平原君，其事見呂氏淫辭，公孫龍子跡府，及孔叢公孫龍篇。孔叢僞書，跡府尤晚出，殆皆襲取淫辭以爲文。跡府「白馬非馬」，孔叢作「白馬非白馬」，誤多一白字。淫辭「臧三牙」，孔叢作「臧三耳」，則實今呂覽字誤。畢氏沅盧氏文弨皆據孔叢以改呂覽，是也。黃式三曰：「莊子天下，惠子言雞三足，與臧三耳相似。龍意兩耳形也，又有一司聽者以君之，故爲三耳。」今按黃說甚是，惟改臧爲羊則非。呂氏下文有「荆柱國莊伯令其父視日，而其父曰在天」云云一節，均所答非所問，正證明臧獲之聽言從令，於兩耳之外更有一耳之意。則臧是臧獲，謂僕人耳。而其事自爲先秦故實，則無可疑者。周季編略書其事於趙孝成王元年，平原爲相之始，此亦無所繫而歸之，非確有證驗也。余考史記孔子世家載子思子上子家子京子高子順孔鮒年歲均備。雖不必盡可據，然史公親受業於安國，又先秦傳記或猶有遺文可徵。今捨此亦無以推尋孔裔之年世。姑依以爲排比推算，若亦無大乖謬者。則子高之卒，或在趙敗長平之前，而鄒衍至趙則在邯鄲解圍之後。要之穿龍之辨，雖不能證其的在何年，而大略則前於鄒衍公孫龍之相辨也。今姑約略擬列子思以下孔裔生卒年世如次表，上下前後以求之，倘亦不中不遠之意乎！

周敬王三十七，（四八三）……子思生，伯魚卒。年五十。

周敬王四十一，（四七九）……孔子卒。年七十四。

周考王十二，（四二九）……子上生。子思年五十五。

周威烈王二十四，（四〇二）……子思卒。年八十二，參讀考辨第五十八。

檀弓：「子上之母死而不喪，門人問諸子思，曰：昔者子之先君子，喪出母乎？曰：然。子之不使白也喪之，何也？子思曰：昔者吾先君子無所失道，道隆則從而隆，道汚則從而汚。

伋則安能？爲伋也妻者，是爲白也母。不爲伋也妻者，是不爲白也母。故孔氏之不喪出母，自子思始也。」今按子思非適子，乃庶出，生於伯魚晚年，已詳前考。考辨第五十八。今以孔氏年世推之，則子上之生，亦在子思五十以後，殆亦非適出。所謂出母者，乃其生母，猶「康公我之自出」之出，非出妻也。既爲妾媵，非正妻，故子思曰「不爲伋也妻」爾。先君子謂孔子，孔子母顏徵在，其嫁叔梁紇，亦在紇之晚年，非正妻。正妻施氏無子，其妾生孟皮，顏氏生孔子。孔子既早孤，故生母死而喪之。至子上母卒，子思尚在，故不使其子喪出母也。伯魚之母死，期而復哭，孔子止之。顧氏日知錄謂：「此自父在爲母之制當然，疏以爲出母者非。」其辨甚是。古人正妻卒，其子尚止期服，妾媵之卒，故不使爲後之子喪之也。後世乃謂孔氏三世出其妻，細按皆誤。

周安王十二，（三九〇）……子家生。子上年四十。

周安王十九，（三八三）……子上卒。年四十七。闕里譜系載齊威王召子上爲相，史策均無證。今考其年世亦不合，殆妄者之誇詞也。

周顯王十八，（三五一）……子京生。子家年四十。

周顯王二十三，（三四六）……子家卒。年四十五。

周赧王三，（三一二）……子高生。子京年四十。

周赧王九，（三〇六）……………………子京卒。年四十六。

周赧王二十二，（二九三）………………子慎生。子高年二十。

周赧王五十一，（二六四）………………孔鮒生。子慎年三十。

周赧王五十三，（二六二）………………子高卒。年五十一。

秦始皇十，（二三七）……………………子慎卒。年五十七。

秦二世二，（二〇八）……………………孔鮒卒。年五十七。

一四九　荀卿赴秦見昭王應侯考

齊襄王十八年，當秦昭王四十一年，范雎相秦，封應侯。荀子儒效篇載秦昭王與荀卿答問之語，彊國篇載應侯與荀卿答問之語，是荀卿在齊襄王十八年後曾赴秦也。至昭王五十二年應侯罷相，荀卿赴秦當在此十二年間。惟自劉向已不曉其的在何時，故爲荀卿書錄叙之最後。胡元儀郇卿別傳以入秦謂在爲蘭陵令去而之趙以後，並謂不出秦昭王五十四至五十六三年中，是誤讀劉向文也。凡如此類甚多。史記魏世家叙文侯受經子夏於二十五年後，讀者遂謂其事卽在二十五年。

孔子世家叙適周見老子在十七歲後，讀者遂謂其事即在十七年。不悟古人行文，自有伸縮。刻劃以求，宜其謬也。今考荀卿與應侯問答，稱秦四世有勝，彊國篇，指自孝公至昭王也。而曰：「憂患不可勝校焉，諰諰然常恐天下之一合而軋己也。」彊國篇。並不及秦師失利事，則荀卿遊秦尚在邯鄲一役之前。周季編略列荀況如秦於周赧王五十一年，是年爲齊王建元年，荀卿殆以襄王死而去齊，如孟子以惠王死去梁之例，黃氏之說則信。

一五〇 陳仲考

孟子曰：「仲子，齊之世家也。兄戴，蓋祿萬鍾。以兄之祿爲不義之祿，而不食也，以兄之室爲不義之室，而不居也。避兄離母，處於於陵。身織屨，妻辟纑，三日不食，耳無聞，目無見也。」又曰：「仲子，不義與之齊國而弗受，人皆信之。」故曰：「齊國之士，我必以仲子爲巨擘焉。」然又譏其「亡親戚君臣上下」。今按仲子蓋墨徒也。韓非外儲說右：「齊有居士田仲者，宋人屈穀見之，曰：穀聞先生之義，不恃人而食。然亦無益人之國，亦堅瓠之類也。」凡其不恃人而食，與其亡親戚君臣上下，皆墨子兼愛節用之旨也。時其邦人匡章子亟稱之。孟子與匡章自齊威王時已交游。（詳考辨第九八。）而匡章孟子論陳仲子廉士一節，則在宣王世。以年事論，孟子最長，匡章次之，陳仲爲後。匡章曰：「陳仲豈不誠廉士。」孟子曰：「齊國之士，我則以爲巨擘。」其時匡孟皆仕甚顯，而陳仲壯歲苦行，名譽已播，故二人之言如此。而仲子既名高，爲當時在上位者所深嫉。趙威后問齊使：「於陵仲子尚存乎？是其爲人也，上不臣於王，下不治其家，中不索交諸侯，此率民而出於無用者，何爲至今不殺乎？」見齊策。則仲子之傾動天下，而爲世貴所忌者，可知矣。鮑彪注：「此自一人，若孟子所稱，已是七八十年矣。」周柄中辨之云：「陳仲子齊宣王時，趙威后齊王建時。考六國表自宣王元年至王建元年，凡七十有九年。仲子若壽考，何妨是時尚在？」今按：自宣王元至王建元，實祇五十六年，六國表誤也。今姑定宣王元年仲子年三十左右，則至王建時亦僅八十許人。趙太后所謂「於陵仲子尚存乎，何爲至今不殺乎」，正是遲之之意。鮑氏遽以生疑，非也。其時荀子盛毁之，曰：「盜名不如盜貨，田仲史鰌不如盜也。」不苟篇。又曰：「忍性情，綦谿利跂，苟以分異人爲高，不足以合大眾，明大分，然而其持之有故，言之成理，足以欺惑愚眾，是陳仲史鰌也。」非十二子。此乃儒墨門戶之爭，然可以證陳仲之譽聞焉。

史記索隱引孟子曰：「陳仲子適楚，居於於陵。」四書異同商引宋云：「觀下其母殺鵝與食，則去其母不遠。又趙威后問齊使，於陵仲子尚存乎，使其適楚，則威后亦不得問齊使。閻若璩四書釋地云：顧野王輿地志：齊城有長白山，陳仲子隱處，漢於陵故城。章懷注：在今淄州長山縣南。計仲子家離其母居二百里。」則仲子信居齊。劉向列女傳有楚王聞於陵子終賢，願以爲相，其妻諫之，遂相與逃，爲人灌園。皇甫謐高士傳因謂陳仲子將妻子適楚，其實非也。鄒陽獄中上書：於陵子仲辭三公，爲人灌園，此謂仲子可以希三公之貴而不爲，猶論語稱泰伯三以天下讓也。劉向遂以楚王聘爲相實之，皇甫氏乃謂仲子適楚。近人又疑楚實有於陵其地，別有子終其人，皆失之。又按於陵子：齊楚有重丘之役，人問於陵子，曰：齊，子產也，楚，子居也，云云。於陵子乃僞書，更不足據。

一五一　荀卿至趙見趙孝成王議兵考

范雎爲相之明年，爲趙孝成王元年。孝成王二十一年而卒，荀卿嘗至趙，論兵趙孝成王前。今亦不能考其的在何年。劉向叙錄謂：「孫卿爲蘭陵令，客或讒之春申君，春申君謝之，孫卿去而之趙。客又說春申君，春申君使人聘孫卿，孫卿遺春申君書，刺楚國。春申君固謝孫卿，孫卿乃行，復爲蘭陵令。」今按：春申以荀卿爲蘭陵令，事既不足信。詳考辨第一四〇。則避讒適趙，愈益無據。汪中荀卿子通論謂：「本傳稱齊人或讒荀卿，荀卿乃適楚。韓詩外傳國策所載或說春申君之詞，卽因此以爲緣飾。周秦間記載若此者多。」是也。至爲荀子年表，謂：「荀卿去齊遊秦，不遇而歸趙。王建初年，復自趙來齊。至楚考烈王八年，齊王建十年，乃至楚，爲蘭陵令，終老於楚。」則復誤。余考荀卿自齊避讒適楚，乃當湣王季年。其後重返齊，爲稷下祭酒，當襄王時。至王建之立，乃去齊適秦。返而歸於趙。大抵荀卿留秦決不久，其去秦東歸，當在長平一役之前。遂留趙而值邯鄲之圍。荀子臣道篇極稱平原信陵兩人功，卽爲邯鄲解圍事發。以荀卿在趙，身歷其事，故盛加稱許如此也。汪中荀子年表謂：「荀子歸趙，疑當孝成王九年十年時。是時信陵故在趙也。」余按臣道一篇，亟稱平原信陵之功，不徒可證爲荀卿在趙所作，且可推想荀卿實身經邯鄲之圍，故特爲作論歟揚耳。汪氏疑爲荀卿以邯鄲圍解後來趙，亦恐未是。其與臨武君議兵趙孝成王前，亦疑在邯鄲解圍後。參讀考辨第一五七。時荀卿年已八十踰外，殆終老於趙也。參讀考辨一四〇。蓋史記敘荀卿行迹，僅及自齊適楚，而無游秦游趙之事。劉向敘錄荀書，始以適趙綴諸爲令蘭陵之後，而適秦見昭王則散敘文後，意亦不能定在何時。今詳審荀子原書，參以諸家記載，合諸當時史實，重爲考定，則情節宛符矣。楚策又云：「孫子去之趙，趙以爲上卿。」姚校云：「荀子未嘗爲上卿，後語作上客，當是。」金正煒國策補釋云：「按韓詩外傳亦云：孫子去而之趙，趙以爲上卿，此策不必爲誤。墨子小取篇：子墨子使管黔敖游高石子於衞，衞君致祿甚厚，設之於卿。史記田世家賜列第爲上大夫，不治而議論。漢書陳平傳賜爵卿。張晏曰：禮秩如卿，不治事。孟荀之上卿，蓋致祿而已，非任之也。齊策賜之上卿，命而處之，即此類也。」

一五二　鄒衍與公孫龍辨於平原君家考　附　綦母子　毛公　桓團

史記平原君列傳：「邯鄲圍解，虞卿欲爲平原君請封，公孫龍聞之，夜駕見平原君，勸勿受，平原君遂不聽虞卿。」又云：「平原君厚待公孫龍，公孫龍善爲堅白之辨，及鄒衍至趙，言至道，乃絀公孫龍。」是龍之見絀，當在邯鄲解圍後也。此後五年而平原君卒。趙世家，平原君卒在孝成王十四年，年表在十五年。年表格線前後易誤，又據秦記，秦以十月爲歲首，或平原君卒在十月後，在秦已爲翌年也。今從世家。龍卒當亦在其時前後。又與孔穿相辯，未詳在何時。要先於鄒衍。集解引劉向別錄云：「齊使鄒衍過趙，平原君見公孫龍及其徒綦母子之屬，論白馬非馬。」漢志名家有毛公九篇，班固云：「趙人，與公孫龍等並游平原君趙勝家。」師古曰：「劉向別錄云：論堅白同異以爲可以治天下。」此蓋史記所云藏於博徒者。其從信陵平原遊，在邯鄲圍解後也。可證公孫龍之絀，尙在毛公遊平原君家後也。莊子天下篇稱：「桓團公孫龍辨者之徒。」桓團，列子仲尼篇作韓檀，成玄英疏莊子，亦謂是趙人，客游平原君家，未詳何據。當時平原君之門，名家之學蓋亦盛矣。公孫龍著書，漢志名家著錄十四篇。揚雄法言稱：「公孫龍詭辭數萬」，今所傳僅五篇，凡二千言，則傳者無幾也。廣弘明集卷十一釋法琳對傅奕廢佛僧事有云：昔公孫龍著堅白論，罪三王，非五帝，至今讀之，人猶切齒。是唐初公孫龍書猶與今傳詳略不同。

一五三　魯滅在楚考烈王七年非八年非十四年辨

余考史記載魯滅，凡分數說：

一，魯世家：「頃公二年，秦拔楚之郢，楚頃王東徙於陳。十九年，楚伐我取徐州。二十四年，楚考烈王伐滅魯。」則魯滅在考烈王七年也。

二，春申君傳：「春申君相楚八年，爲楚北伐滅魯。」則魯滅在考烈王八年也。

三，年表：「楚考烈王八年，取魯，魯君封於莒。十四年，楚滅魯，頃公遷下邑，爲家人，絕祀。」則楚取魯在八年，滅魯在十四年，凡分兩節。

又按之漢書律曆志劉歆之說，魯滅在周滅後六年，則楚考烈王之十三年也。今覈而論之，魯世家與歆譜皆詳載魯列君年數，並引同時列國大事爲準，其言明備，應較無訛。而兩書相差凡六歲。余考魯世家載隱公前列君年，與歆譜差至七十餘歲，而實合於孟子紀年諸書。則史公爲魯世家應有古文舊史爲據，非苟而已也。其記哀公以下列君年，如穆公元，平公元，皆較今年表及漢志歆譜爲前。余既詳爲考論，又知其合於檀弓孟子紀年諸書。則史記魯世家實有古文舊史爲據，非苟，可信，益顯。其載魯滅，不應獨誤。歆譜記哀公以下列君年，本與魯世家盡同，惟悼公較世家多六年，故魯滅亦遂遞後六年。其載隱公前年數，既不如史記之確，其於穆公平公年世，亦不如史記爲得。則記魯滅，亦當不如史記可信。至年表記取魯滅魯凡分兩節者，世家本有取徐州及滅魯兩事，今年表取魯一條文有脫誤，當云取魯徐州封魯君於莒。春申君傳索隱引表，正作「封魯君於莒。」而徐州兩字已脫。正與世家合。惟年表僅於楚譜附載魯君元，不別著年數，先後易誤。如與取魯一條同格秦譜取西周，即係前年誤移而下者。或後人妄動年表，以同歆曆，因與世家違異。而復年格遷移，遂亦與歆曆有歧也。至春申傳：「相楚八年，爲楚北伐滅魯」，言滅不言取，知指頃公二十四年滅魯而言。余本魯世家考定頃公二十四年爲楚考烈王七年，則史記此語，實差一歲。上云：「春申君相楚四年，秦破趙長平。」實三年，亦差一歲。又云：「五年圍邯鄲，春申君救之。」圍邯鄲在六年，復差一歲。蓋春申君傳自與魯世家合，後人以年表取魯脫文，疑謂即指春中君傳之滅魯而言，則又失之。志疑云：「魯頃公在位二十四年始滅，當楚考烈王十三年，是歲楚取魯，封魯君於莒。此言滅，誤。」梁氏此條，僅引年表，忘却世家，故失之耳。余故詳爲分別論定之如此。

又按春申君列傳：「考烈王元年，以黃歇爲相，封爲春申君，賜淮北地十二縣。後十五歲，黃歇言之楚王曰：淮北地邊齊，其事急，請以爲郡便。因幷獻淮北十二縣，請封於江東。考烈王許之，春申君因城故吳墟。」年表亦謂十五年春申君徙封於吳。考諸魯世家，楚取魯徐州，應在考烈王之二年，豈卽春申君之以功自定其身封者耶？參讀考辨第一三二。至考烈王十四年，今年表書楚滅魯。其時魯久滅，豈卽春申君獻淮北地以爲郡之時耶？要之年表有誤，而魯世家春申君傳同符，分別而觀，當爲近之耳。

〔附〕武內義雄六國年表訂誤論魯譜之誤辨

余草諸子繫年，積稿五六載，於民國十八年春，得讀日人武內義雄所著六國年表訂誤，刊載高瀨博士還歷紀年支那學論叢。發明魯魏田齊三國年譜誤處。其言雖疏，然亦主以紀年校史記，與余取徑正同。其論魯譜，亦主從世家，並改悼公三十七年爲三十一年，均與余合。惟其所以爲說者，則異。武內氏兼引漢書律曆志論之，余謂其間猶有辨。六國表魯世家漢書律曆志載魯哀公以下至頃公列君年數，異同具如下表：

	六國表	魯世家	漢書律曆志
哀公	二八	二七	二七
悼公	三八	三七（一本三〇）	三七
元公	二一	二一	二一
穆公	三一	三三	三三
共公	二四	二二	二二
康公	九	九	九
景公	二九	二九	二九
平公	一九	二二	二〇
文公	二三	二三	二三
頃公	二四	二四	

武內氏謂：「漢志年數即襲世家」，余謂非也。悼公三十七年，乃三十一年之誤，即據世家本文可證。何者？爲有其下「平公十二年秦惠王卒」，以及集解「徐廣曰：一本云悼公即位三十年，乃於秦惠王卒年合」，兩語爲準也。若非本作悼公三十一年，則平公十二年不值秦惠王卒歲，知故史文之誤。至漢志悼公年數，則正作三十七，決不爲三十一。何以言之？漢志記魯列君年數，具如下舉：

㈠定公七年正月乙巳朔旦冬至，殷曆以爲庚午，距元公七十六歲，其細數如下：

定公　九　定公十五年，自七年起算共九年。

哀公　二七

悼公　三七

元公　三　適得七十六歲。若悼公爲三十一年，則差六歲。故知漢書年數，決非字誤。

㈡元公四年正月戊申朔旦冬至，殷曆以爲己酉，距康公七十六歲，其細數如下：

元公　十八　元公二十一年，自四年起算共十八年。

穆公　三三

恭公　二二

康公　三　亦適得七十六歲。

㈢康公四年正月丁亥朔旦冬至，殷曆以爲戊子，距滑公七十六歲，其細數如下：

康公　六　康公九年，自四年起算共六年。

景公　二九

平公　二〇

滑公　二一　亦適得七十六歲。

㈣滑公二十二年正月丙寅朔旦冬至，殷曆以爲丁卯，距楚元七十六歲，其細數如下：

滑公　二　滑公二十三年，自二十二年起算，共二年。

頃公　秦滅周。

秦昭公　五　無天子五年。

秦孝文王　一　楚考烈王滅魯，頃公爲家人，則頃公亦二十四年也。

秦莊襄王　三

秦始皇　三七

秦二世　三　凡秦五世，四十九歲。

漢高祖　七　亦適得七十六歲。

則漢志於魯悼公年決不作三十一，灼然可見。漢志本劉歆曆譜，歆推魯年本與史說不同。自伯禽以下至隱公，已與史記相差有七十餘年之多，其不本史記，明矣。武內氏謂：「史記世家記悼公年數，本當作三十一。十一兩字誤合爲七字，遂成三七年，傳寫者疑脱一十字，因改爲三十七年。周禮職方氏方三百里則七伯，鄭玄注七伯乃十一伯之誤，卽其證。」其立說殊巧。然謂史記至劉歆時卽已傳鈔有誤，而歆顧輕據誤文以草成其三統曆，不加別察乎？斯不然矣。則與其謂史文本三十一，誤爲三十七者，無寧謂歆曆本作三十七，或人乃據歆曆以改史記之爲得耳。武內氏又據漢志魯平公年數校改世家，謂：「漢志云：平公世家卽位二十年，此世家卽指史記魯世家。」然余讀漢志「世家煬公卽位六十年」，而今史記魯世家煬公僅六年。又云「世家獻公卽位五十年」，而今魯世家獻公僅三十二年。又「武公世家卽位二年」，而今魯世家作九年。則漢志所稱世家自別有據，非卽史記之魯世家，又可見矣。今證魯世家平公二十二年乃二十年之誤者，卽據魯世家本文「平公十二年，秦惠王卒，文公七年楚懷王死於秦」，兩語合算已定。至漢志之魯平公二十年，僅足爲其旁證，不得謂漢志卽本魯世家也。

且余謂漢志記列君年數，不本魯世家，又別有說。蓋今世家數既有誤，而卽據世家本文可以訂正，說已詳前。今重爲具列如次：

哀公　二七　十六年孔子卒。二十二年，越滅吳。

悼公　三一　（今誤作三七）十三年三晉滅智伯。

徐廣曰：「一本云悼公卽位三十年，乃於秦惠王卒楚懷王死年合。又自悼公以下盡與劉歆曆譜合，而反違年表，未詳何故。」

今按：此處徐廣云：「一本悼公卽位三十年」，必係三十一年之誤。否則仍不與秦惠王卒，楚懷王死年合也。又其云「自悼公以下盡與劉歆曆譜合」者，正指悼公三十七年爲言，非指一本之三十一年言之。否則當云歆曆作悼公三十一矣。

元公　二一

穆公　三三

共公　二二

康公　九

景公　二九

平公　二〇　（今誤作二二）平公立時，六國皆稱王。

十二年，秦惠王卒。

文公　二三　七年，楚懷王死於秦。

據本文秦惠王卒，楚懷王死兩語對勘，非文公五年楚懷王死，卽平公二十年而卒，世家兩語必有一誤。證之於其下頃公二年秦拔郢一條，定知誤在平公也。

頃公　二四　二年，秦拔楚之郢，楚頃王東徙於陳。

十九年，楚伐我取徐州。

二十四年，楚考烈王伐滅魯，頃公亡，遷於下邑，爲家人。魯絕祀，頃公卒於柯。

上列世家原文，見世家誤字卽據世家可正，初不必涉及漢志。而世家記魯君年數，（指自哀公以下。）實與漢志相差有六年之多。其歧點可自魯滅一端論之。世家記頃公二十四年，二年秦拔楚之郢，下至二十四年而滅，則爲楚之考烈王八年。漢志記魯頃公僅十八年，然其時魯尚未滅，下六歲魯滅，則亦得二十四年。惟漢志頃公十八年秦滅周，正值史記魯世家魯滅之歲，則豈非世家與漢志記魯滅前後相差六年乎？至今年表於楚考烈王八年書取魯，又於十四年書滅魯，重見疊出，兼存世家漢志兩說，無所抉擇，轉與世家矛盾，其跡甚顯。史記既兩載魯滅，（見考辨第一五三。）又魯世家於隱公以前與歆譜相差七十餘年，此又相差六年，可見當時實別有兩種之記載，史公所取與歆固不合也。魯世家載隱公以前年數合於孟子，合於紀年，余已論之。其記哀公以下，穆公元移前八年，其與陳莊子之關係合於紀年檀弓，其與子思之關係，合於孟子韓非呂覽。其記平公元移前六歲，又合於孟子諸篇。余爲之詳考其異同得失，而確見其可信。知世家所下平公十二年秦惠王卒，文公七年楚懷王死云云，史公當時自有據，初非漫然也。至漢志引歆曆，於魯世家秦惠王卒楚懷王死諸點，皆已滅去，蓋兩處推排本異，不得襲以爲說。於頃公十八年僅云秦滅周，不言楚取魯，以下無天子五歲，至孝文王元而楚考烈王滅魯，則亦頃公二十四年也。頃公僅記至十八年，以下即著秦歲者，緣著魯年本以代周。其時周曆已盡，故即轉書秦年。然則史記魯世家與漢志所引歆曆，明係兩本，各持一說，不得混幷。武內氏謂漢志即襲世家，其誤決矣。

一五四　再論魯譜歧點

余論魯悼公以下列君年數，均主世家駁年表，俱詳考辨第四七，第一〇六，一一二，一五三諸篇。既檢魏世家索隱引紀年：「梁惠成王十四年，魯共侯宋桓侯衛成侯鄭釐侯來朝」，是魯共公至梁惠王十四年尚在也。又六國表：「梁惠王十五年，魯衛宋鄭來。」集解徐廣曰：「紀年一曰魯共侯來朝」，是魯共公至梁惠王十五年尚在也。魏觴諸侯於范臺，今本僞紀年錯簡在周烈王二年。又莊子胠篋篇：「魯酒薄而邯鄲圍。」釋文云：「楚宣王朝諸侯，魯恭公後至而酒薄，宣王怒，與齊攻魯。梁惠王常欲擊趙而畏楚救，楚以魯爲事，故梁得圍邯鄲。」圍邯鄲在梁惠王十七年，是又魯共公至梁惠王十七年尚在也。據此則年表魯共公卒於梁惠王十八年，明年，魯康公元，未必誤。然則世家固未信，徐廣所見一本悼公卽位年數固未必可憑耶？然則今世家自平公以下所記注秦楚諸國大事，合之魯君之某年某年者，又皆爲虛耶？今世家卽誤，又從何而致誤？是必有說。余意魯世家記平公以下未必盡屬誤文。或者今世家所載穆公共公康公景公四君之年，其間尚有上下，經後人據劉歆曆譜改之。故徐廣有「自悼公以下盡與劉歆曆譜合，而反違年表，未詳何故」之疑。今幷年表亦無甚異，則後人又據世家改年表也。惟世家記「自平公立，六國皆稱王，十二年秦惠王卒」以下，記注秦楚大事，合之魯某君之某年者，猶未變易，故遂致糾紛而不可理也。又索隱注魯世家並不引紀年，則知史記魯世家記悼公以下年數，應與紀年亦合，故索隱不復列。今既無可參證，姑定共公爲三十二年，康公九年，景公十九年，庶於世家紀年及並時諸書言魯事者均合。惟絕無明證，其事近於溫公通鑑之移易齊宣湣之年代者然。因特揭出，俟更詳索，亦期讀吾書者爲之剖辨焉。

又按宋翔鳳過庭錄卷十一謂：「太史公六國表，俱以秦記傅合，中間容有錯亂。而魯世家獨與年表及列國世家異者，以有魯曆可據也。漢書律曆志云：三代既沒，五伯之末，史官失紀，疇人子弟分散，或在夷狄，故其所紀有黃帝顓頊夏殷周及魯曆，卽世家所據也。」若如宋說，史公據魯曆言魯事，當無大誤。今魯世家記共公康公景公諸君年，必有後人妄改，故徐廣有未詳何故之疑。余茲所論，特取其「平公立時六國皆稱王，十二年秦惠王卒，文公七年楚懷王死於秦」三語，而凡今世家記平公前諸君年數全同劉氏者不盡據守。冥心會古之士，其亦有契於斯乎？

一五五　魯仲連考

漢志儒家魯連子十四篇，已亡不可考。史記正義引魯連子云：「齊辨士田巴，服徂丘，議稷下。藝文類聚引新序，稱「齊王聘田巴先生，而將問政」，知巴亦稷下學士。毀五帝，罪三王，服五伯，離堅白，合同異，一日而服千人。有徐劫者，其弟子曰魯連，年十二，號千里駒，往請田巴曰：臣聞堂上不糞，郊草不芸。白刃交前，不救流矢。今楚軍南陽，趙伐高唐，燕人十萬之眾在聊城而不去，國亡在旦暮，先生將奈之何？若不能者，言有似梟鳴，出唇而人惡之，願先生勿復言。田巴終身不說。」御覽四六四引略同。今按秦圍邯鄲，魯連義不帝秦，尚在信陵君奪兵救趙前，則爲趙孝成王之七八年。至孝成王十五年，趙敗殺燕將栗腹，魯連與聊城燕將書，所謂「栗腹將百萬之衆，五折於外，公聞之乎」者也。詳其語氣，知距栗腹敗不遠。故徐廣以聊城事爲在長平後十餘年，而通鑑大事記均系之栗腹死後一年，即燕王喜五年者，蓋爲得之。是上距邯鄲之圍已十年。若其時魯連年十二，則義不帝秦時，其殆爲襁褓之嬰孩乎？從來爲僞書者，好事誇飾，而於年數每不仔細。此雖小節，可以示例。其堂上不冀云云，乃襲荀子書。

今史記魯連傳載不帝秦及與聊城燕將書二事，又見於趙策齊策。余考趙策不帝秦篇，蓋襲史記，詳玩其文體而可知。史作湣王，齊策作閔王，而今趙策不帝秦篇亦作湣王，其爲採自史記甚顯。文中「此時魯仲連適遊趙，會秦圍趙」云云，在史記時有此類語法。又前後敍事極鬬湊。在策文徑自秦圍趙說起，至此亦云「此時魯仲連適遊趙，會秦圍趙」云云，殊爲不稱。當云「齊人魯仲連游趙聞之」，即得也。推此類尋之，自見乃策文襲史記，非史襲策文矣。國策襲史記，昔人多有論及，此篇亦其一例。余讀其文，亦多譌。邯鄲之圍，湣王已死二十餘年，文云：「今齊湣王已益弱」，似其人尚存，一誤也。余據紀年考齊威王與周烈王不同時，此云：「齊威王爲仁義，率諸侯朝周，周烈王崩，齊威王後至」，則齊威周烈同時，乃與史記六國表合。然又曰：「尊秦昭王爲帝」，鮑注：「稱謚，非當時語」，吳注：「追書之辭。」然則此文自出後人追記文飾，語已多誤，決非魯連當日之言，更非魯連親筆所記，則亦不可爲典要。當與上舉兩例同等視之。否則齊湣事去魯連不遠，不應有誤。其言齊湣不可信，言齊威又可知也。雷氏義證亦謂：「烈王字未確。劉向國策序所謂錯亂相揉莒，本字多誤矣。史記因此遂謂齊威王十年當周烈王七年，此時齊威王尚未立，惟威之末年周顯王陟，是趙策烈王或顯王之訛，史記承其誤而不悟，故凡言田齊事多與周秦以前古書不合。」今按史記之誤，乃由漏去兩世，非由據趙策，且趙策此文，亦未必定先於史記也。余疑史公此文，或亦採自魯連子十四篇中，正與年十二彈田巴先生同例耳。

又按魯連傳：「居歲餘，周烈王崩」，徐廣曰：「烈王七年崩，威王之十年。」正義：「周本紀及年表云：烈王七年崩，齊威王之十年也，與徐不同。」其語盡同，何云不同，顯係有誤。張氏札記依毛本改集解作「烈王十年崩，威王之七年」，謂：「此十與七互誤，故正義引紀表以糾之。各本依紀表改，則正義贅矣。」又「天子下席」，索隱云：「謂烈王太子安王驕也。」考證：「烈王太子宜爲顯王。」今考周本紀顯王乃烈王弟，亦不應稱太子。索隱此條，顯係有誤。雷氏義證謂：「索隱誤以此烈王爲威烈王」，其說是也。惟雷氏極斥索隱，謂：「此烈王漢書人表作夷烈王，乃威烈王之孫，元安王之子。威烈王時，齊田和始立，威王安得而及之？」余疑齊威王不及威烈王，其事至顯，索隱不應於此有誤。或者索隱本自以率諸侯而朝周者爲齊太王，而今索隱復異其初，如集解之類歟？蓋齊太公田和亦稱太王，如墨子書稱墨子見齊太王是也。而威王與太王則常相混。如史記田穰苴傳：「至常曾孫和，因自立爲齊威王」，是以太王誤爲威王也。

戰國秦策：「魏伐邯鄲，因退而爲逢澤之遇，乘夏車，稱夏王，朝爲天子，天下皆從，齊太公聞之，舉兵伐魏，梁王身抱質執璧請爲陳侯臣。」其事乃齊威王，是又以威王誤爲太王也。疑魯仲連書所謂「齊威王爲仁義率諸侯朝周」者，其實乃自梁惠王朝周而齊威王伐之一事所誤。又誤齊威王爲齊太公，因有威烈王崩而太王後至之說。故索隱以威烈王爲說耳。否則烈王之後爲顯王，及烈王七年卒，爲齊威王十年，此俱一按年表卽得，何以集解索隱於此俱誤？且張氏札記據毛本，知各家本集解均已依紀表改動，則安保集解索隱原文不又先有改動耶？張氏稱：「裴氏集解序稱：采經傳百家，幷先儒之說，豫是有益，悉皆鈔納。今史文之下著注寥寥，大非完帙。」索隱亦多改竄。今僅知集解索隱於此條統有誤，又安從而推見其誤前之眞哉？毛氏本集解此條已誤，故正義糾之，今諸本乃誤中又誤。至集解原文，其在唐前有無更竄，則不可知。且正義經後人删削，舛誤彌甚。則此條之糾集解，其原文是否如此，亦不可考也。集解索隱可以經後人之改竄，卽史記正文亦安保無之？余於此條，殊深有疑。

其敍與聊城燕將書一事，錯誤亦多。史云：「田單圍聊城」，又云：「遂屠聊城。」吳師道皆辨之，謂非事實。其言曰：「考之單傳，自復齊之後，無可書之事。齊襄王十九年，當趙孝成王元年，趙割地求單爲將，次年遂相趙，必不復返齊矣。距聊城之役凡十六年，單豈得復爲齊將哉？此因歲餘不下之言，聊莒卽墨之混，而誤指以爲單也。」又云：「燕將被讒懼誅，連書亦無此意，此因樂毅而訛也。史又稱燕將得書自殺，單遂屠聊城，尤非事實。齊所殺燕將惟騎劫耳，不聞其他，此因騎刼而訛也。」梁氏志疑亦引孫侍御云：「聊城齊地，田單齊將，何以反屠聊乎？」（今按縱非田單，要爲齊將可知。）此論史記之誤也。而策文亦有誤。云：「燕攻齊，取七十餘城，惟莒卽墨不下。齊田單以卽墨破燕，殺騎刼，燕將懼誅，遂保守聊城不敢歸。」誤併聊城事於湣襄昭惠之際，其誤尤甚於史記。吳師道已詳辨之。而云：「論此事者，一考之仲連之書，則史策之舛訛混淆，皆可得而明矣。」余謂魯連此書，史公或亦采諸魯連子十四篇中。魯連十四篇，如田巴之辨，不帝秦之議，語出後人文飾，皆非當時信史。至此書雖無破綻，亦未能定其果爲魯連手筆與否。惟史策之誤說，則彰灼甚顯也。

又按今策文記聊城事，又有「初燕將攻下聊城，人或讒之」十一字。據吳師道說，爲他本所無，當是後人又據史記羼入。而史記燕世家有齊城之不下者，獨惟聊莒卽墨一語。志疑云：「考史樂毅田單傳及齊燕策，並無聊，惟燕策又有三城未下之語，史或因此增加以實之。蓋牽合燕將守聊城不下事而與莒卽墨亂也。」（按本爲燕守聊城不下於齊，今訛爲齊守聊城不下於燕，其誤甚顯。）然後書李通傳論注，引史此文無聊字，與今本異，則見今本有聊字又係後人據燕策羼入。蓋策因史誤，史又因策誤，其跡可見有如此。

余爲此書，據紀年校史記六國表，重定齊威宣湣年世，不徒合於紀年，亦復合於史記，合於諸子之書。惟國策史記載魯連「周烈王崩齊威王後至」二語，顯背於紀年，而轉合於年表，若足爲余說病。余故詳爲指陳策文之襲史記，而史記與國策又各有訛誤，並多經後人改竄，多可疑之跡，不足爲信史。俾考古者勿輕據單文，盡疑余前後所論引也。

又按齊策：「孟嘗君有舍人勿說，欲逐之，魯仲連說孟嘗君勿逐。」又魯連面論孟嘗君未爲好士。余考孟嘗爲魏求救於燕趙，當魏昭王十三年，即齊襄王元年。時孟嘗已老，殆不久而卒。而魯連遊趙論帝秦利害尚在此後二十五年。若魯連遊趙年已五十，則上溯孟嘗爲魏乞救燕趙時，年二十五也。其時孟嘗已老，仲連尚未及壯。至若孟嘗豪舉好士，當在其入秦相昭王前後，猶在此前十六年。觀齊策兩節，固不類孟嘗晚年語，疑亦如魯連說田巴之比，未必可信。以魯連年世考之，遊趙說勿帝秦，至遲不出五十歲，說燕將聊城在六十左右，其卒稍晚，或亦壽及七十上下耳。太平御覽百八十四又八十，及藝文類聚卷六十三，並引魯連子：「魯連先生見孟嘗君於杏堂之門」，魯連齊人，僞爲其書者必謂見孟嘗君。魯連孟嘗時固可及，語則非信。

一五六　李斯韓非考

史記李斯傳：「斯從荀卿學帝王之術，辭卿西入秦，會莊襄王卒，乃求爲呂不韋舍人。」今按莊襄卒歲，當春申爲相之十六年，其時荀卿年踰九十，於先秦諸子中，最爲壽矣。然余讀史文，有可疑者。夫斯之爲人，縱不足道，然何至面辭其師，如此云云？是蓋鄙斯者假爲之說也。則斯之入秦，荀卿果尚在世否，亦不足據此爲斷矣。鹽鐵論毀學篇：「李斯相秦，始皇任之，人臣無二，而荀卿爲之不食。」考始皇本紀，二十六年初幷天下，李斯爲廷尉。二十八年尚爲卿，三十四年始稱丞相李斯。其時荀卿若在，年已百二十餘，殆亦鄙斯者造爲之說，與史文同例也。沈欽韓亦謂當先卒。又按荀子堯問篇：「爲說者曰：孫卿不及孔子，是不然。孫卿迫於亂世，鰌於嚴刑，上無賢主，下遇暴秦。禮義不行，敎化不成。仁者絀約，天下冥冥。行全刺之，諸侯大傾。」此蓋荀子弟子之辭。其時秦猶未幷六國，故曰「上無賢主，下遇暴秦」，謂秦以暴力侵陵諸侯，而諸侯亦自以無賢主，故其師不見用，而致於禮義不行，敎化不成也。故又曰「行全刺之，諸侯大傾」，則其時諸侯猶未滅，荀卿弟子憾其師以行全見刺，不用於諸侯，而諸侯亦大傾也。據此又荀卿未必到秦一六國時尚存之證。或乃轉以此節文字疑荀卿至秦滅諸侯時猶在，疏矣。然人壽逾百，亦非異事。即謂李斯相秦荀卿猶在，亦於余前考荀卿諸節無搖。斯之誅在二世二年。始皇本紀：二世三年，冬案殺李斯。秦以十月爲歲首，斯傳稱二年七月論斬，至十二月而執行。蓋計其去楚入秦，已四十年矣。然其謂中子曰：「吾欲與若復牽黃犬，俱出上蔡東門，逐狡兔，豈可得乎？」時其長子由爲三川守，慮二子皆年長。使其中子於入秦前已能隨父牽犬逐兔，則至此當踰五十，斯已年老，踰七十矣。斯初爲小吏，後乃從學荀卿，入秦蓋三十餘歲。李斯傳獄中上書，臣爲丞相治民，三十餘年矣，此乃斯之自誇，不足據。荀子議兵篇有李斯問答，卿著是篇若在長平役後留趙之際，則斯年方二十餘，正從學荀卿時也。

韓非與李斯同學於荀卿，其使秦在韓王安五年。翌年見殺，時斯在秦已十五年。若韓李年略相當，則非壽在四十五十之間。四庫提要論韓非書，謂：「考史記非本傳，稱非見韓削弱，數以書諫韓王，韓王不能用。悲廉直不容於邪枉之臣，觀往者得失之變，故作孤憤五蠹內外儲說說林說難十餘萬言。又云：人或傳其書至秦，秦王見其孤憤五蠹之書。則非之著書，當在未入秦前。史記自敍所謂韓非囚秦，說難孤憤者，乃史家駁文，不足爲據。今書冠以初見秦，次以存韓，皆入秦後事，雖似與史記自敍相符。然傳稱王遺韓非使秦，秦王說之，未信用，李斯姚賈害之，下吏治非，李斯使人遺之藥，使自殺。計其間未必有暇著書。且存韓一篇，終以李斯駁非之議，及斯上韓王書，其事與文皆爲未畢。疑非所著書，本各自爲篇，非歿之後，其徒收拾編次，以成一帙。故在韓在秦之作，均爲收錄，并其私記未完之稿，亦收入書中。名爲非撰，實非非所手定也。」今按：提要之說是矣，而未盡也。初見秦篇又見秦策，以爲張儀說秦王。高誘注：「惠王也。」然書中言樂毅破齊，荆東徙陳，魏敗華下，趙破長平，皆在惠王張儀後，明屬秦策誤收。王應麟漢書藝文志考證引沙隨程氏說：「非書有存韓篇，故李斯言非終爲韓不爲秦。後人誤以范雎書廁其間，乃有舉韓之論。」是以初見秦爲范雎書。然篇中論長平邯鄲華下之事，正雎以此畏罪而乞退者，豈得轉謂雎書哉？顧謂其出非手，亦不類。非韓公子，不應初見秦即以攻韓爲言。且李斯駁非，正以非爲韓不爲秦言之，不類一也。篇中引秦事止於邯鄲之役，下距非使秦尚二十餘年，何詳論於前而不略及於其後，不類二也。篇中稱大王非有兩人。其事盡在昭王時，不應對始皇稱昭王爲大王，不類三也。又云：「前者穰侯之治秦也」，語氣正合昭王時言。若在始皇時，應稱昔，不稱前，不類四也。然則初見秦一篇，蓋昭王時策士，當長平邯鄲戰後進言者耳。故其精神所注，亦以趙韓爲重。因長平之事，始於韓而終於趙也。近人有疑爲蔡澤或澤之徒爲之者，殆或近是。至存韓一篇，所謂韓客上書言韓未可舉，自爲韓非無疑。余讀其後李斯駁議，謂：「非之來也，未必不以其能存韓爲重於韓也。辨說屬辭，飾非詐謀，以釣利於秦，而以韓利闚陛下。夫秦韓之交親，則非重矣，此自便之計也。臣視非之言文，其淫說靡辨才甚，臣恐陛下淫非之辨而聽其盜心，因不詳察事情」云云，疑史稱李斯譖殺非，卽據此言之。然此自政論之不合，斯之爲秦謀者如此，未見其卽爲譖。非傳又云：「人或傳其書至秦，秦王見之，曰：嗟乎！寡人得此人與游，死不恨矣！李斯曰：此韓非之所著書也。秦因急攻韓。」此亦可疑。天下寧有愛好其國一公子之書，因遂急攻其國者？（始皇本紀十三十四兩年，惟載攻趙，無攻韓事。）又云：「韓王始不用非，及急，乃遣非使秦。」（韓世家非使秦在王安五年，始皇紀年表皆在十四年，卽王安六年。疑非以王安五年十月後至秦，史公據秦紀，則在翌年也。）此卽存韓一篇之所來也。而秦始皇本紀：「十年，李斯說秦王，請先取韓。於是使斯下韓。韓王患之，與韓非謀弱秦。」則又誤。斯之下秦，乃在非入秦之後，豈得謂斯下韓，韓王乃與非謀弱秦哉？非傳又云：「非使秦，秦王悅之，未信用，李斯姚賈害之，毁之曰：「韓非韓之諸公子，今王欲并諸侯，非終爲韓不爲秦。今王不用，久留而歸之，此自遺患也，不如以過法誅之。」秦王以爲然，下吏治非。李斯使人遺非藥，使自殺。」然考秦策韓非姚賈相譖事，與此又不合。史公之言，亦多乖矣，恨無他書可以詳定。惟下流未易居，自古已然。李斯晚節不終，爲世詬病，衆惡皆歸。所謂譖殺非者，今亦未見其必信耳。韓非短姚賈，謂其「梁監門子，嘗盜於梁，臣於趙而逐」，則賈亦三晉功利之士，與李斯略同類。高誘注國策：「姚賈譏周公誅管蔡不仁不知者，在孟子之篇。」今按誘所指乃陳賈，齊宣王時，年世不相及，籍貫履歷皆不合，非一人也。

一五七　龐煖劇辛考

史記燕世家：「劇辛故居趙，與龐煖善，已而亡走燕。燕見趙數困于秦，而廉頗去，令龐煖將也，欲因趙弊攻之。問劇辛，辛曰：龐煖，易與耳。燕使劇辛將擊趙，趙使龐煖擊之，取燕軍二萬，殺劇辛。」李牧傳索隱：「龐煖即馮煖也。」鶡冠子兵政篇有龐子問，而虞般佑高士傳亦云：「馮煖師事鶡冠子，後顯於趙。」是亦以龐煖爲馮煖。漢志縱横家有龐煖二篇，班固云：「爲燕將」，燕蓋趙字之譌。兵權謀家又有龐煖三篇，是龐煖習縱横之術而言兵，爲人將帥，殆犀首甘茂之類也。史策所傳馮煖事，正爲縱横遊士者言。惟史策言馮煖，當在宣王末，湣王初。

（詳考辨第一二九。）下至龐煖殺劇辛，已六十年。則孟嘗客馮煖，決非趙將龐煖矣。豈索隱之誤以龐煖爲馮煖者耶？將莊周之上見魯哀公，下說趙惠文王，鄒衍之前過梁惠王，後客趙平原君，而馮煖實即龐煖，特人之誤以爲嘗客孟嘗者耶？（即以孟嘗卒歲計之，下距龐煖殺劇辛亦當在三十五年之上，則龐煖終不爲孟嘗客。）今史策馮煖事，既無以見其必信，則索隱之說，亦無以見其必誤矣。又孟荀列傳稱趙有公孫龍之辨，劇子之言。漢志法家有處子九篇，師古曰：「史記云：趙有處子。」是處子即劇子也。劇辛與公孫龍同時，又與鄒衍齊名，亦學者。則史記劇子殆即劇辛，史策謂其於燕昭王時至燕則誤。（辨見考辨第一四四。）

又考趙世家：「龐煖殺劇辛之明年，將趙楚魏燕之鋭師攻秦蕞，不拔，移攻齊，取饒安。」此即始皇六年，五國攻秦事，有韓，而趙世家脱之。始皇十一年，拔趙鄴，據韓非書，龐煖尚爲趙將。（詳下篇附考。）其後據趙世家及李牧傳，皆不見龐煖事，蓋亦不久而卒，否亦老不任兵矣。然今鶡冠子有悼襄王問龐子，又有武靈王問龐煥，王闓運以煥即是煖。然武靈之卒，去龐煖殺劇辛已五十四年。若武靈卒歲，龐子年三十，是八十外猶爲將也，疑不然矣。舊注煥乃煖兄，然余意龐子生年，蓋與武靈卒歲相先後。（馮煖年世則正與武靈相當。）則煖縱有兄，亦不及與武靈相問答。鶡冠僞書，固不足據。

〔附〕　龐煖卽臨武君考

荀子議兵篇：「臨武君與孫卿子議兵於趙孝成王前。」楊倞注：「臨武君蓋楚將，未知姓名。戰國策曰：天下合從，趙使魏加見楚春申君曰：君有將乎？曰：有矣。僕欲將臨武君。魏加曰：臨武君嘗爲秦孽，不可以爲距秦之將。或曰：劉向叙云：孫卿至趙，與孫臏議兵趙孝成王前，臨武君卽孫臏也。今案孫臏爲齊軍師，敗魏馬陵，至趙孝成王元年，已七十餘年，年代相遠，疑臨武君非此孫臏也。」楊倞之說如是。余意楊辨臨武君非孫臏，是也。至據國策謂爲楚將，則非。觀於荀子原書，臨武君蓋亦趙臣耳，未見爲楚將之跡。今疑臨武君殆卽龐煖。何以言之？自春申相楚，而山東合從之事，前後凡三。一爲邯鄲之圍，而楚魏救之，是春中爲相之五年也。一爲信陵君率五國兵敗秦軍河外，是春申爲相之十六年也。其後六年，楚爲從長，擊秦。魏加之使，蓋在最後一役。若言邯鄲圍時，平原君自往請救，而毛遂從。春申君自將救楚，春申列傳。而景陽俱。楚世家。不待魏加之使，更無臨武君之將。又荀卿議兵，蓋在邯鄲解圍之後。盛稱魏氏武卒，謂勝齊之技擊，而不可以遇秦之銳士，獨不及楚。若臨武楚將，無緣留趙，荀卿亦不若是爲說。至信陵合五國攻秦，又何俟趙使赴楚而問春申以將選？惟楚爲從長之役，其事當秦始皇六年，趙悼襄王四年，楚世家謂春申君用事，而趙世家則謂龐煖將趙楚魏燕之銳師以攻秦。則此役也，春申爲之主，而使趙將龐煖爲之帥。魏加謂臨武君不可以爲距秦之將，其後果無功，所論驗矣。移之前兩役，亦復不符。則楚策之臨武君，卽趙世家之龐煖可知。林氏紀年黃氏編略均以魏加論臨武君係之此役，皆是。惟惜不能參合趙世家，發明臨武君卽爲龐煖其人耳。而劉向叙誤以爲孫臏者，蓋亦有故。考孫臏與龐涓同學兵法，而龐涓見殺於孫臏。正如劇辛在趙與龐煖相善，而劇辛敗死於龐煖。其事既相類，又孫臏龐煖皆有兵書傳世，孫書詳考辨第八五，龐書詳考辨第五八。而龐涓龐煖名字又易混。劉向自出一時筆誤，遂以殺劇辛之龐煖，爲殺龐涓之孫臏耳。今推尋劉氏致誤之跡，亦足知余龐煖卽臨武君之說非虛也。藝文志兵形勢有孫軫五篇，圖三卷，沈欽韓曰：「軫與臏聲近，或臨武君是此孫軫。」劉向序爲後人不知妄改。今按沈說無據，姑備異意。余求龐煖生年，蓋與趙武靈卒歲相先後。邯鄲解圍時，龐煖已年及四十。自如趙括之徒，相率好言兵，下至魏公子破秦，集諸侯賓客兵法，當時風氣如是，而龐煖亦其一人矣。

余既爲龐煖卽臨武君考，重檢韓非書，有足爲助證者。韓非飾邪篇云：「鑿龜數筴，兆曰大吉，而以攻燕者，趙也。鑿龜數筴，兆曰大吉，而以攻趙者，燕也。劇辛之事燕，無功而社稷危，鄒衍之事燕，無功而國道絕。趙代先得意於燕，後得意於齊。王先愼曰：「按趙世家四年移攻齊，取饒安，卽其事也。」國亂節高，自以爲與秦提衡，非趙龜神而燕龜欺也。趙又嘗鑿龜數筴而北伐燕，將劫燕以逆秦，兆曰大吉，始出大梁，而秦攻上黨矣。（原文攻出二字互誤，依王先愼校改。）兵至釐，而六城拔矣。至陽城，秦拔鄴矣。（顧廣圻曰：「世家九年攻燕，取魏陽城，兵未罷，秦攻鄴拔之。又年表云：秦拔我閼與鄴，取九城，卽其事也。」）龐援揄兵而南，則鄣盡矣。秦以其大吉，辟地有實，救燕又有名。趙以其大吉，地削兵辱，主不得意而死。」（王先愼曰：「趙世家悼襄王九年卒。」）盧文弨曰：「龐援卽龐煖，亦作龐涓。」據此，龐援亦有誤作龐涓者。則劉向誤臨武君爲孫臏，正自龐援龐涓而誤可知。又此數年，龐煖爲趙將用事。此後趙將有扈輒，（趙王遷二年爲秦所殺。）李牧，（王遷三年後皆李牧將。）無龐煖。

一五八　鶡冠子辨

漢志道家鶡冠子一篇，班云：「楚人，居深山，以鶡爲冠。」隋志三卷。韓愈讀鶡冠子十六篇。陸佃鶡冠子序：「自博選至武靈王問凡十九篇，退之云十六篇者非全書。」沈欽韓曰：「其中龐煖論兵法，漢志本在兵家，爲後人傅合。」王闓運曰：「道家鶡冠子一篇，縱橫家龐煖二篇，隋志道家有鶡冠子三卷，無龐煖書，而篇卷適相合，隋以前誤合之。凡龐子言皆宜入煖書。」近人顧實（漢書藝文志疏證。）云：「兵家龐煖三篇，汪刻本漢書作二篇，合此鶡冠子一篇，正符三篇之數。本志兵權謀家原有鶡冠子言兵之篇，此亦後世所以誤合兵家龐煖爲一歟。」今按鶡冠書世兵篇多同賈誼鵩賦，顯出後人剿襲。柳宗元辨鶡冠子謂其：「盡鄙淺言，好事者僞爲其書，而用賈誼鵩賦文飾之」，是也。四庫提要謂：「古人著書，往往偶用舊文，引證亦往往偶隨所見。如谷神不死四語，今見老子，而列子以爲黃帝書。克己復禮一語，今在論語，而左傳仲尼稱志有。元者善之長也八句，今在文言傳，左傳記爲穆姜語。」以此爲鶡冠辨護。其所稱引是非姑勿論。然賈誼鵩賦，與鶡冠世兵，文字大段相合，則非提要之例。苟兩文並讀，非誼襲鶡冠，即鶡冠襲誼，無所謂引用舊文也。既非賈生竊先秦成書爲己賦，則爲後人攘賈賦飾僞書，決矣。崔述考古餘說亦謂：「賈誼感鵩而賦，明不剽竊。」韓愈頗稱其博選篇五至之論，然亦襲燕策郭隗對昭王語。吳師道注國策，已有此論。則鶡冠子既明爲僞書，更何紛紛論篇卷之多寡哉？抑余復有疑者。據今書鶡冠爲龐煖師，而班氏注語不之及。注曰：「楚人，居深山」，而本書未之有。書中可見其爲楚人者，惟王鈇篇言柱國令尹，然文意均襲管子。郡縣之名，雖秦前已有，然廢封君而全國以郡縣相統屬，其制始於秦，未必楚人先有其制。蓋後人見漢志有鶡冠楚人之說而妄托者耳。困學紀聞十謂：「鶡冠子博選篇用國策郭隗之言，王鈇篇用齊語管子之言，不但用賈生鵩賦而已，柳子之辨，知言哉。」已先余言之。後漢書續輿服志：「鶡雄雉，爲武冠。」淮南主術訓：「趙武靈王貝帶鵕鸃而朝，趙國化之。」玉篇：「鸃，南方雉名。」然則雉冠乃趙之武服。龐煖而趙將，漢志兵權謀有龐子，豈煖書有論及鶡冠者，而後人因僞爲鶡冠子，遂以爲龐煖所師耶？將龐煖著書別題鶡冠，如范蠡書之名計然，而後人亦遂以計然爲范蠡師者耶？今其書所傳既不足信，秦漢間又少知有鶡冠子其人，則此一卷書者，縱在，固無大觀，姑置勿論可爾。又龐煖僅詳居趙，未見其國籍。春申合從以龐煖爲將，豈煖與楚人固自有淵源者耶？

一五九　呂不韋著書考

呂氏春秋謹聽篇：「今周室既滅，而天子已絕，亂莫大於無天子，無天子則彊者勝弱，衆者暴寡，以兵相殘，不得休息，今之世當之矣。」高注：「周厲王無道，流於彘而滅，無天子十一年，故曰已絕。」畢沅云：「秦昭王五十二年西周亡，十年而始皇帝繼爲王。又二十六年，始爲皇帝。所云天子已絕者，在始皇未爲皇帝之時。注非是。」今按史記呂傳：「秦莊襄王元年，以呂不韋爲丞相，封文信侯，食河南洛陽十萬戶。莊襄王薨，太子政立爲王，尊呂不韋爲相國，號稱仲父。呂不韋乃使其賓客人人著所聞，號曰呂氏春秋。」其自序篇曰：「維秦八年，歲在涒灘。」黃氏周季編略謂：「呂傳書作春秋于始皇七年前，八蓋六之譌也。近畢氏校呂氏春秋引錢竹汀超辰說。按畢氏所引乃錢塘溉亭說，竹汀之說見十駕齋養新餘錄卷上，文繁不具引。嚴鐵橋以八爲四之譌。四年太陰在申，皆未是。」姚文田邃雅堂集，呂覽維秦八年歲在涒灘考。云：「超辰之說，起於漢人，當時亦未一行，安得強先秦以就我法？又讀者據太初元年歲稱丁丑，溯而上之，遂改始皇爲乙卯，因欲幷改呂覽之八年爲六年。不知班史實以鄧平曆爲本，實不足爲確據。考淮南王安封於孝文之十六年，子長著之史記，孟堅仍其舊文。計孝文十六年下至太初改元，六甲適一周，則是年亦當爲丁丑。淮南子云：淮南元年冬，太一在丙子。太一卽太歲，與班史顯差一歲。上推始皇元年，實爲甲寅。不韋死於始皇十二年，後十五年而秦有天下。不韋著書以前，昭襄孝文莊襄世及相繼，安得斷自始皇直書曰秦。其稱秦者，必在莊襄既滅二周之後。秦本紀昭襄五十六年卒，孝文王立。卽位後三日卒，莊襄王立。在位四年。六國表分一年入孝文，故莊襄僅三年。又記昭襄之立，在周赧王九年，下推赧王五十九年，歲在甲辰，（後來作乙巳者，從漢志改。）乃昭襄之五十一年。又五年而卒。孝文嗣位一年，明年爲莊襄元年，歲在辛亥。紀表皆云是年滅二周，置三川郡。周本紀亦云：王赧五十九年，西周倍秦，與諸侯約從攻秦，秦使將軍摎攻西周，西周君奔秦，盡獻其邑。王赧卒，周民遂東亡。似是一年中事。又云：後七載，秦莊襄滅東西周。今考韓非子五蠹篇云：周去秦爲從，期年而舉。是史公所紀，中間尚少一年。所謂後七載者，當由滅西周計算。而莊襄之滅東周，乃二年事，並非元年，紀表皆誤矣。西周之滅歲在乙巳，（王應麟作丙午，亦從漢志。）後七載爲壬子，東周亦亡。其明年癸丑，天下始易周而爲秦。困學紀聞云：壬子秦遷東周君而周遂不祀。作史者當自丙午至壬子繫周統於七國之上。以韓非及王氏之言證之，知自癸丑以後乃可書秦。而呂覽之文，實統莊襄言之矣。」今按：姚氏之說甚辨而覈。不韋著書，實在始皇之七年，而稱維秦八歲者，乃始於癸丑。始皇元年實爲甲寅，而不韋不以始皇紀元，乃統莊襄言之，其事甚怪。且呂不韋爲秦相國，乃絕不稱道秦政，曰：「周室既滅，天子已絕，以兵相殘，不得休息。」顧抑秦與六國同例。特以周亡而書秦，亦並不許秦爲天子，則又何耶？功名篇又云：「欲爲天子，民之所走，不可不察。今之世至寒矣，至熱矣，而民無走者，取則行鈞也。欲爲天子，所以示民，不可不異。行不異亂，雖信今，信伸也，猶言得志於今。民猶無走。民無走，王者廢矣，暴君幸矣，民絕望矣。故當今之世，有仁人，不可不此務。有賢主，不可不此事。」此明譏秦政雖以武強伸於一時，猶不爲民之所走也。高似孫曰：「始皇不好士，不韋則徠英茂，聚畯豪，簪履充庭，至以千計。始皇甚惡書也，不韋乃極簡册，攻筆墨，采精錄異，成一家言。春秋之言曰：千里之間，耳不得聞，帷牆之外，目不能見，三畝之間，心不能知，而欲東至開梧，南撫多鶌，西服壽靡，北懷儋耳，何以得哉！此所以譏始皇。」方孝孺亦稱其書詆訾時君爲俗主，至數秦先王之過無所憚。史又稱不韋書成，布咸陽市門，縣千金其上，延諸侯游士賓客，有能增損一字者予千金。余疑此乃呂家賓客借此書以收攬眾譽，買天下之人心。儼以一家春秋，托新王之法，而歸諸呂氏。如昔日晉之魏，齊之田。爲之賓客舍人者，未嘗不有取秦而代之意。即觀其維秦八年之稱，已顯無始皇地位。當時秦廷與不韋之間，必有猜防衝突之情，而爲史籍所未詳者。史記蔡澤傳，其說應侯曰：「質仁秉義，行道施德，得志於天下，天下懷樂敬愛而尊慕之，皆願以爲君王，豈不辯智之期與？」應侯曰然。此已入戰國晚世，其先游仕如吳起商鞅之徒，得爲將相，已滿初志。其後如梁惠王欲讓國於惠施，燕王噲眞讓國於子之，於是游士之意氣益盛，期望益遠，蔡澤乃明白有天下皆願以爲君王之想。客說春申君，以湯武況荀卿。卽荀子弟子之頌其師，亦曰：嗚呼賢哉，宜爲帝王。（見堯問篇。）又曰：今之學者，得孫卿之遺言餘教，足以爲天下法式表儀。（亦見堯問。）是可見當時學者間意態。李斯入秦，爲呂不韋舍人，呂覽之書，斯亦當預，彼輩推尊不韋，謂其宜爲帝王，夫豈不可。此意至西漢尚未全泯，故昭宣以下，頗有主張漢廷推擇賢人而讓國者，王莽卽應運而起。自此義隱晦不彰，而謂不韋著書有自爲帝王之志，則有疑其言之若誕者矣。始皇幸先發，因以牽連及於嫪毐之事。不韋自殺，諸賓客或誅或逐。史云：「始王十二年，呂不韋竊葬，其舍人臨者晉人也，逐出之。秦人六百石以上奪爵遷，五百石以下不臨，遷勿奪爵。是年秋，復嫪毐舍人遷蜀者。」此秦廷忌呂氏舍人而寬嫪氏舍人之明證。又見呂氏舍人自有三晉賓客與秦人之別。不韋本籍山東，故於東方游士，秦廷尤所歧視。不韋初死，秦廷卽有逐客之令，則呂氏賓客，秦廷所以忌而防之者至矣。又秦策五：「文信侯出走，與司空馬之趙，趙以爲守相。」金氏國策補釋云：「與，黨與也，馬爲文信黨人，故文信走而馬亦亡。」又曰：「馬逐於秦，則亦三晉人也。」其事遂莫肯明言，而乃妄造呂政之譏，與嫪毐自不韋薦身之說，同爲當時之誣史而已。魏策：「或謂魏王曰：秦自四境之內，執法以下，至於長輓者，故畢曰與嫪氏乎，與呂氏乎，雖至於門閭之下，廊廟之上，猶之如是也。今王割地以賂秦，以爲嫪毐功，卑體以尊秦，因以嫪毐，王以國贊嫪毐，太后之德王也深於骨髓，王之交最爲天下上矣。由嫪氏善秦而交爲天下上，天下孰不棄呂氏而從嫪氏。天下畢舍呂氏而從嫪氏，則王之怨報矣。」據此則呂之與嫪，邪正判然。嫪氏顯與呂氏爭政，太后傾私嫪氏。未見嫪之必爲不韋所進也。又秦始皇本紀嫪毐封長信侯。索隱云：「按漢書嫪氏出邯鄲。」錢氏廿二史考異云：「班氏無此文，當是漢書注也。南越傳嬰齊取邯鄲摎氏女。索隱云：摎音紀虯反，摎姓出邯鄲。此嫪字正義亦音紀虯反，蓋摎嫪古文通用。今人讀嫪爲郎到切，非也。」據此嫪毐乃邯鄲人。疑始皇母在邯鄲，本識毐，不俟於不韋之進顯。而史傳所稱私求大陰人嫪毐，使以其陰關桐輪而行，令太后聞之，以啗太后者，皆故爲醜語，非事實也。毐與始皇母私生二子容有之，因幷謂始皇乃不韋子，則亦無稽之醜詆耳。余別有辨詳下。自不韋之死，李斯得志，因有焚坑之禍。先秦學脈，竟以此絕，亦可惜也。

又考秦本紀昭王四十二年，安國君爲太子。四十七年，白起破趙長平，殺卒四十五萬。其明年正月，秦政生於邯鄲。則不韋入秦游說華陽夫人，應在長平一役前。今姑以昭王四十六年爲說，其先不韋本爲陽翟大賈，積貲甚富，其年事當近四十。下至始皇之元又十五年，不韋則年五十五左右。而不韋之卒，年踰六十也。然余考秦策載不韋事與史有異。其入秦説立子楚已在孝文王時，以其時年四十外計之，其卒蓋年踰五十，猶未及六十耳。參讀考辨第一六一。又考呂氏安死篇，以耳目所聞見，齊荆燕嘗亡矣，宋中山已亡矣，趙韓魏皆亡矣，其皆故國矣。顧亭林日知錄謂：作書之時，秦初幷三晉。然考始皇七八年間，三晉皆無恙，韓最先亡，在始皇十七年，已在不韋卒後五年，趙以王遷之虜爲亡，則在韓亡後兩年，魏最後，其亡已在始皇二十二年，去不韋之卒已十年。然則呂書之成，其最後者豈在始皇之二十二年乎？是年燕薊亦拔，越三年，楚亡，又越兩年齊亡，皆安死作時所未及也。史記謂不韋遷蜀而著呂覽，然則呂書確有成於遷蜀之後，並有成於不韋之身後者，此亦考論秦代學術思想情況一至堪注意之點也。

一六〇　孔叢子載孔子順事跡辨

史記孔子世家：「孔子後六世爲子高穿，穿生子順，嘗爲魏相。子順生鮒，爲陳涉博士，死陳下。」後世有孔叢子，詳記穿順鮒三世行事。孔叢僞書，本可無辨。顧朱子語類謂：「其書蓋孔氏後人集先世遺文而成」，若其記載猶有來歷，故後世多據以爲說。余考其書中事實，多有大謬不然者。因知朱子之說，亦不可信。姑摘論其載子順事有關史實者以示例。如齊攻趙，圍廩丘，趙使孔青擊之，獲尸三萬，子順聘趙，勸歸齊尸。此事見呂氏春秋，勸歸齊尸者爲寧越。證之紀年，其事遠在威烈王時。參讀考辨等五五。下距子順之世尚百七十年。孔叢輕爲剿竊，其妄如此。又秦急攻魏，子順請以國贊嫪毐，其語疎鄙，蓋本魏策或人之言，妄人竊取，不悟其不足重子順也。

且子順爲魏相，既負隆譽，魏策亦不應不著其名。又季節見於子順，子順賜之酒云云，季節乃子順父執，子順如何又爲季節尊長？妄人者乃併此而不知。虞卿早達，立談相趙，迨其棄趙相印，偕魏齊亡之魏。魏齊既自剄，虞卿窮愁乃著書。長平之役，虞卿復在趙用事，則略當子高世耳。子順猶爲晚進。奈何虞卿著書，魏齊誠之以謂不當稱春秋，而又以詢之子順？顛倒史實，抑何甚也！凡此皆其疎謬之尤易見者。周季編略書子順相魏於魏安釐王十七年，當秦攻趙長平之時，則據孔叢本書情事考之，亦覺未愜。本書稱子順相魏九月，遂寢於家，則此後必不復出。編略又以魏景湣元年，趙相魏相會魯柯，（魯柯之盟，趙魏兩世家均未載。志疑云：「魯地無名柯者，又此時魯已滅，尚安得稱魯柯？而趙魏會盟亦不得至魯地，疑有誤。」史記札記云：「春秋襄十九，叔孫豹會晉士匄於柯，杜注在魏郡內黃縣西北，蓋魏地也。」）謂出子順之謀，一不合也。又其後一年，五國共擊秦，本書謂子順會之，不應謝事高隱之後，無端復出，二不合也。又其後二年，嫪毒封長信侯，本書謂秦急攻魏，魏王駕如孔氏，子順進以國贊嫪毒之謀，其時去謝事去相已二十餘年，其爲魏國老，較之乃祖孔子之於魯，遠過之矣，恐亦無此情事，三不合也。子順既退，其語新垣固曰：「當今山東之國，弊而不振，三晉割地以求安，二周折節而入秦，燕齊宋楚已屈服矣。（宋已久亡，此原書之妄也。）不出二十年，天下將盡爲秦。」若當秦趙相搏長平，諸侯合從救趙之際，豈得云此，四不合也。本書又有魏王使相國子順修好鄰國，遂連和於趙，趙王問所以求北狄。若當秦攻趙長平，趙王何來有此遐思，五不合也。此條子順答語，乃漢人襲取中行說說耳。本不足信，今姑據以折黃說之未當。繹史年表，孔斌相魏在安釐王十八年，同一不合。今子順相魏事，既他無可考，如不得已而必據孔叢所載，以定其年，亦當以在信陵君既死，楚約五國伐秦之後，於嫪毐敗死之前，約當魏景湣王之三四年，差爲得之。即上推之於其父穿，下推之於其子鮒，年世相及，亦略當也。韓策一有魏順謂市丘君一節，吳師道補注云：「此楚懷王爲從長，合齊趙韓魏燕及匈奴伐秦時事，在懷王十一年。策文見孔叢子，以爲子順之言。其注謂魏公子無忌率五國兵敗蒙恬，尤爲誤。」如吳考，其時尚未有平原君，烏得有孔穿之子孔順？是孔叢書僞竊魏順爲孔子順也。要之孔叢書不可據，而孔子順當在戰國末年，則可推耳。

一六一　春申君見殺考

戰國晚年，有兩事相似而甚奇者，則呂不韋之子爲秦始皇政，而黃歇之子爲楚幽王悍是也。然細考之，殆均出好事者爲之，無足信者。不韋之事，梁氏志疑力辨之。史記本傳云：「姬自匿有身，至大期時生子政。」集解徐廣曰：「期，十二月也。」梁云：「左傳僖十七，孕過期。疏云：十月而產，婦人大期。則大期乃十月之期，不作十二月解。即如史注，十二月曰大期，夫不及期，可疑也。過期，尚何疑？若謂始皇之生不及期，隱之至大期而乃以生子告，則子楚決無不知之理，豈非欲蓋彌彰乎？祇緣秦犯衆怒，惡盡歸之，遂有呂政之譏。史公於本紀特書生始皇之年月，而于此更書之，猶云世皆傳不韋獻匿身姬，其實秦政大期始生也。別嫌明微，合于春秋書子同生之義，人自誤讀史記爾。按史記考證：「大期猶言誕彌厥月也。史以明始皇之的爲不韋子，言及大期而非期，乃子楚猶不悟也。若如徐廣言，期十二月，則又何以信其爲不韋子也。」今按：史記果信始皇誠爲不韋子與否，非卽始皇誠爲不韋子與否之判據。則大期一語，非所必爭。王世貞讀書後辨說之曰：「毋亦不韋故爲之說，而泄之秦皇，使知其爲眞父，長保富貴邪？抑亦其客之感恩者，故爲是以詈秦皇。而六國之亡人，侈張其事，欲使天下之人謂秦先六國亡也。不然，不韋不敢言，太后復不敢言，而大期之子，烏知其非嬴出也？」又明湯聘尹史稗辨之曰：「異人請婦至，大期而誕子，未必請之時遽有娠也。雖有娠，不韋其肯輕泄之，而亦孰從知之？果有娠而後獻，當始皇在趙，母子俱匿，其嫗獨不能語子以呂氏之胤，如齊東昏妃之于蕭纘邪？如語之故，始皇必不忍忘一本之系，何至忿然曰何親於秦，號爲仲父？以奉先王之功，且躬出其後，而俾之遷蜀以死。雖賓客游說萬端，而莫之阻，亦自知嬴非呂矣。」此辨呂氏之事也。而余考秦策，記不韋使秦事，有與史大異者。史謂不韋入秦當昭王時，而秦策呂不韋爲子楚遊秦，已當孝文王世，一異也。史謂不韋先說華陽夫人姊，而秦策不韋所說乃秦王后弟陽泉君，二異也。高注：「秦王后，孝文王后華陽夫人也。時昭王時也。或言后耳。」不悟若昭王時，孝文不得稱王，華陽亦不得稱后。其下策文又云：「太子門下無貴者。」高注：「太子，子傒。」不悟若昭王時，子傒亦不得稱太子。策文又云：「王年高矣，王后無子，子傒有承國之業，王一日山陵崩，子傒立，王后之門必生蓬蒿。」又曰：「王之春秋高，一日山陵崩，太子用事。」皆明屬孝文時語。高氏自以史說注策文，未可信。又昭王生十九年立，五十六年薨，則七十五歲。孝文生五十三年立，一年薨，則五十四歲。史稱不韋說華陽夫人，不以繁華時樹本，卽色衰愛弛後，誰欲開一語，尚可得乎？而據史考實，則華陽夫人固非繁華時矣。又按年表，昭王二年楚懷王二十四年，秦來迎

（婦，是歲昭王年二十一，尚未有子，孫楷秦會要即以此婦爲華陽太后，亦非。考諸楚世家，則年表是年乃迎婦於秦之誤耳。）史謂子楚於邯鄲之圍脫亡赴秦軍，而秦策乃王后請之趙，而趙自遣之，則三異矣。果如秦策所言，不韋遊秦，始皇生已及十年。（始皇生昭王四十八年正月，見本紀。）不韋安得預爲釣奇？不韋納姬事，秦策固無之，更何論始皇之爲嬴爲呂？史公載六國事，多本國策，此則別據他說，乃史公之好奇也。（又史記呂不韋傳：「子楚夫人，豪家女也。」顯與不韋獻姬相乖。錢大昕云：「不韋資助之，遂爲豪家。」洪亮吉云：「子楚在趙，本自有夫人，後見不韋姬說之，復取而生政耳。此夫人是指子楚之正配。若政生母爲邯鄲之倡，即資之安得爲豪家乎？」按洪駁錢說是矣。然不韋傳明云：「子楚遂立姬爲夫人。」又豈得謂其下夫人又別指一人哉？）至春申之事，黃式三周季編略亦辨之，曰：「策史言春申君納李園妹，知娠而獻之。據越絕書十四篇則云：烈王娶李園妹，十月產子男，則策史之說非矣。春申君果知娠而出諸謹宮，言諸王而入幸之，則事非一月，安必其十月後生子乎？生而果男乎？行不可知之詭計，春申君何愚？此必後負芻謀弑哀王猶之誣言也。」而余考越絕書，其言又不僅如黃氏所辨者。越絕云：「春申君與女環通未終月，女環謂春申君曰：妾聞王老無嗣，今懷君子一月矣，可見妾於王。幸產子男，君即王公也。」夫通未終月，烏得懷子已一月？此全寫女環之愚春申，而欲假借以得幸於楚王，與下言十月產子，同一筆法。凡以明幽王之非春申子也。黃氏既援據越絕駁史記，而曰「春申何愚」，不知誠如越絕之言，春申固不免爲愚耳。黃氏又曰：「列女傳有云：公子負芻之徒，聞知幽王非考烈王子，疑哀王，乃襲殺哀王及太后，盡滅李園之族。然則負芻謀篡構釁造謗也。」此則確有依據，明白得實。又按索隱：「楚悍（幽王）有母弟猶（哀王），猶有庶兄負芻及昌平君，是楚君完非無子，而上文云考烈王無子，誤也。」則史記春申傳之不可信，小司馬已先辨之。惟列女傳以猶爲考烈遺腹子，以負芻爲考烈弟，今已無可詳論。此辨春申之事也。昔人以桀紂暴行，情節相類，疑其不實。今文信春申之事，一何若符節之合，而又同出於一時，不奇之尤奇者邪？後之疑而辨者，縱不盡得，然幃闥之事，本難全詳。傳者既無的據之驗，疑者亦何從爲稽詰之地哉？今並舉而著之，亦足使讀史者知此故實之不盡可信耳。

又史記載李園殺春申君在考烈王末年，而越絕書二篇，言烈王死，幽王立，封春申君於吳，三年，徵爲令尹，使其子爲假君攝吳事。十一年，幽王徵其子，與春申君幷殺之。二君治吳凡十四年。後十六年，秦始皇幷楚。然考史記，幽王僅得十年，無十四年。春申君徙封於吳亦遠在考烈王十五年。不知越絕何以言此。及細檢之，秦滅楚前十六年，正合史表李園殺春申君之年。又前十一年，正合史表春申君徙封於吳之年。然則越絕書言春申卒年與史同，越絕言春申子假君治吳之年，卽史之春申封吳年也。越絕言春申封吳尚在前三年，則史無其說。越絕卷十四春申君外傳。又謂：「烈王死，幽王嗣立，女環使園相春申君相之。三年，然後告園，以吳封春申君，使備東邊。」前言幽王立三年召春申，今乃爲三年而封春申矣。此又越絕之自相違異也。至云：「幽王後懷王，懷王子頃襄王，秦始皇滅之，而張儀轉在黃歇後。」卷二卷十四均見。此則與史大背，疏繆斷然。王充有云：「君高越紐錄，劉子政揚子雲不能過。」見論衡案書篇。越紐錄即越絕書，君高，吳平字。相傳越絕出會稽袁康吳平手也。余觀其書頗荒陋，不足信，因附辨一二端以概其餘。參讀考辨第三四又第一一八。

一六二　尉繚辨

漢志雜家尉繚二十九篇，兵形勢家又有尉繚三十一篇。據史記始皇本紀，大梁人尉繚來說秦王，在始皇十年，而今傳尉繚書有梁惠王問，年世不相及。後人因謂今所傳者乃兵家尉繚，在梁惠王時，而始皇時雜家尉繚則佚。然考史記，繚既見秦王，欲亡去，秦王覺，因止以爲秦國尉。則所謂尉繚者，尉乃其官名，如丞相綰，御史大夫劫，廷尉斯之例，而逸其姓也。今漢志雜家稱尉繚子，官本南雍本閩本尉繚下無子字，與雜兵家稱尉繚同。至隋志始稱尉繚子，而顏師古遂謂尉姓繚名，皆誤。若是則秦有尉繚，豈得魏亦有尉繚，而秦之尉繚，又係魏之大梁人？以此言之，知非二人矣。漢志如齊孫子吳孫子，所以別同名之嫌。若尉繚係兩人，則亦應書秦尉繚梁尉繚也。且繚之說秦，與秦策頓弱之言同。其稱秦王居約易出人下，得志亦輕食人，事類范蠡。竊疑史記載繚事已不足盡信，書又稱梁惠王問，則出依托。劉向別錄：繚爲商君學。商君於惠王早年入秦，今云繚爲其學，亦知其非見梁惠王。其殆秦賓客之所爲，而或經後人之羼亂者耶？

一六三　諸子攟逸

余考先秦諸子年世，略已完具。復檢漢志，擇其姓字粗著，爲余考所未及者，列諸篇爲攟逸。

六藝略禮家

王史氏二十一篇。七十子後學者。師古曰：「劉向別錄云：六國時人也。」

諸子略儒家

漆雕子十三篇。孔子弟子漆雕啓後。

葉德輝曰：「說苑引孔子問漆雕馬人，臧文仲武仲孺子容三大夫之賢。家語好生篇引作漆雕憑，疑一人，名憑字馬人。孔子弟子漆雕啟之後，他無所見，或卽馬人。」今按漆雕開從遊，當在孔子晚年。參讀考辨第二九。而漆雕馬人嘗事臧氏三世。文仲卒於魯文公十年，前孔子之生尚六十六年。及事文仲者，豈得與孔子相問答？說苑妄也。即謂果有其人，亦在漆雕開前。李氏尚史云：「說苑馬人嘗事臧氏三世，與開不仕者正相反，非開，明矣。而弟子中又無所謂漆雕馬人者。家語作漆雕憑，亦無之。」此辨開非馬人，而並疑馬人之無其人。烏得爲其後人哉？葉說殊疏。論衡本性篇謂宓子賤漆雕開公孫尼子之徒，亦論情性，與世子相出入。余考公孫尼子乃荀子弟子，此書論性情，折衷孟荀兩家之見，顯出荀子後。王氏謂漆雕開者，或即據漆雕子書中稱引所及。疑此十三篇書，亦出戰國晚世，而傳述漆雕子之說，與宓子十六篇同出後人撰述。班氏以其書名漆雕子，遂疑爲漆雕啟之後。或啟自有後人爲此書，亦未可知。要非說苑之漆雕馬人也。參讀考辨第二九。

景子三篇。說宓子語，似其弟子。

宓子見考辨第三〇，其書疑出後人傳述，如漆雕子之類。皆當在戰國晚世，而宓子或稍前，故其書頗爲韓非呂不韋所稱引。景子三篇，據班注亦說宓子語，惟年世殊無考，不知其書在宓子十六篇前，抑在其後。孟子書有景丑，翟灝考異云：「漢志景子列儒家，此稱景丑爲景子，其父子主恩君臣主敬，及引禮父召君召諸文，頗有見於儒家大意。景子似即著書之景子也。孟子宿於其家，蓋亦以氣誼稍合往焉。」沈欽韓亦主景子即景丑。若然，則其書或尚在十六篇前。當孟子時已有主性可以爲善可以爲不善，有性善有性不善之說者，景子殆其一人歟？然亦不得爲宓子弟子。大抵漢志說七十子弟子，皆約略言之，非可據也。黃鶴云：「世本齊公子朝之子字子景，以字爲氏，亦曰景丑。」則景子亦齊之公族。又按兵形勢家有景子十三篇，蓋非同書。

世子二十一篇。名碩，陳人也，七十子之弟子。

論衡本性篇：「周人世碩，以爲人性有善有惡，舉人之善性養而致之則善長，惡性養而致之則惡長。如此則性各有陰陽善惡，在所養焉。故世子作養書一篇。」今按當孟子時論性者，告子曰：「性無善無不善」，或曰：「性可以爲善，可以爲不善」，或曰：「有性善，有性不善」。今世子則謂「性有善有惡」，蓋出三說之外，兩取孟荀以爲說。其書應出荀卿後。春秋繁露俞序篇亦引世子，其書據春秋發議，尤爲晚出一證，殆與公孫尼子同時耳。班注以爲陳人，陳亡遠在前。論衡謂之周人，不知謂周代人耶？抑周地人耶？與班異，無可定。

公孫尼子二十八篇。七十子之弟子。

隋志公孫尼子一卷，云：「似孔子弟子」。又隋書音樂志引沈約奏答，謂：「樂記取公孫尼子。」陸德明經典釋文引劉瓛云：「緇衣，公孫尼子作。」余考緇衣篇文多類荀子。如：「子曰：禹立三年，百姓以仁遂焉，豈必盡仁。」姚際恆曰：「鄭氏謂非本性能仁，其言類荀子。」又：「子曰：小人溺於水，君子溺於口，大夫溺於民。」姚曰：「荀子：君舟也，民水也，水能載舟，亦能覆舟，此本其意，故以溺字爲說。」又：「子曰：君以民存，亦以民亡。」姚曰：「卽荀子水能載舟覆舟之義。」今按：緇衣襲荀子，猶不止此。如：「爲上易事，爲下易知，則刑不煩。」又：「爲上可望而知，爲下可述而志，則君不疑於其臣，而臣不惑於其君。」此荀子「主道利明不利幽，利宣不利周」之說也。又：「君民者，章好以示民俗，愼惡以御民之淫，則民不惑，臣儀行不重辭，不援其所不及，不煩其所不知，則君不勞。」又：「政之不行，敎之不成，爵祿不足勸，刑罰不足恥也。」此皆荀韓之論。又篇中屢言「壹德」，又曰：「義不壹，行無類。」壹字類字皆見荀子，類字尤荀書所重，所謂統類者也。每節皆引詩書煞尾，文體亦倣荀子。（上引姚說，均見杭世駿續禮記集說。）樂記剿襲荀子呂覽易繫諸書，其議論皆出荀後。則公孫尼子殆荀氏門人，李斯韓非之流亞耶？沈欽韓曰：「荀子彊國篇稱公孫子語」，則其爲荀氏門人信矣。楊倞以公孫子爲齊相，殊無據。蓋本下文荀卿子說齊相而妄臆之爾。又篇中譏之曰云云，正公孫子譏子發，而楊倞謂公孫子美子發，荀子譏之，亦誤。漢志謂是七十子弟子者已失之。隋志乃謂其似孔子弟子，則所失益遠矣。

芊子十八篇。名嬰，齊人。七十子之後。師古曰：「芊音弭。」

王念孫曰：「史記孟荀列傳楚有尸子長盧，阿之吁子焉。索隱曰：吁音芊，別錄作芊子。今芊亦如字。正義：藝文志芊子十八篇，顏云音弭。案是齊人，阿亦屬齊，恐顏誤也。案正義說是也。芊有吁音，故別錄作芊子，史記作吁子，作芈者字之誤耳。」

周史六弢六篇。惠襄之間。或曰顯王時，或曰孔子問焉。師古曰：「卽今之六韜也。」

沈濤銅熨斗齋隨筆。曰：「六乃大字之誤。人表有周史大弢，弢當爲弢字之誤。莊子則陽篇：仲尼問於太史大弢，蓋卽其人。此乃其所著書，故班氏有孔子問焉之說。師古以謂太公六韜，誤矣。」今按人表大弢列周景王悼王時，當魯昭公世，與孔子正相及。惟班注「惠襄之間」，若指春秋時周惠襄王言之，則距孔子尚遠。又稱獻王時，則當魏惠王之世。魏惠王後亦爲襄王，豈魏惠襄之間，魏史官有其人，與莊子略同時，其書稱魏惠王襄王周獻王，而班誤以爲周惠王周襄王，如文子書平王問，乃楚平王，而班注亦誤爲周平王也。至則陽孔子之問，莊書寓言，固不足據。然大弢苟魏史，漢志又何以稱周史？竊疑自魏惠王會逢澤朝天子，常挾周室以爲名。呂氏不屈篇，惠王請令周太史更著惠施之名，此周太史卽魏史也。卽以漢志次序，大弢書列孫卿子芊子後，亦顯爲戰國書。

王孫子一篇。一曰巧心。

兵形勢家有王孫子十六篇，蓋非同書。嚴可均鐵橋漫稿：「王孫姓也，不知其名，巧心亦未詳。意林僅有目錄，而所載王孫子文爛脫。從北堂書鈔等書采出二十四事，省幷復重僅得五事，繹其言，蓋七十子之後言治道者。」孫德謙漢書藝文志舉例：「一曰巧心者，書之別名也。」

公孫固一篇。十八章，齊閔王失國問之，因爲陳古今成敗也。

史記十二諸侯年表序稱：「公孫固韓非之徒，各往往摭春秋之文以著書。」卽其人。呂覽：「齊閔王居衞，問公玉丹。」其事又見劉向新序。李氏尚史謂：「公玉丹或卽公孫固。」殊無據。呂氏正名篇：「湣王任卓齒而信公玉丹，豈非以自讎耶。」公玉丹乃淖齒之流，知非著書之公孫固矣。

李氏春秋二篇。

葉德輝曰：「公孫固，齊閔王時人。羊子，秦博士。志敍此書於二子間，則李氏當是戰國時人。呂覽勿躬篇引李子，其言泛言名理，疑卽此李子也。」沈欽韓曰：「疑是李兌。」

羊子四篇。百章，故秦博士。

董子一篇。名無心，難墨子。

論衡福虛篇：「儒家之徒董無心，墨家之役纏子，相見講道。纏子稱墨家佑鬼神是，引秦穆公有明德，上帝賜之九十年。董子難以堯舜不賜年，桀紂不夭死。」錢大昕曰：「無心蓋六國時人。風俗通亦引其語。」王應麟考證云：「館閣書目一卷，與學墨者纏子辨上同兼愛上賢，明鬼神非，纏子屈焉。」今按：墨子書非早布，董纏必在晚世。

俟子一篇。李奇曰：或作侔子。

沈欽韓曰：「說苑反質篇秦始皇後得侯生，侯生云云，疑卽此。」王先謙曰：「官本俟作侯，風俗通云：俟子古賢人，通志氏族略五，作：「六國賢人。」著書。應仲遠嘗爲漢書音義，則所見本必作俟。」

徐子四十二篇。宋外黃人。

王應麟曰：「魏世家惠王三十年，使龐涓將，而令太子申爲上將軍，過外黃。外黃徐子曰：臣有百戰百勝之術。外黃時屬宋。」賈誼過秦論：「寧越徐尙蘇秦杜赫之屬爲之謀。」文選旁證云：「疑卽外黃徐子。」杜赫說周昭文君以安天下，見呂氏諭大務人，亦見周策。甯越詳考辨第五五。

道家

老成子十八篇。

列子周穆王篇：「老成子學幻於尹文先生。」殷敬順釋文作考成子。據此則老成子尙在尹文後。尹文爲齊稷下先生，當宣王湣王時。

長盧子九篇。楚人。

史記孟荀列傳：「楚有長盧。」御覽三十七引「呂氏春秋，長盧子曰：山嶽河海，水金石火木，此積形成乎地者也。」則長盧子在呂不韋前。鄧析子無厚篇：「長盧之不士，呂子之蒙恥。」士與仕通。長盧當出戰國，鄧析子僞書，故亦稱引及之。沈欽韓曰：「齊物論有長梧子，梧盧聲同字異，一人耳。」

王狄子一篇。或本作正狄子。

黔婁子四篇。齊隱士，守道不屈，威王下之。

高士傳：「黔婁先生，齊人，魯恭公聞其賢，遣使致禮，欲以爲相，不受。齊王又禮之，聘以爲卿，又不就。」今按魯共公卒，六國表在周顯王十六年，當齊威王五年。今誤爲齊威王二十六年。余定魯共公卒，較六國表後二年。參讀考辨第一五四。則爲齊威王七年。黔婁殆其時人。列女傳：「魯黔婁先生死，

宮孫子二篇。師古曰：「宮孫姓也，不知名。」曾子與門人往弔。」計其時曾申亦已早死，殆不可信。

孫子十六篇。六國時。

據班注，知非兵家兩孫子。梁玉繩云：「見莊子達生篇，名休。」亦無證。

鄭長者一篇。六國時，先韓子，韓子稱之。

韓非外儲說右引鄭長者說，謂：「田子方問唐易鞠，而鄭長者聞之。」一說：「齊宣王問唐易子，而唐易子稱鄭長者以對。」當是一事兩傳。唐易爲氏，鞠或其名也。人表有唐易子，在顏歜王斗尹文子後，則信與齊宣王同時。鄭長者在其前，故述其言以爲對也。陶憲曾曰：「釋慧苑華嚴經音義下引風俗通云：春秋之末，鄭有賢人著書一篇，號鄭長者。云

春秋之末，殆不可信。」鹽鐵論箴石第三十一：「丞相曰：吾聞諸鄭長孫曰：君子正顏色則遠暴嫚，出辭氣則遠鄙倍。」張氏考證云：「孫字誤也，當作者。漢書藝文志道家鄭長者一篇。所引全在論語中，不稱曾子者，當時之學尚黃老，而桑大夫尤輕儒故也。」據此鄭長者著書，蓋出孔門七十子後。風俗通稱其在春秋之末，而漢志謂在六國時，前不越田子方，後不卜齊宣王，則殆近是。

楚子三篇。

陰陽家

公檮生終始十四篇。傳鄒奭始終書。

錢大昭曰：「注始終當作終始，奭字亦誤。作終始者是鄒衍，非鄒奭也。」

公孫發二十二篇。六國時。

乘丘子五篇。六國時。

沈欽韓曰：「當作桑丘。隋志晉征南軍師楊偉撰桑丘先生書二卷，本此。」葉德輝曰：「邵思姓解二引漢志正作桑丘。」今按劉晝新論九流篇：「陰陽者，子韋鄒衍桑邱南父也。」可證沈葉之說。南父即下文南公也。鄭樵氏族略：「桑邱氏，蓋以地爲氏者。姓纂云：今下邳有此姓。」

杜文公五篇。六國時。師古曰：「劉向別錄云，韓人也。」

南公三十一篇。六國時。

史記項羽本紀：「楚南公曰：楚雖三戶，亡秦必楚。」秦本紀：「武王三年，南公揭卒。」志疑：「項羽紀稱南公，揭豈其人歟？」今按南公預言，蓋以楚之於秦，怨毒之深，知之。其人當在頃襄王後。且楚人無緣入秦紀，揭非其人也。又廣韻注。南公複姓，戰國時有南公子著書，言陰陽五行事。

容成子十四篇。

王應麟考證云：「莊子則陽篇容成氏。」按釋文：「容成，老子師也。」漢志列容成書於南公之次，張蒼之前，則容成蓋戰國晚世，楚頃襄前後人。云爲老子師，此老子指詹何，年世亦合。參讀考辨第七十二。後人乃以容成爲上古之君，黃帝之臣，則其書不應列此。

閭丘子十三篇。名快，魏人，在南公前。

世本氏姓篇：「閭丘氏，齊大夫閭丘嬰之後。齊宣王時，有閭丘卬，閭丘光。」今按漢書人表有閭丘卬閭丘光，梁氏引孫侍御曰：「光乃先字之譌，漢人每單稱先生爲先。閭丘先生，齊宣王時人，見說苑善說篇。」按又見新序卷五。未曉此閭丘子名快者，與說苑閭丘先生是一人否。

馮促子十三篇。鄭人。

將鉅子五篇。六國時，先南公，南公稱之。

應劭風俗通姓氏篇：「將具氏，齊太公子將具之後，見國語。漢藝文志：六國時，將具子彰著書五篇。」林寶元和姓纂：「將具彰著子書五篇」，今志作鉅，又脫彰字。

周伯十一篇。齊人，六國時。

按閭丘將具周伯皆齊人，馮促杜文公皆韓人，可見陰陽學在戰國時流傳之地域。

名家

成公生五篇。與黃公等同時。師古曰：「姓成公。劉向云，與李斯子由同時。由爲三川守，成公生游談不仕。」

黃公四篇。名疵，爲秦博士，作歌詩，在秦時歌詩中。

墨家

我子一篇。師古曰：「劉向別錄云，墨子之學。」

元和姓纂引風俗通：「我子，六國時人。」

縱橫家

闞子一篇。

後漢書獻紀注引風俗通：「闞姓也。縱橫家有闞子著書。」

國筮子十七篇。

秦零陵令信一篇。難秦相李斯。

雜家

伍子胥八篇。名員。春秋時爲將，忠直遇讒死。

兵技巧有伍子胥十篇。

子晚子三十五篇。齊人，好議兵，與司馬法相似。

錢大昕曰：「魯繆公臣有子服厲伯，見論衡非韓篇。藝文志有子晚子，晚服字形亦相似。」

按子服厲伯事見韓非難三。又按趙策有服子，當平原君時，似儒者言。疑均與晚子不近。

農家

野老十七篇。六國時，在齊楚間。應劭曰：「老年居田野，相民耕種，故號野老。」

兵權謀家

娷一篇。師古曰：「蓋説兵法者人名也。」

皃良一篇。師古曰：「六國時人也。」

呂覽不二篇：「王廖貴先，皃良貴後。」賈誼過秦論：「吳起孫臏帶佗皃良王廖田忌廉頗趙奢之倫制其兵。」王念孫曰：「易林益之臨云，帶季皃良明知權兵，將師合戰，敵不能當。趙魏以強。帶季蓋卽帶佗，二人爲趙魏將，故云趙魏以強。但未知孰趙孰魏也。」又按宋元君時有皃說，（見考辨第一三〇。）未知與皃良爲一人否？沈欽韓曰：周策有宮佗，或卽帶佗。今按：孔叢子亦有宮佗，其人與周最孔穿同時，蓋當秦昭王之世。若孔叢可信，則宮佗當爲魏將，而皃良則趙將也。又按說苑尊賢：秦穆公用百里子蹇叔子王子廖及由余，據有雍州，攘敗西戎。王廖他無考，豈穆公時之王子廖歟？韓詩外傳九作王繆，韓非十過說苑反質又稱之曰內史廖，乃教穆公遺戎女樂而得由余者。

兵形勢家

魏公子二十一篇。圖十卷，名無忌，有列傳。

王應麟曰：「史記諸侯之客各進兵法，公子皆名之，故世俗稱魏公子兵法。」

景子十三篇。

沈欽韓曰：「楚策，楚王使景陽將救燕。」淮南氾論：「景陽淫酒被髮而御於婦人，威服諸侯。」

兵技巧家

公勝子五篇。

葉德輝曰：「次伍子胥後，疑左傳楚昭王時之白公勝也。」

蒲苴子弋法四篇。

王應麟曰：「列子湯問篇。詹何曰：臣聞先大夫之言蒲且子之弋也，弱弓纖繳，乘風振之，連雙鶬於青雲之際，用心專，動手均也。淮南子曰：蒲苴子連鳥於百仞之上。張茂先詩：蒲盧縈繳，神感飛禽。卽蒲且。」今按：詹何蒲苴似皆出戰國晚年。其言弋，似襲莊子痀瘻丈人承蜩。達生篇。

五行家

羨門式法二十卷。

王應麟曰：「日者傳分策定卦，旋式正棊。周禮太史抱天時，鄭司農云：抱式以知天時。梁元帝洞林序云：羨門五將，韓終六壬。」今按封禪書騶子之徒，論著終始五德之運，而宋毋忌正伯僑充尙羨門子高最後，皆燕人，爲方仙道，形解銷化，依於鬼神之事。索隱：「樂彥引老子道經云：月中仙人宋毋忌，白澤圖云：火之精曰宋毋忌，蓋其人火仙也。」司馬相如云：「正伯僑古仙人。」充尙無所見。羨門高者，秦始皇使盧生求羨門子高是也。漢書郊祀志充尙作元尙。沈濤云：「當作元谷，卽列仙傳之元俗也。谷俗之渻，篆書谷字與尙字相近，訛而爲尙。史記又誤元爲充，遂不可曉。列仙傳言元俗河閒人，亦與燕人相合。」司馬相如大人賦謂：「列仙之傳居山澤閒，形容甚臞，非帝王之仙意。」又曰：「廝征伯僑而役羨門。」張揖曰：「羨門，碣石山上仙人羨門高也。」今據史記，此輩皆在鄒衍後，殆所謂傳騶子之術不能通，而怪迂阿諛苟合之徒自此興。羨門式法亦談天，此傳騶子術而不能通者。盧生諸人當秦始皇時，乃推羨門爲仙人，爲始皇求之，則所謂怪迂阿諛苟合之徒也。推其年世，盧生與羨門蓋相距不甚遠，或可相及。此如蒯通與安期生（列仙傳：安期先生，琅邪阜鄉人。則亦齊人也。）爲友，而武帝時李少君言安期生仙者，通蓬萊中。又謂臣常游於海上，見安期生，食臣棗，大如瓜。其事頗相似。至於韓衆，亦爲始皇求仙，一去不報，後世亦遂以衆爲仙人焉。

雜占家

甘德長柳占夢二十卷。

沈欽韓曰：「卽占星之甘公。隋志雜占夢書一卷。」今按史記天官書：「周室史佚萇弘，於宋子韋，鄭則裨竈，在齊甘公，楚唐眛，趙尹皐，魏石申夫。」集解徐廣曰：「或曰：甘公，名德也，本是魯人。」正義：「七錄云：楚人，戰國時，作天文星占八卷。」蓋魯近於齊而滅於楚，故或傳是齊人，或傳是楚人，或云本魯人矣。漢藝文志序數術云：「六國時楚有甘公，魏有石申夫。」蓋甘石二人名較著，尤在唐眛尹皐上。史記正義引七錄云：

「石中，魏人，戰國時，作天文八卷。」誤斷申字作句。宋志亦稱石申甘德，俱誤。至晁公武讀書志載甘石星經一卷，註曰：「漢甘公石申撰」，其言石申名字亦誤。而云甘石乃漢人，則別有本。據御覽二百三十五引應劭漢官儀曰：「當春秋時，魯梓愼，晉卜偃，宋子韋，鄭裨竈，觀乎天文，以察時變，其言屢中，有備無害。漢興，甘石唐都，司馬父子，抑亦次焉。」是亦以甘石爲漢人也。史記張耳傳：「耳欲之楚，甘公曰：漢王入關，五星聚東井。楚雖強，必屬漢。」集解：「文穎曰：善說星者甘氏。」則甘公固及漢初矣。疑甘石二氏，殆如張蒼，生六國而下逮漢世者。始皇本紀：「三十二年，使韓終侯公石生求僊人不死之藥。」疑此石生或卽石公。漢書天文志：「古曆五星之推，亡逆行者。至甘氏石氏經，以熒惑太白爲有逆行。」沈欽韓曰：「隋志：秦曆始有金火之逆。又甘石並時，自有差異。漢初測候，乃知五星皆有逆行。」則甘石明及秦漢之際。邵康節皇極經世謂：「五星之說，自甘公石公始。」然當甘石時，鄒衍鄒奭談天而推五德之說已盛，人帝之五德，本之列天之五星。甘石之與二鄒，其說相桴鼓。則甘石蓋說五星之精善者，非可謂五星之說，自甘石始也。又天官書謂：「田氏篡齊，三家分晉，並爲戰國，爭於攻取，兵革更起，城邑數屠，因以饑饉，疾疫焦苦，臣主共憂患，其察禨祥，候星氣，尤急。近世十二諸侯，七國相王，言縱橫者繼踵，而皐唐甘石因時務論其書傳。故其占驗淩雜米鹽。」亦序甘石於皐唐後，而述當時占星說行世之背景尤顯。

又按抱朴子辯問：「子韋甘均，占候之聖也。」則甘公乃甘均，非甘德。沈欽韓以占夢之甘德，誤爲卽占星之甘均，恐亦失之。

先秦諸子繫年通表

例言

余草諸子繫年，分考辨通表兩部。考辨詳其立說之根據，通表著其結論之梗概。讀者會合而觀可也。

考辨分四卷，通表亦分四節，與考辨起迄相應。

表式略倣史記十二諸侯年表及六國表之例，而內容頗異。

表首先列周王年次，並注西曆紀元，以便計核。

以下載列國世次，取捨一以與考辨相應爲主。並不照史公十二諸侯及六國之舊。

諸子生卒，各詳於其生卒之國。如孔子生卒列魯表，子路生列魯表，而卒列衛表之類。

諸子出處行事，亦各詳於其所在之國。如孔子至衛列衛表，過宋列宋表之類。

其諸子生卒行事可考者外，並列當時大事，用資推證。惟大體以見於考辨者爲限。其未詳於考辨者，表亦勿列，恐有不可信必也。

表中所列，其一仍舊史無所改定者，僅書某年某事而止。其考辨所及，或與舊史不同，或雖同舊史而重有論訂者，則於書某年某事條下，加一星符（＊），下注數號。讀者按符下數號求之考辨，即知某年某事，爲考辨某篇所討論。如周靈王二十一，魯表孔子生，下注＊（一），周敬王四十一，魯表孔子卒，下注＊（二八），即爲關於孔子生卒之討論，詳考辨第一及考辨第二十八兩篇也。

考辨百六十餘篇，因事命題，因題裁篇，各不相蒙。而通表則先後一貫。今以考辨所詳，依次散注通表某年某事之下。通表爲綱，而考辨爲之目。通表如經，而考辨爲之緯。亦有考辨所論，關涉廣泛，未可確歸某年某事者，亦隨宜附列。如孔子卒年下，列考辨第二十八，第二十九，第三十，三篇。第二十八爲孔子卒年考，二十九爲孔門弟子通考，三十爲孔門傳經辨之類是也。

亦有其人不定在何年，或實無其人。而舊史傳說如此，又考辨已加論訂者，亦隨宜附列。如孔子至衛條下，附見蘧瑗史鰌，此兩人至此存否不可知，詳考辨第十六。吳伐楚入郢條下，附見孫武，其人有無不可知，詳考辨第七之類。

亦有其事不定在何年，則約略書其當在某年某事前，或當在某年某事後，而語則詳考辨。如魯昭公十七年下，書郯子來朝，孔子爲委吏乘田當在前，見考辨第二篇之類。亦有書當在此年或稍前或稍後者，如魯昭公二十年，書琴張從遊孔子在此時，或稍前，語詳考辨第三。又魯哀公十二年，孔鯉卒，孔伋生，當在此時前後，語詳考辨五十八之類。

表中所列，亦有旁採史記各世家列傳，及紀年國策諸書，爲十二諸侯年表及六國表所未詳，又非考辨所專篇討論者，則各於本條下兼注（世家）（列傳）等字樣，用誌來歷，而便根究。其爲人習知者，亦或闕略，以避蕪累。

通表後別附列國世次年數異同表，戰國初中晚三期列國國勢盛衰轉移表，及諸子生卒年世先後一覽表，概括通表大體，用資參覽。各表並另弁例旨，茲不盡及。

通表第一

本表與考辨第一卷相應，起周靈王二十一年孔子生，迄周敬王四十一年孔子卒，凡七十二年。

本表大體依史記十二諸侯年表，而刪其晉秦曹燕四國，僅載魯齊衛宋鄭陳蔡楚吳九國。先後次序，亦有更易。

表中所引時事，其爲十二諸侯年表所不載者，如鄭鑄刑書，晉鑄刑鼎之類，因考辨所及，並以增入，率據左傳，不復一一分注。

本表大體屬諸孔子之一生，及其門弟子事業之一部，乃先秦諸子學術淵源所自也。

周（西曆紀元前）	魯	齊	衛	宋	鄭	陳	蔡	楚	吳
靈王二一（五五二）	襄公二二 *孔子生（一）	莊公三	殤公八	平公二五	簡公一五	哀公一八	景公四一	康王九	諸樊一〇
二二（五五〇）	二三	四	九	二六	一六	一九	四二	一〇	一一
二三（五四九）	四	五	一〇	二七	一七	二〇	四三	一一	一二
二四（五四八）	二五	六 崔杼弑其君立景公	一一	二八	一八	二一	四四	一二	一三 諸樊伐楚傷射以薨
二五（五四七）	二六	景公元	一二 殤公見殺獻公復入	二九	一九	二二	四五	一三	餘祭元
二六（五四六）	二七	二	獻公後元	三〇	二〇	二三	四六	一四	二
二七（五四五）	二八 *顏無繇生（二九）	三	二	三一	二一	二四	四七	一五 康王薨	三
景王元（五四四）	二九	四 季札來見晏嬰	三	三二	二二 季札來見子產	二五	四八	郟敖元	四 守門閽殺餘祭季札使諸侯
二（五四三）	三〇	五	襄公元	三三	二三 子產爲政	二六	四九 太子殺公自立	二	夷末元

三（五四二）	三一 *仲由生（二九）	六	二	三四	二四	二七	靈侯元	三	二
四（五四一）	昭公元	七	三	三五	二五	二八	二	四 令尹圍殺郟敖自立爲靈王	三
五（五四〇）	二	八	四	三六	二六	二九	三	靈王元	四
六（五三九）	三	九 晏嬰使晉見叔向	五	三七	二七	三〇	四	二	五
七（五三八）	四	一〇	六	三八	二八	三一	五	三	六
八（五三七）	五	一一	七	三九	二九	三二	六	四	七
九（五三六）	六 *閔損生（二九）	一二	八	四〇	三〇 *鑄刑書（一一）	三三	七	五	八
一〇（五三五）	七 公如楚孟僖子爲相 *（三）	一三	九	四一	三一	三四	八	六	九
一一（五三四）	八	一四	靈公元	四二	三二	三五 陳亂哀公自殺	九	七 棄疾將兵定陳	一〇
一二（五三三）	九	一五	二	四三	三三	惠公元	一〇	八	一一

周	魯	齊	衛	宋	鄭	陳	蔡	楚	吳
一三（五三二）	一〇 *孔鯉生（二六）	一六	三	四四	三四	二	一一	九	一二
一四（五三一）	一一 孟懿子南宮敬叔生 *（三）	一七	四	元公元	三五	三	一二 楚殺靈侯棄疾爲蔡公	一〇	一三
一五（五三〇）	一二	一八	五	二	三六	四	侯廬元	一一	一四
一六（五二九）	一三	一九	六	三	定公元	五 楚復陳立惠公	二 楚復蔡立侯廬	一二 楚亂靈王自殺棄疾立復陳蔡	一五
一七（五二八）	一四	二〇	七	四	二	六	三	平王元	一六
一八（五二七）	一五	二一	八	五	三	七	四	二	一七
一九（五二六）	一六	二二	九	六	四	八	五	三	王僚元
二〇（五二五）	一七 郯子來朝孔子見焉其爲委吏乘田當在前 *（二） *原憲生（二九）	二三	一〇	七	五	九	六	四	二

二一（五二四）	一八	二四	一一	八	六	一〇	七	五	三
二二（五二三）	一九	二五	一二	九	七	一一	八	六	四
二三（五二二）	二〇 冉雍冉求生 商瞿生（？）*（二九） 琴張從遊孔子在此時或稍前 *（三）	二六 田於沛 *（五）	一三	一〇	八 子產卒 *（二一）	一二	九	七	五 伍員來奔
二四（五二一）	二一 顏回宓不齊生 *（二九）*（二六）	二七	一四 高柴生 *（二九）	一一	九	一三	悼侯元	八	六
二五（五二〇）	二二	二八	一五 端木賜生 *（二九）	一二	一〇	一四	二	九	七
敬王元（五一九）	二三 公西赤生 *（二九）	二九	一六	一三	一一	一五	三	一〇	八
二（五一八）	二四 孟僖子卒囑其二子師事孔子 *（三） 有若生 *（四）*（二九）	三〇	一七	一四	一二	一六	昭侯元	一一	九

周	魯	齊	衛	宋	鄭	陳	蔡	楚	吳
一三（五一七）	二五 三桓氏攻公 公孫於齊 *孔子適齊（五一）	三一	一八	一五	一三	一七	二	一二	一〇
一四（五一六）	二六 公居鄆	三二	一九	景公元	一四	一八	三	一三	一一
一五（五一五）	二七 孔子返魯當在此年或稍前 *（六）	三三	二〇	二	一五	一九	四	昭王元	一二 季札聘上國 公子光殺僚自立
一六（五一四）	二八 公處乾侯	三四	二一	三	一六	二〇	五	二	闔廬元
一七（五一三）	二九 晉鑄刑鼎 *（一一）	三五	二二	四	獻公元	二一	六	三	二
一八（五一二）	三〇 澹臺滅明生 *（二九）	三六	二三	五	二	二二	七	四	三
一九（五一一）	三一	三七	二四	六	三	二三	八	五	四
二〇（五一〇）	三二 公卒乾侯 漆雕開生 *（二九）	三八	二五	七	四	二四	九	六	五

一一（五〇九）	定公元	三九	二六	八	五	二五	一〇	七	六
一二（五〇八）	二	四〇	二七	九	六	二六	一一	八	七
一三（五〇七）	三 ＊魏卜商生（二九）	四一	二八	一〇	七	二七	一二	九	八
一四（五〇六）	四 ＊言偃生（二九）	四二 晏嬰當卒是年稍前＊（五）	二九	一一	八	二八	一三	一〇 昭王亡奔隨	九 與蔡伐楚入郢＊孫武（？）（七）
一五（五〇五）	五 陽虎執季桓子＊（八）＊曾參樊須生（二九）	四三	三〇	一二	九	懷公元	一四	一一 秦救至吳去昭王復入	一〇
一六（五〇四）	六	四四	三一	一三	一〇	二	一五	一二	一一
一七（五〇三）	七 ＊顓孫師生（二九）	四五	三二	一四	一一	三	一六	一三	一二
一八（五〇二）	八 三桓攻陽虎虎奔陽關公山不狃自費召孔子＊（一〇）＊（九）＊顔高卒（一七）	四六	三三	一五	一二	四	一七	一四	一三

周	魯	齊	衛	宋	鄭	陳	蔡	楚	吳
一九（五〇一）	九 陽虎奔齊 孔子仕魯爲中都宰嗣爲司寇＊（一二）	四七	三四	一六	一三 駟歂殺鄧析而用其竹刑＊（一一）	湣公元	一八	一五	一四
二〇（五〇〇）	一〇 公會齊侯夾谷孔子相＊（一三）＊（一四）侯犯以郈叛	四八	三五	一七	聲公元	二	一九	一六	一五
二一（四九九）	一一	四九	三六	一八	二	三	二〇	一七	一六
二二（四九八）	一二 孔子見信於季孫仲由爲季氏宰墮郈墮費將墮成弗克＊（一三）	五〇 歸魯女樂＊（一五）	三七	一九	三	四	二一	一八	一七
二三（四九七）	一三 孔子去魯適衛＊（一五） 晉亂范氏中行氏與趙氏相攻＊（一七）	五一	三八 孔子來＊（一五） 蘧瑗（？） 史鰌（？）＊（一六）	二〇	四	五	二二	一九	一八

二四(四九六)	二五(四九五)	二六(四九四)	二七(四九三)	二八(四九二)	二九(四九一)	三〇(四九〇)
一四	一五 邾隱公來朝 *子貢觀焉(二九)	哀公元	二	三 桓僖廟災	四	五 齊公子陽生來奔
五二	五三	五四	五五	五六	五七	五八 景公薨
三九 衛侯逐公叔戌 *孔子過蒲(一七)	四〇	四一	四二 靈公薨晉納蒯聵於戚 *孔子去衛(一九) *(二〇)	出公元	二	三
二二	二二	二三	二四	二五 *孔子過宋(二一)	二六	二七
五	六	七	八	九	一〇	一一
六	七	八 吳來侵	九	一〇 *孔子至陳(一九)	一一	一二
二三	二四	二五	二六 遷於州來	二七	二八	成公元
二〇	二一	二二 伐蔡	二三	二四	二五 葉公諸梁致蔡於負函	二六
一九 越允常卒句踐元 *(六) 伐越闔廬傷指死	夫差元	二 伐越遂入越句踐棲會稽 *(一八)	三	四	五	六 *遣句踐歸(一八)

周	魯	齊	衛	宋	鄭	陳	蔡	楚	吳
三一（四八九）	六 陽生返齊宰我從 *（二七）	晏孺子元 田乞殺晏孺子立陽生	四 孔子自楚反衛 *（二四）	二八	一二	一三 吳伐陳孔子去陳 *（二二）	二	二七 救陳王卒於城父 孔子來負函就葉公 *（二二）*（二三）	七 伐陳
三二（四八八）	七 會吳於繒子貢時仕魯 *（二九）	悼公元	五	二九	一三	一四	三	惠王元	八 與魯會繒
三三（四八七）	八 吳來伐有若與於師 *（二九）	二	六	三〇	一四	一五	四	二	九 伐魯
三四（四八六）	九	三	七	三一	一五	一六	五	三	一〇
三五（四八五）	一〇	四 悼公被弒	八	三二	一六	一七	六	四	一一 與魯伐齊
三六（四八四）	一一 冉有爲季氏宰帥師與齊戰於郊召孔子 *（二五）	簡公元 伐魯	九 孔子去衛反魯 *（二五）	三三	一七	一八	七	五	一二 與魯敗齊艾陵

三七（四八三）	三八（四八二）	三九（四八一）	四〇（四八〇）	四一（四七九）
一二 孔鯉卒 孔伋生當在此時前後 *（二六） *與吳會槖皐（五八） 子貢拒吳尋盟 *（二九）	一三 與吳晉會黃池	一四 西狩獲麟 顏回卒 *（二六） 小邾射來奔	一五 子服景伯使齊 子貢爲介 齊歸成 *（二九）	一六 孔子卒 *（二八） *（二九） *（三〇）
二	三	四 田常弑簡公 宰我死之 *（二七）	平公元	二
一〇	一一	一二	莊公元 仲由死 高柴去之魯 *（二九）	二
三四	三五	三六	三七	三八
一八	一九	二〇	二一	二二
一九	二〇	二一	二二	二三
八	九	一〇	一一	一二
六	七	八	九	一〇 白公勝作亂 葉公入楚 白公自殺
一三	一四 與晉會黃池	一五	一六	一七

通表第二

本表與考辨第二卷相應，起周敬王四十二年，約當墨子生歲，下迄周烈王五年，爲魏武侯之卒歲，凡一百零八年。

本表大體依據史記六國表，删其秦燕兩國，增魯宋晉越四國，而鄭事則附列韓表。本表所及，在史記最爲疏略，又復多誤。本表改訂增列，用力已勤，然仍荒闊，未臻詳備。史料既佚，無可如何矣。其與諸子無關涉者，表俱弗及。然依本表大體，自可推尋得之也。

表中詳墨子一生及其弟子，孔子弟子之晚出一輩，如子夏曾子，及其後輩如子思曾西申詳田子方段干木李克吳起之徒。墨起與儒相抗，而儒術流衍爲兵農（非九流農家）刑法諸家，皆在此期。時事之大者，爲越霸諸夏，三家分晉，田氏篡齊，及魏文魯繆禮賢。春秋變而爲戰國，世襲之封建漸壞，游仕漸興，乃先秦諸子學術之醞釀期也。

周（西曆紀元前）	魯	齊	宋	晉	魏	趙	韓鄭	楚	越
敬王 四二（四七八）	哀公 一七 墨翟生於此時前後 *（三一）*（三二）	平公 三	景公 三九	定公 三四			鄭聲公（二三）	惠王 一一 滅陳 公孫寬爲司馬	句踐 一九
四三（四七七）	一八	四	四〇	三五			（二四）	一二	二〇
四四（四七六）	一九	五	四一	三六			（二五）	一三	二一
元王 元（四七五）	二〇	六	四二	三七	田子方當生此時前後 *（四〇）	簡子卒 襄子立滅代 *（三三）	（二六）	一四	二二 圍吳 *（一八）
二（四七四）	二一 越人始來	七	四三	出公 元		襄子 元	（二七）	一五	二三
三（四七三）	二二	八	四四	二		二	（二八）	一六	二四 滅吳 *（一八） 范蠡 *（三四）
四（四七二）	二三	九 夫人卒季康子使冉有來弔	四五	三		三	（二九）	一七	二五

五（四七一）	公如越二四	一〇	四六	四		四	（三〇）	一八	二六
六（四七〇）	公至自越二五	一一	衞出公來奔四七	五		五	（三一）	一九	二七
七（四六九）	二六叔孫舒會越納衞侯不克＊子貢時仕衞（二九）	與鄭伐衞（紀年）一二	四八	荀瑤城宅陽六		六	與齊伐衞（紀年）（三二）	二〇	二八
貞定王元（四六八）	二七季康子卒公如越歸卒＊（三五）＊（一八）＊曾子居武城（三五）	一三	昭公元（四五）＊	七		七	（三三）	二一	二九使后庸聘魯徙都琅琊＊（三五）＊（一八）
二（四六七）	悼公元	一四	二	八		八	（三四）	二二	三〇
三（四六六）	二	一五	三	九		九	（三五）	二三	三一
四（四六五）	三	一六	四	一〇		一〇	（三六）	二四	三二句踐卒＊（一八）＊（四九）衞悼公卒於越

周	魯	齊	宋	晉	魏	趙	韓鄭	楚	越
五（四六四）	四	一七	五	一一		一一	（三七）	二五	鹿郢元
六（四六三）	五	一八	六	一二		一二	（三八）	二六	二
七（四六二）	六	一九	七	一三 荀瑤城高梁		一三	鄭哀公（元）	二七	三
八（四六一）	七	二〇	八	一四		一四	（二）	二八	四
九（四六〇）	八	二一	九	一五		一五	（三）	二九	五
一〇（四五九）	九	二二	一〇	一六 荀瑤伐中山		一六	（四）	三〇	六 *鹿郢卒（四九）
一一（四五八）	一〇	二三	一一	一七 知伯與趙韓魏盡分范中行故地*（三六）		一七	（五）	三一	不壽元
一二（四五七）	一一	二四	一二	一八		一八	（六）	三二	二
一三（四五六）	一二	二五	一三	一九 韓龍取盧氏城（紀年）		一九	（七）	三三	三

一四（四五五）	一三	宣公元	一四	二〇 智伯率韓魏之師攻趙	桓子	二〇 襄子奔晉陽	康子（八）＊鄭人弒其君（六一）	三四	四
一五（四五四）	一四	二	一五	二一 ＊燕成侯元年（四三）		二一 智伯圍晉陽	鄭共公（元）	三五	五
一六（四五三）	一五	三	一六	二二		二二 與韓魏共殺知伯盡幷其地＊（三六）	（二）	三六	六
一七（四五二）	一六	四	一七	二三 出公奔楚＊（三六）		二三	（三）	三七	七
一八（四五一）	一七	五	一八	敬公元＊（三六）		二四	（四）	三八	八
一九（四五〇）	一八	六	一九	二		二五	（五）	三九	九
二〇（四四九）	一九	七	二〇	三		二六	（六）	四〇	一〇 不壽見殺＊（四九）
二一（四四八）	二〇	八	二一	四		二七	（七）	四一	朱勾元
二二（四四七）	二一 ＊顓孫師卒（二九）	九	二二	五		二八	（八）	四二 滅蔡	二

周	魯	齊	宋	晉	魏	趙	韓（鄭）	楚	越
二三（四四六）	二二	一〇	二三	六	文侯元 *子夏居西河（三七） *田子方（三八） *段干木（三九） *魏成子（四〇）	二九	（九）	四三	三
二四（四四五）	二三	一一	二四	七	二	三〇	（一〇）	四四 滅杞東廣地至泗上公輸般遊楚當在此時稍前 *（四一）	四
二五（四四四）	二四	一二	二五	八	三	三一	（一一）	四五 墨子止楚攻宋當在此時或稍後 *（四二） 禽滑釐 *（四三） *（六三）	五
二六（四四三）	二五 言偃卒 *（二九）	一三	二六	九	四	三二	（一二）	四六	六

二七（四四二）	二八（四四一）	考王元（四四〇）	二（四三九）	三（四三八）	四（四三七）	五（四三六）
二六	二七	二八	二九	三〇	三一	元公元 *（四七） 曾參卒 *（四八） 樂正子春 *（四八） *（六五）
一四	一五	一六	一七	一八	一九	二〇
二七	二八	二九	三〇	三一 墨子仕宋見囚當在此時稍後 *（四四）	三二	三三
一〇	一一	一二	一三 燕成公卒 *（四三）	一四 燕文公元	一五	一六
五	六	七 *始封鄴（四六）	八	九	一〇	一一
三三	三四	三五	三六	三七	三八	三九
（一三）	（一四）	（一五）	（一六）	（一七）	（一八）	（一九）
四七	四八	四九	五〇 墨子獻書惠王不遇去楚至晚不出此 *年（四二）	五一	五二	五三
七	八	九	一〇	一一	一二	一三

周	魯	齊	宋	晉	魏	趙	韓鄭	楚	越
六（四三五）	二	二一	三四	一七	一二	四〇	（二〇）	五四	一四
七（四三四）	三	二二	三五	一八 *敬公卒（三六）	一三	四一	（二一）	五五	一五
八（四三三）	四	二三	三六	幽公元	一四	四二	（二二）	五六 遷都還郢（？）*（四二）	一六
九（四三二）	五	二四	三七	二	一五	四三	（二三）	五七	一七
一〇（四三一）	六	二五	三八	三	一六	四四	（二四）	簡王元 滅莒	一八
一一（四三〇）	七	二六	三九	四	一七	四五	（二五）	二	一九
一二（四二九）	八	二七	四〇	五	一八	四六	（二六）	三	二〇
一三（四二八）	九	二八	四一	六	一九	四七	（二七）	四	二一
一四（四二七）	一〇	二九	四二	七	二〇	四八	（二八）	五	二二

一五(四二六)	一一	三〇	四三	八	二一	四九	(二九)	六	二三
威烈王元(四二五)	一二	三一	四四	九	二二 *始稱侯(四三) *子夏年八十四(?)(三八)	五〇 *襄子卒(五五)	(三〇)	七	二四
二(四二四)	一三	三二	四五	一〇	更元年(二三) *(四三)	桓子元	武子元(?)(三一)	八	二五
三(四二三)	一四	三三	四六	一一	二(二四)	獻子元	二(鄭幽公元年)韓殺之	九	二六
四(四二二)	一五	三四	四七 *昭公卒(四五)	一二	三(二五) *子擊生(四六)	二	三(鄭繻公元)	一〇	二七
五(四二一)	一六	三五	悼公元	一三	四(二六)	三	四	一一	二八
六(四二〇)	一七	三六	二	一四	五(二七)	四	五	一二	二九
七(四一九)	一八	三七	三	一五	六(二八)	五	六	一三	三〇
八(四一八)	一九	三八	四	一六	七(二九)	六	七	一四	三一

周	魯	齊	宋	晉	魏	趙	韓鄭	楚	越
九（四一七）	二〇	三九	五	一七	八（三〇）	七	八	一五	三二
一〇（四一六）	二一	四〇	六	一八 幽公卒 烈公元 *（三六）	九（三一）誅晉亂立烈公 *（三六）	八 城泫氏 *（一三四）	九 都平陽	一六	三三
一一（四一五）	繆公元 *（四七）曾申公儀休泄柳申詳 *（四八）子思墨子皆在魯 *（四八）	四一	七	二	一〇（三二）	九 城平邑 *（一三四）	一〇	一七	三四 滅滕 *（四九）
一二（四一四）周威公始立爲西周君 *（五五）甯越 *（五五）	二	四二	八	三 燕簡公元 *（四三）*（一三四）	一一（三三）	一〇	一一	一八 伐晉南鄙至於上洛（紀年）	三五 滅郯 *（四九）

一三（四一三）	三	四三 伐晉毀黃城圍陽狐	九	四	一二（三四）敗秦鄭下李 *克（四〇）	一一	一二	一九	三六
一四（四一二）	四 吳起仕魯當在其時 *（五〇）	四四 伐魯莒及安陽	一〇	五	一三（三五）	一二	一三	二〇	三七 朱勾卒 *（二三四） *（五一）
一五（四一一）	五	四五 伐魯取一城 田莊子卒 悼子立 *（五一） *（五二）	一一	六	一四（三六）	一三	一四	二一	翳元
一六（四一〇）	六	四六	一二	七	一五（三七）	一四	一五	二二	二
一七（四〇九）	七	四七	一三	八	一六（三八）伐秦至鄭還 築洛陰郃陽 *吳起爲魏將（五三）	一五	一六	二三	三
一八（四〇八）太史屠黍由晉歸周在此前後 *（五四）	八	四八 取魯郕 *（四八）	一四	九	一七（三九）伐中山 *（五四） *樂羊爲將（四〇）	烈侯元	景侯元 伐鄭取雍丘 鄭城京	二四	四
一九（四〇七）	九	四九 伐衞取毋丘	一五	一〇	一八（四〇）	二	二 鄭敗韓負黍	聲王元	五

周	魯	齊	宋	晉	魏	趙	韓鄭	楚	越
二〇(四〇六)秦簡公卒(?)(紀年)	一〇	五〇田悼子卒公孫會以廩丘叛於趙 *(五六)	一六	一二	一九(四一)滅中山 *(五四)使子擊守之 *(四六)屈侯鮒爲傅李克守中山吳起守西河皆在此後西門豹守鄴或稍前 *(四〇)與趙韓師救廩邱敗齊 *(五六)	三	三	二	六
二一(四〇五)秦敬公元(?)(紀年)	一一	五一宣公卒田和始立 *(五六)墨子遊齊當在此時稍後 *(五七)	一七	一三	二〇(四二)與韓趙伐齊入長城 *(五七)翟璜 *(四〇)	四	四	三	七
二二(四〇四)	一二	康公元	一八悼公卒 *(六九)	一三	二一(四三)	五	五	四	八
二三(四〇三)三晉命邑爲諸侯 *(四三)	一三	二	休公元	一四	二二(四四)見中山使者趙倉唐 *(四六)	六始稱侯 *(四三)	六	五	九

二四(四〇二)	安王元(四〇一)	二(四〇〇)	三(三九九)	四(三九八)	五(三九七)	六(三九六)
一四 子思卒至晚在是年*(五八)	一五	一六	一七	一八	一九	二〇
三	四	五 *田午生(六六)	六	七	八	九
二	三	四	五	六	七	八
一五	一六	一七	一八	一九	二〇	二一
二三(四五)召子擊以中山封少子摯是爲中山武公 *(四三) *(五四) *(一四六) *(四六)	二四(四六)	二五(四七)	二六(四八)	二七(四九)	二八(五〇)文侯卒 *(六〇)	武侯元 *(六〇)
更元年(七) *(四三) 公仲連牛畜荀欣徐越 *(四〇)	二(八)	三(九)	四(一〇)中山武公初立 *(四三) *(五四)	五(一一)	六(一二)	七(一三)
七	八 鄭申不害常生於此時前後 *(七七)	九	烈侯元	二 鄭殺其相駟子陽 *列禦寇(五九)	三 聶政刺殺韓相俠累 *(七一)	四 鄭子陽之徒弒其君繻公
盜殺聲王 六	悼王元	三晉來伐 二	三	四 伐鄭	五	六
一〇	一一	一二	一三	一四	一五	一六

周	魯	齊	宋	晉	魏	趙	韓 鄭	楚	越
七（三九五）	二一	一〇	九	二二	二	八（一四）	五 鄭康公元	七	一七
八（三九四） 秦敬公卒（？）（紀年）	二二	一一 伐魯取最	一〇	二三	三	九（一五）	六 鄭負黍反韓	八	一八
九（三九三） 秦惠公元（？）（紀年）	二三	一二	一一	二四	四	一〇（一六）	七	九 伐韓取負黍 墨子與魯陽文君論伐鄭 *（六一）	一九
一〇（三九二）	二四	一三	一二	二五	五	一一（一七）	八	一〇 墨子卒當在此時前後 *（三一） *（六一） *（六二）	二〇
一一（三九一）	二五	一四 田和遷康公於海上 *（六七）	一三	二六	六	一二（一八）	九	一一 三晉敗楚	二一
一二（三九〇）	二六 敗齊平陸	一五	一四	二七 烈公卒 *（三六）	七 衞鞅當生於此時前後 *（七三）	一三（一九）	一〇	一二	二二

一三(三八九)	二七 孟子當生於此時稍後 *(六三)	一六	一五	桓侯元 *(三六)	八	一四(二〇)	一一	一三	二三
一四(三八八)	二八	一七	一六	二	九 伐齊至靈邱 *吳起將(六〇)	一五(二一)	一二	一四	二四
一五(三八七)	二九	一八 田和會魏侯於濁澤 *(六四)	一七	三	一〇	一六(二二)	一三	一五	二五
一六(三八六)	三〇	一九 田和立爲侯 *(六四) 南郭子綦 *(五九)	一八	四	一一 城洛陰及安邑王垣 *(四六) 襲邯鄲不勝 *(四三)	敬侯元 始都邯鄲 *(七八) 公子朔爲亂奔魏不勝 *(四三)	始稱侯更元年(一四) *(四三)	一六	二六
一七(三八五)	三一	二〇 田和卒 *(六四)	一九	五	一二	二	二(一五) 伐宋到彭城執其君 *(九九)	一七	二七
一八(三八四)	三二	二一 田剡立 *(六五) 鄒忌淳于髡當生此時前後 *(八四) *(一一八)	二〇	六	一三 吳起奔楚當在此時前後 *(六六)	三	三(一六)	一八 吳起自魏來奔	二八

周	魯	齊	宋	晉	魏	趙	韓鄭	楚	越
一九（三八三）	三三 繆公卒 *（四七）	二二	二	七	一四	四	四（一七）	一九	二九
二〇（三八二）	共公元	二三	三	八	一五	五	五（一八）	二〇	三〇
二一（三八一）	二	二四	二三 休公卒	九	一六	六	六（一九）	二一 悼王卒 楚人殺吳起 *（六六） *（六七） 孟勝 田襄子 *（六八）	三一
二二（三八〇）	三	二五	桓侯元 *（六九）	一〇	一七	七	七（二〇）	肅王元 沈尹華生當在此稍後 *（八九）	三二
二三（三七九）	四	二六 康公卒	二	一一	一八	八	八（二一）	二	三三 遷於吳 *（一一八）
二四（三七八）	五		三	一二	一九	九	九（二二）	三	三四

二五（三七七）	六		四	一三	二〇	一〇	一〇（二三）	四	三五
二六（三七六）	七	田午弑君剡自立*（七〇）	五	一四	二一	一一	哀侯元 滅鄭哀侯入於鄭*（七一）	五	三六 太子諸咎弑君翳粤殺諸咎吳人立孚錯枝爲君
烈王元（三七五）	八	桓公元	六	一五 韓哀侯於鄭邑*（七一）	二二	一二	二 韓山堅弑其君哀侯懿侯立*（七一）	六	無余之元
二（三七四） 太史儋入秦見獻公（?）*（七二）	九	二	七	一六	二三	成侯元	懿侯元	七	二
三（三七三）	一〇	三	八	一七	二四	二	二	八	三
四（三七二）	一一	四	九	一八	二五	三	三	九	四
五（三七一）	一二	五	一〇	一九	二六 伐楚取魯陽武侯卒	四	四	一〇	五

通表第三

本表與考辨第三卷相應，起周烈王六年，梁惠王元，下迄周赧王十四年，齊宣王卒，凡七十年。

本表大體依史記六國表，删燕國，附於齊。增宋。增越，附於楚。

本表在史記爲已詳，表中凡有增列改訂，除注見考辨某篇外，亦有旁採史記各世家列傳及紀年諸書者逐條注明其出處。至其在考辨中或詳或否，不一一再注，以期簡淨。

表中所詳，自商鞅申不害，下及惠施莊周孟軻宋鈃許行陳仲，爲先秦學術漫爛壯盛之期。時事之大者，爲秦孝公變法，梁惠王齊威王相王，遂及秦宋，而至五國相王。諸侯莫不稱王，而周室爲贅旒。齊與稷下，游仕奮起，蓋戰國之主要期也。

周（西曆紀元前）	秦	魏	韓	趙	楚 越	齊 燕	宋
烈王六（三七〇）	獻公一五	惠王元 封公子緩 韓趙伐我葵 敗鄴師邯鄲師于平陽 ＊（四六）	懿侯五 與趙遷晉桓公於屯留 ＊（三六）	成侯五 魏伐我圍濁陽（紀年）	肅王一一	桓公六 燕簡公卒 ＊（一三四） 趙伐我取鄄	桓侯一一
七（三六九）	一六	二 王錯出奔韓 ＊（六六） 敗韓馬陵 ＊（一三四）	六	六 中山築長城（世家）	宣王元	七 燕孝公（？）元 後未詳 田壽伐魏觀觀降（紀年）	一二
顯王元（三六八）	一七 秦子向命爲藍君（紀年）	三	七 城邢邱（紀年）	七	二	八	一三 惠施生此時稍前 ＊（一二五） 莊周生此時稍後 ＊（八八）
二（三六七）	一八	四	八	八 與韓分周以爲兩（世家）	三	九	一四
三（三六六）	一九	五 公子景賈將伐鄭韓明戰于陽魏敗（紀年）	九	九	四	一〇	一五

（三六五）四	二〇	六	一〇	一〇	五	一一 弒其君母＊（七〇）	一六
（三六四）五	二一 與魏戰石門斬首六萬天子賀（？）（六國表）＊（八三）	七 公子緩如邯鄲＊（四六）	一一	一一	六 越無余之十二年寺區弟思弒其君莽安次無顓立＊（一三四）	一二	一七
（三六三）六	二二	八 伐趙取列人取肥（紀年）	一二	一二	七 越無顓元	一三	一八
（三六二）七	二三 與魏戰少梁虜魏將公孫痤	九 四月甲寅徙都大梁＊（四六）與趙檢次陽邑會鄭釐侯于巫沙＊（四六）	昭侯元＊（七一）	一三 魏公叔痤敗我與韓于澮取皮牢 與韓昭侯遇上黨（世家）	八	一四	一九
（三六一）八	孝公元 衞公孫鞅自魏入秦＊（七三）	一〇	二	一四	九	一五	二〇 宋牼當生此時前後＊（一二三）
（三六〇）九 東周惠公傑薨（紀年）	二	一一 鄭來致地平邱戶牖首垣諸邑及鄭馳道我取軹道與鄭鹿（紀年）	三	一五	一〇	一六	二一

周	秦	魏	韓	趙	楚 越	齊 燕	宋
一〇（三五九）	三 用衛鞅定變法之令 甘龍 杜摯 *（七三）	一二 使龍賈築長城于西邊（紀年）	四 取屯留尚子涅 *（三六）	一六 與韓分晉遷晉君於端氏 *（三六）	一一 伐魏決白馬以水長垣之外 *（紀年）	一七	二二
一一（三五八）	四	一三 與鄭釐侯盟巫沙以釋宅陽之圍歸釐于鄭（紀年）	五	一七	一二	一八 桓公卒威王立 *（七〇） *（七四） 匡章當生此時或稍前 *（九四） 鄒忌見威王 *（八四） *（七四）	二三
一二（三五七）	五	一四 魯共侯宋桓侯衛成侯鄭釐侯來朝 *（一五四） *（七八） *（六九）	六	一八	一三	威王元 齊立稷下宮招致遊士當在此時前後 *（七五） *（七六） 淳于髡遊稷下 *（一一八）	二四
一三（三五六）	六 衛鞅拜右庶長	一五	七 築長城自亥谷以南（紀年）	一九 與燕會阿	一四 越無顓薨 *（一三四）	二	二五

一四（三五五）	七 公子壯帥師伐鄭圍焦城不克（紀年）＊與魏會杜平（八三）	一六	八 申不害相＊（七七）	二〇 伐衛取漆富丘城之＊（七八）	一五 越無疆元	三 及燕師戰于泃水齊師遁（紀年）	二六
一五（三五四）	八 與魏戰元里取少梁	一七 伐趙圍邯鄲＊（七八）季梁＊（七九）楊朱＊（八〇）＊（八一）	九 朝魏于中陽東周與鄭高都利（紀年）＊（七七）	二一	一六	四 田期伐魏東鄙戰於桂陽魏敗＊（七八）	二七 宋景敾衛公孫倉會齊師圍魏襄陵＊（七八）
一六（三五三）	九	一八 以韓師敗諸侯師于襄陵齊侯使楚景舍來求成＊（七七）＊（七八）拔邯鄲＊（七八）	一〇	二二	一七	五 敗魏桂陵＊（七八）	二八
一七（三五二）	一〇 衛鞅爲大良造伐魏安邑降之＊（四六）	一九 皆取泫武濩澤＊（三六）	一一	二三	一八	六	二九
一八（三五一）	一一 衛鞅圍魏固陽降之	二〇 歸趙邯鄲與盟漳水上＊（七八）	一二	二四 慎到當生此時前後＊（一三七）	一九	七 築防以爲長城＊（一二八）田駢當生此時前後＊（一三九）	三〇

周	秦	魏	韓	趙	楚越	齊燕	宋
一九（三五〇）	一二 自雍徙都咸陽	二一	一三	二五	二〇	八	三一
二〇（三四九）	一三	二二	一四 韓姬弒晉君＊（三六）	肅侯元 奪晉君端氏徙處屯留＊（三六）	二一	九	三二
二一（三四八）	一四	二三	一五 昭侯如秦	二	二二	一〇 陳仲當生此時前後＊（一五〇）	三三
二二（三四七）	一五	二四	一六	三	二三	一一	三四
二三（三四六）	一六 太子犯法衛鞅刑其傅公子虔＊（七三）	二五	一七	四	二四 楚伐徐州＊（一一八）	一二	三五
二四（三四五）	一七	二六 敗韓馬陵（紀年）	一八	五	二五	一三	三六
二五（三四四）	一八 公子少官帥師會諸侯于逢澤＊（八三）	二七 白圭封於澮＊（？）（八二） 會諸侯于逢澤＊（八三）	一九	六	二六	一四 田肦伐梁＊（八四）	三七

二六（三四三）杜赫＊（五五）＊（八五）＊（一六三）	二七（三四二）	二八（三四一）	二九（三四〇）
一九	二〇 衛鞅伐魏虜公子卬（鞅傳）	二一 封衛鞅於商十五邑號曰商君＊（七三）	二二
二八 穰疵率師及鄭孔夜戰于梁赫鄭師敗＊（八四）惠施遊梁在此稍後＊（九三）	二九 五月齊田肦伐我東鄙九月秦衛鞅伐我西鄙十月邯鄲伐我北鄙王攻衛鞅敗績＊（八四）中山君爲相＊（五四）＊（一四六）	三〇 城濟陽（紀年）	三一 下邳遷於薛改名徐州＊（一一〇）
二〇	二一	二二	二三
七	八	九	一〇
二七 屈原生＊（八七）	二八	二九	三〇
一五 敗梁馬陵＊（八四）＊（八六）田忌以與鄒忌相惡奔楚孫臏從＊（八五）	一六 田肦及宋人伐魏東鄙圍平陽（紀年）	一七	一八
三八	三九	四〇	四一 剔成廢君自立稱元年＊（六九） 剔成元

周	秦	魏	韓	趙	楚 越	齊 燕	宋
三〇（三三九）	二三	三二 與秦戰岸門	二四	一一 荀卿當生此時稍前 *（一〇三）	威王元 *鐸椒（六七） *莊周（八八） *沈尹華（八九）	一九	二
三一（三三八）	二四 孝公卒商君死尸佼逃蜀 *（九〇）	三三	二五	一二	二	二〇	三 剔成卒弟偃嗣立 *（六九） *（九二）
三二（三三七）	惠文王元	三四	二六 申不害卒 *（七一） *（七七）	一三	三	二一	君偃元
三三（三三六）	二	三五	二七	一四	四	二二	二
三四（三三五）	三 拔韓宜陽 *（九四）	三六	二八	一五	五	二三 匡章敗秦或在此年 *（九四） 孟子遊齊與匡章遊當在此稍前 *（九四） *（九八）	三

三五(三三四)	四	後元 與齊會徐州相王 *(九二) *惠施用事於魏(九三)	二九 作高門 *(九四)	一六	六	二四 燕文公二十八年 *蘇秦至燕(?)(九五)	四
三六(三三三)	五 公孫衍爲大良造	二	三〇	一七	七 伐齊敗之圍徐州 *(九六)	二五 燕文侯卒齊伐燕取十城 *(九七)	五
三七(三三二)	六	三	宣惠王元	一八	八	二六 燕易王元 與魏伐趙	六
三八(三三一)	七	四	二	一九	九	二七	七
三九(三三〇) 東周昭文君資張儀入秦 *(一〇七)	八 魏獻河西地 張儀初入秦應在此年或稍前 *(一〇七)	五	三	二〇	一〇	二八	八
四〇(三二九)	九 渡河取魏汾陰皮氏與魏會應	六	四	二一	一一	二九	九
四一(三二八)	一〇 張儀相魏納上郡	七	五	二二	懷王元	三〇	一〇 始稱王 *(九九)
四二(三二七)	一一	八	六	二三 韓舉與齊戰死於桑邱 *(一〇二)	二	三一	一一 太丘社亡周鼎淪泗水下(?) *(九九)

周	秦	魏	韓	趙	楚 越	齊 燕	宋
四三 (三二六)	一二	九	七 與趙圍襄陵 *(一〇二)	二四	三	三二	一二
四四 (三二五)	一三 四月始稱王 *(一〇〇)	一〇	八 五月會梁王於巫沙始稱王 *(一〇一) 十月朝梁 *(一〇二)	武靈王元	四	三三 荀卿來遊學當在此時稍前 *(一〇三)	一三
四五 (三二四)	後元	一一 與齊韓會平阿 *(一〇四)	九	二	五	三四	一四 孟子遊宋當在此時或稍前 *(九八) *(一一〇)
四六 (三二三)	二 張儀會齊楚魏之大臣於齧桑	一二 犀首約魏趙韓燕中山五國相王 *(一〇五) 會齊威王於鄄 *(一〇四)	一〇	三	六 敗魏襄陵	三五 燕易王十年始稱王 *(一〇五) 孟子自宋過薛 *(一一〇) 孟子歸魯之滕 *(一一一) *(一一二)	一五
四七 (三二二)	三 韓魏太子來朝(本紀)伐魏曲沃平周取之	一三 惠施去張儀相 *(一〇七)	一一	四	七 惠施自魏來 *(一〇七) 魯平公元 *(一〇六) *(一一二)	三六 四月封田嬰於薛十月城薛 *(一〇九)	一六 楚納惠施 *(一〇八)

四八（三二一）	四 田鳩腹䵍唐姑果謝子＊（一一四）	一四 薛子嬰來朝（紀年）	一二	五	八	三七 孟子在滕 許行遊滕當在此時＊（一一三） 蘇秦死或在此年＊（九五）	一七
慎靚王元（三二〇）	五	一五 孟子遊梁＊（一一五） 中山公子牟當生此時或稍前＊（一四六）	一三	六	九	三八 威王卒＊（七四） 燕王噲元（？） 蘇厲侍燕質子在齊 蘇代在燕＊（九五） 荀子遊燕當在此時稍後＊（一〇三）	一八
二（三一九）	六	一六 惠成王卒＊（一一五） 惠施返魏張儀去＊（一一六）	一四	七 公孫龍生當在此時或稍後＊（一四一）	一〇	宣王元 孟子自魏來＊（一一七） 鄒忌卒＊（八五） 稷下學士復盛 淳于髡 田駢 環淵 王斗 尹文＊（七五） 蘇代自燕使齊當在此前後＊（九五）	一九

周	秦	魏	韓	趙	楚	齊 燕	宋
三（三一八）	七 五國約擊秦不勝而還 *（九五）	襄哀王元 *（一一九） 惠施使楚 *（一一六） 孟嘗君初相魏當在此年或稍後 *（一二五）	一五	八	一一	二 田忌復歸孫臏卒在前 *（八五） 蘇代自齊使燕當在此年或明年 *（九五）	二〇 滕文公卒在是年或稍後 *（一三五）
四（三一七）	八 敗趙公子渴韓太子奐斬首八萬張儀復相義渠襲敗我於李帛 *（九五）	二 齊敗我觀澤 *（九五）	一六 秦敗我脩魚虜將申差 *（九五）	九 與韓魏共擊秦齊敗我觀澤 *（九五）	一二	三 與宋敗魏趙於觀澤 *（九五）	二一
五（三一六）	九	三	一七	一〇	一三	四 燕王噲五年（？）讓國於相子之	二二
六（三一五）	一〇	四	一八	一一	一四 屈原爲左徒當在此時或稍前 *（一二一）	五 多伐燕 *（一二〇） 匡章爲將 *（九四）	二三

赧王元（三一四）	一一 敗韓師於岸門	五 惠施使趙 *（一一六）	一九	一二 立燕公子職 *（一二〇）	一五	六 齊取燕燕君噲及太子相子之皆死 *（一二〇） 蘇代厲皆留齊 *（九五）	二四
二（三一三）	一二	六	二〇	一三	一六 屈原見疏作離騷當在此時或稍前 *（一二一） 張儀來	七	二五
三（三一二）	一三 敗楚屈丐取漢中	七 秦王來見于蒲阪關（紀年）四月越王使來獻乘舟（紀年）擊齊於濮贅子章子走 *（九四）	二一 與秦共攻楚韓明率師伐襄丘（紀年）	一四	一七 景翠圍韓雍氏（紀年）	八 孟子去當在此時或稍後 *（一二二） 王殺其王后（紀年） 蘇代在齊見陳軫 *（九五）	二六 孟軻宋鈃遇於石邱當在此年或稍前 *（一二二） *（一二三）
四（三一一）	一四	八	襄王元	一五	一八 張儀復來 *（一二六） 屈原使齊返	九	二七
五（三一〇）	武王元	九 相田需死惠施卒當在此時稍前 *（一二五） 五月張儀卒 *（一二六）	二	一六 納孟姚生子何	一九 蘇厲在楚北見梁王 *（九五） 庶章率師會魏於襄丘（紀年）	一〇	二八

周	秦	魏	韓	趙	楚	齊	宋
六（三〇九）	二 初置丞相樗里疾甘茂爲丞相	一〇 河水溢酸棗郛（紀年）	三	一七	二〇	一一	二九
七（三〇八）	三 伐韓宜陽（本紀）	一一	四	一八	二一	一二	三〇
八（三〇七）	四 拔宜陽涉河城武遂王卒於周 *（九九）	一二 秦擊皮氏（紀年世家）	五	一九 初胡服 *（八二）	二二 屈原居漢北爲三閭大夫當在此時或稍前 *（一二七）	一三 魯仲連當生此時或稍後 *（一五五）	三一
九（三〇六）	昭襄王元 甘茂奔齊遇蘇代 *（九五） *（一二八）	一三 城皮氏（紀年）	六 秦復與我武遂（世家） 楚圍我雍氏 *（九五） 蘇代爲齊使秦過韓 *（九五）	二〇 略中山胡地（世家） 白圭遊中山當在此時或稍後 *（八二）	二三 圍韓雍氏 *（九五）	一四	三二
一〇（三〇五）	二	一四 蘇代拘於魏應在此稍後 *（九五）	七	二一 伐中山中山獻四邑以和（世家）	二四 迎婦於秦 *（一六一） 環淵詹何 *（一四六）	一五	三三
一一（三〇四）	三	一五	八	二二	二五 與秦盟黃棘秦歸我上庸（世家）	一六	三四

一二（三〇三）	一三（三〇二）	一四（三〇一）
四	五	六 會韓魏齊之師伐楚 泚陽君爲質於齊 ＊（九五）
一六 秦拔我蒲阪晉陽封谷	一七 與秦會臨晉復我蒲阪	一八
九 秦取武遂	一〇	一一
二三 攻中山（世家）	二四 命吏大夫奴遷于九原又命將軍大夫適子戍吏皆貉服 ＊（八二）	二五 伐中山中山君奔齊 公子牟 ＊（一四六）
二六 齊韓魏伐楚楚使太子質秦	二七	二八
一七	一八 公孫宏使秦 ＊（一二九）	一九 宣王卒孟嘗君將入秦 蘇代諫止之 ＊（九五） 匡章將與韓魏攻楚殺唐昧 ＊（九四） ＊（一二八） 鄒衍生在此時 稍前 ＊（一四四）
三五	三六	三七

通表第四

本表與考辨卷四相應，起周赧王十五年，齊湣王元，下迄秦二世三年，子嬰降漢，凡九十四年。

本表大體依史記六國表，分列七國，無增删。

本表所及，因魏紀年已止，無可參訂。然時近文備，舛乖亦少。間採史記世家列傳，以補表缺。

表中自荀卿公孫龍鄒衍，下及呂不韋韓非李斯，乃先秦學術之結束期矣。時事之大者，孟嘗君中立稱侯，平原信陵之擅趙魏，春申文信之專楚秦，齊湣秦昭稱帝不成，而諸國大權，不入游仕，即入親貴公子之手。養士之風，自君上下落於權臣。君權大削，士燄盛張。秦亡六國，李斯矯敝，嚴定中央集權之制，而鋤士氣。焚書坑儒，迄於秦亡，而戰國學風亦熸。

表中於秦事僅依史記之舊，考論闡詳，期之後著。

周（西曆紀元前）	秦	魏	韓	趙	楚	齊（宋）	燕
赧王 一五（三〇〇）	昭襄王 七 破楚師殺景缺取新城 樗里疾卒	襄哀王 一九 薛侯來會于釜邱 *（一二九） 馮煖（?） *（一二九）	襄王 一二	武靈王 二六	懷王 二九 太子橫質齊 蘇厲在楚 *（九五）	湣王 元 *（一二八）	昭王 一二
一六（二九九）	八 白圭游秦或在此時前後 *（八二）	二〇 汲冢紀年止此 *（一一九）	一三	二七 傳國少子何自號主父 龐煖生當在此時稍後 *（一五七）	三〇 王入秦屈原卒或在此前後 *（八七）	二 田文入相秦 *（一二九） 宋王偃三十九年置太子爲王 *（一三〇） 兒說 *（一三〇） 宋戮唐鞅當在此稍前 *（一三〇）	一三
一七（二九八）	九 田文免樓緩相	二一	一四	惠文王 元 封公子勝爲平原君（?） *（一三三）	頃襄王 元 *（一三二） *（一三三） 蘇厲在楚 *（九五）	三 田文歸相齊與魏韓共擊秦 *（一二九） *（九五） 蘇代在齊 *（九五） 仇赫相宋 *（一三〇） 宋滅滕當在此時或稍後 *（一三五）	一四

一八（二九七）	一〇	二二	一五	二	二	四	一五
一九（二九六）	一一	二三	一六	三 李兌公子成殺公子章田不禮主父餓死沙丘宮 ＊（一三〇）樂毅去適魏（毅傳）	三 懷王卒于秦屈原卒或在此前後 ＊（八七）	五	一六
二〇（二九五）	一二 樓緩免魏冉爲丞相予楚粟五萬石（本紀）	昭王元 樂毅使燕當在此時或稍後（毅傳）	釐王元	四	四	六	一七 樂毅來燕當在此時或稍後
二一（二九四）	一三 呂禮亡奔齊蘇代去齊當在此稍後 ＊（九五）	二	二	五	五	七 田甲刼湣王相田文走王重召文魏子（？）＊（一二九）呂禮相當在此時稍後 ＊（一二九）	一八
二二（二九三）	一四 白起敗韓魏于伊闕	三	三	六	六	八	一九
二三（二九二）	一五 白起攻魏取垣攻楚取宛（本紀）魏冉免相	四	四	七	七 迎歸于秦	九	二〇 蘇代自齊至當在此前後 ＊（九五）

周	秦	魏	韓	趙	楚	齊 宋	燕
二四（二九一）	一六 魏冉復相（冉傳）取魏軹及鄧（本紀）	五	五	八	八	一〇	二一
二五（二九〇）	一七 魏入河東地四百里以垣易魏蒲阪皮氏	六 成陽君朝秦（秦紀）白圭卒當在此時前後＊（八二）	六	九 劇辛當生此時前後＊（一五七）	九	一一	二二
二六（二八九）	一八 擊魏取城大小六十一	七	七 呂不韋生當在此時前後＊（一五九）	一〇	一〇	一二 莊周卒當在此時或稍後＊（八八）舊譜孟子卒在此年＊（六三）	二三
二七（二八八）	一九 十月爲帝十二月復爲王呂禮來自歸＊（九五）	八	八	一一 董叔與魏伐宋得河陽於魏（世家）	一一	一三 爲東帝二月復爲王蘇代自燕來勸齊伐宋＊（九五）宋王偃五十年逐太子當在此時或稍前＊（一三〇）	二四
二八（二八七）	二〇	九	九	一二 李兌約五國伐秦＊（九五）	一二	一四 蘇代爲齊見李兌勸定從約＊（九五）	二五

二九（二八六）	三〇（二八五）	三一（二八四）
二一 魏冉免（冉傳）	二二 擊齊拔九城	二三
一〇 孟嘗君相當在此稍前＊（一二九）	一一	一二
一〇	一一	一二
一三	一四 李兌卒當在此稍前＊（九五）以樂毅爲相國（世家）	一五
一三 荀卿自齊來＊（一三六）	一四	一五 取齊淮北荀卿爲楚蘭陵令或在此時稍後＊（一四〇）
一五 宋王偃五十二年齊滅宋＊（九一）蘇代在齊＊九五 殺執政司馬穰苴當在此時或稍後＊（八五）稷下諸儒慎到接子田駢荀卿皆散＊（一二八）後＊（一三六至一三九）孟嘗君去之魏當在此稍前＊（一二九）	一六	一七 湣王卒於莒＊（一二八）王蠋＊（一三九）
二六	二七 使樂毅如趙說合從伐齊＊（九五）	二八 樂毅以秦魏韓趙之師入齊至臨淄湣王走

周	秦	魏	韓	趙	楚	齊	燕
三二（二八三）蘇厲見西周君＊（九五）	二四 取魏安城	一三 秦兵至大梁孟嘗君求救於燕趙＊（一二九）	一三	一六	一六	襄王元	一九 公孫龍說昭王以偃兵當在此時或稍後＊（一四一）
三三（二八二）	二五	一四	一四	一七 秦拔我兩城	一七	二	三〇
三四（二八一）	二六 魏冉復相	一五	一五 韓非當生此時前後＊（一五五）	一八 秦拔我石城 魏冉來相（世家）	一八 莊辛去遊趙＊（一四五）李說當生此時前後＊（一五五）	三	三一 蘇代蘇厲卒皆當在此前後＊（九五）
三五（二八〇）	二七	一六	一六	一九 與魏攻齊取麥丘（世家）	一九 與秦漢北及上庸地	四	三二
三六（二七九）	二八	一七	一七	二〇 廉頗將攻齊（世家）與秦會黽池藺相如從 公孫龍與惠文王論偃兵＊（一四二）	二〇 秦拔鄢西陵＊（一二七）	五 殺燕騎劫	三三 昭王卒樂毅奔趙公孫龍自燕入趙＊（一四二）
三七（二七八）	二九	一八	一八	二一	二一 秦拔郢燒夷陵王亡走陳＊（一二七）	六 稷下復興荀卿反齊爲稷下老師當在此時或稍後＊（一四三）	惠王元 鄒衍遊燕在此後＊（一四四）

三八（二七七）	三〇	一九	一九	二二置公子丹爲太子莊辛與趙王論劍當在此時*（一四五）	二二秦拔巫黔中徵莊辛於趙*（一四五）	七	二
三九（二七六）	三一	安釐王元封弟公子無忌爲信陵君	二〇	二三	二三	八	三
四〇（二七五）	三二	二	二一	二四	二四	九	四
四一（二七四）	三三	三	二二	二五	二五	一〇	五
四二（二七三）	三四白起敗魏芒卯於華陽斬首十五萬	四段干崇請割地和秦	二三	二六	二六	一一	六
四三（二七二）	三五	五	桓惠王元	二七封弟豹爲平陽君（世家）	二七太子完質秦左徒黃歇侍（世家）	一二	七
四四（二七一）	三六范雎爲客卿（雎傳）	六	二	二八	二八	一三	武成王元
四五（二七〇）	三七	七	三	二九秦圍韓閼與趙奢救之大破秦軍	二九	一四	二

周	秦	魏	韓	趙	楚	齊	燕
四六（二六九）	三八	八	四	三〇	三〇	一五	三
四七（二六八）	三九	九	五	三一	三一	一六	四
四八（二六七）	四〇	一〇	六	三二	三二	一七	五
四九（二六六）	四一 逐穰侯范雎相（雎傳）魏牟遊秦應在此稍後＊（一四六）	一一	七	三三	三三	一八	六
五〇（二六五）	四二 安國君爲太子（本紀）	一二	八	孝成王元 平原君相＊（一三三）平原君如秦虞卿與魏齊逃之魏＊（一四七）孔穿來趙與公孫龍辨於平原君所當在此時前後＊（一四八）	三四 虞卿來＊（一三二）	一九 田單將趙師攻燕中人拔之（趙世家）荀卿去齊當在此時＊（一四九）	七

五一（二六四）	四三 荀卿遊秦約在此時＊（一四九）	一三	九	二 惠文后卒（世家）田單相（世家）	三五	王建元 陳仲卒當在此時前後＊（一五〇）	八
五二（二六三）	四四	一四	一〇	三	三六	二	九
五三（二六二）	四五	一五	一一	四 受韓上黨	考烈王元 黃歇相封春申君	三	一〇
五四（二六一）	四六	一六	一二	五 荀卿自秦來當在此時前後＊（一五一）	二 取魯徐州封魯君于莒＊（一五三）	四	一一
五五（二六〇）	四七 白起破趙長平殺卒四十五萬	一七	一三	六 廉頗軍長平拒秦七月免趙括代將九月敗（白起傳）	三	五	一二
五六（二五九）	四八 正月秦政生（始皇本紀）使王陵攻趙邯鄲（白起傳）	一八	一四	七	四	六	一三
五七（二五八）	四九 使王齕代陵將圍邯鄲	一九 張蒼生此時前後＊（一四七）	一五	八 平原君如楚魯仲連遊趙在此時或稍前＊（一五五）	五	七	一四

周	秦	魏	韓	趙	楚	齊	燕
五八（二五七）	五〇	二〇 信陵君救趙	一六	九 邯鄲圍解 公孫龍勸平原君勿受封 荀卿議兵於王前 ＊當在此時（一五一）	六 春申君救趙	八	孝王元
五九（二五六）	五一	二一	一七	一〇 齊使鄒衍過趙 ＊當在此時前後（一五二）	七 滅魯 ＊（一五三） ＊（一五四）	九	二
（二五五）	五二 蔡澤入秦代范雎相	二二	一八	一一	八	一〇	三
（二五四）	五三	二三	一九	一二	九	一一	王喜元
（二五三）	五四	二四	二〇	一三	一〇	一二	二
（二五二）	五五	二五	二一	一四 平原君卒（世家） ＊公孫龍卒當在此時前後 ＊（一四一）（一五二）	一一	一三	三
（二五一）	五六	二六	二二	一五 破燕軍殺燕將栗腹	一二	一四	四

（二五〇）	孝文王 元	二七	二三	一六 廉頗圍燕以樂乘爲武襄君（世家）	一三	一五 魯仲連說燕聊城守將事當在此時（一五五）*	五
（二四九）	莊襄王 元 呂不韋相	二八 魏中山公子牟卒當在此時稍後（一四六）*	二四	一七 武襄君攻燕圍其國（世家）	一四	一六 君王后卒（世家）	六
（二四八）	二	二九	二五	一八	一五 春申君徙封於吳	一七	七
（二四七）	三 李斯遊秦爲呂不韋舍人（李傳）（一五六）*	三〇 信陵君率五國兵敗秦軍於河外	二六	一九	一六	一八	八
（二四六）	始皇帝 元	三一	二七	二〇	一七	一九	九
（二四五）	二	三二	二八	二一	一八	二〇	一〇
（二四四）	三	三三	二九	悼襄王 元	一九	二一	一一
（二四三）	四	三四 信陵君卒	三〇	二	二〇	二二	一二

	秦	魏	韓	趙	楚	齊	燕
（二四二）	五 蒙驁取魏酸棗燕 虛長平（本紀）	景湣王 元 魏相趙相會魯柯 盟（？） ＊（一六○）	三一	三 龐煖敗殺燕將 劇辛 ＊（一五七） 鶡冠子 ＊（一五八）	二一	二三	一三
（二四一）	六	二	三二	四 龐煖將五國兵 攻秦（世家）	二二 楚魏趙韓燕合 從擊秦楚爲從 長無功楚東徙 壽春	二四	一四
（二四○）	七 呂不韋賓客著書 ＊（一五九）	三 孔子順相 （？） ＊（一五九）	三三	五	二三	二五	一五
（二三九）	八 王弟長安君成蟜 將軍擊趙死屯留 （本紀） 嫪毐封長信侯	四	三四	六	二四	二六	一六
（二三八）	九 殺嫪毐	五	王安 元	七	二五 李園殺春申君 ＊（一六一）	二七	一七
（二三七）	一○ 呂不韋免相 ＊（一五九） 下令逐客以李斯 諫止（本紀） 大梁人尉繚來說 （本紀） ＊（一六二）	六	二	八	幽王 元	二八	一八

（二三六）	一一	七	三	九	二	二九	一九
（二三五）	一二 呂不韋卒	八	四	王遷元	三	三〇	二〇
（二三四）	一三	九	五 韓非使秦（世家）*（一五六）	二	四	三一	二一
（二三三）	一四 韓非死於秦*（一五六）	一〇	六	三	五	三二	二二
（二三二）	一五	一一	七	四	六	三三	二三 太子丹質秦亡歸
（二三一）	一六	一二	八	五	七	三四	二四
（二三〇）	一七	一三	九 秦虜王安	六	八	三五	二五
（二二九）	一八	一四	韓滅	七	九	三六	二六
（二二八）	一九	一五		八 秦虜王遷公子嘉自立爲代王	一〇 幽王卒弟哀王立三月負芻殺哀王	三七	二七
（二二七）	二〇 王翦將擊燕	王假元		代王嘉元	王負芻元	三八	二八 太子丹使荆軻刺秦王

	秦	魏	韓	趙	楚	齊	燕
(二二六)	二一	二		二	二	三九	二九 秦拔我薊得太子丹王徙遼東
(二二五)	二二	三 秦虜王假		三	三	四〇	三〇
(二二四)	二三	魏滅		四	四	四一	三一
(二二三)	二四			五	五 秦虜王負芻	四二	三二
(二二二)	二五			六 秦虜代王嘉	楚滅	四三	三三 秦虜王喜拔遼東
(二二一)	二六 初并天下更號皇帝李斯爲廷尉議從之去封建爲郡縣			趙滅		四四 秦虜王建	燕滅
(二二〇)	二七					齊滅	
(二一九)	二八 始皇東行郡縣上鄒嶧山立石與魯諸生議刻石頌秦德封禪望祭山川之事遂登泰山至瑯琊李斯爲卿從行還過彭城使千人沒泗水求周鼎弗得 *(九九)						

	秦
（二一八）	二九 登之罘刻石
（二一七）	三〇
（二一六）	三一
（二一五）	三二 始皇之碣石使燕人盧生求羨門高誓刻碣石門又使韓終侯公石生求僊人不死之藥 ＊（一六三） 將軍蒙恬北擊胡
（二一四）	三三 略取陸梁爲桂陵象郡南海
（二一三）	三四 博士淳于越議封建丞相李斯奏請焚書以吏爲師從之
（二一二）	三五 使御史案問諸生除犯禁者四百六十餘人坑之咸陽後益發謫徙邊

	秦
(二一一)	三六 使博士爲僊眞人詩
(二一〇)	三七 始皇出遊刻石會稽 始皇道崩沙丘少子胡亥立
(二〇九)	二世皇帝 元 郡縣皆反楚兵至戲章邯擊却之
(二〇八)	二 誅丞相李斯 *(一五六)
(二〇七)	三 趙高殺二世皇帝立子嬰子嬰刺殺高諸侯入秦嬰降見殺秦亡

通表之部　附表第一

列國世次年數異同表

繫年通表，與史記舊表頗有不同，既逐事備詳於考辨諸篇，爲便比覽，別製列國世次年數異同表，附於通表之後。

表列十三國曰秦，曰魏，曰韓，曰趙，曰楚，曰燕，曰田齊，曰齊，曰晉，曰魯，曰宋，曰鄭，曰越，而首繫之以周。

通表於秦楚齊鄭四國，一依史舊，無所改定。其餘諸國，悉有變動。越年史所不詳，此則增列。

本表上列數字，係史表舊文，下列阿剌伯數目，則爲通表新定。同者不著，異者兼舉。

史公爲六國表，本據秦記，於秦人世系，應最無誤。索隱引紀年，書秦簡公敬公惠公三君年代，皆與史記不合。而索隱文不明備，無可詳論。玆不俱列，而附見於通表第二。

史表於魏事錯誤最甚，而紀年魏史，於魏事亦最可信。史表於魏文侯誤後二十二年，魏武侯誤後十年。其兩君在位年數亦誤。梁惠王後元元年，又誤以爲梁襄王之年。

韓表史亦有誤，而較不甚。韓哀侯以下，宣惠王以前，懿侯昭侯兩君，與紀年前後乖舛四年。

趙表於簡子襄子之間，史已有誤。其下於烈侯武公，史分兩君，紀年乃一君。

燕表自成公以下，紀年與史多異。惟索隱引紀年，自孝公以下不具，無可比列。

史於田齊亦多誤。脫田悼子及田侯剡兩世，齊威王元誤前二十一年，齊湣王年數誤多二十三年，通表皆依紀年改正。

晉年自晉出公以下，史亦多誤，通表悉據紀年另列。

魯年史自有歧，年表與世家不同。通表據世家推定，然復與紀年有歧。索隱引紀年，未及魯年，無可詳定，語詳考辨。

宋表史又多誤。景公誤增十八年，悼公誤減十年。桓公四十一年，剔成三年，史誤倒爲辟公三年，別成四十一年。王偃元誤後九年。通表俱依紀年改排。越年據紀年新增。

其間以史表之誤，而關涉史實全部者，莫如魏田齊二表。魏文武兩侯年數之誤後，梁惠王後元之誤爲襄王，齊威王年之誤前，及湣王年之誤增，皆爲自來考論戰國史跡者嘔心難解之處。雖多疑及史記之誤，然亦無以重顯誤前之眞。通表所定，庶爲近是。

其間幽晦難理者，則如晉韓田宋四表。四表定，而梁田齊之眞年亦從而益定。蓋晉魏田韓之世系顯，而三晉稱侯，田氏篡齊之史實得矣。梁惠襄，齊威宣，宋偃，韓宣惠之年代正，而六國稱王之層折著矣。此皆戰國重要之變局，非加理董，則不見也。

至於諸子生卒行事出處，皆待諸國世系年數既正，乃可排比，再見於附表第三，讀者會合參究，庶得繫年大體之影像也。

周	秦	魏	韓	趙	楚	燕	田齊	齊 舊見田齊表	晉 舊見魏表	魏 舊見楚表	宋 舊見齊表	鄭 舊見韓表	越 舊缺
元王元 敬44	厲共元			簡子四二	惠王一三	獻公一七		平公五	定公三六	哀公一九	景公四一	聲公二五	句踐21
二 1元	二			四三 襄子1	一四	一八		六	三七	二〇	四二	二六	22
三 2	三			四四 2	一五	一九		七	出公元	二一	四三	二七	23
四 3	四			四五 3	一六	二〇		八	二	二二	四四	二八	24
五 4	五			四六 4	一七	二一		九	三	二三	四五	二九	25
六 5	六			四七 5	一八	二二		一〇	四	二四	四六	三〇	26
七 6	七			四八 6	一九	二三		一一	五	二五	四七	三一	27
八 7	八			四九 7	二〇	二四		一二	六	二六	四八	三二	28
定王元	九			五〇 8	二一	二五		一三	七	二七	四九 1昭	三三	29
二	一〇			五一 9	二二	二六		一四	八	二八 1悼	五〇 2	三四	30

三	四	五	六	七	八	九	一〇	一一	一二	一三
一一	一二	一三	一四	一五	一六	一七	一八	一九	二〇	二一
五二 10	五三 11	五四 12	五五 13	五六 14	五七 15	五八 16	五九 17	六〇 18	襄子元 19	二 20
二三	二四	二五	二六	二七	二八	二九	三〇	三一	三二	三三
二七	二八	孝公元	二	三	四	五	六	七	八	九
一五	一六	一七	一八	一九	二〇	二一	二二	二三	二四	二五
九	一〇	一一	一二	一三	一四	一五	一六	一七	一八	哀公元 19
悼公元 2	二 3	三 4	四 5	五 6	六 7	七 8	八 9	九 10	一〇 11	一一 12
五一 3	五二 4	五三 5	五四 6	五五 7	五六 8	五七 9	五八 10	五九 11	六〇 12	六一 13
三五	三六	三七	三八	哀公元	二	三	四	五	六	七
31	32	鹿郢 1 與史作鼫	2	3	4	5	6	不壽 1	2	3

周	秦	魏	韓	趙	楚	燕	田齊	齊 舊見田齊表	晉 舊見魏表	魯 舊見楚表	宋 舊見齊表	鄭 舊見韓表	越 舊缺
一四	二二			一三 21	三四	一〇		宣公元	二 20	一二 13	六二 14	八	4
一五	二三			四 22	三五	一一 1成		二	懿公元(今脫) 21	一三 14	六三 15	共公元(今脫)	5
一六	二四	桓	康	五 23	三六	一二 2		三	二 22	一四 15	六四 16	二	6
一七	二五			六 24	三七	一三 3		四	三 23	一五 16	六五 17	三	7
一八	二六			七 25	三八	一四 4		五	四 1敬	一六 17	六六 18	四	8
一九	二七			八 26	三九	一五 5		六	五 2	一七 18	昭公元 19	五	9
二〇	二八			九 27	四〇	成公元 6		七	六 3	一八 19	二 20	六	10
二一	二九			一〇 28	四一	二 7		八	七 4	一九 20	三 21	七	朱勾 1
二二	三〇			一一 29	四二	三 8		九	八 5	二〇 21	四 22	八	2
二三	三一	1文		一二 30	四三	四 9		一〇	九 6	二一 22	五 23	九	3

二四	二五	二六	二七	二八	考王元	二	三	四	五	六
三二	三三	三四	躁公元	二	三	四	五	六	七	八
2	3	4	5	6	7	8	9	10	11	12
一三 31	一四 32	一五 33	一六 34	一七 35	一八 36	一九 37	二〇 38	二一 39	二二 40	二三 41
四四	四五	四六	四七	四八	四九	五〇	五一	五二	五三	五四
五 10	六 11	七 12	八 13	九 14	一〇 15	一一 16	一二 1文	一三 2	一四 3	一五 4
一一	一二	一三	一四	一五	一六	一七	一八	一九	二〇	二一
一〇 7	一一 8	一二 9	一三 10	一四 11	一五 12	一六 13	一七 14	幽公元 15	二 16	三 17
二二 23	二三 24	二四 25	二五 26	二六 27	二七 28	二八 29	二九 30	三〇 31	三一 1元	三二 2
六 24	七 25	八 26	九 27	一〇 28	一一 29	一二 30	一三 31	一四 32	一五 33	一六 34
一〇	一一	一二	一三	一四	一五	一六	一七	一八	一九	二〇
4	5	6	7	8	9	10	11	12	13	14

周	秦	魏	韓	趙	楚	燕	田齊	齊（舊見田齊表）	晉（舊見魏表）	魯（舊見楚表）	宋（舊見齊表）	鄭（舊見韓表）	越（舊缺）
七	九	13		二四 42	五五	一六 5		二二	四 18	三三 3	一七 35	二一	15
八	一〇	14		二五 43	五六	湣公元 6		二三	五 1幽	三四 4	一八 36	二二	16
九	一一	15		二六 44	五七	二 7		二四	六 2	三五 5	一九 37	二三	17
一〇	一二	16		二七 45	簡王元	三 8		二五	七 3	三六 6	二〇 38	二四	18
一一	一三	17		二八 46	二	四 9		二六	八 4	三七 7	二一 39	二五	19
一二	一四	18		二九 47	三	五 10		二七	九 5	三八 8	二二 40	二六	20
一三	懷公元	19		三〇 48	四	六 11		二八	一〇 6	元公元 9	二三 41	二七	21
一四	二	20		三一 49	五	七 12		二九	一一 7	二 10	二四 42	二八	22
一五	三	21		三二 50	六	八 13		三〇	一二 8	三 11	二五 43	二九	23
威烈王元	四	22		三三 51	七	九 14		三一	一三 9	四 12	二六 44	三〇	24

二	靈公元	文侯元 23	武子元	桓子元	八	一〇 15		三二	一四 10	五 13	二七 45	三一	25
三	二	二 24	二	獻侯元	九	一一 16		三三	一五 11	六 14	二八 46	幽公元	26
四	三	三 25	三	二	一〇	一二 17		三四	一六 12	七 15	二九 47	繻公元	27
五	四	四 26	四	三	一一	一三 18		三五	一七 13	八 16	三〇 1悼	二	28
六	五	五 27	五	四	一二	一四 19		三六	烈公元 14	九 17	三一 2	三	29
七	六	六 28	六	五	一三	一五 20		三七	二 15	一〇 18	三二 3	四	30
八	七	七 29	七	六	一四	一六 21		三八	三 16	一一 19	三三 4	五	31
九	八	八 30	八	七	一五	一七 22		三九	四 17	一二 20	三四 5	六	32
一〇	九	九 31	九	八	一六	一八 23		四〇	五 烈18	一三 21	三五 6	七	33
一一	一〇	一〇 32	一〇	九	一七	一九 24		四一	六 2	一四 1穆	三六 7	八	34
一二	簡公元	一一 33	一一	一〇	一八	二〇 1簡		四二	七 3	一五 2	三七 8	九	35

周	一三	一四	一五	一六	一七	一八	一九	二〇	二一	二二
秦	二	三	四	五	六	七	八	九	一〇	一一
魏	一二 34	一三 35	一四 36	一五 37	一六 38	一七 39	一八 40	一九 41	二〇 42	二一 43
韓	一二	一三	一四	一五	一六	景侯元	二	三	四	五
趙	一一	一二	一三	一四	一五	烈侯元	二	三	四	五
楚	一九	二〇	二一	二二	二三	二四	聲王元	二	三	四
燕	二一 2	二二 3	二三 4	二四 5	二五 6	二六 7	二七 8	二八 9	二九 10	三〇 11
田齊			莊子	和子 1悼	2	3	4	5	1和	2
齊 舊見田齊表	四三	四四	四五	四六	四七	四八	四九	五〇	五一	康公元
晉 舊見魏表	八 4	九 5	一〇 6	一一 7	一二 8	一三 9	一四 10	一五 11	一六 12	一七 13
魯 舊見楚表	一六 3	一七 4	一八 5	一九 6	二〇 7	二一 8	穆公元 9	二 10	三 11	四 12
宋 舊見齊表	三八 9	三九 10	四〇 11	四一 12	四二 13	四三 14	四四 15	四五 16	四六 17	四七 18
鄭 舊見韓表	一〇	一一	一二	一三	一四	一五	一六	一七	一八	一九
越 舊缺	36	37	翳 1	2	3	4	5	6	7	8

二三	二四	安王元	二	三	四	五	六	七	八	九
一二	一三	一四	一五	惠公元	二	三	四	五	六	七
二二 44	二三 45	二四 46	二五 47	二六 48	二七 49	二八 50	二九 1武	三〇 2	三一 3	三二 4
六	七	八	九	烈侯元	二	三	四	五	六	七
六	七	八	九	武公元 10	二 11	三 12	四 13	五 14	六 15	七 16
五	六	悼公元	二	三	四	五	六	七	八	九
三一 12	鳌公元 13	二 14	三 15	四 16	五 17	六 18	七 19	八 20	九 21	一〇 22
3	4	5	6	7	8	9	10	11	12	13
二	三	四	五	六	七	八	九	一〇	一一	一二
一八 14	一九 15	二〇 16	二一 17	二二 18	二三 19	二四 20	二五 21	二六 22	二七 23	二八 24
五 13	六 14	七 15	八 16	九 17	一〇 18	一一 19	一二 20	一三 21	一四 22	一五 23
悼公休元 1	二 2	三 3	四 4	五 5	六 6	七 7	八 8	休公元 9	二 10	三 11
二〇	二一	二二	二三	二四	二五	二六	二七	康公元	二	三
9	10	11	12	13	14	15	16	17	18	19

周	秦	魏	韓	趙	楚	燕	田齊	齊 舊見田齊表	晉 舊見魏表	魯 舊見楚表	宋 舊見齊表	鄭 舊見韓表	越 舊缺
一〇	八	三三 5	八	八 17	一〇	一一 23	14	一三	孝公元 25	一六 24	四 12	四	20
一一	九	三四 6	九	九 18	一一	一二 24	15	一四	二 26	一七 25	五 13	五	21
一二	一〇	三五 7	一〇	一〇 19	一二	一三 25	16	一五	三 27	一八 26	六 14	六	22
一三	一一	三六 8	一一	一一 20	一三	一四 26	17	一六	四 1桓	一九 27	七 15	七	23
一四	一二	三七 9	一二	一二 21	一四	一五 27	18	一七	五 2	二〇 28	八 16	八	24
一五	一三	三八 10	一三	一三 22	一五	一六 28	19	一八	六 3	二一 29	九 17	九	25
一六	出子元	武侯元 11	文侯元	敬侯元	一六	一七 29	和始侯元	一九	七 4	二二 30	一〇 18	一〇	26
一七	二	二 12	二	二	一七	一八 30	二	二〇	八 5	二三 31	一一 19	一一	27
一八	獻公元	三 13	三	三	一八	一九 31	桓公元 剡1	二一	九 6	二四 32	一二 20	一二	28
一九	二	四 14	四	四	一九	二〇 32	二 2	二二	一〇 7	二五 33	一三 21	一三	29

二〇	二一	二二	二三	二四	二五	二六	烈王元	二	三	四
三	四	五	六	七	八	九	一〇	一一	一二	一三
五 15	六 16	七 17	八 18	九 19	一〇 20	一一 21	一二 22	一三 23	一四 24	一五 25
五	六	七	八	九	一〇	哀侯元	二	三 1懿	四 2	五 3
五	六	七	八	九	一〇	一一	一二	成侯元	二	三
二〇	二一	肅王元	二	三	四	五	六	七	八	九
二一 33	二二 34	二三 35	二四 36	二五 37	二六 38	二七 39	二八 40	二九 41	三〇 42	桓公元 43
三 3	四 4	五 5	六 6	威王元 7	二 8	三 9 桓	四 1	五 2	六 3	七 4
二三	二四	二五	二六							
一一 8	一二 9	一三 10	一四 11	一五 12	靜公元 13	二 14	15	16	17	18
二六 1共	二七 2	二八 3	二九 4	三〇 5	三一 6	共公元 7	二 8	三 9	四 10	五 11
一四 22	一五 23	一六 1桓	一七 2	一八 3	一九 4	二〇 5	二一 6	二二 7	二三 8	辟公元 9
一二	一三	一四	一五	一六	一七	一八	一九	二〇		
30	31	32	33	34	35	36	無余之 1	2	3	4

周	秦	魏	韓	趙	楚	燕	田齊	齊（見舊田齊表）	晉（見舊魏表）	魯（見舊楚表）	宋（見舊齊表）	鄭（見舊韓表）	越（舊缺）
五	一四	一六 26	六 4	四	一〇	二 44	八 5		19	六 12	二 10		5
六	一五	惠王元	莊侯元 5	五	一一	三 45	九 6		20	七 13	三 11		6
七	一六	二	二 6	六	宣王元	四 孝	一〇 7		21	八 14	剔成元 12		7
顯王元	一七	三	三 7	七	二	五	一一 8		22	九 15	二 13		8
二	一八	四	四 8	八	三	六	一二 9		23	一〇 16	三 14		9
三	一九	五	五 9	九	四	七	一三 10		24	一一 17	四 15		10
四	二〇	六	六 10	一〇	五	八	一四 11		25	一二 18	五 16		11
五	二一	七	七 11	一一	六	九	一五 12		26	一三 19	六 17		12
六	二二	八	八 12	一二	七	一〇	一六 13		27	一四 20	七 18		1 無顓
七	二三	九	九 1昭	一三	八	一一	一七 14		28	一五 21	八 19		2

八	九	一〇	一一	一二	一三	一四	一五	一六	一七	一八
孝公元	二	三	四	五	六	七	八	九	一〇	一一
一〇	一一	一二	一三	一四	一五	一六	一七	一八	一九	二〇
一〇 2	一一 3	一二 4	昭侯元 5	二 6	三 7	四 8	五 9	六 10	七 11	八 12
一四	一五	一六	一七	一八	一九	二〇	二一	二二	二三	二四
九	一〇	一一	一二	一三	一四	一五	一六	一七	一八	一九
文公元	二	三	四	五	六	七	八	九	一〇	一一
一八 15	一九 16	二〇 17	二一 18	二二 1威	二三 2	二四 3	二五 4	二六 5	二七 6	二八 7
29	30	31	32	1靜	2	3	4	5	6	7
一六 22	一七 23	一八 24	一九 25	二〇 26	二一 27	二二 28	二三 29	二四 30	康公元 31	二 32
九 20	一〇 21	一一 22	一二 23	一三 24	一四 25	一五 26	一六 27	一七 28	一八 29	一九 30
3	4	5	6	7	8	1無疆	2	3	4	5

周	秦	魏	韓	趙	楚	燕	田齊	齊 舊見田齊表	晉 舊見魏表	魯 舊見楚表	宋 舊見齊表	鄭 舊見韓表	越 舊缺
一九	一二	二一	九 13	二五	二〇	一二	二九 8		8	三 1康	二〇 31		6
二〇	一三	二二	一〇 14	肅侯元	二一	一三	三〇 9		9	四 2	二一 32		7
二一	一四	二三	一一 15	二	二二	一四	三一 10			五 3	二二 33		8
二二	一五	二四	一二 16	三	二三	一五	三二 11			六 4	二三 34		9
二三	一六	二五	一三 17	四	二四	一六	三三 12			七 5	二四 35		10
二四	一七	二六	一四 18	五	二五	一七	三四 13			八 6	二五 36		
二五	一八	二七	一五 19	六	二六	一八	三五 14			九 7	二六 37		
二六	一九	二八	一六 20	七	二七	一九	三六 15			景公元 8	二七 38		
二七	二〇	二九	一七 21	八	二八	二〇	宣王元 16			二 9	二八 39		
二八	二一	三〇	一八 22	九	二九	二一	二 17			三 1景	二九 40		

二九	三〇	三一	三二	三三	三四	三五	三六	三七	三八	三九
二二	二三	二四	惠文王元	二	三	四	五	六	七	八
三一	三二	三三	三四	三五	三六	襄王元 惠後元	二 2	三 3	四 4	五 5
一九 23	二〇 24	二一 25	二二 26	二三 27	二四 28	二五 29	二六 30	惠宣王元	二	三
一〇	一一	一二	一三	一四	一五	一六	一七	一八	一九	二〇
三〇	威王元	二	三	四	五	六	七	八	九	一〇
二二	二三	二四	二五	二六	二七	二八	二九	易王元	二	三
三 18	四 19	五 20	六 21	七 22	八 23	九 24	一〇 25	一一 26	一二 27	一三 28
四 2	五 3	六 4	七 5	八 6	九 7	一〇 8	一一 9	一二 10	一三 11	一四 12
三〇 剔成41	三一 2	三二 3	三三 1偃	三四 2	三五 3	三六 4	三七 5	三八 6	三九 7	四〇 8

周	秦	魏	韓	趙	楚	燕	田齊	齊 舊見田齊表	晉 舊見魏表	魯 舊見楚表	宋 舊見齊表	鄭 舊見韓表	越 舊缺
四〇	九	六 6	四	二一	一一	四	一四 29			一五 13	四一 9		
四一	一〇	七 7	五	二二	懷王元	五	一五 30			一六 14	君偃元 10		
四二	一一	八 8	六	二三	二	六	一六 31			一七 15	二 11		
四三	一二	九 9	七	二四	三	七	一七 32			一八 16	三 12		
四四	一三	一〇 10	八	武靈王元	四	八	一八 33			一九 17	四 13		
四五	更元	一一 11	九	二	五	九	一九 34			二〇 18	五 14		
四六	二	一二 12	一〇	三	六	一〇	湣王元 35			二一 19	六 15		
四七	三	一三 13	一一	四	七	一一	二 36			二二 1平	七 16		
四八	四	一四 14	一二	五	八	一二	三 37			二三 2	八 17		
慎靚元	五	一五 15	一三	六	九	王噲元	四 38			二四 3	九 18		

二	三	四	五	六	赧王元	二	三	四	五
六	七	八	九	一〇	一一	一二	一三	一四	武王元
一六 16	哀王元 1襄	二 2	三 3	四 4	五 5	六 6	七 7	八 8	九 9
一四	一五	一六	一七	一八	一九	二〇	二一	襄王元	二
七	八	九	一〇	一一	一二	一三	一四	一五	一六
一〇	一一	一二	一三	一四	一五	一六	一七	一八	一九
二	三	四	五	六	七	八	九	昭王元	二
五 1宣	六 2	七 3	八 4	九 5	一〇 6	一一 7	一二 8	一三 9	一四 10
二五 4	二六 5	二七 6	二八 7	二九 8	平公元 9	二 10	三 11	四 12	五 13
一〇 19	一一 20	一二 21	一三 22	一四 23	一五 24	一六 25	一七 26	一八 27	一九 28

周	秦	魏	韓	趙	楚	燕	田齊	齊 舊見田齊表	晉 舊見魏表	魯 舊見楚表	宋 舊見齊表	鄭 舊見韓表	越 舊缺
六	二	一〇 10	三	一七	二〇	三	一五 11			六 14	二〇 29		
七	三	一一 11	四	一八	二一	四	一六 12			七 15	二一 30		
八	四	一二 12	五	一九	二二	五	一七 13			八 16	二二 31		
九	昭王元	一三 13	六	二〇	二三	六	一八 14			九 17	二三 32		
一〇	二	一四 14	七	二一	二四	七	一九 15			一〇 18	二四 33		
一一	三	一五 15	八	二二	二五	八	二〇 16			一一 19	二五 34		
一二	四	一六 16	九	二三	二六	九	二一 17			一二 20	二六 35		
一三	五	一七 17	一〇	二四	二七	一〇	二二 18			一三 1文	二七 36		
一四	六	一八 18	一一	二五	二八	一一	二三 19			一四 2	二八 37		
一五	七	一九 19	一二	二六	二九	一二	二四 1湣			一五 3	二九 38		

一六	一七	一八	一九	二〇	二一	二二	二三	二四	二五	二六
八	九	一〇	一一	一二	一三	一四	一五	一六	一七	一八
二〇 20	二一 21	二二 22	二三 23	昭王元	二	三	四	五	六	七
一三	一四	一五	一六	釐王元	二	三	四	五	六	七
二七	惠文王元	二	三	四	五	六	七	八	九	一〇
三〇	頃襄王元	二	三	四	五	六	七	八	九	一〇
一三	一四	一五	一六	一七	一八	一九	二〇	二一	二二	二三
二五 2	二六 3	二七 4	二八 5	二九 6	三〇 7	三一 8	三二 9	三三 10	三四 11	三五 12
一六 4	一七 5	一八 6	一九 7	文侯元 8	二 9	三 10	四 11	五 12	六 13	七 14
三〇 39	三一 40	三二 41	三三 42	三四 43	三五 44	三六 45	三七 46	三八 47	三九 48	四〇 49

周	秦	魏	韓	趙	楚	燕	田齊	齊（舊見田齊表）	晉（舊見魏表）	魯（舊見楚表）	宋（舊見齊表）	鄭（舊見韓表）	越（舊缺）
二七	一九	八	八	一一	一一	二四	三六 13			八 15	四一 50		
二八	二〇	九	九	一二	一二	二五	三七 14			九 16	四二 51		
二九	二一	一〇	一〇	一三	一三	二六	三八 15			一〇 17	四三 52		
三〇	二二	一一	一一	一四	一四	二七	三九 16			一一 18			
三一	二三	一二	一二	一五	一五	二八	四〇 17			一二 19			
三二	二四	一三	一三	一六	一六	二九	襄王元			一三 20			
三三	二五	一四	一四	一七	一七	三〇	二			一四 21			
三四	二六	一五	一五	一八	一八	三一	三			一五 22			
三五	二七	一六	一六	一九	一九	三二	四			一六 23			
三六	二八	一七	一七	二〇	二〇	三三	五			一七 1頃			

三七	二九	一八	一八	二一	二一	惠王元	六			一八 2			
三八	三〇	一九	一九	二二	二二	二	七			一九 3			
三九	三一	安釐王元	二〇	二三	二三	三	八			二〇 4			
四〇	三二	二	二一	二四	二四	四	九			二一 5			
四一	三三	三	二二	二五	二五	五	一〇			二二 6			
四二	三四	四	二三	二六	二六	六	一一			二三 7			
四三	三五	五	桓惠王元	二七	二七	七	一二			頃公元 8			
四四	三六	六	二	二八	二八	武成王元	一三			二 9			
四五	三七	七	三	二九	二九	二	一四			三 10			
四六	三八	八	四	三〇	三〇	三	一五			四 11			
四七	三九	九	五	三一	三一	四	一六			五 12			

周	秦	魏	韓	趙	楚	燕	田齊	齊（舊見田齊表）	晉（舊見魏表）	魯（舊見楚表）	宋（舊見齊表）	鄭（舊見韓表）	越（舊缺）
四八	四〇	一〇	六	三二	三二	五	一七			六 13			
四九	四一	一一	七	三三	三三	六	一八			七 14			
五〇	四二	一二	八	考成王元	三四	七	一九			八 15			
五一	四三	一三	九	二	三五	八	王建元			九 16			
五二	四四	一四	一〇	三	三六	九	二			一〇 17			
五三	四五	一五	一一	四	考烈王元	一〇	三			一一 18			
五四	四六	一六	一二	五	二	一一	四			一二 19			
五五	四七	一七	一三	六	三	一二	五			一三 20			
五六	四八	一八	一四	七	四	一三	六			一四 21			
五七	四九	一九	一五	八	五	一四	七			一五 22			

五八	五九									
五〇	五一	五二	五三	五四	五五	五六	孝文王元	莊襄王元	二	三
二〇	二一	二二	二三	二四	二五	二六	二七	二八	二九	三〇
一六	一七	一八	一九	二〇	二一	二二	二三	二四	二五	二六
九	一〇	一一	一二	一三	一四	一五	一六	一七	一八	一九
六	七	八	九	一〇	一一	一二	一三	一四	一五	一六
孝王元	二	三	王喜元	二	三	四	五	六	七	八
八	九	一〇	一一	一二	一三	一四	一五	一六	一七	一八
一六 23	一七 24	一八	一九	二〇	二一	二二	二三	二四		

周	秦	魏	韓	趙	楚	燕	田齊	齊 舊見田齊表	晉 舊見魏表	秦 舊見楚表	宋 舊見齊表	鄭 舊見韓表	越 舊缺
	始皇帝元	三一	二七	二〇	一七	九	一九						
	二	三二	二八	二一	一八	一〇	二〇						
	三	三三	二九	悼襄王元	一九	一一	二一						
	四	三四	三〇	二	二〇	一二	二二						
	五	景湣王元	三一	三	二一	一三	二三						
	六	二	三二	四	二二	一四	二四						
	七	三	三三	五	二三	一五	二五						
	八	四	三四	六	二四	一六	二六						
	九	五	王安元	七	二五	一七	二七						
	一〇	六	二	八	幽王元	一八	二八						

一一	一二	一三	一四	一五	一六	一七	一八	一九	二〇	二一
七	八	九	一〇	一一	一二	一三	一四	一五	王假元	二
三	四	五	六	七	八	九				
九	王遷元	二	三	四	五	六	七	八	代王嘉元	二
二	三	四	五	六	七	八	九	一〇	王負芻元	二
一九	二〇	二一	二二	二三	二四	二五	二六	二七	二八	二九
二九	三〇	三一	三二	三三	三四	三五	三六	三七	三八	三九

周	秦	魏	韓	趙	楚	燕	田齊	齊 舊見田齊表	晉 舊見魏表	宋 舊見楚表	宋 舊見齊表	齊 舊見韓表	趙 舊缺
	二二	三		三	三	三〇	四〇						
	二三			四	四	三一	四一						
	二四			五	五	三二	四二						
	二五			六		三三	四三						
	二六						四四						
	二七												

通表之部　附表第二

戰國初中晚三期列國國勢盛衰轉移表　478—221（共258年）

史記載戰國事，於初期最晦。如越句踐遷都，韓趙魏分晉，魏文侯武侯霸業之經營，皆不明備。因之記戰國中期事，亦多昧於情勢。於當時列國國勢盛衰升降，及離合聚散之間，往往不能言。而梁惠之霸業，齊威宣之與梁爭衡，徐州會後諸國之相王，與夫秦人之因利乘便，以培植其東侵之基礎者，史公均未詳述，獨於晚世策士飾說，蘇張縱横，娓娓道之，去實遠矣。此表分戰國爲初中晚三期，每期扼要舉其大勢，而當時列國盛衰升降之迹，朗若列眉。本此以讀通表第二第三第四三節，參諸考辨所論列，如網之在綱矣。必明於此而後於諸子學術思想之先後演變，可以得其背景，而識乎其所以然也。

年	事	期	半期	總期
478	孔子卒後一年	㈠（越國稱霸期）(32)	越國霸業之漸衰（前半期）(53)	東方霸業自越轉而至魏（初期）(108)
468	越徙都琅琊			
447				
446	魏文侯始立	㈡（三晉分立期一）(21)		
426				
425	魏文侯始侯	㈢（三晉分立期二）（魏國漸盛期一）(29)	魏國霸業之形成（後半期）(55)	
397	魏文侯卒			
396	魏武侯元	㈣（三晉分立期三）（魏國漸盛期二）(26)		
386	田和始侯			
376	韓滅鄭			
371	魏武侯卒			

年	事件	分期	半期	期
370	梁惠王元	㈠（魏國全盛期）（齊國爭强期一）(27)	（前半期）(37) 齊梁爭强秦乘機東侵	（中期）(72) 東方霸業自梁轉移至齊
362	魏遷大梁			
353	魏拔趙邯鄲 齊敗魏桂陵			
350	秦遷咸陽			
344	梁惠王會諸侯逢澤			
343	齊威王敗梁馬陵	㈡（齊梁爭强期二）(10)		
334	齊（威）梁（惠）會徐州相王			
333	齊（威王）伐燕（燕文侯元）	㈢（齊秦爭强期一）(23)	（後半期）(35) 齊秦爭强齊弱燕秦弱楚	
330	魏河西地入秦			
328	魏納上郡於秦			
325	秦韓稱王			

323	魏約趙韓燕中山五國相王		
314	齊（宣王）伐燕（燕王噲七年）		
311	張儀二次至楚		
310	張儀卒	四（齊秦爭强期二）(12)	
299	楚懷王入秦		
298	齊田文歸自秦	一（齊秦爭强期三）(13)	（前半期）(38) 齊勢漸弱趙起伐齊與秦爭强
288	秦昭王齊湣王約稱東西帝未果		
286	齊（湣王）滅宋		
285	樂毅使趙　合從攻齊	二（秦趙爭强期一）(25)	
261	趙受韓上黨拒秦長平		
260	秦（昭王）敗趙長平	三（秦趙爭强期二）(11)	
			（晚期）(78) 東方霸業自齊轉移至趙而歸于秦

221	249	250
秦初幷天下	秦莊襄王元	趙破燕

㈣（秦滅六國期）（29）

（後半期）（40）
趙爲秦弱六國俱不振

通表之部　附表第三

諸子生卒年世先後一覽表

諸子生卒年世，見於考辨者，因事裁篇，各詳一端。通表雖首尾兼羅，而年隔遼闊，頭緒仍繁。此表再將考辨所定，通表所列，縮成簡表，彙於一幅。庶於諸子生卒年世先後，可以一覽而得。

表中橫線，以表諸子所佔之世次，今姑名之爲諸子之「世線」。竪線以表年隔，以五年爲一格。某子世線橫歷幾格，卽得幾年，甚易省覽。

表中記年，均從西曆紀元，藉便記核。上從西元前 555 起，下迄西元前 200 止，共歷三百五十五年。

表中世線兩端或一端作虛線者，表其年數之未能確定。

諸子生卒年世，除表以世線外，並隨線附注以醒眼目。

其生卒年世，有確實年壽，及生年卒年可考者，則附注其生卒年及歲數，如孔子書73(551—479）之類。

有生年可考，而卒年難定，或卒年可知，而生年已昧者，則著其可稽，而存其闕疑，如顓孫師則書（503……），孟勝則書（……381）之類。

其生卒年有一端可考，而中間行事亦復有年數可稽者，則著其可稽之年，並詳其生卒之一端，而闕其彼端，如子貢書（520—468……），吳起書（……412—381）之類。

亦有生卒年俱不可考，而其中間事業尚有年數可稽者，則詳其中身，而略其首尾，如墨翟書（……444—393……），惠施書（……334—314……）之類。

其有生卒年既不可考，而其行事亦難數年而定，生平惟有孤立一事，可資推證者，則姑據其僅見之一事，立爲計年之標準，而上下推測其生卒。如列禦寇僅據鄭子陽卒一事，季梁僅據魏圍邯鄲一事之類。

亦有既無生卒年及享壽歲數，又無行事年歷，卽僅見孤出之事，可資爲論年之標準者，並亦無有，則惟據其並世或前後諸賢，姑爲推排比次，而約略表其年序，如彭蒙鄒奭之類。

有一人年世，可據別一人而定者，表中或並列，或僅列其一，而於其人姓名下，別作括弧書他一人姓名，以資比例。如楊朱與季梁，表中兩線並列，而商鞅與尸佼，則僅列商鞅一線之類。

又如孔門弟子僅列數人，其他不並載。墨子弟子僅著禽滑釐一人，魏文魯繆兩朝諸賢，亦或載或略，均可類推而得也。

表中多僅列姓名，世線，不更加注年數者，如陳仲魏牟之類，讀者可據上列推計。表求簡明，無取繁碎也。

有其人可疑，僅有傳說，無從證實者，表中均勿列，如孫武計然之類。

凡諸子出身顯名，始見稱述，除其有特情可以指論外，大抵定在三十至四十歲間。

諸子年壽，除有特情可指論外，大抵定在六十至七十歲間。

表中諸子世線，除列諸子世次先後外，並隨線加載其人行迹大端，以便考訂。如孔子載仕魯，適衛，至陳，返衛，歸魯，諸節。吳起載仕魯，仕魏，奔楚，諸節之類。

其並世大事，與其人生平出處有關，可資參證者，亦各隨線分注。如子夏世線載魏文侯元，子思世線載魯繆公元之類。

表中世線，凡載諸子生卒行事，均隨事附注一數字，以表明其事之年代。如曾子線載越滅吳，及居武城兩事。越滅吳在年格（卽暨紅線）470前，下注一（3）字，是年卽爲西元前473。居武城在年格470後，下注一（8）字，卽知其年爲西元前468也。讀者循其年格，上下增減以求之，卽得其事之年代，可省再檢通表之繁也。

亦有同事既載甲線，則乙線不復列，僅書一數字，以便尋檢，而避複沓。如齊威王元在西元前357，既載騶忌線，於淯于髡線不再寫，僅記一（7）字。讀者循年格上下尋之，卽知是年乃齊威王元年也。

表列諸子生卒年世，可以確定者，惟孔子一人。然孔子生年，歷來爭辨，實有先後一年之差。則其弟子如子路輩，亦同樣各有一年之先後。表中雖均畫實線，未必卽可據。其他諸子年世前後生卒，無勿有五年乃至十年左右之游移。表中多作虛線，少可確定。然苟遍讀考辨所論，參諸通表所載，融會當時大勢，則此表所列各世線，殆所謂不中不遠，蓋亦無多疑撼之餘地也。

表後仍附諸子生卒年世約數，取便檢記。然勿爲典要，仍當據此表及通表所列，庶乎知其先後游移虛實之所以然，而援用不致歧誤。

附　諸子生卒年世約數

孔　子　五五一——四七九　（七三）
鄧　析　五四五——五〇一　（四五）
仲　由　五四二——四八〇　（六三）
孔　鯉　五三二——四八三　（五〇）
冉　求　五二二——四六二　（六一）
顔　回　五二一——四八一　（四一）
宰　我　五二〇——四八一　（四〇）
端木賜　五二〇——四五〇　（七一）
有　若　五一八——四五七　（六二）
漆雕開　五一〇——四五〇　（六一）
卜　商　五〇七——四二〇　（八八）

言偃　五〇六——四四五　（六二）
曾參　五〇五——四三六　（七〇）
顓孫師　五〇三——四五〇　（五四）
子思　四八三——四〇二　（八二）
墨翟　四八〇——三九〇　（九一）
曾申　四七五——四〇五　（七一）
申詳　四七五——四〇五　（七一）
田子方　四七五——四〇〇　（七六）
禽滑釐　四七〇——四〇〇　（七一）
段干木　四六五——三九五　（七一）
李克　四五五——三九五　（六一）
列禦寇　四五〇——三七五　（七六）
甯越　四四五——三八五　（六一）
吳起　四四〇——三八一　（六〇）

孟勝　四二〇——三八一（四〇）
告子　四二〇——三五〇（七一）
田襄子　四一〇——三五五（五六）
申不害　四〇〇——三三七（六四）
楊朱　三九五——三三五（六一）
季梁　三九五——三四〇（五六）
孟軻　三九〇——三〇五（八六）
商鞅　三九〇——三三八（五三）
尸佼　三九〇——三三〇（六一）
許行　三九〇——三一五（七六）
淳于髡　三八五——三〇五（八一）
鄒忌　三八五——三一九（七七）
田忌　三八五——三一五（七一）
腹䵍　三八五——三一五（七一）

孫臏　三八〇——三二〇　（六一）
子華子　二八〇——三二〇　（六一）
鐸椒　三八〇——三二〇　（六一）
白圭　三七五——二九〇　（八六）
彭蒙　三七〇——三一〇　（六一）
莊周　三六五——二九〇　（七六）
季眞　三六〇——二九〇　（七一）
匡章　三六〇——二九〇　（七一）
宋鈃　三六〇——二九〇　（七一）
田鳩　三六〇——三〇〇　（六一）
環淵　三六〇——二八〇　（八一）
愼到　三五〇——二七五　（七六）
田駢　三五〇——二七五　（七六）
接子　三五〇——二七五　（七六）

尹文　三五〇——二八五（六六）
陳仲　三五〇——二六〇（九一）
詹何　三五〇——二七〇（八一）
屈原　三四三——二九九（四五）
荀況　三四〇——二四五（八六）
莊辛　三二五——二五五（七一）
公孫龍　三二〇——二五〇（六六）
魏牟　三二〇——二四五（七六）
孔穿　三一二——二六二（五一）
鄒衍　三〇五——二四〇（六四）
魯仲連　三〇五——二四五（六一）
虞卿　三〇五——二三五（七一）
鄒奭　二九五——二三〇（六六）
龐煖　二九五——二四〇（五六）

孔順 二九三——二三七 （五七）

劇辛 二九〇——二四二 （四九）

呂不韋 二九〇——二三五 （五六）

韓非 二八〇——二三三 （四八）

李斯 二八〇——二〇八 （七三）

尉繚 二七〇——二二〇 （五一）

孔鮒 二六四——二〇八 （五三）

跋

此書草創，在民國十二年之秋。時余始就江蘇省立無錫師範學校講席，助諸生治論語，編要略一書。（後由商務印書館出版，收入萬有文庫第一集。）先及孔子生卒行事，爲傳略，而別撰其考訂，自藏篋衍，未以示諸生也。明年秋，論語終，又講孟子，亦如前例，編要略。（後由大華書店出版。）先爲孟子傳，考訂益富。

時余治諸子，謂其淵源起於儒，始於孔子，而孔子之學見於論語春秋。易繫非孔子書，老子不得在孔子前。既粗發孔子學術大體於要略，又先成易傳辨僞老子辨僞兩篇。（兩文均成於民國十二年夏前。易傳辨僞未發表，老子辨僞於民國十九年刊布於燕京學報第八期，易名關於老子成書年代之一種考察。）及十三年秋，論孟要略既成，始專意治易，擬爲書三卷，發明易意。謂易與老子之思想不明，則諸子學之體統不可說也。

十四年一月，奉軍南下，閭里大受其擾。學校既輟業，余家又遭散軍刼略，窘困無以爲活，乃始售論語要略稿於商務。而是年十月，奉浙之戰又啟，滬寧人心大震。余慮戰事非一日可了，欲移情新業，藉忘外氛，乃作意爲公孫龍子作新注。初余於十二年春，在福建私立集美師範，曾草墨辯探源及公孫龍白馬論注，均未成。及十三年四月，墨辯一題，賡續成篇，投刊商務印書館東方雜誌二十一卷八號。而公孫龍注迄未再理。至是始竟體改作。又附舊稿說惠施歷物及辨者二十一事，稿成於民國七年。幷彙繫年考惠施公孫龍事跡諸篇爲惠公孫小傳，合訂一本。余意治先秦學術，孔墨孟莊荀韓諸家，皆有書可按，惟名家陰陽家，其思想議論，關係先秦學術系統者甚大，而記載散佚，特爲難治。竊欲於治老易外，先爲先秦名學鈎沉，及先秦陰陽學發微兩書，攻木先堅，而後其易，自此乃爲先秦諸子學通論。而考求諸子生卒行事先後，亦當先通論成書。否則諸子之年世不明，其學術思想之淵源遞變，亦自無可確說也。余既埋首爲公孫龍子作新注，未逾旬，而浙軍已越境，社會人心亦稍稍寧。然余事已發軔，因遂匆輟。及多，可百日，而稿首尾粗具。束裝歸鄉舍，度殘臘，私意甚欣欣，非始料也。是年歲底，易書三卷，亦增訂有完帙。

十五年夏，始爲諸生講國學概論，其第二章爲先秦諸子。雖限於聽受者之學力，未能罄其所見，著語不多，而余數年來治諸子，大體意見，略如所論，實至今未變也。後此書成，亦由商務印書館出版。

十六年春，國民軍北伐，學校歇業，復避囂居鄉，得間可兩月，乃始從容整理繫年積稿，居然成卷帙矣。是年秋，改就蘇州中學教職。及明年十七年之春，而國學概論亦完書。時友人某君爲史學與地學雜誌徵稿，以考辨第四卷王氏古本竹書紀年輯校補正一文應之，爲余繫年最先刊布之第一篇也。然秋後家禍大作，兒殤妻歿，兄亦繼亡，百日之內，哭骨肉之痛者三焉。椎心碎骨，幾無人趣。

又明年秋後，得友人介，爲商務草萬有文庫墨子一小册，商務編印萬有文庫，書目中有墨子王陽明未有撰人，友某君介余承乏，余憂痛未銷，先作墨子一小册，七日而成。王陽明一册，於明年開學前旬日爲之。又本擬爲先秦名家鈎沉，而久未有好懷，姑售惠施公孫龍舊稿於商務，以濟家困。

又明年，十九年之春，余始續姻。枯槁之餘，重得生理，頗有意刊繫年，先爲自序一篇，今列書首，卽余新婚後十日內所草也。春間繫年稿爲友人携之南京，以無副，不久卽索還，而頗有傳鈔，曾載史學雜誌，後又轉錄入古史辨第四册，是爲繫年再度刊布之稿。大抵余草繫年，始壬戌，迄庚午，先後九年。其先有齊盧之戰，其後有浙奉之爭，又後而國軍北伐，蘇錫之間，兵車絡繹，一夕數驚。余之著書，自譬如草間之孱兔，獵人與犬，方馳騁其左右前後，彼無可爲計，則藏首草際自慰。余書，亦余藏頭之茂草也。如此爲書，固宜勿精。

又余家貧無書，非能博覽，本不樂專爲考據，草創繫年，乃爲通論之地。初不自意成巨帙。先惟以諸子書與史記國策對勘，又於史記索隱中得古本紀年鱗爪，冥行擿埴，尋索漸遠。所至學校，藏書無多，又不能恣意討究。課務雜碎，敗其深思。每一擾擱，如泥牛之入海，追探便無蹤跡。偶得一日或數刻之淸暇，燈前人靜，精力未灰，展紙疾書，獲成一篇。累積既多，稍得系目，繼閱乙册，然初繙甲籍，更復改爲。積久之後，過寫眉端，遇及異同，統。乃逐逐繙書參考，光所及，時有轉移。精思貫注，未能盡晐。而乙書在手，甲書已去。乙書既去，丙書方來。記誦難周，摘錄不盡。又隔之以時日，雜之以冗擾，乘之以疲怠，遇之以疏闊，雖用力之多，而所得實寡，職以此也。況自己巳以來，饑寒之懼稍紓，骨肉之痛方切。聰明與血淚同盡，記誦隨哭泣並衰。懵然木然，盡喪其所有。所以余書雖成，終自知其疏陋，恐多謬誤，未敢輕以問世也。

及十九年秋，始來北平，任教於燕京大學，七日則得三日暇，爲余有生以來所未有。又所居靜悅，獨處一室，重繙陳稿，改寫通表四卷，因得稍訂其罅漏。凡三閱月而迄。二十年夏後，改任北京大學史學講席，而九一八之警訊已傳。自念此書，雖耗我精力，而無當覆瓿之用，目擊艱危，徒增慚恨。二十一年春，又成再論老子成書年代一文，刊載北大哲學系哲學論叢。又輯前稿爲老子辨，由大華書店出版。而所欲作通論者，迄未暇爲。及二十二年，長城戰事起，日軍飛機盤旋北平城上，仰首如睹蜻蜓之繞簷際也。余恐此書卽爾散失，始覓人寫副本，因亟亟謀刊布焉。

去年夏，始定議由商務刊行，余自任校對，又得從頭逐字細讀，因改定其疏謬者十餘處。然以所涉既廣，亦不獲一一覆勘也。回顧夙志，十不一酬，此區區一册書者，特足供余身世悵觸之

考 辨 索 引

注：各條後阿拉伯數字爲考辨篇次。

二 畫

卜商（即子夏） 29,40

三 畫

子產誅鄧析 14
子產卒年 21
子桑戶（子桑伯子） 29
子路主墮費 10
子路結纓而死 32
子路冠雄鷄 29,32
子貢從遊孔子 29
子貢覲朝禮 25
子貢問孔子爲衞君乎 20
子貢使楚 29
子貢仕衞 29
子貢仕魯 29,25
子貢相魯衞 27
子貢善爲說辭 27
子貢存魯亂齊亡吳強晉霸越 27
子貢貨殖 29
子貢廬墓 29
子貢卒於齊 29
子游從遊年 29
子游宰武城 29
子游與禮運 29
子夏 29,40
子夏溫人 29,39
子夏從游年 29
子夏爲莒父宰 29
子夏爲魏文侯師 38
子夏居西河 29,38,39
子夏居河濟之間 39
子夏喪子 39
子夏喪明 39,48,67
子夏傳詩 30
子夏傳春秋 30
子夏與古經傳統 90
子張陳人 29,81
子張魯之鄙家 29
子張從遊年 29
子張從遊陳蔡 27
子張氏之儒 29,80
子張卒年 29
子弓 29,30
子羽居楚 29
子羽南遊至江 29
子羔爲費宰 29
子羔去衞仕魯 29

子襄 29
子思 48,58
子思生年 58,148
子思有兄 58
子思非適子 148
子思不師曾子 58
子思居衞 58
子思與魯繆公 58,47
子思遊齊 58
子思與田子方 58
子思作中庸 58
子思卒年 58,148
子思氏之儒 80
子上生卒 148
子家生卒 148
子京生卒 148
子高生卒 148
子慎生卒 148
子原 48
子庚 48
子莫 48,81
子莫執中 80
子晚子 163
子服子 163
子池 30
子女子 90
女商 90
子罕 44
子華子見韓昭釐侯 89
子之 120
大夫種書 147
尸佼 90
尸子十二篇 90,123
已齒 62
女偊子 90
上官大夫 121,127
三家分晉 36
三晉始侯 43
三晉命邑爲諸侯 134

四畫

孔子生年 1
孔子娶宋之亓官氏 2
孔子爲委吏 2
孔子爲乘田 2
孔子問官於郯子 2
孔子始設教 3
孔子適齊 5
孔子與齊景公晏子問答 5
孔子爲高昭子家臣 5
孔子居齊年 6
孔子自齊返魯 6
孔子宰中都 6,12,4
孔子爲司空 12
孔子爲司寇 10,12
孔子行乎季孫三月不違 14
孔子行攝相事 14
孔子相夾谷之會 13
孔子主墮三都 13,10
孔子誅少正卯 14
孔子去魯 15
孔子適衞 15

孔子主蘧伯玉家　16
孔子過蒲　17
孔子爲寧武子家臣　17
孔子要盟於公叔氏　17,39
孔子西見趙簡子　17,25
孔子仕衞靈公　24
孔子見衞夫人南子　20
孔子爲衞靈公次乘　20
孔子對衞靈公問陳　20
孔子過曹　19,21
孔子過宋　17,19
孔子遭宋桓魋之難　19,21
孔子畏匡　17,21
孔子貌似陽虎　17
孔子適鄭　21
孔子與子產　21
孔子去衞適陳　19,20
孔子主司城貞子　19
孔子在陳絕糧　21
孔子自陳適蔡　19,22,31
孔子厄於陳蔡之間　19,21,27
孔子至蔡見葉公　19,23
孔子使子貢（子夏）如楚　21,29
孔子自楚反衞　24,19
孔子仕衞孝公　24
孔子自衞反魯　15,25
孔子未有終三年淹　19,24
孔子卒年　28
孔子年七十三　28
孔子出妻　58
孔氏三世出妻　148
孔子觀季札葬子　6
孔子訪樂萇弘　4
孔子脩詩書禮樂　9
孔子脩春秋　4
孔子春秋絕筆　4
孔子五十學易　9
孔子作十翼　9
孔子師老聃　4
孔子南之沛見老子　4
孔子與南宮敬叔適周問禮老子　4,38
孔子從老聃助葬於巷黨　4
孔子於周太廟見欹器　4
孔子於魯桓公廟見欹器　4
孔子與左丘明如周　4
孔子西藏書於周室　4
孔子使子夏等十四人求周史記　4
孔子弟子七十人　29
孔子弟子分布之地域　38
孔子弟子至自遠方　29
孔門弟子先後風尚不同　29
孔門弟子多爲家臣　29
孔門弟子多出微賤　29,4
孔門四科　27
孔門傳經　30,9
孔鯉（伯魚）生年　2
孔鯉出妻　58
孔鯉卒年　26
孔青（即孔屑）　55,56,160
孔穿　33
孔穿與公孫龍　148

孔穿卒年　148
孔子順　160
孔鮒生卒　148
孔叢子僞書　4,124,160
公山弗擾（不狃）以費畔召孔子　10
公西華（公西赤）　29
公西華使齊　29
公冶長　29
公晳哀　29
公良孺　17
公輸般生年　41
公輸般自魯遊楚　41
公輸般製鈎強　41,42
公輸般製雲梯　42
公輸般與墨子　31
公季成　40
公仲達　40
公尚過　32,62
公儀休（公儀潛）　48
公明儀　30,81
公明高（公孟子高）　30,81
公明子　90
公明賈　30
公羊賈　30
公羊高　30
公羊平　30
公羊地　30
公羊敢　30
公羊壽　30
公羊春秋　147
公羊春秋與鄒子　144
公羊成書年代　90
公叔痤　73
公叔痤與吳起　66
公扈子（公肩子）　90
公都子　90,98
公孫段　30
公孫會（田會）　56
公孫丑　98,117
公孫龍字子秉　80
公孫龍與平原君　142
公孫龍說燕昭王　141
公孫龍說趙惠文王　142
公孫龍卒年　141,152
公孫龍與惠施　141
公孫龍與莊周　141
公孫龍書　152
公孫龍跡府　148
公孫龍白馬非馬論　130
公孫龍與墨家　142
公孫固　163
公孫尼子　29,163
公孫發　163
公檮生　163
公勝子　163
公仲緩居鄴　46
公中緩與梁惠王爭立　46
公孫衍（犀首）相梁　115,116
公王丹　163
王登　40
王愼　58

王錯　46,66
王斗（王升）　75,139
王氏　163
王廖（內史廖）　163
王狄子　163
王蠋（王斶）　139
王孫子　163
尹文　72,75,123,124
尹文與公孫龍　124
尹文與墨家　124
尹文華山冠　32
尹文僞書　14,124
尹皐　163
文種　34
文子計然　34
文子（子夏弟子）　31
文子　72
太史屠黍　54,55
太史儋見秦獻公　72
太公任　72
太公涓　72
中山武公　43,54
中山桓公　54
中山尚　146
中山公子牟　72,146
中山亡國　146
中山復國　146
中山墨學　33,146
毛翕公　72
毛公　152
五侯　62
五行相勝與相生　144
五國相王　105
五國伐秦　95
六藝之學　32
六國皆王　105,106
六國合從　95,157
少正卯　14
牛畜　40
中章胥已　40
仇赫（仇液）　130
元俗　163

五　畫

田子方　38,40
田邑　55
田開之　55
田襄子（田讓）　68
田常弑簡公　35
田悼子年　51
田悼子立　56
田悼子卒　56,134
田莊子請攻越　51
田莊子卒年　51,56,47
田和立　56
田和會諸侯濁澤　43
田和始侯　43,64
田侯剡立　65,52
田桓公始立年　65,70
田桓公在位年　70,134
田齊十二世　52
田忌　85

田忌奔楚　78,85
田臣思（田居思）四期　120,134,94
田盼（田肸）（盼子）（肹子）　102
田嬰　85
田嬰封薛　109,110,111
田嬰城薛　111
田嬰封彭城　110
田嬰卒年　110
田鳩　114
田鳩見秦惠王　114
田鳩見楚懷王　114
田繫　114
田俅子　114
田需　125
田文相魏　125,129
田駢　75,139,109
田駢學於彭蒙　139
田駢與淳于髡之不仕　139
田仲史鰌　80,150
田穰苴（參看司馬穰苴）　85,7
田巴　75,155
田單　155
田單相趙　155
田單圍聊城　155
田不禮（田不禋）　130
左邱明　30
左邱明爲春秋傳　4
左邱明與左氏　67
左邱失明與子夏失明　67
左氏傳統　30,67
左氏源流　147
左氏微　147
左氏與國語　147
左氏不傳春秋　147
左傳成書年代　67
左傳與吳起　40,67
冉求　29
冉有問孔子爲衞君乎　20
冉有仕魯　27
冉求爲季氏宰　29
冉有爲季氏宰及齊戰於郎　24,25
冉求年　29
冉耕（伯牛）　29
冉伯牛爲仲弓父　29
司馬耕　29
司馬唐　40
司馬穰苴（參看田穰苴）　50,85,128
司馬子椒　121
司馬喜　146
司空馬　159
申徒狄　29
申詳　29,48,81
申不害　77
申不害卒年　71
申子書　77
申不害與商鞅　77
申子與黃老　77
北宮子　90
北宮黝　29
北宮錡　90

北宮嬰兒　118
史魚　16
史鰌陳仲　150,80
史起　40
史起引漳水溉鄴　99
史驎（史理）　55
史疾　29
史氏　163
甘龍　73
召滑　146
甘茂亡秦之齊　128,146
甘公　163
甘均　163
甘德　163
石申　67
石公　163
石生　163
白圭　82
白圭取中山　40
世子（世碩）　29,163
市南宜僚　72
玄淵　72
正伯僑　72,163
句踐元　18
句踐棲會稽　18
句踐入宦於吳　18
句踐滅吳　18
句踐徙都瑯琊　18,35,118
句踐卒　18
平原君爲相　133
平原君卒年　152
令尹子蘭　121
代爲墨而殘　33

六　畫

仲由　29
仲由爲季氏宰　29
仲由爲郈令　29
仲由爲衞大夫孔悝邑宰　29
仲由爲蒲大夫　29
仲由年　29
仲弓年　29
仲弓父賤人　29
仲良氏之儒　80
有若　29
有若似孔子　29
有若不能對弟子問　29
有子卒年　29
老子姓李　72
老子字伯陽　72
老子居賴　72
老子楚人　4
老子師容成　163
老子爲周守藏室史　4
老子教楊朱　72
老子出函谷關　72
老子西遊入秦　4
老子死　4
老子眞相　72
老子成書年代　72
老子與韓非　73
老子之子宗封段干　72

老子子孫　72
老聃（老耽）　72
老萊了　72
老萊子與荷條丈人　72
老萊子教子思　72
老彭　4,72
老成子　163
列禦寇　59,72
列禦寇師老商氏　72
列子學術　59
列子書　59,146
安丘丈人　72
安期生　72,163
西門豹　40
西門豹治鄴　46
西門豹引漳水漑鄴　99
任座　40
任公子　72
吁子　163
芋子　163
充虞　112,122
充尙　72,163
成公生　163
成公趙　99
伍子胥　163
光羽子乘　30
羊子百章　163
名家與小說家　123

七　畫

言偃（即子游）　29
言思　29
伯昬無人　59
伯陽　72
李耳　72
李克（李悝）（李離）　40
李克法經　40,11
李克傳詩　30
李子　40
李兌主合從　95,130
李冰　99
李疵　146
李氏春秋　163
李斯　156
李斯從學荀卿年　156
李斯相秦年　156
李斯卒年　156
李斯譖殺韓非　156
李斯焚坑之禍　14
李由　156
吳起　40
吳起左氏人　67
吳起游仕破家　50
吳起學於曾子　40,48,113
吳起仕魯繆公　48,50
吳起爲魏將　53
吳起涇水之戰　53
吳起攻中山　53
吳起爲西河守　40
吳起仕魏武侯　60
吳起去魏　66
吳起奔楚年　60

吳起相楚　66
吳起支解　66
吳起年壽　50
吳起與李克　66
吳起與商鞅　40
吳起與左傳　40,67
吳期　67
吳越春秋紀越年　118
杜摯　73
杜赫　55,85,163
杜文公　163
宋昭公年　45
宋昭公被弒　44
宋囚墨翟　44
宋桓侯辟兵　69
宋桓侯在位年　69
宋剔成　69
宋遷彭城　99,111
宋王偃元　91
宋王偃立年　69
宋偃弒兄自立　91
宋偃稱王年　91,99,110
宋偃王（宋康王，宋獻王）　99
宋偃王行仁政　91,98,99,130
宋康王滅滕　135
宋康公滅滕伐薛　49
宋大尹　91
宋太丘社亡　99
宋王偃即徐偃王　99
宋王偃與惠施　108
宋王偃禪國　130
宋元王（宋元君）　130,88
宋鈃（宋牼）　75,123
宋鈃與荀卿　123
宋鈃與莊周　123
宋鈃與老子　123
宋鈃與墨子　123
宋鈃華山冠　32
宋榮子　123
宋玉　72,87
宋毋忌　72,163
沈猶行　90
沈尹華　89
呂禮　129
呂不韋獻姬　161
呂不韋入秦年　159,161
呂不韋著書年　159
呂不韋著書動機　159
呂氏賓客　159
辛文　34
辛寬　48
匡章　94,98
匡章與惠施　94
匡章與陳仲　94,150
匡簡子　17
佛肸召孔子　17
巫馬施　29
狂接輿　72
告子　62
我子　163
祁射子　114
夾氏　144

形名之學　40

八　畫

孟僖子卒年　3
孟懿子生年　3
孟懿子學禮於孔子　3
孟子反　29
孟勝　28
孟軻生年　63,122
孟子鄒人　110
孟子受業子思　98
孟子學於子上　98
孟子游歷先後　98
孟子齊威王時已在齊　98,112
孟子不列稷下　76
孟子與匡章交游　94,98
孟子自齊歸葬　112
孟子遊宋　91,98,110
孟子過薛　110
孟子過鄒　110
孟子遊滕　111
孟子遊梁年　63,115
孟子見梁惠王　98,115
孟子與莊周　88
孟子見梁襄王　117
孟子自梁返齊　117
孟子兩至齊　117
孟子爲卿於齊　76
孟子出弔於滕　98
孟子仕齊年　122
孟子去齊年　122
孟子與淳于髡辨難　76
孟子論仕義　76
孟子拒楊墨　80
孟子遇宋牼於石邱　123
孟子卒年　63
孟子年歲　98
孟子書　122
孟子成書年代　112
孟子言五行　144
孟子外書之僞　103
孟氏之儒　80
孟仲子　30
孟嘗君　109
孟嘗君好客年　155
孟嘗君使公孫宏於秦　129
孟嘗君見廢　129
孟嘗中立稱侯　129
孟嘗入秦　129
孟嘗合從　129,130
孟嘗相魏昭王　129
孟嘗去齊相魏　129
季札　16
季桓子受女樂　15
季康子以幣迎孔子　25
季康子使子夏辭吳　24
季次（季衰，季襄）　29
季成子　40
季子　138
季梁　79
季眞　75,79,86
季澈　79

季任　110
季節　160
東郭順子　40
東郭子惠（東郭子思）　40
東周惠公薨年　46
東周昭文君資送張儀入秦　107
東方墨家　114,123
屈侯鮒　40
屈宜臼　66,94
屈宜咎，屈宜若　66
屈穀　150
屈原生年　87
屈原爲楚左徒年　87
屈原使齊　121
屈原放逐　121
屈原作離騷年月　121
屈原居漢北　78,127
屈原爲三閭大夫　127
屈原遷江南　87
屈原沈汨羅　127
屈原卒年　87
屈原天問　116,127
周豎子家　30
周桓公（周威公）　54
周威烈王二十九年鼎震　99
周九鼎淪泗水彭城下　99
周昭文君　107,83
周霄　125
周史大弢　163
周伯　163
宓子（宓不齊）　39,163
宓子治單父　29
長息　30,58,81
長盧子　90,163
長梧　163
兒說　130,163,75
兒良　163
狐丘子林　72
狐咺　14
河上公　72
河上丈人　72
牧皮　29
帛妙子　30
泄柳　48
苦獲　62
庚桑楚　72
於陵仲子（於陵子終）　150
軥子　144
易經傳統　30
法家之興　40
法家與儒家　73
法家與道家　73
知伯滅　43
奉陽君　95
奉陽君資送蘇秦入秦　95
武安君與蘇秦　95
泗上十二諸侯　99,111

九　畫

南宮敬叔生年　3
南宮敬叔學禮於孔子　3
南宮敬叔與孔子適周　4

南宮敬叔卒年　4
南宮括　3,29,48
南宮　3,48
南宮滔　3,48
南宮邊　48
南郭惠子　40
南郭子綦　59,72
南榮趎　72
南榮趎見老子　4
南公　72
南方墨師　62
范蠡　34
范蠡流於江　34
范蠡三徙成名　34
范蠡書　147
范睢（張祿）　129
范蜎　146
范環　146
段干木　38,40
段干朋　40,120
段干宗　40
段干崇　72
相夫氏　62
相夫氏之墨　80
相里勤　62
相里氏之墨　80
春申君乃頃襄王弟　132
春申君說秦昭王　132
春申君爲相封淮北　132,153
春申徙封吳　118,132,153,161
春申君封荀卿爲蘭陵令　140
春申君獻李園妹　161
春申君見殺　161
祝腎　55
扁鵲　33
計然（計硯，計倪，計研）　34
柳若　58
胡非子　62
盼子（肹子）　94
便娟　72
昭睢　87,127
姚賈　156
哀郢作者　87
函谷關之始建　95
洞庭在江北不在江南　87,127

十　畫

晏子沮孔子　5
晏子卒年　5
晏子送曾子　29
宰我（宰予）　29
宰我生卒年　27
宰我與田常作亂　27
宰我死齊　27
宰我善爲說辭　27
宰我利口　27
宰我從孔子在陳蔡　27
宰氏　34
高柴　29
高柴爲費郈宰　29
高行子　30,90
高子　90

高石子　62
原憲　29
原憲爲孔氏家邑宰　29
荀欣　40
荀卿（孫卿）　75
荀子字卿　76
荀卿年十五之齊　103,123,124
荀卿見孟子論性　103
荀子遊燕　103
荀子說齊相　136
荀卿自齊適楚　136
荀子與春申君　140
荀卿齊襄王時爲稷下祭酒　143
荀卿赴秦　149
荀卿與應侯問答　149
荀卿至趙　140,151
荀卿在趙爲上卿　151
荀卿與臨武君論兵趙孝成王前　151
荀卿爲蘭陵令　140
荀卿遺春申君書　140
荀卿作成相年　140
荀卿終老蘭陵　140
荀卿著書年　123,140151,156
荀卿卒年　140,156
荀子與孔門經學　30
荀卿子傳詩毛公　30
荀卿唱誅士之論　14
孫虞子乘　30
孫武　7
孫武兵書十三篇　7
孫武與孫臏　83
孫臏　78,85
孫子兵法　85
孫軫　157
孫子　163
孫休　163
孫卿子（即荀卿）　75
孫氏之儒　80
徐越　40
徐弱　68
徐州子忌　110
徐州子期　134
徐州相王　43,86,92
徐偃王通溝陳蔡之間　99
徐劫　155
徐子　163
徐尚　163
唐尚　78
唐昧（唐蔑）　94,163
唐鞅　91,130
唐姑果　114
唐易鞠　163
料子　141
料子別宥　123
料子與宋鈃　123
鬼谷子　34,95
鬼谷子僞書　95,51
娟環　72
涓子　72
根牟子　30
耕柱子　62

荷蓧丈人　72
長沮　72
莫敖子華　89
索盧參　113
桓團　152
痀瘻丈人　163
倈子　163
倈生　163
桑丘先生　163
乘丘子　163
容成子　163
宮孫子　163
烏獲　99
師春　67
晉出公奔齊　36
晉出公奔楚　36
晉敬公　36,49
晉哀公　36
晉懿公　36
晉幽公　36,49
晉烈公　36
晉烈公在位年　134
晉桓公　36
晉桓公邑韓哀侯於鄭　36
晉桓公遷屯留　36
晉孝公　36
晉太史屠黍　54,55
秦嬴（晉幽公夫人）　36
秦簡公在位年　134
秦敬公在位年　134
秦降魏安邑　46
秦地東至河　46
秦虜魏公孫座　46
秦虜魏公子卬　46
秦孝公會諸侯於逢澤　83,134
秦不敢窺函谷關十五年　95
秦置函谷關年　72
秦惠王女爲燕易王妻　97
秦惠王稱王年　100
秦之墨　114
秦武王舉鼎　99
秦始皇爲呂不韋子　159,161
秦零陵令信　163
桂陵之戰　46,78,84,85,86
桂陽之戰　78,84,134
馬陵之戰　46,84,85,86,134

十一畫

閔損　29
閔子騫爲費宰　29
閔子騫不事大夫　29
桀溺　72
商容　72
商容教老子　72
商瞿　29
商瞿生年　30
商瞿傳易　29,30
商文　60
商鞅　73
商鞅車裂　66
商鞅與李悝　40,73
商鞅與吳起　73

商鞅徠民　73
商君書　73
梁鱣　29
梁惠王生年　40
梁韓會巫沙　46
梁惠王觴諸侯於范臺　78,154
梁圍邯鄲　46,78,79,85,154
梁惠王拔趙邯鄲　36
梁敗韓馬陵　134
梁惠王從十二諸侯朝天子　78,83
梁惠王逢澤之會　83,86
梁惠王爲臼里之盟　83
梁惠稱王　83
梁惠王三十六年改元　92
梁惠王卒年　117
梁惠襄年　92
梁襄王　119
梁哀王　119
莊周生年　88
莊子爲蒙漆園吏　88
莊子與惠施　88
莊子與季眞　79
莊子卒年　88
莊子述老聃　72
莊子見趙惠文王　145
莊子與魯哀公　145
莊子與莊辛　88,131,145
莊辛　131
莊辛作哀郢　87
莊辛爲陽陵君　87
莊蹻　131
陳戴　40
陳臻　98,110
陳軫　107
陳軫合從　130
陳駢（即田駢）　109
陳仲　150
陳仲子適楚　150
許行至滕　32,113
許行與禽滑釐　113
許行與陳仲　76
許犯（即許行）　108
張儀　95
張儀初入秦　83,107
張儀相秦　107
張儀與齊楚魏三國會齧桑　99,107
張儀逐惠施　107,108,126
張儀相魏　107,115
張儀去梁歸秦　116
張儀見逐於秦　126
張儀卒年　126
張儀散六國之從　107
張儀連衡　95,126
張儀書　95,147
張祿（范睢）　129
張蒼傳左氏春秋　30
郯子來魯　2
陶朱公　34,99
猗頓　34
曹公子　62
常樅　72
野老　72,163

接子　75,138
畢戰　111
淖滑　116
處子　157
尉繚　162
帶佗（帶季）　163
國筮子　163
國語　147
國語與左氏　167
國策　147
國策襲史記　155
術士　32
術數之學　77
陰陽家之分衍　163
陰陽家與神仙　163

十 二 畫

曾蒧（曾晳）　29
曾參　29,81
曾子南武城人　29,35
曾子居武城　29,35
曾子處費　29
曾子南遊越　29
曾子卒年　48
曾子獨得孔門一貫之傳　29
曾子與春秋　90
曾子弔子夏　39
曾子問不可信　4,29
曾元　48
曾申　48
曾申傳詩　30
曾史　80
琴張　29
琴張從游孔子　3
琴張弔孟縶喪　3
琴牢　29
琴高　72
陽貨欲見孔子　8
陽虎暴匡　17,21
陽虎執季桓子　10
陽虎逐於魯　8
陽虎逃讙陽關以叛　10
陽虎奔齊　10
陽虎見趙簡子　8
陽子居見老子　4
惠施墨徒　93
惠施見白圭　82,93
惠施仕魏年　93
惠施見逐於魏　126
惠施去魏　107
惠施之楚　108
惠施之宋　108
惠施反魏　116
惠施使齊　95,116
惠施使趙　116
惠施卒年　116,125
惠施與莊周　88
惠盎　108
犀首（公孫衍）仕秦　107
犀首爲秦大良造　73
犀首立五王　105
犀首佩五國相印　105

淳于髡　74,75,118
淳于髡見梁惠王　118
淳于髡爲人家奴　118
淳于髡田駢之不仕　76,118
馮煖　157
馮煖躡屩見孟嘗君　32
馮煖與龐煖　129
馮讙　129
馮促子　163
景春（景丑）　115,163
景差　87
景陽　163
景子　163
越王迎墨子　32
越攻費　35
越徙瑯琊　18,35,118
越句踐以下世系年數　118
越不壽與王翁　118
越朱句滅滕　49,134
越朱句滅郯　49,134
越朱句猛虎　51
越朱句卒年　134
越朱句與不揚　118
越王翳立年　118
越王翳徙吳　134
越王翳見弒　134
越王子搜逃山穴　118
越無余之立　134
越王無顓立年　118,134
越絕書紀越年　118
越絕書疏謬　161
黃歇　116,132
黃繚　116
黃公疵　163
黃老淵源　72
黃老起於晚周　123
費惠公　35,58
寧越　55,160
勝綽　75,62
項子牛　57
彭蒙　75,139
程本　89
寒泉子　95
捷子　123,138
郰子　144
將鉅子　163
游仕之風　50,62
博士之制　48,118
博士與稷下先生　75
湘江在江北　127

十 三 畫

葉公問孔子於子路　23
葉公問政於孔子　23,31
楚昭王興師迎孔子　21,23
楚子西沮孔子　21,23
楚惠王滅蔡　42
楚惠王滅杞　42
楚惠王都西陽　42
楚惠王遷郢　42
楚威王與齊威王同時　96
楚圍徐州　96,118,134

楚莊王聘莊子相　88
楚襄王遷屈原　87
楚襄王聘莊辛　88
楚頃襄王又稱莊王　72,99,131,146
楚襄王傅慎子　137
楚子　163
楚南公　127,163
楚雖三戶亡秦必楚　127
楚辭九歌作者　127
楚辭九歌產地　127
楚辭與黃老　72
楊朱　80
楊朱見梁王　72
楊朱爲我　7
楊子取爲我　80,89,139
楊子居　72
楊子居見老聃　80
楊墨之言盈天下　80
詹子（詹何）　72,146
蜎淵（蜎子）（蜎環）　72,146
壺子（壺子林）（壺邱子林）　72,59
道家思想之展衍　89,139
道家陰陽家與農家之相通　72
農家並耕與墨家兼愛　113
禽滑釐　32,62
禽滑釐守宋　42
禽滑釐與子夏　62
禽滑釐與楊朱　62
禽滑釐卒年　113
禽滑鱟　62,113
鄒忌　72,75,85,120
鄒忌諷諫齊王　47,85
鄒忌封成侯　110
鄒忌卒年　85
鄒穆公　110
鄒衍　75,144,157
鄒衍與梁惠王　144
鄒衍與平原君　144
鄒衍與公孫龍辨於平原君家　152
鄒衍與燕昭王　95,144
鄒衍與劇辛　144
鄒衍與燕惠王　144
鄒衍與孟子　103
鄒衍著書　144
鄒子終始　144
鄒子主運　144
鄒衍學術　144
鄒赫子　144
鄒氏　144
鄒衍與漢儒　30
鄒奭　75,144
虞卿躡屩擔簦　32
虞卿說趙孝成王　147
虞卿說春申君　132
虞卿傳春秋　67
虞卿與荀卿　147
虞卿與張蒼　147
虞卿著書年　146
虞氏春秋　147
虞氏微傳　147

虞氏抄撮　147
虞商　129
慎到　75,137
慎子學術　137
慎到與田駢　137
慎到與孟子　137
慎子僞書　137
慎墨季惠　75,80
舜華　17
馯臂子弘（子弓）　30,29
義畤　55
腹䵍　68,114
萬章　98
靖郭君　109
靳尚　121,127
娷　163
董子無心　163
羨門高　72,163
詩經傳統　30
新國語　147

十 四 畫

齊景公問孔子魯禮　5
齊宣公卒年　56
齊康公興樂　57
齊取魯郕　57
齊太王諆威王　155
齊威王立年　70,84,118
齊威王在位年　74
齊威王敗梁馬陵　134
齊威王始王年　36
齊威王因燕喪伐燕　97
齊威王卒年　109,117
齊威王諆太公　155
齊威王與周烈王　155
齊威宣年　85,92,94,96,97,104,105,109,128
齊魏會徐州相王　92
齊魏會甄　92,104,107,109
齊魏會平阿　104
齊封田嬰於薛　109
齊人將築薛　109,111
齊宣王立年　117
齊宣王伐燕　120
齊宣湣年　120,129
齊湣王在位年　128
齊湣王敗燕　128
齊稷下　75,76,103,123,124,136,143,144
趙夙居耿　46
趙簡子居晉陽　46
趙簡子卒年　33
趙襄子元　33
趙襄子居原　46
趙襄子滅代　33
趙桓子元　37
趙獻子居中牟　46
趙城平邑　134
趙列子（即趙烈侯）　43
趙始侯　43
趙武公　43
趙敬侯始都邯鄲　43,46,78

趙以中牟易魏　46
趙成侯遷晉桓公於屯留　36
趙成侯封晉君端氏　36
趙肅侯奪晉君端氏　36
趙肅侯爲六國從長　95
趙武靈工胡服　32,82
趙武靈王稱王年　105
趙武靈讓國　105,130
趙蒼唐　40,46
趙駢（趙巽）　55
趙良　73
翟璜（翟觸）　40
翟角（即翟員）　40,43,56,134
翟剪（翟煎）　40,78,93
閭丘子　163
閭丘印　163
閭丘光　163
端木賜（子貢）　29
管黔傲　62
蓋公　72
漁父　72,127
漢陰士人　72
蒯通　72,163
綦母子　152
蒲苴子　163

十 五 畫

墨子生年　31
墨子非姓墨　32
墨子摩頂放踵　32
墨子無黔突　32
墨子至楚　32
墨子至郢　42
墨子止楚攻宋　31,42
墨子獻書楚王　42
墨子爲宋大夫　44
墨子囚於宋　44
墨子與魯繆公　48,57
墨子遊齊　57
墨子見齊太王　57
墨子遊楚魯陽　42,61
墨子卒年　31,61
墨子學儒者業　31
墨子行迹　42,62
墨子弟子　62
墨子弟子遊越　42
墨字名義　32
墨爲禹道　32,31
墨者以跂蹻爲服　32
墨與薄葬　32
墨家鉅子傳統　68,114
墨分爲三　62,80
墨家分衍　114
墨經　62
墨翟　32
魯哀公奔越　18,35
魯哀公卒於有山氏　35
魯哀公被弑　35,50
魯悼公年　47
魯悼公非見弑　50
魯悼公以下世系年數　153,154
魯繆公立　51

魯繆公年　47
魯繆公禮賢　48,50
魯共公年　154
魯平公年　47,106,123,154
魯平公元　106,112
魯平公立六國皆稱王　105
魯平公欲見孟子　112
魯滅年　153
魯顔氏　29
魯欲使樂政子爲政　112
魯欲使慎子爲將軍　137
魯子（公羊引）　90
魯連　75,155
魯仲連義不帝秦　155
魯仲連與聊成燕將書　155
魯仲連見孟嘗君　155
魯連僞書　155
魯陽文君　61
魯陽文君攻鄭　31
鄭繻公　59
鄭繻公被弒　31,61
鄭子陽　99
鄭釐侯　71
鄭詹尹　72,
鄭長者　72,163
鄭國　99
鄭同　137
鄧析　14
鄧析竹刑　40
鄧析子僞書　163
鄧析惠施　30
鄧陵氏　62
鄧陵氏之墨　80
樂羊　40,82
樂羊圍中山　53
樂正子春　48,90
樂正子言孟子於魯平公　112
樂正氏傳春秋　67
樂正氏之儒　80
樂毅合從　95
樂瑕公　72
樂巨公（樂臣公）　72
樂克　112
樂池　120
劇辛（劇子）　157
劇辛與燕昭王　65,157
滕文公聘孟子　110
滕文公在位年　135
滕文公卒年　98
樊須　29
穀梁赤　30
穀梁喜　30
穀梁寘　30
穀梁俶　30
穀梁傳統　30
穀梁成書年代　90
駟顓殺鄧析　14
鮑焦　29
微虎　29
樓季　40
樓緩　40

十 六 畫

儒之名義　32
儒書　32
儒服　32
儒學與六藝　30
儒墨　32,42,62
儒墨楊秉　80,141
儒家與法家　40
儒禮之變　48
儒分爲八　30,80
漆雕開　29,163
漆雕启　29
漆雕子　123
雕雕馬人　163
漆雕憑　163
漆雕氏之儒　29,80
燕成公年　43
燕成公立年　134
燕成公卒年　134
燕簡公卒　134
燕策言蘇秦不可信　95
燕策載蘇代事難信　95
燕策多不可信　97
燕王噲之讓國　130,105
燕王噲與荀卿　103
燕昭王乃公子職非太子平　102
澹臺滅明　29
穆賀見墨子　32
鴟夷子皮　34
縣子　47,48,51
錡疇　55
駱滑釐　62
隨巢了　62
黔婁子　163,124
盧生　72,163
諸侯稱王　92
戰國諸王讓賢　130
戰國之車戰與騎戰　127

十 七 畫

環淵　72,75,146
環淵師老子　146
關尹子（關尹喜）　72
關尹老聃　146
瞻子與魏牟　146
薛倉子　30
薛居州　91,130
薛滅年　110
矯疵子庸　30
檀弓　47
龍子　73
襄疵　73
贅子（鼙子）　94
謝子　114
臨武君與荀卿議兵　157
優孟與楚莊王　131
闕子　163
縱横之學　77
鴻滑　99

十 八 畫

顏無繇　29
顏回　29
顏子居陋巷　29
顏淵從孔子過匡　17,26
顏回短命　26
顏回卒年　26
顏回年　29
顏氏之儒　26,80
顏刻　17
顏高　17
顏般　58
顏偃，顏成子遊　59
顏率　46
顏斶　139
顓孫師（子張）　29
顓孫子莫　81
魏桓子居安邑　46
魏文侯始立年　37
魏文侯始封鄴　46
魏文侯禮賢　40,50
魏文侯師事子夏　29,38
魏文侯過段干木之閭而式　38
魏文始侯　43
魏文侯立晉烈公　36
魏文侯伐秦　53
魏文侯築洛陰郃陽　46,53
魏文奪秦河西地　53
魏文侯伐中山　38
魏文滅中山　46,54
魏文太子擊守中山　38
魏文太子擊稱中山君　54
魏文侯少子訴　46
魏成子　40
魏成子東得卜子夏　29
魏武侯生年　46
魏武侯元　60
魏武侯別都　46
魏城安邑王垣　46
魏徙都大梁　46
魏罃與公子緩爭國　36
魏罃與田侯牟　70
魏圍趙邯鄲　46
魏爲逢澤之遇　46
魏襄王會薛侯於釜邱　129
魏牟　72,146
魏牟遊秦　146
魏牟年壽　146
魏牟與莊周　146
魏牟與公孫龍　146
魏牟與子莫　81
魏越　62
魏子　129
魏加　157
魏公子兵法　163
韓武子元　37
韓景子　43
韓列侯（即武侯，亦稱文侯）　43
韓始侯　43
韓傀即俠累　71
韓哀侯　71
韓哀侯滅鄭　36,71,134
韓懿侯　71

韓共侯遷晉桓公於屯留　36
韓昭侯　71,76
韓姬弒悼公　36
韓宣王即韓威侯　102
韓始稱王　101,102,104
韓舉　102,134
韓檀　152
韓徐　129
韓非　156
韓非使秦　156
韓非書　156
韓非初見秦篇作者　156
韓眾　163
戴晉人（戴晉生）　89
戴不勝　91,110,130
戴盈之　91
聶政　71
儲子　110,117,120

十九畫

離耳　72
離朱　80

二十畫

蘇秦　95
蘇秦卒年　95
蘇秦說六國合從　95,97
蘇秦佩六國相印　95
蘇秦與張儀　83,107
蘇秦資送張儀入秦　95
蘇秦書　95,147
蘇代　95,120,128
蘇厲　95
龐涓　85
龐涓與龐煖　157
龐煖生年　157
龐煖與馮煖　157
龐煖與臨武君　157
龐煖書　158
龐煖國籍　158
龐煥　157
龐援　157
鶡冠子　157
鶡冠子僞書　158
蘧伯玉　16
竇鳴犢　17
嚴仲子　71
騶忌（鄒忌）　72
譚拾子　129
纏子　163

二十一畫

鐸椒　67
鐸椒與虞卿　147
鐸氏抄撮　67,147
鐸氏微　67,147
續耳（續牙，續身）　72

二十二畫

穰疪　77,84

書名人名索引

注：各條後阿拉伯數字爲考辨篇次。

二　畫

十三州志　146

三　畫

小戴記　3,30,147
　曾子問　4,29
　檀弓　12,21,29,30,32,35,39,41,47,48,51,58,99,148,153
　檀弓正義　29,163
　禮運　29,144
　雜記　30
　祭法　32
　王制　32
　內則　32
　喪服　58
　曲禮　122,127
　月令　144
　緇衣　163
大戴記　16,147
　五帝德　27
　衞將軍文子篇　29,72
　虞戴德篇　72
　保傅篇　105,144
三國志吳志孫登傳　26
　魏志　46,124
　王昶增邑遷官詔　46
　劉卲傳注　124
三輔決錄　72
山海經大荒北經　72
　中山經　127
尸子　99
　廣澤篇　59,90,123,141
子華子　89
小爾雅廣言　113

四　畫

王欽若册府元龜　1
王圻續文獻通考　1
王世懋　3
王弼　4
王若虚滹南遺老集五經辨惑　13,21,29
王荆公行述　15
王荆公春秋解　67
王應麟困學紀聞　17,27,39,48,58,67,73,81,92,158,159
　漢書藝文志考證　67,72,130,156,163
　通鑑答問　94,135

王應麟　29,144,147,163
王引之春秋名字解詁　17,108
王鏊　17
王崧樂山集　20
王肅　26,39
王充論衡實知篇　26
　自紀篇　29
　本性篇　29,163
　案書篇　161
　福虛篇　163
　非韓篇　163
王念孫讀書雜志　72
王念孫　29,163
王先謙漢書補注　34,42,46,72,99,163
王符潛夫論　35
　氏姓篇　62
　賢難篇　85
王國維古本竹書紀年輯校　46,78,134
王劭　69,70,95
王古魯武內氏六國表訂誤之商榷　70
王復禮　72
王先愼韓非子集解　123
王先愼　77,131,157
王逸楚辭章句　87,116
　離騷序　127
王夫之楚辭通釋　87,127
王懋竑白田草堂存稿　87,121
　白田草堂存稿書楚辭後　87
王之昌青學齋集　120
王闓運　158
王世貞讀書後辨　161
孔繼汾闕里文獻考　1,48,58
孔傳孔家雜記　1,28
孔元措祖庭廣記　1
孔廣牧先聖生卒年月日考　1,28
孔子家語　2,12,13,14,17,26,29
　家語觀周篇　4
　家語好生篇　163
孔廣森經學卮言　4,17
孔穎達春秋左氏傳正義　4,11,13,18,28,49,83,127,147
　論語正義　28
孔安國注論語　10,22,28
孔安國　26,29
孔叢子詰墨篇　25
　抗志篇　72
　公孫龍篇　148
孔叢子　29,30,32,34,39,48,58,98,124,147,160,163
孔平仲談苑　27
毛奇齡論語稽求篇　9,10,16,26,27
　四書改錯　2,16,17,29
　毛氏經問十二　4,12
　四書賸言　8,58
毛詩周南正義　30
毛氏汲古閣重刻北宋秘省本史記索隱　84
水經注　4,38,40,43,46,99,109,

113,127,129,134,135
水經注引京相璠 29
水經濟水注 29
濰水注 35,72
淮水注 35,77,78,99,134
漳水注 36,73
沁水注 36,46,71
河水注 39,46,53,71,102,134
瓠子河注 40,56,134
汶水注 40,56
濁漳水注 40,46,71
沔水注 42,127
渠注 46,77,83,84,134
汝水注 53
滱水注 54,146
陰溝水注 72
潕水注 72
溫水注 72
酸水注 78
汳水注 88
漸江水注 96,118
泗水注 99,110,134
睢水注 99
青水注 99
淄水注 102
襄水注 127
江水注 127
湘水注 127
汶水注 128,134
伊水注 134
尹文子 72,124
尹文子聖人篇 14
文選注 20,72,121,144,145
文選劉孝標辨命論注 26
劉孝標廣絕交論注 131
班固答賓戲注 32,34
任彥昇爲范始興作求立太宰碑表注 39
左太沖招隱詩注 39
陸機辨亡論注 40,107,132
孫綽游天臺山賦注 72
潘岳西征賦注 80
陳琳爲袁紹檄豫州注 80
鮑照擬古詩注 131
任昉宣德皇后令注 139,144
鄒陽上書吳王注 142
阮嗣宗詣蔣公奏記注 144
魏都賦注 144
揚了雲解嘲注 144
潘安仁賦注 147
文子 32,163
精誠篇 72
文章志 92
文鏡樞要 139
方觀旭論語偶記 27
方以智通雅 46
方晞原 127
尤侗艮齋雜說引陳善辨 27
中庸 32,58
中井積德 88
太平御覽 32,36,39,40,53,72,88,131,134,144,146,155,163

太康地記　72
今本紀年　35,36,53,56,71,92,
102,118,128,134
元和郡縣志　35,46
公孫龍子跡府　148

五　畫

包咸注論語　4,29
田藝蘅留青日札　9
司馬遷報任少卿書　20
司馬光通鑑　46,48,58,92,95,96,
97,126,147,154
通鑑考異　92
通鑑大事記　155
司馬彪郡國志　46
司馬彪　53,59,80,88,99,145
司馬相如大人賦　163
四書大全辨　29,117
四庫提要　124,156,158
白虎通　32
史繩祖學齋佔畢　32
世本　36,42,43,49,54,58,72,92,
119,146
左思三都賦　40
古今樂錄　88
玉篇　32,158
北堂書鈔　163

六　畫

江永鄉黨圖考孔子年譜　1,5,6,
10,13,15,23,26
羣經補義　1,98,110,115,122
春秋地名考實　17
江永　12,14,28
江瑔讀子卮言　32
讀子卮言論荀子姓氏名字篇　76
江淹別賦　144
朱熹論語序說　1
論語集注　10
孟子集注　63
開仟陌辨　73
楚辭辨證　87
楚辭集注　121,122
通鑑綱目　92,147
朱子　14,16,48,67,72
朱子語類　20,23,88,160
朱右曾竹書紀年存眞　46,51,52,
99,122,134,146
朱韜玉札　72
朱駿聲　118
朱謀瑋水經注箋　134
全祖望鮚埼亭集　7
鮚埼亭集外編　103
經史答問　13,16,17,22,26,27,
29,67,98,99,146,147
全祖望　98
邢昺論語疏　8,29,91
列子　59,62,72,75,80
楊朱篇　8,72
力命篇　11,26,79
周穆王篇　32,163
說符篇　72

仲尼篇　79,146,152
黄帝篇　72,80,124
湯問篇　90,163
列仙傳　72,163
王隱地道記　35
竹書紀年　36,37,39,40,43,46,
49,51,52,54,56,60,65,69,70,
71,73,74,77,78,82,83,84,85,
92,96,99,101,102,104,109,
110,115,118,119,120,122,126,
128,129,134,135,155
伏生尚書大傳　,39,40
如淳　43,118
任兆麟孟子時事略　112
任啟運孟子考略　135
老子　123,139
臣瓚　127

七　畫

何休公羊解詁　1,13
何休　36
何晏論語集解　3,8,20
何焯　4
何孟春餘冬序錄　58
宋濂宋學士集　1
宋翔鳳論語發微　27,29
過庭錄　27,29,72,117,122,127
論語說義　8,72
孟子趙注補正　48,122
四書釋地辨證　122
宋翔鳳　90
宋白續通典　58
宋玉釣賦　72
李惇羣經識小　1
李鍇尚史　1,29,37,163
李斯上秦二世書　27
諫秦逐客書　95,107
李斯　44
李暹　34
李延壽北史　34
史穆崇傳　87
李賢　35,150
李垂導河形勢書　39
李慈銘越縵堂日記　58
李頤　116
狄子奇孔子編年　1,6,10,25,29,
75,77,112,117,122
狄子奇　6,28
呂祖謙大事記　1,35,46,54,72,
73,82,107,129,135
呂祖謙　35,130
呂元善聖門志　1
呂氏春秋　29,40,42,48,54,114,
130,146,147,160,163
當染篇　4
雜謂篇　11
貴直篇　14
召類篇　16,44
慎勢篇　27
慎大篇　27
遇合篇　29
尊師篇　29,1,113

愛類篇　32,42,92,93,94
不苟篇　32
長攻篇　33
悔過篇　34
音初篇　39
察賢篇　40
期賢篇　40
自知篇　40,146
舉難篇　40,82
下賢篇　40,43,59,72
樂成篇　40
長利篇　48
順民篇　51
先識篇　54,55,82
不廣篇　55
適威篇　59
首時篇　59,114
審己篇　59,72,118
執一篇　60,66,72
高義篇　62
義賞篇　66
觀表篇　66
貴卒篇　66
上德篇　68
去私篇　68,114
禁塞篇　69,99
不二篇　72,80,85,139,163
審爲篇　72,81,89
重言篇　72
本味篇　72
離謂篇　72
情欲篇　72
謹聽篇　72,159
無義篇　73,77
不屈篇　78,82,93,94,104,107,
163
士容篇　78
應言篇　82,141,146
知分篇　82
聽言篇　82,142
報更篇　83,107
貴生篇　89
誣徒篇　89
去宥篇　89,114,123
壅塞篇　91
處方篇　94
知度篇　95,121
新序篇　99
順說篇　99,108
開春篇　116,117
正名篇　124,163
不侵篇　129
君守篇　130
淫辭篇　130,142
審應篇　142
應同篇　144
自序　159
功名篇　159
安死篇　159
勿躬篇　163
成蓉鏡經義駢枝　1
成蓉鏡　28

成玄英莊子疏　59,62,72,138,143,152
杜預左傳注　1,11,28,32,33,35,75,84,127
　左傳長曆注　28
　春秋世族譜　18
　春秋釋例　49
　春秋經傳集解後序　92,115,119,135
杜預　26,29
杜臺卿玉燭寶典引清潔法行經　26
杜佑通典　73,131
吳英　12,13
吳越春秋　18,34,35,118
吳程　28
吳承仕　30
吳式芬攈古錄金文　70
吳師道國策注　82,85,71,132,158,160
吳師道　83,93,95,99,120,125,127,128,139,146
吳萊　92
吳任臣山海經廣注　127
沈維城論語古注集箋　10,23,27
沈濤論語孔注辨僞　26
　銅熨斗齋隨筆　163
沈欽韓漢書疏證　29,30,34,40,48,54,62,95,99,130,144
　左傳地名補注　39
沈欽韓　40,62,72,90,124,156,157,158,163
沈約宋書　29
　謝靈運傳　32
　百官志　48
宏明集　26
阮元十三經注疏校勘記　28,90
阮孝緒　30
弟子目錄（鄭玄引）　29
言氏舊譜　29
孝經　32
汪中老子考異　4,72
　墨子序　41
　經義知新記　50,76
　述學左氏釋疑　67
　荀子年表　136,143,151
　荀子通論　140
余知古渚宮舊事　42

八　畫

服虔左氏傳解詁　1,84
服虔　27,28,29,72,95
金履祥通鑑前編　1,18
　四書考異　117
金履祥　23
金鶚求古錄禮說九孔子弟子考　29
金仁山　81,111
金正煒國策補釋　83,131,132,135,145,151,159
孟子　2,5,8,12,15,19,21,23,24,27,29,32,39,40,44,47,48,58,63,72,73,76,80,81,90,91,92,95,96,98,99,108,115,118,119,

120,122,130,137,150,153,163
滕文公章　8,98,110
盡心章　29,80,98,117
離婁下　35,98
公孫丑下　98,110
孟子外書　103
性善篇　98
文說篇　98
孟氏譜　30,63
孟子疏　46,99,123
孟康　27,127
林春溥孔子世家補訂　4
孔門師弟年表後說　6,15,20
開卷偶得　9,29,95,137
戰國紀年　40,42,51,74,112,122,129,137,142,157
孟子時事年表後說　137
林少穎　13
林寶元和姓纂　34,62,127,163
林雲銘楚辭燈　87,94,127
易緯乾坤鑿度　9,30
易繫辭　163
易繫辭釋文　83
周柄中四書典故辨正　17,20,29,35,111,112,120,150
周禮　32,163
職方　153
周廣業孟子四考　46,63,96,98,110
孟子出處時地考　122
意林注　124
尚書　32,44
洪範　26
武內義雄孟子與春秋　30
論穀梁氏名字　30
六國表訂誤　70
武內義雄　153
典略　32,95
和嶠　43
枚乘七發　72
屈復楚辭新注　87,127
東方朔七諫怨世　87
季本孟子事蹟圖譜　98
於陵子　150
杭世駿續禮記集說　163
邵康節皇極經世　163

九　畫

胡安國春秋傳　1
胡廣四書大全　1
胡渭禹貢錐指　39
胡渭　46
胡三省資治通鑑注　46,78,142
胡寅　47
胡非子五勇　62
胡適中國哲學史大綱　137
胡適　68
胡元儀荀卿別傳　136,149
胡元儀　76
洪興祖闕里譜系　1,148
洪興祖　87,127
洪亮吉四史發伏　26

洪亮吉　161
洪邁容齋隨筆　27,29,38,73,92
洪邁　34
洪頤煊經義叢鈔　30
　讀書叢錄　50,69
　校紀年　70,84,102
洪頤煊　141
春秋　12,20,28,49,67,127
　穀梁傳　1,13,28,90
　公羊傳　1,13,14,26,28,90,99,111
　左氏傳　2,3,5,8,10,11,12,13,14,15,16,17,19,20,21,23,24,25,27,28,29,32,33,35,45,46,61,67,72,75,84,89,90,113,127,147
春秋說　4
春秋後語　132,139
皇甫謐高士傳　4,26,40,72,150,163
皇王大紀　18
皇侃論語義疏　27,29,144
姚鼐惜抱軒集讀孫子　7
姚鼐　4,67
姚際恆春秋通論　13
姚際恆　163
俞樾續論語駢枝　9
　茶香室經說　81
俞樾　1,29,70
俞正燮癸巳存稿　11,118,123
　癸巳類稿　29,35
　項橐考　26
范寧　29
范耕研呂氏春秋補注　72
後漢書　131
　張衡傳注　31
　安帝紀　40
　桓帝紀　72
　明帝紀注　72
　西羌傳　82
　西羌傳注　90
　東夷傳　99
　李通傳注　155
　輿服志　158
　獻帝紀注　163
括地志　17,35,39,42,46,53,78,83,102,127
柳宗元辨列子　59
相里金碑　62
狩野直喜左氏辨　67
郝敬　90
韋昭　18,72,113,127
南陽府志　127
洞記　145

十　畫

孫志祖讀書脞錄　1,29
孫詒讓墨子閒詁　5,29,31,32,41,42,57,61,62,123
　墨子弟子考　32
　墨子傳略　42,57
　墨子年表　44,45,54

墨學傳授考　62
籀高述林　81
孫詒讓　48,62,68,83
孫子十三篇　7
五校　7
軍事篇　85
計篇　85
孫奕示兒篇　27
孫德謙漢書藝文志舉例　34,163
孫星衍校水經注　39
袁樞通鑑紀事本末　1
袁枚隨園隨筆　58,87
夏洪基孔子年譜　1
夏炘檀弓辨誣　58
景紫堂文集　117
馬驌繹史孔子年譜　1
繹史　12,19,51,72,114,128,129,130
繹史年表　60,70,97,99,160
馬端臨文獻通考　1,39,99,135
馬敍倫莊子義證　29,40,59,79,80,123,137,141
馬總意林　34,163
馬國翰　62
馬融　144
荀子　32,81,123,144,147,155,163
宥坐　4,11,14
不苟　11,16
非十二子　11,14,16,80
非相　29,32,99
大略　29,72
富國　22
禮論　32
王霸　32,99,128,129,130
天論　72,80,123
議兵　73,127,131,156,157
斬令　73
成相　79,80
解蔽　80,91,123,130,137
堯問　92,140,159
臣道　95
正論　123
彊國　136,149,163
晏子春秋　5,14,29,50,85
徐堅初學記　17,72
徐整　30
徐彥公羊疏引戴宏　30
徐文靖竹書紀年統箋　46,56,83,118,134
徐幹中論序　63,75,76,98
徐廷槐　116
高誘淮南子注　29,40,61,72,130,131
呂覽注　33,36,44,69,71,72,81,82,85,139,142,146,159,161
戰國策注　37,39,54,55,82,132,142,156
荀子注　131
高誘　78,83,85,91,92,94,95,99,105,127

高士奇春秋地名考略　42,78
高瀨博士回曆紀念支那學論叢　67,153
高似孫　159
晁公武郡齋讀書志　103,137,163
晁公武　30
唐書藝文志　34,137
唐蘭　120
唐鉞中國史的新頁　124
唐順之評林　129
唐仲友　140
晉書刑法志　40
晉灼　44
桓寬鹽鐵論　23,29,137,143
　廣地　8
　殊路　27
　頌賢　27
　相刺　48
　非鞅　73,75
　論儒　123,136,139,144
　毀學　156
　箴石　163
桓譚　40
鬼谷子　52,95
郝懿行竹書紀年通考　102
　竹書紀年校正　126
郝懿行　53
班固西京賦　72
班固　62,72,146,157
翁祖庚　70
神仙傳　72
涓子　72
凌稚隆史記評林　84
倪文蔚禹貢說　127
殷敬順列子釋文　141,163

十一畫

崔述洙泗考信錄　1,2,5,8,10,13,14,16,20,25,27,29
　洙泗考信錄餘錄　29
　考古續說　36
　考古餘說　158
　孟子事實錄　76,115,146
　東壁遺書　92,98
　豐鎬考信錄　99
　夏考信錄　127
崔述　3,4,6,10,12,15,16,17,18,19,20,21,22,23,29,30,67,98,119
崔適史記探源　1,16,19,30,40,147
陸德明經典釋文　1,21,30,32,40,48,52,59,72,79,80,88,89,90,99,116,130,145,147,154,163
陸璣毛詩草木鳥獸蟲魚疏　30
陸機豪士賦序　34
　辨亡論　132
陸侃如屈原評傳　121
陸澄之地記　127
陸佃鶡冠子序　158
梁玉繩史記志疑　1,3,4,5,12,13,14,17,19,22,23,26,27,29,33,

36,38,40,41,43,46,50,53,59,69,70,72,77,78,82,85,88,89,92,94,95,99,100,101,102,106,107,114,118,128,131,133,142,146,147,155,160,161,163
古今人表考　1,34,40,48,69,72,80,81,82,90,91,102,114
呂氏春秋校補　33,44,72,109
梁玉繩　78,89
梁啟超墨子年表考　31,61,62
梁啟超　68
梁伯子　71,85
梁元帝洞林序　163
陳宏謀四書考輯要　1
陳鱣論語古義　9
陳玉澍卜子年譜　28,29
陳玉澍　39
陳逢衡竹書紀年集證　36,46,53,78,102,134,146
陳逢衡　53,84
陳漢章　46
陳振孫書錄解題　67
陳無己后山集　72
陳曼壺銘文　85,120
陳瑒屈子生卒年月考　87
陳奐　90
陳澧東塾讀書記　147
莊子　4,21,55,62,65,69,72,118,123
寓言　4,16,80
養生　4,72
天道　4,72
則陽　16,70,72,79,89,163
胠篋　16,52,72,80
秋水　17,81,88,146
讓王　27,59,72,81,89,118,146
山木　29,72,80,90
天運　32,72
天下　32,62,68,72,80,116,123,124
在宥　32
說劍　32,87
列禦寇　32,88,99
田子方　32,40,59,72
天地　32,79,80
大宗師　59,116
德充符　59
應帝王　59,72,80
達生　59,163
齊物論　59,163
徐无鬼　59,80,88,90
外物　72
逍遙遊　72,88,123
人間世　72,81,99
駢拇　80
淮南子　4,11,29,83,144,163
主術訓　16,29,32,66,72,131,158
原道訓　16,118
修務訓　26,32,114
人間訓　27,33,99,109,130,139,146

要略 29,31
泰族訓 29,40,66
氾論訓 29,34,59,74,80,163
道應訓 40,44,66,67,72,81,141,146
冥覽訓 61,72
繆稱訓 66,72
地形訓 72
說山訓 72
齊俗訓 88
本經訓 118
時則訓 144
章太炎春秋左傳讀 5
文錄徵信論 58
章學誠與孫淵如觀察論學十規 7
章如愚山堂考索三家墮都辨 13
國語 67,147
越語 18,147
晉語 35,113,147
齊語 39,72,147
楚語 61,147
燕語 72
周語 72,147
魯語 147
鄭語 147
張文黼螺江日記 20,34
張晏 22,40,43
張宗泰竹書紀年校補 46,51,70,102,104
孟子七篇諸國年表 49,123
張爾岐蒿菴閒話 58
張文虎史記札記 64,84,85,146,155,160
舒藝室隨筆 72,95,117,118
張湛注列子 72,124
張湛 146
張琦戰國策釋地 72,95,99
張澍輯注風俗通 72
張照史記考證 129
張茂先 163
張揖 163
許愼說文 32,72,92,114
五經異義 67,75
許愼 26,40
陶弘景眞靈位業圖 26
陶潛集聖賢羣輔錄 29,30,62,123,124
陶潛 67
陶憲曾 163
掘坊志 29
郭璞山海經注 35,90
郭沫若兩周金文辭大系 70
金文餘釋之餘 120
郭慶藩莊子集釋 116
畢沅道德經序 72
畢沅 42,118,148
啖助 67
商君書 73
更法 73
弱民 73
康有爲 147
尉繚子 155

十二畫

黃宗羲南雷文約　1
黃震黃氏日鈔　1,88,97,122
黃氏孔子門人考　29
黃式三周季編略　48,51,54,61,75,82,94,126,129,132,134,140,145,147,148,149,157,159,160,161
黃式三　31,119,148
黃少荃　35,132
黃奭逸書考　70,78
黃鶴四書異同商　81,91,137,150,163
黃丕烈　83,109
黃石牧　87
黃以周儆季雜著史說略　96
彭大翼山堂肆考　1
馮景解春集　4
惠棟論語古義　9
　九經古義　17
惠士奇禮說　85
惲敬大雲山房集仲子廟立石文　24
嵇康高士傳　26
越絕書　29,34,35,85,118,161
焦循孟子正義　32,35,40,94,97,99,123
焦循　137
焦竑老子翼　88
隋圖經　26,39
隋書經籍志　62,72,75,114,124,158,162,163
　地理志　127
　音樂志　127
博物志　72
集仙錄　72
揚雄法言　82,152
程恩澤國策地名考　83,99,102,127
程迥（沙隨程氏）　156
曾鞏襄州宜城縣長渠記　95
華陽國志　131
賀濤松坡集讀國語　147
湯聘尹史稗辨　161

十三畫

賈逵左氏解詁　1
　國語注　61
賈逵　28,29
賈子新書　29,34,45,110
　先醒　44
　過秦論　55,72,95,146,163
賈誼鵩鳥賦　158
楊士勳穀梁疏　1,30
楊時　27
楊倞注荀子　29,79,91,99,123,128,130,131,157
楊寬　43
楊守敬水經注疏要刪　83,127,134
　禹貢本義　127
葉大慶考古質疑　1,96

葉適習學記言　7,14,85,118,129,147
葉適　118
葉夢得春秋讞　13
　春秋攷　67
　左氏解　67
葉夢得　29,30,67
葉德輝　32,34,62,163
萬斯大禮記偶箋　1
董仲舒對策　26
　春秋繁露敘序　29,90,163
　春秋繁露　34
雷學淇竹書紀年義證　36,40,46,54,56,69,71,73,76,83,92,102,105,107,109,120,146,155
　竹書紀年考訂　46,70,74,84
　介菴經說　46,48,67,84
　戰國年表　84
雷學淇　29,128
聖門志　29,39
聖賢冢墓記　72
楚辭涉江　29,127
　天問　72,116,127
　九章　72,127
　卜居　72
　悲回風　87,127
　惜往日　87
　哀郢　87
　離騷　87,121
　抽思　127
　思美人　127
　九歌　127
　湘君　127
　湘夫人　127
　國殤　127
　河伯　127
楚曾侯鐘文　42
鄒陽　29,40,150
鄒叔子遺書　87,121
　屈子生卒年月攷　87,121
　讀書偶識　87
葛洪神仙傳　31
　抱朴子　34,72,163
詩經　53,67,72,114
虞喜志林　72
虞喜　75
虞般佑高士傳　157
道學傳　72
愼子　137
愼懋賞　137

十四畫

齊召南帝王表　1
齊地記　75
趙岐孟子注　2,8,29,30,39,48,62,63,76,81,82,90,111,117,137
趙翼陔餘叢考　10,27
趙翼　10
趙東潛　39
趙匡　67
趙紹祖校補竹書紀年　84

翟灝四書考異　10，15，26，72，84，163
翟灝　4，7
臧琳經義雜記　4
臧庸拜經文集　19，21，24
　拜經口記　15，26，29
漢書藝文志　7，11，29，30，31，40，55，58，59，62，67，72，73，77，80，81，85，89，95，99，114，123，124，137，139，141，144，146，147，152，155，157，158，162，163
　藝文志序　29
　古今人表　14，29，34，54，59，72，91，121，139，144，163
　楚元王傳　29
　儒林傳　30，32
　卜式傳注　32
　佞幸傳　32
　地理志　33，35，39，42，46，53，83，88，102，118，121，127，131，135
　敍傳　34
　食貨志　40
　溝洫志　40
　揚雄傳　41
　鄒陽傳　44
　高帝紀注　46
　五行志　72
　杜業傳贊　95
　郊祀志　99，163
　嚴助傳　118
　陳勝傳　118
　武五子傳　118
　賈誼傳　121
　游俠傳　132
　劉向傳　137
　嚴安傳　144
　甘延壽傳注　147
　陳平傳　151
　律曆志　153
　南越傳　159
　天文志　163
管子　46，72，147
　管子注　39
　小匡　30，118
爾雅疏　59，90
爾雅釋言　114
　釋詁　137

十五畫

劉恕通鑑外紀　1
　通鑑外紀目錄　18
劉安世元城語錄　1
劉師培左庵外集達巷黨人考　26
　左庵集　32，58
　古曆管窺　87
　荀子斠補　140
劉師培　1
劉逢祿左氏春秋考證　4，147
　論語述何　29
劉向說苑　5，16，29，30，33，34，35，39，44，46，50，54，67，72，118，

121,124,142,163
敬愼 4,81,146
雜言 4,40,48,114
正諫 27,66
指武 27,85,95
脩文 29,30,81
奉使 40,146
尊賢 40,68,105,118,134,163
政理 48,72,80
至公 48
復恩 53,118
權謀 55,66
建本 90
善說 95,129,163
立節 99
反質 163
七略別錄 7,31,39,40,48,59,67,72,73,75,76,88,90,118,130,139,144,147,149,151,152,157,162,163
新序 26,29,34,75,82,110,121,127,132,142,155
雜事 40,145
列女傳 112,117,128,150,161,163
劉寶楠論語正義 9,17,27
劉光蕡煙霞草堂文集卷一孔子周遊列國說 15
劉端臨經傳小記 23,41
劉孝標辨命論 39
劉成國徐州地理志 99
劉薈騶山記 110
劉晝新論九流篇 123,163
劉會孟 127
劉知幾史通雜說 147
劉歆三統曆 153,154
劉歆 147
劉瓛 163
蔡孔炘孔子年譜 1
蔡謨 34
鄭樵通志 1,49,62,131
通志氏族略 116,127,138,163
鄭樵 67
鄭環孔子世家考 1,4
孔子年譜 1
鄭環 10,29
鄭玄注檀弓 29,39,48,58,81
注禮運 29
詩譜 30
注鄉飲酒義 32
注曾子問 72
注周禮 153
鄭玄 19,20,22,29
鄭衆 29,163
鄧元錫函史 1
鄧析子 11
墨子 32,99
所染 4,72,89,130,146
非儒 5,29,34,40
耕柱 29,31,62
尚賢 32

非攻　35
魯問　41,42,48,57,61
公輸　42,62
備梯　42
貴義　42
非樂　57
公孟　62
親士　66
小取　151
墨經　11,130
墨子佚文　32
論語　8,9,10,14,16,17,19,20,21,22,23,24,26,27,30,31,32,48,72
論語微子　15,72
論語比考讖　27
樂史太平寰宇記　35,36,39,46,54,75,118,127,137,146
樂資春秋後傳　65,118
樂彥　72
廣韵　62
廣雅叢書重刊毛本史記索隱　83
廣文選　112
廣弘明集　152
蔣驥山帶閣注楚辭　87,94
潘安仁楊仲武誄　103
魯連子　155

十六畫

錢曾讀書敏求記　1
錢大昕三史拾遺　1,144
十駕齋養新錄　28,29
十駕齋養新錄餘錄　159
廿二史考異　159
錢塘溉亭述古錄　159
錢大昕　19,118,163
錢坫論語後記　29
閻若璩困學紀聞箋　1,39
潛丘劄記　1,88
四書釋地　20,27,29,117,122,150
四書釋地續　1,4,29,72,82,111
四書釋地又續　8,26,27,29,62,76
四書釋地三續　29
孟子生卒年月考　46,111,120,122
閻若璩　5,12,91,98,109,123
歷聘紀年　6
隨國集記　39
鮑彪國策注　42,44,72,78,79,82,109,125,146,150,155
積古齋鐘鼎款識　42
盧文弨羣書拾補　48
盧文弨　128,148
衞嵩　98

十七畫

薛應旂四書人物考　1
薛方山　137
韓非外儲　1,8,14,29,32,39,40,45,53,67,79,107,114,130,150,

163
內儲　15,40,44,45,67,72,82,124,146,156
難言　27,29,40
說林　27,34,50,54,80,83,91,156
五蠹　29,40,99,156,159
八說　29
顯學　29,30,62,123
喻老　33,50,82,131,145
問田　66
說難　95,156
難三　103,163
初見秦　117,156
說疑　130
姦刼弑臣　131,132,140
存韓　156
孤憤　156
韓非子　11,34,40,44,67,69,72,114,123,132,153
韓詩外傳　4,12,16,17,21,29,37,38,40,44,45,46,72,89,127,131,146,147,151,163
韓怡竹書紀年辨正　36
韓愈衢州徐偃王廟碑　99
應劭風俗通義　30,40,127,138,140,163
風俗通義姓氏篇　72,132,137,163
風俗通義窮通篇　127,140
漢官儀　163
應璩與從弟書　72
蕭大圜　34
輿地廣記　39
濬縣舊志　39
齋籐謙　85

十八畫

闕里志年譜　2,3,12
闕里廣志　29
闕里志　63
魏禧　13
魏源古微堂外集孟子年表　63,92,117,122,127
魏源老子本義　72
顏氏家訓　26,29
顏氏世系　58
顏師古刊謬正俗　72
顏師古　30,32,34,42,58,73,95,99,118,124,131,162,163
戴震屈原賦注　85
校水經注　127

十九畫

羅泌路史　42,72
路史餘論　1
路史後記　72
路史國名記　46,49,122
羅根澤　81
邊韶老子銘　1,72
關尹子　26,59,72
藝文類聚　39,53,155

譙周　43,60,95,99
瀧川龜次郎史記會注考證　85,126
譚貞默孟子編年略　135

二十畫

蘇轍古史　1,10,20,27,54,85,95,147
蘇軾志林　27
蘇時學爻山筆話　69
蘇時學　146
蘇林　127
嚴氏春秋　4
嚴可均全三代文　51
嚴可均鐵橋漫稿　159,163
釋名　32,72
釋法琳對傅奕廢佛僧事　152
釋慧苑華嚴經音義　72,163
鶡冠子世賢　33
　兵政　157
　博選　158
　武靈王問　158
　世兵　158
　王鈇　158
鶡冠子　157,158

二十一畫

顧棟高春秋大事表　17,35,41
顧棟高　46
顧祖禹讀史方輿紀要　21,39,99
顧炎武日知錄　28,29,30,37,46,67,85,87,92,112,120,128,148,159
　天下郡國利病書　39
顧炎武　78
顧成章論語發疑　29
顧觀光七國地理攷　36,87
顧觀光　99
顧廣圻韓非子識誤　79
顧廣圻　77,157
顧野王輿地志　150
顧實漢書藝文志講疏　158
續漢書郡國志　35,46,99,110

二十二畫

龔旻齋四書客難　48

注：本書凡引史記、國策、及史記集解、史記索隱、史記正義各條，以文繁，均不編入本索引之內。

錢穆先生學術年表*

1895 年(光緒二十一年)

六月初九(公歷 7 月 30 日)生於江蘇無錫。

1901 年(光緒二十七年)

入私塾讀書,拜孔子像。

1904 年(光緒三十年)

入無錫蕩口鎮私立果育小學。

1907 年(光緒三十三年)

考入常州府中學堂。

1911 年(宣統三年)

轉入南京鐘英中學讀書。

1912 年

任教秦家水渠三兼小學。

1913 年

任教鴻模小學(其前身爲果育小學),教高小國文、史地課程。改名爲穆。

1917 年

---

* 本年表由郭齊勇撰寫。

講授《論語》,寫成《論語文解》一書。是秋完婚。

1918 年

《論語文解》由上海商務印書館出版。

1919 年

任后宅鎮泰伯市立第一初級小學校長。

1922 年

應施之勉教務長之聘,到厦門集美學校任高中部與師範部畢業班國文教師。

1923 年

經無錫江蘇省立第三師範資深教席錢基博先生薦,至同校任教。

1925 年

《論語要略》由上海商務印書館出版。

1926 年

《孟子要略》由上海大華書局出版。

1927 年

執教蘇州省立中學,任最高班國文教師兼班主任,爲全校國文課主任教席。

1928 年

爲商務印書館"萬有文庫"作《墨子》和《王守仁》。是年夏秋之際,原配夫人及新生嬰兒相繼去世。長兄聲一先生趕回家幫助料理后事,因勞傷過度,舊病突發,不幸也病逝。

1929 年

課外撰寫《先秦諸子繫年》。與張一貫結婚。顧頡剛、胡適相

繼來蘇中演講,錢穆得以與顧、胡相交。顧頡剛讀到《繫年》初稿,建議到大學教歷史。與蒙文通過從。

1930 年

本年秋,由於顧頡剛的推薦,得以任北平燕京大學講師,講授國文。《劉向歆父子年譜》在《燕京學報》第七期出版,是文批駁康有爲《新學僞經考》,考據確鑿,詳實可信。

1931 年

始受聘爲北京大學副教授,清華亦請兼課。在北大教必修課“中國上古史”和“秦漢史”,另開一門選修課“中國近三百年學術史”。《周公》、《國學概論》、《惠施公孫龍》三書由上海商務印書館出版。

1932 年

開出選修課“中國政治制度史”。《老子辨》由上海大華書局出版。

1935 年

代表作《先秦諸子繫年》由上海商務印書館出版。新交學人有湯用彤、熊十力、梁漱溟等三十餘人。

1937 年

代表作《中國近三百年學術史》由上海商務印書館出版。

1938 年

輾轉至蒙自、昆明,任教西南聯大,撰著《國史大綱》。

1940 年

代表作《國史大綱》由上海商務印書館出版,教育部定爲部定大學用書,風行全國。任教成都齊魯大學國學所。

1941 年

在樂山武漢大學講授“中國政治制度史導論”、“秦漢史”,嚴耕望得列門墻。又在馬一浮主辦之復性書院講課。

1943 年

任教華西大學,兼四川大學教席。

1945 年

《政學私言》由重慶商務印書館出版。

1946 年

前往昆明五華書院任教,又兼雲南大學課務。

1947 年

《中國文化史導論》由正中書局出版。

1948 年

東返,執教江南大學,任文學院院長。與唐君毅先生論交。撰《湖上閒思録》、《莊子纂箋》。

1949 年

與唐君毅應廣州私立華僑大學聘,由上海同赴廣州。秋,到香港亞洲文商學院任教。余英時得列門墻。

1950 年

與唐君毅、張丕介在香港創建新亞書院。書院的宗旨是:“上溯宋明書院講學精神,并旁采西歐導師制度,以人文主義教育爲宗旨,溝通世界東西文化。”新亞以各門課程來完成人物中心,以人物中心來傳授各門課程。該院始設文史、哲教、經濟、商學四系,後擴充爲文理商三學院十二個系。創辦時條件十分艱苦,師生多爲内地去港人員。諸先生以人文理想精神自勵并感染同仁與學生,嘔

心瀝血，創辦新亞，亦得到許多同道的支持。冬，到臺北演講。

1952 年

多次到臺灣演講。出版、印行四部著作：《文化學大義》、《中國歷史精神》、《中國思想史》、《中國歷代政治得失》。

1953 年

《宋明理學概述》、《四書釋義》在臺北出版。耶魯大學盧定（Harry Rudin）教授代表雅禮協會資助新亞書院，雙方簽約。先生坦率相告，即使獲得資助，也不能改變新亞的辦學宗旨，不能把新亞變成教會學校，雅禮表示決不干預校政。

1955 年

新亞書院獲哈佛燕京學社資助，購置圖書，建圖書舘，出版《新亞學報》。新亞以儒家教育理想爲宗旨，在校内懸挂孔子畫像。港府在香港大學當年畢業生典禮上，授予錢穆名譽博士學位，以示尊重。出版、印行《中國思想通俗講話》、《人生十論》、《陽明學述要》、《黄帝》等著作多種。訪日，在京都等地演講。

1956 年

元月，在九龍農圃道舉行新亞書院新校舍奠基典禮，發表演講。赴港後，繼配張氏與諸子女皆留在大陸。先生獨居無侶，生活維艱。春，與胡美琦締婚，始有安定生活。

1957 年

《莊老通辨》由新亞研究所出版。

1958 年

印行、出版《學籥》、《兩漢經學今古文平議》。

1960 年

應邀出國講學，先後在美國耶魯大學、哈佛大學講課和講演。在耶魯大學講課結束時被授予該校名譽博士學位。後又去哥倫比亞大學爲“丁龍講座”作演講。在美國停留七個月後，應邀去英國訪問，參觀了牛津、劍橋大學。從英國到法國、意大利游覽，最後回到香港。出版《湖上閒思録》、《民族與文化》。

1961 年

出版《中國歷史研究法》。

1962 年

出版《史記地名考》。

1963 年

出版《中國文學講演集》、《論語新解》。十月，港府集合崇基、聯合、新亞三書院成立香港中文大學。先生早就打算從行政職務中擺脱出來，乃向董事會提出辭呈，未獲通過。

1964 年

再度請辭，董事會建議休假一年後再卸任。十六年來，爲辦新亞，先生付出了多少精力！在繁忙的教學與行政事務之餘，先生還出版多種著作。自此再潛沉書齋，埋首研讀。居鄉村小樓，開始計劃寫《朱子新學案》。

1967 年

《四部概論》連載於《人生》雜志。十月定居臺北，住金山街。

1968 年

七月遷至臺北外雙溪蔣中正所贈庭園小樓。因錢先生幼居五世同堂大宅之素書堂側，故以“素書樓”名新居。先生以最高票當選爲臺灣“中央研究院”院士。出版《中華文化十二講》。

1969 年

先生用七年時間完成巨著《朱子新學案》。此書寫作得到哈佛資金協助。此書乃先生晚年的重要代表作。應張其昀之約,任臺灣中國文化學院歷史系教授,每周兩小時,學生到先生家聽課。又應蔣復璁之約,任台北"故宫博物院"特聘研究員。

1970 年

出版《史學導言》。

1971 年

印行、出版《朱子新學案》、《中國文化精神》。

1973 年

出版《中國史學名著》。

1974 年

出版《理學六家詩鈔》、《孔子與論語》。

1975 年

出版《孔子傳》、《中國學術通義》。

1976 年

出版《靈魂與心》。1972 年後將自己 60 年來主要學術論文匯總,保持原貌,略作改訂,自編《中國學術思想史論叢》,共八册。是年由臺北東大圖書公司出版第一册,至 1980 年陸續出齊。次年出版《世界局勢與中國文化》。

1979 年

先一年患黃斑變性症,雙目失明。是年,《歷史與文化論叢》、《從中國歷史來看中國民族性及中國文化》兩書分別在臺、港出版。

1980 年

夏，在夫人陪同下到香港與闊別32年之久的在大陸的三子（拙、行、遜）一女（輝）相見，相聚僅7天。出版《中國通史參考材料》。

1981 年

偕夫人再到香港，與長女（易）、長侄（偉長）相見。出版《雙溪獨語》。

1982 年

出版《古史地理論叢》。定稿《八十憶雙親 · 師友雜憶》合刊，次年出版。秋，已不能再親筆寫書。

1984 年

先一年出版《宋明理學三書隨劄》。是年七月復去香港，門人舉行壽慶活動，先生得以與二子、二女及孫（鬆）孫女（婉約）團聚了一個月，享受天倫之樂。出版《現代中國學術論衡》。次年七月，自中國文化大學退休。

1986 年

春，應臺北《聯合月刊》編輯之請，發表對國運與時局之評論，主張海峽兩岸統一，首次爲大陸《人民日報》摘登。6月9日，92歲生辰，下午在素書樓講最后一課，告別杏壇。最后對學生贈言："你是中國人，不要忘記了中國！"

1987 年

出版《晚學盲言》。

1989 年

出版《中國史學發微》、《新亞遺鐸》。9月，赴港出席新亞書院創立40年院慶活動。

1990 年

5 月,由於臺灣黨派之争,先生不得不離開晚年居住了 22 年的外雙溪素書樓寓所,遷臺北市杭州南路新居。8 月 30 日上午 9 時,在臺北寓所平静地走完了生命的最後一刻,享年 96 歲。先生晚年的最后一篇文章,是臨終前三月口授,由夫人記録整理而成的,表達了先生對中國文化的最終信念。先生對儒家"天人合一"這一最高命題"一玩味",並因自己最終"徹悟"而感到"快慰"。先生生前曾多次指出:"天人合一是中國文化的最高信仰,文化與自然合一則是中國文化的終極理想。"先生的晚年定論和臨終遺言《中國文化對人類未來可有的貢獻》發表於 9 月 26 日的臺灣《聯合報》。

1991 年 1 月,錢夫人捧先生靈灰歸葬於太湖西山之俞家渡石皮山。錢夫人及三門人搜集、整理的一千七百萬言之《錢賓四先生全集》三編(甲編:思想學術,乙編:文化學術,丙編:文化論述)五十四巨册,1994 年至 1997 年由臺北聯經出版公司出版。

錢穆與《先秦諸子繫年》

陳　勇

《先秦諸子繫年》是中國現代著名歷史學家、國學大師錢穆先生撰寫的一部考證諸子年代、行事的考據之作，是他早年、也是他一生中最爲重要的學術代表作。該書"以諸子之書，還考諸子之事"，以古本《竹書紀年》訂《史記》之誤，不僅對先秦諸子的學術源流與生卒年代有了一個細緻的考證，重建了先秦諸子的學脈，而且也考訂了戰國時代的重要史實，澄清了不少懸而未決的問題，奠定了戰國史研究的基礎，至今仍是研究先秦諸子學術和戰國史的經典著作。

一、《先秦諸子繫年》的寫作背景和成書經過

晚清民初以來，學術界治諸子之學蔚然成風，開風氣之先者有章太炎、梁啓超、胡適等人。錢穆在 1928 年春完成的《國學概論》最後一章"最近期之學術思想"中説："最先爲余杭章炳麟，以佛理及西學闡發諸子，于墨、莊、荀、韓諸家皆有創見。績溪胡適、新會梁啓超繼之，而子學遂風靡一世。"①他本人早年治諸子學，也正是

---

① 錢穆：《國學概論》，商務印書館 1997 年版，第 322—325 頁。

這一背景下的産物。

錢穆認爲,研究先秦諸子的思想,應先考求諸子生卒行事先後,如果諸子的年代不明,其學術思想的淵源嬗變,也就無從説起。所以,他早年的名著《先秦諸子繫年》(以下簡稱《繫年》),即是一部專門爲諸子的生卒行事作考辨的考據著作。

據錢穆自道,《繫年》一書草創於一九二三年秋。當時他在無錫江蘇省立第三師範任教,爲學生講《論語》,自編講義,成《論語要略》一書。該書第二章,對孔子生卒行事多有考訂。一九二四年秋,爲三師學生講《孟子》,撰《孟子要略》,先爲孟子傳,"考訂益富"。

錢穆早年治諸子,疑《易傳》、《老子》,在考訂孔、孟生卒世年之前,已撰成《易傳辨僞》、《老子辨僞》二篇。《易傳辨僞》未刊出,《老子辨僞》後易名爲《關於〈老子〉成書年代之一種考察》發表在《燕京學報》第八期上。《孟子要略》成書後,錢穆始專意治《易》,成易學三篇,其中一篇即辨《易傳》非孔子作。他晚年在《孔子傳》再版序中回憶説,抗戰時流轉西南,居成都北郊賴家園,此稿藏書架中,爲蠹蟲所蛀,僅存每頁之前半,後半已全蝕盡,很難補寫。①一九二八年夏,錢穆應蘇州青年學術講演會的邀請,作《易經研究》一講演。講辭共分三部分,首先考察《易》的原始,專論《易》卦的起源及象數。次講《周易》上下篇,闡明《易》起于商周之際,旨在説明周得天下蓋由天命。第三部分講十翼非孔子作,提出十條理由加以論證,還從"道"、"天"、"鬼神"等範疇來論證易繫裏的思

① 錢穆:《孔子傳·再版序》,生活·讀書·新知三聯書店2002年版,第2頁。

想,大體上是遠于《論語》而近于老莊的。

先秦學術,孔墨孟莊荀韓諸家,皆有書可按,惟名家、陰陽家,記載散佚,最爲難治。所以,錢穆在治《易》、《老》的同時,又兼治名家、陰陽學説,擬寫《先秦名學鈎沉》、《先秦陰陽學發微》兩書。一九二五年十月,錢穆埋頭整理在厦門集美學校所寫的公孫龍《白馬論注》舊稿,改寫成《公孫龍子新注》,又彙編《惠施曆物》與《辯者二十一事》等考辨惠施、公孫龍事迹舊稿,匯成《惠施公孫龍》一書。惠施部分由惠施傳略、年表、惠施曆物和惠學鈎沉等組成,公孫龍部分包括公孫龍傳略、年表、年表跋、公孫龍子新解等内容,特别是公孫龍子新解一節頗多新意。錢穆後來在致胡適的信中稱此書"乃逐年積稿,歷時數載,用心較細,所得較密。公孫子五篇新解,頗謂超昔賢以上"①。

一九二六年夏,錢穆在無錫第三師範爲學生講"國學概論",講義第二章即爲先秦諸子,對諸子事迹及其學術源流作了提要鈎玄的闡述。比如他在胡適"諸子不出於王官"的基礎上提出了"王官學與百家言對峙"之説,以儒墨爲宗梳理諸子,把先秦諸子分爲三期,就頗多創獲。此章内容集中反映了錢穆早年治諸子學的意見,雖然當時"限於聽受者之學力,未能罄其所見,著語不多"②,然而他治諸子學的大體意見,"略如所論",一生未有多大改變。

錢穆早年喜墨學,早在無錫梅村縣立四小教書時,就撰有《讀墨闇解》、《墨經闇解》二文。此爲他治墨學之始。一九二三年春,

---

① 錢穆:《致胡適書》,《錢賓四先生全集》第五三册《素書樓餘瀋》,臺北聯經出版事業公司1998年版,第193頁。

② 錢穆:《先秦諸子繫年・跋》,本書第700頁。

在厦門集美學校任教的錢穆對墨辨思想進行研究，寫成《墨辨探源》一文的上篇。一九二四年，他在無錫三師任教，因讀章太炎《名墨訾應考》各篇，有感于章氏墨學"非一人所能盡解"之言，遂對集美舊稿加以整理、增補，成《墨辨探源》一文，發表在當年《東方雜志》二一卷第八號上。錢穆在蘇州中學任教時，又寫有《墨辨碎詁》一文，對《墨辨探源》作補充。一九二九年，完成《墨子》一書，次年三月由商務印書館出版。該書是他早年研究墨學的總結，書中對墨家得名的由來，墨子的生卒年月，墨學的思想繫譜、別墨與《墨經》，以及許行、宋鈃、尹文、惠施、公孫龍諸家與墨學的關係、墨學中絶的原因等問題皆有深入具體的討論。①

一九二九年，錢穆在蘇州續姻，從"家遭三喪"的悲痛中解脱出來。新婚後十日内寫《先秦諸子繫年》"自序"一篇，列於書首。至此，《繫年》一書大體完成。

一九三〇年秋，錢穆執教北平燕京大學，每周有三日暇，爲"有生以來所未有"。所居朗潤園，環境寧靜，燕大藏書豐富，北平城學者雲集，相互討論問學的機會大增。在這樣一個良好的著述環境下，他"重繙陳稿"，以半年之力對舊稿加以增補修改，成四卷一百六十餘篇，三十多萬字。又仿《史記・十二諸侯年表》及《六國年表》體例，制"通表"四份，與"考辨"四卷起迄相應。表首列周王年次，并注西曆紀元，下載列國世次，取舍一與"考辨"相應，諸子生卒，各詳於其生卒之國，其出處行事亦各詳於其所在之國。故《繫年》實由"考辨"、"通表"二部分組成，"通表爲綱，而考辨爲之目。

① 關於錢穆早年的墨學研究，可參見陳勇《錢穆傳》，人民出版社 2001 年版，第 52—58 頁。

通表如經,而考辨爲之緯"①。"通表"之後又作"附表",有"列國世次年數異同表"、"戰國初中期列國國勢盛衰轉移表"、"諸子生卒年世先後一覽表"三份,概括"通表"大意,以便讀者流覽。

《先秦諸子繫年》是錢穆早年、也是他一生中最爲重要的學術代表作,錢氏晚年曾對門下弟子余英時説,自己一生著書無數,"惟《諸子繫年》貢獻實大,最爲私心所愜"②。不過,這部奠定錢氏在民國學術界一流學者地位的著作在出版時卻頗費周折。

如上所述,《繫年》一稿大致在錢穆進入燕大任教之前就已大體完成,出版前已得到浏覽此稿的史學大家蒙文通、顧頡剛等人的擊節稱讚。蒙文通曾當著錢穆的面稱:"君書體大思精,惟當於三百年前顧亭林諸老輩中求其倫比。乾嘉以來,少其匹矣。"③錢穆入燕大任教後,又對舊稿加以修訂增補。書成之後,由好友顧頡剛推薦給清華,申請列入"清華叢書",如馮友蘭《中國哲學史》之例。當時列席審察此書的有馮友蘭、陳寅恪等三人。馮友蘭認爲此書不宜作教本,若要出版,當變更體例,便人閱讀。陳寅恪則持相反的意見,認爲《繫年》"作教本最佳",并盛贊"自王靜安(國維)後未見此等著作矣"。④ 由於審讀意見的分歧,錢著最終未獲通過。

錢穆轉入北大任教後,在北平圖書館珍藏書中得清人雷學淇所著《竹書紀年義證》家傳本,擇其相關者,一一補入《繫年》中。

---

① 錢穆:《先秦諸子繫年·通表例言》,本書第590頁。

② 錢穆:《致余英時書》,《錢賓四先生全集》第五三册《素書樓餘瀋》,第413頁。

③ 錢穆:《八十憶雙親·師友雜憶》,生活·讀書·新知三聯書店1998年版,第146頁。

④ 錢穆:《八十憶雙親·師友雜憶》,第160頁。

同時,也在爲自己這部研究先秦諸子的用力之作的出版在多方奔走。1934 年暑期,錢穆離開北平回蘇州省親。8 月 9 日這天,他給商務印書館總經理王雲五寫了一封自薦信,擬將書稿交商務出版。信云:

雲五先生大鑒:久慕高風,未接謦欬爲憾。拙著《先秦諸子繫年》,屬稿五六載,稿成藏篋笥又有年。素仰貴館熱心文化,闡揚學術,不遺餘力,擬將此稿交貴館出版。倘蒙約期面晤,謹當攜稿前來,蘄聆教益。適之先生一函,并以奉閱。順候

公祺

錢穆敬上　　八月九日

回函請寄蘇州曹胡徐巷八十號

王雲五收信後很快回復,錢穆隨即攜帶《繫年》稿前往上海與王面談,談後即把書稿留在了商務。經過審讀後,當月 18 日,王雲五寫回信一函寄往蘇州錢宅:

賓四先生大鑒:日前屈駕,暢領清誨,欣忭無既。承交示大著《先秦諸子繫年》一稿,拜讀甚佩。謹當接受以版稅辦法印行。出書後,依銷數照定價抽取版稅百分之十五爲酬。茲遵囑將《通表稿》另郵掛號寄上,請校閱一過連同補稿一并擲下,以便付排,爲盼。此書格式,擬照敝館《大學叢書》版式,五號字排。俟《通表稿》奉到,當發交敝京華印書局排版,俾來日可就近送請先生校對。泐此奉布,順頌文祉。王雲五。(商務

覆信虞字第四五七三號)①

商務印書館决定出版《繫年》後,錢穆自任校對,從頭逐字細讀書稿,改定疏謬者十餘處。一九三五年十二月,錢穆這部考訂先秦諸子的名著終於出版問世。從一九二三年秋他發意著《繫年》,至一九三五年底該書最終問世,前後花了十多年時間。

二、以古本《竹書紀年》訂《史記》之誤

讀《先秦諸子繫年》,首先要認真閱讀該書的"自序"。錢穆在"自序"開篇就指出前人治諸子的三大缺失和自己治諸子勝於前人的三大貢獻:

第一,前人考論諸子年世,往往各治一家,未能通貫,治墨者不能通于孟,治孟者不能通于荀,"余之此書,上溯孔子生年,下逮李斯卒歲。前後二百年,排比聯絡,一以貫之。如常山之蛇,擊其首則尾應,擊其尾則首應,擊其中則首尾皆應。以諸子之年證成一子,一子有錯,諸子皆摇"。可見,錢穆將諸子視爲一個整體,通貫排比,使其首尾相聯,互相證明,即他所謂"以諸子之年證成一子","用力較勤,所得較實",這是錢穆爲諸子考年"差勝前人"的第一大貢獻。

第二,前人考論諸子年世,詳其著顯,略其晦沉,于孔墨孟荀則考論不厭其密,于其他諸子則推求每嫌其疏,"余之此書,一反其

① 轉引自肖民《錢穆、〈先秦〉與"商務"——〈先秦諸子繫年〉出版的前前後後》,《出版廣角》2003年第8期。

弊。凡先秦學人,無不一一詳考。若魏文之諸賢,稷下之學士,一時風會之所聚,與夫隱淪假托,其名姓在若存若亡之間者,無不爲之緝逸證墜,辨僞發覆。參伍錯綜,曲暢旁達,而後其生平出處師友淵源學術流變之迹,無不粲然條貫,秩然就緒"。這是錢穆治諸子勝於前人的第二大貢獻。

第三,前人爲諸子論年,每多依據《史記·六國年表》,而即以諸子年世事實繫之。而《史記》實多錯誤,未可盡據。錢穆稱"余之此書,於先秦列國世系,多所考核,别爲通表,明其先後。前史之誤,頗有糾正,而後諸子年世,亦若網在綱,條貫秩如矣。"這是他爲諸子考年的第三大貢獻。

在如上的三大貢獻中,錢穆最看中的是最後一個,故自言"其精力所注,尤在最後一事"。歷來考論諸子年世,多據《史記·六國年表》,有的也參照《史記》其他篇目,而《史記》記載諸子及戰國史事實多錯誤。錢穆在"自序"中總結出《史記》記載多誤的十條規則:有誤以一王改元之年爲後王之元年者;有一王兩謚,而誤分以爲兩人者;有一君之年,誤移而之於他君者;亦有一君之事,誤移而之於他君者;有誤於一君之年,而未誤其并世之時者;有其事本不誤,以誤於彼而遂若其誤於此者;亦有似有據而實無據者;有史本有據,而輕率致誤者;亦有史本無據,而勉强爲説以致誤者;亦有史公博采,所據異本,未能論定以歸一是者。不僅《史記》記諸子史實多誤,而且《史記》三家注對《史記》之誤未能辨僞發覆,實亦多誤。再加之傳抄失真致誤(如字形近而誤、脱落而誤、增衍而誤、顛倒而誤),竄易妄改增誤(後人改易而誤、竄亂而誤),後人曲説而致誤。各種誤因相加,"誤乃日滋","紛亂不可理"。後世治諸子者對於

這些僞誤不加校勘、辨僞而引其説，其結果是誤上加誤。

錢穆訂正《史記》之誤，所用之書是戰國時魏國的史書《竹書紀年》（以下簡稱《紀年》）。此書于晉武帝太康二年（281 年）在汲郡的戰國魏墓中發現，共 13 篇，記載夏、商、西周、春秋、戰國史事。杜預等人，皆定其爲魏襄王時魏國之史記。魏在戰國初年，爲東方霸主，握中國樞紐，其載秦孝公前東方史實，遠勝《史記 · 六國年表》。晉唐間的學者，如束皙、杜預、臣瓚、司馬彪、劉知幾等都曾利用《紀年》提供的新材料糾正《史記》之失，取得了不少成果。魏冢原書，在兩宋之際佚失。《今本竹書紀年》二卷，爲後人蒐輯，多有改亂，面目全非。《紀年》言三代事，如益爲啓誅，太甲殺伊尹，文丁殺季曆，共伯和干王位，均異於儒家記載，後人遂不信《紀年》，視爲荒誕之書。唐人司馬貞著《史記索隱》，時采《紀年》其文，以著異同。清人考證此書，不下十數家，其中以雷學淇《竹書紀年校訂》、《竹書紀年義證》最爲有名；近人治《紀年》，以朱右曾、王國維成就爲最大。朱氏輯有《汲冢紀年存真》，王氏輯有《古本竹書紀年輯校》、《今本竹書紀年疏證》。至此《紀年》之真僞，始劃然明判，惜其考證未詳，古本《紀年》可信之價值，猶未能彰顯於世。

錢穆早年在無錫城中一小書攤購得朱右曾《汲冢紀年存真》一部，取以校王國維所校本，乃知王校多誤，特撰《〈古本竹書紀年輯校〉補正》一文，發表在一九二七年《史學與地學》第三期上，這是《繫年》中最早發表的一篇文字。進入北平任教後，他多方搜集治《紀年》的專書，自言“於明代以下校刊《竹書紀年》，搜羅殆盡”①。

① 錢穆：《八十憶雙親 · 師友雜憶》，第 188 頁。

他在《繫年》中提出《竹書紀年》勝《史紀》五條證據，并根據《紀年》訂《史紀》記諸子年代、行事的僞誤，頗多學術創獲，當年陳寅恪在審查此稿時就有極高的評價。朱自清在一九三三年三月四日的日記中記道："晚（葉）公超宴客，座有寅恪。……談錢賓四《諸子繫年》稿，謂作教本最佳，其中前人諸説皆經提要收入，而新見亦多。最重要者説明《史記・六國表》但據《秦紀》，不可信。《竹書紀年》係魏史，與秦之不通于上國者不同。諸子與《紀年》合，而《史記》年代多誤。謂縱横之説，以爲當較晚於《史記》所載，此一大發明。"①楊樹達在日記中也有類似的記載："一九三四年五月十六日。出席清華歷史系研究生姚薇元口試會。散後，偕陳寅恪至其家。寅恪言錢賓四（穆）《諸子繫年》極精堪。時代全據《紀年》訂《史記》之誤，心得極多，至可佩服。"②

《繫年》出版後，更是好評如潮。以朱希祖的評價爲例："閲《先秦諸子繫年》序。其書爲北京大學史學系教授錢穆撰，統考戰國各國年代，頗多糾正《史記》謬誤，謂《竹書紀年》真爲魏史，西周以前雖多臆測不可據，而戰國時事年紀實最正確，其論頗有見地。蓋以《史記》各本紀、世家紀年，多與諸子所記時事繫年相抵牾，而以《竹書紀年》言之，則多密合，故不可以爲僞書視之。他若《蘇秦考》謂《史記》、《戰國策》多本僞蘇秦、張儀之書，故蘇、張游説各國之辭皆不足信，證據頗確實。"③錢穆對自已據《紀年》訂《史記》之誤也頗

---

① 朱自清：《朱自清日記》，《朱自清全集》第十卷，江蘇教育出版社 1997 年版，第 202 頁。

② 楊樹達：《積微翁回憶錄》，上海古籍出版社 1986 年版，第 82 頁。

③ 朱希祖：《朱希祖日記》（下册），"一九三九年二月十二日"條，中華書局 2012 年版，第 1000 頁。

顯自信，自言“余爲《先秦諸子繫年》，比論《史記》、《紀年》異同，自春秋以下，頗多考辯發明，爲三百年來學者研治《紀年》所未逮”。①

錢穆以古本《竹書紀年》訂《史記》之誤，吸收過清代學者的研究成果，這是没有問題的，但言《繫年·自序》提出的《竹書紀年》勝《史記》的五個明證，都是剽竊清人雷學淇《竹書紀年義證》的，則有違事實。據錢穆自述，《繫年·自序》寫於一九三〇年春，當時他尚在蘇州中學任教，發現雷學淇《竹書紀年義證》家傳本則是在他任教北京大學之後。故《繫年·自序》提出的《紀年》勝《史記》的五個明證，應當是他早年精研《紀年》的結果。以《紀年》勝《史記》第四個明證爲例，錢氏認爲《史紀》載魏惠王三十一年徙都大梁有誤，而應以《紀年》的記載爲准，他通過具體研究得出這一結論後才讀到朱右曾《竹書紀年存真》，方知朱氏已先他辨之。不過朱氏依據《水經注》將魏惠王徙都大梁定爲六年，他則據《史記索隱》定在九年。再後來讀到雷學淇《介菴經説》，才發覺徙都大梁爲魏惠王九年之説雷氏已先他而發。錢穆在《繫年》卷二中説：

> 余草《諸子繫年》稿粗定，乃博涉諸家考論《紀年》諸書以相參證，最後惟雷氏學淇《紀年義證》未得見。雷氏書亦能辨《紀年》真仡，當與朱氏《存真》、《輯校》同列，非陳氏《集證》以前諸賢之見矣。然余猶得讀其《介菴經説》，略窺一斑。其論孟子時事，蓋亦得失參半。粗具涯略，未盡精密。而論魏徙大梁，則其説猶在朱氏《存真》之前。朱氏之説，雷氏又復先言

① 錢穆：《略記清代研究〈竹書紀年〉諸家》，《錢賓四先生全集》第二二册《中國學術思想史論叢》（八），第568、569頁。

之。茲再鈔録,以見考古之事,雖若茫昧,而燭照所及,苟有真知,無不同明,有相視而笑,莫逆於心者。①

後來錢穆在北平圖書館珍藏書中得雷學淇《竹書紀年義證》家傳本四十卷,“其議論與《經説》大同”,“復節録十數條,散入諸篇,間加商訂。又越月,得見其《考訂》十四卷,議據略同,而不如《經説》、《義證》之詳。”②可見,錢穆以《竹書紀年》校《史記》,從而找出《史記》在紀年上的錯誤,受過清代學者的啓發,尤其是得益于雷學淇《竹書紀年義證》甚多,確是實事,但如一些學者所言,錢氏提出的《紀年》勝《史記》的五個所謂明證,“都是剽竊雷學淇《竹書紀年義證》的”,“不只是在論點上是剽竊《義證》的,并且在材料上也基本上是剽竊《義證》的”,則與事實不合。

三、對戰國史研究的貢獻

《先秦諸子繫年》雖然是一部考訂諸子生平、學術淵源的考證之作,其實是通貫春秋晚期經戰國至秦統一大約三百五十年的學術、思想和政治的歷史,尤其是對戰國史的研究貢獻尤大。衆所周知,自秦皇焚書,諸侯各國史籍被毁,僅存秦國史官所記的《秦記》。但《秦記》記載簡略,“又不載日月,其文略不具”③。特別是秦孝公

---

① 本書第173、174頁。

② 本書第175頁。

③ 《史記》卷十五《六國年表》,中華書局1959年版,第686頁。

以前，地處雍州西陲之地、經濟文化落後的秦國，不與中原諸國會盟，中原諸國皆以夷狄視之。故《秦記》所載中原諸國之事甚略，且不免殘缺多誤，年代紊亂，真僞混雜。清人顧炎武言及這段歷史時就有"史文闕軼，考古者爲之茫昧"①之嘆。《四庫全書董説七國考提要》言："春秋以前之制度有經傳可稽，秦漢以下之故事有史志可考，惟七雄雲擾，策士縱横，中間一二百年典章製作，實蕩然不可復徵。"②錢穆在《國史大綱》第五章《軍國鬥争之新局面——戰國始末》中也説："本時期的歷史記載，因秦廷焚書，全部毁滅。西漢中葉司馬遷爲《史記》，已苦無憑。晉代（太康時）于汲縣古冢，發現竹書，内有《紀年》十五篇，實爲未經秦火以前東方僅存之編年史，惟後亦散失。因此本時期史事，較之上期（春秋時代），有些處轉有不清楚之感。"③

經秦火一焚，史書缺佚，史實茫昧無稽，後世學者視戰國史的研究爲畏途，即使是論及諸子百家之説，也僅及其思想學術。事實上，戰國史在中國歷史上占據著極其重要的位置，除諸子在學術思想的創獲外，諸如封建制的結束，郡縣制的興起，軍國組織的肇創，中央集權的形成，田賦制度的變化等，在政治、社會、經濟、思想、文化各個方面都產生了重大變化的戰國時代，可以稱得上是中國歷史的一大轉折時期，此一時期的歷史無疑是中國歷史研究的重要課題。錢穆以前後十多年的時間，全付精力貫注于諸子生卒行事

① 顧炎武著、張京華校釋：《日知録校釋》卷十七《周末風俗》，岳麓書社 2012 年版，第 553 頁。

② 《四庫全書總目提要》卷八十一"史部政書類"一。

③ 錢穆：《國史大綱》（上册），商務印書館 1940 年版，第 47、48 頁。

及戰國史的研究，撰成《繫年》一書，在很大程度上把中國歷史上這一重大轉型時期的空白給填補了。錢穆在《繫年 · 自序》中說："余之此書，於先秦列國世繫，多所考核。别爲通表，明其先後。前史之誤，頗有糾正。"在《國史大綱》記戰國始末一節中也有一段自注："著者曾據《紀年》佚文，校訂《史記六國表》，增改詳定不下一二百處，因是戰國史事又大體可説。惟頗有與《史記》相異處，一切論證，詳著者所著《先秦諸子繫年》一書。此下論戰國大勢，即據此書立論，故與舊説頗不同。讀者欲究其詳，當參讀該書也。"①

《繫年》考訂戰國史實貢獻極大，可從是書卷三《蘇秦考》中得一説明。《史記》載："蘇秦起閭閻，連六國從親，此其智有過人者。"錢穆認爲《史記》載蘇秦説七國辭，皆本《戰國策》，其辭多出自後人僞托，并非歷史實情，而此事又關係戰國史實甚大，不得不加以明辯，故作《蘇秦考》一篇，從當時列國强弱之情勢着眼對蘇秦主合縱、佩六國相印拒秦之説的真僞一一詳加考證。首先，錢穆以稱王的先後證明戰國初期的强國爲數不止六國（中山、宋也曾稱王），而列國間霸權的轉移，乃是由梁的獨霸而漸至齊梁的東西分霸；秦之稱王在其得河西地後，而其得與齊梁三分霸權，乃在惠施、張儀相繼在梁用事而秦之反間術得售之後，至此時，梁、韓二國的太子入朝于秦，其勢力方折而居於秦人之次。但其時齊國的聲威遠在秦國之上，則在司馬遷所定蘇秦的年代以内，絶無六國合縱擯秦之必要，也絶無六國合縱擯秦之可能。其次，錢穆又從燕、趙二國的歷史着眼，説明在蘇秦時候，燕與秦還如風馬牛之不相及，自

① 錢穆：《國史大綱》（上册），第 48 頁。

無事乎擯秦,亦不得而事秦;趙之國境在此時也還不曾與秦接壤,其國勢僅能自保,尚不足與東方各國争雄,其逐漸强大乃在趙武靈王之後,而上距蘇秦之死已久,則《史記》中合縱之議起于燕、合縱主盟在於趙等説,又完全與史實不合,於是蘇秦佩六國相印合縱伐秦之説,便不攻自破。[1] 接着,錢穆又考察了張儀的活動,最初是爲秦而離間魏、齊之相親,後來是爲秦而離間楚、齊之相親,當時秦的外交策略,尚在力謀"折齊之羽翼,散齊之朋從,使轉而投於我。其時情勢,猶是齊爲長而秦爲亞。秦與齊争則有之,秦欲進連衡之説,使山東諸侯相率西朝,尚未能也"[2]。最後,錢氏在此考中總結道:

> 今要而論之,秦自孝公用商鞅變法,而東方齊梁争霸,秦以其間乘機侵地,東至河。及惠王用張儀,魏已日衰,遂有齊、秦争長之勢。而張儀間齊楚,秦南廣地取漢中。然其時,猶齊爲長而秦爲亞。及昭襄王初年,秦楚屢戰屢和,而趙武靈崛起,以其間滅中山,爲大國。及秦將白起亟敗韓魏,而齊湣秦昭稱東西帝。其時則秦爲長而齊爲亞。樂毅起于燕,連趙破齊,湣王死,東方之霸國遂絶。惟秦獨强,破郢殘楚,及范雎相,而有秦、趙交鬭之局。至於長平之戰,邯鄲之圍,而後秦之氣餤披靡,達于燕齊東海之裔。夫而後東方策士,乃有合從連衡之紛綸,而造説者乃以上附之蘇張。考其辭説,皆燕昭趙惠

---

① 參見鄧恭三(廣銘):《評〈先秦諸子繫年〉》,《國聞周報》第十三卷第13期,1936年,第40頁。

② 本書第335頁。

> 文後事。而後世言戰國事者莫之察,謂從衡之議果起于蘇張。遂若孝公用商鞅而國勢已震爍一世。東方諸國,當齊威梁惠時,已攪擾於縱横之説。則戰國史實,爲之大晦。當時列强興衰轉移之迹全泯。其失匪細,不可不詳辨也。①

可以説,《繫年》一書,不僅對先秦諸子的學術源流與生卒年代有了一個細緻的考證,重建了先秦諸子的學脈,而且也把隱晦了兩千年的戰國史的真相從種種霧障中發掘出來,奠定了戰國史的研究基礎。② 顧頡剛説:"錢穆先生的《先秦諸子繫年考辨》,雖名爲先秦諸子的年代作考辨,而其中對古本《竹書紀年》的研究,于戰國史的貢獻特大。"③糜文開也説:"賓四先生《先秦諸子繫年》最大的貢獻,非但把先秦諸子的年代都考訂了,而且改造了《史記·六國年表》,使戰國史有了一個新的面目。"④戰國史研究專家楊寬亦言:"《先秦諸子繫年》是錢穆早年最用力的名著,主要是考辯先秦諸子活動的年代的。他爲了正確斷定年代,依據《古本紀年》詳細糾正了《六國年表》的錯誤,不僅作了許多考辯,還把結論列爲《通表》。考辯中曾考定戰國時代重要戰役和重大歷史事件的年代,從

---

① 本書第339、340頁。

② 鄧廣銘稱《先秦諸子繫年》"貫串了戰國全代的史實而與諸子的書相互證發",經過著者這一番嚴謹的考證和整理之後,"列國的世繫,諸子的年世,學術的演變,各國與國際間前後形勢之轉移,在舊史中之向為昏昏者,全得而有了一個昭然的端緒和清晰的面目。《竹書紀年》、《戰國策》和《史記》中的情偽既已畢露,於是凡關於戰國時代的世家、列傳、表志等,無一不可據此重作。"參見氏著《評〈先秦諸子繫年〉》一文。

③ 顧頡剛:《當代中國史學》,遼寧教育出版社1998年版,第95頁。

④ 糜文開:《賓四先生奮鬥史》,《人生》第八卷第六期,第10頁。

而闡釋戰國年間形勢的變化。也還附帶考證了一些重要史實,如《戰國時宋都彭城考》、《淳于髡爲人家奴考》等,都有高明的見解。因此這部著作,實際上是對戰國史的考訂,作出了重要貢獻。"①鄧廣銘則乾脆言《諸子繫年》"并不僅限於先秦諸子,乃是通戰國及其前後共約二百年的時光中所有的重要史實而加以論述的。如果定名爲《戰國史考異》,或許更爲切當一些。"②

四、論諸子和先秦學術的分期

錢穆認爲,先秦諸子之學,皆源於儒,開諸子之先河者爲孔子。墨子早年學儒者之業,受孔子之術,後來成爲儒家的反對者,由此便形成了諸子學中最早的兩個學派。以後諸子之學,或源於儒,或源於墨。他在《國學概論》中論及先秦諸子思想淵源與流變時稱:"先秦學派,不出兩流:其傾向于貴族化者曰儒,其傾向于平民化者曰墨。儒者偏重政治,墨者偏重民生。法家主慶賞刑罰,源於儒;道家言反樸無治,源於墨。故一主禮,一非禮。一主仕進,一主隱退。一尚文學,一主勞作。此當時學術界分野之所在也。"③在《繫年》中,他對這一觀點做了更進一步闡述:

先秦學術,惟儒墨兩派。墨啓于儒,儒原于故史。其他諸

---

① 楊寬:《戰國史》(增訂本),上海人民出版社 1998 年版,第 32 頁。
② 鄧恭三:《評〈先秦諸子繫年〉》,《國聞周報》第十三卷第十三期,第 38 頁。
③ 錢穆:《國學概論》,第 59 頁。

家,皆從儒墨生。要而言之,法原於儒,而道啓於墨。農家墨道作介,陰陽爲儒道通囿。名家乃墨之支裔,小説又名之別派。而諸家之學,交互融洽,又莫不有其旁通,有其曲達。①

錢穆在以儒墨爲宗疏理諸子的基礎上,把先秦諸子的發展分爲三期:孔墨之興爲初期,討論的中心問題是貴族階級的生活究竟如何趨於正當。陳(仲)、許(行)、孟(子)、莊(子)爲第二期,討論的中心是士階層自身對於貴族階級究竟應抱何種態度。老子、荀卿、韓非爲第三期。錢穆認爲老子反奢侈、歸真樸的思想,承墨翟、許行、莊周之遺緒,爲戰國晚期的思想。第三期討論的中心是士階級的氣焰與擾動,如何使之漸歸平静與消滅的問題。因此,初期的問題中心爲"禮",中期的問題中心爲"仕",末期的問題中心是"治"。在第三期解决"治"的問題上,法家承繼儒家的思想,道家則從墨家轉來,儒、墨的衝突集中表現爲韓非的法治與老子無爲之間的對立。

《繫年》對戰國時局、學風的變化與先秦學術史的分期也提出了富有價值的見解。錢穆認爲,戰國時局有三變,晚周先秦之際,三家分晉,田氏代齊爲一變;徐州相王,五國繼之,爲再變;齊秦分帝,到秦滅六國,天下一統爲三變。就學風而言,魏文西河爲一起,轉而爲齊威宣稷下之學爲再起,散而之于秦趙,平原養賢,不韋招客爲三起。

關於先秦學術的分期,錢穆提出了四期説。首期盡于孔門,流

① 錢穆:《先秦諸子繫年・自序》,本書第46頁。

爲儒業,爲先秦學術的萌芽期。二期當三家分晉,田氏代齊,起墨子,終吴起。此一時期,儒墨已分,九流未判,養士之風初開,游談之習日起,魏文一朝主其樞紐,此爲先秦學術的醞釀期。三期起商君入秦,迄屈子沉湘。此期學者盛于齊、魏,禄勢握于游士。有白圭、惠施之相業,淳于、田駢之優游,孟騈、宋鈃之曆駕,有張儀、犀首之縱横,有許、陳之抗節,有莊周之高隱,風起雲湧,得時而駕,此爲先秦學術的磅礴期。四期始春申、平原,迄吕不韋、韓、李。稷下既散,公子養客,時君之禄,入於卿相之手,中原教化,遍於遠裔之邦。此時趙秦崛起,楚燕扶翼,七雄紛争,主於斬伐。荀卿爲之倡,韓非爲之應。在野有老聃之書,在朝有李斯之政。而鄒衍之頡頏,吕不韋之收攬,皆有汗漫相容之勢,森羅并蓄之象。此爲先秦學術的歸宿期。

錢穆對先秦學術的分期及其流變的論述,獨具慧眼,頗多卓見,而被他的學生余英時譽爲是“考證、義理、辭章融化一體的極致”①。《先秦諸子繫年》雖是一部爲諸子考年的著作,其實未嘗不可作爲一部先秦學術史來讀。關於此點,臺灣學者何佑森這樣解讀道:

> 《諸子繫年》無疑是一部先秦學術史,這是錢先生自謙而没有説出的話。今天我們讀諸子書,最重要而最基本的,必須先要認清古代學術發展的大勢,然後才能談到思想問題。……從學術史的角度看,《諸子繫年》的價值可以説是不讓古人。善讀此書的人,假使能對書中所考證的有關諸子生

① 余英時:《一生爲故國招魂——敬悼錢賓四師》,見氏著《猶記風吹水上鱗——錢穆與現代中國學術》,臺北三民書局1991年版,第24頁。

> 平、出處、師友的淵源，以及學術的流變先有一番通盤的認識，然後再讀諸子書，心中的領會自然與墨守一家之言的學者不同。今後治諸子學者，假使能以《諸子繫年》作　根底，著眼於學術的流變，拋棄專家之學的成見，邁向通儒之學的大道，相信將來必然會出現一部有益於中國文化的古代思想通史。①

據錢穆自道，他撰寫《繫年》的目的是爲下一步寫作《先秦諸子學通論》作準備，可惜他後來學術興趣發生轉移，最終未能完成《通論》一著作，這對先秦學術史的研究而言當是一件憾事。

《先秦諸子繫年》是錢穆一生中最爲重要的學術代表作，錢穆對自己積十餘年之功完成的著作也頗爲自負，他在該書《自序》中稱自己"以諸子之書，還考諸子之事，爲之羅往迹，推年歲，參伍以求，錯綜以觀，萬縷千緒，絲絲入扣，朗若列眉，斠可尋指。"在致胡適的信中也説："拙著《諸子繫年》于諸子生卒出處及晚周先秦史事，自謂頗有董理，有清一代考《史記》，訂《紀年》，辨諸子，不下數十百家，自謂此書頗堪以判群紛而定一是，即如孔子行事，前人考論綦詳，至於江崔諸老，殘若無可復加。拙稿于孔子在衛宋諸節，頗謂足補諸儒考核所未備。"②該書出版後，在學術界聲譽鵲起，錢玄同稱此書"實爲精密，突過胡、梁諸家也"。③顧頡剛則視爲"不朽

---

① 何佑森：《錢賓四先生的學術》，見氏著《清代學術思潮——何佑森先生學術論文集》（下），臺大出版中心 2009 年版，第 474 頁。

② 錢穆：《致胡適書》，《錢賓四先生全集》第五三册《素書樓餘瀋》，第 191、192 頁。

③ 楊天石主編：《錢玄同日記》（整理本）下册，"一九三八年二月二十五日"條，北京大學出版社 2014 年版，第 1323 頁。

之作”,稱其“作得非常精煉,民國以來戰國史之第一部著作也。”①

由於直接材料的缺乏,錢穆研究先秦諸子主要采取了博綜典籍、會通文獻的研究方法,他以《紀年》校《史記》、《戰國策》,“以諸子之書,還考諸子之事”,以其通貫的學術眼光和提綱挈領的綴聯能力,對諸子的生平事迹、學術源流進行了近乎“天羅地網式”的互證,可謂是極盡博綜會通之能事,取得了超邁前人的成就。但這種只依重傳世文獻材料的方法,其局限性也是明顯的,這一方面表現爲在考證方法上過多運用理證法,另一方面則表現出對新出土材料的忽視,因而他考證的某些結論也容易被地下出土的新材料所否定。比如,錢穆在考證老子其人其事時,由于直接材料少之又少,他在考證時大多是依據文字上音形的通轉和意義的互訓,推論之處甚多,不免大膽假設有餘,小心求證不足。當年朱希祖讀到這一部分時就不以爲然,認爲“臆測附會之辭亦不能免,如以老子爲老萊子,而又以老萊子爲荷蓧丈人是也”②。又如,他把《老子》的成書年代定得很晚,認爲《老子》成于莊周、惠施、公孫龍之後,爲戰國晚期的作品。1993 年,在湖北荆門郭店戰國中期楚墓出土的竹簡中,有甲、乙、丙三組《老子》抄本,就推翻了錢穆《老子》成書于戰國晚期的説法。再如,《繫年》在“孫武辨”、“田忌鄒忌孫臏考”中否定孫武實有其人,《孫子兵法》的作者實爲戰國時代的孫臏,就被山東臨沂銀雀山一號西漢墓出土的新材料所否定。儘管懷疑孫武其人其書并非自錢氏始,宋人葉適,清人全祖望、姚鼐早有所疑,

---

① 《顧頡剛日記》第四卷,臺北聯經出版公司 2007 年版,第 249 頁。

② 朱希祖:《朱希祖日記》(下册),“一九三九年二月十二日”條,第 1000 頁。

錢穆是順著他們的考證而來的,這也説明從文獻考證文獻的方法還是有一定局限性的。

錢門弟子余英時稱《先秦諸子繫年》"爲諸子學與戰國史開一新紀元,貢獻之大與涉及方面之廣尤爲考證史上所僅見。根據古本《竹書紀年》改訂《史記》之失更是久爲學界所激賞"①。在這樣大規模的考證中,由於資料的不足和推斷的失誤,自然不免有可以改正之處。此書自一九三五年由商務印書館出版,到一九五六年由香港大學出版社出修訂版時,便增訂了二百五十條,約三萬餘言,占原書篇幅的十分之一。銀雀山漢墓、馬王堆漢墓、郭店楚簡等考古發現也提供了足以補充、糾正此書的新材料,但全書大體立論有據,考證精到,決不因此等小節而動摇,研究先秦諸子和戰國史的學者必將從此書中大受其惠。

① 余英時:《一生爲故國招魂——敬悼錢賓四師》,見氏著《猶記風吹水上鱗——錢穆與現代中國學術》,第 23 頁。

感而已。校既竟，因識涯略如此。

其生平師友相識，愛重此書，或謀助刊傳，或曲予獎借，或代之謄錄，凡於此書有益，心感無既，並此誌謝。